O Direito Brasileiro em Evolução

O Direito Brasileiro em Evolução
ESTUDOS EM HOMENAGEM À FACULDADE DE DIREITO
DE RIBEIRÃO PRETO DA UNIVERSIDADE DE SÃO PAULO

2017

Coordenadores:
Cíntia Rosa Pereira de Lima
Eduardo Saad-Diniz
Thiago Marrara

O DIREITO BRASILEIRO EM EVOLUÇÃO:
ESTUDOS EM HOMENAGEM À FACULDADE DE DIREITO DE RIBEIRÃO PRETO
DA UNIVERSIDADE DE SÃO PAULO
© Almedina, 2017
COORDENADORES: Cíntia Rosa Pereira de Lima, Eduardo Saad-Diniz, Thiago Marrara
DIAGRAMAÇÃO: Almedina
DESIGN DE CAPA: FBA
ISBN: 978-858-49-3200-9

Dados Internacionais de Catalogação na Publicação (CIP)
(Câmara Brasileira do Livro, SP, Brasil)

O Direito brasileiro em evolução : estudos em homenagem à Faculdade de Direito de Ribeirão Preto da Universidade de São Paulo / coordenadores Cíntia Rosa Pereira de Lima, Eduardo Saad-Diniz , Thiago Marrara. – São Paulo : Almedina, 2017.
Bibliografia
ISBN: 978-85-8493-200-9

1. Direito 2. Direito - Brasil 3. Direito - Estudo e ensino I. Lima, Cíntia Rosa Pereira de. II. Saad-Diniz, Eduardo. III. Marrara, Thiago.

17-02968   CDU-34

Índices para catálogo sistemático:
1. Direito 34
34:336.2(81)

Este livro segue as regras do novo Acordo Ortográfico da Língua Portuguesa (1990).

Todos os direitos reservados. Nenhuma parte deste livro, protegido por copyright, pode ser reproduzida, armazenada ou transmitida de alguma forma ou por algum meio, seja eletrônico ou mecânico, inclusive fotocópia, gravação ou qualquer sistema de armazenagem de informações, sem a permissão expressa e por escrito da editora.

Maio, 2017

EDITORA: Almedina Brasil
Rua José Maria Lisboa, 860, Conj.131 e 132, Jardim Paulista | 01423-001 São Paulo | Brasil
editora@almedina.com.br
www.almedina.com.br

NOTA DOS COORDENADORES

O Direito como uma ciência social aplicada está sempre em constante evolução. Nos últimos anos, diversas leis importantes entraram em vigor, tais como: a Lei n. 12.651/2012 (novo Código Florestal brasileiro); a Lei n. 12.737/2012 (sobre crimes cibernéticos); a Lei n. 12.965/2014 (Marco Civil da Internet); a Lei n. 13.105/2015 (Novo Código de Processo Civil); e outros projetos de Leis em tramitação, a saber: Projeto de Lei 281 e 283 para atualizar, respectivamente, o Código de Defesa do Consumidor para inserir regras relacionadas ao comércio eletrônico e ao superendividamento; o projeto de novo Código Comercial e etc.

Nesse contexto, é fundamental o estímulo à pesquisa jurídica para que se possa preparar os operadores do Direito e a Academia Jurídica aos novos desafios gerados pelas constantes atualizações do ordenamento jurídico.

Portanto, essa obra une um conjunto de artigos jurídicos produzidos pelos docentes e por bacharéis em direito da FDRP/USP que enfrentam discussões relevantes sobre a evolução recente do Direito brasileiro. Trata-se de um livro interdisciplinar com uma visão unitária do Direito e que busca refletir o ambiente da Faculdade de Direito de Ribeirão Preto da USP, entidade criada como uma proposta original e inovadora. Nas palavras de Antônio Junqueira de Azevedo, protagonista dessa instituição:

"A Faculdade de Direito de Ribeirão Preto surge com o propósito de desenvolver um projeto de excelência na vasta área do conhecimento jurídico. Cientes da função do Direito de evitar conflitos e, se inevitáveis, de solucioná-los, sob inspiração constante da Justiça, e sabedores, além disso, que, nos agudos conflitos de interesses do mundo atual, as situações de tensão estão agravadas, os organizadores da nova faculdade pretendem ver concretizado em Ribeirão Preto um pólo de elevado espírito público na procura de harmonia e desenvolvimento." (www.direitorp.usp.br, Antonio Junqueira de Azevedo, "in memoriam" - Diretor "pro tempore" no período de Abril/2007 a Fevereiro/2009)

Desde a formação da primeira turma de bacharéis em Direito da FDRP, em 2012, essa instituição tem se destacado em nível estadual e nacional, entre ourtas coisas, no exame de Ordem dos Advogados do Brasil, ocupando o 1º lugar no ranking feito pela FGV (FDRP em números *In:* www.direitorp.usp.br), o que demonstra o sucesso desse projeto. Além deste resultado, a FDRP tem produzido grande parte das pesquisas jurídicas fomentadas por agências do Estado de São Paulo, conforme evidencia o gráfico *infra:*

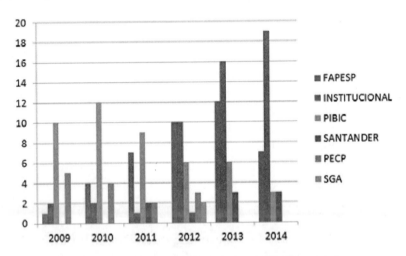

Dados estatísticos disponíveis no site (link Pesquisa)

É com imenso orgulho, portanto, que se publica essa primeira obra conjunta da FDRP/USP, por iniciativa de sua Comissão de Pesquisa, com o objetivo de compartilhar com toda a comunidade jurídica brasileira algumas das pesquisas desenvolvidas na instituição sobre temas atuais e de incontestável relevância social. Essa obra celebra, outrossim, a criação do curso de Direito da FDRP e os excelentes resultados obtidos nos últimos anos em virtude da dedicação e do esforço conjunto de funcionários, alunos e docentes.

A todos que colaboraram, a Comissão registra seu enorme agradecimento e, em especial, expressa publicamente o apoio intenso e constante recebido em todas as atividades de pesquisa dessa casa do Sr. Eder Gonçalves de Pádua.

Cíntia Rosa Pereira de Lima
Eduardo Saad-Diniz
Thiago Marrara

SUMÁRIO

PARTE I
Filosofia, história, teoria do direito e ensino jurídico

1. *Alessandro Hirata:* O levirato nas Leis Médio-Assírias 15

2. *Eduardo Saad-Diniz*: Fronteiras do Normativismo:
a Exemplo das Funções da Informação nos Programas de Criminal Compliance 27

3. *Giselda Maria Fernandes Novaes Hironaka*; Fernando Dias Andrade :
Ensino da Responsabilidade Civil na Graduação em Direito 57

4. *Maria Hemília Fonseca; Olívia de Quintana Figueiredo Pasqualeto*:
A Visão do Aluno sobre o Estágio: Emprego ou Qualificação Profissional? 99

5. *Nuno Manuel Morgadinho dos Santos Coelho*:
Ensaio sobre o Sentido Grego do Político – e o Nosso Tempo 127

6. *Rubens Beçak:* Soberania e Estado:
Alguns Aspectos, Dificuldades de Conceituação
e a Contribuição de Dalmo de Abreu Dallari 141

7. *Sergio Nojiri*: Metaética e Objetividade
na Teoria do Direito de Ronald Dworkin 151

PARTE II: Direito fundamentais e direitos da personalidade

8. *Cíntia Rosa Pereira de Lima*: Direito à Privacidade *versus* Direito à Informação em face ao Princípio da Publicidade Notarial 167

9. *Daniel Pacheco Pontes:* Considerações sobre os Cibercrimes e a "Lei Carolina Dickmann" 195

10. *Davi Quintanilha Failde de Azevedo:* Crimes Internacionais e Violações de Normas Peremptórias no Âmbito da Responsabilidade Internacional dos Estados 203

11. *Fabiana Cristina Severi; Marcio Henrique Pereira Ponzilacqua:* Reforma Agrária, Democracia e Cidadania: Uma Abordagem a Partir da Conflitualidade no Campo 225

12. *Gustavo de Carvalho Marin; Sara Tironi:* Entre a Doutrina da Proteção Integral e a "Hipocrisia Punitiva": Reflexões sobre o Direito Penal Juvenil 247

PARTE III: Direito e desenvolvimento

13. *Alexandre Naoki Nishioka:* O Imposto sobre a Propriedade Territorial Rural – ITR e as áreas de preservação permanente e de reserva legal no novo Código Florestal (Lei 12.651, de 25 de maio de 2012) 275

14. *Flavia Trentini; Carolina Costa Aguiar:* Externalidades Positivas e Custos dos Espaços Protegidos em Áreas de Produção Sucroenergética 295

15. *Frederico Pupo Carrijo de Andrade:* Da Teoria Geral do Contrato ao Contrato Empresarial 329

16. *Guilherme Adolfo Mendes:* Regime Constitucional da Extrafiscalidade 351

17. *Gustavo Saad Diniz:* A Emenda do Direito do Agronegócio no Projeto de Código Comercial 375

18. *Juliana Oliveira Domingues:* Concorrência e Comércio Internacional: Reflexões Sobre as Duas Faces da Mesma Moeda 393

19. *Rogério Alessandre de Oliveira Castro:* Factoring e Securitização de Recebíveis Mercantis 409

20. *Thiago Marrara; Carolina Silva Campos:* Licitações Internacionais:
Regime Jurídico e Óbices à Abertura do Mercado Público Brasileiro
a Empresas Estrangeiras 453

PARTE IV: Processos, tribunais e solução de conflitos

21. *Benedito Cerezzo Pereira Filho:* O Novo Código de Processo Civil Brasileiro
e a Velha Opção Pelo Efeito "Suspensivo" no Recurso de Apelação 487

22. *Cynthia Soares Carneiro* A Cooperação Jurídica Vertical por Meio
das Opiniões Consultivas no MERCOSUL e na CAN: Uma Crítica ao
Instituto nos Tribunais Comunitários da América do Sul 507

23. *Fernando da Fonseca Gajardoni:* O Efeito Suspensivo Automático da Apelação
no Novo CPC (art. 1.012): Elementos Empíricos para um Debate Adequado
a Respeito da Necessidade de sua Extinção 537

24. *Sebastião Sergio da Silveira Prova Eletrônica:* Novos Desafios na
Busca da Verdade Real do Processo Penal 545

PARTE I

FILOSOFIA, HISTÓRIA, TEORIA DO DIREITO E ENSINO JURÍDICO

O levirato nas Leis Médio-Assírias

Alessandro Hirata

1. Introdução

1.1. O levirato

O conceito do levirato[1], que deriva etimologicamente do termo latino "levir" (cunhado), é conhecido também no direito hebraico, sendo ainda mencionado no Antigo Testamento[2]. Um pressuposto para a ocorrência do levirato é o falecimento do irmão sem filhos, ou seja, sem herdeiros, levando a terra – como dádiva divina à família – a uma situação de risco. A fim de proteger esse imóvel, além de dar à viúva uma posição social assegurada, o irmão, que fosse maior de idade durante a vida do irmão morto,

---

[1] Cf., dentre outros, sobre literatura sobre o levirato em geral: A. SKAIST, *Levirat*, in E. EBELING/B. MEISSNER, *Reallexikon der Assyriologie und Vorderasiatischen Archäologie VI*, Berlin--New York, 1980-1983, pp. 605 e ss., G. CARDASCIA, *L'adoption matrimoniala à Babylone et à Nuzi*, in *RHDE* 37 (1959), pp. 1-16, P. KOSCHAKER, *Zum Levirat nach hethitischem Recht*, in *RHA* 10 (1933), pp. 77-89. Sobre o levirato nas Leis Médio-Assírias, cf.: B. MEISSNER, *Das altassyrische Schwagerehe*, in *OLZ* 11/12 (1920), pp. 246-248, F. E. PEISER, *Zur altassyrischen Schwagerehe*, in *OLZ* 11/12 (1920), pp. 248-249, P. KOSCHAKER, *Quellenkritische Untersuchungen zu den „altassyrischen Gesetzen"*, Leipzig, 1921, pp. 48-56, G. R. DRIVER/J. C. MILES, *The Assyrian Laws*, Oxford, 1935, pp. 240-250, A. VAN PRAAG, *Droit matrimonial assyro-babylonien*, Amsterdam, 1945, pp. 115-127, E. OTTO, *Biblische Altersversorgung im altorientalischen Rechtsvergleich*, in *ZAR* 1 (1995), p. 104, e R. BORGER, *Die mittelassyrischen Gesetze*, in *TUAT* I, Gütersloh 1982, pp. 80-92.
[2] Gênesis 38, Deuteronômio 25:5-10 e Rute 3-4.

casava-se com a cunhada. Se o irmão mais próximo não estivesse apto a se casar com a sua cunhada, tal dever passava para o próximo irmão. Se o único irmão possível ainda não tivesse capacidade para se casar, a viúva precisaria esperar até que ele se tornasse maior de idade para fazê-lo. O objetivo desse casamento era produzir um herdeiro masculino, que receberia a posição jurídica e social do marido morto, sendo considerado seu filho juridicamente. O casamento entre cunhados não era permitido no direito hebraico quando já existiam filhos do primeiro casamento.

Na doutrina[3], é mencionada uma origem assíria para o levirato. Objetivo desse trabalho é analisar as determinações das Leis Médio-Assírias que possam ter alguma importância para o tratamento do levirato. Logicamente, não é de se esperar que se encontre nas Leis MédioAssírias essa conhecida figura do direito hebraico. Metodologicamente, procura-se a *fatispécie* em que uma viúva deva se casar com o seu cunhado[4].

1. 2. As Leis Médio-Assírias

As Leis Médio-Assírias[5] (tabuleta "A", com 59 artigos) são originárias da cidade de Assur, ao norte da Mesopotâmia, tendo sido elaboradas por volta de 1400 a. C. A cópia que chegou até nós não é uma versão oficial, mas sim uma compilação particular de dispositivos legais. A tabuleta A contém determinações sobre as mulheres, o que levou P. KOSCHAKER[6] a chamar essas normas de *"Rechtsspiegel für Frauen"*, ou seja, "Espelho do direito para mulheres".

---

[3] Cf., dentre outros, P. KOSCHAKER, *Quellenkritische Untersuchungen* cit., p. 48.

[4] Cf. sobre a metodologia de pesquisa nos direitos de escrita cuneiforme: A. HIRATA, *Dogmática como instrumento metodológico na pesquisa histórica do direito*, in J. R. RODRIGUEZ/C. E. B. SILVA E COSTA/S. R. BARBOSA (coord.), *Nas fronteiras do formalismo - A função social da dogmática jurídica hoje*, São Paulo, 2010, pp. 63-72.

[5] Tabuletas A até O (exceto J). Edições: O. SCHRÖDER, *Keilschrifttexte aus Assur verschiedenen Inhalts*, Leipzig, 1920, G. R. DRIVER/J. C. MILES, *The Assyrian Laws* cit., pp. 381-453, cf. também E. WEIDNER, *Das Alter der mittelassyrischen Gesetztexte*, in *AfO* 12 (1937-1939), pp. 46-54. Traduções: H. EHELOLF, *Ein altassyrisches Rechtsbuch*, Berlin, 1922, R. BORGER, *Die mittelassyrischen Gesetze* cit., pp. 80-92, G. CARDASCIA, *Les Lois Assyriennes*, Paris, 1969 (Tabuletas A até O), e C. SAPORETTI, *Le leggi Medioassire*, Malibu, 1979. Nova literatura, cf. S. LAFONT, *Middle Assyrian period*, in R. WESTBROOK, *A History of Ancient Near Eastern Law II*, Leiden-Boston, 2003, pp. 521-563.

[6] *Quellenkritische Untersuchungen* cit., p. 82.

A situação jurídica da mulher, aqui documentada, pode ser caracterizada, de um modo geral, como desprivilegiada e profundamente dependente do pai ou do marido, conforme sua situação matrimonial. Além disso, os dispositivos legais são, individualmente, de difícil compreensão. Frequentemente parecem ser decisões judiciais generalizadas de modo bastante lacunoso, por meio da inserção de comentários, técnica que possivelmente distorceu o sentido das decisões. G. CARDASCIA[7], que analisou cuidadosamente esses textos, especialmente em seu livro *"Les lois assyriennes"*, chama essas leis de "gabinete de horrores" da história do direito, em virtude da gravidade e, muitas vezes, crueldade de suas penas.

A seguir, serão tratadas as determinações legais das Leis Médio-Assírias, que cuidam do fenômeno do levirato: artigos 30, 31, 43, 33 e 46.

2. Possíveis indícios para o levirato nas Leis Médio-Assírias: artigos 30, 31, 43, 33 e 46

A busca aqui se deu nas determinações legais das Leis Médio-Assírias, na procura de *fatispécies* nas quais a morte do marido ou da esposa levou a um casamento dentro da mesma família. Tal ocorrência pode ser observada nos artigos 30, 31, 43, 33 e 46.

Art. 30

    Col. IV, 20 Xum-ma a-bu a-na É e-me Xa DUMU-Xu
    21 bi-ib-la it-ta-bal iz-zi-bi-el
    22 SAL a-na DUMU-Xu la-a ta-ad-na-at
    23 ù DUMU-Xu Xa-ni-ú Xa DAM-Xu
    24 i-na É a-bi-Xa us-bu-tu-ú-ni
    25 me-e-it DAM[at] DUMU-Xu me-e-te
    26 a-na DUMU-Xu Xa-na-i-e
    27 Xa a-na É e-me-Xu iz-bi-lu-ú-ni
    28 a-na a-Ju-zi-te i-id-dan-Xi
    29 Xum-ma EN DUMU.SAL Xa zu-bu-ul-la-a
    30 im-ta-aJ-Ju-ru-ú-ni

---

[7] *Les valeurs morales dans le droit Assyrien*, in *Acta Antiqua Academiae Scientiarum Hungaricae XXII*, Fasc. 1-4, Budapest, 1974, p. 371.

31 DUMU.SAL-su a-na ta-da-a-ni
32 la-a i-ma-ag-gu-ur
33 Ja-di-ma a-bu Xa-a zu-bu-ul-la-a
34 iz-bi-lu-ú-ni kal-la-a-su
35 i-lak-ki-a a-na DUMU-Xu id-dan
36 ù Ja-di-ma am-mar iz-bi-lu-ú-ni
37 AN.NA Sar-pa GUIKIN Xa la a-ka-a-li
38 SAG.DU-ma i-lak-ki
39 a-na Xa a-ka-li la-a i-qar-ri-ib

Art. 30: [20]Se um pai, na casa do sogro de seu filho, [21]entrega o preço da noiva, [22](e) a mulher não é entregue ao seu filho, [23]e um outro filho, cuja noiva [24]more na casa do seu pai, [25]morre, deve ele dar a noiva de seu filho morto [26]ao seu segundo filho, [27]para quem ele (o pai) entregou (o preço da noiva), [28]em casamento. [29]Se o senhor (pai) da filha, que o preço da noiva [30]tinha aceitado, [31]com a entrega (para o casamento) de sua filha [32]não estiver de acordo, [33]pode ele, se ele quiser, o pai, que o preço da noiva [34]entregou, pegar sua nora [35]e dar ao seu filho. [36]Se ele quiser, entretanto, ele também pode retomar tudo, o que ele tinha entregue, [37]estanho, prata, ouro, e tudo que não for comestível, [38]apenas aquilo [39]que for comestível, ele não pode tocar.

O artigo 30 assegura o direito a um pai, que pagou o "preço da noiva"[8], de dar em casamento a um outro filho seu, a sua nora que ficou viúva. Ou seja, se já tinha pago o preço da noiva, pode o pai entregá-la a um filho, ainda que diverso daquele que se originalmente pretendia. Vale lembrar que esse direito do pai também existe mesmo se a nora ainda more na casa de seu próprio pai e mesmo se o outro filho já tem uma noiva (mas desde que esse noiva ainda more na casa do seu pai). Além disso, cabe mencionar que o pai também pode retomar o "preço da noiva". O mesmo artigo 30 ainda determina que o pai pode tomar a sua nora e dar em casamento ao seu filho mesmo contra a vontade do próprio pai da nora.

[8] O preço da noiva é uma figura jurídica que aparece nas fontes desde o Código de Hammurabi (cf., por exemplo, artigos 159 a 161 do Código de Hammurabi). Trata-se do valor pago pelo noivo (ou por sua família), a fim de realizar um casamento. Trata-se do correspondente ao dote, que é prestado pela noiva ou por sua família. Cf. S. LAFONT, *Middle Assyrian* cit., pp. 535-536.

O LEVIRATO NAS LEIS MÉDIO-ASSÍRIAS

Para o melhor entendimento, entretanto, deve-se analisar o artigo seguinte das Leis Médio-Assírias:

Art. 31

Col. IV, 40 Xum-ma LÚ a-na É e-me-Xu
41 zu-bu-ul-la-a iz-bil ù DAM-su
42 me-ta-at DUMU.SAL.MEI e-mi-Xu
43 i-ba-áX-Xi Ja-di-ma e-mu
44 DUMU.SAL e-mi-Xu ki-i DAM-Xu me-it-te
45 iJ-Ja-az ù Ja-di-ma
46 KÙ.BABBAR Xa id-di-nu-ú-ni i-lak-ki
47 lu-ú IE[am] lu-ú LU.MEI lu-ú min-ma
48 Xa a-ka-li la-a id-du-nu-ni-Xu
49 KÙ.BABBAR-ma i-maJ-Ja-ar

Art. 31: [40]Se um homem leva até a casa de seu sogro [41]o preço da noiva e a sua noiva [42]depois vem a falecer, (e outras) filhas do seu sogro [43]ainda estão disponíveis, pode ele, quem o sogro quiser, [44]com uma (outra) filha do seu sogro, no lugar da noiva falecida, [45]se casar. Ele pode também, contudo, se ele quiser, [46]retomar a prata, que ele tinha dado. [47]Grãos, ovelhas e tudo mais [48]que seja comestível, não precisa ser devolvido a ele, [49]ele receberá apenas a prata.

Trata-se, aqui, de uma determinação semelhante ao artigo 30, que se refere ao caso de morte da noiva. O homem, que havia entregado o preço da noiva para o seu futuro sogro, pode casar-se com uma outra filha do sogro, se este estiver de acordo. Por outro lado, caso seja de seu interesse, pode ele retomar o preço da noiva pago, abrindo mão de se casar com umas das irmãs da falecida noiva.

Art. 43

Col. VI, 19 Xum-ma LÚ lu-ú IÀ.GII a-na SAG.DU it-bu-uk
20 lu-ú Ju-ru-up-pa-a-te ú-bil
21 DUMU Xa DAM[ta] ú-di-ú-ni-Xu-ni
22 lu-ú me-e-it iu-ú in-na-bi-it

19

23 i-na DUMU.MEI-Xu ri-Ja-a-te
24 iX-tu MUV DUMU GAL[e] a-di MUV DUMU
25 Si-iJ-ri Xa-a IO MU.MEI-Xu-ni
26 a-na Xa Ja-di-ú-ni i-id-dan
27 Xum-ma a-bu me-it ù DUMU ša DAM[ta]
28 ú-ud-di-É-ni-Xu-ni me-e-it-ma
29 DUMU DUMU[e] me-e-te Xa IO MU.MEI-Xu-ni
30 i-ba-áX-Xi iJ-Ja-az-ma
31 Xum-ma a-na qa-a-at IO MU.MEI
32 DUMU.MEI DUMU[e] Si-iJ-Ji-ru
33 a-bu Xa DUMU.SAL Ja-di-ma DUMU.SAL-su id-dan
34 ú Ja-di-i-ma tu-ur-ta
35 a-na mi-it-Ja-ar ú-ta-ar
36 Xum-ma DUMU la-áX-Xu am-mar im-Ju-ru-ú-ni
37 ZÁ ù mi-im-ma Xa la a-ka-li
38 SAG.DU-ma ú-ta-ar
39 ù Xa-a a-ka-li la-a ú-tar

Art. 43: [19]Se um homem joga óleo na cabeça (da filha de um outro) [20]ou traz um presente de casamento (?), [21](e) o filho, a quem foi destinada a noiva, [22]morre ou foge, [23]pode ele (o pai) dá-la a um de seus filhos restantes, [24]do mais velho ao [25]mais novo filho, que deve ter (pelo menos) dez anos de idade, [26]a quem ele quiser. [27]Se o pai está morto e também o filho, a quem a noiva [28]está destinada, também morre, [29]e existe um filho do filho morto, que tem (pelo menos) dez anos de idade, [30]ele deve casar com ela. [31]Se eles forem mais jovens do que dez anos de idade, [32]os filhos do filho (morto), [33]pode o pai da filha, se ele quiser, entregar a sua filha, [34]ou, se ele quiser, [35]conforme (o que ele tinha recebido), cancelar tudo. [36]Se, entretanto, não houver nenhum filho disponível, ele deve, tudo aquilo que ele recebeu, [37]pedras (preciosas) e tudo aquilo, que não for comestível, [38]devolver. [39]Aquilo que for comestível, ele não precisa devolver.

Aqui é tratada a *fatispécie* em que uma mulher é aceita como noiva por meio de um ritual (jogar óleo sobre a sua cabeça[9]), e seu noivo vem a fale-

---

[9] O significado do termo "*huruppatu*" é bastante controverso. Trata-se, contudo de uma parte do ritual (l. 20). Na tradução de G. Driver/J. Miles, *The Assyrian Laws* cit., p. 411, aparece

cer. Para tal caso, são apresentadas algumas soluções possíveis[10]: o pai do morto pode dar em casamento a prometida noiva para um outro filho seu, desde que este tenha mais de dez anos de idade. Além disso, a noiva deve casar com um filho do noivo que morreu, se este tiver pelo menos dez anos de idade e se o pai do morto também já tenha morrido[11]. Caso, entretanto, não haja nenhum filho do morto que tenha mais de dez anos de idade, pode o pai da noiva, novamente, determinar o seu destino: ele pode entrega-la a um filho – menor de dez anos de idade – do falecido noivo, na esperança de que ele chegue à idade necessária (maior de dez anos), ou ele deve devolver tudo o que recebeu como "preço da noiva" e desfazer toda a operação[12].

Art. 33

Col. IV, 56 [Xum-ma] SAL i-na É [a]-bi-Xa-ma us-bat
57 [mu]-us-sa [me-e]-it¹ ù DUMU.[MEI-Xa]
58 [i-ba]-áX-Xi¹ [...]
59-64 [Lücke]
65 ù Ja-[di]-ma a-na e-mi-Xa
66 aa-na a-Ju-[zi]-te i-id-dan-Xi
67 Xum-ma mu-[us]-sa ù e-mu-Xa
68 me-e-tu-[ma] ù DUMU-Xa áX-Xu
69 al-ma-at-tu Xi-i-it
70 a-Xar Ja-di-tu-ú-ni ta-al-lak

Art. 33: [56][Se] uma mulher mora na casa de seu pai, [57]e o seu noivo vem a falecer e filhos [58]estão disponíveis [...] [*lacuna*] [65]e [...] ele pode entregar ela ao sogro dela [66]em casamento. [67]Se o seu noivo e o seu

---

como "wedding-gifts". Mas C. SAPORETTI, *Le leggi medioassire* cit., p. 73, traduz como "banchetto die fidanzamento". Já para H. EHEHOLF, *Ein altassyrisches Rechtsbuch* cit., p. 37, o termo significaria "Bronzeschüsseln", apesar de ressaltar, que se trata de uma palavra controversa. Cf. também P. KOSCHAKER, *Quellenkritische Untersuchungen* cit., p. 51.

[10] Cf. também C. SAPORETTI, *Le leggi medioassire* cit., p. 73.

[11] P. KOSCHAKER, *Quellenkritische Untersuchungen* cit., p. 49, nt. 3, entre, que o trecho entre as linhas 27 e 35 foi incluído posteriormente no texto. Provavelmente, tratava-se de um caso prático, que foi colocado por aquele que escreveu essa tabuleta com as leis.

[12] Cabe ressaltar também que, como já levantado por C. SAPORETTI, *Le leggi medioassire* cit., p. 74, caso o pai da noiva devolva o preço da noiva, mas o morto não deixou nenhum filho, devem os herdeiros do morto receber tal preço da noiva devolvido.

sogro [68]vem a falecer e ela não tem nenhum filho, [69]então ela é viúva [70]e por ir, para onde ela quiser.

Infelizmente, o início deste trecho de texto está tão fragmentado, que não se pode reconstruí-lo. Na literatura secundária[13], adota-se a reconstrução sugerida por Driver-Miles[14], segundo quem se trata de um tipo de levirato no caso de uma viúva. Com base nessas possíveis reconstruções do texto e, especialmente, levando em conta a última frase que chegou completa até nós, pode-se concluir que, existindo um membro da família do noivo morto, a viúva pode contrair núpcias, permanecendo na família do noivo. Apenas para os casos em que não exista essa possibilidade, ela será considerada viúva e pode se desligar da família.

Art. 46

> Col. VI, 89-108 [...]
> 109 ù Xum-ma i-na DUMU.MEI mu-ti-Xa-a-ma
> 110 Xa-a e-Ju-zu-Xi-ni i-[ba-aX]-Xi
> 111 [a-Ji-za-aX]-Xa-ma [ú-Xa-kal-Xi]
> 112 [DUMU.MEI-Xa-ma la]-a ú-Xa-ku-lu-Xi

Art. 46: [109]Se, entretanto, dentre os filhos do noivo, [110]há algum deles, que queira casar com ela, ele deve esposá-la, [111]então, deve esse, que casou com ela, [sustenta-la]. [112][Os seus filhos] não precisam ser sustentados por eles.

No artigo 46, é interessante para o tratamento do levirato apenas a última parte, aqui reproduzida. Trata-se do caso de uma viúva que deve se casar com o filho do seu falecido noivo. Logicamente, trata-se de um filho do primeiro casamento do morto. Nesse artigo é, então, diferenciada a primeira (*panitu*) da segunda esposa (*urkittu*)[15].

---

[13] Cf. G. Cardascia, *Les Lois Assyriennes* cit., p. 178.
[14] *The Assyrian Laws* cit., p. 400.
[15] Cf. C. Saporetti, *Le leggi medioassire* cit., p. 80.

As determinações legais contidas na "tabuleta A" são bastante próximas ao levirato, mesmo que não se tenha a mesma estrutura dogmática do levirato bíblico. Algumas aspectos jurídicos dessas regras das Leis Médio-Assírias merecem uma atenção especial, uma vez que se trata do emprego do chamado "Kaufehe", ou seja, "casamento compra". Desse modo, trata-se de um casamento com características semelhantes à compra e venda, tendo a mulher uma posição subordinada ao homem[16]. Nos artigos 30 e 21 das Leis Médio-Assírias, o levirato aparece no momento do noivado e ainda pode ser identificado como sendo bilateral[17]. Pode-se entender a respeito da bilateralidade do levirato que tanto a viúva deve esposar o irmão do morto, quanto o viúvo deve casar-se com a irmã da esposa morta[18]. Vale ressaltar, que o levirato do irmão é um direito. O pai do morto, que tinha entregado o preço da noiva, tem o direito de entregar a mulher ao irmão do noivo falecido. Diferentemente em relação ao levirato da irmã: trata-se de um direito do noivo, no artigo 31, receber a irmã da noiva falecida, uma vez que ele pode, alternativamente, pleitear o preço da noiva de volta. Ele precisa, contudo, do consentimento do pai da noiva, que, segundo o artigo 30, é dispensável para o levirato do irmão.

Ainda em relação aos artigos 30 e 31, extraem-se aspectos referentes à natureza jurídica do noivado[19]. Deve-se entender que o aperfeiçoamento do matrimônio apenas se daria com entrega da mulher ao seu noivo ou ao pai deste. Além disso, cabe ressaltar que já com o pagamento do "preço da noiva", a noiva passa ao poder familiar do noivo (ou do seu pai), mesmo que ela ainda more na casa de seu pai. O "preço da noiva", geralmente pago pelo pai do noivo, tem a finalidade de fazer com que a noiva seja entregue em casamento ao seu filho. Se tal filho vier a falecer, pode o pai, mesmo assim, atingir o seu objetivo, caso ele ainda tenha outros filhos, que possam esposá-la. Por conseguinte, pode-se identificar uma finalidade no levirato: evitar a devolução do preço da noiva, por meio do casamento da noiva com

---

[16] Apesar de ser polêmica tal expressão nos direitos de escrita cuneiforme, é possível fazer tal aproximação entre o casamento e o contrato de compra e venda. No direito romano, cabe lembrar a figura da *"coemptio"* como celebração do casamento *cum manu*, o que deu origem ao termo "Kaufehe". Cf., sobre a *coemptio*, dentre outros: M. KASER, *Das römische Privatrecht I*, München, 1971², pp. 77-78.
[17] P. KOSCHAKER, *Quellenkritische Untersuchungen* cit., p. 48.
[18] J. KOHLER, *Das Recht der Chins*, in *ZVR* 6 (1886), p. 188.
[19] Cf. P. KOSCHAKER, *Quellenkritische Untersuchungen* cit., p. 51.

um outro membro da família do noivo falecido. Por isso, em virtude do funcionamento do "preço da noiva", é bastante plausível tratar o matrimônio nas Leis Médio-Assírias como uma forma de "Kaufehe".

Mesmo se o pai que pagou o preço da noiva vem a falecer, a mulher é tratada como em um "Kaufehe". Se o pai morre, a mulher estará sob o pátrio poder do seu filho, ou seja, seu noivo. Se ele também vem a falecer, deve a mulher ser entregue a um de seus filhos do primeiro casamento, que esteja disponível, segundo o artigo 43 das Leis Médio-Assírias. P. Koschaker[20] entende, por isso, que se trata de uma espécie de "herança" da noiva ou da viúva. Afinal, se o noivo falece e seu pai ainda vive, a noiva permanece sob o poder do pai do morto por meio da herança e em virtude do levirato. Consequentemente, esse pai pode dar em casamento a noiva a um irmão ou filho do noivo morto.

Relevante também é o artigo 43, que apresenta um princípio de outra cultura jurídica[21]: a noiva pode ser dada em casamento para um filho do primeiro casamento do falecido noivo. Nas Leis Médio-Assírias, entretanto, esse princípio é combinado com a não utilização do levirato da viúva[22]: Se o pai do noivo morto já é também falecido, ninguém tem o direito de entregar em casamento a noiva do morto a um de seus irmãos. Por isso, ela deve se casar com um dos filhos do morto[23]. Nesse sentido, o texto artigo 33 é reconstruído por G. Driver/J. Miles[24] e C. Saporetti[25]. Desse modo, a figura típica de levirato presente em outras culturas históricas não tem exatamente o mesmo tratamento nas Leis Médio-Assírias, uma vez que a viúva não será dada em casamento para um irmão do morto, caso o seu pai também já fosse falecido. Se o morto não tivesse filhos, ela seria declarada viúva em sentido estrito (*almattu*) e poderia determinar o seu modo de vida como quisesse (artigo 33)[26].

---

[20] *Quellenkritische Untersuchungen* cit., p. 53.
[21] P. Koschaker, *Quellenkritische Untersuchungen* cit., p. 49, nt. 2.
[22] Cf. P. Koschaker, *Quellenkritische Untersuchungen* cit., p. 49.
[23] Cf. C. Saporetti, *Le leggi medioassire* cit., p. 73.
[24] *The Assyrian Laws* cit., p.400.
[25] *Le leggi medioassire* cit., p. 61.
[26] A. van Praag, *Droit matrimonial* cit., p. 120, defende a opinião de que o filho do morto, no artigo 33, receberia em casamento a sua madrasta, como parte de sua herança. Ele não seria, entretanto, um *levir*.

3. Conclusões

Em suma, após a análise dos artigos relacionados ao fenômeno do levirato nas Leis Médio-Assírias, pode-se concluir ser possível identificar tal figura nesse documento legal, mesmo que com características diversas do modelo hebraico, que se desenvolveu posteriormente. Assim, pode-se falar em um levirato do período médio-assírio.

Não se quer dizer aqui, por outro lado, que o levirato bíblico deriva do então existente na Assíria. Tais possibilidades de transferências de conhecimentos jurídicos – apesar de possíveis – são extremamente difíceis de serem comprovadas[27]. Ademais, é plausível que se tratem de desenvolvimentos paralelos de figuras semelhantes, em virtude de uma organização socioeconômica também parecida.

Além disso, é preciso ressaltar que o levirato nas Leis Médio-Assírias parece ser uma consequência jurídica do "Kaufehe", ou seja, do "casamento-compra". Desse modo, é fundamental o aspecto patrimonial do casamento (e do levirato). Ou seja, é um desdobramento dos direitos relacionados ao pagamento do "preço da noiva", demonstrando estar mais relacionado ao caráter patrimonial do que a aspectos culturais da sociedade médio-assíria.

---

[27] Sobre a transferência de direito sob a perspectiva de direito comparado histórico no contexto do direito romano, cf. A. HIRATA, *Die Generalklausel zur Hybris in den alexandrinischen Dikaiomata*, in *SZ (Savigny Zeitschrift – Rom. Abt.)* 125 (2008), pp. 675-681, e *Die alexandrinischen Dikaiomata als Quelle der historischen Rechtsvergleichung*, in M. LANG/H. BARTA/R. ROLLINGER, *Staatsverträge, Völkerrecht und Diplomatie im Alten Orient und in der griechisch-römischen Antike*, Wiesbaden, 2010, pp. 39-50.

4. Referências

Borger, R., *Die mittelassyrischen Gesetze*, in *TUAT* I, Gütersloh 1982, pp. 80-92.
Cardascia, G., *L'adoption matrimoniala à Babylone et à Nuzi*, in *RHDE* 37 (1959), pp. 1-16.
Cardascia, G., *Les Lois Assyriennes*, Paris, 1969.
Cardascia, G., *Les valeurs morales dans le droit Assyrien*, in *Acta Antiqua Academiae Scientiarum Hungaricae XXII*, Fasc. 1-4, Budapest, 1974, p. 371.
Driver, G. R./Miles, J. C., *The Assyrian Laws*, Oxford, 1935, pp. 240-250.
Ehelolf, H., *Ein altassyrisches Rechtsbuch*, Berlin, 1922.
Hirata, A., *Die alexandrinischen Dikaiomata als Quelle der historischen Rechtsvergleichung*, in M. Lang/H. Barta/R. Rollinger, *Staatsverträge, Völkerrecht und Diplomatie im Alten Orient und in der griechisch-römischen Antike*, Wiesbaden, 2010, pp. 39-50.
Hirata, A., *Die Generalklausel zur Hybris in den alexandrinischen Dikaiomata*, in *SZ (Savigny Zeitschrift – Rom. Abt.)* 125 (2008), pp. 675-681.
Hirata, A., *Dogmática como instrumento metodológico na pesquisa histórica do direito*, in J. R. Rodriguez/C. E. B. Silva e Costa/S. R. Barbosa (coord.), *Nas fronteiras do formalismo - A função social da dogmática jurídica hoje*, São Paulo, 2010, pp. 63-72.
Kaser, M., *Das römische Privatrecht I*, München, 1971², pp. 77-78.
Kohler, J., *Das Recht der Chins*, in *ZVR* 6 (1886), p. 188.
Koschaker, P., *Quellenkritische Untersuchungen zu den „altassyrischen Gesetzen"*, Leipzig, 1921, pp. 48-56.
Koschaker, P., *Zum Levirat nach hethitischem Recht*, in *RHA* 10 (1933), pp. 77-89.
Lafont, S., *Middle Assyrian period*, in R. Westbrook, *A History of Ancient Near Eastern Law II*, Leiden-Boston, 2003, pp. 521-563.
Meissner, B., *Das altassyrische Schwagerehe*, in *OLZ* 11/12 (1920), pp. 246-248.
Otto, E., *Biblische Altersversorgung im altorientalischen Rechtsvergleich*, in *ZAR* 1 (1995), p. 104.
Peiser, F. E., *Zur altassyrischen Schwagerehe*, in *OLZ* 11/12 (1920), pp. 248-249
Saporetti, C., *Le leggi Medioassire*, Malibu, 1979
Schröder, O., *Keilschrifttexte aus Assur verschiedenen Inhalts*, Leipzig, 1920.
Skaist, A., *Levirat*, in E. Ebeling/B. Meissner, *Reallexikon der Assyriologie und Vorderasiatischen Archäologie VI*, Berlin-New York, 1980-1983, pp. 605 e ss.
van Praag, A., *Droit matrimonial assyro-babylonien*, Amsterdam, 1945, pp. 115-127.
Weidner, E., *Das Alter der mittelassyrischen Gesetztexte*, in *AfO* 12 (1937-1939), pp. 46-54.

Fronteiras do Normativismo: a Exemplo das Funções da Informação nos Programas de Criminal Compliance[1]

Eduardo Saad-Diniz

1. Introdução

As fronteiras do normativismo no direito penal se imiscuem nas *comunicações sobre a estrutura normativa da sociedade*[2], em que o delito e a pena vão adquirindo sentido na mesma medida em que se assinalam, prática e cotidianamente, os âmbitos de liberdade pessoal e sua consequente responsabilidade. "O conceito funcional de norma, como expectativa estável e contrafática de comportamento, pressupõe a tomada de decisão sobre a obediência ou não à norma, se ela preenche adequadamente ou não sua função regulatória. Daí se deduzem as demais características essenciais da norma, como a derivação procedimental de legitimidade ou a composição de elementos de grandeza moral, além, é claro, das expectativas de sanção e todas as consequências (simbólicas) que podem ser derivadas, seja para a

---

[1] Trabalho originalmente apresentado no seminário internacional "Constitucionalización en la sociedad mundial", na Universidade Diego Portales, em Santiago de Chile (25-26.10.2013). As citações em outros idiomas foram livremente traduzidas. Na versão em língua portuguesa, algumas pequenas variações podem haver ocorrido nestas citações em relação à versão em castelhano.

[2] JAKOBS, Günther. *System der strafrechtlichen Zurechnung*. Frankfurt: Vittorio Klostermann, 2012, p. 14.

estabilização do incerto, seja para dimensionar o futuro"[3]. Quando se põem em questão os comportamentos econômicos, não apenas a economia pode observar as formas de alocação eficiente frente às normas penais, mas também o direito penal manifesta *capacidade de regular o comportamento dos agentes econômicos*, e, portanto, o *funcionamento do mercado*, assim como formula um sistema de imputação de responsabilidade às liberdades econômicas. Observar as fronteiras do normativismo significa então compreender os vínculos possíveis entre as normas penais e o funcionamento do mercado[4].

Em uma realidade mundial na qual as vantagens da eficiência alocativa põe em xeque a capacidade de regulação estatal do funcionamento do mercado, as novas funções da informação induzam ao desenvolvimento do sistema penal de proteção da comunicação e imposição de deveres de colaboração com o Estado. O debate das novas funções da informação se dá em função de um contexto mundial, desde a transplantação de *international legal standards* de responsabilidade penal e governança global que exigem a flexibilização de ordenamentos jurídicos, estimulando a integração supranacional pelas vias também de normas penais. Integração, tal qual a concebeu Niklas Luhmann, entende-se pelo processo de *"limitação recíproca de graus de liberdade dos sistemas"*[5]. No âmbito penal, sem embargo, esse processo se choca com seus limites de legitimação[6]. Para demonstrá-lo, faremos uma observação dos movimentos de expansão das normas penais e seus possíveis aportes na verificação dos *international legal standards*, para após discutir como as novas funções das informações impuseram duvido-

---

[3] SAAD-DINIZ, Eduardo. Inimigo e pessoa no direito penal. São Paulo: LiberArs, 2012, pp. 54 e ss.

[4] "Tipos completos de negocios y ramos de la economía pueden solamente florecer porque la jurisprudencia penal estima que todavía es legal un comportamiento económico que no es totalmente serio, tal como ilustra el ejemplo del sistema comercial de donaciones: éste seguramente no podría existir en la misma magnitud que actualmente tiene si el Tribunal Federal alemán hubiera reconocido un deber de informar sobre el monto que se destina a los gastos, monto que frecuentemente es exorbitante", TIEDEMANN, Klaus. *Derecho penal y nuevas formas de criminalidad*. Trad. Manuel Abanto. Lima: Grijley, 2009, pp. 187-188.

[5] LUHMANN, Niklas. *Organización y decisión*. Trad. Darío Rodríguez. México: Herder, 2010, p. 127.

[6] "Un ordenamiento existente de la libertad no es un ordenamiento normativo abstracto, y se caracteriza porque sus integrantes comunican una libertad *real y concreta* puesta en el mundo. La libertad de los individuos presupone una *condición de libertad*", PAWLIK, Michael. "Teoría de la ciencia del derecho penal". Trad. Eduardo Saad-Diniz y Cecilia Marcela Ugartemendía. In: *Cuadernos de Política Criminal*, n. 106/2012, p. 22.

sas práticas de *simetrização* no direito penal, buscando eficácia na regulação dos regimes de transparência de informação, ademais da institucionalização de novos mecanismos para prevenção da criminalidade fundamentados em deveres de colaboração com o Estado. Finalmente, a título de conclusão, seguirão alguns dos reflexos mais relevantes destas discussões nas organizações e na prestação de serviços jurídicos.

2. Movimentos de expansão das normas penais

Desfrutando de amplo reconhecimento entre os penalistas, Jesús-María Silva Sánchez elaborou, ainda nos anos '90, um conceito analítico de elevada capacidade explicativa com respeito à possibilidade de identificar movimentos de *expansão do direito penal* e os desenvolvimentos da política criminal nas sociedades pós-industriais. Seu traço mais distintivo, como não poderia ser de outra maneira, está centrado nos reflexos da globalização econômica e da integração supranacional na dogmática jurídico-penal. Essa integração não necessariamente traria melhores níveis de auto-compreensão dogmática, colocando em risco a política criminal garantista e flexibilizando as formas tradicionais de imputação de responsabilidade[7]. De forma analítica, esse movimento de expansão das normas penais conduzido pela globalização econômica se permite verificar a partir de algumas características essenciais: (1) orientação à eficácia *prática* das medidas de prevenção à criminalidade econômica, derivadas de exigências políticas para a luta contra a criminalidade transnacional; (2) a colocação em perigo de interesses jurídicos essenciais tem natureza efetivamente lucrativa, trazendo como consequência delitos econômicos cuja regulação jurídica é todavia insuficiente e dogmaticamente pouco desenvolvida; (3) a insuficiência dogmática por vezes se reflete em tendências notadamente punitivistas, ou, em palavras de Silva, "se a isso se adiciona o evidente déficit de aplicação (*Vollzugsdefizit*) da legislação penal nestes âmbitos, dada a magnitude da tarefa assumida, parece razoável pensar que a menor *certainty* da consequencia jurídico-penal (ou, em outras palavras, o inevitável caráter *seletivo* da repressão) se veja compensada com uma maior *severity*

---

[7] SILVA SANCHEZ, Jesús-María. *A expansão do direito penal: aspectos da política criminal nas sociedades pós-industriais*. Trad. Luiz Otavio de Oliveira Rocha. 3. ed. São Paulo: Revista dos Tribunais, 2013, p. 97.

da mesma (isto é, com um reforço dos aspectos *simbólicos* da sanção)"; e, por fim, (4) a natureza transnacional própria da "integração", que faz com que a influência da *common law* seja incontornável[8].

Então, a expansão das normas penais pertence a um movimento de integração político-criminal das leis penais *por cima*, produzindo normas penais ou orientações marcadas por una política criminal de controle de contingências econômicas. Não obstante, essas teses alinhadas a uma orientação político-criminal sofrem de uma certa infra-complexidade. Sua relativização teórica, forçada pelo *pragmatismo econômico* e a perda de consistência do referencial sistêmico[9], condenam as normas penais a níveis intoleráveis de indeterminação e falta de identificação precisa do que seja a interpretação político-criminalmente orientada. Que seria essa política criminal? A própria política considerada enquanto sistema diferenciado? Uma política pública, que conjuga referencial axiológico e programa político de segurança? Ou ainda uma política jurídica, no sentido mais *kelseniano* da acepção, que implementa[10] a interpretação do direito?

Ainda que Klaus Tiedemann pense que a integração seria importante para a unificação na dogmática de matriz alemã, que exerceria o papel de restrição da punibilidade[11], neste âmbito, Silva traz relevantes aportes críticos. Principalmente, a política criminal está limitada ao âmbito do "disponível", justificando a necessidade de critérios materiais de controle racional para justificar a imposição de pena frente a uma violação normativa: das alternativas possíveis de interpretação, esta é *de facto* a menos lesiva? O interesse protegido se superpõe ao interesse lesionado? O que

---

[8] SILVA SÁNCHEZ, Jesús-María. A expansão... *op. cit.*, pp. 98-100.
[9] A representação sistêmica do discurso jurídico-penal tradicional estaria imersa em "terminologias de fachada", cujo rendimento seria insuficiente para a organização racional e construção científica do sistema do direito penal, PAWLIK, Michael. "Strafrechtswissenschaftstheorie. In: PAWLIK, Michael; ZACZYK, Rainer (Hrg.). *Festschrift für Günther Jakobs*, 2007, pp. 473-474.
[10] ROXIN, Claus. "Die Strafrechtswissenschaft vor den Aufgaben der Zukunft". In: ESER, Albin *et al* (org.) *Die deutsche Strafrechtswissenschaft vor der Jahrtausendwende*, 2000, pp. 387 e ss.
[11] TIEDEMANN, Klaus. "Der Allgemeine Teil des Strafrechts im Lichte der europäischen Rechtsvergleichung. In: *Festschrift für Lenckner*, München, 1998, pp. 433-434. Não parece, sem embargo, que a conclusão de Silva seja tão dissonante: "lo más probable será la adopción de tratados de uniformización, tambíen en temas de Parte General, acompañados de esfuerzos para garantizar *de hecho* una aplicación la más homogénea posible de los mismos", SILVA SÁNCHEZ, Jesús-María. A expansão... *op. cit.*, p. 108.

propõe Silva, em verdade, pode avançar um tanto em relação às tendências político-criminais, e isso especificamente a partir do necessário questionamento sobre a capacidade de integração eficiente de garantias nas normas penais. "Partindo de uma visão estrita do significado da eficiência econômica, entendo", diz Silva, "que não cabe justificar metodologicamente que esta seja o único fim ou o fim superior da política jurídica"[12]. A interpretação das normas penais não se reduz a abstrações de natureza política, e encontra na pessoa seus limites ontológicos e nos direitos fundamentais seus limites normativos, entendidos como fronteira infranqueável das considerações de eficiência, "onde se encontra o limite normativo-valorativo das considerações de eficiência e como (desde quais premissas) se pode construir" a interpretação das normas penais.

A falta de consistência sistêmica das soluções de política criminal "justas e adequadas a casos concretos" promoveria, em verdade, contextos jurídicos de instabilidade normativa. Ou, como criticado por Ralf Dreier, o comportamento decisório apenas acumularia soluções justas, que, sem embargo, seriam meramente parciais em relação ao sistema (*Teilsystemgerechtigkeit*)[13]. Em termos sistêmicos, a questão se explica da seguinte forma: a perspectiva político-criminal não logra promover uma abertura cognitiva que dinamize o fechamento operacional do sistema; em vez disso, deixa-o vulnerável a aberturas à política da sociedade. "As dificuldades combinatórias das estruturas normativas e da comunicação da repressividade afetam a diferenciação funcional (em relação ao ambiente) e o aperfeiçoamento do sistema jurídico-penal, pervertendo suas finalidades e sua potência de intervenção punitiva frente à 'corrupção' dos códigos que diferenciam a reação penal"[14]. Nesta delicada relação do direito penal com a política, os movimentos de expansão das normas penais trariam o risco de uma ilimitada desdiferenciação, em nome de "interesses diretos do Estado" na dinâmica interna do sistema jurídico-penal[15]. "Pior do que isso é a produção de discurso jurídico-penal que deixa vulnerável

---

[12] SILVA SÁNCHEZ, Jesús-Maria. *Política criminal y persona*. Buenos Aires: Ad Hoc, 2000, pp. 33 e ss.
[13] DREIER, Ralf. Zu Luhmanns systemtheoretischer Neuformulierung des Gerechtigkeitsproblems. In: *Rechtstheorie*, 5, 1974, pp. 189 e ss.
[14] Com referência a Marcelo Neves, SAAD-DINIZ, Eduardo. Inimigo e pessoa... *op. cit.*, p. 91.
[15] TAVARES, Juarez. *Teoria do crime culposo*. 3. ed. Rio de Janeiro: Lumen Juris, 2009, p. 187.

a auto-compreensão do direito penal, refém de seus próprios princípios e da estrutura política e social do País"[16].

Por outro lado, se as normas penais se distanciam da influência político-criminal e se alinham um tanto mais ao normativismo, o injusto (*Unrecht*) assumiria a primazia da interpretação e o conceito de pessoa informaria o sentido do sistema jurídico-penal, inclusive como projeção ao futuro: "(...) a categoria de um injusto independente da culpabilidade tem sua relevância ali onde não se trata da consequência jurídica 'pena' – quer dizer, do castigo a um fato já cometido –, mas onde o que está em questão é se, diante de um autor que se dispõe a expor a perigo bens jurídicos alheios, devem ser tomadas medidas defensivas, quer dizer, onde o objetivo do ato coativo é de natureza *preventiva*"[17].

Tomando por base essa nova diferenciação do injusto penal, criam-se os meios dogmáticos suficientes para se delimitar os padrões igualmente diferenciados de segurança cognitiva, especialmente antecipando, preventivamente, reações pré-delitivas e aperfeiçoamentos das normas de conduta. Com ênfase nestes pressupostos teóricos, pode-se operar a necessária revisão dos pressupostos de legitimação constitucional de regulação penal dos comportamentos econômicos, a fim de superar "os *déficits democráticos* das instituições surgidas nos processos de integração"[18] supranacional nos movimentos de expansão das normas penais. Da mesma forma as combinações possíveis entre os códigos punível/não-punível (desenvolvidos originalmente desde uma orientação sistêmica por Hans Theile)[19] ganham maior capacidade de rendimento (*Leistungsfähigkeit*) e legitimação democrática na sociedade econômica ao aperfeiçoar os padrões de planejamento funcional e gestão de risco.

---

[16] SAAD-DINIZ, Eduardo. Inimigo e pessoa... *op. cit.*, p. 92.

[17] PAWLIK, Michael. ¿El paso más importante de la dogmática de la última generación? Reflexiones para la diferenciación entre injusto y culpabilidad en derecho penal. In: PAWLIK, Michael. *La libertad institucionalizada*, 2010, p. 129.

[18] Assim como evidenciado por SILVA-SÁNCHEZ, Jesús-María. A expansão... *op. cit.*, p. 106-107.

[19] THEILE, Hans. *Wirtschaftskriminalität und Strafverfahren*. Tübingen: Mohr Siebeck, 2009.

2.1. Expansão extensiva e intensiva

Para a observação da expansão das normas penais faz-se oportuna a crítica às percepções de cojuntura destes movimentos penais, especialmente em âmbito econômico, reduzindo o fenômeno normativo a feições adaptativas do direito penal, como se todo o movimento se pudesse sintetizar na *adequação* à sociedade econômica. Trata-se, sem embargo, de algo um tanto mais complexo. David Felipe I Saborit, discípulo de Silva, cindiu a expansão em um movimento de dupla face: (a) a expansão extensiva e (b) a intensiva. "(...) A denominada (a) *expansão extensiva* do Direito penal, que se manifesta singularmente no campo socioeconômico: direito de consumidores e trabalhadores, imigração ilegal, meio ambiente, mercados financeiros, lavagem, urbanismo, novas tecnologias, novas formas de corrupção política etc. Este Direito penal expansivo precisa de uma ampliação das formas de atribuição de responsabilidade: irrupção massiva de bens jurídicos supra-individuais, recurso a delitos de perigo abstrato, flexibilização das regras de imputação (autoria, dolo, comissão por omissão, antecipação da fase executiva) etc."[20].

Por sua parte, a (b) expansão intensiva "(...) se manifesta em campos mais tradicionais, singularmente em matéria de terrorismo e crime organizado, delitos sexuais, delinquência grave violenta e delinquência leve habitual. Tratar-se-ia pois de uma *expansão intensiva* caracterizada, entre outros aspectos, por realçar o perfil do autor frente à gravidade do fato concreto, um severo incremento de penas, endurecimento da execução penitenciária, ampliação da supervisão não carcerária, reformas processuais buscando rapidez e eficácia etc."[21]

Tanto na expansão extensiva como na intensiva, o que se põe em questão é a recomposição das esferas individuais de organização dos indivíduos. Desde a perspectiva normativista, pode-se identificar, a partir de Silva, que esses movimentos de expansão, tanto extensiva quanto intensiva, impulsionam a transferência e assunção de funções de proteção de esferas alheias. "Em direito penal isso implica a tendência à *exasperação dos delitos de comissão*

---

[20] FELIP I SABORIT, David. "Observaciones a la expansión diez años después". In: ROBLES PLANAS, Ricardo et al (org.) *La crisis del derecho penal contemporáneo*. Barcelona: Atelier, 2010, pp. 64-65.
[21] FELIPE I SABORIT, David. Observaciones... *op. cit.*, pp. 64-65.

por omissão"[22]. E é precisamente nestes âmbitos que se reconhecem novas funções da informação e seu papel na gênese dos *deveres jurídicos de comunicação*: são transferidas a terceiros as funções de preservação da própria esfera jurídica (dimensão subjetiva da sensação de insegurança vs. a existência objetiva de perigo – exemplificar com as funções da informação na democracia), gerando consequências, quase sempre gravosas, de progressiva restrição das esferas de liberdade de atuação arriscada (*Riskante Freiheiten*). Essas restrições se veiculam por meio de ingerências, fundamentadas nos deveres de colaboração e informação[23], nem sempre fáceis de encontrar legitimação em matéria penal.

2.2. *International legal standards*

Os ciclos de expansão das normas penais não se movem assim sem mais. Há toda uma inteligência de alinhamento às normativas internacionais. Para avaliar esses ciclos de expansão no âmbito corporativo, Klaus Tiedemann sugere a observação a partir de uma "cultura da responsabilidade penal empresarial" (*Kultur der Unternehmensstrafbarkeit*). Essa percepção se insere no contexto mais amplo das transformações advindas da sociedade econômica mundial, em que a expansão das normas penais em âmbito econômico se reproduz nos espaços de desregulamentação dos mercados e instabilidades econômicas típicas de situações de desintegração financeira do sistema econômico[24]. As *débacles* sistêmicas impõem sistemas diferenciados de segurança de informação notadamente dedicados a operações de captação de recursos, proteção patrimonial e preservação da reputação da empresa em âmbito internacional. Estes sistemas de segurança incenti-

---

[22] SILVA SÁNCHEZ, Jesús-María. A expansão... *op. cit.*, p. 56.
[23] SILVA SÁNCHEZ, Jesús-María. A expansão... *op. cit.*, p. 56.
[24] "Junto a la globalización, la corrupción y la criminalidad económica también experimentaron su auge. La crisis financiera reanimó la seducción de buscar los beneficios de la competencia por medio de caminos ilegales. Las leyes anticorrupción se recrudecieron y una rigurosa interpretación jurisprudencial reforzó la presión bajo la conducción de empresas en el sentido de la preocupación con un gerenciamiento adecuado de riesgo, a fin de garantizar el cumplimiento de las leyes. Al mismo tiempo, las empresas son cada vez más confrontadas por las reivindicaciones de *compliance* impuestas por los agentes de mercado" Wolfgang Schaupensteiner, "Rechtstreue im Unternehmen - Compliance und Krisenmanagement. Konzertiertes Vorgehen statt einzelbetriebliche Maßnahmen". Disponível: http://www.schaupensteiner.de/_doc/20100617_Passau.pdf. Acesso: 04.04.2012.

vam o comportamento do tipo *comply or disclosure*, formulação de códigos de conduta (estruturas de incentivos ao comportamento empresarial) e modelos de imputação diferenciados em vista do "déficit de organização"[25] ou dos estados de "irresponsabilidade organizada" pela ausência de normas que imputem responsabilidade às empresas. Com a finalidade de garantir a estabilidade do sistema econômico, recorrem-se a prestações do sistema jurídico que instituem *deveres de colaboração* específicos para a condução dos comportamentos econômicos.

Para recuperar a estabilidade da gestão econômica, Eduardo Opazo e Darío Rodríguez assinalam que "se trata nem mais nem menos que de uma estratégia corporativa que deve incorporar um acabado diagnóstico dos cenários que a empresa enfrenta em seu meio social, os grupos prioritários que a possam afetar e aos quais afeta. O objetivo será desenvolver sua atividade com altos graus de adesão de seus públicos principais"[26]. Desde a sociologia das organizações, os deveres de colaboração adquirem também essa dinâmica estratégica, evidenciando sua capacidade de aprendizagem organizacional[27] frente à necessidade de manter uma reputação corporativa e agregar valor frente a decisões incertas. "A comunicação do medo e a desconfiança nas instituições produzem um ambiente de suspeita difícil de apaziguar"[28].

A maior preocupação na formulação destes deveres no âmbito corporativo está circunscrita às principais condutas delitivas que afetam a economia, como lavagem de capitais, fraudes financeiras, corrupção, organizações criminais e informação privilegiada. Quando são pensadas desde a perspectiva penal, "dão a impressão de espaços de impunidade que deixam à sociedade vulnerável frente ao poder das corporações, intensificando as apelações morais por uma intervenção contra a malversação da ética na condução dos negócios, sobretudo em comportamentos econômicos que

---

[25] TIEDEMANN, Klaus. "Zur Kultur der Unternehmensstrafbarkeit". In: QUELOS, Nicolas (org.) *Droit penal et diversités culturelles - Festschrift für José Hurtado Pozo*, Basel: Schulthess, 2012, pp. 495-512. Cfr. en detalles sobre el déficit de organización, NIETO MARTÍN, Adán. *La responsabilidad penal de la persona jurídicas: un modelo legislativo*. Madrid, 2008, pp. 38 e ss.
[26] OPAZO, Eduardo; RODRÍGUEZ, Darío. "Gobierno corporativo y los *stakeholders*". In: In: ENRIONE C., Alfredo. *Directorio y Gobierno Corporativo*. Santiago: Valiente, 2012, p. 104.
[27] RODRÍGUEZ MANSILLA, Darío. *Organizaciones para la modernización*. In: México: Uni. Iberoamericana, 2004, pp. 22 e ss.
[28] OPAZO, Eduardo; RODRÍGUEZ, Darío. Gobierno corporativo... *op. cit.*, p. 104.

se valem de interesses públicos para gerar benefícios privados"[29], gerando indesejáveis danos sociais (*Sozialschädlichkeit*).

Frente à incerteza econômica e desconfiança na mobilidade internacional de investimento de capital, trata-se de criar *international legal standards* para incriminar determinados comportamentos econômicos arriscados. Deduzem-se disso recombinações estruturais e também institucionais nas normas penais a nível transnacional que exercem uma função de integração (*Integrationsfunktion*)[30] dos mercados no mesmo nível. A harmonização dos marcos normativos penais não desatende às necessidades sistêmicas de regular os contextos que expõem a perigo a identidade do mercado mundial. O que pode levar a crer que a diferenciação das expectativas econômicas acabou provocando uma diferenciação também no âmbito do direito penal econômico, que se pode observar a partir de dois parâmetros distintos: (1) um *minimum standard de criminalização*, em que a ingerência penal se contém em seus limites regulatórios e não ultrapassa o ideal de *ultima ratio* e da subsidiariedade, podendo mover-se, expandindo-se, até (2) um *maximum standard de criminalização* e maior crença no potencial regulatório das normas penais. Esquematicamente, os ciclos de expansão se fazem observar e verificar empiricamente a partir dos padrões de incriminação de comportamento econômico informados em âmbito internacional e assimilados, em maior ou menor medida, em âmbito normativo nacional:

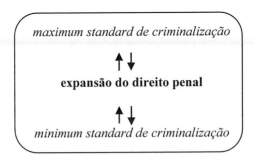

[29] SAAD-DINIZ, Eduardo. "O sentido normativo dos programas de compliance na APn 470/MG". In: *Revista dos Tribunais*, n. 933, pp. 152 e ss.
[30] TIEDEMANN, Klaus. Zur Kultur... *op. cit.*, pp. 495 e ss.

A mesma verificação da expansão se pode demonstrar na hipótese da cultura da responsabilidade penal empresarial de Tiedemann. Desde o *minimum standard* do *societas delinquere non potest*, que não reconhece a atribuição da responsabilidade penal da pessoa jurídica, a expansão alcança seu máximo nível na responsabilização autônoma das organizações empresariais, no *societas delinquere potest* à indiferença da responsabilidade de seus dirigentes. No âmbito corporativo, os *international legal standards* se decidem no campo das decisões de política econômica que negociam parcelas de soberania interna para adoção – ou *legal transplants*[31] – de padrões internacionais de gestão empresarial. Suficientemente significativa é a observação do caso chileno, em que essas rodadas internacionais de negociação se fazem evidentes ao promulgar a muito bem acabada lei de responsabilidade penal empresarial autônoma (Ley 20.393/2009) no mesmo contexto em que Chile acede à condição de membro efetivo da Organização de Cooperação dos Países em Desenvolvimento (OCDE)[32]. O *international legal maximum standard*, por meio do qual Chile adotou a responsabilidade autônoma das organizações empresariais, mostrou seus primeiros sinais na proteção penal ambiental no Brasil, a partir da interpretação jurisprudencial na Suprema Corte brasileira (RE 548.181/PR, 06.08.2013, Relatora Ministra Rosa Weber), dispensando as formas de concurso necessário de dupla imputação de pessoas, de modo tal que a coautoria dos dirigentes da empresa já não se faz mais obrigatória[33].

Estes ciclos de expansão e os transplantes de padrões internacionais de comportamento, além de estimular investigações empíricas para precisar a maior ou menor incidência de *international legal standards* na formulação e interpretação de normas penais, põem em evidência outras fronteiras de normativismo: que é a determinação moral dos conflitos socioeconômicos e sua capacidade de reversão em negócios. O perigo é reduzir a inti-

---

[31] Mais sobre em TIEDEMANN, Klaus. Zur Kultur... *op. cit.*, p. 497.
[32] Fabián Caparrós observa a supervisão por parte da OCDE a que se submeteu o Chile no processo de verificação da adequação de suas normas internas, a fim de ingressar como membro efetivo da OCDE, FABIÁN CAPARRÓS, Eduardo. "La reforma del cohecho transnacional a la luz del derecho comparado en el marco convencional de la cooperación y el desarrollo económico (el caso chileno)". In: ORSI, Omar G.; GARCIA, Nicolás R. (org.) *Transparencia, acceso a la información y tratamiento penal de la corrupción*. Buenos Aires: Del Puerto, 2011, pp. 196 e ss., 203 e ss.
[33] Sobre o concurso de pessoas no modelo brasileiro, SHECAIRA, Sérgio Salomão. *Responsabilidade penal da pessoa jurídica*. 3. ed. Rio de Janeiro: Elsevier, 2011, pp. 166 e ss.

midação penal à dimensão das *shame sanctions*, as sanciones humilhantes, que manejam a reputação e tem especial valor no âmbito corporativo[34].

3. As funções da informação

3.1. Transparência e simetria

As ideias de governança corporativa se encarregam de situar a transparência como epicentro do mercado. A comunicação nas organizações não está limitada à eficiência financeira. Assim concebida, a informação incorpora novas e estratégicas funções de (1) gestão organizacional (documentação, administração de conflitos e monitoramento de acionistas), (2) dinâmica de colaboração para agregar valor, confiança e perfectibilização da informação, (3) manipulação de situações arriscadas, de desintegração e instabilidade típicas de crise, (4) capacidade inclusiva (com a participação prévia dos interessados no processo decisório), (5) viabilidade dos sistemas de delegação de responsabilidade e (6) certificação da efetiva implementação dos modelos de segurança.

No mercado de capitais brasileiro, essas funções da informação obtiveram suas instigações mais significativas no "Novo Mercado" e na governança regulatória, que foram adotados sobretudo nas últimas décadas, com ênfase nas ideias filosóficas de Norberto Bobbio. As principais modificações estruturais se alcançaram a partir de iniciativas que impulsionaram novas diretrizes éticas de conduta corporativa, políticas de segurança institucional para garantir a liquidez e valoração das ações e especialização do sistema de informações, na mesma linha das *trust based policies* ('políticas baseadas na confiança'). Em uma entrevista, um dos protagonistas do "Novo mercado brasileiro", chegou a afirmar: "nós fizemos uma transformação de uma Bolsa elitista para uma Bolsa popular, usando e aplicando alguns dos conceitos filosóficos de Norberto Bobbio. Ele ensina que democracia é visibilidade, transparência e acesso. Foi isso que aplicamos na Bovespa (Bolsa de Valores de São Paulo). Criamos o cargo de *ombuds-*

---

[34] JÜNGEL, Marc. *Shame sanctions: Wiedergeburt der Schandstrafe? Generalpräventive Plubizität und materieller Strafbegriff.* Düsseldorf: Banana-wiss., 2011; para uma análise crítica, KUBICIEL, Michael. "*Shame Sanctions*: Ehrenstrafren im Lichte der Straftheorie". In: *Zeitschrift für die Gesamte Strafrechtswissenschaft*, n. 118, 2006, pp. 44-75; PAWLIK, Michael. "Seht, dieses Schwein!". In: *FAZ*, 16.11.2004.

man, desenvolvemos trabalhos em conjunto com as forças sindicais, criamos esse Novo Mercado. Temos esses projetos visando à responsabilidade social. Também fizemos trabalho em conjunto para divulgar os conceitos da Bolsa e do mundo do mercado mobiliário junto ao Judiciário. Temos projetos de educação financeira. Realizamos um trabalho 'muito bonito'"[35]. A *performance* do novo mercado no Brasil foi inclusive reconhecida no debate chileno: "o principal fator que explica o que está ocorrendo no Brasil é o 'Novo mercado'. Lançado a princípios de 2000 pela Bovespa em São Paulo, este novo sistema está reservado para as companhias que voluntariamente se comprometem a maiores *standards* corporativos que os legais dentro do próprio governo corporativo".

Na economia da sociedade, as configurações ideais de mercado recomendam *simetria* de informações, com paridade equitativa do nível comunicativo entre as partes interessadas. Não por outra razão é que, na gestão da organização, "cautelar os direitos de posse e uso da informação"[36] se converte no ponto em que se concentram a liberdade de condução e a responsabilidade dos dirigentes, determinando-lhe seus deveres fiduciários: dever de diligência e cuidado (*duty of care*); dever de lealdade (*duty of loyalty*); dever de sinceridade (*duty of candor*)[37], ademais do dever de documentação.

Além disso, busca-se garantir a simetria desde a obrigação de publicidade da informação, de tal forma que se lhes permita aos investidores o domínio necessário da avaliação do risco inerente a sua decisão. Neste sentido, a *"estandarização"* dos padrões de comportamento, como p. ex. no *Global Reporting Initiative – GRI* ou o *International Financial Reporting Standards* – IFRS, é a saída viável que não apenas garante voluntariamente o espaço público do mercado, senão que, ademais, gera confiança. A confiança, a sua vez, gera valor agregado de forma sustentável[38]. Daí a centralidade dos

---

[35] In: *Revista Getúlio*, mai/jun.2008, p. 25. Cfr. en detalles, MAGLIANO, Raymundo. "Mercado de capitais, poder econômico e regulação". In: FERRAZ JR., Tercio Sampaio *et al* (org.) *Poder econômico: direito, pobreza, violência, corrupção*. Barueri: Manole, 2009, pp. 11 e ss.

[36] PEZOA, Álvaro. "La responsabilidad ética del director de empresas". In: ENRIONE C., Alfredo. *Directorio y Gobierno Corporativo*. Santiago: Valiente, 2012, p. 97.

[37] CONCHA, Germán. "La regulación vigente en Chile en relación a la responsabilidad de los directores de sociedades anónimas". In: PEZOA, Álvaro. "La responsabilidad ética del director de empresas". In: ENRIONE C., Alfredo. *Directorio y Gobierno Corporativo*. Santiago: Valiente, 2012, pp. 79-80.

[38] "La obligación de proporcionar al público información respecto de la situación de la sociedad anónima parte de la premisa que la información en poder de la compañía es propiedad

"regimes de informação" (*Informationsregime*): significa que não se impõem padrões de comportamento aos *stakeholders* ou às organizações, mas sim que não se lhes são garantidos determinados níveis de informação[39]. Desde o estudo de Christine Windbichler, há aqui uma dupla função que protege os investidores e também as organizações, já que a simetria "reforça a base informacional da decisão e condiciona a auto-proteção do mercado". Sem embargo, a perspectiva normativizada de proteção da comunicação entre investimentos e organizações, cede espaço para parâmetros de regulação material de setores ou condutas concretas. Alguns regimes ganham especificidade na mesma medida em que se especializa o comportamento decisório na economia, demandando novos artifícios regulatórios que incidem sobre determinados conteúdos e aperfeiçoam a *corporate disclosure*, assim como foi o caso estadunidense com o *Sarbanes Oxley-Act* de 2002, seguidos das *sentencing guidelines*, com o objetivo de controlar as *assimetrias* de informação e evitar comportamentos danosos e ineficientes movidos pela oportunidade de lucro[40].

Sob essas novas qualidades, a informação adquire também uma função crítica, que lhe permite captar um sentido operativo mais adequado à complexa dinâmica do mercado mundial, especialmente no reconhecimento das falhas estruturais da regulação ou das alternativas jurídico-penais que são propostas. Não seria demasiado ingênuo crer que o recurso às normas penais bastaria para sanear a cultura financeira, melhorando os *standards* de governança? Teria o direito penal complexidade suficiente para manejar as informações e identificar os problemas de diagnóstico organizacional (*déficit de organización*), apontando limites normativos de capital regulatório ou tipificando um parâmetro mínimo de capitalização e controle do fluxo de pagamentos, responsáveis pelo excesso de liquidez? Ou ainda mais delicado: sobre que tipo de informação e sob quais procedimentos deve incidir o *dever de informar*?

---

privada, que tiene valor económico pues le ha costado a la sociedad anónima producirla, custodiarla e incluso mejorarla". BOZA, Beatriz. "La responsabilidad del directorio en materia de información". In: PEZOA, Álvaro. "La responsabilidad ética del director de empresas". In: ENRIONE C., Alfredo. *Directorio y Gobierno Corporativo*. Santiago: Valiente, 2012, p. 122.
[39] WINDBICHLER, Christine. "Kapitalmärkte als Vorsorgeinstrument". In: MÜNKLER, Herfried *et al.* (org.) *Handeln unter Risiko*. Bielefeld: transcript, 2010, p. 204.
[40] WINDBICHLER, Christine. Kapitalmärkte... *op. cit.*, p. 205.

Se bem é verdade que "os investidores desejam transparência, informação de qualidade e proteção de seus interesses"[41], à função essencial da informação, que é garantir a transparência e reforçar a confiança dos negócios, agrega-se ademais outra relevante dimensão da colaboração: o desafio estratégico da integração latino-americana. Gonzalo Larraguibel já havia se adiantado sobre a questão: "esta situação regional, talvez única na história, abre infinitas oportunidades de negócios e criação de valor às empresas, mas, ao mesmo tempo, obriga a que sejam repensados os modelos de negócio, de decisão, de gestão da organização e do talento que foram utilizados até agora e que sejam aceitáveis em relação às novas necessidades negociais, bastante complexas, internacionais, de maior tamanho e risco"[42]. Por isso é que, para assegurar a simetria entre os *stakeholders*, as formas jurídicas se especializaram, a fim de estabelecer as expectativas que os agentes econômicos devem cumprir para manter o nível de colaboração necessário para o funcionamento eficiente dos mercados e implementar modelos legítimos de cooperação econômica regional.

Estes deveres se produziram a partir de combinações normativas e mecanismos sancionatórios implementados nas instituições[43], trazendo ao âmbito criminal os programas de *compliance*, cujos conceitos se extraem da mesma orientação de governança: *risk management*, *value management*,

---

[41] "Evidentemente, los inversionistas institucionales desean incrementar el valor de los patrimonios administrados. Dicho valor depende, por un lado, del potencial de las empresas de generar flujos crecientes en el tiempo, pero también de riesgos asociados. Desean y exigen entonces altos estándares en cuanto a desempeño, transparencia, integridad de estados financieros, resolución apropiada de conflictos de interés y, en general, todas las condiciones propias de un buen gobierno corporativo". ENRIONE, Alfredo. "Gobierno Corporativo: un imperativo de hoy". In: PEZOA, Álvaro. "La responsabilidad ética del director de empresas". In: ENRIONE C., Alfredo. *Directorio y Gobierno Corporativo*. Santiago: Valiente, 2012, pp. 28-29.
[42] Que estão inseridos em três agendas estratégicas típicas: (1) capturar oportunidades de crescimento, orgânico e inorgânico, local e muitas vezes internacional; (2) melhorar a eficiência e impacto dos modelos atuais de negócio; (3) responder a novas necessidades de liderança das organizações, LARRAGUIBEL, Gonzalo. "El directorio y la estrategia, de la reflexión a la acción". PEZOA, Álvaro. "La responsabilidad ética del director de empresas". In: ENRIONE C., Alfredo. *Directorio y Gobierno Corporativo*. Santiago: Valiente, 2012, p. 142.
[43] Em detalhes, ENGELHART, Marc. *Sanktionierung von Unternehmen und Compliance*. 2. ed., Berlin: Duncker & Humblot, 2012, pp. 563 e ss.; EICKER, Andreas. *Die Prozeduralisierung des Strafrechts*. Bern: Nomos, 2010, pp. 168 e ss.

corporate governance, business ethic, integrity codes, codes of conduct y *corporate social responsibility*[44], discutidos em seguida.

3.2. Recurso às normas penais como reforço punitivo

O problema surge quando esta informação leva a que os *stakeholders* comuniquem suas decisões econômicas com base em informações não confiáveis, sem acesso ao mínimo relevante para identificar a formação dos preços e orientar a tomada de decisão. Para viabilizar a dinâmica da comunicação corporativa, o mercado recorre ao *reforço penal* para fazer cumprir a política de gestão das organizações empresariais reguladas pela governança. A tendência expansionista apela à intimidação penal como mecanismo de monitoramento da tomada de decisão em âmbito corporativo (*corporate internal decision structure*), incentivando o cumprimento dos novos padrões de colaboração.

A verdade é que a simetria de informações e a transparência não podem ser uma ilusão semântica com tão pouca funcionalidade. "O segredo é a alma dos negócios" é o ditado popular no Brasil. O segredo, e não a confiança. O segredo permite enganar, empregar os métodos corporativos da forma mais hábil e ardilosa para lograr o lucro. Negar informação e enganar pode *de facto* gerar mais valor que a confiança. Incumbem às formas jurídicas então novas diferenciações para, por um lado, desincentivar o engano, e, por outro, incentivar a generalização da confiança. A maior preocupação é que, fracassando a generalização de expectativas de transparência nas informações, o mercado busca fazer triunfar a eficácia de suas normas mediante o reforço punitivo da intimidação penal, até um ponto tal que, exigindo a *simetrização* das informações no comportamento econômico, se proponha a encontrar legitimação em seu trato com a proteção *assimétrica* da informação no direito penal.

Com elevada acuidade analítica, Vogel contrapôs as funções da informação no direito de mercado de capitais, simétricas, e no direito penal, assimétricas. Vogel demonstra, sobretudo, a extensão do dever de simetria de informações trasladado de um âmbito a outro, que produz uma ampliação considerável da ingerência nas esferas individuais, em contraposição aos ditames de legalidade, presunção de inocência, ou direito de não pro-

---

[44] SIEBER, Ulrich. Op. cit., pp. 451 e ss.

duzir prova contra si mesmo[45], em uma forma notadamente assimétrica entre indivíduos e Estado. Vogel também analisa que, se bem a evitação de delitos empresariais pode representar um equivalente funcional que interesse à subsidiariedade do direito penal ("a *evitação* do conflito torna a pena superficial"), a prevenção de delitos que não importe na distribuição dos âmbitos de liberdade e responsabilidade dos indivíduos é "ilegítima e disfuncional"[46]. O Estado se distancia da imposição da pena, em uma duvidosa marcha à privatização do monopólio da intervenção punitiva.

De qualquer forma, Wolfgang Frisch desenvolve uma concepção normativa da informação, tomando por base a normativização do engano fundada no direito à veracidade das informações e em defraudações de expectativas das vítimas[47]. Michael Pawlik também o faz, mas desde um "entendimento restritivo do engano que acentua a autorresponsabilidade dos destinatários" na "aquisição de informação", distribuindo o "risco de orientação" "entre o autor de um comportamento potencialmente enganoso e seu destinatário"[48]. Essas perspectivas não significam que nas fronteiras do normativismo se situa necessariamente uma expansão das normas penais com vista ao recrudescimento das incriminações. Pelo contrário, cria um sistema penal de proteção da comunicação e da função de veracidade (autenticidade, informação insuspeita e exata), que diminui a incidência de ingerência penal na exata medida em que aperfeiçoa sua qualidade normativa, deixando claramente evidentes os critérios entre a liberdade de ação econômica e os limites da tolerância do Estado à atividade econômica lícita e exitosa.

Da mesma maneira, no que diz respeito ao reforço punitivo, sucede a mesma expansão normativa em relação à "cultura da anti-corrupção"[49] e

---

[45] VOGEL, Joachim. "Estafa en la UE". Trad. Adán Nieto Martin. In: ARROYO ZAPATERO, Luis *et al* (org.) *Fraude y corrupción en el derecho penal económico europeo*. Cuenca, 2006, p. 48.
[46] VOGEL, Joachim. Wertpapierhandelsstrafrecht... *op. cit*.,pp. 732-733.
[47] FRISCH, Wolfgang. "Cuestiones fundamentales del engaño y el error en la estafa". In: *Revista de Derecho Penal y Procesal Penal*. n. 5, 2011, pp. 785 e ss.
[48] PAWLIK, Michael. "¿Engaño fraudulento por medio del envío de cartas de oferta similares a una facturación?". In: *Revista de Derecho Penal y Procesal Penal*. n. 5, 2011, p. 809.
[49] A noção de recurso a normas penais como medidas de reforço punitivo já havia sido criticada por Abanto: "después de períodos de amplia corrupción política, no se discute abiertamente sobre las causas mismas del problema, sino se tienden a repetir los mismos errores, creyendo que bastarían las medidas penales. Además, las mismas estructuras que favorecieron el incremento incontrolado de la corrupción permanecen inalteradas (incluso

os acordos de cooperação dos sistemas internacionais anti-lavagem. Nestes âmbitos, os propósitos de integração em regra são distorcidos por determinadas *preferências* particularistas, mais próprias à concorrência econômica, que podem reduzir as dimensões da cooperação a mero conflito supranacional. Sem falar do risco moral e dos custos sociais inerentes às decisões econômicas[50], é necessário submeter as informações a uma verificação de proporcionalidade, não apenas quanto à intensidade dos vínculos estruturais entre as organizações e o mercado, mas também relativamente a seu nível de organização, ao grau de dependência econômica conjuntural de determinados setores da atividade corporativa e a avaliação de impactos da crise econômica, se é o caso de novas formas de integração regional na América Latina.

As análises do comportamento econômico complexo e a utilização das informações são mais que legítimos. O inapropriado, em verdade, são os casos em que estas informações, em caso de *trading* privado, não são levadas ao conhecimento do mercado de capitais, abrindo a oportunidade para casos de informação privilegiada (*insider trading*). Brasil já sente as primeiras repercussões práticas desta discussão, e conheceu sua primeira condenação de *insider trading* em fevereiro de 2013, fundamentada na violação do dever de lealdade e sigilo de informações e, com um forte caráter normativista, reconheceu como bem jurídico tutelado a "confiança depositada nos investidores do mercado, a fim de assegurar o correto funcionamento do mercado de capitais"[51].

---

los mismos agentes corruptores se apropian del discurso de la 'lucha contra la corrupción')". ABANTO VÁSQUEZ, Manuel. "La lucha contra la corrupción en un mundo globalizado". In: LOSANO, Mario; MUÑOZ CONDE, Francisco. *El derecho ante la globalización y el terrorismo*. Valencia: Humboldt, 2004, p. 278.

[50] No modelo luhmanniano, a moral não pode constituir um sistema social funcionalmente diferenciado. Pode pertencer a um comportamento decisório do direito, ou da política, ou da economia, ou da ciência, por exemplo, sem que chegue a caracterizar um código binário que indique sua observação, cfr. LUHMANN, Niklas. *Die Moral der Gesellschaft*. Frankfurt: Suhrkamp, 2008, pp. 56.

[51] "Ademais, a credibilidade das operações do mercado de valores mobiliários se consubstancia na transparência de informações e na divulgação ampla do fato ou ato relevante a fim de garantir a igualdade de condições a todos os investidores de operar no mercado de capitais", AP 2009.61.81.005123-4/SP, Relator Desembargador Luiz Stefanini, 14.02.2013. Segundo Vega, no lugar de violação do dever institucional de lealdade frente ao mercado, trata-se em verdade de "delito especial de domínio", com necessária verificação da determinação positiva do fato, utilização da informação com independência de se vulnera um dever extra-

As funções assimétricas do direito penal não são mera casualidade. A restrição de liberdade econômica por meio da publicidade de informações relevantes para decisões dos investidores não resiste ao mesmo paradoxo que a responsabilidade penal empresarial. O que em princípio seria a evidência "em última análise, a ambiguidade de funções das normas penais, oscilando entre proteção da sociedade contra o poder das organizações e a criação de uma identidade de mercado, remonta ao debate mais amplo entre a garantia da seguridade das relações negociais *vs.* a restrição das liberdades de ação no mercado. O dilema maior consiste no fato de que *restringir* a liberdade econômica de determinadas empresas acaba por *ampliar* a segurança dos negócios, de forma tal que uma *restrição* de liberdade pode gerar, também paradoxalmente, *ampliação* de liberdade às demais empresas"[52].

3.2. Ativismo regulatório

Como *supra* demonstrado, desde as funções da informação, as formas jurídicas se diferenciaram para buscar maior eficácia na persecução penal (*law enforcement*). Com distintos matizes, no Brasil se observa uma verdadeira profusão de normas com a finalidade de regular a liberdade econômica, gerando um estado de autêntico "ativismo regulatório", que se pode sentir em dois níveis distintos: (a) administrativo e (b) legislativo penal-econômico[53].

Em *(a) nível administrativo,* o alinhamento aos *international legal standards,* sobretudo a partir dos padrões de Basileia III, é produzido na intensificação e especialização dos programas de segurança de informações no âmbito empresarial. De 2004 a 2009, por exemplo, observa-se que em suas recomendações o Banco Central do Brasil (BACEN) saltou da previsão de 43 operações suspeitas para 106, sob a ideia de aperfeiçoar a capacidade dos bancos de reagir ante a instabilidade econômica e ampliar o potencial de

---

penal existente e se incide de forma apreciável sobre a cotação dos valores e instrumentos negociados, VEGA GUTIÉRREZ, José Zamyr. *Mercado de valores y derecho penal*. Montevideo: B de f, 2013, pp. 225 e 236.

[52] SAAD-DINIZ, Eduardo... *op. cit.*, pp. 157-158.

[53] Em outras ocasiões, buscou-se demonstrar o ativismo também no âmbito da política judicial no Brasil, SAAD-DINIZ, Eduardo. "Nova Lei de Lavagem de Dinheiro no Brasil: compreendendo os programas de criminal compliance". In: *Revista Digital IAB*, n. 8/ 2013, pp. 104 e ss.

prevenção de perigos, especialmente no que concerne ao financiamento do terrorismo.

Além de ampliar os custos de transação no âmbito corporativo, trazendo novas variáveis econômicas que afetam especialmente as organizações empresariais de pequeno e médio porte, a regulação administrativa de deveres com consequências penais reporta ao problema da técnica da norma penal em branco nos delitos econômicos. Em outra ocasião, pude analisar a questão dos vazios de descrição normativa em relação aos comportamentos econômicos que se devem "preencher" com descrições advindas de outros sistemas jurídicos: "Mas não é qualquer norma que pode preencher um branco, essa criatividade para solucionar os problemas econômicos encontra obviamente seus limites. As normas são decorrentes de atos administrativos elaborados em um ambiente institucional especializado para intermediar as transações nas instituições financeiras ou comunicar as operações suspeitas de lavagem de dinheiro. Com essa técnica, o direito penal busca aperfeiçoar as normas penais, recebendo informações de outros ramos do direito para oferecer uma resposta regulatória em relação ao funcionamento do mercado. Ao menos em tese é assim que se propõe a uma maior eficácia. Tecnicamente, o sistema sancionatório não está imune aos problemas de descrição de comportamento com que tanto sofrem as normas penais, já que os atos administrativos também podem comunicar um conteúdo impreciso ou insuficiente"[54].

Por sua parte, no *(b) nível legislativo penal-econômico*: (b.1) a nova Lei de lavagem (12.683/2012), os programas de *compliance* advêm das políticas de incentivo à adoção de sistemas de inteligência e informação sobre operações suspeitas de lavagem de dinheiro. Os principais mecanismos com respeito a isso são: 1) art. 10, III e IV, adoção de políticas de prevenção, 2) deveres de comunicação do art. 11, II e III, 3) delimitação da responsabilidade do empresário dirigente e 4) indicação do *compliance officer*; (b.2) a nova Lei de concorrência – (cuja capacidade de planejamento do Estado gerou aportes financeiros de grande monta, pelo fato de que os agentes econômicos se anteciparam às infrações postas pelo Conselho Administrativo de Defesa Econômica, "apressando uma onda de aquisições de R$ 10 milhões de reais"[55]); (b.3) a nova Lei anticorrupção, ainda limitada aos

[54] SAAD-DINIZ, Eduardo. "A técnica da norma penal em branco". In: *Valor Econômico*, 19.10.2012.
[55] In: *Valor Econômico*, 30.05.2012.

âmbitos privados e administrativos, recomenda uma série de consequências penais; (b.4) a nova Lei de organizações criminais.

Nos últimos informes do Grupo de Ação Financeira – GAFI, que regula a lavagem de dinheiro em nível supranacional, o "ativismo" brasileiro mereceu muitos elogios, apontando apenas a ausência de legislação que tipifique de forma autônoma as associações terroristas.

4) Os programas de *criminal compliance*

As fronteiras do normativismo penal são postas em relevo quando se cotejam suas estruturas tradicionais e a instabilidade do mercado. O comportamento decisório em economia se diferencia pela ideia de oportunidade do lucro, que decorre de juízo de cálculo de probabilidades sobre o potencial e a disponibilidade de recursos em níveis mais elevados de produtividade. Por isso é que o problema do direito penal econômico já não resiste com seus postulados clássicos de legalidade e individualização da culpabilidade, mas sim, pelo contrário, com a descrição bem acabada do comportamento complexo dos agentes econômicos e o novo regime de necessidade de intervenção penal no âmbito das organizações empresariais. Ou seja, as normas penais que se propõem a regular o funcionamento dos mercados tomam novas estruturas normativas na sociedade econômica, em particular estimulando a adoção de programas de *criminal compliance*.

Joachim Vogel definiu a *compliance* como "conceito que provém da economia e que foi introduzido no direito empresarial, significando a posição, observância e cumprimento de normas, não necessariamente de natureza jurídica. Para se garantir a *compliance*, não se pode prescindir da boa condução da empresa (*corporate governance*) (... e determinação da) *compliance organisation*"[56]. De fato, a "complementaridade funcional"[57] das normas penais acopladas a outros âmbitos do direito e da economia incrementa a racionalidade do direito penal econômico, pensando-se que daí se originam novas possibilidades de combinação entre a condução da atividade

---

[56] VOGEL, Joachim. "Wertpapierhandelsstrafrecht". In: PAWLIK, Michael; ZACZYK, Rainer (Hrg.). *Festschrift für Günther Jakobs*, 2007, pp. 407 e ss. En detalles sobre las variaciones del concepto de *compliance*, ENGELHART, Marc. Sanktionierung... *op. cit.*, pp. 40 e ss.

[57] POLAINO-NAVARRETE, Miguel; POLAINO-ORTS, Miguel. Las insolvencias punibles en la encrucijada del derecho penal y del derecho mercantil: Tras la aprobación de la nueva Ley Concursal española. Bogotá: Universidad Externado de Colombia, 2005, pp. 74 e ss.

empresarial e a prevenção da criminalidade econômica.[58] Ulrich Sieber, por sua parte, discrimina ao menos seis etapas para a consolidação de um programa de *compliance* no âmbito penal econômico: (1) comunicação de finalidades e valores da organização relativamente à procedimentalização e gestão de riscos; (2) determinação das esferas de responsabilidade dos dirigentes e da seção de *compliance*; (3) sistema de informações e *disclosure (Hinweisgebersystem)*; (4) mecanismos de controle interno e externo; (5) medidas sancionatórias frente aos abusos; (6) estruturas de incentivo (*Anreizstrukturen*) para o cumprimento do dever[59]. Marc Engelhart situa os programas no plano da punibilidade das empresas e faz uma muito detalhada investigação comparada entre os EUA e em Alemanha. Quanto aos EUA, discrimina os pressupostos teóricos da responsabilidade das pessoas jurídicas (a. que um empregado haja cometido um delito; b. que seja cometido no âmbito das relações de empresa; c. que se demonstre o dolo de agir em benefício da própria empresa) e critica as aplicações do *respondeat superior* e das *due diligence defenses*. Na experiência alemã, o que se discute com maior ênfase são os efeitos dos *standards* de conduta para a evitação das infrações de dever, de condutas omissivas, de autoria por força do domínio de organização[60], e em todos esses âmbitos de incidência, as funções da informação exercem um papel decisivo.

É, sem embargo, a partir das sugestões de Wolfgang Schaupensteiner que se chega à síntese, por um lado, na caracterização do modelo básico de *compliance*, que compreende a adoção de uma política de prevenção à criminalidade empresarial e a implementação de mecanismos de controle interno e também externo, e, por outro, suas formas específicas de implementação, a depender da natureza do risco, da adequação dos mecanismos regulatórios, das dimensões da empresa e da complexidade do negócio[61], sem se limitar às políticas de prevenção à lavagem de capitais, estendendo-se a outros domínios empresariais, como a *compliance* socioambiental, médica ou inclusive no âmbito das relações de trabalho.

---

[58] THEILE, Hans. Unternehmensrichtlinien: Ein Beitrag zur Prävention von Wirtschaftskriminalität? In: *Zeitschrift für Internationales Strafrechtsdogmatik*, n. 09, 2008, pp. 406 e ss.
[59] SIEBER, Ulrich. *Op. cit.*, p. 458.
[60] ENGELHART, Marc. Sanktionierung... *op. cit.*, pp. 87 e ss. e 398 e ss.
[61] SCHAUPENSTEINER, Wolfgang. "Grundzüge innerbetrieblicher und konzertierter Compliance-Management-Systeme", p. 11. Disponível em: http://www.schaupensteiner.de/_doc/20101203_Deggendorf.pdf. Acesso em: 04.04.2012.

Com relação às normas penais, o que realmente interessa é compreender os vínculos possíveis com a gestão da organização empresarial conforme a governança, trazendo como consequência a assunção de padrões diferenciados de comportamento para o cumprimento de dever e atribuição de responsabilidade[62], desde novas formas de colaboração e cooperação entre organizações e o próprio Estado: a "autorregulação regulada".

4.1. Autorregulação regulada

A nova conotação das informações em âmbito corporativo produz, por conseguinte, uma nova forma de acoplamento estrutural entre seus mecanismos de organização interna e os vínculos de regulação a partir de novos deveres de colaboração externa. Quer dizer, as novas funções da informação permitem uma regulação da liberdade de organização interna das empresas, vinculando-as aos mecanismos de controle e verificação externos desta organização. Dito em termos sistêmicos e aproximando-se do modelo luhmanniano, Ulrich Sieber descreve este fenômeno da seguinte maneira: "(...) formas de 'autorregulação' e 'corregulação' (que) possibilitam, em um mundo complexo, novas formas de regulação no âmbito da economia. Isso se torna claro quando os novos *corporate codes* são vistos, desde uma observação teórico-sistêmica, como constituição autônoma da empresa e sistemas auto-reflexivos ou autopoiéticos (isto é, que se autorregulam). Nesta consideração – aprofundando ainda mais – se realizam o potencial regulatório autônomo e a validade jurídica autônoma da constituição da empresa de que fala a sociologia, que também se mostra como 'direito sem Estado'. Esses sistemas de regulação não-estatais se destacam especialmente por seus efeitos globais"[63]. É certo que a "autorregulação regulada" em Sieber determina uma retirada do Estado e a institucionalização dos deveres de informação proporciona a "cooperação funcional" entre o âmbito privado e o público. A informação opera o acoplamento estrutural entre os dois âmbitos na exata medida em que se torna disponível por meio de uma recomendação e o incentivo correlato. Em linhas gerais,

---

[62] Em detalhes, SAAD-DINIZ, Eduardo. O sentido normativo... *op. cit.*, pp. 158 e ss.
[63] SIEBER, Ulrich. "Compliance-Programme in Unternehmensstrafecht: Ein neues Konzept zur Kontrolle von Wirtschaftskriminalität". In: SIEBER, Ulrich *et al* (org). *Strafrecht und Wirtschaftsstrafrecht Dogmatik, Rechtsvergleich, Rechtstatsachen- Festschrift für Klaus Tiedmann zum 70. Geburtstag*. Berlin: Carl Heymanns Verlag, 2008, pp. 458, 476 e ss.

os programas de *compliance* estabelecem o compromisso de conduzir as informações, trasladando do âmbito corporativo às instâncias de controle. É assim que Sieber se propõe a superar os déficits de regulação do sistema privado, impondo, pela *enforced self-regulation*, estes deveres de comunicar as informações essenciais ao funcionamento do mercado, antecipando-se às formas de comunicação econômica que manipulam a informação de forma punível e demandam a imputação de responsabilidade penal[64].

Baseando-me em três momentos regulatórios, propus em outra ocasião distinguir a evolução destas formas da seguinte maneira: 1) regulação privada; 2) regulação pública; 3) corregulação público-privada. A autorregulação do conflito, esta sim isolada da presença do Estado, reporta-se ao cumprimento das normas penais conforme a percepção de lucro: se cometer um delito pode gerar mais lucros do que a obediência às normas. A regulação com forte presença do Estado inclui o próprio Estado como uma variável econômica, se ele pode ou não ser concebido como fator de indução do crescimento econômico. E para regular a autorregulação, já em um terceiro momento, o mais interessante seria encontrar os incentivos que combinam procedimentos empresariais de autorregulação, com suas prestações de deveres de informação, orientados por preceitos do Estado para sua prudente fiscalização e cumprimento das recomendações de governança[65]. Em cada uma destas etapas regulatórias, as informações não deixam de ocupar um papel central. E, sem embargo, a partir da psicologia comportamental – que analisar os aspectos subjetivos do comportamento econômico (antes de tudo um comportamento humano), que podem levar a excessos de confiança ou insegurança cognitiva –, ou, inclusive, de aplicação das neurociências no âmbito corporativo na discussão da evolução da autorregulação regulada é possível identificar uma interface muito significativa entre a análise microeconômica do direito penal e a teoria dos sistemas, especialmente no domínio das dimensões de manipulação da informação (imperfeita, fragmentada, difusa nas complexas estruturações do direito societário, ou inclusive falsificadas) na determinação dos deveres de colaboração público-privados.

Lothar Kuhlen – ainda que admitindo que a teoria dos sistemas permite interpretar os programas de *criminal compliance* como "modus" de observa-

---

[64] SIEBER, Ulrich. Compliance-Programme... *op. cit.*, p. 476.
[65] Em detalhes, SAAD-DINIZ, Eduardo. O sentido normativo... *op. cit.*, pp. 152 e ss.

ção da forma como a economia observa os vínculos entre o direito penal e a economia mesma, "irritando-se reciprocamente" – critica expressamente ditas formulações abstratas. E o faz dispensando a ideia de acoplamentos estrutural de corregulação. O que seria a autorregulação regulada, segundo ele, não necessita ser pensado a partir de categorias sistêmicas, já que distanciam a compreensão aos "não-iniciados" (*Nicht-Inaugurierte*) em suas teses centrais[66]. Em todo caso, o que importa é compreender como os particulares e as organizações podem aderir à cultura do *disclosure* e mecanismos sancionadores internos sem que se perda a centralidade estatal na prevenção da criminalidade econômica, ou, como já o criticava no Brasil Juarez Tavares, sem que haja um "desmonte do Estado" em matéria de segurança[67].

Günther Teubner também descreve estes fenômenos a partir de uma "chave de leitura" distinta no âmbito transnacional, observando um movimento global de "auto-constitucionalização" representada pelos códigos corporativos. "A globalização possibilita o recurso ao mercado financeiro como 'arbitragem regulatória'"[68]. Mas, com fundamento na crítica luhmanniana dos custos da auto-diferenciação promovida pelos *standards* corporativos na sociedade mundial, Teubner reconhece a dupla reflexividade dos códigos de conduta corporativos, em que a capacidade operativa das organizações cria modificações internas a partir de constrições externas, impostas pelos limites à liberdade de ação empresarial no âmbito dos direitos humanos, socioambientais e laborais[69]. A complexidade do comportamento econômico, sem embargo, aprende com essa dupla reflexividade e não deixa de legitimar novas formas de agregar valor mesmo quando seu comportamento parece não ser orientado pelo lucro, de tal forma que ostentar uma *policy making* sustentável em termos de direitos humanos, paradoxalmente, incorpora valor à empresa, atraindo os inves-

---

[66] KUHLEN, Lothar. "Grundfragen von Compliance und Strafrecht". In: KUHLEN, Lothar (org.) *Compliance und Strafrecht*, C.F. Müller, 2013, p. 17.
[67] TAVARES, Juarez. "A globalização e os problemas da segurança pública". In: HOLLENSTEINER, Stephan (org.) *Estado e sociedade civil no processo de reformas no Brasil e na Alemanha*. Rio de Janeiro: Lumen Juris, 2004, pp. 64-65.
[68] WÜNSCH, Oliver. *Paradox der Geldwäschereibekämpfung: Eine ökonomische Analyse*. Zürich, 2008, p. 03.
[69] TEUBNER, Günther. "Autoconstitucionalização de corporações transnacionais?". In: SCHWARTZ, Germano (org.) *Juridicização das esferas sociais e fragmentação do direito na sociedade contemporânea*. Porto Alegre: Livraria do Advogado, 2012, pp. 109 e ss.

tidores que agem sob as ideias de governança, tornando-se, igualmente, "fator de concorrência"[70] na sociedade mundial.

Já na observação da sociedade latinoamericana, a diferenciação funcional dos sistemas fica comprometida, segundo interpreta Marcelo Neves, gerando corrupção sistêmica (que é, ademais, cíclica, pela formação de estrutura de expectativa de novas atividades corruptas), e depende das organizações reestruturar o sistema[71]. Por isso é que os programas de *compliance* no âmbito criminal acabam não deixando de produzir certos níveis de instabilidade normativa. Neste âmbito de expansão normativa orientada por *international legal standards*, a assunção de padrões rígidos de cumprimento de deveres, baseados em organizações da modernidade central, pode ampliar demasiado a expansão da intervenção penal nas organizações latino-americanas. Assim, segundo Darío Rodríguez: "o desconhecimento desta estreita vinculação entre sociedade e organização levou a que, na América Latina, sejam constantemente importados modelos de organização, tratando de conseguir construir organizações mais eficientes guiadas pela racionalidade formal própria das sociedades ocidentais, a partir da qual os modelos provêm. Parecia simples buscar esta cópia de um modelo provavelmente eficiente – em seu lugar de origem – porque não se entendia que um modelo é também um produto cultural, que não pode ser trasladado sem levar em consideração as variáveis culturais que constituem o modelo, nem tampouco as particularidades da cultura em que este modelo deverá se adaptar"[72]. Que no Brasil tenhamos o mesmo padrão de comportamentos corporativos, e seus deveres de colaboração para a autorregulação regulada, significaria também que concordamos com o mesmo rigor de intimidação e repressão às infrações[73].

---

[70] Especificamente sobre *compliance* como "fator de concorrência", WÜNSCH, Oliver. *Paradox... op. cit.*, pp. 71 e ss.

[71] NEVES, Marcelo. "Aumento de complexidade nas condições de insuficiente diferenciação funcional: o paradoxo do desenvolvimento social da América Latina". In: SCHWARTZ, Germano (org.) *Juridicização das esferas sociais e fragmentação do direito na sociedade contemporânea.* Porto Alegre: Livraria do Advogado, 2012, p. 203.

[72] RODRÍGUEZ, Darío. *Diagnóstico organizacional.* 7. ed. Santiago: Ediciones UC, pp. 126 e ss.

[73] Cfr. mais sobre em SILVEIRA, Renato de Mello Jorge; SAAD-DINIZ, Eduardo. "Criminal compliance: os limites da cooperação normativa quanto à lavagem de dinheiro". In: *Revista de Direito Bancário e de Mercado de Capitais*, n. 56, 2012, pp. 308-309.

4.2. Limites de legitimação da regulação penal

A regulação da auto-regulação já tem seus limites desde o momento de sua instrumentalização dogmática. Desde este ponto de vista, a gestão de riscos no âmbito corporativo encontra critérios materiais de restrição. O próprio Silva, a seu modo, propõe que se obedeça a um processo descritivo das condutas danosas, em que seja possível determinar os indícios de descumprimento ou que reclamem inspeção, etapas necessárias para evitar a ilimitada generalização de deveres de colaboração de mera conduta perigosa.

Por agora, serão discutidos apenas alguns dos limites: em relação (a) às finalidades dos programas de *criminal compliance*; (b) perda de mobilidade do comportamento econômico e aumento dos custos de transação; (c) proteção dos empregados nos sistemas de delegação de deveres; (d) mecanismos de intensiva verificação da aplicação dos direitos fundamentais[74].

De acordo com Thomas Rotsch (a) as finalidades dos programas de *criminal compliance* se destinam à redução do âmbito de incidência da punibilidade do comportamento empresarial[75], o que, sem embargo, tem como consequência um comportamento econômico anterior que antecipa a punibilidade ainda no âmbito da organização, em uma verdadeira auto-incriminação, atribuindo relevância penal a determinadas condutas[76], a indiferença de um processo penal e as garantias a ele correspondentes. Giovanni Saavedra, na mesma linha de pensamento, identificou ali um paradoxo sociológico: inclusive quando a *compliance* tenha o propósito de diminuir a responsabilidade penal empresarial, ela acaba expandindo as hipóteses de punibilidade da empresa[77].

---

[74] SILVA SÁNCHEZ, Jesús-María. "Hacia el derecho penal de Estado de la prevención". In: SILVA SÁNCHEZ, Jesús-María. ¿Libertades ecónomicas o fraudes punibles? Madrid: Marcial Pons, 2003, pp. 315 e 316.
[75] ROTSCH, Thomas. "Criminal Compliance". In: *Zeitschrift für Internationales Strafrechtsdogmatik*, n. 10, 2010, p. 615.
[76] ROTSCH, Thomas. Criminal compliance... *op. cit.*, pp. 615-616. Seguido por BOCK, Dennis. Stand der strafrechtswissenschaftlichen Compliance-Diskussion in Deutschland. In: ROTSCH, Thomas (org.). *Wissenschaftliche und praktische Aspekte der nationalen und internationalen Compliance-Diskussion*. Baden-Baden: Nomos, 2012, p. 66.
[77] SAAVEDRA, Giovani A. "Criminal Compliance aus brasilianischer Sicht". In: ROTSCH, Thomas (org.). *Wissenschaftliche und praktische Aspekte der nationalen und internationalen Compliance-Diskussion*. Baden-Baden: Nomos, 2012, p. 154.

Por outro lado, observa-se (b) perda de mobilidade do comportamento econômico e aumento dos custos de transação, já que a fixação de *standards* de comportamento econômico retira a flexibilidade exigida pela dinâmica do mercado. Dennis Bock analisa que os "custos burocráticos" geram a adstringência das liberdades de organização, chegando inclusive a afetar seu potencial de inovação.[78]

No que concerne aos (c) mecanismos de proteção aos empregados no âmbito corporativo, tornam-se ainda mais delicados os desafios de prevenção por meio dos programas de *compliance*. Sob pressão dos programas de *compliance*, podem os dirigentes impor a evitação de delitos sem violar a intimidade de seus empregados? Ou seja, como ponderar sobre a colisão de deveres existente entre os deveres de controle dos empresários e a proteção da privacidade de seus empregados?[79] Essa oposição entre, por um lado, os deveres de informar e vigiar, e, por outro, os deveres pessoas, repõe na discussão o conceito de pessoa, recomendando elaboração de critérios materiais de restrição da imputação de responsabilidade nos sistemas de delegação de deveres corporativos.

Mas nenhum destes questionamentos pode ter maior importância para a legitimação dos programas de *compliance* que (d) os mecanismos de intensiva verificação da aplicação dos direitos fundamentais. Na linha da constitucionalização da ordem jurídica, institucionalizando deveres entre privados, entes de Estado ou mesmo que recomendem deveres de colaboração na relação entre privados e entes de Estado, Matthias Jestaedt orienta o recurso "intensivo" à verificação constitucional: "a Constituição não se reduz a mero direito especial (*Sonderrecht*) das relações políticas, mas sim ascende a uma ordem de valores penetrante em cada uma das relações jurídicas"[80]. Essa verificação intensiva se constitui em um poderoso instrumento de limitação dos âmbitos de incidência dos deveres, reduzindo os impactos observados na institucionalização nos programas de *compliance* e as pressões por integração e cooperação nas liberdades individuais.

---

[78] BOCK, Dennis. Stand... *op. cit.*, p. 66.
[79] Interessantes aportes em AGUSTINA SANLLEHÍ, José R. *El delito en la empresa*. Barcelona: Atelier, 2009, pp. 231 e ss.
[80] JESTAEDT, Matthias. "Phänomen Bundesverfassungsgericht. Was das Gericht zu dem macht, was es ist". In: *Das entgrenzte Gericht*. Frankfurt: Suhrkamp, 2009, p. 86.

4.3. A título de conclusão: reflexos nas organizações e na prestação de serviços jurídicos.

Essas são apenas as primeiras observações sobre as fronteiras do normativismo para a consolidação de um modelo racional de regulação penal das expectativas econômicas. Por ocasião de análise crítica da Ação Penal n. 470, que julgou o mais rumoroso escândalo de corrupção da história recente no Brasil, envolvendo alguns dos membros de Governo Lula da Silva, procurei fazer as primeiras reflexões sobre as repercussões da intimidação penal na prestação de serviços jurídicos[81]: desde meu ponto de vista, veiculou-se "a ideia de que esta intimidação serviria como reação ao poder econômico das organizações e aos escândalos de corrupção. Não parece que seja assim tão simples. O que está em jogo é uma lógica de alinhamento internacional e integração dos mercados por meio da regulação penal, transitando da repressão para a prevenção. De agora em diante, o que importa ao penalista é compreender que deve encontrar espaços de atuação profissional nas estruturas prévias (*ex ante*) de governança, por meio dos programas de gestão empresarial. No lugar da intimidação, criação de estruturas de incentivo ao cumprimento dos deveres de colaboração com o Estado na prevenção à criminalidade econômica. Em vez da rotina das condenações criminais, comportamento estratégico e gestão de risco por meio de procedimentos internos de cumprimento de dever para proteção da organização empresarial, na qual a interpretação das leis penais comunique também uma descrição bem acabada da ordem jurídico do mercado. Neste contexto surge a figura do novo defensor penal, inserido em cultura organizacional de diligência e cuidado, lealdade e sinceridade na prevenção à criminalidade econômica"[82].

Com fundamento na adequação constitucional do modelo de segurança pública vinculado a expectativas econômicas, as habilidades profissionais do defensor criminal se desenvolvem a partir das possibilidades de interação funcional com outros sistemas jurídicos e com o que aprende nas organizações, especialmente no que diz respeito a seus novos papéis,

---

[81] Distintas formas de avaliação da prestação de serviços jurídicos em CAMPILONGO, Celso. "Assessoria jurídica popular: falsa promessa?". SCHWARTZ, Germano (org.) *Juridicização das esferas sociais e fragmentação do direito na sociedade contemporânea*. Porto Alegre: Livraria do Advogado, 2012, pp. 231 e ss.
[82] SAAD-DINIZ, Eduardo. O novo defensor... *op. cit.*

como gestor-negociador, que preserva sua reputação frente às instituições e às redes negociais, ostentando aptidão extra-processual e conhecimentos extra-jurídicos sólidos e crescentemente especializados, cada vez mais tendentes ao diálogo multiprofissional, superando o tradicional conceito personalista do defensor[83]. "Para além do permitido/proibido na solução do caso", continuo em minha análise, "o defensor deverá 'governar' o conflito, apontando os problemas da antecipação de punibilidade nas diligências, podendo sugerir alternativas à regulação excessiva ou assimétrica. Da mesma forma, se é o caso de deveres demasiado ingênuos – como crer que haverá denúncias às operações suspeitas no âmbito interno da empresa, ou que os clientes seriam entregues à fiscalização – ou que possam atravancar o funcionamento eficiente da empresa". E concluí apresentando dois âmbitos analíticos de observação: "desde o ponto de vista microeconômico, consta de sua formação profissional a habilidade de adoção, implementação e certificação destas estruturas de incentivo. Na perspectiva macro, a capacidade de antecipar a política econômica, estabelecendo os vínculos com a política criminal específica para a integração do mercado"[84].

Em conclusão, com esses argumentos procurei expor as fronteiras do normativismo penal frente às estruturas normativas da sociedade econômica, observando como as novas funções da informação e a institucionalização dos programas de *criminal compliance* nos permitem compreender movimentos de expansão e integração supranacional por meio das normas penais.

---

[83] Em detalhes, SAAD-DINIZ, Eduardo. "Notas sobre a intervenção da mídia no livre convencimento e o papel do 'novo defensor penal'". In: PEDRINA, Gustavo Mascarenhas de Lacerda. *AP 470*. São Paulo: LiberArs, 2013, pp. 269 e ss. Cfr. JAHN, Matthias. "Der Unternehmensanwalt als 'neuer Strafverteidigertyp' und die Compliance-Diskussion im deutschen Wirtschaftsstrafrecht (Teil I)". In: *Zeitschrift für Wirtschaftsstrafrecht und Haftung im Unternehmen*. 12/2012, pp. 477-520.

[84] SAAD-DINIZ, Eduardo. O novo defensor... *op. cit.*

Ensino da Responsabilidade Civil na Graduação em Direito

Giselda Maria Fernandes Novaes Hironaka
Fernando Dias Andrade

1. Palavras iniciais e colocação das indagações acerca do ensino da responsabilidade civil na graduação

Responsabilidade civil é, sem dúvida, uma das áreas mais desafiadoras do ensino do direito civil. Essa área – conhecida em outros países pelo nome provavelmente mais apropriado de Direito dos Danos – está, apesar de ter sido convencionada como uma seção à parte no currículo do direito civil e como um título à parte no Código Civil, muito aquém de ser uma parte independente. Assim como a cidade de Paris é uma encruzilhada que liga a maior parte das demais capitais da Europa, a responsabilidade civil é uma encruzilhada entre os princípios do direito *("não causar dano a ninguém", "dar a cada um o que é seu")* e o que mais no sistema do direito civil, é uma encruzilhada entre o direito civil e o direito penal (que pensará a responsabilidade penal a partir do conceito de responsabilidade civil) e, ainda, uma encruzilhada – para além de uma extensão – entre o direito das obrigações (a base tradicional da parte especial do nosso Código Civil) e o restante das áreas da parte especial do direito civil. Finalmente, a responsabilidade civil representa, entre os propósitos do direito, a finalidade mais pura e tradicionalmente civilista (porque a finalidade mais protetora do patrimônio), ainda que não necessariamente a mais importante (porque o novo direito civil pode ser, e é, um direito que excede as preocupações patrimoniais).

Importa, assim, pensar as razões e finalidades do direito civil quando se discute um tema tão prático e concreto quanto é o tema do ensino da responsabilidade civil em um dos espaços que lhe estão abertos – a graduação. Pensar a responsabilidade civil na graduação pode significar pensar o que entendemos ser a finalidade do ensino do próprio direito civil em todas as áreas, pois diante desse tema não se pode ficar indiferente. É preciso atribuir-lhe um valor específico no sistema do direito civil, e esse valor será um indicativo do que pensamos ser importante dentro do próprio direito civil, bem como de qual o tipo de estudante queremos ver graduado em direito.

Pode parecer estranho, em uma visão tradicional, enfatizar o estudo da responsabilidade civil, atribuindo-lhe essa importância de fator relacional entre distintas áreas do direito civil ou mesmo do próprio direito. De fato, se pensarmos a maneira como em geral ou tradicionalmente as matérias do direito civil eram distribuídas para o ensino primeiro na graduação em cinco anos de estudos de direito civil (parte geral, direito das obrigações, direitos reais, direito de família, direito das sucessões), ainda estranharemos a patente amputação de partes certamente importantes – em especial a teoria dos contratos (tanto parte geral quanto os contratos em espécie), mas também a responsabilidade civil, que a despeito de sua presença em determinado momento da parte geral (aquele em que se apresenta a idéia de ato ilícito) e de um espaço próprio adiante no Código Civil era ignorada ou relegada a alguns capítulos complementares nos manuais tradicionais de instituições do direito civil.

Obviamente, havia em direito estrangeiro, e em seguida em direito brasileiro, considerável doutrina da qual resultaram tratados ou estudos específicos sobre a responsabilidade civil (tradição que, entre nós, foi devidamente inaugurada pela obra de Alvino Lima, nos anos 30 do século XX). No entanto, essas obras sempre ficaram longe da graduação, no sentido de que nunca foram determinantes para que se incluísse, no quadro geral do currículo de direito civil, uma divisão específica para o ensino da responsabilidade civil nessa etapa da formação jurídica.

Só muito recentemente essa possibilidade tem sido pensada e introduzida em alguns programas de graduação no Brasil. Como se sabe, em algum momento deveria ser o caso de abrir espaço ao *direito dos danos*, porque a sua própria estrutura legal e institucional pedia um estudo específico. Apontando para essa tendência, surgiram seções dedicadas à responsabilidade civil, e hoje já é comum encontrar nos manuais de direito civil para a graduação pequenas obras exclusivamente dedicados a essa área. Esses estudos tornaram-se significativos e indispensáveis a qualquer manual que não os inclua com ênfase. Entretanto, há todos os motivos para conceder à responsabilidade civil espaço ainda maior dentro do conjunto geral dos temas de direito civil para a graduação, isto é, mais do que um volume tímido entre o conjunto de volumes que formam um extenso manual de direito civil, é preciso ampliar o tamanho do volume da responsabilidade civil, tanto porque ela tem repertório para isso quanto porque ela apresenta, justamente, um excelente campo de conexão com outras áreas do direito e do direito civil. Já perceberam essa amplidão os tratados de responsabilidade civil que hoje são voltados para um público de profissionais e de pós-graduação, mas se considerarmos que o ensino do direito civil na graduação se beneficia cada vez mais do estudo de casos ao lado do estudo da estrutura lógica e teórica do direito civil, então talvez seja relevante transformar os tímidos volumes sobre responsabilidade civil (escritos para a graduação) em vigorosos volumes de exposição teórica e, principalmente, de elucidação de casos. Definitivamente, os casos práticos da responsabilidade civil são um meio eficiente de apresentar ao graduando em direito as dificuldades e diferenças de interpretação envolvidas na solução desse viés aparentemente tão simples quanto o *"não lesar a ninguém"* e o *"dar a cada um o que é seu"*. Viés apenas aparentemente simples.

Assim, é o caso de se pensar: o que significa hoje o ensino da responsabilidade civil na graduação? Por que a responsabilidade civil faz parte do direito civil? Por que a responsabilidade civil é uma parte singular do direito civil. Por que ela é uma parte tão importante quanto as demais. Se ela pode se tornar uma parte mais importante do que as demais, por que tudo isso é relevante para o ensino do direito civil na graduação? O que significará, consideradas essas indagações, o ensino da responsabilidade civil na graduação? E, enfim, quais os resultados que podem ser alcançados para o ensino do direito como um todo (por que a responsabilidade civil não se reduz ao direito civil e nem mesmo ao direito)?

2. Qual o significado, hoje, do ensino da responsabilidade civil na graduação?

Já foi mencionado o fato de que a responsabilidade civil ganhou mais espaço dentro dos manuais de direito civil. Qual terá sido o motivo? Será que esse fato responde a um interesse crescente por parte do público leitor ou a um interesse pessoal e pedagógico dos autores e professores de direito civil? Talvez um misto de ambos, e no que diz respeito ao interesse do leitor referimo-nos diretamente do interesse dos estudantes de graduação (principal público-alvo dos manuais de direito civil). É possível verificar um interesse crescente por parte desse público (ou dessa "clientela", como alguns gostam de dizer)? Talvez a resposta possa ser mesmo positiva, mas um interesse desenhado apenas desse modo não teria importância significativa, podendo até mesmo comparecer nefastamente.

Em outras palavras, a quase totalidade dos acadêmicos de direito que pretendem advogar pensa na advocacia como um meio de ganhar dinheiro (o que faz sentido em termos práticos, afinal...) não formam uma espécie incomum os advogados que se dedicam às conseqüências da inexecução das obrigações e, em especial, à responsabilidade civil. De fato, qual a figura, hoje, daquele que advoga em favor da compensação ou reparação dos danos? Não por acaso, é uma figura às vezes malquista ou malvista, por ser rotulado como (ou por ser, de fato, em tantas vezes) um agente em constante busca da indenização máxima. Esse raciocínio prático, que automaticamente relaciona o dano à necessidade de reparação, e esta à necessidade de indenização, domina a compreensão corrente sobre as finalidades da responsabilidade civil.

Essa é também a compreensão que os acadêmicos de direito costumam ouvir de seus próprios professores. Na graduação atual, o acadêmico quer dos professores a apresentação das fórmulas mágicas que permitirão identificar todas as situações em que seja possível constatar uma possibilidade viável de indenização. Em lugar de conhecer e proteger os direitos ou de prever e se precaver contra os danos, talvez importe mais para muitos acadêmicos (e para muitos professores, infelizmente) ignorar a prática da precaução e desenvolver exclusivamente as técnicas da chamada *indústria da indenização*. Por essa razão – e como não poderia deixar de ser – boa parte da bibliografia doutrinária atual tem se desenvolvido com vistas a alimentar ou responder a esse apelo por instrumentos que garantam êxito nas demandas indenizatórias. Em outras palavras, o crescente interesse pela responsabilidade civil pode estar sendo alimentado exclusivamente pelo interesse em ingressar na *indústria da indenização*, e não no interesse de formar uma sociedade mais segura e mais precavida.

Assim, como pode ser visto, hoje, o ensino da responsabilidade civil nos cursos de graduação? Seja por via ou não dos manuais de direito civil (e sejam eles bons ou medianos), seja nas aulas regulares da graduação, seja nos cursos de extensão, seja nos cursinhos paralelos ao fim da graduação, a responsabilidade civil é este *interessante lugar* em que se aprende a *calcular indenizações*.

Não deixamos de reconhecer, é claro, que a indenização é uma parte importante do estudo da responsabilidade civil e da inexecução das obrigações, e certamente é uma das suas grandes finalidades práticas. No entanto, há dois aspectos significativos nesse assunto que se deve registrar: *primeiro*, justamente por ser a indenização uma finalidade, há antes dela etapas e temas que podem ser mais importantes e fundamentais; *segundo*, mesmo entre as finalidades da responsabilidade civil, talvez a indenização não seja a finalidade mais importante.

Antes de se estudar a indenização, há toda uma base teórica da responsabilidade civil que precisa ser apresentada e conhecida. Essa base se confunde com as bases da teoria das obrigações, e pressupõe o pleno conhecimento do que é uma obrigação, convencionada ou não. A responsabilidade civil obedece a uma lógica semelhante à da inexecução das obrigações: assim como é preciso reparar um dano causado pelo descumprimento de uma obrigação, deve-se reparar o dano causado independentemente de relação contratual. Isso é correto. Contudo, é preciso pensar no significado profundo de obrigação e de bem jurídico se pretendemos sustentar a sua proteção e se, depois, quisermos igualmente sustentar a reparação dos danos que decorrem do desrespeito à obrigação pactuada, ou do bem jurídico lesado. Nos cursos de graduação de hoje, há muito interesse em se discutir a indenização, mas pouco debate a respeito do que é obrigação e bem jurídico – e essa é uma lacuna terrível, a qual se deve buscar solucionar urgentemente.

Por que seria esta uma lacuna tão grave? Pensemos a partir da própria idéia de indenização. Qual a racionalidade de se defender a reparação de um dano se não pudermos definir o valor de um bem ou de uma obrigação (premissa necessária para perceber se houve dano, uma vez que este é um prejuízo sobre o valor da coisa)? Somos tão acostumados a lidar com a idéia de indenização (hábito que inclui também a idéia de multa ou de cláusula penal) que talvez cheguemos a identificar o valor da indenização com o valor da própria coisa, ou como o principal valor da coisa. Ou seja, quando vemos a indenização como a grande finalidade ou razão de ser da responsabilidade civil, ou da teoria das obrigações, perdemos de vista o valor do próprio bem jurídico e o substituímos pelo valor de um bem abstrato que o substitui. Será que isso é justo? Tenho certeza que não.

A concentração da nossa atenção no cálculo da indenização – no interesse pelo bem indenizatório em lugar do bem original – pode nos fazer perder a noção de bem e, conseqüentemente, as noções de direito (subjetivo) e de valor. Dessa forma, pode nos distanciar da compreensão do que é a dignidade de algo. No entanto, mesmo em uma perspectiva puramente prática – saber o valor original do bem para constatar o prejuízo e calcular a indenização –, o conhecimento do valor original do bem, da coisa, do direito ou da pessoa tem um lugar central. Dada essa constatação, por que perdê-lo de vista?

Se observarmos a estrutura costumeira dos manuais de direito civil na parte em que se dedicam à responsabilidade civil, veremos que sempre há no início do livro uma abordagem do que é o dano ou o ilícito. É nessa análise, geralmente, que se concentra tudo o que de essencial o autor tem a dizer sobre o bem jurídico. Este, inclusive, é tratado por razões indiretas, uma vez que o alvo principal do início da obra sempre é a definição do ilícito (como um ato que não se deve realizar, mas que, se realizado, talvez gere um direito a ressarcimento), e não a definição de bem jurídico (que é justamente o bem primordial que não se deve ofender).

Em outras palavras, as obras de responsabilidade civil começam do ato ilícito, a partir da descrição de uma sociedade que desrespeita o patrimônio alheio, tanto privado quanto público. O leitor é apresentado à figura do dano, prática tão comum na vida diária dos homens. O dano é definido como um prejuízo material ou de apreciação econômica que o bem sofreu por conta do ilícito. Seria este um bom momento para se explorar, detalhadamente, o bem, mas nenhum doutrinador aproveita essa oportunidade. Ao contrário, estabelecida a compreensão de que o dano é um prejuízo sobre o valor econômico da coisa, do bem ou do direito, passa-se à investigação do nexo de causalidade entre autor do ilícito e dano sofrido; e, havendo a verificação do nexo causal, passa-se ao cálculo da indenização, que, por sua vez, se mede pela extensão do dano. Um grande e infindável círculo vicioso!

Nessa passagem do dano à indenização, o leitor é levado a acostumar-se, ainda, com certa forma (completamente técnica) de raciocinar sobre as relações entre autor e dano, valor do bem diante do dano (valor anterior e valor posterior ao dano), capacidade do autor para responder pelo dano e capacidade de seu patrimônio para prover a indenização. Toda a estrutura está preparada para servir ao motor da *indústria da indenização*: nela cabe toda uma tipologia de modalidades de ilícito (e das respectivas responsabilidades), cuja tendência é se tornar eterna, ainda que mutável, e que se mostra como o grande arsenal de que se pode servir o operador jurídico a fim de identificar os ilícitos e calcular a viabilidade das ações indenizatórias.

Pouca ou nenhuma palavra há sobre a necessidade de se construir uma sociedade segura – não por meio da certeza da indenização, mas por meio da viabilidade da precaução. Esta é a sociedade para a qual somos formados e formamos, infelizmente: uma sociedade beligerante (de reparação, de indenização), não uma sociedade pacífica (de preservação, de precaução).

3. Proposta acerca de uma estrutura mais aberta a conteúdos de maior reflexão e investigação ética em torno da própria questão da responsabilidade

No que diz respeito à estrutura aqui citada dos manuais de responsabilidade civil – aquela que parte da apresentação do ilícito para explicar as modalidades de dano, as espécies de responsabilidade, os requisitos do nexo causal, as situações excludentes ou agravantes da responsabilidade etc. –, nota-se que é uma conquista histórica da doutrina e convém ser mantida como estrutura. Contudo, é muito importante que seja uma estrutura aberta a conteúdos de maior reflexão e investigação ética em torno da própria questão da responsabilidade. Uma reflexão assim conduzida permitiria, entre outras coisas, pensar melhor acerca do que é bem jurídico, da natureza e origem das circunstâncias que o lesam, ao lado de todo o percurso que objetiva explicar o que é o ilícito, por que o ilícito não deve ficar impune e quais os meios disponíveis para corrigir o dano pela indenização. O operador jurídico que se volta para a responsabilidade civil tem motivos para se ver como um grande arauto da justiça entre os homens, mas só o será verdadeiramente se estiver atento para todo esse trajeto, que vai muito além das fronteiras da questão simplesmente indenizatória.

Pode parecer estranho falar de uma reflexão sobre responsabilidade civil que não envolva, como finalidade principal ou única, o cálculo da indenização. É estranho justamente porque somos esta sociedade formada por princípios de justiça adversos à noção de preservação, mas esse estranhamento também é importante, pois evidencia o quanto já se pode estar viciado pelo hábito de identificar a indenização ao dano.

Em termos de orientação para o cálculo indenizatório, no entanto, as obras em geral estão bem descritas, tanto que acelera como nunca a chamada "*indústria da indenização*". Mesmo as obras sérias de doutrina não deixam de ser sensíveis a esse filão impressionante formado em torno da *indústria*, de maneira que em nosso universo jurídico pode-se com facilidade sentir que, a princípio, *há meios para pedir indenização sobre tudo*. A noção de responsabilidade, assim, multiplica-se por inúmeras especificidades, casos particulares que jamais serão a última palavra concreta em torno daquela hipótese. Na doutrina, avolumam-se os manuais de responsabilidade – quando voltados mais para um público profissionalizado – que se tornam apenas manuais práticos de investigação indenizatória. O leitor acadêmico de graduação, munido daqueles volumes sobre a responsabilidade civil, imagina, diante dessa bibliografia especializada cada vez mais multifacetada e volumosa, voltada para os profissionais do direito, que o estudo da responsabilidade avança apenas por meio do acúmulo quantitativo de casos concretos. Trata-se de uma imagem que descreve uma realidade de mercado (os volumes mais vendáveis sobre responsabilidade são aqueles que mais fornecem instrumentos para mais – ou novas – modalidades indenizatórias), mas em parte também é uma imagem que reflete uma intuição correta, a de que os casos concretos são potencialmente infinitos e que quanto mais se conhecer deles, melhor.

De fato, foi dito no início deste texto: o estudo da responsabilidade civil se beneficia grandiosamente do estudo dos casos concretos. Todavia, há duas maneiras de fazer tal estudo, que ousaremos aqui denominar, respectivamente, *perspectiva indenizatória* e *perspectiva reflexiva*.

3.1 Perspectiva indenizatória

Por perspectiva indenizatória deve-se entender o que praticamente é ensinado hoje, aos acadêmicos de direito, como o grande modelo do estudo da responsabilidade civil: é preciso conhecer as modalidades de dano para se constatar as viabilidades de indenização. Para essa finalidade, voltam-se tanto os volumes sobre responsabilidade civil que integram os manuais de direito civil quanto os grandes tratados de responsabilidade civil. E ao lado dessa perspectiva é possível identificar outra, a qual chamamos de reflexiva, que é uma maneira de pensar a responsabilidade contra a tendência costumeira de cair na tentação do cálculo indenizatório, isto é, pensar a responsabilidade evitando chegar ou concluir pelo cálculo indenizatório, ainda que se constate que ele é devido.

3.2 Perspectiva reflexiva

A perspectiva reflexiva – que não costuma estar presente nos manuais de direito civil que versam sobre a responsabilidade civil – é um esforço de pensar o sentido da responsabilidade, e não de torná-la um pretexto para se chegar ao pedido da indenização.

Significa a concepção dessas duas perspectivas a concepção de duas tendências opostas de estudo da responsabilidade civil? Não se pode dizer opostas, mas parecem ser complementares entre si; só não foram ainda analisadas dessa maneira. Pensamos ser válido experimentar ambas as perspectivas em conjunto: *a perspectiva indenizatória teria muito a ganhar com a perspectiva reflexiva*. Em termos acadêmicos e intelectuais a proposta é mais do que válida. Contudo, ficam as perguntas: seria viável? Chegaria a algum lugar? Só experimentando-a para saber.

Ora, se se trata de experimentar uma outra forma de estudo da responsabilidade civil, e se estamos a pensar o ensino da responsabilidade civil na graduação, caberia perguntar: será que poderíamos experimentá-la já no ambiente da graduação? De todos os ambientes – ou etapas, talvez – de estudo de qualquer tema do direito civil, a graduação parece ser na prática o menos experimental e também o ambiente mais apegado aos manuais. No entanto, por que, se é na graduação que, teoricamente, estão as mentes mais abertas à nova informação, aos novos temas – e, em conseqüência, às novas perspectivas? Porque é na graduação que os educadores mais têm medo de tentar novos procedimentos de investigação; é na graduação que os educadores mais se aferram às estruturas fixas dos manuais e dos tratados, reverenciando programas fixos que não se ousa modificar.

Pensamos que esse medo coletivo que nos assoma como educadores é também um erro coletivo; não é por amor à preservação de uma metodologia científica vitoriosa que nos mantemos fixos aos nossos programas imutáveis, e sim por falta de prática da nossa própria reflexão. É comum, entre nós, esse apego a currículos fixos, como se a antigüidade do currículo quisesse significar sua maior validade (quando pode ser exatamente o contrário em termos científicos). O que dizer do currículo padronizado em torno da responsabilidade civil? Ele é consagrado, sem dúvida, mas será que haveria razões para modificá-lo? Se houver, será que a graduação, enfim, é ambiente adequado para tentar fazê-lo?

Nem mesmo Paulo Freire tem uma posição enfaticamente favorável aos experimentalismos na graduação universitária – ele estava mais preocupado com a principal fase de qualquer educação, a educação fundamental –, mas é certo que há um consenso dos educadores que se dedicam ao ensino universitário quanto ao *valor experimental* único que a graduação possui. Em outras palavras: é na graduação que mais se pode criar quando se trata de ensino universitário. Entretanto, se por vícios ou maus costumes somos temerosos de fazê-lo, será útil fazer saber – a todos os envolvidos com o ensino universitário – que a experimentação na graduação é o laboratório mais privilegiado para a descoberta do que é possível fazer em termos de conhecimento científico ou acadêmico do direito.

Na graduação em direito – tempo e lugar em que se apresentam as bases, além dos grandes temas que deverão ser para sempre aprofundados – pode ser testada a viabilidade pedagógica e racional de qualquer perspectiva teórica a respeito do direito. Inclusive, evidentemente, da responsabilidade civil. Se alguma inovação que se perceber necessária, em termos de didática ou de análise científica da responsabilidade civil, caberá ao docente testá-la no espaço aberto da graduação, uma vez que esta é um espaço que não apenas permite essa experimentação como ainda oferece instrumentos para corrigir os próprios erros interpretativos que ali se percebam. Como a graduação em direito, em suma, não há espaço mais privilegiado para se pensar os alcances da responsabilidade civil e as necessidades de sua reformulação pedagógica.

Nesse sentido, afirma-se que é na graduação que se deve tentar qualquer mudança na abordagem da responsabilidade civil. Quaisquer que sejam as conseqüências.

Essas mudanças serão aqui descritas, mas antes cabe alertar sobre a necessidade de manter o que deve ser mantido. Cabe chegar a uma outra – não exatamente "nova", mas, sim, "outra", *não-industrial* – compreensão da responsabilidade civil. Essa outra compreensão, todavia, não necessita ainda de qualquer propensão anárquica ou demolidora, ela pode perfeitamente manter o que deve ser mantido (ou não será mais o próprio instituto da responsabilidade civil), mas precisa mudar o que deve ser mudado (ou não haverá novidade). Assim, *mutatis mutandis*, o que é o ensino reflexivo da responsabilidade civil na graduação? Vamos analisar.

4. Por que a responsabilidade civil faz parte do direito civil?

Não é possível pensar o direito civil sem a responsabilidade civil. Não é possível, nem mesmo, pensar o próprio direito sem a responsabilidade civil. Entre os princípios gerais do direito já consagrados no mundo clássico dos romanos, inclui-se a regra máxima da responsabilidade civil, o princípio que ordena *"não causar dano a ninguém"*. Será possível pensar algum ramo do direito sem a presença dessa máxima? Por certo que não. Dessa maneira, mesmo que seja válida uma nova compreensão da responsabilidade civil, ela não pode deixar de partir desta base que é o princípio *"não causar dano a ninguém"*.

Apenas esse princípio serviria para mostrar que não há sistema jurídico que prescinda da responsabilidade civil, ainda que por extensão. De fato, a responsabilidade civil é uma espécie de instrumento à mão de qualquer ramo do direito, tanto que se pode falar, com correção, da responsabilidade aplicada a qualquer área do direito: responsabilidade ambiental, responsabilidade penal, responsabilidade industrial, responsabilidade consumerista e assim por diante. Mas esses inúmeros ramos jurídicos se apresentam como *extensão* da responsabilidade civil, e não como alguns de seus *paralelos*. Nessa ordem de idéias, é possível com clareza e facilidade concluir que é no direito civil que se verifica a forma pura da responsabilidade, na medida em que se puder falar de uma *forma pura*. Assim, se possível for falar de responsabilidade em outros ramos do direito que não o direito civil, no caso do *direito civil puro* a responsabilidade que ali aparece é a *responsabilidade na sua forma fundamental*, à qual as demais devem, por necessidade sistêmica e concreta, corresponder. A responsabilidade civil é parte do direito civil porque o direito civil pressupõe o respeito aos direitos e bens dos titulares de direitos. Quando não for mais necessário esse respeito, não será mais necessária a visão da responsabilidade civil e, em conseqüência, o primado do direito civil (como seu solo original) não precisará mais ser obedecido.

Isso não é tão evidente quanto parece. Do ponto de vista da *indústria da indenização*, por exemplo, é possível, sim, ver em todos os ramos do direito um campo aberto para a responsabilização (civil ou não), mas o preço dessa visão onipresente e oportunista é uma multiplicidade de fundamentos para a responsabilização. Explicando melhor: para a *indústria da indenização* importa obter a indenização e, por isso, importa antes atribuir uma responsabilização que, por sua vez, ao ser alegada em cada caso particular, só se confirmará se houver a adequada fundamentação. Ocorre que a *indústria da indenização* não parte de um conjunto único e coeso de fundamentos para averiguar e atribuir responsabilizações, porque ela *inventa*, para efeito de alegar a responsabilização, a fundamentação que pode ser tida como válida naquele momento e naquele campo. Em outras palavras, o que a *indústria da indenização* realiza é um argumento falacioso: a fim de garantir a validade da conclusão defendida – *"cabe a responsabilização neste caso"* –, ela *inventa* a premissa maior, ou seja, o fundamento para a responsabilização. Correto (mais de acordo com uma dedução ou, o que seria suficiente, com uma indução) seria conhecer a premissa geral e verdadeira, isto é, o fundamento para toda responsabilização e, em seguida, comparar essa premissa maior com a menor (o caso particular do dano) e, desse confronto, tirar a conclusão (que antes do confronto não podemos saber qual é). O que faz, ao contrário, a *indústria da indenização*? Começa já com a conclusão de que *"cabe a responsabilização"*, depois encontra uma premissa menor: *"ocorreu este dano concreto que permitirá falar em indenização"*. Por último, procura uma premissa maior que sirva de regra geral da qual se possa, confrontando-a com a premissa menor, alcançar a conclusão. Esse é um caminho muito comum nas falácias – argumentos logicamente inválidos –, e costuma ser o único instrumento para quem não consegue, ou não quer, pensar racionalmente.

No entanto, há uma dificuldade que a razão põe em toda essa situação: o que fazer caso não seja possível encontrar a premissa maior? É claro que premissa maior não faltará para quem queira analisar racionalmente qualquer situação, ou seja, não falta regra geral da responsabilidade para quem queira racionalmente averiguar a responsabilização. Mas o que ocorre quando o caçador de indenizações deseja, a todo custo, chegar a uma determinada conclusão, vale dizer, a uma certa responsabilização que garanta, mesmo se não for verdadeira, uma oportuna culpa? Será que existirá premissa geral à mão? Digamos, por exemplo, que quero de toda forma convencer o juiz de que meu vizinho deve pagar a reforma da minha casa inteira (conclusão), uma vez que aconteceu de ele ter pichado o muro da frente da minha casa (premissa menor). Qual premissa maior (ou seja, *quid iuris?*) deverei comparar com a menor para chegar à minha conclusão? Difícil, senão impossível. A premissa menor, que é o caso concreto, é sempre a realidade mais factual do argumento (é o caso concreto), e a conclusão costuma aparecer com clareza (visto que a explicito no argumento), embora não seja evidentemente verdadeira (ao contrário, ela depende de prova); quanto à premissa maior, sua acessibilidade, concretude e racionalidade variam infinitamente, indo do absurdo ao necessário.

Se imaginássemos um caso concreto cuja responsabilização derivasse de obrigação (responsabilidade contratual), ainda poderia ser que uma inversão assim, relacionada à apresentação invertida de premissas, pudesse ser sustentada, pois sempre é possível convencionar tudo o que não seja ilícito ou imoral, por mais excêntrica que fosse referida convenção. Imaginemos, apenas para demonstrar a idéia, uma hipótese em que se pudesse ter razões para crer que o juiz aceitasse uma premissa maior absurda inusitada, por exemplo: "*Por convenção, meu vizinho acordou que pagará uma reforma completa da minha casa, caso venha, um dia, a pichar o meu muro da frente*". Digamos que exista uma convenção assim, a qual, embora absurda, não é antijurídica, uma vez que estabelece uma obrigação entre as partes. Hipótese inusitada, mas garante, nesse exemplo, a presença de uma premissa maior que, comparada à minha premissa menor ("*meu vizinho pichou meu muro*"), corrobora a conclusão ("*meu vizinho é responsável pelo dano, deve repará-lo na forma da reforma da minha casa*"). Isso seria um raciocínio que seria possível organizar e aceitar.

Entretanto, no ambiente da responsabilidade extracontratual, esse processo se passará de distinta forma: a questão argumentativa é exatamente a mesma (premissa maior + premissa menor = conclusão), em que a premissa menor também é um caso concreto e a conclusão é igualmente uma pretendida responsabilização; mas o que é a premissa maior na responsabilidade extracontratual? É o conjunto de responsabilidades já visíveis em direito, seja na forma de *responsabilidade subjetiva* ou de *responsabilidade objetiva*. Em resumo: a premissa maior é uma concepção (juridicamente válida) de responsabilidade subjetiva ou de responsabilidade objetiva. Se para o direito for visível certa concepção de responsabilidade civil, temos, enfim, um *princípio geral de responsabilidade civil*: uma premissa maior. Se surgir, na experiência humana, um caso concreto que se encaixe naquela concepção geral de responsabilidade civil, temos a premissa menor. E do confronto entre ambas, certamente teremos uma conclusão, mas não necessariamente aquela que desejaríamos como acusadores ou defensores. Ainda de acordo com aquele curioso exemplo do caso dos vizinhos, é possível pensar na mesma premissa menor (*"meu vizinho pichou meu muro"*) e supor a mesma conclusão (*"cabe responsabilizá-lo e ele deve reformar minha casa"*), mas não se tratando mais de responsabilidade contratual (previamente estipulada por convenção entre as partes), o que se pode colocar no lugar?

Os princípios da responsabilidade civil são visíveis no direito. O que nosso direito diz (premissa maior) que possa talvez ser definido como premissa menor? Na verdade, prevê que se quiséssemos fazer uma espécie de súmula: a) *"não se deve causar dano a ninguém"* (princípio da responsabilidade civil), b) *"quem quis causar o dano deve por ele responder"* (princípio da responsabilidade civil subjetiva), c) *"quem fez o que estava predisposto em lei e apontado como circunstância (de risco) lesiva, deve responder pelo dano que causou"* (princípio da responsabilidade civil objetiva).

Assim, indaga-se, em seqüência de raciocínio: a) meu vizinho causou dano a mim? Deve certamente responder. b) Há possibilidades de excluí-lo da responsabilidade? Digamos que não. c) Ele quis causar o dano que causou? Digamos que não, que foi um acidente. Contudo, se o fato estivesse previsto em lei como circunstância de risco passível de causar dano, dar-se-ia a ocorrência da responsabilidade objetiva, acarretando a obrigação legal de responder pelo dano causado. No entanto, o caso simulado não conta com essa previsão legal e não poderá subsumir-se à hipótese de obrigação legal como premissa maior. Portanto, não há premissa maior que possa absorver a pretensão da vítima do muro pichado que desejava ter toda a casa reformada (premissa menor) como indenização pelo dano produzido. Assim, para um raciocínio jurídico racional, não há premissa maior da qual seja possível partir para se chegar àquela conclusão, diante da premissa menor apresentada.

Desse modo, o que temos chamado, neste artigo, de *indústria da indenização* comporta-se diferentemente do encaminhamento até aqui desenhado por meio da adequação das premissas à busca de uma conclusão segura. Quer dizer, para a *indústria da indenização*, cujos procedimentos são sistematicamente irracionais, a única saída possível será a de *inventar a premissa maior* para que dela decorra, por vertentes oblíquas não adequadas nem desejáveis, uma conclusão que possa parecer válida.

Um expediente, então, é criado para *inventar* a premissa maior que ainda não existe, não importa se por um caminho hermenêutico forçado, se por um caminho tortuoso da doutrina, se pela análise obscura de um julgado anterior, ou se pelas conclusões falaciosas de um parecer especialmente endereçado. Vencendo a falácia, vence, com ela, a injustiça. Por isso, o cuidado que deve ser tomado em circunstâncias assim não é apenas um grande cuidado, mas deve ser, antes de tudo, um cuidado ético. O trajeto perseguido é sedutor e há enorme procura por essas veredas, uma vez que, como já se disse, a *indústria da indenização* – sem precisar modificar a premissa menor, mas a fim de viabilizar uma conclusão injusta – irracionaliza os fundamentos da responsabilidade civil de forma que uma absurda responsabilização pareça válida. Muito do que se tem chamado hoje de "lógica jurídica" na verdade são instrumentos operando ao gosto dessa máquina abjeta.

A responsabilidade civil não deve se abrir para a deterioração argumentativa e nem precisa dela. Se pretendermos, enquanto juristas democratas, construir uma responsabilidade civil compatível com a democracia, devemos garantir a todo custo que seus princípios, mesmo com as evoluções e mudanças pelas quais deve passar o direito, se mantenham dentro de um *mínimo consistente*. Em outras palavras, as mudanças são, sim, desejáveis e imprescindíveis, mas desde que se mantenha a consistência do conjunto. Isso não significa ausência de inovações, mas exige a ausência de usurpações da razão. De que razão se fala? Daquela que concebe a vida humana como justa e na qual não pode haver espaço para a usurpação dos princípios da responsabilidade civil.

Será possível evitar essa usurpação em tempos em que, aparentemente, é possível pensar a responsabilização em todo lugar e em todas as áreas jurídicas? Sim, e o caminho para isso é outro princípio: a noção de que a responsabilidade civil é fundada no direito civil, e não em outro ramo do direito. Localizar o centro da responsabilidade civil no direito civil envolve indicar, como princípio maior da responsabilidade, a obrigação universal de nos precavermos contra a prática de danos. Encontraremos aplicações dessa máxima e exemplos de desrespeito a ela em todos os ramos do direito e em todo tempo e lugar. Mas a justificativa para que a máxima exista só no direito civil baseia-se no fato de que todos devem se precaver contra a realização de danos a outrem, porque sem isso não há chance de vida civil possível e, em conseqüência, não há nenhum sistema jurídico que possa funcionar adequadamente, seja como concepção de um sistema jurídico, seja como conjunto de instrumentos que dêem conta da repressão e/ou da reparação do desrespeito a essa mesma máxima.

As formas de responsabilidades que estiverem no direito penal, no direito comercial, nas concepções de direitos difusos (e assim por diante) serão uma derivação – não um paralelo ou muito menos a fonte – daquela máxima que nasceu no direito civil e é elemento fundador da idéia de sociedade. Sem a prática da precaução, nenhuma sociedade humana se sustenta – e é por isso que o ensino da responsabilidade civil deve, no interior do currículo do direito civil, incluir uma profunda reflexão teórica e prática sobre os motivos e os instrumentos de precaução de danos.

O direito civil é, inteiro, um sistema de autopreservação da sociedade e, como tal, deve ser mantido e desenvolvido. Nesse contexto, incluem-se medidas contra a usurpação dos próprios fundamentos do direito civil e, no caso dos específicos fundamentos da responsabilidade, inclui-se uma luta contra a *indústria da indenização* – que se estabeleceu, mas deve ser duramente combatida. É por isso que a responsabilidade civil faz parte do direito civil: para que este não perca sua finalidade civilizatória, dentro dos limites em que um ramo do direito possa servir de instrumento civilizatório.

5. Por que a responsabilidade civil é uma parte singular do direito civil?

Não há como contestar o fato de que a responsabilidade é parte do direito civil. O que está em questão, agora, é se a responsabilidade civil é uma parte singular, ou seja, se ela pode ser pensada em uma seção que mereça um capítulo próprio, com conteúdo e sistematicidade suficientes para permitir um estudo isolado das demais áreas do direito civil e, em conseqüência, permitir a elaboração de autênticos tratados de responsabilidade civil.

Esse é um problema que já pode ser colocado diante da discussão do ensino da responsabilidade civil na graduação. Embora os profissionais do direito estejam acostumados a consultar os volumes sobre responsabilidade civil reservados nos manuais (o que explicita o fato de que responsabilidade civil é uma parte singular do direito civil), já aparece em seu horizonte o peso desse rol bibliográfico que insiste em especificar cada vez mais a responsabilidade. Surgem (e o profissional do direito os conhece com interesse) inúmeros tratados sobre responsabilidade civil, dispondo sobre as tendências mais atualizadas das conseqüências da responsabilização, dependendo da situação ou do caso concreto.

O aluno de direito, por exemplo, tende a se acostumar com a idéia de que, uma vez decifrada a base da responsabilidade civil (que para ele seria, muitas vezes, uma fórmula que chega ao cálculo da indenização a partir da constatação do dano), o passo seguinte seria o de conhecer os casos (*cases*), e quanto mais, melhor. Ele se acostuma, assim, com a idéia de que é possível escrever tratados de responsabilidade civil (cuja finalidade seria apresentar uma coleção de casos concretos e as tendências de solução) e que o aprofundamento do estudo da responsabilidade consiste no *acúmulo quantitativo das modalidades de dano e as correspondentes tendências de indenização*.

Não há erro na idéia de que a responsabilidade civil é parte *singular* do direito civil. Essa distinção é conferida já no Código Civil, funcionava perfeitamente como tema de capítulos isolados e com mais forte razão é justificativa para a elaboração de volumes exclusivamente dedicados a ela. Só é possível escrever um volume isolado sobre um assunto específico quando este pressupõe uma estrutura tal que contém todos os instrumentos argumentativos necessários, dos princípios gerais às conclusões para cada caso concreto visível ou previsível. Ora, isso pode ser feito também com o tema da responsabilidade civil, ou seja, é possível escrever obra especificamente relacionada a ela.

Ainda, deve ser considerada a diferença entre as duas modalidades de obras dedicadas exclusivamente à responsabilidade civil: a) os volumes de manuais de direito civil e b) os tratados específicos. Ao contrário do que se poderia pensar a princípio, os volumes sobre responsabilidade civil integrantes dos manuais acadêmicos de direito civil apresentam, diante dos tratados de responsabilidade civil, mais vantagens do que desvantagens do ponto de vista científico e pedagógico (tome-se, por exemplo, a indispensável obra de Caio Mário da Silva Pereira – *Responsabilidade Civil* –, entre outras que poderiam ser também citadas). Ao mesmo tempo em que explicitam a possibilidade de um estudo concentrado e aprofundado na responsabilidade civil (a ponto de merecer um volume dentro da coleção de direito civil), preservam a capacidade de inter-relação (e não necessariamente de dependência) com as demais áreas do direito civil, uma vez que os fundamentos e regras relacionados às demais áreas estarão plenamente expostos nos outros volumes. Nos tratados de responsabilidade civil não há possibilidade de diálogo claro com outros textos (às vezes, apenas um diálogo sugerido), o que dificulta para o leitor a tarefa de fazer a inevitável ponte entre aquele assunto e outros. Assim, ao menos em termos instrumentais para o estudo da responsabilidade civil na graduação, os manuais, mesmo quando dedicam volumes específicos ao assunto (condição importante para delinear a suficiência do tema como objeto de estudo), explicitam as conexões entre as outras áreas na medida em que se reportam freqüentemente às demais partes do manual. Essa orientação de percurso é fundamental para o estudante, sobretudo quando ele se inicia no conhecimento de determinado tema. Além disso, é igualmente importante para a formação mais segura do profissional do direito que, mais adiante, se acostumará com a manipulação de obras isoladas e mais pontuais, e poderá sentir muita falta, na prática reflexiva, de um efetivo diálogo dessas obras com outras, da lavra do mesmo autor, que abordem o direito civil como um todo.

Nessa ordem de idéias, a abordagem da responsabilidade civil em manuais de direito civil permite uma consistência maior e melhor do que a que se verifica em obras isoladas e verticalizadas (tratados, como poderíamos chamar – em razão da falta de uma melhor denominação) sobre o mesmo assunto. Por quê? Na medida em que consistência é uma inexistência de contradições dentro de um argumento complexo ou de uma extensa compreensão de um tema, um volume sobre responsabilidade civil terá mais chances de escapar das contradições se for pensado efetivamente como uma explicação do tema a partir da racionalidade do próprio tema (a explicação dos casos é compatível com a exposição dos fundamentos e modalidades componentes da teoria da responsabilidade civil).

É claro que o conhecimento dos casos concretos de dano e de indenização é importante já para a formação do acadêmico de direito, mas sua compreensão restará prejudicada se ele perder de vista a necessidade de consistência do tema e o modo de se bem realizar a sua abordagem. Mesmo uma multiplicidade de casos concretos incompatíveis entre si deve ser consistentemente explicada, e a tendência é que os manuais de direito civil consigam cumprir essa função com muito mais competência do que os tratados, os quais têm se tornado cada vez mais coletâneas de julgados sobre a responsabilidade civil, o que pode, em eventuais casos, inviabilizá--los para o trabalho científico da exposição e compreensão do seu objeto.

Finalmente, a estrutura dos volumes dos manuais é tal que exige uma fundamentação consistente do assunto, o que, conseqüentemente, tende a afastá-los da corriqueira tendência a se tornarem acúmulos de julgados. Se for o caso de ampliar ainda mais o tamanho e profundidade desses volumes dos manuais (como a princípio se afirmou), tal deve ser resultado não de um acúmulo de julgados, mas, sim, do desenvolvimento dos capítulos da própria teoria geral da responsabilidade civil. Isso justamente porque a responsabilidade civil é parte singular do direito civil e tem potencial suficiente para viabilizar o desenvolvimento da sua teoria geral – à qual a solução dos casos deverá se curvar, e não o contrário.

Pode-se ainda dizer que essa tendência dos manuais à sistematicidade confere melhor inteligibilidade à conexão entre a responsabilidade civil e outras áreas do direito civil. Assim, o fato de ela ser parte singular tem como corolário não uma independência total das demais áreas, mas uma melhor capacidade de permitir a passagem da compreensão de uma à outra, e, principalmente, da concepção de uma relevância conjunta de ambas. Por exemplo, ao se pensar o que seria uma responsabilidade civil nas relações de família, é preciso igualmente compreender as estruturas do direito de família e da responsabilidade civil para depois analisar as possibilidades de sua aproximação, identidade ou oposição. O resultado desse confronto não pode ser uma compreensão artificial do objeto – ainda mais por envolver casos concretos tão relevantes –, e a necessidade acadêmica de compreensão consistente do objeto confere aos manuais de direito civil um poder muito maior de compreensão do assunto, tanto no momento do estudo do direito de família quanto no momento do estudo da responsabilidade civil. Os tratados de responsabilidade civil, ao contrário, tendem a perder de vista essa consistência de visão que é imprescindível para o sucesso do encontro entre partes singulares do direito civil. Uma inconsistência daí derivada terminará por não explicar a responsabilidade civil no ambiente da família, além de prejudicar os estudos específicos da responsabilidade civil e do direito de família, o que é um grande risco.

Percebe-se, indiretamente, que aqui se faz uma crítica aos tratados de responsabilidade civil. Na verdade, trata-se da constatação de uma falha em nossa atual tratadística, que no caso da responsabilidade civil tende a, como antes mencionado, investir na coletânea de casos concretos e respectivos julgados aplicáveis ou paradigmáticos. Esse acúmulo quantitativo de casos concretos e também de explicações teóricas da responsabilidade pode significar, na verdade, a falta qualitativa de algo aqui apontado como fundamental para o ensino da responsabilidade civil na graduação: a consistência. Não necessariamente um manual de direito civil será melhor do que um tratado de responsabilidade civil na tarefa de explicar os fundamentos da responsabilidade, mas as chances de perder de vista a consistência nos tratados é consideravelmente maior. Como explicar, então, o tamanho êxito científico e filosófico de certos tratados, a exemplo do inigualável *Tratado de direito privado* de Pontes de Miranda? Esse é um exemplo de consistência na obra, de fato, que reflete, todavia, o mais importante: a consistência do pensamento do próprio autor. O *Tratado de direito privado* de Pontes de Miranda não foi concebido para ser uma coletânea de casos concretos e seus julgados, mas, sim, uma gigantesca obra explicativa das instituições do direito civil. Dada a positiva prolificidade de seu autor, essa obra tornou-se relevante e é exemplo de um ideal de formação que se espera atingir de fato um dia: ela foi pensada mais para os estudiosos do direito do que para os operadores do direito, daí sua ênfase na análise e na explicação aprofundada dos institutos. Por ser ela um exemplo de consistência e de pleno cumprimento do ideal de compreensão didática de seu tema, merece com letras maiúsculas a denominação de Tratado.

O que importa, afinal, não é o tamanho do volume que explica a responsabilidade civil, mas, sim, se, independentemente do tamanho alcançado e da metodologia escolhida, ele cumpre devidamente a finalidade pedagógica do ensino em uma graduação de qualidade. Os textos utilizados como guia para o estudo da responsabilidade civil como uma parte singular do direito civil devem não apenas ser competentes na apresentação da teoria geral da responsabilidade, mas devem, principalmente, apresentar ao acadêmico as pontes existentes entre a responsabilidade civil e outras áreas, sem permitir que o leitor seja ludibriado por acoplagens artificiais. Devem permitir ainda que o estudante se torne capacitado a lidar com o conhecimento dos casos concretos e com o reconhecimento das soluções judiciais válidas em nosso direito. Tudo isso sem consentir, contudo, que o estudioso se torne apenas mais uma parte na odiosa engrenagem da *indústria da indenização*.

Por uma questão estrutural, os manuais (de uso acadêmico) têm melhores condições de cumprir a função dos tratados tradicionais (explicar um tema de forma didática, com consistência e suficiência), ao mesmo tempo em que os tratados atuais, na verdade muitas vezes compêndios que visam ser manuais (de uso profissional), bem mereceriam investir na recuperação da sua própria viabilidade didática perante os alunos da graduação. Certamente, os próprios profissionais do direito sairiam ganhando com isso, quem sabe a ponto de ler também o *Tratado* (a enciclopédia?) de Pontes de Miranda.

6. Por que a responsabilidade civil é uma parte do direito civil tão importante quanto as demais?

Volumes exclusivamente dedicados à responsabilidade civil parecem explicitar a suficiência desta como parte singular do direito civil, mas, se tomarmos os manuais de direito civil (em que aparecem lado a lado todas as partes singulares do direito civil ou, ao menos, as reconhecidamente mais importantes), por que em alguns casos a responsabilidade ocupa o menor volume? Será isso indicação de que ela é menos importante do que as demais? Não mereceria ser tida como igualmente importante, uma vez que, inclusive, pode ser reconhecida como parte singular?

A imagem da ligeireza do volume da responsabilidade civil, em comparação com os demais volumes que integram os manuais, é, na verdade, a ilustração de uma noção que ainda se apresenta entre nós, autores ou estudantes: parece que, em termos de teoria geral, a responsabilidade não é tão bem nutrida (ou tão densa) quanto podem sê-lo as demais subáreas. Tanto é verdade que, quando ocorre de um volume sobre responsabilidade civil alcançar uma densidade considerável, isso se deve à já decantada prática da coleção de casos e jurisprudência. E como o conteúdo a ser transmitido no momento primeiro do estudo do direito – no Brasil de hoje, a graduação[1] – deve ser principalmente constituído de *teoria* e *refle-*

---

[1] Referimo-nos aqui dessa forma porque ainda haverá um momento em que, no Brasil, o primeiro contato com o estudo do direito será no ensino fundamental. Quiçá.

xão sobre o assunto, o repertório da responsabilidade civil em termos de teoria geral parece não ser páreo para as teorias gerais das outras áreas: ela perde fácil para a teoria do direito de família, a teoria das sucessões, a teoria das obrigações, a teoria dos contratos e assim por diante. Talvez perca até para a teoria geral dos chamados microssistemas ou dos direitos difusos que têm relevância ou repercussão no direito civil, a exemplo do direito do consumidor e do direito ambiental. De fato, tem sido assim; mas por quê? Será por uma característica estrutural do próprio assunto? Por falta de inspiração dos pensadores da responsabilidade civil?

Na verdade, essa carestia de repertório na parte teórica dos manuais e tratados de responsabilidade civil é representativa da nossa falta de costume em *refletir* a respeito da responsabilidade. Sim: ela é um campo teórico ainda em aberto, cujo alcance ainda deve ser investigado e desenvolvido. Nós até podemos manter nossa tendência muito bem recebida de coligir casos concretos e jurisprudência, mas é uma lacuna impressionante não investirmos no desenvolvimento da teoria geral da responsabilidade, e mesmo em uma teoria especial.

Com isso não se quer dizer, é claro, que são irrelevantes os inúmeros estudos monográficos dedicados à responsabilidade civil, sob a forma de tratados, teses, ensaios, artigos e seus símiles. Contudo, o fato é que esse rol gigantesco de obras sobre a responsabilidade civil não necessariamente tem levado à elaboração de uma teoria geral mais avançada sobre o assunto. A missão do autor jurídico, quando se dedica a enfrentar analiticamente um tema, não é apenas contribuir para a ampliação quantitativa das opiniões já existentes (tarefa legítima, porém secundária), mas contribuir especialmente para definir ou redefinir as condições para a elaboração de uma teoria geral, que permita manter o máximo possível de consistência no conjunto das visões doutrinárias. Não se trata de contribuir para a construção de um universo dogmático, em que todas as opiniões manifestadas sejam iguais ou conformes ao cânone sagrado, mas certamente de não transformar a multiplicidade de visões em um vale-tudo irracionalista, no qual se perdem de vista os fundamentos gerais da responsabilidade civil – ou se acaba mesmo por destruí-los. O resultado será o fortalecimento da prática já denunciada da *indústria da indenização* e a intensificação da névoa que, diante dos acadêmicos de direito, cobre os princípios da responsabilidade civil.   O cada vez mais amplificado universo de estudos sobre a responsabilidade civil no país indica, sim, que o assunto requer muita atenção, mas é curioso notar que a quase totalidade dos textos dedicados à responsabilidade tem interesse específico em determinados casos concretos e acabam também por interessar mais aos profissionais do que aos estudantes de direito. Considerando que os estudos doutrinais devem ter preocupação ou direcionamento acadêmico, estamos diante de um paradoxo: por que motivo uma tese, por exemplo, modelada segundo regras formalmente acadêmicas, acabaria por merecer mais interesse dos profissionais do que dos próprios acadêmicos? Resposta: porque ela se *dirige* aos profissionais, e não aos acadêmicos. E por que não a estes (ou também a estes)? Porque não está no centro da tese, normalmente, uma preocupação em refletir sobre os fundamentos da responsabilidade civil (sobre o cerne da teoria geral, portanto), mas, sim, em acrescentar mais terminações à cadeia de aplicações práticas do direito dos danos.

Esse apego às preocupações práticas, em si, não é bom nem ruim, mas será péssimo, pelo ângulo acadêmico, se representar a única finalidade de pesquisa válida para nossos graduandos e pós-graduandos. Na prática, como sabemos, a "tendência" tem sido esta: concentrar a pesquisa em temas que possam, adiante, fornecer novas soluções para novos casos concretos que já se verificam. Por que não, todavia, investigar as fundações da responsabilidade civil, de maneira a alcançar ou melhorar as fórmulas que já foram descobertas e poderiam ser aplicadas a quaisquer novos casos? Por se afastarem desse tipo de investigação, as pesquisas jurídicas acadêmicas (da iniciação científica ao mestrado e ao doutorado) têm, na prática, pouca contribuição a trazer ao estudo fundamental da responsabilidade. Deveria ser o contrário, mas definitivamente não estamos em um universo acadêmico que favoreça as trocas científicas e acadêmicas; ao contrário, favorece-se a disputa pela solução prática imediata.   Ideal e perfeitamente realizável seria a conjugação dos interesses práticos da escrita acadêmica sobre a responsabilidade civil (escrita que muito contribui para a definição dos alcances dessa área singular do direito civil, tão importante quanto as outras) com as necessidades intelectuais e pedagógicas dos estudantes que se iniciam no estudo do direito (ou seja, os graduandos). Na medida em que os textos doutrinários perdem o empenho pedagógico (que inclui a necessidade de dar conta da tarefa de elaboração de um manual ou de um tratado – no sentido clássico do termo), eles demonstram uma grande dificuldade em contribuir para aquela parte da teoria da responsabilidade civil que mais carece de opiniões bem embasadas: a teoria geral da responsabilidade. Consideremos os textos que têm sido defendidos e publicados nestes últimos meses ou mesmo anos sobre a responsabilidade civil: qual a porcentagem daqueles que centram seu interesse na reflexão sobre os fundamentos da responsabilidade, em lugar de partir imediatamente para as aplicações práticas do arsenal jurídico do nosso direito dos danos? Trata-se certamente de uma parcela muito módica. Faltam reflexões aprofundadas sobre os fundamentos da responsabilidade, mesmo quando for o caso de pensarmos soluções práticas para casos concretos.

Nota-se que o aluno da graduação se perde facilmente diante dessa miríade de teses sobre as soluções válidas para cada caso. Ao final do confronto de tantas soluções práticas (muitas delas sabidamente contraditórias, expondo o aspecto um tanto lotérico de certas decisões judiciais), é difícil estabelecer ou manter uma visão consistente para todo o conjunto. E, ainda que seja impossível e também desnecessário chegar a um consenso intelectual sobre todas as questões que envolvem a responsabilidade, é preciso certamente haver um solo doutrinário e conceitual comum, para que sempre falemos a *mesma língua* ao tratar da responsabilidade. Do contrário, se perderá a oportunidade de fazer evoluir a teoria da responsabilidade civil também enquanto um diálogo entre os autores, bem como a oportunidade de construir uma prática de fortalecimento da teoria geral da responsabilidade civil (e do próprio direito civil).

O elo para todas as diversas opiniões em torno da responsabilidade civil é a sua teoria geral, e ela deve ser profundamente estudada. Em lugar de prontamente lançar o graduando em direito no ânimo *do cálculo indenizatório*, é fundamental fortalecer a sua própria reflexão em torno dos fundamentos e dos elementos da responsabilidade. Isso envolve, inclusive, a reflexão a respeito da relação da responsabilidade civil com outras áreas do direito e, o que é mais rico, um contato direto com o mundo da prática visível em outras ciências e humanidades. O estudo aprofundado da teoria geral da responsabilidade civil é a melhor maneira de evidenciar por que o direito dos danos é uma parte do direito civil tão importante quanto as demais: ele tem uma multiplicidade de questões conceituais muito importantes a serem deslindadas, principalmente hoje, em que prolifera a tendência de deixar para trás o quanto antes a teoria geral ou, ao menos, menosprezar a sua validade. E é exatamente o contrário que deve ser feito!

A verdadeira chave para a construção de um tratado ou de um manual de direito civil que obtenha êxito universal é ser igualmente acessível a acadêmicos e a profissionais: se pensarmos que deve haver uma diferença de nível entre os textos voltados para as diferentes categorias, contribuiremos para essa cisão indesejável entre textos de iniciação (ditos "manuais", que simplificam a reflexão e obrigam à padronização do pensamento do graduando, quando deveriam ser *Tratados* que convidam à reflexão e preparam para a autenticidade do pensamento do leitor) e textos de aplicação prática (ditos "tratados", que padronizam os casos e fomentam a prática da falácia, quando deveriam ser *Manuais* que recordam a técnica àquele que já a conhece, e recomendam ao seu utilizador o retorno, para atualização e reflexão, aos *Tratados*).

Em outras palavras, manuais e tratados não nos faltam, mas eles, muitas vezes, trocam de papéis: nossos manuais se voltam para os estudantes, quando deveriam se voltar para os profissionais sem afastá-los da reflexão, e nossos tratados se voltam para os profissionais, quando deveriam se voltar para os estudantes sem afundá-los em uma concepção pragmática de mundo. Com certeza, um real desenvolvimento sistêmico da teoria geral da responsabilidade civil permitiria preparar novos estudantes melhor municiados para a reflexão racional dos fundamentos do direito, bem como uma aplicação prática das suas soluções sem necessariamente recorrer à *indústria da indenização*. Ao contrário, enquanto esse empenho em fortalecer a teoria geral não se verificar, o potencial da responsabilidade civil em se mostrar área tão importante quanto as demais poderá se enfraquecer, oprimido pelo peso da quantidade gigantesca de casos concretos que estamos todos acostumados a coligir quando preparamos para publicação nossos textos sobre a responsabilidade.

7. A RESPONSABILIDADE CIVIL PODE SE TORNAR UMA PARTE DO DIREITO CIVIL MAIS IMPORTANTE DO QUE AS DEMAIS?

O propósito desta pergunta é essencialmente acadêmico. Evidentemente, a responsabilidade civil é uma parte singular e tem tanta valia quanto as demais, mas será que haveria motivos acadêmicos ou intelectuais para colocá-la em lugar de destaque no interior do sistema do direito civil? Seria possível fazer com que a responsabilidade civil passasse da posição de pouco destaque que tem, para uma posição mais central na concepção do universo do direito civil?

Por que essa seria uma questão relevante? Porque em qualquer sistema científico ou técnico em que se identifiquem seções ou partes (de estudo) constituintes, é importante ordenar essas partes para que não nos percamos no estudo do sistema como um todo (e também em cada parte em particular). Não é por acaso que existe certa ordem das matérias na definição dos assuntos em um código, em uma lei e em um manual ou tratado: o conhecimento daquele assunto exige que passemos por certas etapas. Assim, da mesma maneira que devemos identificar os elementos constituintes de uma área do conhecimento, precisamos igualmente determinar a melhor ordem para conhecer e estudar esses elementos. A finalidade é prática, portanto: é uma finalidade didática. Diante da questão do ensino da responsabilidade na graduação, deve-se verificar qual a finalidade pedagógica: formar para a *indústria da indenização* ou formar para a *prática da precaução*? Dependendo da resposta, o lugar do direito dos danos na fila das matérias do direito civil pode mudar.

Trata-se de uma questão que, em termos práticos, costuma aparecer para nós como já resolvida, uma vez que, ao menos no que diz respeito à separação dos assuntos e à disposição da sua ordem de apresentação, parece já existir certo consenso. Acreditamos, na verdade, que em lugar de consenso o que há é tradição: afinal, tanto não nos questionamos a fundo sobre a viabilidade de uma reformulação na disposição das matérias do direito civil quanto o esquema há décadas em funcionamento parece funcionar muito bem, seja em termos pedagógicos, seja em termos operativos. No entanto, há um preço: justamente pela tradição consagrada dessa divisão das matérias do direito civil, é muito difícil achar espaço para nela incluir os microssistemas do direito civil e os estudos interdisciplinares, o que dá equivocadamente a entender que tais seções são secundárias. Esse sempre foi o caso da responsabilidade civil antes que ela ganhasse espaço em volumes específicos dos manuais (tratados?) de direito civil.

Ora, assim como a responsabilidade já conquistou esse espaço diante das divisões mais tradicionais, o mesmo caso pode acontecer com outras seções (principalmente direito do consumidor). Uma das conseqüências é a ampliação do já extenso programa da disciplina de direito civil, que tende a atravessar todo o curso de graduação em direito. Entretanto, há dois problemas: nem sempre toda a teoria do direito civil consegue ser passada no espaço disponível do curso de graduação, bem como nem sempre se sabe qual o melhor momento de apresentar os temas que antigamente eram secundários e agora merecem atenção singular, visto que são partes singulares do direito civil.

A respeito do primeiro problema (muito grave), a melhor solução prática já pode ser percebida, como a ampliação da carga horária do direito civil na graduação, mas o fato é que um grande número de cursos de graduação em direito dificilmente ultrapassa o piso de horas-aula e – o que é muito preocupante – tende a ignorar certas seções do direito civil (por exemplo, teoria dos contratos, que na maioria das vezes "não cabe" no programa de teoria das obrigações de muitas faculdades, e o graduando conclui o curso sem ter sido iniciado atentamente nessa área). Em relação ao segundo problema, a dificuldade de localizar determinado assunto na grade curricular é sentida com peso ainda maior pelo aluno, e não pelos professores, uma vez que será ele quem se perderá diante da tarefa de estabelecer as conexões daquele inóspito assunto com os outros que necessariamente aprendeu a dominar.

Os diferentes conteúdos de um mesmo tema jurídico têm, sim, desigual importância em função da concepção pedagógica do curso de direito civil. Tal valoração, justamente por esse critério, não é inflexível, mas deve ser considerada e merece ser explicitada pelos doutrinadores. O aluno da graduação necessita ser informado do que é mais, ou menos, importante entre as disciplinas do direito civil, deve ser orientado sobre quais são os melhores autores e quais são as teses interessantes que merecem consideração. Tudo isso é fundamental para que ele perceba que o estudo do direito civil não necessita ser um estudo maçante, mas, sim, o reflexo de uma visão dinâmica do sistema civilista que cada jurista, cada operador e cada estudante pode perfeitamente desenvolver.

Com certeza é possível instigar nos alunos um maior interesse pelo assunto, e igualmente um interesse ainda maior por assuntos que (não importa o motivo) mereçam maior atenção. Assim, no que diz respeito à disposição das disciplinas do direito civil, não há por que fugir da ordem delas – tal como aparecem no Código Civil –, mas há razões consideráveis para ampliar o alcance de cada um dos momentos dessa ordenação. Em outras palavras, cada parte singular do direito civil (dos manuais, dos tratados, do estudo, enfim, do direito civil) deve dialogar com as outras, assim como deve dialogar com outras áreas do direito, para que se perceba, com precisão e graças a esse contato, a importância específica que cada área possui. É muito comum que o aluno – e mais ainda o professor – tenha interesse ou vocação para uma área ou até para um tema específico (por exemplo, responsabilidade civil), e é igualmente comum que ele se sinta distante das demais áreas (mesmo que estas constituam a maioria do conteúdo do seu curso de direito). Contudo, entre as várias maneiras de despertar a curiosidade e o interesse do aluno pelas demais áreas, está a estratégia (absolutamente honesta em termos pedagógicos) de fazer a ponte prática e teórica entre o seu assunto de preferência e outros assuntos; ou por outra via (ainda melhor), entre o assunto que ora se estuda por obrigação e aquelas questões que pessoalmente mais interessam ao aluno. É sempre possível mostrar que um dos elementos determinantes da importância do assunto que se estuda é o seu potencial para dialogar com o tema que intimamente mais nos interessa. Nesse sentido, quanto maior esse potencial para dialogar com outros assuntos, maior a sua importância dentro do sistema do direito civil.

Sendo este o critério da importância de um tema ou área, o que pode ser dito da responsabilidade civil? A despeito de ter sido por tanto tempo relegada a um plano secundário, a responsabilidade civil é uma das áreas que mais relações apresenta com outras. É muito fácil encontrar acadêmicos interessados na responsabilidade civil como um dos seus temas centrais, e é quase impossível não encontrar uma vinculação da área que particularmente nos interessa com a responsabilidade civil. Isso serve para mostrar que o direito dos danos tem uma grande importância como tema de estudo do direito civil, mesmo que seja preciso determinar qual a sua posição no ranque. É válida, de qualquer maneira, a atenção para a necessidade prática da *interdisciplinaridade* na prática pedagógica. Os alunos de graduação sempre sentem muita falta dessa atuação interdisciplinar e interdepartamental, e sua pessoal dificuldade em aliar o conteúdo de uma área ao de outra é, muitas vezes, manifesta. Cabe aos autores e professores, mesmo quando encarregados de um tema específico, esforçarem-se por dar conta daquele conteúdo, mas, principalmente, cabe a eles procurarem estabelecer ligações com outras áreas e momentos do curso, sob pena de congelar o pensamento e impossibilitar a reflexão.

Não há fórmula mágica para essa postura interdisciplinar, mas é certo que se trata de uma *atitude* por parte de quem leciona e de quem estuda. Perder essa oportunidade no momento da graduação pode ser fatal para as vocações intelectuais e profissionais dos alunos, uma vez que muitas carreiras são definidas a partir do momento em que a curiosidade lhes permite conhecer assuntos ou áreas que não estão sob o peso opressor das provas e avaliações. Nesse panorama, a responsabilidade civil é particularmente privilegiada. Justamente por sempre conter um dos princípios fundamentais do direito – *não causar dano a ninguém* –, ela está praticamente presente em todos os momentos, mesmo que em potencial. É quase impossível não conceber uma situação de dano, ocorrido ou potencial, em qualquer área. Isso significa o quê? Para a perspectiva indenizatória, especificamente, significa a possibilidade de propor indenizações em todos os campos. Para a perspectiva reflexiva, significa a possibilidade, desde logo, de refletir a obrigação em todos os campos, de operar pela precaução e pela prevenção. Para as demais perspectivas, representa, enfim, uma possibilidade infinita de associações com outras áreas.

Desse ponto de vista, a responsabilidade civil merece ser apresentada ao aluno como um instrumento sempre à mão para o estudo do direito civil e do direito como um todo. Justamente por isso, interessante seria que o aluno da graduação não fosse apresentado a ela no final do curso, mas, sim, no início e, em especial, com a teoria das obrigações, visto que as duas áreas (obrigações e responsabilidade) caminham lado a lado. De fato, se considerarmos exclusivamente as divisões do direito civil, a teoria geral da responsabilidade civil se aproxima muito da lógica que rege a teoria da inexecução das obrigações: se há dano e há culpa, deve haver indenização. Ora, isso torna muito oportuno ilustrar os alcances de uma área também com o que se passa na outra. Nesse caso específico, serve para mostrar ao aluno da graduação (e para recordar ao pós-graduando ou ao profissional) que, tanto em um caso como no outro, a ênfase no cálculo indenizatório é uma inversão de valores na concepção do próprio sentido do direito civil.

Posto isso, é possível dizer que a responsabilidade civil pode ser, sim, a parte singular superior por excelência no sistema pedagógico do direito civil, desde que cumpra aquela tarefa intelectual de bem desenvolver, de forma consistente, a sua teoria geral. Há toda uma teoria geral da responsabilidade que deve expor exatamente esses instrumentos de interdisciplinaridade, e os resultados dessa reflexão certamente levarão a uma revisão da própria figura do cidadão, do *cives*, aquele em torno de quem se constrói todo direito civil.

Os antigos tinham, aparentemente, uma noção de cidadania mais concreta do que a que circula entre nós hoje. Para eles (a exemplo dos sempre recordados romanos), ser cidadão era estar de acordo com certas regras sociais que faziam sentido porque garantiam um ideal jurídico e político de liberdade; ser cidadão era, entre outros aspectos, ter o que é seu e respeitar o que é dos outros, mas, principalmente, fazê-lo por saber do benefício que a preservação patrimonial trazia para todos, e não por medo de sanção. Em outras palavras, havia um sentido clássico da cidadania que consistia em agir em favor da coesão social, e não em função de temores pessoais diante do poder soberano. De acordo com os princípios da responsabilidade civil, sabia-se que não se deve causar dano ao outro porque isso é uma violência contra a própria *civitas*.

Cumpre recuperar esse significado hoje. É fundamental mostrar que a responsabilidade civil pode ser uma forma de analisar o direito civil como um instrumento de fortalecimento entre os cidadãos. Ao contrário, enquanto deixarmos prevalecer a *indústria da indenização* – que se esforça por enfraquecer o vínculo entre os cidadãos –, contribuiremos não apenas para uma visão paupérrima do direito dos danos, como também para o enfraquecimento do próprio sistema do direito civil.

8. Por que TODOS ESSES ASPECTOS SÃO RELEVANTES para o ensino do direito civil na graduação?

Uma discussão sobre o ensino da responsabilidade civil na graduação tenderia, em vista do atual panorama do ensino superior no Brasil, a apresentar sugestões sobre como melhor aproveitar as novas criações, em termos de desfechos indenizatórios.

Por isso, uma discussão sobre o ensino da graduação no Brasil deve, necessariamente, considerar que estamos imersos em um ambiente muito insatisfatório para a universidade, que é preciso lutar pela retomada do valor do ensino universitário e que isso pressupõe não nos entregarmos à banalização do pensamento jurídico, mas, ao contrário, tratá-lo com a ênfase científica e interdisciplinar que sempre requereu e nem sempre teve. No caso do ensino universitário, a sua primordial finalidade não deveria ser, jamais, a de se entregar aos desejos do mercado; tomemos isso como um pressuposto, pois é uma indignidade ter de justificar a validade do próprio ensino universitário para além das demandas do mercado!

Quando nos propomos travar uma discussão do ensino da responsabilidade civil na graduação, trata-se, pois, de desenvolver uma discussão fundada exclusivamente em um ideal de excelência universitária. Busca-se, assim, explicitar que o ensino da responsabilidade civil deve expressar um *ideal de universidade*, o qual tem sido muito comprometido, infelizmente, pelo fato de se valorizar mais aquela perspectiva simplesmente indenizatória, colocada na dianteira do ensino quase que exclusivamente.

O direito dos danos, na graduação, é uma preciosa oportunidade para se desenvolver uma *concepção de cidadania* voltada para a precaução e a prevenção – para o fortalecimento da vida social, portanto. Além disso, sua reflexão nesse sentido é muito profícua para a formação intelectual do acadêmico de direito, ou seja, o ensino reflexivo da responsabilidade pode mostrar que todo o direito civil se beneficiaria de uma perspectiva crítica, com grande ênfase no aprendizado teórico. Essa ênfase não implicará a perda no alcance técnico do curso nem a diminuição na capacidade de auto-informação do próprio aluno a respeito das inovações judiciais em matéria de direito dos danos, mas, certamente, implicará a necessidade de uma tomada de posição em termos de política universitária por parte da coordenação de cada curso de direito.

O que se propôs aqui, entre outras questões, foi a reformulação da estrutura dos manuais ou tratados de direito civil de maneira tanto a aprimorar o conhecimento crítico do assunto quanto a viabilizar uma reorganização sistemática do próprio direito dos danos. *Nada disso funcionará*, todavia, se faltar proatividade da parte dos próprios departamentos de direito civil, de modo que a maior de todas as dificuldades a ser enfrentada por qualquer projeto de reformulação ou retomada da excelência universitária está logo no início, na conquista do apoio institucional necessário para o trabalho do professor. Trata-se, assim, de se discutir política universitária e políticas de proatividade acadêmica que garantam aos professores os meios necessários para experimentar, com os alunos da graduação, os novos meios de discussão do direito civil, os quais podem permitir o desenvolvimento de um ensino jurídico mais rico, dinâmico e criativo, isto é, academicamente diferenciado. O que pode tornar menos atraente o ensino universitário do direito civil não é o fato de ser universitário, e sim o fato de não ser participativo ou encantador; todavia, se pensarmos que o caminho para essa participação e para esse encantamento seja a redução da formação a uma simples etapa equivalente à preparação para concursos futuros, então já se terá perdido de vista a finalidade da qualidade.

Chegou-se a esse assunto por meio da responsabilidade civil, mas o ponto de partida poderia ter sido qualquer outro no interior do direito civil. Nessa ordem de idéias, insistimos no caráter oportuno da responsabilidade civil, que representa tão bem tudo o que o ensino do direito civil pode ser (um ensino de excelência acadêmica, porque fundado na reflexão participativa e voltado para a formação crítica), ao mesmo tempo em que indica claramente o lado negro para o qual ele tende (em razão da *perspectiva indenizatória* já mencionada e que tem aproximações com todas as áreas do direito civil, ou mesmo do direito em geral). O que foi dito até aqui em torno da responsabilidade civil pode, com as devidas modificações, ser estendido para as outras áreas do direito civil e, principalmente, serve como ponto de referência para uma reflexão direta sobre o ensino do direito civil.

Poder-se-ia mesmo dizer que há duas modalidades de ensino do direito civil na graduação que correspondem aproximativamente àquelas duas modalidades em torno da responsabilidade civil (indenizatória e reflexiva): um *paradigma de espetáculo* e um *paradigma de discussão*. Embora essas duas palavras – *espetáculo* e *discussão* – tenham, no uso comum, respectivamente uma acepção positiva e negativa, na verdade cada uma delas pode ser *positiva* e *negativa*, mas é pertinente ressaltar aqui o que têm *respectivamente* de negativo e positivo.

Trata-se de dois grandes paradigmas para o ensino do direito civil: um *negativamente espetacular* e outro *positivamente polêmico*.

O *paradigma espetacular* é aquele segundo o qual as aulas de direito civil devem se converter em um espetáculo para o entretenimento da platéia de estudantes, cuja atenção parece ser reconquistada a cada minuto pelo professor-apresentador, que, para isso, deve se concentrar em desenvolver técnicas de atratividade constante. O alunado que se acostuma a esse tipo de docência passa a ver a si mesmo como público e, uma vez assumida essa sua máscara coletiva, passa a se impor como público consumidor, estabelecendo com o professor-apresentador uma relação de dominação, por meio da exigência de determinado produto pelo qual paga. É esse o modelo menos tradicional (ao menos em cursos de direito) da relação entre professor e aluno, formulando um paradigma no qual o público consumidor, constituído pelos alunos, passa, ao estudar a responsabilidade civil, a exigir fórmulas imediatamente aplicáveis de *comprovação da responsabilidade* e da *fixação do cálculo indenizatório*. Não aparece, e também não se discute, a questão do *bem jurídico original em si mesmo*.

Quanto ao *paradigma polêmico*, é aquele segundo o qual as aulas de direito civil devem se conduzir na forma de um foro para a livre discussão entre professores e estudantes, cujas idéias devem ser convidadas constantemente a se manifestar e se confrontar, em um processo em que o professor deve, como um mediador em uma ágora, empenhar-se na garantia do direito de manifestação. O alunado que é apresentado a esse tipo de docência passa a ver a si mesmo como partícipe social e, uma vez assumida essa sua máscara coletiva, passa a se impor como se fosse um *agente público*, digamos assim, estabelecendo com o professor-mediador uma relação de descoberta por meio da discussão livre das minúcias do seu tema. É esse o modelo democrático da relação entre professores e alunos. E, nesse paradigma, o *agente público* constituído pelos alunos pode, ao estudar a responsabilidade civil, ter acesso direto à reflexão sobre o *bem jurídico* envolvido, constituindo uma consideração aprofundada sobre as bases teóricas da responsabilidade civil antes de lidar com as técnicas pragmáticas, mas secundárias, da proporcionalidade entre dano causado e indenização devida.

E se o ensino não for nem espetacular nem polêmico? Então, é sinal de que nem é ensino, mas provavelmente uma *mera condução dogmática* de conteúdo. É pertinente lembrar que em um caso em que a relação entre professores e alunos seja ruim, no sentido de que é autoritária e não-participativa, não necessariamente estamos fora do paradigma espetacular, cujo espetáculo pode ser exatamente o do autoritarismo. No entanto, certamente estaremos fora de um paradigma polêmico, porque a base da polêmica é o democrático direito da isegoria, isto é, igual direito de falar.

Pode parecer incômodo ver negatividade no espetáculo (que delicia a tantos jovens hoje em dia) ou, principalmente, positividade na polêmica (que é vulgarmente vista como algo impertinente), mas a polêmica é uma prática que falta na prática do ensino do direito civil e, com mais forte razão, no da responsabilidade civil. O direito dos danos tem passado, nestas últimas décadas, por evoluções consideráveis, a ponto mesmo de se observar uma crise na noção clássica de responsabilidade e se criar uma outra concepção de responsabilidade que melhor responda às atuais demandas por justiça social e justiça civil. Contudo, é uma evolução que não é tão evidente por si mesma, tanto que tende a ser acessível apenas a quem atente à discussão da teoria geral da responsabilidade civil. A perspectiva indenizatória, pode não se acreditar – uma vez que teria muitas formas de se beneficiar das novas soluções possibilitadas pela responsabilidade objetiva –, é um meio muito eficaz de preservação da concepção clássica da responsabilidade subjetiva. E é uma consideração polêmica do direito dos danos que melhor permite ver todo o alcance e todo o valor da concepção da responsabilidade objetiva como solo primordial da responsabilização atualmente.

O direito civil sempre sairá com reduções a cada situação em que for seduzido pelos ardis do paradigma do espetáculo. E sempre enterrará as suas reais oportunidades de desenvolvimento ou evolução intelectual a cada momento em que recusar experimentar algum procedimento polêmico. Como poderemos formar juristas conscientes do valor do próprio direito civil se não lhes ensinamos a refletir e a ousar, questionando as fórmulas prontas? A responsabilidade civil é um campo mais do que propício para se tentar essa experimentação ou essa mudança paradigmática, uma vez que já somos, infelizmente, convidados a antecipar os cálculos indenizatórios, deixando de lado, o quanto antes, a reflexão em torno do bem jurídico. Por quê? Para quê? O ideal seria encontrar estratégias não de encantamento de um público consumidor que oprime a nós, professores, nem estratégias de bajulação acerca de professores que oprimem a nós, alunos, mas construir ambientes propícios à discussão, ao debate e a todas as práticas da polêmica – única situação que de fato pode trazer esclarecimento doutrinário e enriquecimento intelectual. O uso de técnicas e fórmulas que permitam chegar à indenização ainda é uma questão secundária. Antes precisamos recuperar universalmente o sentido da responsabilidade civil, e talvez, por meio dela, o sentido do direito civil como um todo. Sem esse luminar ou norte, o caminho para a descoberta e criação de novas e autênticas soluções jurídicas pode se tornar um labirinto que não nos levará a lugar algum.

9. O que significará, consideradas essas proposições, o ensino da responsabilidade civil na graduação?

De acordo com o que já foi exposto, pensamos ser necessário, portanto, dar um salto no ensino da responsabilidade civil.

É preciso criar o espaço para o direito dos danos nos cursos em que ele não existe na grade curricular e, nos quais já existir, é preciso mudar o sistema pedagógico por meio da experimentação de estratégias de discussão coletivas do sentido social da preservação dos bens e do patrimônio. O estudo da responsabilidade civil é oportunidade única para estabelecer uma rica relação interseccional entre as diversas partes do direito civil e interdisciplinar entre o direito civil e as demais áreas jurídicas. É, finalmente, um instrumento de ingresso do pensamento jurídico no conjunto dos problemas das ciências humanas, e com elas ele pode tanto dialogar quanto confrontar-se.

Que tipo de responsabilidade civil pode-se conceber na sociedade brasileira?

Eis uma pergunta cuja pertinência é inegável, visto que todas as nossas fórmulas de responsabilização costumam vir de outras sociedades e países – até de outros sistemas jurídicos –, e não costumamos ver problema em aplicá-las aqui como se não tivessem origem em uma outra concepção de sociedade e dentro de um outro universo de possibilidades sociais. Essa é uma questão exemplar entre aquelas que faltam ser conduzidas com profundidade no nosso debate jurídico brasileiro: qual é a especificidade que deve ter – e ainda não tem – o direito dos danos no Brasil, em vista do tipo de sociedades que formamos e das dificuldades e desigualdades que mantemos? Faz sentido pensar a responsabilização objetiva, por exemplo, em uma sociedade que não é nem a francesa nem a norte-americana? O "sim" como resposta a essa questão não é tão evidente assim, e gostaríamos de assistir a um amplo debate sobre esse assunto.

Pode-se fazer do Brasil, ao mesmo tempo, um exemplo para outras nações de responsabilização, principalmente social ou ambiental? Uma vez que a responsabilidade se define a partir, basicamente, do conceito do dano, os danos são um índice fundamental para se vislumbrar as aplicações viáveis da noção de responsabilização. O Brasil é campeão na prática de danos sociais e ambientais – isso permitiria exigir que cuidasse da sua própria responsabilização? Trata-se de uma responsabilização que deve ser promovida contra o Brasil, por parte dos organismos internacionais? Há mesmo sentido em pensar responsabilização social ou ambiental quando o agente causador é praticamente um ente de imaginação, uma figura abstrata? Qual a recuperação que se promove por meio da responsabilidade social ou da responsabilidade ambiental?

Questões sobre a responsabilidade civil são inúmeras, mas falta uma consideração direta das suas condições de abordagem universal, científica e consistente. Em lugar disso, como é comum no "debate" jurídico, a tendência é conduzir o pensamento para uma construção argumentativa que possibilite chegar a determinada finalidade pragmática (aquela postura do falacíloquo mencionada anteriormente). É como se o pensamento jurídico devesse se ater a uma apresentação de soluções imediatas para questões práticas de escritórios de advocacia. Ora, nenhum pensamento racional consegue manter a consistência se é conduzido ao sabor dos imediatismos. É preciso que o pensamento jurídico seja uma prática constante de avanço intelectual, o que só se conquista se mantivermos sempre presentes as nossas questões fundamentais.

O fato é que não estamos acostumados a fazê-lo no Brasil. Ao contrário, falta ao nosso ambiente jurídico universitário o costume do diálogo constante e do encontro entre as teorias, as disciplinas, os departamentos e, inclusive, as faculdades. Como pode alguém em São Paulo saber o que pensa sobre determinada questão, considerada relevante por outro acadêmico do Maranhão, por exemplo, se dentro dos próprios departamentos da universidade esse diálogo inexiste? Será mesmo possível falar em comunidade jurídica se nem sequer nos comunicamos? Ou se a nossa única comunicação é telepática de um mesmo silêncio?

O ideal seria freqüentemente fazer um amplo levantamento do que tem sido efetivamente escrito, dito ou pensado em todo o Brasil a respeito da responsabilidade civil. Fazer um levantamento dos nossos questionamentos, nossas imprecisões, nossas dúvidas e nossos enganos. Divulgar ao público nossa necessidade de construir uma teoria geral da responsabilidade civil que fosse autenticamente brasileira, expressando as nossas diferenças e peculiaridades culturais, bem como as causas para a existência de uma multiplicidade cultural de soluções de responsabilização e práticas de precaução ou prevenção. Explorar, em suma, a nossa cidadania, tão ridicularizada quando deveria ser respeitada e tão respeitada quando deveria ser ridicularizada.

Não se sabe se para isso, todavia, seria de valia suficiente a criação de um instituto brasileiro de direito dos danos. A idéia é interessante, mas o essencial é haver, antes, a discussão entre os autores e os acadêmicos em vez de querer movê-la à força por meio dos trabalhos ou cobranças do instituto. É essa discussão, factualmente travada, que se pede e que se almeja aqui, independentemente das oportunidades de criação textual ou doutrinária que se forme a partir dela. Trata-se de propiciar a reflexão da responsabilidade civil em si mesma, bem como de tomar as obras que se defendem ou se publicam sobre a responsabilidade civil e apresentá-las na arena da avaliação crítica, fora, portanto, de uma apreciação religiosa, simplesmente ideológica, ou sem considerandos. É preciso fundar e disseminar as práticas de questionamento doutrinário, e não há melhor lugar para isso do que a própria graduação em direito. Ao contrário do que costumam pensar os próprios professores, é no curso de graduação que se deve propor aos alunos a leitura crítica dos autores, em especial porque essa leitura tenderá a não mais ser viabilizada quando se houver iniciado a prática profissional. Por falta de tempo, não haverá como recuperar o tempo perdido.

E é interessante notar que muitos acadêmicos de direito reagem bem à idéia de uma leitura crítica dos autores jurídicos, porque vêem nisso (o que é verdadeiro) uma oportunidade certa de sair da abordagem tecnocrata e dogmática que domina as salas de aula. Por que não tentá-lo, independentemente de qual for o resultado? Seria um ótimo exercício de introdução à iniciação científica ou de enriquecimento e questionamento das metodologias de pesquisa.

Principalmente, pensamos que seria o caso de confrontar, até o limite, as diversas teorias sobre a responsabilidade civil. Seria o caso de investigar coletivamente, como em um laboratório, mas, principalmente, como em um grupo de estudos, a validade prática da aplicação de cada teoria na reflexão sobre os danos e no esclarecimento do poder reparatório. Além disso, seria um meio exemplar de explicitar o quão longe a nossa doutrina como um todo ainda está distante do cumprimento da missão – antes longamente descrita – de pensar os fundamentos da responsabilidade civil e, inclusive, de esclarecer o que devemos compreender por reparação.

Reparação deve ser entendida apenas como sinônimo de indenização? Essa é uma questão certamente sem fim, e que justamente por isso não pode ter como resposta única as pretensões da *indústria da indenização.*

Igualmente, cumpriria a autores, professores e alunos fazer justiça aos próprios acadêmicos de direito e usar corretamente os mecanismos de citação e de indicação de referências em termos de autoria intelectual dos textos. Há bibliotecas inteiras de obras escritas (ou plagiadas) pelos acadêmicos, e cabe investigar e anunciar quais são as grandes e verdadeiras inovações, quais são os autênticos momentos de conquista de respostas válidas, quais as novas questões que foram verdadeiramente vislumbradas pelos leitores iniciantes em direito dos danos. Por não estarem ainda viciados com as demandas e inconsistências da vida profissional, os acadêmicos têm o poder, muito maior que o de seus próprios professores, de descobrir o novo – e, muitas vezes, os expressam em seus estudos pessoais e suas monografias de fim de curso, as quais, todavia, são relegadas, na maior parte dos casos, à gaveta.[2]

---

[2] Ver, especialmente: ANDRADE, F. D. A monografia jurídica: livro, artigo ou gaveta? *Revista da Faculdade de Direito de São Bernardo do Campo,* São Bernardo do Campo, v. 7, p. 54-71, 2001.

É preciso dar o devido lugar às conquistas e descobertas relevantes dos alunos, pois essa é a melhor maneira de lhes mostrar como são valiosos e imprescindíveis para a renovação do próprio pensamento jurídico.

Deve-se, pois, sempre aliar inovação pedagógica e inserção na política universitária. Propor aos alunos uma nova maneira de ver a responsabilidade civil envolverá, então, propor que pensem o seu próprio papel como acadêmicos de direito. Nem poderia ser outro o pedido que se faz a acadêmicos que, indiretamente, são convidados a se tornarem melhores cidadãos. Não por acaso, será a universidade – entendida como *ideal*, e não como instituição, conjunto de edifícios ou de funções –, o ambiente propício ao desenvolvimento de uma nova e complexa noção de responsabilidade: a responsabilidade universitária, que pode ser pensada como uma construção de instrumentos para a garantia da preservação das idéias criadas em ambiente universitário ou acadêmico. Por um lado, em vez de tornar a universidade um lugar de padronização ou dogmatização das mentes menos inspiradas e, por outro, de desestímulo ou de plágio das mentes mais originais, o que cabe fazer é reconhecer o valor desse bem jurídico único que é a *criação intelectual* e garantir a sua preservação e os instrumentos de seu devido aproveitamento e divulgação.

Em um ambiente idealizado dessa maneira, um dos maiores danos que se comete é o *plágio*, principalmente se considerarmos que os textos jurídicos são, por vezes, pensados para durarem pouco tempo, devendo logo ser substituídos por novas edições ou por novos textos, e, ainda, se considerarmos que a prática da escrita jurídica é transmitida aos alunos como uma forma de obtenção de créditos, e não de aprimoramento intelectual.

O ensino da responsabilidade civil deve ser – já na graduação em direito e, se possível, antes dela – um ambiente privilegiado para o aprimoramento da nossa consciência do que são os direitos individuais e deveres de preservação desses mesmos direitos. Se as visões especializadas dos doutrinadores que há anos se dedicam ao assunto servirão para construir a consistência de todo o sistema do direito dos danos, é na prática diária da graduação em direito que nós podemos reconstruir tanto o ensino da responsabilidade civil quanto a própria noção de qualidade do ensino universitário.

Uma vez que a reconstrução desse ideal de excelência universitária exige desfazer equívocos que têm se tornado crônicos, é válido ver, na responsabilidade civil, um momento oportuno para a reconstrução da nossa própria maneira de construir o direito civil e a cidadania no Brasil.

10. Quais os resultados dessa reflexão para o ensino do direito como um todo?

Falar a respeito do ensino da responsabilidade civil nos convida a terminar sempre discorrendo sobre o ensino do próprio direito.

Uma das verdades a respeito da responsabilidade civil é que, a despeito de ter ela origem no direito civil – e é por isso que ela é garantia de civilidade, a partir da noção de responsabilidade –, seu potencial para se comunicar com as outras áreas do direito é provavelmente inigualável. Por isso, pode-se falar, por extensão, em responsabilidade penal, responsabilidade empresarial, responsabilidade ambiental e assim por diante. E da mesma maneira que, para o ensino da responsabilidade civil, pede-se aos professores de direito civil a criação de estratégias que fortaleçam a criação acadêmica conjunta, deve-se pedir também aos professores das demais áreas exatamente a mesma atitude quando ingressarem nessa *ponte* com a responsabilidade civil.

É preciso que a responsabilização não seja vista como uma mina de ouro acessível a todas as áreas do direito, mas, sim, como o elemento de uma atitude – a *interdisciplinaridade* – que é fundamental para a transformação de todo ensino jurídico em um instrumento de aprimoramento da cidadania. A perspectiva reflexiva da responsabilidade civil mostra que o seu ensino pode criar verdadeiramente experiências de redescoberta da noção de cidadania, retirando o direito das suas tendências tecnocráticas e devolvendo-lhe sua capacidade criativa que em algum lugar se perdeu.

Não se trata de fundar um novo "*direito achado na rua*", em que vale tudo. Longe disso!

Trata-se de permitir, todavia, que o ensino do direito alcance a vida do cidadão, e que o estudante de direito se compreenda também como cidadão, no sentido interdisciplinar e humanístico do termo. Será que o ensino jurídico é ambiente intelectual propício para isso? Estamos certos que sim, desde que primeiro superemos os padrões de dogmatização do pensamento.

O ensino democrático do direito, por fim, é uma descoberta conjunta – tanto que é democrático. Não se pode prever como ele será antes de ser feito, mas é impossível que ele não renda bons frutos onde for iniciado ou experimentado.

Provavelmente – e que assim seja – não chegaremos a um novo modelo único de estudo da responsabilidade civil e do direito como um todo, mas, sim, a muitos outros novos modelos que correspondam às visões pedagógicas localizadas e particularizadas possíveis de se manifestar no interior deste nosso grandioso país. O pensamento jurídico brasileiro, assim como qualquer forma cultural de pensamento ou técnica, tem um potencial e uma criatividade impressionantes, que, todavia, tendem a ser relegadas ao engavetamento e ao esquecimento. É preciso confrontar esse mau costume. É necessário convidar os acadêmicos de direito a confrontarem a visão jurídica sobre todos os assuntos, a qual está acondicionada em fórmulas prontas encontradas nos manuais.

É preciso, também aqui, virar a mesa.

11. Referências Bibliográficas

ANDRADE, F. D. A monografia jurídica: livro, artigo ou gaveta? *Revista da Faculdade de Direito de São Bernardo do Campo*, São Bernardo do Campo, 2001, p. 54-71. v. 7.

HIRONAKA, G. M. F. N. *Responsabilidade pressuposta*. Belo Horizonte: Del Rey, 2005.

ROUVILLOIS, Frédéric. *Le droit*. Paris: GF Flammarion, 1999 (Collection Corpus).

STOYANOVITC, k. La responsabilité historique. *Archives de philosophie du droit*, Paris: Sirey, n. 22, p. 143-160, 1977.

TERRÉ, f. Propos sur la responsabilité civile. *Archives de philosophie du droit*, n. 22, Paris: Sirey, p. 37-44, 1977.

VINEY, g. Responsabilité. *Archives de philosophie du droit*, Paris: Sirey, n. 35, p. 275-292, 1990.

VINEY, g. *Traité de droit civil:* introduction à la responsabilité. 2. ed. Paris: Librairie Générale de Droit et de Jurisprudence, 1995.

VINEY, g.; jourdain, p. *Traité de droit civil:* les conditions de la responsabilité. 2. ed. Paris: Librairie Générale de Droit et de Jurisprudence, 1998.

A Visão do Aluno sobre o Estágio: Emprego ou Qualificação Profissional?

Olívia de Quintana Figueiredo Pasqualeto
Maria Hemília Fonseca

Introdução

Este artigo é fruto da pesquisa de Iniciação Científica já concluída e desenvolvida com o apoio da Fundação de Amparo à Pesquisa do Estado de São Paulo (FAPESP), intitulada *"A visão do aluno sobre o estágio: emprego ou qualificação profissional?"*, cujo objetivo foi analisar: (*i*) a Lei 11.788/08 – "nova" Lei do Estágio e as mudanças que este dispositivo legal trouxe na disciplina do tema; (*ii*) a aplicabilidade e eficácia da nova lei, por meio de estudo empírico com os alunos estagiários; (*iii*) a opinião do aluno sobre a atividade de estágio.

Para alcançar tais objetos de pesquisa, o estudo do estágio nesta pesquisa fundou-se em 4 pilares metodológicos: o estudo da lei 11.788/08 e demais legislações relacionadas ao tema; o estudo da doutrina jurídica sobre o tema e seus ensinamentos teóricos; a análise de julgados sobre questões relacionadas a este tema; e o estudo empírico por meio de entrevistas com estagiários.

Assim, ao longo deste estudo é possível visualizar o entrelace de diferentes métodos de pesquisa com vistas a melhor esclarecer os objetivos primordiais da atividade de estágio preconizados na Lei 11.788/08 e verificar se tais objetivos vêm sendo compreendidos pelos alunos e alcançados prática.

1. Evolução histórico-legislativa da atividade de estágio no Brasil

A regulamentação do estágio de estudantes no Brasil não teve como origem leis ou dispositivos legais que disciplinassem exclusiva e inteiramente a matéria em âmbito nacional. Podem, no entanto, ser encontrados, em legislações esparsas anteriores, fragmentos de regulamentação sobre a matéria.

Apesar de não haver um marco legislativo específico inicial, é possível identificar como o embrião da regulamentação sobre o aprendizado prático no Brasil o Decreto 7.556 de 1909, que criou as Escolas de Aprendizes Artífices. Este Decreto definia como deveriam ser estruturadas as escolas de aprendizes artífices em todo o território nacional, a exceção do Distrito Federal e do Rio Grande do Sul, onde já funcionava o Instituto Técnico Profissional.

Além dessa regulamentação incipiente em 1909, tem-se como pontos iniciais de normatização sobre a matéria dois dispositivos legais promulgados durante a "Era Vargas", no ano de 1942: a Lei Orgânica do Ensino Industrial e a criação do Serviço Nacional de Aprendizagem Industrial (SENAI).

Assim, esses três dispositivos, que já denotam a preocupação de que a atividade a ser desenvolvida pelo aluno tivesse relação com o curso que faz, são tidos como um embrião de disciplina da matéria, como pode ser observado, por exemplo, no art. 47 da Lei Orgânica do Ensino Industrial, segundo o qual *"a direção dos estabelecimentos de ensino com os estabelecimentos industriais cujo trabalho se relacione com os seus cursos, para o fim de assegurar aos alunos a possibilidade de realizar estágios"*.

O avanço da preocupação com o tema e sua disciplina teve como fato marcante a criação, na década de 1960, do Centro de Integração Empresa Escola - CIEE, associação sem fins lucrativos que, dentre vários programas, proporciona aos estudantes brasileiros a oportunidade de ingresso no mercado de trabalho, seja por meio de programas de treinamentos, seja por meio de programas de estágio.

Entretanto, foi apenas em 1977 que foi promulgada uma lei específica para a disciplina da matéria: a Lei nº 6.494, que inicialmente dispunha sobre "os estágios de estudantes de estabelecimento de ensino superior e ensino profissionalizante do 2º Grau e Supletivo", dentre outras providências. Houve alterações em seu conteúdo, como, por exemplo, a Medida Provisória nº 2.164-41 que estendeu os estágios profissionais ao Ensino Médio. Contudo, apesar das alterações, foi a regulamentação da lei de 1977 que disciplinou a matéria até o advento da chamada "nova lei do estágio", a Lei nº 11.788 de 25 de setembro de 2008, cujo conteúdo será estudado a seguir.

2. O estágio de estudantes na vigência da Lei 11.788/08: aspectos legal, doutrinário e jurisprudencial

A Lei 11.788/08 define o estágio como o

> ato educativo escolar supervisionado, desenvolvido no ambiente de trabalho, que visa à preparação para o trabalho produtivo de educandos que estejam frequentando o ensino regular em instituições de educação superior, de educação profissional, de ensino médio, da educação especial e dos anos finais do ensino fundamental, na modalidade profissional da educação de jovens e adultos.

A definição legal apresentada pode ser fracionada em três partes para que se possa melhor estudar o assunto: significado (*i*), função (*ii*) e destinação (*iii*).

Quanto ao **significado** (*i*), o estágio, como disposto em lei, apesar de efetuado em ambiente profissional, constitui *"ato educativo escolar"*, e, por conseguinte, não caracteriza vínculo empregatício. Por esta razão, pode-se afirmar que a atividade exercida pelo estagiário não é emprego, mas significa aprendizado prático relativo ao conteúdo teórico apresentado em sala de aula.

No tocante à sua **função** (*ii*), o estágio deve proporcionar ao aluno ensino e capacitação profissional direcionada. Está no estágio a oportunidade do aluno assimilar a vida prática relacionada à carreira que escolheu, o que demonstra que o estágio é uma espécie de "ensaio" para a vida profissional do estudante, já que a atividade realizada pelo estagiário deve apresentar relação com o conteúdo proposto pela instituição de ensino em sua grade curricular.

Esta necessidade de relação entre teoria e prática, isto é, identidade entre o conteúdo estudado em sala de aula e a prática desenvolvida no ambiente de estágio segue a Recomendação nº 117 da Organização Internacional do Trabalho (OIT), segundo a qual *"La formación constituye un todo cuyos diversos elementos no pueden ser dissociados"*[1].

Coaduna com este entendimento o Professor Amauri Mascaro Nascimento, para quem

> o estágio profissional de estudantes é uma parte da política de formação profissional daqueles que querem ingressar no processo produtivo, integrando-se na vida da empresa, sem a qual essa integração seria impossível, porque exatamente nela é que o estudante vai aplicar seus conhecimentos, ampliá-los e desenvolver sua criatividade como forma de afirmação pessoal e profissional, o que contraindica qualquer ação genérica que possa criar obstáculos e frustrar a consecução desses objetivos[2].

Daí a necessidade de propiciar aos estudantes a oportunidade para a formação prática, sem prejuízo dos conhecimentos teóricos imprescindíveis. Do contrário, *"concluído o ciclo acadêmico, muito mais difícil se torna o início da vida profissional. A falta de experiência do trabalhador que, durante a sua formação, apenas se dedicou ao estudo passa a ser fator de limitação para a sua colocação profissional"*[3].

Segundo Mauricio Godinho Delgado, *"a real harmonia e compatibilização entre as funções exercidas no estágio e a formação educativa e profissional do estudante em sua escola"*[4] constitui o mais importante requisito material de caracterização do estágio.

Ao lado deste, configuram-se como requisitos materiais[5]: o efetivo acompanhamento e supervisão pela parte concedente, a fim de viabilizar a real transferência de conhecimentos técnico-profissionais que justifica

---

[1] Recomendação nº 117 da OIT: "A formação constitui um todo cujos diversos elementos não podem ser dissociados" (tradução livre).
[2] NASCIMENTO, Amauri Mascaro. *Curso de direito do trabalho.* 24 ed. São Paulo: Saraiva, 2009. p. 787.
[3] MALLET, Estêvão. Estágio profissional de advocacia e estágio de estudantes – a lei nº 8.906/94 em face do novo regime legal de estágio. In: *Revista Legislação do Trabalho.* ano 75, mar. 2011. p.75-03/263.
[4] DELGADO, Maurício Godinho. *Curso de Direito do Trabalho.* 8 ed. São Paulo: LTr, 2009. p.312.
[5] DELGADO, Maurício Godinho. *Curso de Direito do Trabalho.* 8 ed. São Paulo: LTr, 2009. p.312.

a figura jurídica do estágio; aptidão pela parte concedente para disponibilizar experiência prática de formação profissional do estudante, ofertando "*instalações que tenham condições de proporcionar ao educando atividades de aprendizagem social, profissional e cultural*" (art. 9º, II, da Lei 11.788/08).

Nota-se, portanto, que os requisitos materiais são verificados quando se assegura o cumprimento do fim social e educacional da Lei 11.788/08, qual seja, proporcionar ao estagiário vivenciar situações reais de vida afetas ao trabalho em sintonia com o projeto pedagógico do curso. É nesse sentido também que segue a jurisprudência, como se observa abaixo no fragmento do voto da Ministra Lizete Belido Barreto Rocha do Tribunal Regional do Trabalho da 2ª Região, segundo o qual o estágio

> Deve propiciar a complementação do ensino e da aprendizagem, mediante acompanhamento e avaliação, em conformidade com os currículos, programas e calendários escolares. Há de haver, ainda, real harmonia e compatibilização entre as funções exercidas e a formação educativa e profissional do estudante.[6]

Além dos requisitos materiais, também devem estar configurados na relação de estágio os requisitos formais. Segundo o novo diploma legal, são os seguintes os requisitos formais da relação de estágio: a qualificação das partes envolvidas no estágio; a celebração de termo de compromisso entre estas três partes; a comprovação, por meio de relatórios, da existência de efetivo acompanhamento por professor orientador da instituição de ensino e por supervisor da parte concedente do estágio; a observância de regras contratuais e direitos dos estagiários previstos no novo diploma legal.

No tocante à qualificação das partes, só podem estar presentes em uma relação de estágio os estudantes e as partes concedentes que receberam permissão legal para tanto (art. 1º, *caput* e art. 9º, *caput* da Lei 11.788/08, respectivamente).

Quanto à celebração do termo de compromisso, este deve ser celebrado entre as três partes integrantes da relação de estágio, quais sejam: estudante, parte concedente e a instituição de ensino. É neste documento

---

[6] TRIBUNAL REGIONAL DO TRABALHO DA 2ª REGIÃO. *Acórdão* n. 20110892938. Juiz relator: Lizete Belido Barreto Rocha. Disponível em < http://aplicacoes.trtsp.jus.br/vdoc/TrtApp.action?getEmbeddedPdf=&id=185992 > Acesso em 25 jul. 2011.

que serão determinadas as condições de adequação do estágio à proposta pedagógica do curso, à etapa e modalidade da formação escolar do estudante e ao horário e calendário escolar. É nesse termo também que são discriminadas as obrigações de cada parte dessa relação.

No que diz respeito à comprovação do acompanhamento do aluno, a lei exige que haja comprovação da efetiva supervisão do aluno, tanto por professor indicado pela instituição de ensino, quanto por profissional escolhido pela parte concedente. A comprovação desse acompanhamento é feita por meio de relatórios e avaliações.

Em relação ao último requisito formal, o rol de regras contratuais e direitos do estagiário, segundo Delgado[7], pode ser classificado em dois grupos: o das regras e direitos imperativos e o das regras e vantagens facultativas.

O primeiro grupo diz respeito às regras e direitos dos estagiários que a lei estabelece como obrigatórios, tais como: jornada de trabalho delimitada e reduzida; recesso anual de 30 (trinta) dias ou proporcional a período de estágio menor, inclusive com pagamento, caso o estágio seja remunerado; período de 2 (dois) anos como duração máxima do estágio; aplicação da legislação relacionada à saúde e segurança do trabalho, dentre outros. No caso de estágios não-obrigatórios, será compulsória a concessão ao estagiário de bolsa ou qualquer outra forma de contraprestação e auxílio-transporte. O segundo grupo abrange regras e vantagens facultativas ao contrato de estágio, quais sejam: a concessão de bolsa ou outra forma de contraprestação e auxílio transporte, no caso de estágio obrigatório; alimentação; saúde; dentre outros.

O não preenchimento dos requisitos materiais ou formais, com a consequente manutenção de estagiários em desconformidade com a Lei 11.788/08 *"caracteriza vínculo de emprego do educando com a parte concedente do estágio para todos os fins da legislação trabalhista e previdenciária"*, conforme disposto no art. 15, *caput* desse diploma.

Vale aqui fazer uma ressalva quanto à sanção disciplinada no art. 15 da lei do estágio, visto que ela é excepcionada pela Orientação Jurisprudencial (OJ) 366 do Tribunal Superior do Trabalho. Esta orientação jurisprudencial afasta a possibilidade de – *"ainda que desvirtuada a finalidade do contrato de estágio"*[8] – configuração do vínculo empregatício com entes da

---

[7] DELGADO, Maurício Godinho. *Curso de Direito do Trabalho*. 8 ed. São Paulo: LTr, 2009. p.310.
[8] CARRIÓN, Valentin. *Comentários à consolidação das leis do trabalho*. 35 ed. atual. Eduardo Carrión. São Paulo: Saraiva, 2010. p.44.

Administração Pública direta ou indireta, visto que tal vínculo só pode ser firmado por meio de concurso público.

No que diz respeito à **destinação** (*iii*), a nova lei do estágio ampliou o rol de destinatários a quem essa atividade foi destinada, possibilitando que, além dos alunos matriculados em instituições de ensino superior e profissionalizante – como já estava previsto na legislação anterior -, também possam estagiar os educandos que estejam frequentando o ensino regular em instituições de ensino médio, da educação especial e dos anos finais do ensino fundamental, na modalidade profissional da educação de jovens e adultos.

Essa ampliação trazida pela Lei 11.788/08 tem sido objeto de fundadas críticas por parte da doutrina, sob o argumento de que os jovens que frequentam o ensino fundamental e o ensino médio não-profissionalizante e que desejam estagiar dificilmente encontrarão no estágio uma atividade relacionada com o conteúdo aprendido em sala de aula, não havendo, assim, adequação aos efetivos objetivos do instituto.

Além das inovações quanto aos destinatários da atividade de estágio, a nova lei trouxe outras mudanças. Assim como o rol de destinatários da atividade de estágio, outro rol estendido foi o da parte concedente de estágio, já que, pela nova lei, além das pessoas jurídicas de direito privado e os órgãos da administração pública direta, autárquica e fundacional de qualquer dos Poderes da União, dos Estados, do Distrito Federal e dos Municípios, também o podem conceder os *"profissionais liberais de nível superior devidamente registrados em seus respectivos conselhos de fiscalização profissional"* (art. 9º, *caput*), desde que observados os requisitos legais. Assim, esta última ampliação aumenta e diversifica as possibilidades de estágio ao estudante.

Contudo, apesar dessa ampliação das possibilidades de realização do estágio pelo estudante, a nova lei limitou também a quantidade máxima de estagiários permitida para contratação pela parte concedente (art. 15 da Lei 11.788/08). Assim, há um número máximo de estagiários possíveis de serem contratados em relação ao quadro de pessoal das entidades concedentes de estágio. Esta limitação tem por objetivo evitar a utilização do estagiário como verdadeiro empregado da empresa, visando barrar a precarização do instituto que tem como finalidade primordial a educação e qualificação profissional de jovens estudantes.

A nova legislação inovou ao classificar os estágios como obrigatórios ou não-obrigatórios, sendo obrigatório aquele que é requisito essencial para a obtenção do diploma, estando previsto no projeto pedagógico do curso (art. 2º, §1º, da Lei 11.788/08); e estágio não obrigatório " *aquele desenvolvido como atividade opcional, acrescida à carga horária regular e obrigatória*" (art. 2º, §2º, da Lei 11.788/08). Diferentemente do estágio obrigatório, o estágio não-obrigatório, por ser atividade facultativa do aluno, requer, como exigência legal, o recebimento de bolsa complementação ou outra forma de contraprestação, "*sendo compulsória sua concessão*" (art. 18 da Lei 11.788), bem como auxílio-transporte.

A lei estabeleceu ainda, como obrigação da parte concedente, podendo ser alternativamente substituída pela instituição de ensino (art. 9º, parágrafo único da Lei 11.788), o pagamento de seguros contra acidentes pessoais – com preços compatíveis com valores de mercado – para o estagiário, tanto para aquele que realiza estágio obrigatório, quanto para aquele que realiza estágio não-obrigatório.

No tocante à jornada de trabalho do estagiário (art. 10 da Lei 11.788/08) também houve alteração em relação à lei anterior. A duração do estágio ainda deve ser convencionada pela instituição de ensino, porém a nova lei estabeleceu limites para sua execução. São eles: 4 horas diárias e 20 horas semanais para estudantes de educação especial e dos anos finais do ensino fundamental, na modalidade profissional de educação de jovens e adultos e 6 horas diárias ou 30 horas semanais para estudantes do ensino superior, da educação profissional de nível médio e do ensino médio regular. Ademais, o estágio relativo a cursos que alternam teoria e prática, nos períodos em que não estão programadas aulas presenciais, poderá ter jornada de até 40 horas semanais, desde que isso esteja previsto no projeto pedagógico do curso e da instituição de ensino.

Outra alteração trazida pela nova lei do estágio refere-se ao papel da instituição de ensino no termo de compromisso celebrado no contrato de estágio. Pela antiga lei, o termo de compromisso era celebrado entre a parte concedente do estágio e o estagiário, com a intermediação feita pela instituição de ensino. Contudo, de acordo com a lei nova, esse termo de compromisso deixa de ser bipartite e se torna tripartite, isto é, com a presença obrigatória da instituição de ensino na celebração do contrato, ou seja, ela se torna parte. A participação da instituição de ensino no termo de compromisso de estágio tem uma finalidade nítida, que é zelar pelo aluno estagiário. Por isso, suas obrigações listadas em lei dizem respeito à preocupação com que a prática do estágio seja feita de maneira benéfica ao aluno, isto é, sem prejudicar seus estudos.

Além desse papel protetor que deve ser exercido pela instituição de ensino, esta pode exercer também um poder fiscalizador das condições de estágio. Essa verificação decorre de suas próprias obrigações: *"avaliar as instalações da parte concedente do estágio e sua adequação à formação cultural e profissional do educando"* (art. 7º, II, da Lei 11.788/08); *"exigir do educando a apresentação periódica, em prazo não superior a 6 (seis) meses, de relatório das atividades"* (art 7º, IV, da Lei 11.788/08); *"elaborar normas complementares e instrumentos de avaliação dos estágios de seus educandos"* (art. 6º da Lei 11.788/08). A partir do cumprimento dessas obrigações, a instituição de ensino tem a possibilidade de avaliar se o estágio está sendo executado de acordo com a sua função de qualificador profissional e não de emprego.

A fiscalização, acima referida, por parte da instituição de ensino é uma tarefa essencial, contudo, na prática, acaba não sendo bem exercida. É essencial para que o aluno não se torne empregado, isto é, para que o estagiário não execute atividades que em nada se relacionam com o projeto pedagógico e curricular proposto pela instituição e

ensino. Acaba não sendo bem exercida, pois a instituição de ensino não tem total acesso ao que acorre no dia-a-dia do estagiário; não consegue observar de perto o que o aluno faz e se isso se relaciona ou não com o projeto pedagógico. Nesta medida, é preciso que esteja claro que a instituição de ensino, apesar de enfrentar dificuldades para a fiscalização da atividade de estágio, tem o poder-dever de zelar pelo aluno e cuidar para que sua formação profissional não seja prejudicada, evitando, assim, o desvirtuamento do estágio.

Além das três partes já citadas (estudante, instituição de ensino e parte concedente), pode estar presente, facultativamente, nessa relação agentes de integração (públicos ou privados). Cabe aos agentes de integração, sem cobrança de qualquer valor aos estudantes, identificar oportunidades de estágio; ajustar suas condições de realização; fazer o acompanhamento administrativo; encaminhar negociação de seguros contra acidentes pessoais; cadastrar os estudantes (art. 5º, §1º da Lei 11. 788/08).

Bem como a instituição de ensino e a parte concedente, os agentes de integração também têm como obrigação da indicação de estágios que tenham relação com o conteúdo pedagógico aprendido em sala de aula pelo aluno, a fim de verificar o preenchimento não apenas dos requisitos formais, mas também a verificação dos requisitos materiais dessa relação. Caso os agentes de integração indiquem aos alunos estágios não compatíveis com a programação curricular estabelecida para cada curso, tais agentes serão responsabilizados civilmente (art. 5º, 31º da Lei 11. 788/08).

A partir da análise da legislação em vigor, observando que inclusive os agentes de integração - ainda que considerados meros intermediadores para a contratação de estagiário - poderão ser responsabilizados civilmente caso os requisitos formais e materiais do estágio não sejam preenchidos, nota-se a intenção do novo diploma legal: a possibilidade de proporcionar ao aluno estagiário a experiência prática, em ambiente de trabalho profissional, relacionada ao conteúdo didático previsto no projeto pedagógico do curso.

3. O estágio de estudantes na vigência da Lei 11.788/08: verificação empírica

Segundo o entendimento legal, jurisprudencial e doutrinário, o estágio - como já exposto no capítulo anterior - é um ato educativo escolar que deve proporcionar ao aluno ensino e capacitação profissional direcionada. Contudo, as análises da legislação, jurisprudência e doutrina não são suficientes para responder e descrever: (*i*) se - assim como a lei, a jurisprudência e doutrina - o estagiário também entende o estágio como ato educativo escolar; (*ii*) e se os requisitos formais e materiais exigidos para caracterização da relação de estágio são realmente verificados na prática.

A fim de responder os dois questionamentos propostos, observou-se a necessidade de entrevistar alunos que estagiem ou já estagiaram. Assim, é por meio desses casos práticos (situação real do estagiário entrevistado) que se pretende responder aos questionamentos (*i*) e (*ii*).

Utilizou-se o método de pesquisa *survey* para a coleta de dados que permitirá responder os questionamentos expostos acima. Este método é utilizado principalmente para produzir descrições quantitativas de uma população. A coleta dos dados adota o corte-transversal, também chamado de interseccional[9], ou seja, foi realizado em um só momento e desta forma procurou descrever e analisar o estado de uma ou várias variáveis naquele dado momento. A seleção do grupo que será pesquisado é chamada de processo de amostragem, isto é, seleciona-se uma amostra que é a parcela

---

[9] BABBIE, Earl. *Métodos de pesquisa Survey*. 2.ed. Belo Horizonte: UFMG, 2003. p.102.

mais representativa da população e a partir daí inicia-se a pesquisa. Escolheu-se utilizar uma amostra não probabilística[10] - obtida por algum tipo de critério e nem todos os elementos da população têm a mesma chance de serem selecionados -, sendo conveniente para estudos em que a seleção da amostra pode ser feita por quotas.

Na seleção por quotas os participantes são escolhidos proporcionalmente a determinado critério e a amostra é composta por subgrupos. Assim, a amostragem por quotas *"começa com uma matriz descrevendo as características da população alvo"*[11]. Esta amostragem não-probabilística por quotas é o método adequado para a realização deste trabalho porque definiu-se uma matriz prévia para análise.

A matriz utilizada neste trabalho diz respeito: (1) à quantidade de pessoas que estão matriculadas no ensino superior em cada região do país e quantas dessas pessoas matriculadas realizam estágio (Censo do Inep/MEC 2008); (2) à quantidade de pessoas que estão matriculadas no ensino médio/médio técnico em cada região do país e quantas dessas pessoas matriculadas realizam estágio (pesquisa de 2010/2011 da Associação Brasileira de Estágios (ABRES).

A partir desses dados, foram entrevistados 600 alunos, sendo 400 estudantes que frequentam o ensino superior e 200 estudantes que frequentam o ensino médio/médio técnico. A proporção de alunos entrevistados será dada pela quantidade de alunos que estagiam em cada região do país (norte, nordeste, centro-oeste, sudeste e sul).

O instrumento escolhido para realização da pesquisa foi o questionário, na modalidade anônima e confidencial, proporcionando maior liberdade para as pessoas expressarem suas opiniões. A escolha do instrumento questionário deu-se em razão do questionário permitir que o pesquisador obtenha informações de um grande número de pessoas simultaneamente ou em um curto intervalo de tempo e permitir que se abranja uma área geográfica ampla (todo o Brasil), sem ter necessidade de um treinamento demorado e complexo para a sua aplicação. Ademais, a Lei nº 11.788/08 traz padrões objetivos e bem definidos sobre os requisitos de caracterização do estágio, o que facilita a elaboração de possíveis respostas dos entre-

---

[10] BABBIE, Earl. *Métodos de pesquisa Survey*. 2.ed. Belo Horizonte: UFMG, 2003. p.105
[11] BABBIE, Earl. *Métodos de pesquisa Survey*. 2.ed. Belo Horizonte: UFMG, 2003. p.156.

vistados. Assim, por tais motivos, entende-se que as perguntas fechadas suprem as necessidades deste trabalho.

Insta salientar que *"todo aspecto incluído no questionário constitui uma hipótese"*.[12] Assim, a inclusão de cada pergunta no questionário aplicado corresponde a um requisito – formal ou material – exigido pela Lei para a caracterização da atividade de estágio. Portanto, dessa forma, as respostas dadas a cada pergunta indicam se tais requisitos vem sendo cumpridos ou não.

Posteriormente à confecção dos questionários, passa-se à fase de coleta de dados, isto é, de entrevistas om os alunos. Depois de coletados os dados, tem-se o momento de fazer a exploração das informações coletadas. Ressalta-se que a divisão das coletas por região do país serviu para dar maior abrangência e credibilidade à coleta de dados, a fim de que a amostra não ficasse viciada ou restrita a um só capo de dados. No entanto, os dados coletados serão aferidos e interpretados conjuntamente, obedecendo apenas à macro divisão acima referida (grupo do Ensino Médio/Ensino Médio Técnico e grupo do Ensino Superior).

Assim, diante da análise dos dados, tem-se que com relação aos alunos do Ensino Médio entrevistados, 73,5% estudam em escola pública e 26,5% em escola particular. Já, com relação aos entrevistados que cursam o Ensino Superior, 62,47% estão matriculados em instituições públicas e 37,5% em instituições privadas.

No tocante à primeira pergunta – *Você estagia ou já estagiou?* –; cujo objetivo era certificar ao pesquisador, no momento da análise de dados, que todos os entrevistados já realizaram a atividade de estágio e, por este motivo, responderam com base em situações reais/verídicas que eles próprios vivenciaram; observou-se que 100% dos entrevistados, tanto de Ensino Médio, Ensino Médio Técnico e Ensino Superior, realizam ou já realizaram atividade de estágio.

A segunda pergunta do questionário – *Qual tipo de estágio é ou era o seu?* –, cuja hipótese era verificar se havia irregularidades do recebimento de contraprestação de acordo com o tipo de estágio, demonstrou que quanto ao tipo de estágio realizado pelos alunos do Ensino Médio e Ensino Médio Técnico, 43% dos entrevistados realizam estágio obrigatório e não rece-

---

[12] RICHARDSON, Roberto Jarry. *Pesquisa social: métodos e técnicas*. 3.ed. São Paulo: Atlas, 2009. p. 197.

biam bolsa ou outro tipo de contraprestação, nem auxílio transporte; 7,5% realizam estágio obrigatório e recebem bolsa ou outro tipo de contraprestação e/ou auxílio transporte; 31,5% realizam estágio não obrigatório e recebiam bolsa ou outro tipo de contraprestação e auxílio transporte; 18% realizavam estágios não-obrigatórios e não recebiam bolsa ou outro tipo de contraprestação, nem auxílio transporte.

Quanto ao tipo de estágio realizado pelos alunos do Ensino Superior, 37% dos entrevistados realizam estágio obrigatório e não recebem bolsa ou outro tipo de contraprestação, nem auxílio transporte; 8,25% realizam estágio obrigatório e recebem bolsa ou outro tipo de contraprestação e/ou auxílio transporte; 50,25% realizam estágio não obrigatório e recebiam bolsa ou outro tipo de contraprestação e auxílio transporte; 4,5% realizavam estágios não obrigatórios e não recebiam bolsa ou outro tipo de contraprestação, nem auxílio transporte.

A terceira pergunta - *Aonde você estagia ou estagiava?* -, cujos resultados aparecem na Figura 4, questionava aos entrevistados sobre o local aonde realizavam a atividade de estágio, possibilitando, assim, descobrir qual era a natureza jurídica da parte concedente do estágio. Assim, quanto aos alunos do Ensino Médio e Ensino Médio Técnico, 51,5% estagiam em órgão público; 29,5% em empresa privada; 15,5% em local de trabalho de profissional liberal nível superior devidamente registrado em seu respectivo conselho de fiscalização profissional; e 3,5% em outros lugares. Quanto aos alunos do Ensino Superior, 35,75% estagiam em órgão público; 40,25% em empresa privada e 24% no local de trabalho de um profissional liberal nível superior devidamente registrado em seus respectivos conselho de fiscalização profissional.

Dentre aqueles que afirmaram estagiar em outro lugar que não aqueles admitidos em lei (órgão público, empresa privada e local de trabalho de profissional liberal nível superior devidamente registrado em seu respectivo conselho de fiscalização profissional), foram informados os seguintes locais irregulares de estágio: comércio informal e local de trabalho de profissional liberal não regularizado junto ao correspondente conselho profissional.

A quarta pergunta - *Há quanto tempo você estagia ou estagiou nesse mesmo local?* – relacionada ao cumprimento ou não do requisito formal do tempo de permanência do estagiário na mesma parte concedente, indicou que, quanto aos alunos do Ensino Médio e Ensino Médio Técnico, 44% permaneceram na mesma parte concedente de 0 a 6 meses; 37,5% por mais de 6 meses a 1 ano; 14,5% por mais de 1 ano a 2 anos; e 4% por mais de 2 anos. Quanto aos alunos do Ensino Superior, 14% permaneceram na mesma parte concedente de 0 a 6 meses; 34,75% por mais de 6 meses a 1 ano; 42,5% por mais de 1 ano a 2 anos; e 8,75% por mais de 2 anos.

A quinta pergunta - *Você possui ou possuía algum tipo de contrato de estágio?* - refere-se ao requisito formal da celebração de termo de compromisso. Em relação aos alunos do Ensino Médio e Ensino Médio Técnico, 28% afirmam que o termo de compromisso entre ele (aluno), instituição de ensino e parte concedente; 50% têm termo de compromisso celebrado entre ele (aluno), instituição de ensino, parte concedente e agente de integração; 4% possuem termo de compromisso celebrado entre ele (aluno) e parte concedente; e 18% não possuem nenhum tipo de termo de compromisso. Em relação aos alunos do Ensino Superior, 40,5% afirmam que o termo de compromisso entre ele (aluno), instituição de ensino e parte concedente; 38% têm termo de compromisso celebrado entre ele (aluno), instituição de ensino, parte concedente e agente de integração; 8,75% possuem termo de compromisso celebrado entre ele (aluno) e parte concedente; e 12,75% não possuem nenhum tipo de termo de compromisso.

A sexta pergunta - *Por quantas horas diárias você estagia ou estagiava?* -, cujo objetivo era verificar o cumprimento do requisito formal da jornada de trabalho, demonstrou que no tocante aos alunos de Ensino Médio e Ensino Médio Técnico, que 51,5% estagiam até 4 horas por dia; 25,5% por mais de 4 horas até 6 horas por dia; 10% por mais de 6 horas por dia; e 13% por mais de 6 horas por dia sempre que necessário. Quanto aos alunos do Ensino Superior, observa-se que 35,75 estagiam até 4 horas por dia; 31,25% por mais de 4 horas até 6 horas por dia; 10,5% por mais de 6 horas por dia; 22,5 por mais de 6 horas por dia sempre que necessário. Nota-se que, somando a porcentagem daqueles que estagiam regularmente por mais de 6 horas por dia à porcentagem daqueles que estagiam mais de 6 horas sempre que necessário, chega-se ao alto índice de 1/3 dos alunos de Ensino Superior entrevistados estagiarem diariamente período superior ao admitido em lei, equiparando a sua jornada à de empregados da parte concedente.

A sétima pergunta - *Você tem ou tinha suas horas de estágio reduzidas à metade no período de provas escolares?* - refere-se ao tratamento dado ao estagiário pela parte concedente no período de avaliações escolares do aluno. Em relação aos alunos entrevistados do Ensino Médio e Ensino Médio Técnico, 21% deles sempre dispensados; 40,5% têm a carga horária reduzida; 23,5% raramente são dispensados ou têm a carga horária reduzida; e 15% nunca são dispensados e nunca têm a carga horária reduzida. Quanto aos alunos entrevistados do Ensino Superior, 20,25% deles sempre dispensados; 47% têm a carga horária reduzida; 23,5% raramente são dispensados ou têm a carga horária reduzida; e 9,25% nunca são dispensados e nunca têm a carga horária reduzida.

A oitava pergunta - *Você tem algum tipo de superior hierárquico ou supervisor que lida diretamente com você em seu estágio?* -, diferentemente das anteriores, baseia-se em um requisito material da relação de estágio, que é o acompanhamento e supervisão do estagiário por uma pessoa especialmente designada pela parte concedente para essa função (art.9º, III, da nova lei do estágio). No tocante aos alunos do ensino Médio e Ensino Médio Técnico, 31% têm supervisor e há orientação par realização das atividades; 55% têm supervisor, porém não há orientação educativa e afirmam que o supervisor sempre dá ordens e repreende quando observa algum tipo de erro; e 14% não têm supervisor direto. Em relação aos alunos do Ensino Superior, tem-se que 45,25% têm supervisor e há orientação par realização das atividades; 42,5% têm supervisor, porém não há orientação educativa e afirmam que o supervisor sempre dá ordens e repreende quando observa algum tipo de erro; e 12,25% não têm supervisor direto.

A nona pergunta - *A atividade que você realiza ou realizava no estágio tem relação com o que você estuda em seu curso?* – busca verificar o cumprimento do requisito material de maior relevância para a realização do estágio, qual seja, a relação entre a atividade desenvolvida e o curso que está matriculado. Assim, quanto aos alunos do Ensino Médio e Ensino Médio Técnico, 33,5% deles entendem que há relação entre o estágio e o que estudam na escola; 26% entendem que há relação, no entanto a atividade é repetitiva e não aprendem muitas coisas novas; 22% afirmam que há pouca relação; e 18,5% admitem não haver relação alguma entre a atividade realizada no estágio e o que estudam em seus cursos. Em relação aos alunos do Ensino Superior, 44,75% deles entendem que há relação entre o estágio e o que estudam na faculdade; 32% entendem que há relação, no entanto a atividade é repetitiva e não aprendem muitas coisas novas; 11,25% afirmam que há pouca relação; e 12% admitem não haver relação alguma entre a atividade realizada no estágio e o que estudam em seus cursos.

A décima pergunta - *Por que você estagia ou estagiava?* - é a que possui ligação mais direta com o título deste trabalho, pois o motivo pelo qual os alunos estagiam está intimamente ligado com a visão que têm sobre a atividade de estágio. Assim, a busca apenas por uma remuneração, independentemente se há ou não aprendizado demonstra que, para ele, a função de aprendizado do estágio deixou de ser primordial, o que é característico da relação de emprego. Vale, aqui, ressaltar que por mais que o aluno veja a atividade que ele desempenha como um emprego, se nenhum requisito formal ou material da relação de estágio estiver viciado, não há caracterização de vínculo empregatício.

Para os alunos do Ensino Médio e Ensino Médio Técnico entrevistados, 14,5% estagiam para adquirirem aprendizado e se qualificarem profissionalmente; 17,5% estagiam por aprendizagem e qualificação e também por remuneração; 18% estagiam apenas em razão da remuneração; e 50% do estagiários estagiam porque o curso exige a realização de estágio (estágio obrigatório). Quanto aos alunos do Ensino Superior entrevistados, 13,5% estagiam para adquirirem aprendizado e se qualificarem profissionalmente; 19,5% estagiam por aprendizagem e qualificação e também por remuneração; 22% estagiam apenas em razão da remuneração; e 45,25% do estagiários estagiam porque o curso exige a realização de estágio (estágio obrigatório).

A partir dos cálculos e identificação das respostas, passar-se-á para a análise do contraponto entre a realidade vivenciada pelos alunos na prática e os dispositivos legais e às teses doutrinárias.

4 Análise comparativa: aspectos legal e doutrinário *verusus* verificação empírica

Inicialmente, é necessário observar que não se pode tratar igualmente os dados das entrevistas com estagiários do Ensino Médio e Médio Técnico e com estagiários do Ensino Superior. É preciso analisar separadamente os resultados, pois cada um desses níveis de ensino possuem características distintas e possuem necessidades igualmente distintas.

4.1 Constatações e comparações relacionadas aos requisitos formais do estágio

A primeira constatação a ser feita, após análise individual de cada questionário, é que o fato dos alunos estudarem em instituições públicas ou privadas não influenciou na realidade por eles vivenciada no estágio, isto é, o fato de um aluno estudar em escola privada ou escola pública não garante que receberá um tratamento melhor pela parte concedente, visto que ocorreram vícios tanto nos estágios de alunos de instituição de ensino pública quanto privada.

No entanto, apesar do caráter público ou privado da instituição de ensino não demonstrar influência nas irregularidades da relação de estágio, um fator que influenciou na existência de irregularidades quanto às disposições legais foi o tipo de estágio – obrigatório ou não-obrigatório. Dentre os 282 alunos que cumprem estágio obrigatório (101 alunos do Ensino Médio e Ensino Médio Técnico e 181 alunos do Ensino Superior), estão os entrevistados que realizaram atividades de estágio mais condizentes com o disposto em lei.

Contribuindo com essa assertiva, observou-se que apenas 13 (6,5%) dos alunos do Ensino Médio e Ensino Médio Técnico e 39 (9,75%) dos alunos de Ensino Superior não possuíam nenhum tipo de irregularidade (Figura 1), isto é, estágios totalmente em conformidade com a lei tanto no tocante aos requisitos formais, quanto aos requisitos materiais. Esses 52 estagiários (13 de Ensino Médio e Ensino Médio Técnico e 39 de Ensino Superior) realizaram estágio obrigatório.

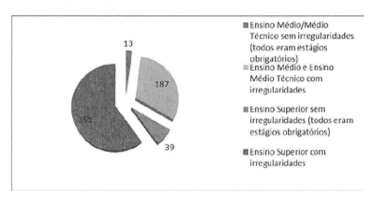

Figura 1 - Irregularidades nos estágios

A explicação provável para esse maior índice de estágios em conformidade com a Lei 11.788/08, quando se trata de estágio obrigatório, é que neste tipo de estágio há uma conjugação de interesses entre instituição e ensino e parte concedente em manter a relação de estágio. Tal conjugação de interesses auxilia no cumprimento dos requisitos dessa relação. Assim, é muito comum que nos cursos que exijam a realização de estágio para a sua conclusão (estágio obrigatório), a própria instituição de ensino encontre e administre em conjunto com a parte concedente as vagas para os alunos.

Quando se trata de estágio obrigatório, apesar de não serem obrigadas a fazê-lo, muitas instituições de ensino fazem parcerias e convênios com potenciais partes concedentes de estágio para garantir ao aluno que conclua tal etapa obrigatória. Assim, em razão de maior proximidade com a parte concedente e com a realidade vivenciada pelos alunos, a instituição de ensino torna-se mais apta a fiscalizar tal atividade.

No entanto, mesmos nos casos em que não há esse tipo de parceria, o estágio obrigatório acaba sendo mais fiscalizado em razão de que, para uma atividade realizada pelo aluno ser aceita pela instituição de ensino e convalidada em créditos de estágio obrigatório, a instituição faz uma análise: do local onde foi realizada a atividade; do numero de horas trabalhadas; se houve remuneração adequada; do termo de compromisso; se houve relação entre curso e prática, dentre os outros requisitos formais e materiais.

A segunda constatação evidenciada após a análise das respostas foi que – em relação às irregularidades nos requisitos formais - na contraposição entre órgãos públicos, empresas privadas e profissionais liberais -, os estágios realizados em órgãos públicos estão em maior conformidade com a lei do que os estágios realizados em empresas privadas e no local de trabalho de profissionais liberais.

Esta segunda constatação deu-se pela média feita entre a quantidade de respostas que denotavam haver vício nos requisitos formais em cada questionário, quais sejam as respostas às perguntas 2 a 7. Feita a média, observou-se que: os estágios realizados em órgãos públicos apresentaram 2 vícios formais, em média; os estágios realizados em empresas privadas e no local de trabalho de profissionais liberais apresentaram 4 vícios formais, em média.

No entanto, em relação aos requisitos materiais, não houve essa discrepância. Uma provável explicação para isso é que, em geral, órgãos públicos estão mais suscetíveis a fiscalizações e, por isso, há maior preocupação com a regularidade dos requisitos formais.

A terceira constatação foi de que observando as respostas das questões referentes aos requisitos formais (questões 2 a 7), as estatísticas relacionadas ao Ensino Médio/Médio Técnico e ao Ensino Superior não foram discrepantes e a maioria dos estágios estava em conformidade com o que dispõe a Lei 11.788/08. Contudo, insta salientar que porcentagens significativas - consideradas aquelas porcentagens iguais ou superior a 10% - apresentam vícios.

Assim, tem-se que: 18% dos estagiários de Ensino Médio e Ensino Médio Técnico realizaram estágio não-obrigatório sem receber bolsa ou outro tipo de contraprestação e nem auxílio-transporte, o que contraria o art. 12, *caput*, da lei; 22% dos alunos de Ensino Médio e Ensino Médio Técnico e 21,5% dos alunos de Ensino Superior estagiaram com termo de compromisso em situação irregular ou mesmo sem tal termo, o que é contrário ao art. 3º, II da lei; 23% dos alunos tanto de Ensino Médio e Ensino Médio Técnico quanto de Ensino Superior estagiaram por mais de 6 horas por dia ou o fizeram sempre que necessário e solicitado pela parte concedente, o que é contrário ao art. 10, II, da lei; 38,5% dos alunos de Ensino Médio e Ensino Médio Técnico e 32,75% dos alunos de Ensino Superior em geral não foram dispensados e nem tiveram a carga horária reduzida no período de avaliações escolares, o que é contrário ao art. 10, §2º da lei.

Notou-se que nenhuma dessas respostas que apresentam vício é maioria dentre os estagiários. Contudo, constituem porcentagens significativas e merecem atenção, visto que um número considerável de estágios está sendo realizado ao arrepio da lei.

A quarta constatação foi de que a situação difere quando se trata das respostas relacionadas aos requisitos materiais, perguntas 8 e 9. Observou-se resultados distintos entre Ensino Médio, Ensino Médio Técnico e Ensino Superior.

4.2 Constatações e comparações relacionadas aos requisitos materiais do estágio

A questão 8, referente à supervisão e orientação de estágio por profissional especialmente designado para tanto pela parte concedente, foi a que apresentou maiores porcentagens de descumprimento das disposições legais. Diferentemente das questões anteriores, já comentadas acima, a maioria das respostas nesta questão indicou irregularidade em relação à supervisão e orientação recebida pelos estagiários.

O fenômeno de irregularidades no requisito material da supervisão constituir maioria dentre os entrevistados - conforme observado nas Figuras 2 e 3 - foi denominado, neste trabalho de "maioria negativa".

Nesse sentido, apenas 31% dos alunos de Ensino Médio/Médio Técnico e 45,25% dos alunos de Ensino Superior tiveram um supervisor e receberam orientação desta pessoa para realizar atividades, como por exemplo, explicação das tarefas a serem realizadas, o por quê e necessidade de tais tarefas, explicação de possíveis erros cometidos e orientação para corrigi-los, explicação da relação de determinadas atividades com o curso, dentre outras funções.

As duas outras possibilidades de resposta da questão 8 são diferentes, no entanto, sua consequência prática é a mesma. Isto porque a existência de um supervisor que não oriente os estagiários significa indica, na prática, a ausência das funções do supervisor *"de viabilizar a real transferência de conhecimentos técnico-profissionais que justificam a figura jurídica"*[13].

Assim, considerando-se que 55% dos alunos de Ensino Médio e Médio Técnico e 42,5% dos alunos de Ensino Superior possuíam supervisor, porém este não os orientava, chegando, algumas vezes, até a repreendê-los; entende-se que, na realidade, tais estagiários não possuíam efetivamente um supervisor. Somando-se estes resultados com as respostas de não haver pessoa designada pela parte concedente para supervisão, observa-se que a vasta maioria dos entrevistados, conforme Figura 2 e 3, (69% dos alunos de Ensino Médio/Médio Técnico e 54,75% dos alunos de Ensino Superior) careceu de supervisão na atividade de estágio, um de seus requisitos materiais.

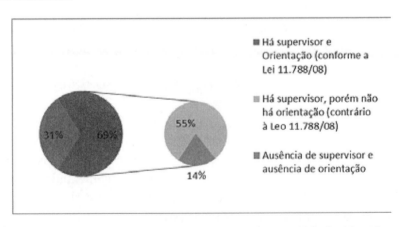

Figura 2 – Supervisão da atividade de estágio no Ensino Médio/Médio Técnico

---

[13] DELGADO, Maurício Godinho. *Curso de Direito do Trabalho*. 8 ed. São Paulo: LTr, 2009. p.312.

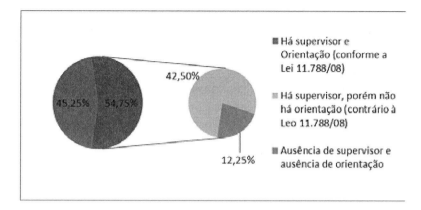

Figura 3 - Supervisão da atividade de estágio no Ensino Superior

Deve-se fazer mais uma observação em relação à questão 8. Dos alunos do Ensino Médio e Ensino Médio Técnico que responderam possuir supervisor 31% dos entrevistados, o que corresponde a 62 alunos, 54 deles cursavam Ensino Médio Técnico.

Em razão do Ensino Médio Técnico ser um tipo de curso profissionalizante, há, em geral, necessidade da realização de estágio obrigatório e recebe maior fiscalização por parte da instituição de ensino. Além disso, o estágio, nesses casos, será na área profissional já escolhida pelo aluno, o que indica uma maior probabilidade que um profissional desta área esteja ao lado do aluno para indicar-lhe os caminhos da profissão escolhida, havendo inclusive maior probabilidade de haver relação entre a prática do estágio e a teoria aprendida no curso.

Além da questão 8, a questão 9 também trata de um requisito material, considerado o mais importante deles: a relação entre atividade desenvolvida e conteúdo teórico estudado em sala de aula no curso. É considerado o requisito material mais importante, pois remonta à função e objetivo do estágio, que segundo Maurício Godinho Delgado é assegurar o *"efetivo cumprimento dos fins sociais (de natureza educacional, enfatize-se) do contrato de estágio, ou seja, a realização pelo estudante de atividades de verdadeira aprendizagem social, profissional e cultural"*[14]. A ausência desse requisito retira do aluno

---

[14] DELGADO, Maurício Godinho. *Curso de Direito do Trabalho*. 8 ed. São Paulo: LTr, 2009. p.310.

a oportunidade de se qualificar profissionalmente e se preparar para, no futuro, adentrar no mercado de trabalho.

Diferentemente da questão 8, os índices da questão 9 não indicaram uma "maioria negativa", apesar das porcentagens de irregularidade serem altas e significativas. Nessa análise, observou-se que 33,5% dos alunos de Ensino Médio e Ensino Médio Técnico e 44,75% dos alunos de Ensino Superior entenderam que a atividade que realizam tem total relação com o que aprendem em sala de aula, aprendem coisas novas com frequência e sentem que estão se qualificando profissionalmente na área da profissão que escolheram.

Além desses alunos, 26% dos alunos de Ensino Médio e Ensino Médio Técnico e 32% dos alunos de Ensino Superior também acreditaram que a atividade que desempenham tem relação com o curso que fazem, no entanto essas atividades são repetitivas e, em geral, não aprendem coisas novas, o que faz com que não se sintam em constante qualificação profissional.

Neste momento, vale aqui fazer a mesma ressalva feita acima quanto aos alunos de Ensino Médio Técnico. Dos alunos de Ensino Médio e Ensino Médio Técnico (33,5%, o que corresponde a 67 alunos) que responderam que a atividade que desempenham tem total relação com o que estudam, 55 deles são de Ensino Médio Técnico, pelos motivos já demonstrados acima. Nesse sentido, pouquíssimos alunos do Ensino Médio não técnico se sentem em constante qualificação profissional.

Diferentemente destes, 40,5% dos alunos de Ensino Médio e Ensino Médio Técnico e 23,25 dos alunos de Ensino Superior entenderam haver pouca ou nenhuma relação entre a atividade que desenvolvem e o que estudam. Este é o índice mais preocupante e que merece mais atenção, pois demonstra que a função e o objetivo do estágio - tal como disposto em lei e consagrado na doutrina - não estão sendo observados.

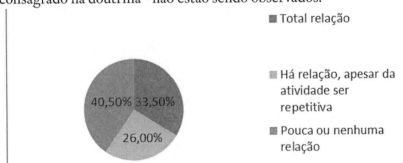

Figura 4 – Relação da atividade desenvolvida pelos alunos do Ensino Médio e Ensino Médio Técnico com o curso

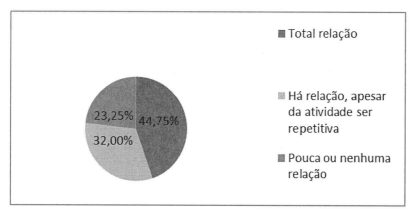

Figura 5 – Relação da atividade desenvolvida pelos alunos do Ensino Superior com o curso

Após as análises dos requisitos formais e materiais, observou-se que, apesar de haver porcentagens significativas de descumprimento das disposições legais no tocante aos requisitos formais, o maior índice de irregularidades repousa sobre os requisitos materiais, em especial naqueles estágios cujos estagiários cursam o Ensino Médio, visto que há dificuldades em relacionar prática e teoria neste âmbito.

Aqui, vale fazer uma reflexão sobre os estágios realizados por alunos de Ensino Médio. Segundo a Lei de Diretrizes e Bases da Educação Nacional (Lei nº 9394/96), em seu art. 8º, o Ensino Médio regular proporcionará ao educando conteúdos mínimos para assegurar sua formação básica comum. Dessa forma, o Ensino Médio Regular não direciona o aluno para uma profissão, como é o caso do Ensino Médio Técnico (art. 36-A, *caput*, da Lei nº 9394/96). Assim, como o estágio busca proporcionar ao aluno um ensaio prático da vida profissional relacionada à carreira que escolheu e, no caso do Ensino Médio regular não há uma preparação do aluno para uma profissão definida, encontra-se dificuldade na compatibilização de atividades com o conteúdo estudado no Ensino Médio regular.

Dessa forma, cabe espaço para ponderar se a realização de estágios durante o Ensino Médio regular é realmente válida, isto é, se os alunos estão realmente aprendendo com a prática desse estágio ou se não estão sendo utilizados como barateamento de mão-de-obra para a execução de atividades gerais em empresas e demais partes concedentes, visto que o custo de um estagiário para uma empresa é muito menor do que o custo de um empregado. Deve-se cuidar para que a inclusão do nível médio sem qualquer caráter profissionalizante dentre as possibilidades de realização de estágio, não atenda somente aos interesses do setor empregatício[15].

4.3 Constatações e comparações relacionadas às motivações para estagiar

A questão 10 traz a última constatação feita neste trabalho, qual seja, o motivo pelo qual os alunos realizam o estágio. A primeira observação a ser feita em relação a este tema é a de que se deve excluir dessa análise de motivos para estagiar aqueles que realizam estágios obrigatórios. Em razão desta obrigatoriedade para conclusão do curso, este é o primeiro motivo para estagiarem. Nesse sentido, considerar-se-ão apenas os motivos de 50% dos alunos de Ensino Médio e Ensino Médio Técnico e de 54,75% dos alunos de Ensino Superior, visto que os demais realizam estágio obrigatório.

As respostas dadas a esta questão auxiliam na identificação de qual é a percepção dos alunos sobre o estágio. Assim, 14,5% dos alunos de Ensino Médio/ Médio Técnico e 13,25% dos alunos de Ensino Superior afirmam que realizam estágio em busca de aprendizado e qualificação profissional, sendo este o principal motivo pelo qual estagiam.

Levando também em consideração o quesito da aprendizagem, constituem 17,5% dos entrevistados de Ensino Médio e Ensino Médio Técnico e 19,5% dos alunos entrevistados do Ensino Superior. No entanto, esses alunos entenderam que não somente a aprendizagem é importante, mas também a remuneração. Assim, estes entrevistados compreenderam que o estágio é sim uma forma de qualificação profissional, mas também uma forma de obtenção de renda, sendo esses dois os motivos de realizarem a atividade.

Diferentemente desses dois grupos que levam em consideração o fator aprendizagem para estagiarem, os demais alunos entrevistados (18% de Ensino Médio/Médio Técnico e 22% de Ensino Superior) realizaram a atividade unicamente em razão da remuneração.

Vale ressaltar aqui que o fato desses alunos considerarem apenas a remuneração o motivo para estagiarem não significa que seus respectivos está-

---

[15] DAMIANI, Daniel Fortuna. *Estágios profissionais: precarização do trabalho e dominação.* Trabalho de Conclusão de Curso em Ciências Sociais – Universidade Federal do Rio Grande do Sul. Porto Alegre, 2009. Disponível em < http://www.lume.ufrgs.br/handle/10183/19003 > Acesso em 15 mar. 2012, p. 50.

gios estejam sendo realizados em desacordo com a Lei 11.788/08 ou que tal motivação deva caracterizar vínculo empregatício.

Nota-se, portanto que a maioria dos alunos percebeu a importância da aprendizagem ao longo do desenvolvimento do estágio e incluíram-na como motivo principal ou um dos motivos para estagiarem. Este fator é importante no sentido de compartilhar com o próprio aluno a possibilidade de fiscalização da atividade, já que ao considerar o elemento da aprendizagem como primordial, quando detectar a falta deste e o desvirtuamento da função do estágio, terá maior interesse na identificação do vício.

Diferentemente, ocorre com aqueles que não consideram a aprendizagem motivo para realização do estágio que, apesar de não ser maioria, constituem 1/5 (um quinto) dos entrevistados. Neste caso, interessados apenas na remuneração, tais alunos possuem menor interesse na identificação de vícios em suas atividades, o que corrobora para a manutenção de estágios em desacordo com a Lei 11.788/08.

Por isso, acredita-se na importância do esclarecimento dos alunos sobre o verdadeiro objetivo do estágio sedimentado pela Lei 11.788/08, qual seja, o de aprendizado e de qualificação profissional.

Considerações finais

O estágio de estudantes, regulado pela Lei 11.788/08, é consagrado por sua função educativa de aliar os conhecimentos teóricos aprendidos pelo aluno em sala de aula à prática de uma carreira profissional escolhida, objetivando a qualificação profissional dos educandos.

No entanto, o que esta pesquisa evidenciou – especialmente por meio da pesquisa empírica – é que nem sempre a realidade vivenciada pelos alunos correspondem às disposições legais e teses doutrinárias de que em nenhuma hipótese o período de estágio deve ser igualado às atividades desempenhadas pelos empregados da empresa.

Demonstrou-se aqui que porcentagens significativas de estagiários realizam suas atividades de estágio em condições irregulares tanto formal, quanto materialmente, ao arrepio da legislação. Notadamente, apesar dos vícios nos requisitos materiais serem mais danosos aos estagiários e, portanto, mais graves do que os vícios em requisitos formais; a sanção legal para ambos os tipos de vício é a mesma, qual seja, a caracterização de vínculo empregatício quando algum vício for identificado. A partir desse balanceamento entre a gravidade dos vícios, restou uma reflexão a respeito dos vícios formais.

Determinados vícios formais podem não causar danos à função do estágio e nem prejudicar o estagiário. Nesses casos, em que a função primordial do estágio – que é a aprendizagem – continua sendo cumprida e não há prejuízos ao estagiários, seria possível pensar – apesar de não admitido na lei – no saneamento desse vício meramente formal e não na caracterização de vínculo empregatício. A finalidade desse saneamento seria a de possibilitar que um estagiário que esteja adquirindo conhecimentos práticos e se qualificando profissionalmente não perca a oportunidade de realizar essa atividade educacional em detrimento de um vício meramente formal. Vale ressaltar que nos casos em que a função do estágio não é cumprida não há que se levar em consideração essa possibilidade saneadora, devendo haver a caracterização do vínculo empregatício, conforme disposto no art.3º, §2º da Lei 11.788/08.

A pesquisa demonstrou também a importância da instituição de ensino e dos alunos no combate às fraudes na relação de estágio. Observou-se que, em regra, quando há maior participação das instituições de ensino na escolha e acompanhamento das vagas de estágio – como nos casos de muitos estágios obrigatórios – há maior cumprimento das disposições legais por parte das partes concedentes e, dessa maneira, promoção da função educativa do estágio.

A importância dos alunos fica clara ao relembrar que são eles que estão mais próximos da realidade vivenciada no seu estágio e, por isso, possuem todos os elementos para identificarem se estão estagiando ou não de acordo com a lei. Por esse motivo que faz-se essencial que os alunos tenham consciência de qual é o significado, objetivos e função do estágio, para que as irregularidades possam ser identificadas.

Assim, em resposta à pergunta que dá título a esse trabalho, percebeu-se pela pesquisa teórica e empírica que a maioria dos alunos sabem qual a função de estágio, mas muitas vezes – por diversos motivos, como por exemplo a necessidade de receber remuneração, incapacidade de denunciar fraudes ou mesmo a falta de esclarecimento sobre essa atividade educacional – encaram o estágio como verdadeiro emprego, o que diminui a possibilidade de combate às fraudes e de se qualificarem profissionalmente.

Referências Bibliográficas

CARRIÓN, Valentin. *Comentários à consolidação das leis do trabalho*. 35 ed. atual. Eduardo Carrión. São Paulo: Saraiva, 2010.

BABBIE, Earl. *Métodos de pesquisa Survey*. 2.ed. Belo Horizonte: UFMG, 2003.

DAMIANI, Daniel Fortuna. *Estágios profissionais: precarização do trabalho e dominação*. Trabalho de Conclusão de Curso em Ciências Sociais – Universidade Federal do Rio Grande do Sul. Porto Alegre, 2009. Disponível em < http://www.lume.ufrgs.br/handle/10183/19003 > Acesso em 15 mar. 2012.

DELGADO, Maurício Godinho. *Curso de Direito do Trabalho*. 8 ed. São Paulo: LTr, 2009.

MALLET, Estêvão. Estágio profissional de advocacia e estágio de estudantes – a lei nº 8.906/94 em face do novo regime legal de estágio. *In: Revista Legislação do Trabalho*. ano 75, mar. 2011. p.75-03/263.

NASCIMENTO, Amauri Mascaro. *Curso de direito do trabalho*. 24 ed. São Paulo: Saraiva, 2009.

RICHARDSON, Roberto Jarry. *Pesquisa social: métodos e técnicas*. 3.ed. São Paulo: Atlas, 2009.

Ensaio sobre o Sentido Grego do Político – e o Nosso Tempo

Nuno M. M. S. Coelho

1. Introdução[1]

Este texto concentra-se em alguns termos centrais no discurso político, tentando entendê-los a partir de uma perspectiva genética. Apesar disso, nem o seu método, nem o seu objetivo são históricos, mas filosóficos e políticos. Disto esperamos alguma ajuda para entender a experiência política contemporânea.

O que queremos dizer por um sentido genético (grego) da política, da igualdade e da democracia? E sobre o seu relacionamento? E como isso pode ser útil para a experiência política contemporânea?

Vamos começar por nosso próprio tempo. Talvez isto nos ajude a pensar e problematizar os limites da discussão e da decisão política. Quais são as fronteiras de nosso poder de decisão? Este é um problema importante, que diz respeito aos limites do político - talvez seja a primeira das suas perguntas. Há limites naturais à decisão política? Que direitos efetivamente se reservam hoje à Política, enquanto poder de autodeterminação humana? Em que medida as manifestações públicas, iniciadas em junho de 2013 no Brasil, estão ligadas à percepção da constrição do horizonte do *político*?

---

[1] A primeira parte deste texto compôs a conferência "Politics and equality in Greek invention of democracy", e publicado em Coelho (2012 A).

No horizonte do poder humano de autodeterminação, é possível estabelecer restrições voluntárias. As pessoas podem impor limites ao seu próprio poder político, e excluir determinadas questões de deliberação pública. Este é um tema conhecido da ciência política e dos juristas.

A autolimitação política pode resultar de técnicas explícitas, como no caso das regras das Constituições rígidas, que proíbem emendas sobre determinados assuntos.[2] A própria comunidade estabelece, conscientemente, limites ao seu poder de autodeterminação, a fim de proteger-se de maiorias ocasionais.

Mas há casos de constrição não explícita do universo político, que resultam de escolhas que não são mostradas como tais. Em um exemplo muito atual, as decisões sobre a economia muitas vezes não são apresentadas como decisões, mas como caminhos inevitáveis.

Isto resulta de sua naturalização e matematização. Algumas questões são mantidas "naturalmente" e "obviamente" fora de discussão, como a lei da gravidade: quem poderia deliberar sobre isso? Apenas um louco duvidaria que a competição seja uma lei natural da vida econômica - ou que a

---

[2] *A Constituição portuguesa é um exemplo: "Artigo 288.º. Limites materiais da revisão. As leis de revisão constitucional terão de respeitar:*
a) A independência nacional e a unidade do Estado;
b) A forma republicana de governo;
c) A separação das Igrejas do Estado;
d) Os direitos, liberdades e garantias dos cidadãos;
e) Os direitos dos trabalhadores, das comissões de trabalhadores e das associações sindicais;
f) A coexistência do sector público, do sector privado e do sector cooperativo e social de propriedade dos meios de produção;
g) A existência de planos econômicos no âmbito de uma economia mista;
h) O sufrágio universal, directo, secreto e periódico na designação dos titulares electivos dos órgãos de soberania, das regiões autónomas e do poder local, bem como o sistema de representação proporcional;
i) O pluralismo de expressão e organização política, incluindo partidos políticos, e o direito de oposição democrática;
j) A separação e a interdependência dos órgãos de soberania;
l) A fiscalização da constitucionalidade por acção ou por omissão de normas jurídicas;
m) A independência dos tribunais;
n) A autonomia das autarquias locais;
o) A autonomia político-administrativa dos arquipélagos dos Açores e da Madeira."

boa posição no sistema de comércio global seja a principal tarefa da política externa de qualquer país.[3]

Outra questão do nosso tempo está relacionada com a tendência para a uniformização de opinião política, favorecida por essa exclusão de possibilidades de autodeterminação comunitária e pessoal. Parece simplesmente não haver alternativas ao modo de organização da vida pública. A ocultação ideológica do caráter político da ordem de coexistência reconstrói o mundo como ele vale para nós, que acaba convertido em natureza. Aqui, a falsificação finalmente constrói a realidade. Em consequência ao estreitamento do horizonte político, começamos a ser cada vez mais parecidos em nossos pontos de vista fundamentais. Esta homogeneidade é refletida nos programas insípidos de partidos políticos, muito difíceis de distinguir. Mas isto, como ficou claro desde junho no Brasil, não fica sem resposta.

2. Filosofia como Luta

A busca de um sentido genético (grego) para a Política requer um significado claro e relevante para a Filosofia. Gostaríamos de sugerir uma concepção não acadêmica para Filosofia, mas cultural, muito próxima ao sugerido por Edmund Husserl em Viena, 1935, em sua conferência sobre a crise da humanidade europeia e a filosofia: a filosofia como nova atitude espiritual, marcada pela infinitude da tarefa da busca da verdade.[4]

---

[3] Entre os muitos textos interessantes de José Luiz Quadros Magalhães sobre o tema, vide *Violência e Modernidade: o dispositivo de Narciso. A superação da modernidade na construção de um novo sistema mundo.*

[4] "Com a primeira concepção de ideias, torna-se o homem, gradualmente, um novo homem. O seu ser espiritual entra no movimento de uma reformação progressiva. Este movimento desenrola-se, desde o início, comunicativamente; no seu próprio círculo de vida, ele desperta um novo estilo de existência pessoal e, através da recompreensão do outro, um correspondente novo devir. Nele se difunde, desde logo (e, no seguimento, também para lá dele), uma humanidade especial que, vivendo na finitude, vive para o pólo da infinitude. Precisamente com isso surge um novo modo de comunalização e uma nova forma de comunidade duradoura, cuja vida espiritual, comunalizada pelo amor das ideias, pela produção de ideias e a normalização ideal da vida, traz em si a infinitude como horizonte de futuro: o de uma infinitude de gerações que se renovam a partir do espírito das ideias. Isto se consuma, primeiro, no espaço espiritual de uma nação, a nação grega, enquanto desenvolvimento da Filosofia e da comunidade filosófica. Em unidade com isso, surge nesta nação, desde logo, um espírito de cultura universal, que atrai com o seu sortilégio o todo da humanidade, e assim se produz uma progressiva mutação sob a forma de uma nova historicidade." (HUSSERL, 2006).

A atitude espiritual da Filosofia abre uma perspectiva de mundo a partir da qual nenhum conhecimento pode ser considerado definitivo. Em vez disso, cada coisa que sabemos é precária: a verdade torna-se uma ideia, e isso significa que ela está sempre a ser perseguida.

A perspectiva de Husserl é coerente com a mais convincente versão dos historiadores para "a passagem do mito de logos", descrição do nascimento da Filosofia que mostra a ligação entre a nova mentalidade (filosófica) e a disseminação da escrita alfabética (letramento), em que os gregos foram pioneiros.[5] De acordo com esta teoria, o letramento permite registrar os processos de mudança na comunidade e na natureza, e assim comparar a forma como as coisas são no presente e no passado. O surgimento da Filosofia liga-se ao nascimento da consciência histórica.[6]

Na vida fundada na Filosofia, as pessoas devem reconstruir permanentemente os fundamentos da visão de mundo. A fundação narrativa do mito, em que deuses desempenham um papel tão importante, foi posta em crise.[7] A vida não é mais segura e estável. A partir de agora, a unidade do mundo deve sempre ser buscada, porque os seus fundamentos estão permanentemente em discussão: qualquer conhecimento torna-se provisório. Neste novo cenário, os seres humanos devem compreender a si mesmos, e tomar decisões.[8]

Também com a Filosofia os gregos descobriram que os seres humanos constroem a si mesmos, como pessoas e como comunidades. Esta pode ser uma descrição do nascimento de Ética e Política, ambas representando a descoberta do poder de autoconstrução do ser humano.[9] Os humanos assumem uma parte importante do trabalho dos deuses, e passam a desafiar o destino.

Com a crise dos fundamentos narrativos (mito) da vida não-filosófica, e com a provisoriedade e não dogmaticidade do saber, a tarefa de compreender a realidade torna-se uma disputa pelo mundo.

O *polemos* marca a relação entre Filosofia e Mito, e também a vida sob a Filosofia. Há tensão entre as próprias manifestações da cultura filosófica. Ciência, poesia lírica, tragédia, história, retórica, ética e política tentam

---

[5] Vide Coelho (2012 B) e Havelock (1996).
[6] Vide Coelho (2012 B).
[7] Vide Patočka (1998; 1991).
[8] Vide Coelho (2012 B).
[9] Vide Coelho (2012 C)

responder à necessidade de fundação, mas é particularmente importante para observar como eles lutam entre si! Entre os pré-socráticos - os primeiros cientistas a representar a nova perspectiva - não havia duas teorias concordantes para descrever os princípios (*archai*) da natureza (*physis*).

Os exemplos se multiplicam. Comediógrafos investem contra os políticos (vejam Aristófanes em *Os Cavaleiros*) e contra os filósofos (Aristófanes em *As Nuvens*); cientistas argumentam contra cientistas (Heráclito no Fragmento 81, e tantos outros exemplos); filósofos argumentam contra a tragédia e a comédia (Platão, em *A República*, livro III), políticos e oradores argumentam contra filósofos (Platão, em *Apologia de Sócrates*), filósofos contra a Retórica (vejam toda a obra platônica!). Independentemente da sua participação na mesma perspectiva ampla que chamamos aqui Filosofia! A filosofia é *polemos*, tudo está sempre em discussão e disputa.

O *polemos* torna-se ainda maior, no século V, com os sofistas[10]. A atitude antilógica (segundo a qual há sempre um argumento a opor a qualquer argumento) seria assumida como uma perspectiva retórica, epistemológica e até mesmo ontológica.[11]

Protágoras é a principal referência para a teoria antilógica, mas ele apenas sintetiza o seu tempo.[12] A habilidade em contrapor argumentos é prova de saguesa e sucesso[13], sendo explicitamente desenvolvida nos processos de educação no século da democracia ateniense: os *Dissoì Lógoi*[14] (cujo autor é desconhecido), e as *Tetralogias*, de Antífonte[15], são exemplos de textos com este objetivo pedagógico.

---

[10] Vide Coelho (2011).
[11] Isto é: pode-se entender que a estrutura antilógica marca os discursos voltados ao convencimento apenas (retórica), ou marca o próprio conhecimento humano sobre o mundo (epistemológica), ou mesmo que marca a própria realidade (ontológica).
[12] Na notícia de Diógenes Laércio (Vidas, IX, 50), atribui-se a Protágoras a formulação do princípio antilógico: "sobre cada coisa existem dois discursos, contraditórios".
[13] "Nisto consiste tornar mais forte o argumento mais fraco. Daqui, os homens se sentissem tão indignados com a declaração de Protágoras, pois é um logro e uma probabilidade não verdadeira, mas aparente, e não existe em nenhuma outra arte, a não ser na retórica e na erística." (ARISTOTELES, *Retórica*). Sobre a antilogia em Protágoras, vide DILLON, GERGEL (2003).
[14] Tradução para o português está disponível na dissertação de Joseane Prezotto, "*Dissoì Lógoi*: sofística e linguagem".
[15] Os textos de Antifonte (2009) estão disponíveis em português, na tradução de Luis Felipe Bellintani Ribeiro.

Com a Filosofia, em sua autodescrição antilógica, tudo se submete à contradição. Cada afirmação vale apenas como um lance no jogo interminável de afirmar e contradizer. Com a Filosofia, é a discussão o que vem para apoiar o mundo, no lugar da explicação narrativa e mágica do mito. Há discussão sobre a natureza, os deuses, a sociedade e o ser humano.[16]

A perspectiva antilógica é de todo compatível com a democracia ateniense do século V. Todo cidadão tem o direito de manifestar-se na Assembleia (*isegoria*), expressando seu ponto de vista. Na democracia, os cidadãos são iguais no direito de participar na luta pelo mundo (pela *polis* e pelo ser humano, cujo destino é preocupação constante na discussão sobre as leis e a educação). Este *polemos* está na raiz da compreensão grega da Polis, como a convivência de pessoas diferentes em suas opiniões, mas iguais nos termos da lei.[17]

Deste ponto de vista, podemos ver como a *diferença* é constitutiva da experiência política.

É preciso ter cuidado com descrições modernas do pensamento político grego[18], que não concebe a comunidade humana como homogênea.

Nada está tão longe da Grécia Clássica como as descrições da Polis como uma forma uniformizada de vida. Recordemos Aristóteles: a Ética a Nicômaco, em vez de ser uma ética para uma comunidade homogênea, tem o seu ponto de partida exatamente na diversidade de concepções de vida. Não há acordo sobre o significado da palavra *eudaimonia*, e é exatamente por isso que Aristóteles precisava escrever a Ética![19]

Na verdade, os gregos estavam sempre explicitamente conscientes do papel constitutivo da diferença na *Polis*, lugar de confronto entre concepções de vida.

---

[16] Sobre a amplitude dos temas dos sofistas, vide Casertano (2004).

[17] Discuto igualdade e diferença como ingredientes constitutivos da Polis em "ἕτεροι καὶ ἴσοι. Diversity and equality in the constitution of polis", cuja primeira versão foi apresentada ao Special Workshop "Aristotle and the Philosophy of Law: Justice and Society", no 26th World Congress of Philosophy of Law and Social Philosophy of the International Association for Philosophy of Law and Social Philosophy (Internationale Vereinigung für Rechts- und Sozialphilosophie - IVR).

[18] Vide, por exemplo, Émile Durkhein em *De la division du travail social* (1893).

[19] A pergunta que inaugura a Ética a Nicômaco é "qual o fim último da vida?", para a qual os contemporâneos de Aristóteles apresentavam diferentes respostas: ter dinheiro, saúde, beleza, amigos, sorte, virtude, sabedoria...

A consciência da *diferença* como algo que inaugura a Política e a Ética também é clara nas descrições da alma humana. Isto está presente em toda a tradição filosófica grega: a *psyque* é composta por diferentes dimensões, cuja tensa relação (ordem) resume o desafio ético.

3. Filosofia e Política (Política como Filosofia)

Filosofia, política e tarefa infinita

Com recurso à cultura filosófica grega, podemos desenhar um quadro para compreender a filosofia, a política, a igualdade e a democracia.

Filosofia é pensamento contradogmático, sempre insatisfeito, que infinitamente submete qualquer descoberta ou opinião a discussão – lembremos Sócrates, que exerceu a confutação até o fim de sua vida. A crítica filosófica não pode aceitar qualquer critério para a verdade que não seja, ele mesmo, submetido à discussão.[20]

A abertura que caracteriza a cultura filosófica é o solo em que a Política pode germinar. A pergunta fundamental da política - como é viver em comunidade como iguais? - continua por definição em aberto. O problema capital da política é infinito, como a Filosofia.

A Política parte da consciência polêmica do humano acerca de seu poder autoconstitutivo.

Também os limites deste poder estiveram sempre em discussão. Neste sentido, podemos ler os discursos sobre o binômio natureza e convenção (*physis* e *nomos*), presente na cultura filosófica pelo menos desde o século V a. C. Sob este título, a Filosofia (em todas as suas dimensões: Ciência, Tragédia, Lírica, Retórica...) discute os limites da capacidade humana de autodeterminação. Esta foi uma discussão explícita e aberta, um tema de destaque do embate político e filosófico ateniense. Tudo é questionado, até mesmo os limites do que pode ser questionado.

A política compartilha este traço da cultura filosófica. Ela é disputa sempre aberta. É uma disputa pela Polis, entre humanos conscientes de que está em suas mãos decidir o futuro da cidade - e que sabem que eles próprios se decidem, pelo mesmo processo.

---

[20] Vide Patočka (2003).

Filosofia, política e o jogo entre igualdade e diferença

A disputa pela cidade, como tarefa política, é um *polemos* que envolve pessoas que se reconhecem como diferentes, embora em sentido político afirmem-se como iguais. Este é outro ingrediente importante para entender a Política entre os gregos. O que é absolutamente novo na Política é a invenção de uma ordem de convivência na qual não apenas um pode alcançar a plena realização como ser humano *(eudaimonia)*. Em comunidades não políticas - como a família ou os despotismos bárbaros - a vida plena é possível apenas para um, o chefe (se é que é possível a ele, pelo menos). Já as ordens políticas tentam uma nova tarefa: como tornar possível, para muitos cidadãos, considerados livres e iguais, alcançar a auto-realização ao mesmo tempo? Neste sentido, a igualdade é a marca de um regime político. Trata-se de um regime que visa ao bem comum. Mesmo a Monarquia ainda pode ser considerada um regime político, porquanto esta é orientada para o bem comum.[21] Mas se isso não acontecer, deixa de haver um regime político, e surge o despotismo. As relações entre as pessoas sob tal regime não são políticas - pelos mesmos motivos, as relações entre as pessoas no horizonte da família não são políticas.

O bem comum é o fim de toda associação - mesmo a relação entre senhor e escravo, segundo Aristóteles, desenvolve-se em favor e em benefício de ambos.[22] Mas o bem comum a que visa a polis tem um traço diferenciador - trata-se da realização do homem na sua possibilidade mais plena - o que só é pensável, no horizonte da cultura grega antiga, para os cidadãos. Trata-se da realização do homem livre, do cidadão, postulado como igual em seu esforço por uma vida plena, e em seu direito por expressar o que é bom e justo.

Vista a partir deste ponto, a Política mostra seu compromisso com o bem comum, o que não tem nada a ver com um significado dogmático ou a-histórico da justiça. É um sinal do tipo de tarefa que resume a Política, relativa à igualdade de participação dos cidadãos no processo de autoconstrução comunitária e de si mesmos.

---

[21] Aristóteles, *A Política*, livro III.
[22] Aristóteles, *A Política*, livro I.

4. Conclusões parciais

A partir disso, podemo-nos concentrar no problema político contemporâneo proposto - a restrição não explícita de horizonte político, pela exclusão de certos assuntos como questões a decidir, a partir de sua apresentação como verdades naturais ou matemáticas. Como exemplos, podemos lembrar algumas questões relativas à organização econômica nacional, e sua integração à ordem econômica global, "naturalmente" ("inevitavelmente") fundadas na concorrência e na propriedade privada. A naturalização dessas questões diminui o espaço do *político*. Isso significa: diminui o poder de auto-determinação dos seres humanos como iguais. Esta não é uma estratégia *política* para obter sucesso para certos interesses, mas sim uma estratégia *contra-política*, já que pretende obter sucesso por meio da negação da participação igual e livre dos cidadãos na autodeterminação comunitária. Neste sentido, ela contraria o perfil filosófico de nossa civilização (como uma civilização em que as pessoas mantêm o direito de participar da luta pela mundo).

Estrangula-se o horizonte político. Excluindo-se a deliberação sobre supostas questões naturais, nega-se às pessoas o poder de auto-determinação.

Negam-se os seres humanos como iguais, embora as pessoas se tornem cada vez mais homogêneas, a partir da constrição do campo da auto-determinação. A homogeneidade, outra característica da experiência política contemporânea, está ligada a isso. Apesar da autodescrição do nosso tempo como um espetáculo de diversidade e hospitalidade, expressamos opiniões e modos de vida progressivamente padronizados. Tornamo-nos, por exemplo, cada vez menos interessados em política. Parece que cada vez mais pensamos o mesmo, desejando e temendo as mesmas coisas, vivendo em cidades progressivamente idênticas.

Esta tendência tem a ver com a restrição das possibilidades de escolha, fruto das estratégias *contra-políticas* que atentam contra a igualdade humana (embora gerem homogeneidade) em um sentido muito profundo - o sentido que dá à política o seu significado particular, e no qual o homem pode experimentar-se como livre.

7. Manifestações de junho de 2013: reivindicação do político

A constrição do *político* leva ao afastamento das instituições ditas "políticas". A crescente indiferença pelos processos institucionalizados de autodeterminação comunitária tem a ver com a sensação de que o essencial não está sequer em discussão ali. Este é um efeito da naturalização das decisões e do esvaziamento do político. As pessoas vivem cada vez mais distantes dos canais oficiais (partidos, parlamentos etc.) porque sentem que o político, verdadeiramente, não está ali.

Mas o político marca de modo muito fundo o homem da cultura em que vivemos, e o atentado contra a igualdade e a liberdade, no sentido radical com que as descrevemos, parece não ficar sem resposta. As manifestações de rua de junho de 2013, no Brasil, parecem ser uma resposta clara à constrição do político, e uma exigência por restauração da igualdade por meio da participação. Mais uma vez, gostaria de usar um pouco de filosofia grega para analisar este fenômeno – acrescentando mais alguns ingredientes à invenção grega da Política.

As manifestações são sintoma de crise política num sentido muito radical. Fica claro como faltam, no Brasil, importantes condições da convivência política.

Para Aristóteles, o animal humano é político porque é racional.[23]

É preciso, no entanto, enfatizar os dois elementos da definição: o homem é animal e é racional. Por um lado, a política é a associação e a comunidade (*koinonía*) de seres humanos iguais entre si, porque capazes de fazer escolhas e de reconhecer e respeitar as escolhas uns dos outros. Por outro, é associação de seres carentes, que buscam satisfazer suas necessidades naturais, a começar pela própria sobrevivência.

Por isso a polis é uma associação difícil de manter-se. Ela é instável, convivendo com ameaças que veem de dentro, dos próprios associados. Os cidadãos são *animais*: são seres *desejantes*, e o desejo facilmente descamba para o excesso, rompendo a igualdade. Na convivência entre iguais, é preciso observar uma regra improvável: que cada um se contente em ficar com o que é seu. Com esta fórmula, combinam-se animalidade e racionalidade, e a convivência pode ser boa, no sentido político. Se alguém fica com tudo, e o outro com nada, não existe mais igualdade, e a comunidade que une estes seres deixa de ser política, e lembra o que se passa entre senhor e escravo.

Por isso a justiça é o cimento da sociedade para Aristóteles. Seu desafio é manter a igualdade, evitando que a associação política se rompa. Para garantir a igualdade existem as leis, impedindo que os associados busquem

---

[23] Aristóteles, *A Política*, livro II.

sua felicidade a qualquer preço, passando por cima dos outros. E existe o juiz, que atua quando isto acontece, restaurando a igualdade.

Para que a associação sobreviva com igualdade, é preciso poder haver reciprocidade. Desde as relações mais básicas, a retribuição é um ingrediente importante do convívio social. Expressamos agradecimento por pequenas gentilezas, e procuramos retribuir as coisas boas que os outros nos fazem. Isso nos reconduz à igualdade. Há um sentimento de orgulho, de dignidade: não queremos sentir-nos inferiores, por sermos sistematicamente ajudados. Na medida em que nós também ajudamos, sentimo-nos iguais novamente.

Sem retribuição, as pessoas perdem o sentimento de que são iguais. Claro que a retribuição não é simplesmente retaliação, e por isso a justiça é uma forma de proporcionalidade.[24] A retaliação (olho por olho) não é justa exatamente porque ela confunde igualdade com homogeneidade. A justiça enquanto retribuição proporcional garante a igualdade nas relações e a percepção de si e do outro como seres iguais e livres.

Se alguém é prejudicado, e não há reparação, há quebra da igualdade, e a sensação de que se é inferior.[25] Isto faz parte de nosso dia-a-dia. Quando pagamos e não recebemos o serviço (o plano de saúde, o telefone celular...), sentimo-nos inferiores. Este sentimento é muito forte, e às vezes leva a querer matar quem nos inferioriza ao telefone. É o cidadão, que sofre pela negação da sua igualdade, que se ira ali.

Quando um crime é praticado e não há punição, mais uma vez há diminuição. Sentimos que não somos tratados como iguais, como livres. A punição é pensada por Aristóteles como retaliação proporcional nas relações pessoais, algo diferente do que a ciência jurídica pensa hoje.[26] Mas no que diz respeito à sua função como garantia das relações políticas, sua descrição ainda é válida: se não há justiça penal, não há igualdade. Que tipo de pessoa sou eu, que pode ser ofendida impunemente? Diante da indiferença de um delegado que obviamente não vai investigar o seu caso, aflora o sentimento de diminuição, de negação da igualdade: uma ira política. Da mesma forma, é política a ira diante de pessoas que cometem crimes notórios, mas não são punidas; e é política a glorificação dos juízes quando cumprem seu dever de restaurar a igualdade, punindo quem desrespeita a lei.

[24] Aristóteles, Ética a Nicômaco, livro V, 3.
[25] Aristóteles, Ética a Nicômaco, livro V, 5.
[26] Aristóteles, Ética a Nicômaco, livro V, 4.

Quando a proporcionalidade não existe, a associação não se mantém, diz Aristóteles. De fato, quantas vezes prometemos nunca mais comprar em algum lugar... Mas se mesmo isso às vezes é impossível cumprir, quem dirá deixar o país em que nos sentimos diminuídos... A impotência aumenta a sensação de falta de liberdade e de igualdade.

Tudo é sintoma de crise moral, porque crise do sentimento de justiça. Mas é também uma crise do sentimento de pertencimento a uma comunidade de iguais: é, portanto, uma crise política.

A desigualdade nas relações entre indivíduos fere a chamada justiça comutativa. Mas também na justiça distributiva a igualdade é sistematicamente ameaçada.

A distribuição do poder é o problema mais delicado na convivência política: como pode haver mando entre iguais, sem ferir a igualdade? A solução de Aristóteles é simples: como não pode haver associação sem hierarquia, é preciso que os cargos sejam ocupados temporariamente. Por definição, cidadãos alternam-se no poder: às vezes mandam, às vezes obedecem. Se alguém manda permanentemente, assume uma posição superior e a relação deixa de ser política. Novamente, há algo como senhor e escravo.

Dia-a-dia se acentua a sensação de que os ocupantes dos cargos de mando no Brasil são sempre os mesmos. A todos os outros, cabe obedecer. A manifestação das ruas é política porque fundada na afirmação da igualdade: contra a apropriação do poder por partidos, indivíduos e empresas.

Não temos tempo agora para duas outras importantes ameaças ao político e à igualdade: a grande concentração de riqueza[27], e o uso do mando não a favor da comunidade, mas dos próprios governantes.[28] Mas tudo isso perpassa as manifestações de modo bem consciente no Brasil. Não espanta que as reclamações sejam generalistas. No fundo, trata-se de uma reivindicação pelo político, da restauração da igualdade como fundamento da convivência. Fermentada tanto nas relações privadas (mercado) como nas públicas (sistema político e eleitoral), a ira dos cidadãos expressa a insatisfação e o inconformismo contra sua inferiorização. São exigências morais por justiça e igualdade, e, portanto, radicalmente políticas.

---

[27] Aristóteles, *A Política*, livro I.
[28] Aristóteles, *A Política*, livro III.

Referências Bibliográficas

ANTIFONTE. *Testemunhos, fragmentos, discursos*. Edição e Tradução de Luis Felipe Bellintani Ribeiro, São Paulo: Loyola, 2009,
ARISTÓTELES. Ética a Nicómaco. Trad. António C. Caeiro, Lisboa: Quetzal Editores, 2004.
_____. *A política*. Trad. Nestor Silveira Chaves, 4. ed., São Paulo: Atena Editora, 1955.
_____. *Ars Rhetorica*. W. D. Ross. Oxford. Clarendon Press. 1959.
CASERTANO, Giovanni. *Sofista*. Napoli: Guida, 2004.
COELHO, Nuno M. M. S. Politics and equality in Greek invention of democracy. In: Marta Nunes da Costa. (Org.). *Democracy today*. Vila Nova de Famalicão, Portugal: Humus, 2012, p. 13-20. (A)
_____. *Direito, Filosofia e a Humanidade como Tarefa*. Curitiba: Juruá, 2012. (B)
_____. *Sensatez como modelo e desafio do pensamento jurídico em Aristóteles*. São Paulo: Rideel, 2012. (C)
_____. Pensamento jurídico e Antilógica em Antifonte - contribuição grega à construção da Dogmática Jurídica. In: ADEODATO, João Maurício; BITTAR, Eduardo. (Org.). *Filosofia e Teoria Geral do Direito*. Homenagem a Tercio Sampaio Ferraz Junior. 2011.
DILLON, John, GERGEL, Tania. *The Greek sophists*. London: Penguin, 2003.
FRAGMENTE DER VORSOKRATIKER. Hermann Diels, Walther Kranz. Hidessheim: Weidmann, 1989.
HAVELOCK, Eric. A. *A Revolução da escrita na Grécia e suas consequências culturais*. Trad. Ordep José Serra. São Paulo: UNESP, 1996.
HUSSERL, Edmund. A crise da humanidade europeia e a filosofia. Trad. Pedro Manuel Santos Alves. *Fundamentos e Fronteiras do Direito*: Revista do Programa de Pós-Graduação em Direito da UNIPAC, Barbacena, v. 1, n. 2, 2006.
MAGALHÃES, José Luiz Quadros. *Violência e Modernidade: o dispositivo de Narciso. A superação da modernidade na construção de um novo sistema mundo*. Disponível em: <http://joseluizquadrosdemagalhaes.blogspot.com.br/search/label/Teoria%20do%20Estado>. Acesso em 01 de agosto de 2013.
PATOČKA, Jan . *Socrate*. Trad. Martin Girgenti. Milão: R.C.S. Libri, 2003.
_____. *Ensayos heréticos sobre a filosofia de la historia*. Trad. Alberto Clavería. Barcelona: Ediciones Península, 1988.
_____. *Platón y Europa*. Trad. Marco Aurelio Galmarini. Barcelona: Ediciones Península, 1991.
PREZOTTO, Joseane. Dissoì Lógoi: *sofística e linguagem*. 28/09/2009. 115p. Dissertação - Curso de Pós-Graduação em Letras, área de concentração em Estudos Lingüísticos, da Universidade Federal do Paraná. Curitiba. 2009. Impresso.

Soberania e Estado: Alguns Aspectos, Dificuldades de Conceituação e a Contribuição de Dalmo de Abreu Dallari

Rubens Beçak

Introdução

Num mundo em que observa-se, concomitantemente, existirem entidades tão díspares como países com realidade incontestee como a França, Estados Unidos e Brasil, por exemplo, e outros, com situação tão instável e difícil de definir, como por exemplo, a Somália (desde o início dos anos 90) ou o agora "Estado da Palestina" (a Autoridade Palestina, tal como conceituado pela ONU recentemente), todos entendidos na acepção comum como Estados, logo fica evidenciada a dificuldade de fixação de um conceito a eles comum.

É, assim, tarefa extremamente árdua à quem se dispuser a cuidar do tema, mas que procuraremos nos desincumbir, com a opção da apresentação, em que pese resumida, do fenômeno do Estado, sob o ponto de vista histórico-evolutivo, para, com este desiderato, podermos mostrar as diversas tentativas de conceituação, e aquela que nos parece adequada. Para esta finalidade, indiscutível a necessidade de cuidarmos também da soberania.

1. Poder e soberania / o Estado

Adotando-se a classificação weberiana das manifestações do poder em legal, tradicional e carismático, aliás utilizada por grande parte da doutrina que trabalha o assunto, podemos dizer que o fenômeno de manifestação do exercício do poder, em qualquer de suas vertentes, em determinado *locus*, é tão antigo quanto a humanidade.

O exercício deste poder, sem contestação e com a devida obediência, aliás como sempre gizado por DALLARI (2012) e LEWANDOWSKI (2004), configura a existência da soberania.

Pode-se assim dizer que a soberania existe desde que, numa determinada situação ou local, configura-se o exercício de poder aceito e reafirmado.

Sabe-se, portanto, que a soberania já é fator presente seguramente na Idade Antiga, mormente como exercido nos denominados "Estado orientais", ou "médio orientais", ou nas entidades do classicismo como as "cidades-Estado" helênicas e Roma.

No final da Idade Antiga e início de Idade Média, ou mais precisamente, a Alta Idade Média, vai-se observar a coexistência, ou melhor, a "concorrência" de diversas soberanias as quais "disputam" horizontal e verticalmente o exercício do poder. O fenômeno ocorre basicamente na Europa Ocidental.

Tal fenômeno decorre de uma série de fatores, basicamente resumidos na afirmação e espraiamento do cristianismo, bem como na mitigação do tradicional poder real, substituído, ou disputado com o poder senhorial, de matriz privada.

Observar-se-á, e a Historiografia, a Ciência Política, a Filosofia e o Direito são prolíficos na produção de obras que abordam o tema, a coexistência de três "soberanias", ou para outros, quatro "soberanias".

São elas, a "soberania real", já definida como tradicional, a senhorial (de matriz feudal, tão importante que até dá nome ao período histórico) e a papal (LEWANDOWSKI, 2004, p. 203-205; DALLARI, 2012, p. 8 e ss). Também, como já referido, uma quarta "soberania", aquilo que foi definido como "ficção imperial" (LEWANDOWSKI, 2004, p. 205), aquela exercida pelo Sacro Império Romano Germânico.

A controvérsia do poder real com o senhorial se funda basicamente na tentativa de exercício de um poder com origens históricas muitas vezes imemoriais frente à vontade particular do Senhor, nos limites de suas propriedades.

Aquela que opunha a autoridade papal a dos senhores reais residia na acepção da Igreja como "guia das mentes terrenas". É a concepção idealizada e extremamente presente nos escritos daquele período, de fundação da *respublica christiana*. Esta é entendida como a única possibilidade de obtenção de um Reino Universal firmado na paz e coexistência de todos os povos (DALLARI, 2012, p. 8 e ss).[1] Refira-se aqui a importante obra de BEAUMANOIR, *"Coutumes de Beauvaisis"* (BEAUMANOIR *apud* JELLINEK, 2000).

O "quarto" poder, o imperial, decorria da unção a Carlos Magno, em 800 d.C., da missão de cuidar da herança romano-cristã.

Desta ambiência relatada de forma resumida é que decorrerá a necessidade de conceituação da soberania. Se até então inquestionavelmente existia, não havia surgido a necessidade de sua conceituação, sobretudo considerando-se que não era disputada.

Neste cadinho de conflitos que, não raramente, redundavam em guerras extremamente sangrentas, vamos ver aparecer um número de obras significativo cuidando do tema, dos quais não podem escapar as de Egídio Colona, defendendo a supremacia papal, e João de Paris, a real.

Se podemos dizer que a Igreja vai atingir o auge de seu poder com Inocêncio III (1198-1216), o papa que intervinha em tudo e todas as partes, a situação vai refluir muito um século depois, com Felipe, o Belo, de França.

É com ele e a submissão do papado ao seu poder, com a transferência realizada para Avignon, em 1308 (o denominado "cativeiro da Babilônia"), que perceber-se-á a afirmação do poder real.

São desta época as importantes obras de Marsílio de Pádua, *"Defensor Pacis"*, escrita entre 1320-24 e de Guilherme de Ockham, *"Dialogus"* de 1331-38.

A teoria papal das "duas espadas", i. e., a submissão da espada real, terrena, à milenar, espiritual, transposta em paradigma pela bula de Bonifácio VIII *"Unan Sanctam"*, encontrava oposição firme, imposta muitas vezes, pela vontade das armas.

Quem dará tratamento doutrinário inédito ao tema é Maquiavel, com "O Príncipe" (1513) e "Discurso sobre a primeira década de Tito Lívio"

---

[1] Ademais, a respeito, citemos LEWANDOWSKI (2004, p. 207), trazendo Alighieri e sua obra *"De Monarchia"*.

(1519). Ali, ele consigna o termo Estado (*Stato/Status*) para descrever as "novas" entidades que observava surgir na Europa.

Bodin, com "Os seis livros da República" (1576) é o autor que caberá igualmente estabelecer a imanência daquela nova realidade (DALLARI, 2012, p. 83-84; LEWANDOWSKI, 2004, p. 212-213).

É com a denominada Paz de Westfália, de 1648 (mais precisamente, os tratados de Münster e Osnabrück) que encerraram a Guerra dos 30 anos (1618-48), que aparecerão, com as conformações que com alterações de pequena monta conservar-se-ão até a Época Napoleônica e o subsequente Concerto Europeu, os Estados Modernos.

Não se imagine que Westfália configure o momento de criação destas "novas" entidades – muito ao contrário – alguns Estados já aparecem plenamente configurados muito antes. Portugal, por exemplo, talvez o país europeu com fronteiras delimitadas há mais tempo, antecede em quase 500 anos ao tratado. Ainda na península ibérica, desde o desenrolar da Reconquista, aparecerão os Reinos bem definidos que redundarão nos expandidos Leão e Castela, que se unirão ao final do século XV na atual Espanha (MIRANDA, 2007; LEWANDOWSKI, 2004, p. 222).

O ano de 1648 e a Paz de Westfália configuram mero "retrato" do *status quo* então vigente.

2. Reconceituação da soberania

Se a nova realidade já está plenamente afirmada no curso do século XVII, com o poder papal (re)colocado na sua esfera milenar (com a exceção da existência dos Estados papais onde o Papa também detinha os poderes temporais), restava a questão, já mencionada, da definição e conceituação de Soberania.

Hobbes detém papel primordial nesta tarefa. Ao trabalhar o tema no seu "Leviatã" (1651), vai colocar a autoridade e o poder reais como aqueles com condição concreta de assegurar a paz da sociedade e a permanência do Estado.

Na medida em que expressa a ideia do *"homo homini lupus"* e a renúncia original do exercício de soberania pelo povo, vai construir teoria que dará roupagem doutrinária ao fenômeno político em andamento. O absolutismo solidificará a reunião da soberania com a pessoa do monarca.

Outros contratualistas como Locke, no seu "Segundo Tratado sobre o Governo", ou "Segundo Tratado sobre o Governo civil" (1689) e Montesquieu, com "O Espírito das Leis" (1748) entenderão que o eixo de exercício da soberania não se desloca do povo para o monarca. O que ocorre não é a renúncia ao exercício da soberania, tal como entendido por Hobbes, mas mera delegação.

ROUSSEAU (1978), por outro lado, definido como "radical" por suas posições, notadamente aquela muito conhecida referentemente ao entendimento da impossibilidade da divisão no exercício do Poder, pois isto configuraria divisibilidade do exercício da própria soberania, é aquele que teve a sua imagem mais associada à conceituação da soberania do povo.

Por outro lado, o "triunfo" da ideia montesquiana da divisão e atribuição do poder, a denominada Teoria da Separação dos Poderes, fará refluir o debate sobre a soberania, concentrando-se mais no seu exercício, com a fórmula do Castelão vindo a ser consagrada no famoso art. 16 da Constituição Francesa de 1791.[2]

Antes mesmo, refira-se, já vinha a mesma destacada na Constituição Americana de 1787, com a mesma organização dos Poderes.[3]

Se a questão da divisão do Poder e sua atribuição é importante e já nos ocupamos em outros trabalhos nossos (BEÇAK, 2007; BEÇAK, 2008a; BEÇAK, 2008b; BEÇAK, 2008c), ela deve ser, considerando-se os limites deste trabalho, deixada de lado.

O que é de se notar é que, na esteira da influência dos escritos do Abade Emmanoel-Joseph Sieyès, a Constituição de 1791 vem a adotar a fórmula da soberania depositada na nação (LEWANDOWSKI, 2004, p. 228-229), conceito que, como é tradicional nos ensinamentos de DALLARI (2012), é limitativo e, nos dias de hoje totalmente abandonado do ponto de vista científico.

---

[2] Célebre texto da Declaração dos direitos do homem e do cidadão de 1789, presente na Constituição Francesa de 3 de setembro de 1791: *Article16. - Toute Société dans laquelle la garantie des Droits n'est pas assurée, ni la séparation des Pouvoirs déterminée, n'a point de Constitution.* (FRANCE, 2012).
[3] Articles I, II e III da Constituição dos Estados Unidos da América (UNITED STATES OF AMERICA, 2009).

O fato é que já nas Constituições revolucionárias subsequentes e em todas as outras[4] (excetuando-se a da Restauração de 1814), a conceituação passa a consignar o povo como aquele detentor de soberania.[5]

Por derradeiro, cite-se que, a vista do alargamento do direito de voto, sobretudo na marcha triunfal do voto universal, as diferenças práticas numa conceituação ou noutra (nação e povo) vem a desaparecer (FERREIRA FILHO, 1974, p. 30).

Já no século XX, a definição da soberania como atributo do Estado, feita por Jellinek, teve grande divulgação e aceitação.

Preferimos ver, na senda de linha doutrinária significativa, a soberania nos seus aspectos interno e externo. Se de um ponto de vista interno ela é atributo do povo, o qual, gize-se, detém a possibilidade da convocação do poder constituinte, do ponto de vista externo aparece como atributo do Estado, de sua afirmação no cenário internacional, bem como de exercício da denominada cláusula da impenetrabilidade (DALLARI, 2012, p. 96). Aliás, por oportuno, cf. art. 1º, I e parágrafo único da CF/88.

3. Dificuldades na conceituação de Estado

De certa forma, da exposição escorçada já se percebe a dificuldade encontrada pela doutrina na conceituação de Estado.

DALLARI (2012, p. 119) refere esta situação e chega a trazer autores que mostram proliferação de definições (Easton, Titus).

Isto decorreria do fato de alguns doutrinadores preferirem centrar a divisão na noção de força, outros na de natureza jurídica.

O que é preciso, é eliminar conceitos usualmente propagados, que não contém qualquer fundamentação científica, sobretudo o costumeiro "O Estado é a nação politicamente organizada" (DALLARI, 2012, p. 120).

Isto porque nação é o conceito de comunidade, muito mais próprio da Sociologia, da Antropologia e da História. Já Estado é seguramente uma sociedade.

Posto que Estado não se confunde com nação, até mesmo, note-se, porque nos últimos séculos observamos o fenômeno dos Estados "recentes"

---

[4] Constituições francesas de 1795, 1799, 1804, 1830, 1848, 1870, (leis constitucionais de) 1875, 1946 e 1958.

[5] Para uma explanação acerca das teorias sobre a soberania, citemos DALLARI (2012, p. 88-89).

virem a constituir nações (Ex. Estados Unidos, Canadá, Brasil), cuidou a doutrina de tentar estabelecer conceitos que DALLARI (2012) procura didaticamente dividir entre aqueles fundados na força e aqueles jurídicos.

No primeiro grupo, melhormente denominado daqueles que privilegiam a conceituação politicamente, temos Duguit entendendo o Estado como aquele que exerce a "força material irresistível", mas limitada e regulada pelo Direito. Também Heller caracterizando a "unidade de dominação" e Burdeau, entendendo-o como a "institucionalização do poder". Ainda Gurvitch, vendo o Estado como aquele que exerce o "monopólio do poder" (DALLARI, 2012, p. 120).

Já no grupo que prefere ver a fundamentação pelo prisma jurídico, DALLARI (2012) realça a força dos autores italianos sobre o tema. Para esta corrente, apesar de existirem outros fatores para além dos jurídicos, todos estes possuem existência independentemente do Estado.

Apesar de não ignoradas, não são compreendidas como elementos que venham a conceituar o Estado antes de estarem integrados numa ordem jurídica (DALLARI, 2012, p. 120-121).

Nesta linha e grupo destacam-se Ranelletti e Del Vecchio. Para o primeiro, o conceito seria "um povo fixado num território e organizado sob um poder supremo originário de império, para atuar com ação unitária os seus próprios fins coletivos." (DALLARI, 2012, p. 121).

Para Del Vecchio: "a unidade de um sistema jurídico que tem em si mesmo o próprio centro autônomo e que é possuidor da suprema qualidade de pessoa". (DALLARI, 2012, p. 121).

DALLARI (2012, p. 121), acentua que para esta parcela de pensadores a noção jurídica de Jellinek é fundamental, no entendimento de que o Estado estabelece a ordem coativa normativa da conduta humana.

4. O ensinamento de Dalmo de Abreu Dallari

Dalmo DALLARI (2012, p. 121) critica como incompletas as visões conceituais até então havidas, entendendo que dão ideia insuficiente do Estado.

Prefere assim conceituar Estado como "a ordem jurídica soberana que tem por fim o bem comum de um povo situado em determinado território" (DALLARI, 2012, p. 122).

Presentes assim todos elementos necessários, abordando o exercício do poder decorrente da soberania, característica da ordem jurídica. No seu dizer, a "politicidade" fica afirmada na referência ao bem comum, "com a sua vinculação a um certo povo", limitando-se a ação jurídica e política do Estado pela referência à territorialidade (DALLARI, 2012, p. 122).

5. CONSIDERAÇÃO FINAL

O presente artigo procurou trabalhar os aspectos básicos e a evolução de dois elementos básicos à Teoria Geral do Estado, a saber, a soberania e o Estado.

Partindo de uma verificação histórica da existência da soberania desde sempre, para uma sua delimitação secular que vai se afirmar, verifica-se a sua concepção como sua delimitação secular que vai se afirmar, verifica-se a sua concepção como algo que passa a ser elemento intrínseco da própria noção de Estado.

Num segundo momento, já constada a existência e a evolução do Estado, passamos a trabalhar a dificuldade de sua conceituação, utilizando-nos básica e precipuamente da contribuição dallariana no aspecto.

Afinal, na mesma acepção, passamos a apresentar a conceituação para este Autor, entendendo-a como aquela que suficientemente compõe todos os elementos necessários à definição de Estado.

6. Referências

BEÇAK. Rubens. *A hipertrofia do executivo brasileiro:* o impacto da constituição de 1988. Campinas: Millennium, 2008.

_____. Estado de direito, formas de Estado e constituição. In: *Revista da Faculdade de Direito de Conselheiro Lafaiete.* nova fase. v. 3, 2007.

_____. Instrumentos de democracia participativa. In: *Revista de ciências jurídicas* – UEM, v. 6 n.2, p. 143-153, jul-dez. 2008.

_____. O tribunal constitucional e sua intervenção no processo político. In: *Anais do XVII Encontro Nacional do CONPEDI – Conselho Nacional de Pesquisa e Pós-graduação em Direito.* (Salvador, 19-21. jun. 2008).

BURDEAU, Georges. *O Estado.* São Paulo: Martins Fontes, 2005.

CARRÉ DE MALBERG, Raymond. *Teoria general del Estado.* Trad. José Lión Depetre. México: FCE, 1998.

DALLARI, Dalmo de Abreu. *Elementos de teoria geral do Estado.* 3. ed. São Paulo: Saraiva, 2012.

DUGUIT, León. *Traité de droit constitutionnel.* Paris : E. de Boccard, 1923/27.

FERREIRA FILHO, Manoel Gonçalves. *Direito Constitucional Comparado.* São Paulo: Bushatsky, 1974.

FRANCE. *Constitution de 1791.* Assemblée Nationale. Disponível em: <http://www.assemblee-nationale.fr/histoire/constitutions/constitution-de-1791.asp>. Acesso em: 27 mai. 2012.

HAURIOU, Maurice. *Principíos de derecho público y constitucional.* Trad. Carlos Ruiz del Castillo. Granada: Comares, 2003.

HELLER, Hermann. *Teoría del Estado.* México: FCE, 1947.

JELLINEK, Georg. *Teoría general del Estado.* Trad. Fernando de los Ríos. México: FCE, 2000.

KELSEN, Hans. *Teoría general del Estado.* Trad. Luis Legaz Lacambre. Granada: Comares, 2002.

LEWANDOWSKI, Enrique Ricardo. *Globalização, regionalização e soberania.* São Paulo: Juarez de Oliveira, 2004.

MIRANDA, Jorge. *Formas e sistemas de governo.* Rio de Janeiro: Forense, 2007.

ROUSSEAU, Jean-Jacques. *Do contrato social.* Trad. Lourdes Santos Machado. In: *Do contrato social e outros escritos.* São Paulo: Abril Cultural, 1978. (Os Pensadores).

UNITED STATES OF AMERICA. *The Constitution of United States.* In: HEFFNER. Richard D.; HEFFNER. Alexander. (Org.) *A Documentary History of the United States.* New York: Signet, 2009.

ZIPPELIUS, Reinhold. *Teoria geral do Estado.* Lisboa: Fundação Calouste Gulbenkian, 1997.

Metaética e Objetividade na Teoria do Direito de Ronald Dworkin

Sergio Nojiri

1. Introdução

Ronald Myles Dworkin (1931-2013), mais conhecido apenas como Ronald Dworkin, foi um dos mais brilhantes e influentes filósofos do direito dos últimos tempos. Professor da *New York University*, dentre outras instituições, publicou inúmeras obras de destaque.

Neste trabalho, objetiva-se circunscrever e analisar alguns aspectos pontuais de sua vasta produção, a saber, a questão da metaética e da objetividade.

Busca-se, em primeiro lugar, tratar de um dos pontos centrais da teoria da objetividade de Dworkin, acerca da impossibilidade e da inutilidade de uma metaética que ele denomina de "Arquimedianismo". Em segundo lugar, pretende-se demonstrar que os conceitos de interpretação e objetividade desenvolvidos por Dworkin em seu período inicial e que culminaram no clássico **O Império do Direito** passaram por radicais transformações em *Objectivity and Truth* e **A Justiça de Toga**. Conclui-se, dessa maneira, que essas transformações não guardam uma coerência interna, causando dúvidas e confusões na compreensão de sua obra.

2. Sobre a Perspectiva "Arquimediana"

Ronald Dworkin foi um incansável crítico da teoria analítica do direito, também chamada de *descriptive jurisprudence*. Uma típica teoria dessa natureza é aquela formulada por H. L A. Hart.

Uma teoria jurídica descritiva normalmente procura apresentar a prática judicial através de uma clara descrição de suas principais características. A teoria de Hart, contida no famoso livro **O Conceito de Direito (*The Concept of Law*)**, destaca a distinção entre regras primárias e secundárias, o ponto de vista interno do direito e a separação conceitual entre o direito e a moral. No que diz respeito às espécies de regras, destaca-se a de reconhecimento, uma regra secundária através da qual é possível a identificação do próprio direito.

Dworkin, famoso por criticar o positivismo jurídico, considera que a teoria desenvolvida por Hart possui um ponto de vista "Arquimediano". Essa expressão, apesar de já ter sido utilizada em diversas ocasiões por outros autores,[1] tornou-se amplamente conhecida a partir do ensaio *Objectivity and Truth: You'd Better Believe it*. Dworkin critica os Arquimedianos por pretenderem ficar do lado de fora de um corpo inteiro de crenças e julgá-lo, como um todo, a partir de premissas ou atitudes não relacionadas a ele (DWORKIN, 1996, p. 88).

De acordo com Dworkin, os Arquimedianos, ao lidarem com a prática judicial, a dividem em duas espécies diversas de afirmações: de primeira e de segunda ordem. Afirmações de primeira ordem são reivindicações substantivas, como alegações de direito. Afirmações de segunda ordem dizem respeito ao significado de "ter um direito". Arquimedianos, afirma Dworkin, pensam que há uma diferença entre produzir uma alegação supostamente verdadeira (p. ex. "eu tenho direito a x") e explicar o que, em uma prática judicial, significa ter um direito (p. ex. "alguém tem o direito a x apenas no caso do legislador agir de forma a criar tal direito"). O primeiro tipo de afirmação expressa um juízo de valor, o segundo descreve o que significa afirmar uma proposição verdadeira. Afirmações de primeira ordem são "substanciais e engajadas", enquanto as de segunda ordem são "conceptuais ou descritivas":

---

[1] Segundo BLOOMFIELD (2009, p. 285) o conceito de "Arquimediano" não é uma inovação de Dworkin e pode ser encontrada em textos de Descartes, Isaiah Berlin e John Rawls.

> A concepção de Hart acerca de sua própria metodologia é típica de boa parte da filosofia contemporânea. Áreas especializadas da filosofia, como a metaética e a filosofia do direito, florescem, cada qual supostamente em torno de algum tipo ou segmento da prática social, mas sem nenhuma participação ativa. Os filósofos lançam um olhar de superioridade, de fora e de cima, sobre a moral, a política, o direito, a ciência e a arte. Eles fazem distinção entre o discurso de primeira ordem da prática que estudam – o discurso de não filósofos refletindo e apresentando argumentos sobre o que é certo ou errado, legal ou ilegal, verdadeiro ou falso, belo ou prosaico – e sua plataforma de segunda ordem de "meta" discurso, na qual os conceitos de primeira ordem são definidos e explorados e as afirmações de primeira ordem são classificadas e atribuídas a categorias filosóficas. Chamei essa concepção de filosofia "arquimediana", e esta é a idade de ouro do arquimedianismo. (DWORKIN, 2010, p. 201)

Dworkin considera todas as teorias arquimedianas, metaéticas e de segunda ordem, falidas. Para ele, as teorias filosóficas sobre a objetividade ou a subjetividade das opiniões morais só são inteligíveis enquanto juízos de valor. A distinção entre níveis de discurso (neste caso entre juízos de valor) de primeira ordem, substantivos, que as pessoas emitem sobre a liberdade, democracia, justiça, legalidade e outros ideais políticos, e as análises de segunda ordem, neutras e filosóficas, estão equivocadas:

> Defenderei aqui que as definições ou análises dos conceitos de igualdade, liberdade, direito, etc. são tão substantivas, normativas e engajadas quanto qualquer das opiniões contrárias presentes nos embates que campeiam em torno desses ideais. A ambição hartiana de uma solução puramente descritiva dos problemas centrais da filosofia do direito é equivocada, assim como as ambições semelhantes de muitos filósofos políticos de primeira linha. (DWORKIN, 2010, p. 203).

3. Em Defesa do Arquimedianismo

Conforme visto, para Dworkin não há a menor possibilidade de se distinguir questões que envolvam moralidade a partir de questões acerca de seu *status* metafísico. Todas essas questões, supostamente consideradas de segunda ordem, são, na verdade, questões de primeira ordem. Dessa forma, os julgamentos morais de primeira ordem são os únicos julgamentos morais que existem. Não é possível, assim, adotarmos uma perspectiva externa apropriada para avaliar se a moralidade é adequada, pois não existe tal perspectiva.

Por não acreditar que existam questões metafísicas de segunda ordem a serem levantadas acerca de juízos morais é que Dworkin afirma que são falidos todos os esforços céticos em minar todos os pensamentos éticos e morais.

Mas tudo isso é, no mínimo, problemático. Tomemos como base o pensamento de Russ Shafer-Landau. Segundo este autor, podemos ficar de fora de disputas teológicas e ainda assim consultarmos os pressupostos básicos de uma doutrina religiosa. Podemos deixar os livros de gramática de lado e ainda assim perguntarmos se a destreza gramatical é inata. Podemos questionar a ontologia dos números e, mesmo assim, não fazermos matemática. Nestes e em muitos outros casos, somos capazes de perguntar sobre o status das afirmações de uma disciplina sem estabelecer qualquer opinião substantiva sobre o assunto. Por que isso se torna impossível quando se trata da moralidade? O que a moralidade tem de tão especial que a torna imune a dúvidas e confirmações de segunda ordem? (SHAFER-LANDAU, 2010, p.481).

ParaCed what pode tornar um julgamento moral verdadeiro somente pode ser entendido como um problema, em si mesmo, moral. Não há, para ele, uma questão metafísica e independente a ser respondida.

Esse pensamento, que pode parecer verdadeiro, consegue justificar plenamente o posicionamento antimetafísico de Dworkin? Tudo indica que não. Para sabermos o porquê disso, iremos acompanhar o seguinte raciocínio desenvolvido por Shafer-Landau. Pense na seguinte indagação: O que torna verdadeira a afirmação de que a tortura é imoral? Há, pelo menos, três níveis de "profundidade" para se responder essa pergunta. Em um primeiro nível, procuramos algumas características que tornam a tortura imoral, como a dor, o seu aspecto coercitivo, a insegurança, etc. As respostas neste nível refletem compromissos morais substantivos.

Se nos aprofundarmos um pouco mais, podemos examinar, em um segundo nível, se há alguma teoria moral unificadora que explica porque essas características tornam a tortura imoral. Versões do utilitarismo, do contratualismo, do kantismo, entre outras, podem ser invocadas para responder tais questões. A razão pela qual a dor, a coerção e a insegurança debilitam a moralidade da tortura é porque, neste contexto, elas devem ser proibidas por regras que não podem ser rejeitadas por argumentos razoáveis. Neste caso, ainda estamos no campo do compromisso moral substantivo.

Em um terceiro nível de profundidade podemos perguntar: as ações possuem características morais somente pelo fato de o utilitarismo (ou o contratualismo, kantismo, etc.) dizer que elas têm? Uma teoria moral é correta – seja ela qual for – em virtude de ter sido aprovada a partir de um ponto de vista ideal? Ela é verdadeira por estar localizada em uma rede de crenças em grande equilíbrio de reflexão? É a sua verdade um fato bruto sobre o arranjo do mundo? Ela é verdadeira porque capta as implicações das características necessárias da ação racional? Ou não é nada disso, mas a expressão de um compromisso de uma prática profunda de aderir a seus decretos? Todas essas são questões metafísicas. Nas palavras de Shafer-Landau:

> Eu não vejo quaisquer compromissos ocultos de primeira ordem à espreita em tais perguntas ou nas respostas que podemos dar a elas. Essas são perguntas acerca do status das reivindicações morais e teorias morais, levantadas a partir de uma perspectiva que não necessita de quaisquer compromissos morais de primeira ordem. (SHAFER-LANDAU, 2010, p.482).

Quando Dworkin fala sobre a verdade na ética ou moral, seu foco é sempre voltado para a verdade em reivindicações específicas. Isso porque, quando queremos assentar nossa crença em uma reivindicação moral em vez de outra e apoiá-la com razões, não podemos deixar de nos envolver em uma moralidade substantiva. Até aqui, nada a opor. Mas, se em vez disso, quisermos levantar uma crença ou expressar uma dúvida sobre todas as reivindicações morais, como uma classe, não está claro porque somos incapazes de fazer isso ou capazes de fazê-lo somente mediante reivindicações de primeira ordem.

De fato, parece haver vários exemplos de questões de segunda ordem que não estão disfarçados de primeira ordem, nem exigem que suas respostas tenham compromissos morais substantivos. Abaixo uma lista de questões sugeridas por Shafer-Landau:

(A) Os padrões morais são eternamente verdadeiros?
(B) Os juízos de valor são intrínseca e necessariamente motivadores?
(C) As exigências morais envolvem razões categóricas para a ação?
(D) Qual a natureza de uma qualidade moral?
(E) Qual o estado modal da relação de superveniência que se obtém das características morais e não morais?
(F) Por que pensar que uma crença que tenha surgido de uma epistemologia equilibrada é alguma evidência de sua verdade?
(G) As leis da física são generalizações verdadeiras da natureza e do funcionamento dos objetos e das forças físicas. As leis morais não são assim. O que, então, torna todas as verdadeiras leis morais verdadeiras? (SHAFER-LANDAU, 2010, p.482).

Estas, que parecem ser perguntas sensatas, não exigem nenhum compromisso com qualquer julgamento moral substantivo específico. A razão disso é que elas são conceituais. Se isso for verdade, seria no mínimo surpreendente que suas respostas necessitassem de quaisquer compromissos substanciais de nossa parte. A explicação é de Shafer-Landau:

> É verdade que Dworkin nunca define o que ele quer dizer com uma reivindicação de primeira ordem substantiva e sua segunda menção a essa noção é dada entre aspas, o que indica que ele tem reservas com relação a distinção entre primeira ordem e segunda ordem. (...) No entanto, ele nunca se distancia dessa distinção e passa a oferecer uma bateria de argumentos que dependem de uma importante diferença entre questões morais de primeira e segunda ordens. (...) De qualquer modo, não importa como retratamos a sequência, as questões acima listadas de (A) a (G) parecem ser questões de segunda ordem e parecem requerer respostas conceituais em vez de substanciais. Pode até ser que as aparências aqui estejam todas equivocadas. Mas precisaríamos de uma excelente razão para pensarmos assim. (SHAFER-LANDAU, 2010, p.483).

Excelente razão que, segundo pensamos, não pode ser encontrada na obra de Dworkin.

4. A Proposta de Dworkin em A Justiça de Toga

Para Dworkin os posicionamentos metaéticos, de segunda ordem nada contribuem para as questões de moralidade e, consequentemente, são inúteis para o julgamento moral. Em sua opinião o que torna um julgamento moral verdadeiro só pode decorrer da própria moralidade, nunca de algo externo, metafísico, do "lado de fora". Nós não podemos, por exemplo, saber se o aborto é imoral de um ponto de vista totalmente livre de considerações morais. Na visão de Dworkin, o Arquimedianismo metaético, do tipo proposto por H. L. A. Hart, por negar a existência de respostas corretas do ponto de vista de uma moralidade política, conduz a uma espécie de ceticismo moral.

Considerando que Dworkin é contra as soluções metodológicas encontradas pela metaética arquimediana, como ele justifica a tese da resposta correta, da objetividade nas questões judiciais? Uma das possíveis respostas é encontrada no ensaio "O pós-escrito de Hart e a questão da filosofia política", publicado no livro **A justiça de toga**. Nele, Dworkin equiparara a análise de conceitos morais e políticos, avaliativos, com conceitos científicos, descritivos, trazendo para o centro da discussão o conceito de espécie natural (*natural kind*).

Dworkin exemplifica com a palavra "tigre", que serve para descrever certo tipo de animal. Considerando que os zoólogos podem descobrir, por meio de uma análise genética apropriada, que somente alguns desses animais que as pessoas chamam de tigre são realmente tigres, é justo concluir que alguns deles podem ser um animal diferente, devido a sua composição genética diversa, mas cuja aparência em nada difere da dos tigres. Desse modo, conclui: "ao identificar o DNA característico do tigre, os cientistas podem ampliar nosso entendimento da natureza ou essência dos tigres". (DWORKIN, 2010, p. 215 e 216).

Se assumirmos, como parece fazer Dworkin, que uma análise química sofisticada pode nos mostrar o que é um tigre, segundo seu respectivo DNA, disso decorre que se pode fazer o mesmo com conceitos políticos como liberdade e direito? A resposta é certamente negativa. Segundo o próprio Dworkin, isso seria um absurdo. A liberdade não tem DNA.

Muito embora tudo isso seja verdadeiro, Dworkin propõe uma outra espécie de semelhança. Para ele, a liberdade e o tigre se assemelham em sua estrutura profunda (*deep structure*). Mas o que significa isso? Nas espécies naturais a estrutura profunda é encontrada em seu perfil genético ou seu caráter molecular. Nos conceitos políticos essa mesma estrutura encontra-se em duas afirmações de Dworkin: *1*) Os valores políticos são tão reais como os da natureza, "a existência e a natureza da liberdade como valor não dependem da invenção, da crença ou da decisão de ninguém" e; *2*) Que "os fatos morais concretos são simplesmente verdadeiros em si e por si mesmos". E, com base nessas afirmações (que ele não se preocupa em fundamentar), afirma:

> A estrutura profunda das espécies naturais é física. A estrutura profunda dos valores políticos não é física – é normativa. Porém, assim como um cientista pode ter por objetivo, como um tipo específico de projeto, revelar a natureza mesma de um tigre ou do ouro ao expor a estrutura física fundamental dessas entidades, assim também um filósofo político pode pretender revelar a natureza mesma da liberdade ao expor sua essência normativa. (DWORKIN, 2010, p. 219).

5. O Problema das Espécies Naturais

No item anterior, vimos que Dworkin apros espécies naturais dos conceitos políticos. Mesmo que aceitássemos sua premissa de que os conceitos políticos, legais e morais possuem uma essência oculta (*hidden essence*), há pouca esperança de que esses conceitos algum dia serão identificados de uma forma comparável à ciência natural. A razão para isso é bastante simples: não há nenhum procedimento aceito para resolver desacordos em matéria de valor. (PATTERSON, 2006, p. 552 e 553).

A ausência de um consenso metodológico na moral e na política representa, na opinião de Dennis M. Patterson, o calcanhar de Aquiles do realismo moral dworkiniano. Quando os cientistas discordam a respeito da verdade de uma proposição científica, eles empregam uma variedade de métodos para resolver a questão em discussão. Mas na ética e na política não existem métodos incontroversos e bem desenvolvidos para a resolução de litígios, tornando problemática a colocação de Dworkin.

Dworkin, de seu turno, tem insistentemente negado que a incapacidade de demonstrar a verdade das proposições jurídicas não significa que não haja nenhuma verdade sobre o assunto. Mas o ponto defendido por Patterson não é de que não há, de fato, uma resposta correta. Sua alegação é de que não importa se há resposta correta, porque a incapacidade de identificar a resposta correta significa que a resposta não pode nos ajudar no reconhecimento do que é o verdadeiro direito em uma dada questão. A alegação de Patterson, portanto, não é de que o realismo moral de Dworkin seja falso, mas de que ele é supérfluo. (PATTERSON, 2006, p.553)

Como vimos, Dworkin afirma que, da mesma forma que a água e o ouro, os conceitos políticos também possuem uma estrutura profunda. Segundo ele, a estrutura profunda dos primeiros é física, enquanto que a dos últimos é normativa (não empírica). Daí a pergunta: como se revela a estrutura profunda dos conceitos políticos? Ou como questiona Patterson: "Qual é a analogia existente entre a estrutura normativa de Dworkin, o DNA, o número atômico e a fórmula molecular?"[2]

A resposta a essa pergunta deve ser procurada, obviamente, na própria obra de Dworkin. Conforme já assinalado, sua teoria do direito está, desde há muito, comprometida com uma metodologia denominada "construtivismo". Na época de **Levando os direitos à sério**, Dworkin, influenciado por Rawls, afirmava que o modelo construtivo aborda as intuições da justiça não como dicas para a existência de princípios independentes, mas como características de uma teoria geral a ser *construída*. Ele contrastou seu modelo construtivo com outro, que ele identificou como "natural". Esse último modelo, repudiado à época por Dworkin, pressupõe uma realidade moral objetiva criada por homens ou sociedades, que é descoberta como são descobertas as leis da física.

Construção e descobrimento são, portanto, duas formas distintas de se caracterizar uma teoria da decisão judicial (*adjudication*). O construtivismo de **Levando os direitos à sério** evolui, posteriormente, para o interpretativismo de **O império do direito**. Mas tanto em um quanto em outro,

---

[2] De um ponto de vista metodológico, a ciência tem uma resposta para a questão da verdade de proposições empíricas e uma metodologia amplamente compartilhada para resolução de litígios. Dworkin não tem uma metodologia comparável ou uma metodologia para proposições morais e políticas porque ele considera uma resposta desnecessária. O curioso, anota Patterson, é que embora Dworkin negue a pertinência das avaliações metaéticas de questões de valor moral ou político, seu argumento para tipos morais e políticos tem a consequência de confirmar a importância do empreendimento metaético que ele mesmo rejeita. A distinção lógica entre a questão da verdade de uma proposição e os critérios para acessar essa verdade é uma distinção reconhecida tanto na ciência quanto na ética. A característica irônica da posição de Dworkin é que, negando sua importância, ele demonstra o quão importante é a distinção. (PATTERSON, 2006, p. 553).

Dworkin se manteve, em oposição ao modelo natural, metodologicamente fiel ao modelo construtivista.

Será que com o advento do conceito de espécie natural (*natural kind*) ocorreu uma transformação na teoria do direito de Dworkin, obrigando-o a abandonar toda a sua concepção sobre o direito anteriormente formulada?[3]

No escrito que estamos a analisar, Dworkin afirma que as espécies naturais são reais e que nem sua existência nem suas características dependem da invenção, da crença ou da decisão de quem quer que seja. Segundo seu entendimento, elas têm uma estrutura profunda – o seu perfil genético ou o seu caráter molecular – que explica o restante de suas características, inclusive as características superficiais por meio das quais as identificamos, tenhamos ou não consciência dessa estrutura profunda. O seu raciocínio é o seguinte:

Os valores políticos e de outra natureza são, em quase todos esses aspectos, semelhantes às espécies naturais. Em primeiro lugar, os valores políticos também são reais: a existência e a natureza da liberdade como valor não dependem da invenção, da crença ou da decisão de ninguém. (...) Em segundo lugar, os valores políticos têm uma estrutura profunda que explica suas manifestações concretas. (DWORKIN, 2010, p. 219).

Como já tivemos oportunidade de ressaltar, para Dworkin a diferença entre as espécies naturais e os valores políticos é de que a estrutura profunda das primeiras é física, enquanto que dos últimos é normativa. Assim como um cientista pode ter por objetivo, como um tipo específico de projeto, revelar a natureza intrínseca de um tigre ou do ouro ao expor suas estruturas fundamentais, "assim também um filósofo político pode pretender revelar a natureza mesma da liberdade ao expor sua essência normativa". Daí, conclui: "O físico nos ajuda a ver a essência da água; o filósofo nos ajuda a ver a essência da liberdade". A diferença entre esses projetos é, portanto, "apenas uma diferença de grau". (DWORKIN, 2010, p. 219 e 220).

Dworkin deixa clara sua posição no sentido de que os conceitos políticos e morais são *mind-independent*, ou seja, suas existências e características não dependem da opinião de ninguém. Da mesma forma que o cientista, o trabalho do filósofo político é *descobrir*, não *construir*. O filósofo político não

---

[3] A indagação de Dennis Patterson é a seguinte: "A questão agora é a de saber se as asserções de Dworkin sobre os conceitos de espécie natural e os conceitos interpretativos como 'direito' indicam uma mudança em seu posicionamento teórico". (PATTERSON, 2006, p. 554).

deve nos dizer qual a melhor interpretação de nossa prática. Ao invés disso, por intermédio do processo de interpretação, o filósofo político revela o conteúdo e a essência dos valores que existem e estão aguardando para serem descobertos.

Mas ao adotar essa nova estratégia, Dworkin cria um sério problema para sua teoria do direito, especialmente no que diz respeito à distinção entre ajuste (*fit*) e justificação (*justification*). Por meio dos exemplos da cortesia e do romance em cadeia (*the chain novel*) ele tem insistido que toda interpretação da prática tem que considerar uma significativa parte da prática passada da comunidade. Ressalta que a justificação não precisa se ajustar em cada aspecto ou característica da prática em vigor, mas deve se ajustar o suficiente para que o intérprete seja capaz de ver a si mesmo como interpretando a prática e não inventando uma nova. O problema é que, ao considerar as semelhanças entre os conceitos políticos e as espécies naturais, Dworkin parece ter abandonado a exigência de ajuste. Se a obrigação dos juízes é a de encontrar o verdadeiro significado dos conceitos políticos e jurídicos, qual a importância de se saber se tal significado é consistente com as práticas passadas? Quando os biólogos marinhos descobriram que baleias são mamíferos e não peixes, nós não exigimos que a descoberta se ajustasse às práticas passadas. Como muito bem assinalou Patterson, desse ponto de vista, não há razão alguma para acomodação e consideração de práticas passadas (principalmente as equivocadas). Em vez de produzir uma decisão que se ajuste e justifique o que aconteceu no passado, o juiz, na nova versão dworkiniana, deveria identificar a verdadeira natureza do conceito em questão e a partir daí explicar suas concretas manifestações.

6. Conclusão

Procuramos, neste breve ensaio, abordar duas questões distintas, mas relacionadas na teoria de Dworkin: a metaética e a objetividade.

A afirmação de Dworkin de que as teorias metaéticas (arquimedianas) estão falidas não se sustenta em bons argumentos. A possibilidade de uma perspectiva externa da moralidade, mediante questões de segunda ordem, é amplamente aceita e não foi dispensada do pensamento ético e moral. Acreditamos que os argumentos descritos no item 3 tenham sido suficientes para esvaziar a crítica dworkiniana.

De outra parte, suspeitamos que a tentativa de Dworkin em articular uma estrutura profunda dos conceitos jurídicos e políticos, junto com seu esforço em estabelecer similitudes entre os conceitos políticos e as espécies naturais, esteja carregada de problemas. Em primeiro lugar, não ficou claro se o conceito de interpretação, peça fundamental da teoria formulada em **O império do direito**, manteve-se nos mesmos moldes após a publicação de trabalhos posteriores como **A justiça de toga**. Como, afinal, compatibilizar a interpretação construtiva de um romance em cadeia de **O império do direito**, com a semelhança entre valores políticos e as espécies naturais de **A justiça de toga**? Se a liberdade se assemelha ao tigre em sua estrutura profunda, se essa estrutura já se encontra pronta e acabada, como manejar uma interpretação construtiva que deve considerar decisões judiciais passadas?

Já foi dito que teria sido melhor "se Dworkin jamais tivesse mencionado as espécies naturais". (PATTERSON, 2006, p. 557). E nós complementamos: e nem o arquimedianismo.

Referências

BLOOMFIELD, Paul. Archimedeanism and why metaethics matters, **Oxford Studies in Metaethics**, Volume Four, Edited by Russ Shafer-Landau, Oxford University Press, 2009.

DWORKIN, Ronald. **O Império do Direito**, tradução de Jefferson Luiz Camargo, São Paulo: Martins Fontes, 1999.

_____ Objectivity and Truth: You'd Better Believe it, **Philosophy and Public Affairs**, Vol. 25, No. 2, 1996. Disponível em: http://cas.uchicago.edu/workshops/wittgenstein/files/2007/11/dworkin-objectivity-and-truth.pdf . Acesso em 01.08.2013.

_____ O pós-escrito de Hart e a questão da filosofia política, **A justiça de toga**, tradução de Jefferson Luiz Camargo, São Paulo: Martins Fontes, 2010.

HART, Herbert L. A. **O Conceito de Direito**, tradução de Antônio de Oliveira Sette--Câmara, São Paulo: Martins Fontes, 2009.

PATTERSON, Dennis M. Dworkin on the Semantic of legal and political concepts, **Oxford Journal of Legal Studies**, vol. 26, n. 3, 2006. Disponível em: http://papers.ssrn.com/sol3/papers.cfm?abstract_id=712642. Acesso em 27.07.2013.

SHAFER-LANDAU, Russ. Truth and metaethics: The possibility of metaethics, **Boston University Law Review**, vol. 90, 2010. Disponível em: http://www.bu.edu/law/central/jd/organizations/journals/bulr/documents/SHAFER-LANDAU.pdf Acesso em 29.07.2013.

PARTE II:
DIREITO FUNDAMENTAIS E DIREITOS DA PERSONALIDADE

Direito à Privacidade *versus* Direito à Informação em face ao Princípio da Publicidade Notarial

Cíntia Rosa Pereira de Lima

1. Introdução

Quando se trata do princípio da publicidade notarial, fatalmente, esbarra-se na tutela da privacidade e intimidade, que são direitos de personalidade constitucionalmente garantidos no art. 5º, inc. X: "*são invioláveis a intimidade, a vida privada, a honra e a imagem das pessoas, assegurado o direito a indenização pelo dano material ou moral decorrente de sua violação*". Isto porque a intimidade e vida privada, geralmente, colidem com a publicidade.

No entanto, a publicidade também tem respaldo constitucional, no art. 5º, inc. XXXIII da CF: "*todos têm direito a receber dos órgãos públicos informações de seu interesse particular, ou de interesse coletivo ou geral, que serão prestadas no prazo da lei, sob pena de responsabilidade, ressalvadas àquelas cujo sigilo seja imprescindível à segurança da sociedade e do Estado*".

Portanto muitas vezes o jurista é colocado diante do impasse entre o direito à privacidade e à intimidade *versus* direito à publicidade e à informação. Assim, como direitos e garantias fundamentais e princípios fundantes do Estado Democrático de Direito, é importante traçar alguns parâmetros para o sopesamento destes valores.

Este desafio é ainda maior quando inserido na atual sociedade informacional, caracterizada pela evolução dos meios de comunicação que facilitaram o armazenamento e a divulgação de informação.

É cediço que a comunicação em massa foi viabilizada com a mídia impressa a partir do século XVII, quando da invenção de máquinas que imprimiam o mesmo conteúdo em grande quantidade para divulgação de notícias com abrangência local.

O desenvolvimento tecnológico continuou e outros meios de mídia de divulgação em massa foram inventados, tais como rádio e a televisão. Atualmente, o computador e os seus programas aliados à internet ressaltaram a vulnerabilidade da tutela da intimidade e da vida privada, o que fez que estes temas retornassem à ordem do dia.

Por outro lado, não existem direitos absolutos, no sentido de não sofrerem mitigações ou limitações pelo exercício de outros direitos. Portanto, neste artigo será abordada a interpretação sistemática dos direitos à intimidade e privacidade em consonância com a publicidade notarial, pedra angular de todo o sistema notarial e registral.

A dificuldade que se apresenta na tentativa de se conceituar o termo "princípio" diz respeito a ser um vocábulo equívoco. Juridicamente, portanto, princípio é um preceito. José Afonso da Silva[1] afirma que: *"princípios* **são ordenações que se irradiam e imantam os sistemas de normas, são [como observam Gomes Canotilho e Vital Moreira] 'núcleos de condensações' nos quais confluem** *valores e bens constitucionais."*

Disto se infere que os princípios são obrigatórios e devem ser observados por todos, pois são espécies de normas. Em outras palavras, os princípios consitucionais devem ser observados pelas entidades públicas, Estado, empresas privadas e todos os indivíduos.

Ao se afirmar que a norma é gênero de que são espécies "princípio" e "regra", cumpre fazer uma breve distinção entre estes.[2] Deste modo, enquanto as regras estão atreladas a um elevado grau de determinação material e de precisão de sentido, os princípios são abertos, polissêmicos e indeterminados.

---

[1] *Curso de Direito Constitucional Positivo*. São Paulo: Revista dos Tribunais, 1998. p. 92.

[2] *Norma* é gênero, de que são espécies: a) os *princípios*; e b) as *regras*. Neste sentido: GRAU, Eros Roberto. *Ensaio e discurso sobre a interpretação / aplicação do direito*. 4. ed. São Paulo: Malheiros, 2006. Este autor distingue os princípios e regras, p. 168: "A regra é geral porque estabelecida para um número indeterminado de atos ou fatos; não obstante, ela é especial na medida em que não regula senão tais atos ou tais fatos: é editada para ser aplicada a uma situação jurídica determinada; já o princípio, ao contrário, é geral porque comporta uma série indefinida de aplicações".

Neste mesmo sentido, afirma Humberto Ávila[3] que a "regra" tem um conteúdo descritivo ou uma "dimensão imediatamente comportamental". Por outro lado, "princípio" tem um conteúdo finalista, ou seja, um objetivo a ser concretizado.

É precisamente neste aspecto que reside a vantagem dos princípios em relação às regras, na medida em que os princípios são dotados de um conteúdo flexível, capaz de captar as mudanças sociais, políticas e econômicas da realidade e se ajustar aos valores de justiça. Por isso, o princípio do acesso à informação, o princípio da liberdade de expressão e o princípio da proteção da intimidade e da vida privada devem estar alinhados aos anseios sociais da época em que são aplicados, ou seja, equilibrando os avanços científico-tecnológicos e os valores relevantes ao ser humano.

De tudo o que foi exposto, constata-se que os princípios desempenham uma função relevante no ordenamento jurídico. Tamanha importância fez com que Vicente Ráo[4] afirmasse que a ignorância dos princípios "quando não induz a erro, leva à criação de rábulas em lugar de juristas". Portanto, o aplicador do direito deve ter domínio dos princípios e aplicá-los aos casos concretos, consoante a sua função. Em outras palavras, a função fundamentadora, interpretativa, supletiva, integrativa, diretiva e limitativa. Na função fundamentadora, o jurista deve aplicar os princípios como base de sua decisão. Na função interpretativa, os princípios são mecanismos aos quais se recorrem para interpretar a norma. Na função supletiva e integrativa, o jurista lança mão dos princípios para suprir as lacunas das leis.

---

[3] *Teoria dos princípios*: da definição à aplicação dos princípios jurídicos. 6. ed. ampl. e atual. São Paulo: Malheiros, 2006. Para quem princípios e regras são espécies do gênero norma (p. 30), afirma que estes textos normativos distinguem-se pelo caráter comportamental descritivo da regra e finalísico dos princípios. p. 167: "[...] o significado preliminar dos dispositivos pode experimentar uma *dimensão* imediatamente comportamental (regra), finalística (princípio) e/ou metódica (postulado) [...] As regras podem ser dissociadas dos princípios quanto ao modo como prescrevem o comportamento. As regras são normas imediatamente descritivas na medida em que estabelecem obrigações, permissões e proibições mediante a descrição da conduta a ser cumprida. Os princípios são normas imediatamente finalisticas, já que estabelecem um estado de coisas cuja promoção gradual depende dos efeitos decorrentes da adoção a ela necessários. Os princípios são normas cuja qualidade frontal é, justamente, a determinação da realização de um fim juridicamente relevante, ao passo que característica dianteira das regras é a previsão do comportamento".

[4] *O Direito e a vida dos direitos*. 6. ed. São Paulo: Revista dos Tribunais, 2004. p. 48.

E, por fim, na função diretiva, os princípios estabelecem alguns objetivos a ser buscados na aplicação das leis aos casos concretos.

Portanto, todas estas funções devem ser levadas a cabo quando se está diante de um impasse decorrente do embate entre acesso à informação e liberdade de expressão de um lado, e a proteção da intimidade e da vida privada do outro.[5]

O notário é dotado de fé pública e exerce, em caráter privado, serviços públicos relevantes. Daí, muitas vezes, as informações manuseadas pelo tabelião são alvos de acesso por diversos indivíduos sob o fundamento de que tais informações seriam públicas. No entanto, deve-se distinguir as informações de caráter privado e de caráter público, esta última sem confundir com a publicidade notarial.

De maneira que para traçar alguns parâmetros desta atuação, necessário analisar detidamente o conceito de privacidade, que é por si só um tema complexo que já foi objeto de relevantes estudos monográficos.

2 Privacidade e direito à informação como direitos de personalidade

A Professora Daisy Gogliano[6] reserva a expressão *"direitos privados da personalidade"* tão somente para significar os direitos da personalidade sob o enfoque privatista, isto é, que tem por objeto as relações entre particulares que infringem o direito à vida, à intimidade, à privacidade, à liberdade de pensamento, à honra, ao corpo, à integridade física, etc. de outros indivíduos.

Orlando Gomes[7] nota que a dificuldade em conceituar estes direitos é conseqüência da limitação do conceito jurídico de bem, assim propõe que

---

[5] Sobre o sopesamento destes princípios remete-se o leitor ao artigo de nossa autoria intitulado *Direito ao Esquecimento e Internet: o fundamento legal no Direito Comunitário europeu, no Direito italiano e no Direito brasileiro* publicado na Revista dos Tribunais, ano 103, vol. 946, agosto de 2014. São Paulo: RT, 2014. pp. 77 – 109. Neste artigo, destacaram-se algumas limitações ao direito ao esquecimento, que como um direito de personalidade, quando em colidência com outros princípios e direitos fundamentais deve-se analisar casuisticamente. Por exemplo, este direito fundamental é afastado em prol das informações históricas, jornalísticas e científicas no Direito Comunitário Europeu.

[6] *Direitos Privados da Personalidade*. Dissertação de Mestrado. São Paulo: Faculdade de Direito da Universidade de São Paulo. 431 p., 1982. p. 03. Neste mesmo sentido: LIMONGI FRANÇA, Rubens. *Manual de direito civil direito objetivo, direitos subjetivos, direitos privados da personalidade.* 2 ed. São Paulo: Revista dos Tribunais, 1971. p. 404.

[7] *Introdução ao Direito Civil.* 18 ed. Rio de Janeiro: Forense, 2001. p. 150 – 151.

o ordenamento jurídico tutele certas qualidades, atributos, expressões ou projeções da personalidade como "**direitos de natureza especial**".

A determinação destes direitos como ***potestas in se ipsum*** formulada em 1604 pelo jurista espanhol Gomez de Amezcua não logrou muito sucesso, principalmente, após o advento do Cristianismo e das idéias do Humanismo Jurídico quando se vêem claramente delineados os direitos da personalidade. Isto porque a *Declaração Universal dos Direitos do Homem* aprovada em resolução da III Sessão da Assembléia Geral das Nações Unidas traz, em seu bojo, um rol de direitos da personalidade, dentre eles, pode-se destacar o direito à vida, à liberdade e à segurança pessoal (Art. 3º); o direito à proteção de sua vida privada e o direito à honra (Art. 12).

Assim segundo Rabindranath V. A. Capelo de Sousa[8], o objeto tutelado pelos artigos referentes aos direitos da personalidade é a "personalidade física ou moral" dos seres humanos, que são tidos como bens inerentes à própria materialidade e espiritualidade de cada indivíduo.

Podem-se conceituar "direitos da personalidade" baseando na idéia do valor fundamental da pessoa humana ao princípio básico da liberdade e dignidade da pessoa humana, não se inserindo na concepção de direito real (sujeito-coisa).

Desta forma podem ser entendidos como direitos subjetivos particulares, traduzidos nas prerrogativas concedidas a uma pessoa pelo ordenamento jurídico, de fruir e dispor, dentro dos limites da lei, dos atributos essenciais da sua própria personalidade.

A definição de Capelo de Sousa[9] é muito importante para a compreensão da matéria:

> *Temos, pois, que o direito geral de personalidade é um* **insofismável direito subjetivo privado***, face à sua integração nas precedentes noções, com critérios bem diversos. Acresce que o direito subjetivo geral de personalidade e os direitos subjetivos especiais de personalidade têm uma tutela civil mais reforçada do que a generalidade dos demais direitos subjetivos [...]* (grifo nosso)

---

[8] *O Direito Geral de Personalidade*, Coimbra: Coimbra Editora, 1995. p. 106.
[9] *Op. cit.*, p. 614 – 615.

O CC/02 em seu art. 11 apenas menciona duas características: intransmissíveis e irrenunciáveis. No art. 5º da CF/88, que menciona em seu texto diversos direitos da personalidade, no *caput* deste artigo está mencionada apenas a inviolabilidade destes direitos (vide também o inciso X deste artigo).

Porém a Doutrina vem tecendo inúmeras características dos direitos da personalidade. Orlando Gomes[10] menciona as seguintes características: 1) absolutos, ou seja, são oponíveis *erga omnes* e consiste na obrigação negativa que consiste na abstenção de qualquer ato, que possa infringir este direito[11]; 2) vitalícios e necessários, acompanha o seu titular enquanto este viver; 3) extrapatrimoniais, não podem ser objeto de execução coativa, decorrendo disto a imprescritibilidade e impenhorabilidade destes direitos; 4) intransmissíveis[12], estes direitos não podem ser objeto de transmissão, nem *mortis causae*; 5) imprescritíveis; 6) impenhoráveis.

De maneira ampla, Capelo de Sousa[13] explica em que consiste o direito à proteção da vida privada e da intimidade, *a saber*:

> [...] a reserva juscivilisticamente tutelada abrange não só o respeito da intimidade da vida privada, em particular a intimidade da vida pessoal, familiar, doméstica, sentimental e sexual e inclusivamente os respectivos acontecimentos e trajetórias, mas ainda o respeito de outras camadas intermediárias e periféricas da vida privada, como as reservas do domicílio e de lugares adjacentes, da correspondência e de outros meios de comunicação privada, dos dados pessoais informatizáveis, dos lazeres, dos rendimentos patrimoniais e de demais elementos privados da atividade profissional e econômica, bem como também, [...], a própria reserva sobre a individualidade privada do homem no seu ser para si mesmo [...]

---

[10] *Op. cit.*, p. 152. Neste mesmo sentido: GOGLIANO, Daisy. *Op. cit.*, p. 379 – 385.

[11] Neste mesmo sentido: CAPELO DE SOUSA, Rabindranath V. A., *idem*, p. 401, segundo o qual os direitos de personalidade geram uma obrigação universal normalmene *negativa*, ou seja, de abstenção de acordo com a máxima do Direito Romano *alterum non laedere*.

[12] Neste sentido cfr.: CAPELO DE SOUSA, Rabindranath V. A., *idem*, p. 402, esta característica decorre do fato destes direitos serem inseparáveis e necessários à pessoa do seu titular, não podem, portanto, ser cedidos, alienados, onerados ou sub-rogados em favor de outrem.

[13] *Op. cit.*, p. 318 – 325.

Após as duas grandes guerras mundiais, a onda de *repersonalização* do direito valoriza a pessoa humana como elemento nuclear e primeiro destinatário da ordem jurídica. É nessa nova perspectiva que surge o conceito de personalidade fundamentado no valor máximo da *dignidade humana*. Desta forma, reconhecem-se garantias mínimas e direitos fundamentais como essenciais à vida digna de um ser humano. Trata-se do reconhecimento universal de que a radical igualdade que há entre os homens faz com que nenhum indivíduo possa se afirmar superior aos demais[14].

A *personalidade* pode ser resumida como o conjunto de caracteres próprios de um ser humano. Não se trata precisamente de um direito que todo ser humano tem; na realidade, ela é o que apoia os direitos e deveres que dela irradiam; é objeto de direito. Trata-se do primeiro bem que lhe pertence como primeira utilidade, para que possa efetivamente *ser* o que é; sobreviver e se adaptar[15]. Assim, os *direitos da personalidade* são os direitos que visam a defender esse elemento primordial inerente ao ser humano. Esses direitos consistem na prerrogativa garantida a uma pessoa pelo sistema jurídico através dos meios de direito que lhe permitam fruir e dispor dos atributos essenciais de sua personalidade como seu senhor, na medida em que tais atributos, seus prolongamentos e emanações são fundamentos naturais da existência e liberdade, devendo, portanto, haver o resguardo e a preservação da integridade física, psíquica e moral do ser humano em seu desenvolvimento[16].

No atual contexto da sociedade informacional, é possível afirmar que o direito à informação também possa ser tutelado como um direito de personalidade, porque não são raras as hipóteses em que o acesso à informação é essencial para a fruição dos atributos essenciais à personalidade de cada indivíduo. Portanto, é necessária a compreensão deste direito a partir dos avanços científicos e tecnológicos em destaque.

3. A Lei de Acesso à Informação (Lei n. 12.527, de 18 de novembro de 2011)

Esta lei regula o acesso a informações previsto no inciso XXXIII do art. 5º, inciso II do § 3º do art. 37 e no § 2º do art. 216 da Constituição Federal.

---

[14] COMPARATO, Fábio Konder. *A Afirmação Histórica dos Direitos Humanos*. São Paulo: Saraiva, 1999. p.1
[15] DINIZ, M. H. *Curso de Direito Civil Brasileiro*, 13ª ed. São Paulo: Saraiva, 1997, p. 99.
[16] Cf. GOGLIANO, Daisy. *Op. cit.*, p. 363-364.

Assim como a privacidade, intimidade e vida privada, o direito à informação deve ser resguardado no Estado Democrático de Direito.

O interessante desta lei é que ela trouxe a definição de conceitos relevantes, como informação, dados, tratamento de dados, dentro outros, suprindo uma lacuna no Direito Brasileiro que ainda não legislou sobre a proteção dos dados pessoais. Desta feita, os conceitos que devem ser destacados estão elencados no art. 4º da Lei, *in verbis:*

Art. 4o Para os efeitos desta Lei, considera-se:

I - **informação**: dados, processados ou não, que podem ser utilizados para produção e transmissão de conhecimento, contidos em qualquer meio, suporte ou formato;

II - **documento**: unidade de registro de informações, qualquer que seja o suporte ou formato;

III - **informação sigilosa**: aquela submetida temporariamente à restrição de acesso público em razão de sua imprescindibilidade para a segurança da sociedade e do Estado;

IV - **informação pessoal**: aquela relacionada à pessoa natural identificada ou identificável;

V - **tratamento da informação**: conjunto de ações referentes à produção, recepção, classificação, utilização, acesso, reprodução, transporte, transmissão, distribuição, arquivamento, armazenamento, eliminação, avaliação, destinação ou controle da informação;

[...] (grifo nosso)

Desta forma, todos os indivíduos têm direito de obter informações de seu interesse perante órgãos públicos e entidades privadas sem fins lucrativos que utilizem recursos públicos.[17] Portanto, observa-se que esta lei tem como ponto de partida a informação pública, entendida a de interesse

---

[17] Art. 1o Esta Lei dispõe sobre os procedimentos a serem observados pela União, Estados, Distrito Federal e Municípios, com o fim de garantir o acesso a informações previsto no inciso XXXIII do art. 5o, no inciso II do § 3º do art. 37 e no § 2º do art. 216 da Constituição Federal. Parágrafo único. Subordinam-se ao regime desta Lei:
I - os órgãos públicos integrantes da administração direta dos Poderes Executivo, Legislativo, incluindo as Cortes de Contas, e Judiciário e do Ministério Público;
II - as autarquias, as fundações públicas, as empresas públicas, as sociedades de economia mista e demais entidades controladas direta ou indiretamente pela União, Estados, Distrito Federal e Municípios.

social e coletivo. No entanto, o primeiro desafio que se coloca é a delimitação do que venha a ser informação pública e informação privada. A primeira teria acesso irrestrito; a segunda, com acesso limitado.

3.1 Informação pública *versus* informação privada

A lei de acesso à informação traz uma nítida distinção entre informações públicas e informações privadas, estas últimas relacionadas à privacidade, intimidade e vida privada do indivíduo.

A diferença é que o acesso à informação pública é amplo nos termos do art. 10 da Lei de Acesso à Informação.[18] Por outro lado, quando a informação for sigilosa nos termos da lei (art. 23) ou quando versar sobre aspectos da vida privada, da intimidade e da privacidade do indivíduo nos termos do art. 31, terá seu acesso restrito durante o prazo de 100 anos contados da produção da informação, *in verbis*:

> Art. 31. O tratamento das informações pessoais deve ser feito de forma **transparente e com respeito à intimidade, vida privada, honra e imagem das pessoas, bem como às liberdades e garantias individuais.**

Art. 2o Aplicam-se as disposições desta Lei, no que couber, às entidades privadas sem fins lucrativos que recebam, para realização de ações de interesse público, recursos públicos diretamente do orçamento ou mediante subvenções sociais, contrato de gestão, termo de parceria, convênios, acordo, ajustes ou outros instrumentos congêneres.
Parágrafo único. A publicidade a que estão submetidas as entidades citadas no caput refere-se à parcela dos recursos públicos recebidos e à sua destinação, sem prejuízo das prestações de contas a que estejam legalmente obrigadas.

[18] Art. 10. Qualquer interessado poderá apresentar pedido de acesso a informações aos órgãos e entidades referidos no art. 1o desta Lei, por qualquer meio legítimo, devendo o pedido conter a identificação do requerente e a especificação da informação requerida.
§ 1o Para o acesso a informações de interesse público, a identificação do requerente não pode conter exigências que inviabilizem a solicitação.
§ 2o Os órgãos e entidades do poder público devem viabilizar alternativa de encaminhamento de pedidos de acesso por meio de seus sítios oficiais na internet.
§ 3o São vedadas quaisquer exigências relativas aos motivos determinantes da solicitação de informações de interesse público.
Art. 11. O órgão ou entidade pública deverá autorizar ou conceder o acesso imediato à informação disponível.

§ 1o As informações pessoais, a que se refere este artigo, relativas à intimidade, vida privada, honra e imagem:

I - terão seu acesso restrito, independentemente de classificação de sigilo e **pelo prazo máximo de 100 (cem) anos a contar da sua data de produção**, a agentes públicos legalmente autorizados e à pessoa a que elas se referirem; e

II - poderão ter autorizada sua divulgação ou acesso por terceiros diante de previsão legal ou consentimento expresso da pessoa a que elas se referirem.

§ 2o Aquele que obtiver acesso às informações de que trata este artigo será **responsabilizado por seu uso indevido**.

§ 3o O consentimento referido no inciso II do § 1o não será exigido quando as informações forem necessárias:

I - à prevenção e diagnóstico médico, quando a pessoa estiver física ou legalmente incapaz, e para utilização única e exclusivamente para o tratamento médico;

II - à realização de estatísticas e pesquisas científicas de evidente interesse público ou geral, previstos em lei, sendo vedada a identificação da pessoa a que as informações se referirem;

III - ao cumprimento de ordem judicial;

IV - à defesa de direitos humanos; ou

V - à proteção do interesse público e geral preponderante.

§ 4o A restrição de acesso à informação relativa à vida privada, honra e imagem de pessoa não poderá ser invocada com o intuito de prejudicar processo de apuração de irregularidades em que o titular das informações estiver envolvido, bem como em ações voltadas para a recuperação de fatos históricos de maior relevância.

§ 5o Regulamento disporá sobre os procedimentos para tratamento de informação pessoal. (grifo nosso)

Desta forma, a Lei n. 12.527/2011 oferece subsídios para a interpretação sistemática em que quando existir conflito entre o direito à privacidade, à intimidade, de um lado, e o direito à informação, de outro, se a informação for pública e de interesse social este direito tende a prevalecer. Caso contrário, a própria Lei de Acesso à Informação resguarda a proteção da privacidade e da intimidade, quando as informações forem privadas sob pena de responsabilidade pelo uso indevido (art. 31 § 2º). Todavia, a análise deve ser casuísta para sopesar estes direitos tendo como norte a dignidade da pessoa humana.

Neste sentido, Alessandro Hirata[19] afirma que o "direito à informação é limitado pela intimidade do indivíduo, ou seja, a informação só deve recair sobre aquilo que é público e diz respeito a terceiros". No Direito Romano a divisão entre público e privado não era muito clara, e isto tem reflexos no Direito atual. Em zonas cinzentas como a atuação do notário esta distinção é ainda mais difícil.

4 Publicidade notarial

4.1 Princípio da publicidade e a atividade notarial e registral

Na linguagem coloquial, publicidade significa levar a informação às pessoas, seja através da imprensa ou de outros meios de comunicação social. Já no sentido técnico-jurídico, publicidade é colocar-se a informação à disposição do cidadão.

Na lição de Nicolau Balbino Filho[20] "a publicidade é a alma dos registros públicos. É a oportunidade que o legislador quer dar ao povo de conhecer tudo que lhe interessa a respeito de determinados atos". Para Miguel Maria de Serpa Lopes[21] a publicidade é corolário necessário e um atributo lógico do Registro.

No conceito de Marcelo Salaroli de Oliveira[22] "a publicidade registral consiste em assentos tecnicamente organizados, destinados a promover o conhecimento, por qualquer interessado, da situação jurídica dos bens imóveis, cujo efeito, no mínimo, é a presunção inatacável de conhecimento".

A publicidade no registro de imóveis encontra respaldo no artigo 5º, inc. XXXIII da CF/88, *supra* mencionado; e na Lei n. 6.015/73, artigos 16

---

[19] *O público e o privado no direito de intimidade perante os novos desafios do direito. In:* LIMA, Cíntia Rosa Pereira de; NUNES, Lydia Neves Bastos Telles. (coords) *Estudos Avançados de Direito Digital.* São Paulo: Campus Elsevier, 2014. pp. 29 – 38. p. 35.
[20] *Registro de Imóveis: doutrina, prática e jurisprudencia.* 16 ed. São Paulo: Saraiva, 2012. p. 102.
[21] *Tratado dos Registros Públicos.* Vol. I. 3 ed. Rio de Janeiro: Livraria Freitas Bastos, 1955. p. 19.
[22] *Publicidade registral imobiliária.* São Paulo: Saraiva, 2010. p. 26.

ao 21[23], e nas Normas de Serviços da Corregedoria Geral de Justiça de cada Estado (no Estado de São Paulo, NSCGJ/SP).

A publicidade registral é considerada indireta, e não direta, como era previsto no Decreto n. 4.857/39, em seu artigo 19. Tal regra não foi acolhida pela Lei n. 6.015/73 (art. 16), que segue o sistema da publicidade indireta, que ocorre pela emissão de certidões e informações, e não pela consulta direta de livros e fichas. A exceção desta regra está estabelecida no artigo 24 da Lei 6.766/79: "o processo do loteamento e os contratos depositados em cartório poderão ser examinados por qualquer pessoa, a qualquer tempo, independentemente do pagamento de custas e emolumentos, ainda que a título de busca".

Considerando os enunciados dos artigos supracitados, importante ressalvar, primeiramente, que as certidões e informações são meios de publicidade registral, sendo que as certidões, documentos providos de fé pública, podem ser requeridas por qualquer interessado, sendo que os dados ali inseridos se presumem verdadeiros, mas as informações são dirigidas apenas às partes, ou seja, aqueles que demonstrem um legítimo interesse jurídico.

Luís Paulo Aliende Ribeiro, no debate Café com jurisprudência, analisando o artigo 17 supracitado, ensinou que é preciso identificar quem solicita e porque solicita a certidão, posto que, a certidão deve conter necessariamente informações objetivas para o solicitante, uma pessoa leiga não precisa obter as mesmas informações que um advogado que requer a certidão.

---

[23] Art. 16. Os oficiais e os encarregados das repartições em que se façam os registros são obrigados:
1º a lavrar certidão do que lhes for requerido;
2º a fornecer às partes as informações solicitadas.
Art. 17. Qualquer pessoa pode requerer certidão do registro sem informar ao oficial ou ao funcionário o motivo ou interesse do pedido.
Parágrafo único. O acesso ou envio de informações aos registros públicos, quando forem realizados por meio da rede mundial de computadores (internet) deverão ser assinados com uso de certificado digital, que atenderá os requisitos da Infraestrutura de Chaves Públicas Brasileira - ICP. (Incluído pela Lei nº 11.977, de 2009)
Art. 18. Ressalvado o disposto nos arts. 45 (filho legitimado), 57 (alteração de nome em decorrencia de apuração de crime), § 7o, e 95 (adoção), parágrafo único, a certidão será lavrada independentemente de despacho judicial, devendo mencionar o livro de registro ou o documento arquivado no cartório. (Redação dada pela Lei nº 9.807, de 1999)

Veja que a lei estabelece as hipotéses de sigilo no registro, como um todo ou de apenas parte dele, que constitui uma exceção e visa a preservar a intimidade e a privacidade dos usuários. Em tais casos a certidão somente poderá ser expedida mediante autorização judicial. Assim, cumpre aos registradores e tabeliães analisarem rigorosamente as situações que possam causar algum prejuízo às partes, fundamentando as suas razões em caso de recusa do fornecimento de certidão ou informação.

4.2 Categorias e espécies de publicidade notarial

Segundo Carlos Ferreira de Almeida[24], são três espécies de publicidade: - *Espontânea* (ou publicidade de fato): o conhecimento deriva naturalmente do objeto, sem que exista exclusivamente a intenção de dar a conhecer; o objeto por si só ostenta notoriedade, que lhe faz de conhecimento público. Exemplo: o nome das pessoas naturais, a posse das coisas móveis; - *Provocada*: a característica essencial é a intenção específica de dar a conhecer. Esta, por sua vez, subdivide-se em *precária*, que é limitada no tempo, ex: editais de proclamas; e, *duradoura*, ao contrário, é a que perdura no tempo, ex: arquivos e assentos; - *Registral*: na verdade, consiste na publicidade provocada, pois tem a intenção exclusiva de dar a conhecer, acrescentada de uma complexa organização e perfeição técnica. A publicidade registral além de expor ao conhecimento público atos e fatos jurídicos isolados, o faz de maneira organizada, que em relação a um objeto serão publicadas suas modificações, extinções, restrições, condições e etc.

Quanto aos efeitos, as espécies de publicidade podem ser classificadas em: 1ª) **Publicidade notícia**, ou seja, a que tem por finalidade apenas informar determinado ato, criando a presunção absoluta de seu conhecimento. A ausência da publicidade, neste caso, nenhum dano causa ao titular do direito. Este é o caso das restrições ambientais e urbanísticas que incidem sobre determinados imóveis, publicadas com o mero intuito de infomormção, já que são válidas e eficazes, independente de publicidade. Ex: averbação de reserva legal junto ao registro do imóvel rural estabelecida pelo artigo 16 do Código Florestal. 2ª) **Publicidade declarativa** entendida como condição para a oponibilidade perante terceiros, ou seja,

---

[24] *Publicidade e teoria dos registos*. Disponível em: <http://educartorio.files.wordpress.com/2011/04/publicidade-e-teoria-dos-registros.pdf>.

é requisito para a eficácia *erga omnes*. Antes dela o negócio jurídico tem validade apenas entre as partes, e somente após torná-lo público adquire a eficácia perante terceiros. Como exemplo temos a averbação da penhora, cuja inscrição gera sua oponibilidade a todos. Por fim, a terceira espécie de publicidade quanto aos efeitos é a **Publicidade constitutiva,** isto é, o requisito essencial para a existência e validade dos atos jurídicos, que não tem eficácia sequer entre os contratantes sem a finalidade especial que os torna públicos. Exemplo: Contratos.

Conclui-se a partir dessas classificações que sem a publicidade notícia o fato é plenamente eficaz, sem a publicidade declarativa o fato é eficaz apenas em relação as partes que o pactuam, e sem a publicidade constitutiva o fato não produz qualquer efeito.

Nota-se a distinção entre a publicidade registral imobiliária, claramente desempenhada pelos Oficiais de Registro de Imóveis, e a publicidade desempenhada pelos notários. É certo afirmar que ambas as atividades devem garantir a publicidade, autenticidade, segurança e eficácia dos atos jurídicos, mas cada qual com suas peculiaridades. As atividades registrais e notariais têm o fim amplo da promoção da segurança jurídica.

No entanto, as notariais têm o fim especifico da realização consensual do direito, prevenindo litígios. Já a atividade registral te por fim a publicidade da situação jurídica de imóveis, sendo que, para esta atividade destaca-se o principio da territorialidade, que não se aplica a atividade notarial. Afirma-se que a atividade notarial se encontra com a publicidade registral quanto tem por objeto negócios jurídicos de bens imóveis, sendo que, para a lavratura desses atos, o notário deve atentar-se às informações registrais contidas na certidão imobiliária (matrícula), corroborando que a certeza e segurança dos atos notariais estão confiados nos dados registrais, pois esses dados fundamentam aqueles.

4.3 Abrangência da publicidade notarial

O estudo ora desenvolvido discorreu sobre a publicidade registral e notarial, mas não se pode deixar de fazer um breve relato acerca do princípio da publicidade processual, presente, ainda que explicitamente, em nossa Carta Magna, e no Código Processual Civil (Lei n. 13.105, de 16 de março de 2015):

Art. 5º, inc. LX, CF: "LX- a lei só poderá restringir a *publicidade* dos atos processuais quando a defesa da intimidade ou o interesse social o exigirem"; (norma de processo)

Art. 189 CPC: Os atos processuais são públicos, todavia tramitam em segredo de justiça os processos: I - em que o exija o interesse público ou social; [...] III - em que constem dados protegidos pelo direito constitucional à intimidade; [...]

§ 1o O direito de consultar os autos de processo que tramite em segredo de justiça e de pedir certidões de seus atos é restrito às partes e aos seus procuradores.

§ 2o O terceiro que demonstrar interesse jurídico pode requerer ao juiz certidão do dispositivo da sentença, bem como de inventário e de partilha resultantes de divórcio ou separação.

Art. 368 CPC: A audiência será pública, ressalvadas as exceções legais.

Friza-se que os dispositivos ora citados se referem a normas de processo, exemplificando a importância do princípio da publicidade no âmbito do direito processual, sendo a publicidade **uma das características do devido processo legal brasileiro.**

A publicidade dada aos atos judiciais visa a garantir aos cidadãos a correta aplicação da justiça, concedendo a acessibilidade dos atos processuais praticados pelo magistrado durante a persecução civil ou penal, vedando, por conseguinte, o obstáculo ao conhecimento, considerando que todos os cidadãos têm direito ao acesso dos atos do processo, transparecendo à atividade jurisdicional.

Em que pese o legislador afirmar que os atos processuais são públicos, estabelece um limite ao acesso a estes atos, enumerando as hipóteses em que os processos correrão em segredo de justiça.

Conclui-se que pelo princípio da publicidade garante-se ao proprietário do bem a oponibilidade *erga omnes* de seu direito, pois como assevera o Código Civil, só se adquire propriedade por ato entre vivos mediante o registro do título no Registro de Imóveis, artigo 1.245 do CC/02.

Assim existe uma grande celeuma sobre a medida da publicidade e o consequente acesso às informações registrarias de terceiros por qualquer cidadão. Para uns é um risco; mas para outros um avanço que não pode ser ignorado.[25]

A publicidade dos registros públicos não é absoluta. Embora os dados arquivos na Serventia sejam essencialmente públicos, algumas de suas informações devem ser consideradas sigilosas, como por exemplo, cartas de sentença extraídas de processo judicial que contenham peças protegidas pelo segredo de justiça, não devendo o oficial emitir certidão que contenham essas peças. Mas é possível afirmar que esta restrição afeta apenas o título microfilmado (arquivado), não havendo qualquer impedimento na expedição da certidão imobiliária referente aos atos praticados decorrentes do título judicial. Se a restrição perdurasse estaria afrontando o estabelecido na lei de registros públicos.

5. Tutela da privacidade *versus* acesso à informação pública

Assim, a tutela da privacidade e da intimidade merece tutela, restringindo algumas vezes o conteúdo de informações que seriam públicas ou que estariam em arquivos públicos porque administrados por um órgão público ou dotado de fé pública.

Não se pode confundir publicidade registral e publicidade notarial conforme foi destacado acima. A publicidade registral é da essência do registro para que produza efeitos contra terceiros (*erga omnes*). Já a publicidade notarial diz respeito à eficácia da contratação privada, e, por isso, o conteúdo do documento somente pode ser divulgado para os interessados. Inclusive o art. 29 da Lei n. 8.935/94 estabelece como direito de o tabelião de notas guardar sigilo sobre a documentação e os assuntos de natureza reservada de que tenham conhecimento em razão do exercício da profissão.

Conclui Angelo Volpi Neto[26] que "assim como ocorre com os testamentos, as atas notariais não devem ser divulgadas indistintamente, mas somente àqueles que tiverem interesse ou participação direta no fato. Os atos notariais de foro privado não podem ser levados a conhecimento público. O que é público é a função do notário, não seus atos".

---

[25] DEZEM, Renata Mota Maciel Madeira. Os Registros Públicos e a Internet. *In*: DE LUCCA, Newton; SIMÃO FILHO, Adalberto; LIMA, Cíntia Rosa Pereira de. *Direito e Internet III*: Marco Civil da Internet (Lei n. 12.965/2014). São Paulo: Quartier Latin, 2015. pp. 429 – 453. p. 432.
[26] *A vida em atas notariais*. Disponível em http://fm.volpi.com.br/plugins/filemanager/files/artigos/a_vida_em_atas.pdf pp. 07 – 08.

Este é justamente o problema da disponibilização de todos os atos e documentos dos registros e tabelionatos, isto é, a Internet não filtrará os indivíduos legitimados para que efetivamente tenham acesso ao documento.

5.1 Harmonização entre o princípio da privacidade e o princípio da publicidade notarial

Portanto, em havendo conflito entre o princípio da privacidade e o princípio da publicidade notarial, deve-se sopesar os direitos envolvidos, resguardando a dignidade da pessoa humana.

Esta distinção foi feita por Sérgio Jacomino no Processo 583.00.2008.151169-7:

[...] certidões e informações são meios de publicidade registral que se distinguem muito claramente um do outro. As primeiras podem ser solicitadas por qualquer interessado; as segundas são deferidas somente às partes, na precisa dicção da lei". E conclui que "os sistemas de informação não podem levar à situação intolerável de pesquisa ilimitada acerca de circunstâncias que concernem exclusiva e diretamente aos titulares inscritos.

Em suma, se as informações envolvidas disserem respeito diretamente aos titulares envolvidos, ainda que seja objeto de um ato notarial, o acesso a tal informação deve ser restrito com o fundamento da tutela da privacidade e da intimidade. No entanto, destaca-se que tal regra vem sendo mitigada em algumas situações, como o acesso ao conteúdo de testamento público.

Esta conclusão encontra respaldo na própria Lei de Acesso à Informação, bem como as normas contidas no Código de Processo Civil conforme destacamos *supra*. Ademais, o Marco Civil da Internet (Lei n. 12.965/2014), no art. 2º, elenca direitos fundamentais dos usuários da internet, dentre os quais estão a tutela da privacidade, da intimidade e dos dados pessoais, bem como o exercício da cidadania em meio digital e direito à informação.

5.2 Testamento público e a certidão de inteiro teor

Muito se discutiu sobre a certidão de inteiro teor de um testamento público, e a tutela da privacidade e intimidade do testador e de outros indivíduos envolvidos diretamente na declaração de última vontade.

Em parecer, o ilustre Juiz da Corregedoria, Des. Walter Rocha Barone, entendeu que o testamento público tem conteúdo aberto (não sigiloso), reafirmando o entendimento manifestado no Processo CG n. 72.110/84 – no sentido de que qualquer do povo tem o direito de lhe conhecer o conteúdo e de pedir certidões, a que o tabelião não tem como se negar. Este entendimento foi adotado também no Processo CG n. 2010/15.446 (398/10-E).

PEDIDO DE PROVIDENCIAS - Certidão de inteiro teor relativa a testamento público que foi recusada por Tabelião, por falta de autorização do testador - Descabimento - Livre acesso às informações nele contidas que decorre da natureza pública dessa modalidade de testamento - Expedição autorizada pelo MM. Juiz Corregedor Permanente - Entendimento que deve ser adotado como diretriz a ser traçada em todo o Estado de São Paulo.

Neste parecer concluiu-se que se o testamento for público nada há de sigiloso em seu conteúdo, reafirmando a decisão tomada pela Egrégia Corregedoria do Tribunal de Justiça de São Paulo: "(...) 4. Em síntese, se o testamento é publico, nada tem de sigiloso. Qualquer do povo tem o direito de lhe conhecer o conteúdo e de pedir certidões, a que o Tabelião não tem como se negar."

Neste sentido, destaca-se, *in verbis,* os argumentos do Des. Walter Barone:

Destarte, sem embargo das judiciosas ponderações feitas pelo 26° Tabelião de Notas da Capital e pelo Colégio Notarial do Brasil/Seção de São Paulo, no sentido das eventuais implicações que a publicidade irrestrita dos atos em tela poderia ter, não há fundamento legal para se impedir o livre acesso ao conteúdo de testamentos públicos, conforme corretamente decidido pelo MM. Juiz Titular da 2:i Vara de Registros Públicos da Capital, Dr. Márcio Martins Bonilha Filho, devendo, pois, tal entendimento ser adotado como diretriz a ser seguida em todo o Estado de São Paulo.

No entanto, a discussão sobre o tema foi intensa, sendo que no evento já mencionado 3º Café com Jurisprudência teve como tema central "A publicidade registral". Neste evento, em 12.11.2010, Aliende concluiu que se deve identificar quem pede e porque pede determinada certidão; Ubiratan Pereira Guimarães afirmou que não se deve dar a certidão de inteiro teor do testamento a qualquer pessoa; neste mesmo sentido José Luiz Martineli Aramas. Estavam presentes neste encontro, também, Ricardo Dip, Gustavo Henrique Marzagão, Sérgio Jacomino e outros especialistas no tema. Este entendimento é o que prevalece inclusive nas novas normas conforme veremos ao final deste trabalho.

5.2.1 Entendimento da Corregedoria do Tribunal de Justiça do Estado de São Paulo

No entanto, atualmente, a Egrégia Corregedoria do Tribunal de Justiça do Estado de São Paulo entende que é possível restringir a publicidade notarial através da ponderação de valores entre a proteção da intimidade e vida privada e o direito à informação no contexto do princípio da publicidade notarial.

Preliminarmente, deve-se distinguir entre forma pública do testamento e a publicidade de seu conteúdo, o que o tornaria acessível por qualquer pessoa.

As formas ordinárias de testamento previstas no Código Civil de 2002 são três: o testamento público, o testamento cerrado e o testamento particular (art. 1.862 do CC). Cada forma de testar é de livre escolha da pessoa com capacidade testamentária, em consonância com cada regulamentação prevista, salvo raras exceções adiante mencionadas.

Ademais, é válido ainda constatar que o testamento conjuntivo não é admitido em nossa legislação. O testamento conjuntivo (de mão comum ou mancomunado) é aquele em que duas ou mais pessoas, por um único instrumento, no mesmo ato de última vontade, dispõem de seus bens. Não importa se tal testamento é simultâneo, em benefício de terceiros; recíproco, ambos são beneficiados; e muito menos, se correspectivo, com benefícios mútuos e correspondentes entre si. Este é o teor do art. 1.863 do Código Civil.

O testamento público é aquele escrito pelo tabelião ou seu substituto legal em seu livro de notas, em consonância com as declarações do testador, podendo o mesmo servir-se de minuta, notas ou apontamentos, na presença de duas testemunhas, realizado em língua nacional.

Entende-se como "público" o testamento pelo fato de o mesmo ser testemunhado por pessoas, cuja presença é essencial, bem como pela razão do notário, em nossa nação, ser conhecido como "oficial público" e porque o Estado lhe empresta fé pública.

Os requisitos essenciais do testamento público estão previstos no art. 1.864 do Código Civil, quais sejam: a lavratura pelo tabelião, a leitura em voz alta na presença de duas testemunhas a um só tempo, e a assinatura por todos os que participaram do ato.

Em primeiro lugar, necessário se faz abordar a figura do tabelião. O tabelião é o responsável pela reprodução fiel da vontade do testador. É o agente que atua, em caráter privado e por delegação do Estado, na redação, fiscalização e instrumentalização de atos e negócios jurídicos, revestindo-os de autenticidade e fé pública. É, por fim, conhecido como notário (*notaire*, no direito francês), expressão advinda do direito canônico. A competência para realizar o testamento, além do tabelião, estende-se também ao seu substituto legal e às autoridades diplomáticas, nas situações legais previstas.

Na verdade, o objetivo da lavratura pelo tabelião é externar, sob a forma de declaração, a vontade do testador. Sendo admitida a utilização pelo testador de minutas, notas ou apontamentos, para auxiliá-lo em sua leitura, quando externar sua última vontade.

O tabelião pode realizar perguntas ao testador com o intuito de aclarar eventuais dúvidas ou contradições verificadas. Entretanto, ao notário não é permitido redigir o testamento com base unicamente em perguntas dirigidas ao testador, sem a iniciativa deste, tal situação é conhecida como *testamentum ad interrogationem*.

Em segundo lugar, coloca-se imprescindível como requisito indispensável que, após a escritura do testamento, este seja lido em voz alta pelo tabelião ao testador e às duas testemunhas, a um só tempo. Admite-se, igualmente, que o instrumento seja lido pelo testador, a seu desejo, na presença do notário e das testemunhas.

Não obstante esta última possibilidade, esta forma testamentária (testamento público) requer a unidade de contexto, ou melhor, a presença conjunta, simultânea e contínua de todos os atores do ato, testador, tabelião e testemunhas.

Em regra, todos podem testar publicamente, independentemente de eventuais limitações físicas, como os surdos (art. 1.867 do CC) e os cegos (art. 1.867), ou limitações educacionais, como os analfabetos (art. 1.865 do CC). Apesar de não existir vedação expressa, ficam impossibilitados de realizar o testamento público apenas os mudos e os surdos-mudos, pela impossibilidade de apresentarem declarações ao tabelião (art. 1.864, I do CC), requisito indispensável no processamento do testamento público.

Por fim, em seguida à leitura, todos os atores do ato (testador, tabelião e testemunhas) devem assinar o instrumento. Sendo certo que por "se tratar de ato público, deve o testamento ser redigido em língua nacional, não sendo possível fazê-lo em língua estrangeira".

Como já se afirmou alhures, a publicidade registral é prerequisito essencial para a existência dos direitos, portanto é condição *sine qua non*. Por outro lado, a publicidade notarial é facultativa e deve ser analisada tendo em vista a função notarial. Os objetivos principais da atividade notarial é a prevenção de litígios e a pacificação social. A função notarial é caracterizada pela fé pública, ou seja, os atos realizados pelo notário fazem prova plena com presunção de veracidade, que só pode ser contestado judicialmente. Portanto, a atividade notarial tem natureza cautelar, isto é o notário é uma testemunha dotada de fé especial: a fé pública, que decorre dos princípios da autenticidade e publicidade.

E a finalidade da função notarial é conferir certeza jurídica às relações e situações subjetivas concretas. Por isso, também é utilizada a expressão magistratura cautelar. Porém, a atuação do notário se distingue da atuação do magistrado porque esta é sempre *a posteriori;* enquanto a atuação do notário é *a priori* (prevenção de litígios e pré-constituição de prova).[27]

Portanto, não há que se confundir a forma pública do testamento público com o livre acesso a seu conteúdo. Neste sentido, parece-nos mais prudente, *data venia,* o entendimento atual da Egrégia Corregedoria de Justiça do Estado de São Paulo que entende poder haver mitigação do princípio da publicidade notarial para tutelar direito à honra, à intimidade e à vida privada.

Desta forma, as normas da corregedoria do Tribunal de Justiça do Estado de São Paulo, atuais, fixaram o entendimento segundo o qual as certidões de escrituras públicas de testamento serão concedidas livremente após comprovado falecimento do testador; antes disso, somente serão expedidas as certidões requeridas pelo testador ou seu representante legal, ou por ordem judicial. Estas alterações foram feitas pelo Provimento 40 de 2012:

> 152. As certidões de escrituras públicas de testamento, enquanto não comprovado o falecimento do testador, serão expedidas apenas

---

[27] DIP, Ricardo. *Prudência Notarial.* São Paulo: Quinta Editorial, 2012. pp. 32 – 33.

a seu pedido ou de seu representante legal, ou mediante ordem judicial.*(Alterado pelo Provimento CG Nº 40/2012)*

152.1. Os interessados na obtenção de certidão de escritura pública recusada pelo Tabelião de Notas poderão, expondo por escrito as razões de seu interesse, requerê-la ao Juiz Corregedor Permanente, a quem competirá, se o caso, determinar, motivadamente, a sua expedição. *(Acrescentado pelo Provimento CG Nº 40/2012)*

152.2. Com a prova do falecimento do testador, as certidões poderão ser expedidas livremente, independente do interesse jurídico de quem a solicite, que estará dispensado de expor as razões de seu pedido. *(Acrescentado pelo Provimento CG Nº 40/2012)*

A nosso ver, andou bem a E. Corregedoria ao estabelecer tais restrições harmonizando a tutela à vida privada e o acesso à informação. Muito embora entendemos que tais informações não podem ser caracterizadas como públicas e de acesso irrestrita porque diz respeito às pessoas envolvidas naquela relação jurídica específica. Ademais, como a eficácia do testamento está condicionada ao evento morte do testador, antes disso não se justifica o acesso a tais declarações que podem, inclusive, ser alteradas a qualquer tempo antes da morte.

5.4 Perspectivas em torno do registro eletrônico quanto à tutela da privacidade

A tutela dos dados pessoais, como extensão da personalidade humana, é uma preocupação constante em virtude do desenvolvimento tecnológico que viabiliza a associação de informações pessoais e isto revela uma grave ameaça à tutela da vida privada e da intimidade.

Isto já foi destacado por Luís Paulo Aliende Ribeiro no texto publicidade registral e direitos de personalidade[28], isto porque, o registro eletrônico facilita o acesso a documentos cujo conteúdo pode ser tratado, resultando em um dado sensível de foro íntimo de cada indivíduo e que deve ser resguardado.

---

[28] Publicidade registral e direitos da personalidade. Disponível em: <http://educartorio.files.wordpress.com/2011/04/publicidade-registral-e-direitos-da-personalidade-lpar.pdf>.

Sobre o acesso telemático do conteúdo dos livros do registro, Javier de Ângulo Rodríguez[29] destaca que estes arquivos devem ser protegidos para que não sejam objetos de tratamentos (cópia de dados e associação de dados). Com quem concordamos plenamente. A arquitetura tecnológica a ser utilizada não pode permitir o tratamento dos dados.

Neste sentido a Lei n. 11.977/09[30], nos arts. 37 a 45, instituiu o registro eletrônico, determinando a possibilidade de prestação de serviços pelas serventias extrajudiciais por meios eletrônicos, bem como a digitalização dos livros das serventias no prazo de 05 anos observados os requisitos da Infraestrutura de Chaves Públicas Brasileira – ICP – Brasil e a arquitetura e-PING (Padrões de Interoperabilidade de Governo Eletrônico). Segundo este padrão, o conteúdo digitalizado não pode ser alterado.

O anonimato na era da informática dá uma falsa segurança, como destaca Helen Nissembaum:[31] a tecnologia da informação tem um poder imenso de extrair de dados não identificados, informações altamente individualizadas.

6. Conclusão

Os direitos e garantias fundamentais demandam uma tutela diferenciada por parte do Estado. Sendo assim, a própria Constituição Federal brasileira estabelece, no art. 5º, alguns destes direitos, tais como a privacidade e intimidade, de um lado; e o acesso à informação por outro.

A vida privada e a intimidade são tuteladas pela Constituição Brasileira e, também, pelo Código Civil através da tutela civilística dos direitos de personalidade. Ao lado destes direitos e garantias fundamentais, existe outros, como o direito à informação, também garantido pela Magna Carta. Desta forma, há situações em que estes direitos e garantias individuais se

---

[29] *Uso de las nuevas tecnologias para la protección de datos personales en el registro.* Disponível em: <http://educartorio.files.wordpress.com/2011/04/uso-de-nuevas-tecnologc3adas-angulo.pdf>.

[30] Dispõe sobre o Programa Minha Casa, Minha Vida – PMCMV e a regularização fundiária de assentamentos localizados em áreas urbanas; altera o Decreto-Lei no 3.365, de 21 de junho de 1941, as Leis nos 4.380, de 21 de agosto de 1964, 6.015, de 31 de dezembro de 1973, 8.036, de 11 de maio de 1990, e 10.257, de 10 de julho de 2001, e a Medida Provisória no 2.197-43, de 24 de agosto de 2001; e dá outras providências.

[31] *Privacy in Context: Technology, Policy, and the Integrity of Social Life.* Stanford University Press, 2010.

chocam exigindo uma interpretação do jurista para a melhor solução no caso concreto.

A técnica de solução destes conflitos é a ponderação de valores, ou seja, caso a caso, deve-se analisar as situações para verificar qual destes direitos deverá sobrepor-se ao outro. O fato é que não existem direitos absolutos no sentido de que por vezes o direito à privacidade cede espaço ao direito à informação, vice e versa.

Este debate foi o pano de fundo da problemática discussão sobre o princípio da publicidade notarial a ponto de se afirmar que o testamento público não tem nada de sigiloso e, por isso, poderia ser acessado por qualquer pessoa. Assim, muitos encontros acadêmicos seguiram para refletir sobre o tema.

Atualmente, conclui-se que, de maneira correta, a Corregedoria do Estado de São Paulo entende que às vezes o direito à vida privada e à intimidade se sobrepõe ao direito à informação no contexto do princípio da publicidade notarial. Assim, enquanto o testador estiver vivo, não se pode autorizar a emissão de certidão sobre o conteúdo do testamento sob pena de violação aos direitos e garantias individuais à privacidade e à intimidade.

8. Referências Bibliográficas

ALEXY, Robert. *Teoria de los derechos fundamentales*. Tradução de Ernesto Garzón Valdés, Madrid: Centro de Estudios Constitucionales, 1993 (1986).
ALMEIDA, Carlos Ferreira de. *Publicidade e teoria dos registos*. Disponível em: <http://educartorio.files.wordpress.com/2011/04/publicidade-e-teoria-dos-registros.pdf>.
ÁVILA, Humberto. *Teoria dos princípios*: da definição à aplicação dos princípios jurídicos. 6. ed. ampl. e atual. São Paulo: Malheiros, 2006.
BALBINO FILHO, Nicolau. *Registro de Imóveis: doutrina, prática e jurisprudencia*. 16 ed. São Paulo: Saraiva, 2012.
BELTRÃO, Silvio Romero. *Direitos da Personalidade - De Acordo com o Novo Código Civil*. São Paulo: Atlas, 2005.
BITTAR, C. A. *Os Direitos da Personalidade*. 7 ed. Rio de Janeiro: Forense Universitária, 2006.
BONAVIDES, Paulo. *Curso de direito constitucional*. 15 ed. São Paulo: Malheiros, 2004.
BRECKENRIDGE, Adam Carlyle, *The Right to Privacy*, University of Nebraska Press, 1970.
CAPELO DE SOUSA, Rabindranath V. A. *O Direito Geral de Personalidade*, Coimbra: Coimbra Editora, 1995.
CASTELLS, Manuel. *A galáxia da internet*: reflexões sobre a internet, os negócios e a sociedade. Tradução de Maria Luiza X. de A. Borges. Rio de Janeiro: Zahar, 2003.
CENEVIVA, Walter. *Lei dos Notários e dos Registradores comentada* (Lei n. 8.935/94). 8. Ed. rev. E atual. São Paulo: Saraiva, 2010.
_____. *Lei dos Registros Públicos Comentada* (Lei 6.015/73). 20. Ed. São Paulo: Saraiva, 2010.
COMPARATO, Fábio Konder. *A Afirmação Histórica dos Direitos Humanos*. São Paulo: Saraiva, 1999.
COSTA JUNIOR, Paulo José da. *Agressões à intimidade: O episódio Lady Di*. São Paulo: Malheiros, 1997.
_____. *O direito de estar só*: tutela penal da intimidade. 3 ed. São Paulo: Siciliano Jurídico, 2004.
DE ANGULO RODRÍGUEZ, JAVIER. USO DE LAS NUEVAS TECNOLOGIAS PARA LA PROTECCIÓN DE DATOS PERSONALES EN EL REGISTRO. DISPONÍVEL EM: <HTTP://EDUCARTORIO.FILES.WORDPRESS.COM/2011/04/USO-DE-NUEVAS-TECNOLOGC3ADAS-ANGULO.PDF>.
DECEW, Judith Wagner, *In Pursuit of Privacy: Law, Ethics, and the Rise of Technology*, 1a ed., Cornell University Press, 1997.
DE CUPIS, Adriano. *Os Direitos da Personalidade*. São Paulo: Romana Jurídica, 2004.
DE LUCCA, Newton. *Direito do Consumidor*. 2 ed. São Paulo: Quartier Latin, 2008.
DEZEM, Renata Mota Maciel Madeira. Os Registros Públicos e a Internet. *In*: DE LUCCA, Newton; SIMÃO FILHO, Adalberto; LIMA, Cíntia Rosa Pereira de. *Direito e Internet III*: Marco Civil da Internet (Lei n. 12.965/2014). São Paulo: Quartier Latin, 2015. pp. 429–453.
DINIZ, Maria Helena. *Curso de Direito Civil Brasileiro*. 13 ed. São Paulo: Saraiva, 1997.
DIP, Ricardo Henry Marques. *Base de dados, registro informático e o acesso à informação registral versus direito à privacidade*. Disponível em: <http://educartorio.files.wordpress.com/2011/04/base-de-dados-rd.pdf>.
_____. *Prudência Notarial*. São Paulo: Quinta editorial, 2012.

DONEDA, Danilo. *Da privacidade à proteção de dados pessoais*. Rio de Janeiro: Renovar, 2006.

DOTTI, René Ariel. A liberdade e o direito à intimidade. *In Revista de informação legislativa*, ano 17, n. 66. Senado Federal: Brasília, 1980.

FERRAZ JUNIOR, Tércio Sampaio. Sigilo de dados: o direito à privacidade e os limites à função fiscalizadora do Estado. *In*: *Cadernos de Direito Constitucional e Ciência Política*, ano 1, São Paulo: Revista dos Tribunais, pp. 77-90, 1992.

GOGLIANO, Daisy. *Direitos Privados da Personalidade*. Dissertação de Mestrado. São Paulo: Faculdade de Direito da Universidade de São Paulo, 1982. 431 p.

GOLÇALVES, Carlos Roberto. *Direito Civil brasileiro. Parte Geral*. 8 ed. São Paulo: Saraiva, 2010.

GOMES, Orlando. *Introdução ao Direito Civil*. 18 ed. Rio de Janeiro: Forense, 2001.

GUERRA, Sidiney. *O direito à privacidade na internet: uma discussão da esfera privada no mundo globalizado*. Rio de Janeiro: América Jurídica, 2004.

HIRATA, Alessandro. O público e o privado no direito de intimidade perante os novos desafios do direito. *In*: LIMA, Cíntia Rosa Pereira de; NUNES, Lydia Neves Bastos Telles. (coords) *Estudos Avançados de Direito Digital*. São Paulo: Campus Elsevier, 2014. pp. 29 – 38.

JABUR, Gilberto Haddad. *Liberdade de pensamento e direito à vida provada: conflito entre direitos da personalidade*. São Paulo: Revista dos Tribunais, 2000.

JENNINGS, C.; FENA, L. *Priv@cidade.com: como preservar sua intimidade na era da Internet*. São Paulo: Futura, 2000, pp. 16-17.

LEONARDI, Marcel. *Tutela e privacidade na internet*. São Paulo: Saraiva, 2012.

LIMA, Cíntia Rosa Pereira de; NUNES, Lydia Neves Bastos Telles. (coords) *Estudos Avançados de Direito Digital*. São Paulo: Campus Elsevier, 2014.

_____. Direito ao Esquecimento e Internet: o fundamento legal no Direito Comunitário europeu, no Direito italiano e no Direito brasileiro. *In: Revista dos Tribunais*, ano 103, vol. 946, agosto de 2014. São Paulo: RT, 2014. pp. 77 – 109.

LIMONGI FRANÇA, Rubens. *Manual de direito civil direito objetivo, direitos subjetivos, direitos privados da personalidade*. 2 ed. São Paulo: Revista dos Tribunais, 1971.

MANNINO, Michael V. *Projeto, desenvolvimento de aplicações e administração de banco de dados*. Tradução de Beth Honorato. São Paulo: McGraw-Hill, 2008.

MARQUES, Cláudia Lima. *Confiança no Comércio Eletrônico e a Proteção do Consumidor (um estudo dos negócios jurídicos de consumo no comércio eletrônico)*. São Paulo: Revista dos Tribunais, 2004.

MELERO, Martín Garrido (org.) *El notariado y la reforma de la Fe Pública*. Barcelona: Colegio Notarial de Cataluña, 2007.

MORAIS, Alexandre de. *Direito Constitucional*. 12 ed. São Paulo: Atlas, 2002.

_____. *Direitos Humanos Fundamentais*. São Paulo: Atlas, 1997

NISSEMBAUM, Helen. *Privacy in Context: Technology, Policy, and the Integrity of Social Life*. Stanford University Press, 2010.

_____. *Toward an Approach to Privacy in Public: Challenges of Information Technology*. Disponível em: <http://www.nyu.edu/projects/nissenbaum/papers/toward_an_approach.pdf>.

_____. *The Meaning of Anonymity in an Information Age*. Disponível em: <http://www.nyu.

edu/projects/nissenbaum/paper_anonimity.html>. Acesso em: 11.04.2013.

OLIVEIRA, Marcelo Salaroli de. *Publicidade registral imobiliária*. São Paulo: Saraiva, 2010.

PEREIRA, Marcelo Cardoso. *Direito à intimidade na internet*. 2 ed. Curitiba, Juruá Editora, 2004.

POST, Robert C. The Social Foundations of Privacy: Community and Self. *In the Common Law Tort*, 77 Calif. L. Rev. 957, 1989.

PUGLIATTI, Salvatore. *La Trascrizione: la pubblicità in generale*. Milano: Giuffrè, 1957.

RÁO, Vicente. *O Direito e a vida dos direitos*. 6. ed. São Paulo: Revista dos Tribunais, 2004.

RIBEIRO, Luís Paulo Aliende. *Regulação da função pública:* notarial e de registro. São Paulo: Saraiva, 2009.

_____. *Publicidade registral e direitos da personalidade*. Disponível em: <http://educartorio.files.wordpress.com/2011/04/publicidade-registral-e-direitos-da-personalidade--lpar.pdf>.

ROB, Peter. *Sistemas de bancos de dados: projeto e implementação*. Tradução de All Taska. São Paulo: Cengage Leraning, 2011.

RODOTÀ, Stefano. *A vida na sociedade da vigilância:* a privacidade hoje. Rio de Janeiro: Renovar, 2008.

SERPA LOPES, Miguel Maria de. *Tratado dos Registros Públicos*. Vol. I. 3 ed. Rio de Janeiro: Livraria Freitas Bastos, 1955.

SILVA, José Afonso da. *Curso de Direito Constitucional Positivo*. São Paulo: Revista dos Tribunais, 1998.

SOLOVE, Daniel J. Conceptualizing Privacy. *In: California Law Review,* vol. 90, Issue 4 (2002), pp. 1087 – 1156.

_____. *Privacy and Power: Computer Databases and Metaphors for Information Privacy*, Vol. 53, Stanford Law Review, pp. 1393 – 1462, 2001.

_____. *A Taxonomy of Privacy*. University of Pennsylvania Law Review, vol. 154, n. 3, 2006, p. 477-560.

STAIR, Ralph. REYNOLDS, George W. *Princípios de sistema de informação:* uma abordagem gerencial. Tradução de Flávio Soares Correa. São Paulo: Cengage Learning, 2009.

VOLPI NETO, Angelo. *A vida em atas notariais*. Disponível em http://fm.volpi.com.br/plugins/filemanager/files/artigos/a_vida_em_atas.pdf pp. 07 – 08.

WARREN, S. D.; BRANDEIS, L. D. The Right to Privacy. *In:* Harvard Law Review, v.4, pp. 193-220, 1890.

Considerações sobre os Cibercrimes e a "Lei Carolina Dickmann"

Daniel Pacheco Pontes

1. Os antecedentes

Com a popularização da internet e dos computadores pessoais na segunda metade da década de 1990, logo surgiram os questionamentos a respeito da adequação do universo jurídico a essa nova realidade. Havia o temor de que o "mundo virtual" poderia se tornar um vácuo legislativo.

Tal preocupação se fez ainda maior dentro da área penal, principalmente quando os bancos passaram a realizar transações financeiras pela internet e começaram a ocorrer os primeiros "crimes virtuais"[1]. A consequência natural foi o conhecido clamor social no sentido de que seria necessário modernizar o Código Penal, uma vez que ele teria sido concebido na década de 1940 e estaria despreparado para a nova realidade social.

---

[1] Os primeiros artigos científicos a respeito do tema são da década de 2000: Vicente Greco Filho. **Algumas observações sobre o direito penal e a internet.** *in* Boletim do IBCCRIM, número 95, outubro de 2000; Flávia Rahal e Roberto Soares Garcia. **Crimes e internet - breves notas aos crimes praticados por meio da rede mundial e outras considerações.** *in* Boletim do IBCCRIM, número 110, janeiro de 2002; Mário Antonio Lobato de Paiva. **A atipicidade dos crimes cometidos pela internet.** *in Revista Síntese de Direito Penal e Processual Penal.* v. 5, n. 26, jun./jul., 2004, pp. 155-157.

Nesse sentido, foi realizada em 2001 a *Convenção de Budapeste sobre Cibercrimes*, de 2001[2], um conjunto de normas programáticas a respeito da temática do Direito Penal na era da internet. Todavia, tal convenção não foi ratificada pelo Brasil, já que, para tanto, teria que ser convidado pelo Comitê de Ministros do Conselho Europeu.

A iniciativa legislativa pátria mais marcante veio muito recentemente, por meio da Lei 12.737/2012, conhecida como "Lei Carolina Dieckmann", em homenagem à conhecida atriz que teve fotografias íntimas copiadas de seu computador pessoal e, posteriormente, divulgadas pela internet.

2. Apreciação geral

O primeiro ponto que chama a atenção na nova lei foi a rapidez com que ela foi criada. Muito embora a preocupação com os *Cibercrimes* exista desde o final do século passado – o que ficou claro com a Convenção de Budapeste -, nenhuma medida mais significativa foi concretizada no Brasil até 2012.

No entanto, entre o incidente ocorrido com a atriz e a sanção presidencial da nova lei houve um lapso temporal de apenas sete meses. Em outras palavras, depois da ocorrência de um fato de grande repercussão, rapidamente foram realizadas discussões que deveriam ter sido iniciadas muito antes. Isso certamente ajuda a explicar algumas das falhas do texto legal.

Outro destaque foi a escolha acertada de condutas a serem tipificadas. Quando falamos de crimes praticados por meio de computadores é fundamental distinguirmos os praticados contra sistemas informáticos – esses tipificados pela nova lei - dos praticados pela via digital.

Tal distinção é importante porque não existe nenhuma razão que justifique a criação de tipos específicos para crimes praticados por via digital. Ao contrário do que diz o senso comum, não há nenhum óbice à aplicação do artigo 155 do Código Penal à conduta do agente que se utiliza de um computador para subtrair para si valores da conta corrente da vítima. Nesse caso, certamente falamos de um crime de furto, pouco importando o instrumento utilizado pelo agente para atingir a subtração.

---

[2] Texto integral da Convenção disponível em:
http://www.wirelessbrasil.org/wirelessbr/secoes/crimes_digitais/texto_convencao.pdf, acesso em 9/11/2013.

Raciocínio análogo pode ser aplicado ao agente que se utiliza de algum artifício informático para obter vantagem ilícita. Nessa hipótese, temos a ocorrência do crime de estelionato previsto pelo artigo 171 do Código Penal, sem a necessidade de qualquer adequação ou "modernização" do texto legal. Nesse sentido, já bem diz Vicente Greco Filho[3] que " o Direito Penal, em geral, está perfeitamente aparelhado na missão de coibir condutas lesivas, seja, ou não, o instrumento utilizado a informática ou a Internet ou a 'peixeira'".

A esse respeito, há discussão a respeito da existência de um "mundo virtual" diferente do real. Greco[4] nega tal possibilidade, entendendo que o mundo é um só, o que justificaria seu posicionamento de que o Direito Penal estaria plenamente aparelhado para enfrentar esse novo tipo de criminalidade. Já para Guilherme Madeira[5], "os mundos físico e virtual apresentam pontos de contato, muito embora cada um com particularidades que o distinguem do outro".

Independentemente do posicionamento que adotemos a esse respeito, a primeira conclusão permanece a mesma: estelionato, furtos, ofensas à honra... já estão tipificados por lei penal, inclusive se praticados por meio de computadores, de maneira qualquer tentativa de readequá-los à realidade eletrônica fatalmente provocaria casuísmos excessivos. Tal situação, mais uma vez, feriria o princípio da proporcionalidade, pois daria um tratamento especial a algumas situações sem qualquer justificativa jurídica. Pior do que isso: em um campo tão dinâmico quanto o da informática, leis excessivamente casuísticas rapidamente se tornariam anacrônicas.

É por tudo isso que, pelo menos no tocante a esse tópico, a nova lei merece aplausos. Houve a opção de tipificar condutas contra sistemas informáticos, não havendo qualquer referência aos crimes praticados por meio de computadores.

Em princípio, tal abordagem faz todo sentido, uma vez que, considerando a importância crescente que os sistemas informáticos têm nos dias atuais, certamente falamos de um bem jurídico digno de tutela penal. Além

---

[3] Vicente Greco Filho. **Algumas observações sobre o direito penal e a internet.** *in* Boletim do IBCCRIM, número 95, outubro de 2000.

[4] Vicente Greco Filho. **Algumas observações sobre o direito penal e a internet.** *in* Boletim do IBCCRIM, número 95, outubro de 2000.

[5] Guilherme Madeira Dezem. **A proteção da intimidade e a internet - algumas reflexões.** *in* Boletim do IBCCRIM, número 226, setembro de 2011.

disso, como tal bem jurídico efetivamente não era conhecido na década de 1940, certamente há lacunas legislativas que precisam ser preenchidas.

Por fim, vale também destacar que, muito embora a Convenção de Budapeste sobre Cibercrimes não tenha sido ratificada pelo Brasil, a nova lei está em harmonia com ela.

3. Os crimes previstos pela lei

3.1 Invasão de dispositivo informático

Inicialmente, a lei criou um novo tipo penal, por meio da introdução do artigo 154 A no Código Penal, dentro da seção dos *crimes contra a inviolabilidade de segredos*. Pela simples leitura de tal dispositivo, já se percebe que foi feito sob medida para situações como a vivenciada pela atriz Carolina Dieckmann:

> *Art. 154 A.* Invadir dispositivo informático alheio, conectado ou não à rede de computadores, mediante violação indevida de mecanismo de segurança e com o fim de obter, adulterar ou destruir dados ou informações sem autorização expressa ou tácita do titular do dispositivo ou instalar vulnerabilidades para obter vantagem ilícita:
> *Pena - detenção, de 3 (três) meses a 1 (um) ano, e multa.*

Na realidade, temos aqui a preocupação com duas situações que vinham gerando insegurança e intranquilidade nas relações e mereciam a atenção do legislador, com o objetivo de tutelar a liberdade individual e a privacidade de informações pessoais ou profissionais.

A primeira conduta tipificada foi o denominado *dano digital*, correspondente à primeira parte do tipo, onde são previstas as condutas de *obter, adulterar ou destruir dados ou informações*. Tal tipificação, em princípio, não parece inadequada ou merecedora de maiores críticas, já que tais condutas podem ser bastante lesivas e de fato não eram tipificadas até então – por óbvio, não seria possível tipificar a conduta de *obter* como furto ou as condutas de *adulterar ou destruir* como dano.

O problema aqui é a *violação indevida de mecanismo de segurança*, já que tal exigência poderia tornar a conduta do agente atípica em muitos casos como, por exemplo, quando as informações não estão protegidas por senha.

A segunda conduta tipificada é a de invasão de sistemas informáticos para descoberta de dados, prevista pela segunda parte do tipo, por meio de vulnerabilidades, que são "itens físicos ou lógicos que alteram a segurança do dispositivo"[6]. É importante notar que aqui o legislador exige que exista o fim de obter uma vantagem ilícita, mas isso é feito de maneira ampla. Em outras palavras, não é necessário que a vantagem almejada seja patrimonial

Uma crítica que pode ser feita a esse tipo diz respeito à imprecisão dos termos técnicos. A nomenclatura *dispositivo informático* pode ensejar dúvidas no tocante a sua conceituação, já que atualmente até geladeiras possuem acesso à internet. Talvez tivesse sido melhor utilizar a fórmula genérica *dispositivo eletrônico*. De qualquer forma, com o objetivo de evitarmos dúvidas e lacunas, a melhor conceituação é a de *Régis Prado*, para quem dispositivo informático seria "qualquer dispositivo que contenha algum tipo de processamento de dados"[7].

Por fim, considerando que não é necessária a obtenção da vantagem indevida para a consumação, podemos dizer que se trata de um delito de mera atividade que se consuma com a invasão ou instalação, admitindo tentativa.

Mais problemática é a figura equiparada prevista pelo § 1º:

> § 1º Na mesma pena incorre quem produz, oferece, distribui, vende ou difunde dispositivo ou programa de computador com o intuito de permitir a prática da conduta definida no *caput*.

Aqui, a ideia do legislador foi a de trazer um crime de perigo, no qual já seria considerada delitiva a mera conduta de *produzir, oferecer, distribuir, vender ou difundir* algum programa que possa ser utilizado para a prática da conduta prevista no caput. Assim como ocorre em outros tipos, parece que a opção legislativa pela tipificação do mero perigo é um pouco exagerada, uma vez que isso, em consonância com o princípio da subsidiariedade, só deveria ocorrer muito excepcionalmente.

Todavia, o problema específico aqui é ainda mais grave, já que tal tipo poderia incriminar profissionais honestos e sérios que trabalham na área de segurança de empresas estudando esse tipo de programa – *estudar* pode

---

[6] Luiz Régis Prado. **Comentários ao Código Penal.** 8ª Ed. São Paulo: RT, 2013, p. 532.
[7] Luiz Régis Prado. **Comentários ao Código Penal.** 8ª Ed. São Paulo: RT, 2013, p. 532.

significar no caso concreto *distribuir* ou *difundir*, por exemplo. A saída é realizar uma interpretação do tipo que exclua essa possibilidade, entendendo ser necessária a intenção de permitir a prática da conduta prevista pelo caput, o que isentaria de responsabilização os que apenas trabalham com segurança.

De qualquer forma, ainda resta no tocante a esse ponto específico outro problema: nos termos do artigo 154 B, em regra, falamos de crime de ação penal condicionada à representação. Em um crime de perigo dessa natureza, quem seria o ofendido que poderia fazer tal representação? Na prática, isso acabará excluindo a responsabilização das pessoas que trabalham com segurança, mas também dificultará a punibilidade nas hipóteses trazidas por esse parágrafo.

Ainda temos o § 2º, que prevê uma causa de aumento de pena se houver prejuízo econômico e o § 3º que traz uma forma qualificada:

> § 3º Se da invasão resultar a obtenção de conteúdo de comunicações eletrônicas privadas, segredos comerciais ou industriais, informações *sigilosas, assim definidas em lei, ou o controle remoto não autorizado do dispositivo invadido.*

A questão que surge nesse parágrafo é referente à necessidade de sigilo *definido em lei.* Isso porque se trata uma norma penal em branco, de maneira que passa ser fundamental definirmos de onde virá a necessária complementação. Para *Régis Prado*[8], tais informações estariam nas seções II e IV do Código Penal, onde são definidos segredos e informações invioláveis.

Vale também observar que, no preceito secundário dessa forma qualificada, o legislador prevê expressamente a subsidiariedade dela, dizendo que não haverá aplicação de tal dispositivo, caso a conduta constitua crime mais grave.

O § 4º prevê novo caso de aumento de pena, nos casos em que houver "divulgação, comercialização ou transmissão a terceiro, a qualquer título, dos dados ou informações obtidos" a partir da prática do delito previsto pelo § 3º.

Finalmente, o § 5º prevê novo aumento de pena:

---

[8] Luiz Régis Prado. **Comentários ao Código Penal.** 8ª Ed. São Paulo: RT, 2013, p. 533.

§ 5º Aumenta-se a pena de um terço à metade se o crime for praticado contra:

I - Presidente da República, governadores e prefeitos;
II - Presidente do Supremo Tribunal Federal;
III - Presidente da Câmara dos Deputados, do Senado Federal, de Assembleia Legislativa de Estado, da Câmara Legislativa do Distrito Federal ou de Câmara Municipal; ou
   IV - dirigente máximo da administração direta e indireta federal, estadual, municipal ou do Distrito Federal."

O artigo 154-B, introduzido pela mesma lei, trata da ação penal, definindo-a em regra como de iniciativa pública condicionada à representação. Todavia, também traz a ação pública incondicionada, *se o crime é cometido contra a administração pública direta ou indireta de qualquer dos Poderes da União, Estados, Distrito Federal ou Municípios ou contra empresas concessionárias de serviços públicos.*

3.2 Interrupção ou perturbação de serviço telegráfico, telefônico, informático, telemático ou de informação de utilidade pública

A nova lei introduziu o § 1º no artigo 266 do Código Penal:

§ 1º *Incorre na mesma pena quem interrompe serviço telemático ou de informação de utilidade pública, ou impede ou dificulta-lhe o restabelecimento.*

Esse parágrafo atualizou o tipo penal. Isso porque trouxe a figura equiparada à interrupção de serviço telegráfico, algo necessário, já que não há como punir quem interrompe serviço informático apenas por analogia, pois seria uma analogia *in malam partem*. Nesse sentido, podemos conceituar *serviço telemático* como "serviço informático fornecido por uma rede de telecomunicação"[9].

Todavia, mais uma vez, falamos de um delito subsidiário, já que, se o agente tiver o fim de interromper ou perturbar comunicação entre pes-

---
[9] Luiz Régis Prado. **Comentários ao Código Penal.** 8ª Ed. São Paulo: RT, 2013, p. 533.

soas determinadas, há crime de sonegação ou destruição de correspondência (art 151 § 1º III CP). Da mesma forma, deverá ser aplicado o artigo 41 da Lei das Contravenções Penais, se o fim for o de provocar alarme, anunciando desastre ou perigo inexistente. Em outras palavras, foi mantida a mesma linha do tipo anterior: a tipificação de uma conduta contra sistemas informáticos.

3.3 Falsificação de cartão

Por fim, a lei acrescentou o parágrafo único do artigo 298 do Código Penal, equiparando o cartão de crédito ou débito a documento particular.

Mais uma vez, houve acerto do legislador e a preocupação pontual com o ataque a sistemas informáticos. Dessa maneira, o uso de cartão falso para obter vantagem, por exemplo, deverá continuar sendo tipificado como estelionato. O parágrafo único acrescentando refere-se, em regra, apenas a situações específicas em que o agente simplesmente falsifica o cartão.

4. Conclusões

Considerando o exposto, a primeira conclusão a que podemos chegar é a de que, até o momento, não houve grandes inovações na área penal no que diz respeito a crimes praticados por meio de dispositivos eletrônicos.

Entretanto, tal aspecto é positivo, uma vez que uma modificação estrutural não é necessária, bastando algumas modificações pontuais, exatamente como as que foram trazidas pela nova lei.

Assim, a crítica que cabe aqui diz respeito ao fato de a nova lei ter sido elaborada sem que houvesse o tempo necessário para sua maturação, o que produziu algumas pequenas imperfeições, que tentamos apontar ao longo desse texto.

Crimes Internacionais e Violações de Normas Peremptórias no Âmbito da Responsabilidade Internacional dos Estados*

Davi Quintanilha Failde de Azevedo

1. Introdução

Quando a Comissão de Direito Internacional - *International Law Comission (ILC)* - foi criada em 1948 para, de acordo com o art. 1 (3) da Carta da ONU: "incentivar o desenvolvimento progressivo do direito internacional e a sua codificação", um dos primeiros 14 temas selecionados pela Comissão a ser codificado foi o da responsabilidade internacional dos Estados[1].

Assim, no âmbito da *ILC*, a matéria foi discutida por anos, passando por várias releituras, concluindo-se o projeto de artigos em 9 de agosto de 2001, após cerca de 40 anos de trabalho. Em 12 de dezembro de 2001 a

---

* Bacharel em Direito pela Faculdade de Direito de Ribeirão Preto – USP. Pós-graduando em Direitos Humanos e Acesso à Justiça pela FGV-SP. Defensor Público do Estado de São Paulo. Coordenador Auxiliar do Núcleo Especializado de Cidadania e Direitos Humanos da Defensoria Pública do Estado de São Paulo.
Crawford, James; PELLET, Alain; OLLESON, Simon (orgs). *The Law of International Responsibility*. Oxford: Oxford. 2010. p. V.
[1] Artigo elaborado com base no Trabalho de Conclusão de Curso, intitulado "O Processo de Elaboração dos Artigos sobre Responsabilidade Internacional dos Estados por Fato Internacionalmente Ilícito", sob orientação da Prof. Dra. Cynthia Soares Carneiro, a quem presto meus sinceros agradecimentos.

Assembleia Geral da ONU aprovou a Resolução 56/83 e adotou os "Artigos sobre Responsabilidade dos Estados por fato internacionalmente ilícito" juntamente com os comentários sobre a matéria, tomando nota do texto e recomendando-o para os governos, sem prejuízo de futura adoção na forma de uma Convenção.

A elaboração dos Artigos passou pela coordenação de uma série de estudiosos de diferentes nacionalidades: F.V. García Amador (Cuba - 1955-1961), Roberto Ago (Itália - 1962-1979), Willem Riphagen (Holanda - 1980-1986), Gaetano Arangio-Ruiz (Itália - 1987-1996) e por James Crawford (Austrália - 1997-2001)[2].

Entre os capítulos incialmente elaborados para os Artigos, o terceiro da primeira leitura, sobre a violação de uma obrigação internacional, foi o mais significativamente revisto, tendo sido reduzido de dez para quatro artigos. O mais controverso, sem sombra de dúvidas, foi o antigo artigo 19, incluído em 1976 por Ago, com sua distinção entre "delitos internacionais" e "crimes internacionais", bem como as consequências a eles associados, dispostas nos artigos 40 (3) e 51-53. A maior controvérsia reside no fato de que não era pacífica a existência de uma categoria específica denominada "crime de Estado" no âmbito do Direito Internacional[3]. Na verdade, de maneira geral, uma grande margem de apreciação e poder de criação foi dada aos Relatores Especiais ao disciplinarem situações envolvendo responsabilidade internacional dos Estados, até mesmo em relação ao escopo dos precedentes analisados para dar embasamento teórico aos Artigos. Assim, por exemplo, na falta de um caso em que ficasse clara a distinção entre crime e delito, uma interpretação indireta foi realizada para justificar a existência de um novo instituto[4].

A segunda leitura começou em 1998 com o objetivo de finalização em 2001. Em 1998 e 1999, a Comissão realizou uma revisão da Parte 1 do Projeto de Artigos. No entanto, ainda em abril de 1999, após uma das quatro

---

[2] CRAWFORD, J. *The International Law Commission's articles on State responsibility: introduction, text and commentaries.* Cambridge: Cambridge, 2002, p. 9.

[3] CRAWFORD, James; BODEAU, Pierre; PEEL, Jacqueline. *The ILC's Draft Articles on State Responsibility: Toward Completion of a Second Reading.* The American Journal of International Law. American Society of International Law Stable. Vol. 94, Nº 4, 2000. p. 661.

[4] INTERNATIONAL LAW COMISSION. AGO, Roberto. *Third Report on State Responsibility.* UN Doc. A/CN.4/SER.A/1970/A. 2 Y.B. ILC, 1970, p. 177-179. O relator especial deixa claro que as referências foram feitas aos casos mais importantes na prática diplomática e na jurisprudência internacional.

sessões na *ILC* planejadas para a segunda leitura, o trabalho ainda estava em um estágio inicial, sendo que muitas questões estratégicas permaneciam não resolvidas. Até então só havia sido decidida a estrutura básica do Projeto de Artigos, que foi substancialmente refeita, além da distinção entre regras primárias e secundárias, na qual o projeto se firmou, para torna-lo manejável em escopo e tamanho. Do mesmo modo, reiniciou-se a discussão sobre a distinção entre crimes e delitos internacionais[5].

Ao todo, o processo de observação e *feedback* durante a segunda leitura influenciaram sobremaneira o texto final. Vários artigos devem a sua linguagem e, em alguns casos, até mesmo sua existência, em razão de comentários feitos pelos governos. Para além dos pontos específicos de redação, os comentários transmitiam uma sensação de equilíbrio e coesão aos artigos serem analisados como um todo, o que foi particularmente significativo nos últimos estágios da obra[6].

Assim, entre as interferências políticas dos governos, pode-se citar a exclusão da possibilidade de qualquer forma de punição "exemplar" de danos (como uma prática prevista para o atual artigo 41), uma vez que tal medida foi objeto de críticas quase unânimes dos governos. Do mesmo modo, essa mesma decisão ajudou a consolidar a opinião da *ILC* de que o antigo artigo 19 (crimes internacionais de Estados) deveria ser suprimido[7].

O presente estudo restringe-se a analisar o conceito de crimes internacionais e sua aplicabilidade na doutrina da responsabilidade internacional dos Estados à luz do trabalho realizado pela *ILC*, bem como a opção pelo tratamento da matéria no âmbito das graves violações de normas peremptórias.

2. Crimes Internacionais

A maior dificuldade na aceitação do termo "crimes internacionais" está nas consequências envolvidas, uma vez que até mesmo os defensores de tal ideia são relutantes em admitir um regime punitivo de ampla escala,

---

[5] CRAWFORD, James. *Revising the Draft Articles on State Responsibility.* European Journal of International Law. Vol. 10, Nº 2,1999.p. 437.
[6] CRAWFORD, J. *The ILC's Articles on Responsibility of States for Internationally Wrongful Acts: A Retrospect.* The American Journal of International Law. Vol. 96, Nº 4, American Society of International Law Stable, 2002. p. 875.
[7] CRAWFORD, J. *The ILC's Articles* (...) *op. cit.*, p. 875.

envolvendo não somente danos punitivos[8] (que foi deliberadamente omitido no antigo artigo 45, elaborado para a primeira leitura, bem como no atual artigo 41), mas também a ampla gama de sanções as quais poderiam ser utilizadas contra o Estado "criminoso". Até mesmo porque, esta criminalização dos Estados levanta questões de estrutura e organização, de devido processo legal, de formas de estabelecimento de uma disputa e, via de consequência, de concessão de maior poder aos Membros Permanentes do Conselho de Segurança da ONU.

Assim, conceituava o artigo 19 em sua primeira leitura:

> *Article 19.*
> *International crimes and international delicts*
> 1. An act of a State which constitutes a breach of an international obligation is an internationally wrongful act, regardless of the subject-matter of the obligation breached.
> 2. An internationally wrongful act which results from the breach by a State of an international obligation so essential for the protection of fundamental interests of the international community that its breach is recognized as a crime by that community as a whole constitutes an international crime.
> 3. Subject to paragraph 2, and on the basis of the rules of international law in force, an international crime may result, *inter alia*, from:
> (a) a serious breach of an international obligation of essential importance for the maintenance of international peace and security, such as that prohibiting the establishment or maintenance by force of colonial domination;
> (b) a serious breach of an international obligation of essential importance for safeguarding the right of self-determination of peoples, such as that prohibiting the establishment or maintenance by force of colonial domination;

---

[8] CRAWFORD, James; PEEL, Jacqueline; OLLESON, Simon. *The ILC's Articles on Responsibility of States for Internationally Wrongful Acts: Completion of the Second Reading.* European Journal of International Law. Vol. 12, Nº 5, 2001.p. 977. O antigo art. 42 (1) da primeira leitura, que previa uma séria violação ensejaria o pagamento de danos que refletissem a gravidade da violação, se mostrou controverso, mesmo que não se admitisse sua natureza de danos punitivos, e com a insistência do Relator especial na sua inclusão. Assim, este artigo também foi excluído.

(c) a serious breach on a widespread scale of an international obligation of essential importance for safeguarding the human being, such as those prohibiting slavery, genocide and *apartheid*;

(d) a serious breach of an international obligation of essential importance for the safeguarding and preservation of the human environment, such as those prohibiting massive pollution of the atmosphere or of the seas.

4. Any internationally wrongful act which is not an international crime in accordance with paragraph 2 constitutes as international delict.

Crawford, ainda quando elaborava a segunda leitura, entendia que a ideia de crimes expressadas nos Artigos era desnecessária e tinha o potencial de destruir o projeto como um todo. Mesmo que se considerasse que a ideia de que existem obrigações para a comunidade internacional como um todo, não somente a Estados individuais, ser importante e necessária, sendo plausível entender que o conceito de "crime" traduza tal ideia, esta denominação não seria a mais acurada. Na realidade, aparte de questões doutrinárias ou técnicas, o grande problema estava em dar tratamento adequado para a matéria no âmbito dos Artigos e de maneira que fosse aceitável pelos Estados [9].

O parágrafo 3 do artigo 19, que não estava na proposta original de Ago, dava exemplos de crimes internacionais, com base nas regras de Direito Internacional vigentes. Essa formulação claramente cruzava a linha entre regras primárias, estipulando condutas, e secundárias, atribuindo sanções. O citado parágrafo estipulava que um crime internacional pode resultar, *inter alia*, de um grande número de casos. Quatro exemplos eram dados, sendo o primeiro o mais representativo: "uma séria violação de uma obrigação internacional de importância essencial para a manutenção da paz e segurança internacionais, como a proibição do estabelecimento ou manutenção da dominação colonial pelo uso da força". Mas o que significa o termo "pode resultar" no *caput*? Somente as sérias violações poderiam ser caracterizadas como crimes?[10]. Todos esses questionamentos caminharam

---

[9] CRAWFORD, James. *Revising* (...) *op. cit.*, p. 442.

[10] CRAWFORD, J. *The International Law* (...) *op cit.*, p. 17. Apesar dos problemas serem técnicos, uma dúvida fundamental seria o significado de um Estado ter cometido um crime, considerando o desenvolvimento acentuado da noção de responsabilidade criminal de indivíduos.

no sentido de uma maior reflexão por parte da *ILC*, levando em consideração opiniões doutrinárias e dos próprios governos para uma nova abordagem em relação à matéria.

2.1 O desenvolvimento do conceito de Crimes Internacionais

Em 2000 a Comissão retomou as discussões, procurando abordar o conceito de crime internacional no âmbito das graves violações de obrigações para com a comunidade internacional como um todo, já que havia total falta de consenso quanto à existência de uma categoria de crimes praticados por Estados[11]. Com efeito, esta abordagem surgiu do acordo entre as posições dos defensores de uma categoria distinta dos atos mais graves de injustiça e aqueles que consideram a responsabilidade do Estado envolvendo uma única classe indiferenciada de atos internacionalmente ilícitos[12].

Muitos governos fizeram ressalvas quanto à terminologia, como a Áustria, França, Irlanda, Suécia, Reino Unido, Japão, EUA, e Alemanha, outros suportaram a ideia de obrigações para a Comunidade Internacional, sem se ater à terminologia de crimes internacionais, como a Dinamarca pelos países nórdicos, Mongólia, Itália e Grécia. Na visão dos governos, seria mais apropriado estabelecer que os Artigos fossem aprovados sem prejuízo ao possível desenvolvimento de formas mais estritas de responsabilidade por sérias violações do Direito Internacional. Países como a Espanha, Holanda e Eslováquia foram de acordo com a manutenção do capítulo[13].

Em termos gerais, ficou acordado que o artigo 19 seria excluído e o termo "crime" não apareceria no texto, embora noções chave como obrigações *erga omnes*, normas peremptórias (*jus cogens*) e uma categoria de sérias violações de obrigações internacionais seriam suficientes para resolver as questões trazidas no antigo artigo 19[14].

Mesmo após a acirrada discussão no âmbito da *ILC*, a doutrina não uniformizou seu entendimento quanto ao tema. Em relação aos que não concordam com o conceito de crimes praticados por Estados, há autores

---

[11] CRAWFORD, J. *The International Law* (...) *op. cit.*, p. 3.
[12] CRAWFORD, James. *Revising* (...) *op. cit.*, p. 442.
[13] INTERNATIONAL LAW COMMISSION. State Responsibility - Comments and observations received from Governments. UN Doc.A/CN.4/492 e UN Doc. A/CN.4/488.
[14] CRAWFORD, James; BODEAU, Pierre; PEEL, Jacqueline. *The ILC's Draft Articles* (...), *op. cit.*. p. 673.

que sugerem que em vez do termo "crimes internacionais" o correto seria utilizar a expressão "violações de normas substantivas de *jus cogens*", pois a noção de crimes corresponde ao escopo de *jus cogens*, ainda que o regime de responsabilidade continue sendo dual[15] ao diferenciar simples ilícitos de condutas mais graves. Em defesa de tal corrente, alguns autores acreditam também que a noção de "crimes internacionais" deve ser substituída por um termo mais neutro, com a finalidade de evitar a impressão ou conotações envolvendo sanções penais[16], muito arraigadas com noções de direito interno. Nesse sentido, há doutrina que não vê utilidade prática no princípio da responsabilidade criminal dos Estados, reduzindo a matéria à obrigação de reparar ou compensar[17]. Na doutrina nacional, Rezek também é contra a ideia de crimes imputados a Estados, tendo como fundamento a soberania estatal[18].

Interessante salientar a posição de Júlio Barboza, que entende ser suficiente a punição exemplar dos indivíduos culpados, garantindo-se, desse modo, justiça. O Estado seria punido por meio de seus agentes e oficiais que cometeram crimes terríveis, como o genocídio, e toda a população teria que continuar a contribuir, presumivelmente por meio de impostos, para compensar as famílias das vítimas. E isto seria suficiente[19].

Em sentido contrário, Crawford não elimina que possa ser elaborado um sistema de responsabilidade criminal dos Estados, como já acontece com a responsabilidade de corporações, uma vez que não se trata de uma questão de conceito, mas de organização, estrutura e de falta de instituições apropriadas. Afinal, não há nada, *a priori*, que seja inerente aos Estados que os exclua de estar sujeito a sanções penais, por mais que seja complicado sustentar que eles voluntariamente se sujeitariam a tal tratamento. Por outro lado, na União Europeia, por exemplo, foi desenvolvido um sis-

---

[15] ABI-SAAB, Georges. *The Uses of Article 19.* European Journal of International Law. Vol. 10, No. 2. 1999, p. 349.

[16] GAJA, Giorgio. *Should All References to International Crimes Dissapear from the Ilc Draft Articles on State Responsibility?* European Journal of International Law. Vol. 10, No. 2. 1999, p. 282.

[17] DOMINICÉ, Christian. *The International Responsibility of States for Breach of Multilateral Obligations.* European Journal of International Law. Vol. 10, No. 2. 1999. p. 359. BROWNLIE, IAN. *Sytem of the Law of Nations: State Responsibility.* Oxford: Oxford, 1983. p. 33.

[18] REZEK, José Francisco. *Direito Internacional Público: curso elementar.* 11ª ed. São Paulo: Saraiva. 2008, p. 286.

[19] BARBOZA, Julio *International Criminal Law*, in Recueil des Cours de l'Académie de Droit International, Tome 278, 1999. p. 110.

tema de multas por não cumprimento persistente de obrigações internacionais. Apesar de não ser designada como criminal, o sistema atende aos cinco critérios dispostos no Estatuto de Roma, organizador do Tribunal Penal Internacional, em particular a respeito da previsão do devido processo legal[20].

Há outros doutrinadores que também defendem a retomada do conceito[21]. Assim, apesar da exclusão do art. 19, o conceito de crimes internacionais dos Estados continuaria sendo útil, inclusive com reflexos nas consequências advindas do fato ocorrido. Desse modo, ao se reconhecer que a reparação deve refletir a escala da violação, as consequências dos crimes internacionais já estariam sendo aceitas, ao menos a princípio, ainda que não receba tal denominação. Vale dizer que, em determinados casos, quando a reparação é maior em razão da gravidade do ilícito, isso já seria na prática, até certo ponto, a aplicação da noção de crime estatal, mesmo que se rejeite tal nomenclatura. A retomada do conceito poderia ser útil como um guia para medir os danos devidos por certos atos ilícitos, ou para esclarecer se a ilegalidade é possível de ser devidamente reparável ou corrigida.

No mesmo sentido PELLET[22] sugere que quando um Estado comete um ilícito contra a Comunidade Internacional como um todo, ele nunca age por acaso. Portanto, os elementos de intenção e culpa, que estão necessariamente presentes em outros fatos ilícitos, são partes dos crimes. Além disso, mesmo sem um juízo organizado, a reação da Comunidade pode envolver um elemento punitivo. Assim, a noção de crime é aceitável e defensável, apesar de admitir que a analogia com o direito interno seja excessiva e repulsiva, devendo ser abandona. De qualquer modo, permanece o problema de não se poder comparar o genocídio com a violação de um acordo comercial, que são obviamente diferentes por natureza.

Todavia, a discussão não é meramente terminológica, pois a inserção de tal conceito teria que trazer consequências diversas, sob pena de ser inócua. Como solução para tal impasse, a Parte 1 dos Artigos optou por embasar-se

---

[20] CRAWFORD, J. *The International Law* (...) *op cit.*, p. 19.
[21] ORAKHELASHIVILI, Alexander. *Peremptory Norms in International Law*. Oxford: Oxford, 2006.281
[22] PELLET, Alain. *Can a State Commit a Crime? Definitely, Yes!*, European Journal of International Law. Vol. 10, No. 2. 1999, p. 428. O autor então conclui, *in verbis*: "*Call it 'breach of a peremptory norm' or 'violation of an essential obligation', call it 'butterfly' or 'abomination', the fact remains: we need a concept... and a name for this concept!*".

na ideia de que os fatos internacionalmente ilícitos de um Estado formam uma única categoria e que os critérios para tais atos (em particular, os critérios para a atribuição e as circunstâncias que impossibilitam a ilicitude) se aplicam a todas as situações, sem referência a qualquer distinção entre responsabilidade "delitiva" e "penal". Na realidade, a opção adotada pela *ILC* foi a de dividir a noção de "crime internacional" em componentes distintos, mais estreitamente relacionados com os conceitos de normas imperativas e obrigações perante a Comunidade Internacional como um todo, prevendo os fundamentos legais.

Assim, normas imperativas são referidas, expressa ou implicitamente, em situações que envolvem inderrogabilidade, enquanto as obrigações para com a Comunidade Internacional como um todo serve como veículo para articular a maior categoria dos interesses jurídicos dos Estados, com a finalidade de invocar uma forma de responsabilidade. Em ambos os casos, os Artigos concentram-se principalmente sobre o caráter da obrigação violada e não nas circunstâncias da violação. Por fim, a Parte 2 inclui um capítulo concernente às graves violações de obrigações para com a Comunidade Internacional como um todo, incorporando os valores subjacentes do antigo artigo 19, evitando a terminologia problemática de "crimes"[23].

2.2 Regime Aplicável

Importante notar que se os crimes definidos pelo artigo 19 não são uma maneira pejorativa de descrever sérias violações de determinadas normas, exsurge uma questão importante referente ao regime que seria em tese aplicável.

O Direito Internacional já possui regras a respeito de como um crime deve ser determinado e analisado, ao menos no que tange à noção de devido processo legal para indivíduos no *Rome Statute of the International Criminal Court*, de 17 de julho de 1998, mas seria estranho se fossem adotadas noções diferentes de crime de um modo geral[24].

Desse modo, apontam-se cinco elementos que seriam esperados em um regime de criminalidade dos Estados, utilizando por analogia os dis-

---

[23] CRAWFORD, James; BODEAU, Pierre; PEEL, Jacqueline. *The ILC's Draft Articles* (...), op. cit., p. 673.
[24] CRAWFORD, J. *The International Law* (...), op. cit., p. 18.

positivos relativos ao Estatuto de Roma. Primeiro, o princípio *"nullum crimen sine lege"* deve ser observado; segundo, deve haver um procedimento adequado para a investigação a cargo da Comunidade; terceiro, deve existir um sistema de devido processo legal em relação ao julgamento de crimes; quarto, as sanções devem ser apropriadas como consequência de uma determinação objetiva, sob o comando da Comunidade, de que um crime foi cometido; e por último, deve ser esperado um sistema pelo qual a entidade responsável possa, por assim dizer, "expiar" sua culpa. Nenhum desses elementos estava disposto no artigo 19, nem mesmo o básico princípio do *nullum crimen sine lege,* até porque as condutas criminosas eram tratadas em rol exemplificativo.

Aparte dos problemas de tipicidade presentes no antigo artigo 19, uma das críticas principais ao tratamento de crimes internacionais no texto em primeira leitura se referia à natureza limitada das consequências ligadas à prática de um crime internacional, para além das consequências normais decorrentes da prática de qualquer ato internacionalmente ilícito previsto nos Artigos. O antigo artigo 52 estabelece apenas as seguintes consequências advindas da prática de um "crime" como distinto das de um "delito": a restituição era necessária, mesmo se o ônus da prestação de restituição estava fora de qualquer proporção com o benefício obtido pelo Estado lesado, no lugar da simples compensação, enquanto que a proporcionalidade era um requisito nos casos de delitos; a restituição poderia comprometer seriamente a independência política ou a estabilidade econômica do Estado responsável e, da mesma forma, medidas de satisfação poderiam "comprometer a dignidade" do Estado responsável[25].

Estas "consequências" são em grande medida incidentais e até mesmo irreais. Elas chegaram a ser excluídas do texto reformulado, que atualmente lida com as consequências do grave descumprimento das obrigações para com a comunidade internacional (artigo 41)[26].

Em suma, se de um lado as modificações da matéria tratada pelo artigo 19, agora entendidas como violações de normas peremptórias ou de obrigações devidas a toda Comunidade Internacional, não tiveram consequências para o resultado final da Parte 1, uma vez que as mesmas regras de atribuição aplicado aos "delitos" já eram as aplicadas aos "crimes", de acordo

---

[25] CRAWFORD, J. *The International Law* (...), op. cit.., p. 8.
[26] ORAKHELASHIVILI, Alexander. *Peremptory Norms in International Law.* Oxford: Oxford. p. 282.

com o chamado princípio da responsabilidade objetiva consagrado nos artigos 1 e 2. Por outro lado, permaneceu em aberta a análise do desenvolvimento sistemático das noções chaves dos projetos de artigos, tais como obrigações (*erga omnes*), normas imperativas (*jus cogens*) e uma categoria possível das infrações mais graves às obrigações internacionais e se tais categorias poderiam ser suficientes para resolver as questões levantadas pelo antigo artigo 19[27].

3. Normas Peremptórias

Analisados o conceito de crime internacional, respaldado por parte considerável da doutrina e o caminho adotado pela *ILC*, mostra-se necessária uma breve análise da noção de normas peremptórias de direito internacional com tratamento realizado no capítulo III "Violações Sérias de Obrigações Reguladas por Normas Peremptórias de Direito Internacional Geral", em dois artigos:

> CHAPTER III
> SERIOUS BREACHES OF OBLIGATIONS UNDER PEREMPTORY NORMS OF GENERAL INTERNATIONAL LAW
>
> *Article 40.*
> *Application of this chapter*
> 1. This chapter applies to the international responsibility which is entailed by a serious breach by a State of an obligation arising under a peremptory norm of general international law.
> 2. A breach of such an obligation is serious if it involves a gross or systematic failure by the responsible State to fulfill the obligation.
>
> *Article 41.*
> *Particular consequences of a serious breach of an obligation under this chapter*
> 1. States shall cooperate to bring to an end through lawful means any serious breach within the meaning of article 40.

---

[27] CRAWFORD, James; BODEAU, Pierre; PEEL, Jacqueline. *The ILC's Draft Articles* (...) op. cit.. p. 661.

2. No State shall recognize as lawful a situation created by a serious breach within the meaning of article 40, nor render aid or assistance in maintaining that situation.

3. This article is without prejudice to the other consequences referred to in this Part and to such further consequences that a breach to which this chapter applies may entail under international law.

Ao tratar a matéria de tal maneira, a *ILC* levou em consideração que todos os Estados, por fazerem parte da Comunidade Internacional, têm o interesse legal na proteção de certos direitos básicos e no cumprimento de determinadas obrigações essenciais. Como exemplo podem ser citados os atos ilegais de agressão, o genocídio e também os princípios e regras concernentes aos direitos básicos da pessoa humana, incluindo a proteção contra o trabalho escravo e a discriminação racial[28]. De outra banda, a *ILC* não entendeu que fosse seu papel elaborar uma lista de normas imperativas, relegando a qualificação de tais normas para a prática dos Estados e para as decisões de órgãos judiciais[29].

Apesar de ser evidente a existência de regras de diferentes tipologias (por exemplo, obrigações *erga omnes*, em comparação com as obrigações *erga singulis*), não há necessidade de os Artigos especificarem quais normas se enquadrariam nessas categorias, sendo algo, até mesmo, a ser evitado para que não se crie um rol taxativo que não cobriria todas as hipóteses de violação. É suficiente que as categorias existam e tenham consequências no campo dos Artigos, incluindo consequências relativas à "escolha" entre restituição e compensação.

Para o último relator do projeto dos Artigos, o mais importante é que a extensão e impacto das normas de Responsabilidade Estatal dependam do conteúdo e desenvolvimento de regras primárias, especialmente no

---

[28] CRAWFORD, J. *The International Law* (...), *op. cit.* p. 79. Sobre o assunto: ORAKHELASHIVILI, Alexander. *Peremptory Norms* (...) *op. cit.,* p. 8, As normas peremptórias, como definidas na *Vienna Convention on the Law of Treaties*, prevalecem não porque os Estados envolvidos assim decidiram, mas sim porque elas são intrinsicamente superiores e não podem ser dispensadas por meio de transações entre Estados.

[29] CRAWFORD, James; PEEL, Jacqueline; OLLESON, Simon. *The ILC's Articles* (...), *op. cit*, p. 978. O autor entende que são normas, cuja violação choca a consciência da humanidade, devendo--se refleti-las em termos de consequências ligadas à violação.

campo das obrigações do Estado com a sociedade como um todo e com o desenvolvimento das normas primárias desde 1945 em matéria de Direitos Humanos. Crawford conclui que exatamente nesses casos, as regras clássicas de atribuição provaram-se adequadas a cobrir esta transformação de papéis assumidos pelo Estado, em razão tanto da flexibilidade com que tais normas podem ser aplicadas como em decorrência do desenvolvimento da ideia de que os Estados devem garantir direitos e não somente deixar de intervir[30].

3.2. Legitimidade e interesse para a proteção de normas peremptórias

Inicialmente, cabe analisar alguns pontos que influenciaram na adoção do regime aplicado às violações de normas peremptórias. Em razão de sua própria natureza, as obrigações *erga omnes* trazem uma série de discussões como a da legitimidade para postular alguma forma de reparação, questão esta ligada intimamente com a noção de interesse jurídico tutelado. Assim, a título de exemplo, as reclamações internacionais envolvem, em geral, um dano direto aos interesses jurídicos do Estado requerente em uma situação de delito. No entanto, pode ocorrer de um Estado reclamar com base em um conceito estrito de interesse jurídico ou em condições especiais às quais dão individualmente ao Estado o *locus standi* em relação ao interesse de outras entidades[31].

Considerando que os obstáculos à jurisdição, como a admissibilidade e propriedade (no sentido de adequação) ao caso concreto sejam superados, não há, *a priori*, qualquer limitação que seja própria ao conceito jurídico de interesse que o torne adstrito a interesses exclusivamente materiais ou individuais de determinado Estado. Mesmo que tal matéria ainda esteja sendo discutida [32], não se pode ignorar que seja admissível a reclamação em decorrência de outras modalidades de interesse.

---

[30] CRAWFORD, James. *Revising* (...), *op. cit.*, p. 439. O autor ainda nota que a maioria das críticas ao Capítulo II, em termos de rigidez e falha ao acompanhar as mudanças das funções dos Estados, provém de Governos Ocidentais, como a Alemanha e Inglaterra. A América Latina, África e Ásia, surpreendentemente, ou não, estão entre os maiores defensores da noção de jurisdição interna e uma responsabilidade externa limitada dos Estados.
[31] BROWNLIE, Ian. *Principles of Public International Law*. 7ª ed. Oxford: Oxford, 2008.p. 467.
[32] BROWNLIE, Ian. *Principles* (...), *op. cit.*, p. 472.

Nesse sentido, em relação a algumas violações de obrigações internacionais, todos os Estados podem ser considerados, de alguma forma, "lesados", adquirindo legitimidade para pleitear em juízo. No entanto, a noção de lesão jurídica em tais casos entra em conflito com o sentido natural de "lesão", usado geralmente como dano, material ou moral, sofrido por uma vítima. Por outro lado, no contexto atual da prática das relações internacionais, o efeito de conferir aos Estados, direitos singulares ou individuais, resultantes de uma violação de uma obrigação multilateral, tende a ser tanto para trata-los como titulares do direito (quando não são), ou para dar uma preferência indevida a situações subjetivas de afronta[33].

Nos comentários aos Artigos, Crawford cita o emblemático *South West Africa Case*. Neste caso, a Etiópia e a Libéria não foram individualmente lesadas pelo *apartheid* no Sudoeste da África, pois os prejudicados diretos eram evidentemente as pessoas do sul da África Ocidental como um todo. Sobre tal questão, a Corte Internacional de Justiça fez a seguinte declaração na *Advisory Opinion* da Namíbia: "Pode ser que a Etiópia e Libéria tenham sido em algum sentido lesadas na condição de ex-membros da Liga das Nações, mas uma definição tão ampla e genérica de lesão não é muito útil, já que agrega o que deve ser desagregado e continua a seguir uma analogia de Direito Privado enganosa no campo de responsabilidade, sendo preferível não incluir o dano como elemento para caracterização da responsabilidade"[34].

Na realidade, o que estava envolvido no caso citado acima, mas que não foi considerado pela Corte, seria a mais pública de todas as obrigações possíveis, que com certo pesar foi considerada inexigível pela Corte, ainda que sob a ótica atual exista plausibilidade em sustentar sua obrigatoriedade[35].

Assim, no que tange à legitimidade de pleitear reparações, é necessário fazer uma distinção crucial também em relação ao tratamento das normas peremptórias, deixando claro que os Artigos trazem a definição de

---

[33] CRAWFORD, J. *The ILC's Articles* (...), op. cit., p. 880.
[34] INTERNATIONAL COURT OF JUSTICE. *South-West Africa Cases; Advisory Opinion Concerning the International Status*, 11 July 1950,
[35] CRAWFORD, J. *The ILC's Articles* (...), *op. cit.*, p. 881. O caso gerou grande discussão por ter se considerado a ilegitimidade da Libéria e da Etiópia para reclamar da África do Sul. No entanto, a partir da análise do atual Art. 48, par. (7), tais países teriam o direito de invocar a responsabilidade da África do Sul naquelas circunstâncias. A abordagem restritiva tomada pela maioria nesse caso seria, portanto, reprovada pelo entendimento atual da ILC.

Estados individualmente lesados (artigo 42[36]) e aqueles que, embora não individualmente lesados, devem ser levados em conta por terem um interesse jurídico no cumprimento da obrigação do responsável em relação ao lesado (artigo 48[37]). De fato, embora tenha havido divergências sobre a terminologia (uso da expressão "Estado interessado" no artigo 48), no final, poucos membros da *ILC* discordaram sobre o conteúdo dos dois artigos. O mesmo ocorreu com os comentários dos governos em 2000 e 2001[38]. Talvez o conceito de terceiro interessado, utilizado no direito interno, pudesse ser útil para entender o verdadeiro bem jurídico tutelado, reduzindo a polêmica criada pelo tema.

Essa opção na elaboração dos Artigos, mantendo uma definição restrita, foi recebida com críticas, pois a norma não teria dado a possibilidade de um Estado não lesado formular pedidos menos formais do que o Estado o qual descumpriu suas obrigações internacionais, bem como o

---

[36] Article 42. Invocation of responsibility by an injured State. A State is entitled as an injured State to invoke the responsibility of another State if the obligation breached is owed to: (a) that State individually; or (b) a group of States including that State, or the international community as a whole, and the breach of the obligation: (i) specially affects that State; or (ii) is of such a character as radically to change the position of all the other States to which the obligation is owed with respect to the further performance of the obligation. CRAWFORD, James; PEEL, Jacqueline; OLLESON, Simon. *The ILC's Articles* (...) *op. cit*, p. 975. Este artigo estreita a definição de obrigações integrais, ao considerar que o Estado pode ser lesado se a obrigação pertence a um grupo de Estados incluindo o Estado, ou a Comunidade Internacional como um todo e se a violação da obrigação é de tal forma que radicalmente muda a posição de todos os outros Estados os quais a obrigação é pertencente, no que diz respeito à futura realização da obrigação. Esta redação segue o disposto no Artigo 60 (2)(c) da *Vienna Convention*.

[37] Article 48. Invocation of responsibility by a State other than an injured State. 1. Any State other than an injured State is entitled to invoke the responsibility of another State in accordance with paragraph 2 if: (a) the obligation breached is owed to a group of States including that State, and is established for the protection of a collective interest of the group; or (b) the obligation breached is owed to the international community as a whole. 2. Any State entitled to invoke responsibility under paragraph 1 may claim from the responsible State: (a) cessation of the internationally wrongful act, and assurances and guarantees of non-repetition in accordance with article 30; and (b) performance of the obligation of reparation in accordance with the preceding articles, in the interest of the injured State or of the beneficiaries of the obligation breached.

[38] CRAWFORD, J. *The ILC's Articles* (...), *op. cit.,* p. 881.

direito de quaisquer indivíduos ou entidades não estatais fazerem reivindicações mais informais[39].

De fato, os Artigos não abrangem a questão da invocação da responsabilidade por entidades não estatais, embora o artigo 33[40] não exclua expressamente esta possibilidade. Quanto aos Estados, Crawford também concorda que os Artigos tenham intencionalmente deixado em aberto a possibilidade de terceiros (países nem «lesados», nem «interessados» no sentido do artigo 48), advertirem outro Estado sobre o inadimplemento de suas obrigações. Isso poderia ser visto como uma forma diplomática de «medida de solidariedade», não coberta pela cláusula de salvaguarda prevista no artigo 54[41].

Do mesmo modo, é expressamente referido nos comentários aos Artigos que não há nenhuma exigência de que um Estado, que pretende protestar contra uma violação do Direito Internacional por outro Estado, ou lembrá-lo de suas responsabilidades internacionais em relação a um tratado ou outra obrigação pela qual ambos estão ligados, deva fazê-lo sob qualquer título ou interesse específico. Tais contatos diplomáticos informais não valem para a invocação da responsabilidade, a menos que estejam envolvidas reivindicações do Estado em causa, como uma compensação pela violação, ou uma atitude mais específica, como o depósito de um pedido ante um tribunal internacional competente, ou mesmo a tomada de contramedidas. No entanto, essas medidas são independentes de qualquer questão da responsabilidade e são usadas de modo a preservar os direitos dos Estados[42].

Na elaboração do art. 48 (1) (a), muito se debateu a respeito da proteção de um interesse coletivo, já que se questionava quais obrigações internacionais não estariam em algum sentido estabelecidas para a proteção de

---

[39] WEISS, Edith Brown. *Invoking State Responsibility in the Twenty-First Century*. The American Journal of International Law, Vol. 96, No. 4 (Oct., 2002), p. 798.

[40] Article 33 - Scope of international obligations set out in this part (...) 2. This part is without prejudice to any right, arising from the international responsibility of a State, which may accrue directly to any person or entity other than a State.

[41] Article 54. Measures taken by States other than an injured State This chapter does not prejudice the right of any State, entitled under article 48, paragraph 1, to invoke the responsibility of another State, to take lawful measures against that State to ensure cessation of the breach and reparation in the interest of the injured State or of the beneficiaries of the obligation breached.

[42] CRAWFORD, J. *The ILC's Articles*, (...), op. cit., p. 882.

um interesse de tal natureza. Para tratar tal questão, a Comissão adicionou a expressão "do grupo" após as palavras "proteção de um interesse coletivo", não excluindo que uma coletividade de Estados se obrigasse a observar uma obrigação no interesse comum de um grande grupo ou da Comunidade Internacional como um todo. No entanto a norma do § (1) (a) do art. 48 se limita a obrigações multilaterais que são estabelecidas para a proteção de um interesse em comum, ao contrário do disposto no art. 40 (2), que não tem qualquer requisito de que a obrigação seja expressamente estipulada no interesse coletivo, bastando que a violação da norma peremptória decorra de uma falha sistemática do Estado. Já para o art. 48 é necessário que o interesse seja estabelecido nas circunstâncias ou, no caso de tratados multilaterais, que seja claro a partir do objeto e do propósito do Tratado em questão[43].

3.3 Regime Aplicável

O regime a ser aplicado no caso de violações de normas peremptórias passou por inúmeras discussões na doutrina e na própria elaboração dos Artigos, chegando-se a um resultado satisfatório, mas distante da ideia inicial de crimes praticados contra Estados. Tal afastamento talvez tenha ocorrido em razão das reformulações do texto, a exemplo da já relatada supressão de medidas de punição exemplar como consequência do ilícito. O resultado final acabou por restringir-se em medidas compensatórias ou reparadoras da violação.

A distinção, realizada no item anterior, entre os Estados diretamente lesados e outros Estados com interesse no litígio, logicamente afeta a relação entre os modos de reparação disponíveis para cada um. Quando um Estado é a vítima especial de violação de uma obrigação coletiva ou comunitária, a sua posição é similar a de um Estado prejudicado no contexto de uma relação bilateral, com a diferença de que o Estado apenas interessado não pode renunciar completamente às consequências do inadimplemento, somente podendo fazê-lo em relação à parte que lhe concerne. Assim, ele poderá solicitar a cessação e reparação em todos os aspectos e pode validamente optar por receber uma compensação em vez de restitui-

---

[43] CRAWFORD, James; PEEL, Jacqueline; OLLESON, Simon. *The ILC's Articles* (...), *op. cit*, p. 975-976.

ção. Quando vários Estados são particularmente lesados pelo não cumprimento de uma obrigação, os Artigos não impõe qualquer requisito legal de ação coordenada ou em conjunto, pois cada um é afetado em termos de sua situação legal e factual e deve ser livre para responder à violação de seu próprio direito[44].

A posição da Comunidade Internacional, classe mais ampla de Estados interessados na violação de uma obrigação coletiva ou comunitária é, em certa medida, acessória ou secundária, pois só existe o direito de exigir a cessação do ato internacionalmente ilícito e das garantias de não repetição. É possível também insistir que o Estado responsável pelo cumprimento da obrigação de reparação o faça nos termos do Capítulo II da Parte II, mas apenas no interesse do Estado diretamente lesado, grande interessado em resolver a disputa. Por outro lado, as obrigações coletivas ou da Comunidade podem ser violadas sem ferir qualquer Estado, por exemplo, quando a vítima principal é um grupo humano ou indivíduo. Sempre que a vítima primária não é um Estado, qualquer Estado-parte, que esteja relacionado à obrigação de interesse coletivo, tem o direito de invocar a responsabilidade pela busca de cessação, garantias de não repetição, e, se for o caso, a reparação dos interesses da parte lesada ou da entidade. No caso de não haver vítimas, não existindo lesado (beneficiário da obrigação violada), cuja reparação pode ser buscada, os Estados terceiros podem ter sua pretensão limitada à busca de cessação ou garantias de não repetição[45].

Para atingir o objeto da reparação, os tribunais devem dar uma restituição legal, na forma de uma declaração de que um tratado não foi cumprido, ou um ato do executivo, legislativo ou judiciário é inválido. Tal ação pode ser classificada tanto como uma aplicação genuína do princípio da *restitutio in integurm* ou um aspecto de satisfação. Restituição em espécie ou restituição específica são categorias excepcionais, e a vasta maioria das convenções de reclamações e compromissos (acordos para submissão à arbitragem) somente fornece, para o poder judicante, pedidos de reclamação pecuniária. Às vezes há pedidos de restituição, mas eventualmente

---

[44] CRAWFORD, James; BODEAU, Pierre; PEEL, Jacqueline. *The ILC's Draft Articles* (...). op. cit., p. 670.
[45] CRAWFORD, James; BODEAU, Pierre; PEEL, Jacqueline. *The ILC's Draft Articles* (...), op. cit., p. 671.

acaba-se por acordar em compensação, já que a restituição é na maioria das vezes muito inflexível[46].

Vale ressaltar que as consequências da violação refletem os efeitos específicos do *jus cogens*, aplicáveis também para atitudes dos Estados que sejam capazes de reconhecer ou consolidar os efeitos de tais violações. O reconhecimento de um ato como lícito se relaciona à avaliação da conduta de Estados em face de fatos que estão relacionados a direitos, responsabilidades e imunidades. Todavia, o dever de não reconhecimento de violações de normas peremptórias se estende não somente às criadas pelos Estados, mas a qualquer tipo de ilegalidade, ligando-se ao dever geral de evitar atos ou ações que impliquem no reconhecimento de atos contrários a normas peremptórias. Já o dever de não assistência está relacionado aos aspectos gerais de cumplicidade após o cometimento de ilícitos.

Desse modo, de maneira geral, além da tutela específica das obrigações inadimplidas, pautadas na noção de *restitutio in integrum*, em resposta a qualquer forma de descumprimento de normas peremptórias, foi aprovada a possibilidade de concessão de indenizações, proporcional à gravidade do dano, que procuram dissuadir novo cometimento no futuro. Elas seriam cobradas pelo Estado vítima da violação, ou quando não há um Estado como tal, de qualquer outro Estado agindo em nome e no interesse das vítimas individuais da violação[47].

4. Considerações Finais

A responsabilidade internacional dos Estados, após longo período de discussões, demonstrou ser um regime diferenciado, evitando classificações internas como a atribuição de natureza exclusivamente civil ou criminal, o que não significa que o Direito Internacional não responda de maneiras diferentes a depender da gravidade das violações. No entanto, em razão das inúmeras controvérsias expostas, a questão dos crimes praticados por Estados permanece ainda em aberto, mas também permite indagar sua conveniência, afinal, em matéria de reparação pecuniária às vítimas, uma condenação de natureza criminal provavelmente seria mais efetiva em

---

[46] BROWNLIE, Ian. *Principles* (...), *op. cit.*, p. 462.
[47] CRAWFORD, James; BODEAU, Pierre; PEEL, Jacqueline. *The ILC's Draft Articles* (...), *op. cit*, p. 673.

razão da capacidade econômica de um Estado, ao contrário do que ocorre atualmente nos casos de condenações de indivíduos no âmbito do Tribunal Penal Internacional.

Em substituição à ideia inicial de crimes internacionais, os Artigos trazem um tratamento diferenciado para as sérias violações de *normas peremptórias*, as quais têm como requisito suficiente a simples ocorrência do ilícito. Talvez esse modo de objetivação da responsabilidade internacional, com o intuito de responder aos problemas da sociedade internacional cada vez mais integrada, tenha a função de demonstrar que a matéria não está restrita aos mecanismos de compensação, pautada em uma visão civilista tradicional, que tem o dano ou culpa como pressuposto. Na verdade, o sistema de responsabilidade internacional dos Estados tem cada vez mais a função de condenar os responsáveis a cumprirem suas obrigações, restaurando-se a ordem internacional abalada, preferencialmente por meio de medidas de adequação de condutas e de retorno ao *status quo ante*, questão esta de fundamental importância para a Comunidade Internacional como um todo.

A opção em não se criar um rol taxativo de normas peremptórias, deixando às normas primárias a possibilidade de caracterizar determinada conduta como séria violação de normas peremptórias, apesar de dar ampla margem de discricionariedade ao jurista e levantar argumentos de segurança jurídica, garante maior versatilidade e longevidade aos Artigos ao possibilitar um mecanismo mais prático de inserção e reconhecimento de novos direitos como normas de *jus cogens*. Aplicar tal abordagem ao regime anteriormente proposto, adotando-se o conceito de crimes de Estado, traria sérias críticas e pouca aceitação por parte dos governos.

Ainda que, por hipótese, a ideia de crimes internacionais praticados por Estados fosse admissível, tal conceito teria que inevitavelmente ser trabalhado de maneira cautelosa, observando os princípios basilares do Direito Penal, sob pena de se estar a atribuir à denominação "crime" um significado que ele não carrega, o que seria de todo despropositado.

Em suma, a opção de se abandonar o tratamento das consequências jurídicas que deflui do que o antigo artigo 19 denomina "crime internacional", adotando-se um regime que leva em conta condutas que representam uma ruptura grave de uma obrigação para a Comunidade Internacional, amparadas por normas ditas peremptórias, foi a alternativa encontrada pela *ILC* para buscar a tutela de interesses tão importantes, ainda que dentro dos moldes do aceitável pelos Estados.

Referências bibliográficas

ABI-SAAB, Georges. *The Uses of Article 19*. European Journal of International Law. Vol. 10, No. 2, 1999.

BARBOZA, Julio *International Criminal Law*, in Recueil des Cours de l'Académie de Droit International, Tome 278, 1999.

BROWNLIE, IAN. *Principles of Public International Law*. 7ª ed. Oxford: Oxford, 2008.

BROWNLIE, IAN. *Sytem of the Law of Nations: State Responsibility*. Oxford: Oxford, 1983.

CRAWFORD, James. *Revising the Draft Articles on State Responsibility*. European Journal of International Law. Vol. 10, Nº 2,1999.

CRAWFORD, James. *The ILC's Articles on Responsibility of States for Internationally Wrongful Acts: A Retrospect*. The American Journal of International Law. Vol. 96, Nº 4, American Society of International Law Stable, 2002

CRAWFORD, James. *The International Law Commission's articles on State responsibility: introduction, text and commentaries*. Cambridge: Cambridge, 2002.

CRAWFORD, James; BODEAU, Pierre; PEEL, Jacqueline. *The ILC's Draft Articles on State Responsibility: Toward Completion of a Second Reading*. The American Journal of International Law. American Society of International Law Stable. Vol. 94, Nº 4, 2000.

CRAWFORD, James; PEEL, Jacqueline; OLLESON, Simon. *The ILC's Articles on Responsibility of States for Internationally Wrongful Acts: Completion of the Second Reading*. European Journal of International Law. Vol. 12, Nº 5, 2001.

CRAWFORD, JAMES; PELLET, ALAIN; OLLESON, SIMON (orgs). *The Law of International Responsibility*. Oxford: Oxford, 2010

DOMINICÉ, Christian. *The International Responsibility of States for Breach of Multilateral Obligations*. European Journal of International Law. Vol. 10, Nº 2, 1999.

GAJA, Giorgio. *Should All References to International Crimes Dissapear from the ILC Draft Articles on State Responsibility?* European Journal of International Law. Vol. 10, Nº 2, 1999.

INTERNATIONAL COURT OF JUSTICE. *South-West Africa Cases; Advisory Opinion Concerning the International Status*, 11 July 1950. Disponível em: <http://www.icj-cij.org/docket/index.php?p1=3&p2=2>. Acesso em 09/05/2012.

INTERNATIONAL LAW COMISSION . AGO, Roberto. *Second Report on State Responsibility*. UN Doc. A/CN.4/SER.A/1970/A. 2 Y.B. ILC, 1970, p.306. Disponível em: < http://untreaty.un.org/ilc/publications/yearbooks/ Ybk volumes(e)/ILC _1970_v2_e.pdf> Acesso em: 23/05/2012.

INTERNATIONAL LAW COMMISSION. State Responsibility - Comments and observations received from Governments. UN Doc.A/CN.4/492 e UN Doc. A/CN.4/488. Disponível em: < http://untreaty.un.org/ilc/sessions/51/51docs.htm>. Acesso em 25/05/2012.

ORAKHELASHIVILI, Alexander. *Peremptory Norms in International Law*. Oxford: Oxford, 2006.

REZEK, José Francisco. *Direito Internacional Público: curso elementar*. 11ª ed. São Paulo: Saraiva, 2008.

WEISS, Edith Brown. *Invoking State Responsibility in the Twenty-First Century*. The American Journal of International Law, Vol. 96, Nº 4, Oct., 2002.

Reforma Agrária, Democracia e Cidadania: Uma Abordagem a Partir da Conflitualidade no Campo

Fabiana Cristina Severi
Márcio Henrique Pereira Ponzilacqua

Introdução

O escopo deste texto é refletir sobre estudos e análises que argumentam em favor da atualidade e essencialidade da reforma agrária no contexto brasileiro atual neodesenvolvimentista. Apoia-se, principalmente, nas análises sobre a nova reconfiguração da questão agrária brasileira, em face dos conflitos agrários e ambientais que, além de continuarem crescendo numericamente nos últimos anos, vêm ganhando complexidade e diversidade de temas e de protagonistas. Busca-se, ainda, apontar algumas problemáticas e desafios a serem considerados quando se associa a reforma agrária às temáticas ambientais e da democracia e se reconhece seu papel decisivo, em especial, na efetivação de direitos fundamentais no mundo rural e na realização da justiça social no campo.

A reforma agrária no Brasil continua sendo uma das questões cruciais para a definição de estratégias para um modelo de desenvolvimento, não circunscrito apenas à dimensão do crescimento econômico, mas sim voltado para um amplo e complexo processo de fortalecimento da democracia e realização de justiça social.

Essa afirmação parece contrariar uma série de visões e análises triunfalistas sobre o campo brasileiro que apontam para o dinamismo e expansão recente do setor agropecuário, nomeado de agronegócio[1] e, por consequência, para a superação do tema da reforma agrária. Ela também contraria as perspectivas neodesenvolvimentistas que insistem em manter o foco no crescimento da eficiência econômica e na modernização dos padrões de consumo para se tentar resolver problemas de dependência externa e desigualdade/segregação social. Isso porque elas privilegiam a expansão das áreas agriculturáveis e da construção de grandes obras (hidrelétricas, por exemplo) responsáveis pela expulsão de milhares de pessoas do campo.

Pretendemos argumentar em favor da reforma agrária como parte estratégica da realização da democracia e da justiça social, a partir da análise da nova dinâmica dos conflitos socioambientais no campo. De acordo com Porto-Gonçalvez e Alentejano(2010), os conflitos sociais são capazes de expressar as contradições sociais em estado prático, da forma como elas se apresentam e são vivenciadas por aqueles e aquelas que os protagonizam.

A análise da nova conflitualidade no campo permite fortalecer uma hipótese já explorada por vários teóricos (WANDERLEY, 2009; BUAINAIM, 2008) de que a questão fundiária, que envolve a não resolução das contradições geradas pela propriedade da terra, ainda persiste na agricultura brasileira, afetando sobremaneira as tentativas brasileiras de modernização e de desenvolvimento. Isso porque ela ainda continua a produzir efeitos perversos, de caráter social, e por inibir várias das potencialidades desses processos.

A análise da questão agrária também mantém vínculos indissociáveis com a formação urbana - "inchaço das cidades" - e a perda significativa de qualidade de vida de mulheres e homens, de todas as idades, migrantes do campo às cidades, especialmente no concernente às dimensões comunitárias, ética e ambiental. Ou seja, subsistem nexos perniciosos entre o desenvolvimento desigual das cidades e a expulsão do lavrador de seu universo simbólico-cultural campesino, nos processos de desterritorialização.

---

[1] Como o foco do texto não é analisar em profundidade a temática qualquer dimensão da realidade do agronegócio, este termo é aqui empregado em um sentido monolítico, referindo-se a um bloco genérico de relações econômicas e de poder, que envolve vários tipos de atividades agrícolas, agroindustriais e agrárias, e inclui empresários capitalistas, agricultores, latifundiários e setores financeiros e industriais nacionais e estrangeiros (DELGADO, 2010).

1. Brasil atual e as perspectivas neodesenvolvimentistas: mais do mesmo?

É possível dizer que o caráter conservador da modernização do campo no Brasil, adotado desde a década de 1960, foi superado pelos modelos recentes de desenvolvimento rural? Primeiro, é necessário entender o porque a modernização do campo foi considerada conservadora. De acordo com vários autores, isso se deve ao fato de que ela se fundou, desde a década de 1960, em referenciais produtivistas, como contraponto da estrutura de produção e reprodução social anterior, considerada tecnicamente atrasada, predatória dos recursos naturais e socialmente excludente. Também, porque ela privilegiou apenas algumas culturas, regiões e unidades produtivas (médias e grandes), produzindo pesados custos sociais e dependente de amplo amparo por parte do Governo (SILVA, 1981). Dessa forma, ela acabou por reproduzir, simultaneamente, marcas do moderno e do atraso, ou melhor, o atrasado qualificado como moderno.

Para Wanderley (2009), o caráter conservador da modernização da agricultura brasileira está associado à cristalização do predomínio do proprietário (e da propriedade da terra) sobre o produtor, ou seja, a subordinação do caráter produtivo da agricultura à dinâmica gestada a partir da propriedade fundiária, o que garantiu à propriedade da terra que ela continuasse sendo o elemento organizador da atividade agrícola.

A modernização conservadora advém como resultado de um pacto social assumido entre o Estado e os grandes proprietários de terra do país. Tal pacto aparece, materializado juridicamente, pelo Estatuto da Terra que tenta conjugar dois projetos, de forma antagônica: a reforma agrária e o desenvolvimento agrícola.

A partir do Estatuto da Terra (Lei n. 4.504/64), o instituto jurídico da reforma agrária foi entendido como um conjunto de medidas para a promoção da melhor distribuição da terra, mediante modificações no regime de sua posse e uso, de modo a atender aos princípios de justiça social e ao aumento de produtividade. Pelos termos da referida Lei, passou a ser dever do Estado promover e criar as condições de acesso do trabalhador rural à propriedade da terra economicamente útil e zelar para que essa propriedade desempenhe sua função social. Ficou prevista a necessidade de planos nacionais e regionais periódicos, contemplando metas e objetivos detalhados para a sua realização. O Estatuto também disciplinou o regime jurídico dos bens imóveis rurais - propriedade familiar, módulo rural, latifúndio, minifúndio e empresa rural -, para efeitos de realização da reforma agrária e de uma política de desenvolvimento agrícola.

Não obstante seu caráter inovador em relação ao contexto político em que ele foi aprovado, o Estatuto respaldou dois tipos de políticas dos governos militares, em detrimento dos dispositivos ligados diretamente à reforma agrária. Uma delas foi o processo de colonização, sobretudo nas regiões Norte e Centro-Oeste do país, por meio da destinação de terras devolutas da União. Privilegiou-se também outro conjunto de políticas, voltado para a grande propriedade, a mecanização e utilização de insumos agrícolas em larga escala e a exportação, movidos pelas promessas de modernização da agricultura (BERGAMASCO, 1997; DELGADO, 2010).

Os investimentos, no desenvolvimento da política agrícola não se estenderam necessariamente às áreas de colonização, todavia. E, exatamente nessas áreas é que havia necessidade maior de ação do poder público para que pudessem tornar-se produtivas.

De acordo com Wanderley (2009, p. 47), muitos críticos do Estatuto da Terra dizem que os dois objetivos do Estatuto (reforma agrária e desenvolvimento agrícola) não se harmonizaram em um projeto único, pois o Estatuto não teria conseguido se impor enquanto lei de reforma agrária, tendo se constituído, na prática, em mero instrumento definidor das políticas de desenvolvimento agrícola. Todavia, para a autora, as ambiguidades do Estatuto, não decorrem apenas desta polarização entre reforma agrária e desenvolvimento agrícola, ou da primazia desta última dimensão sobre a primeira. Mas sim, e, sobretudo, pelo fato de que tanto a reforma agrária quanto a modernização da agricultura estariam "submetidos a um terceiro projeto do Estado, que é precisamente o pacto de apoio à grande propriedade".

O projeto de apoio à grande propriedade estaria expresso, por exemplo, no próprio texto da referida lei - a autora demonstra as ambiguidades contidas nas definições dos termos: política agrícola e de empresa rural - e na baixa utilização/efetivação, por parte do Governo, de alguns instrumentos de política agrícola próprios para realizarem modificações na estrutura agrária do país, tais como: os instrumentos de arrecadação e alienação de terras públicas, a desapropriação por interesse social, a utilização do imposto territorial rural e a realização dos empreendimentos de projetos públicos de colonização.

O primeiro Plano Nacional de Reforma Agrária, o I PNRA (Decreto n. 91.766, de 10 de outubro de 1985), foi editado após o retorno do país à democracia, na década de 1980 para o período de 1985/1989, em que se retomou a discussão da reforma agrária, para se destacar o seu possível impacto positivo sobre o emprego, a distribuição de renda, a produção e oferta de alimentos, a desnutrição, as migrações e a questão urbana.

A emergência à cena de novos movimentos sociais do campo, em fins de 1970 (em especial o Movimento dos Trabalhadores Rurais Sem Terra - MST, a Comissão Pastoral da Terra – CPT e a Confederação Nacional dos Trabalhadores na Agricultura – CONTAG), somados ao intenso protagonismo dos movimentos sociais urbanos, ao ressurgimento das greves operárias em 1978/79 e às lutas pela redemocratização do país, recolocou a defesa da reforma agrária na agenda política e jurídica do país, privilegiando-se um sentido para ela que envolvesse não apenas a dimensão economicista, mas, sobretudo, dimensões sociais e políticas e sua articulação com a ideia de cidadania, democracia e às transformações mais amplas da sociedade (GOHN, 2005).

A Constituição Federal de 1988 reafirmou o sentido amplo para a reforma agrária trazido pelo Plano, trazendo em seu texto um capítulo especial para o tema. Também reafirmou o princípio da função social da propriedade previsto no Estatuto da Terra, além de prever o rito sumário (tecnicamente mais célere e simplificado) para o processo judicial de desapropriação por interesse social. No que se refere à viabilização jurídica da reforma agrária em relação ao Estatuto, alguns autores entendem que a Constituição Federal de 1988 significou um retrocesso (MARÉS, 2003), ao privilegiar o critério econômico (produtividade) em detrimento das dimensões social, trabalhista e ambiental da função social da terra. Ainda, a exigência de indenização prévia, mesmo que sob o rito sumário e em títulos da dívida agrária para a terra nua, acabou por favorecer a demora da justiça em conceder ao órgão expropriante (o INCRA) a imissão na posse do imóvel rural declarado de interesse social para fins de reforma agrária.

Para minimizar alguns desses impasses trazidos pela Constituição Federal de 1988, foram promulgadas: a) a Lei Complementar n. 76/1993 (alterada posteriormente pela Lei Complementar n. 88/1996), disciplinando o procedimento de rito sumário para o processo judicial de desapropriação, mencionado no parágrafo 3º do artigo 184 da CF/88 e obrigando o Ministério Público a intervir nas ações de desapropriação por interesse social, para fins de reforma agrária; b) a Lei Federal n. 8.629 (Lei da Reforma Agrária), com o intuito de regulamentar os dispositivos constitucionais relativos à reforma agrária, previstos no Capítulo III, Título VII, da Constituição Federal de 1988; e c) a Lei Federal n. 9.393/96, que regulamentou o Imposto sobre a Propriedade Territorial Rural (ITR), visando taxar, com alíquotas bem expressivas, as grandes propriedades consideradas improdutivas, o que obrigaria, em tese, o proprietário a torná-la produtiva ou a vendê-la a outrem que quisesse explorá-la.

Em novembro de 2003, foi apresentado o II Plano Nacional de Reforma Agrária (II PNRA), buscando expressar uma visão ampliada de reforma agrária, articulando seu propósito principal a outros temas como: minimização da pobreza e realização da justiça social, conservação e recuperação de recursos naturais, produção agroecológica e fortalecimento do cooperativismo. Isso tudo de modo a se buscar modificações importantes na estrutura agrária brasileira.

O II Plano soma-se a uma compreensão mais complexa sobre a reforma agrária que estava sendo afirmada também como uma tendência internacional. A Conferência Internacional sobre Reforma Agrária e Desenvolvimento Rural (CIRADR) da Organização das Nações Unidas para Alimentação e Agricultura (FAO), ocorrida em 2006, reconheceu o papel essencial da reforma agrária e do desenvolvimento rural para a promoção do desenvolvimento sustentável, bem como para a realização dos direitos humanos, da segurança alimentar, da erradicação da pobreza, do fortalecimento da justiça social, no âmbito do Estado Democrático de Direito.

Todavia, da mesma forma que as metas ligadas à reforma agrária na década de 60 e 70 foram suplantadas pela ênfase governamental nas políticas voltadas para as grandes empresas rurais e latifúndios sob a justificativa de se modernizar o campo, as metas do II Plano de Reforma Agrária apresentam-se nos últimos anos ofuscadas pelo virtuosismo do setor agrário nomeado de agronegócio e pelos projetos de crescimento acelerado do país que exigem intervenções territoriais para construção e grandes obras que tendem a reproduzir as formas já tradicionais de violência (aberta ou legal) sobre as populações rurais, violência monopolizada pelo Estado (CPT, 2010).

No Brasil, houve uma expansão do cultivo de cana-de-açúcar de 1,9 milhões de hectares em 1975 para 8,9 milhões em 2007, em razão do crescimento da produção do combustível à base do etanol. Tal crescimento, contraditoriamente, está inserido na chamada "Agenda Verde" das políticas de desenvolvimento estatais brasileiras, apesar de se dar no contexto estrito da mercadologia que ensejou índices insustentáveis no âmbito da ecologia (MARTHA, 2008). O setor sucroalcooleiro, a exemplo do que acontece com as demais monoculturas de grande escala, pervade a vida rural, ensejando a concentração fundiária e expulsando populações rurais de seus espaços de vida. Além disso, os trabalhadores desse setor, historicamente, estão submetidos a condições estafantes e degradantes, tampouco participam como protagonistas no processo produtivo ou participam da propriedade ou posse rural nessas áreas[2]. Por consequência, são desassistidos ou precariamente assistidos em termos de direitos sociais básicos (SILVA, 1999).

Assim, os modelos de modernização e desenvolvimento hegemônicos no Brasil seguem expulsando milhões de pessoas do campo ou perpetuando as injustiças sociais, ao privilegiar, em termos de investimentos e políticas públicas, o setor do agronegócio e ao desconsiderar, ou subestimar, a relevância da agricultura familiar e da reforma agrária nos processos de desenvolvimento e de fortalecimento da democracia no país.

Além disso, os fluxos migratórios do campo em direção às cidades, fizeram que os campesinos encontrassem condições desfavoráveis, no contexto urbano, de sobrevivência ou de realocação. Em grande parte dos processos, foram subjugados por condições precárias, sem acesso aos bens públicos, sociais e naturais outorgados às outras camadas estratificadas e consolidadas na ambiência urbana.

Em termos ilustrativos do processo de expulsão dos homens e mulheres do campo, podemos destacar que, em 1950, período inicial do primeiro ciclo de modernização brasileira, a população urbana representava 36,2% do total, enquanto 63,8% da população era rural. A partir de 1970, a população urbana (56%) passou a ser superior à rural (44%), tendência essa que só se acentuou nas décadas seguintes. Em 2000, a população urbana era de 81,2% e a rural, 18,8%. Em 2010, mesmo com as tentativas de fortalecimento da Reforma Agrária expressas, sobretudo, com o II Plano Nacional de Reforma Agrária, a população urbana chegou a 84,3% e a rural, a 15,7% do total de brasileiros (DIEESE/MDA/NEAD, 2011).

A expulsão das populações rurais é um fenômeno persistente, da mesma forma que processos de concentração de terra, profundamente ligados à

---

[2] A modernização conservadora no campo não levou à proletarização do homem rural, mas sim à pauperização, superexploração e desqualificação profissional dos homens do campo.

vigência de um padrão de propriedade arcaico, que mantém e sustenta um sistema de distribuição e utilização injusto de terras e ineficiente do ponto de vista social e econômico (BUAINAIN, 2008). Não obstante a agricultura familiar representar hoje 84% dos estabelecimentos agropecuários no Brasil, ela ocupa o território total de 80 milhões de hectares (24%), contra 249,7 milhões (76% do total) de hectares ocupados pela agricultura não familiar (as empresas rurais e latifúndios). Em termos de mão de obra, a agricultura familiar é responsável por 74% dos postos de trabalho e empregos rurais (DIEESE/MDA/NEAD, 2011).

A persistência dessa "promessa não cumprida" de modernização da agricultura brasileira, com mudanças efetivas na estrutura agrária do país já seria elemento suficiente para fundamentar a necessidade de realização da reforma agrária. Mas, ao analisar a nova dinâmica da conflitualidade socioambiental do campo, percebemos também a sua relevância e a necessidade de que ela seja tratada no âmbito de um projeto também maior de fortalecimento da democracia e realização de justiça social.

2. A nova dinâmica da conflitualidade socioambiental no meio rural brasileiro

Para Santos; Teixeira; Becker (2000) é possível, atualmente, identificarmos os seguintes tipos de conflitos agrários: a) possessórios (posse, uso e propriedade de terras); b) renda ou foro (disputa em torno do pagamento da renda da terra); c) parceria e meação (disputas em torno dos termos dos contratos de parceria e da meação do produto); d) conflitos provocados pela construção de barragens; e) atividade extrativista; f) população de ribeirinhos; e g) dívidas bancárias. Tais tipos são divididos entre os conflitos contra a pessoa e conflitos contra a posse e a propriedade. Ainda, os autores distinguem violência ilegal (atos de violência política como assassinatos, chacinas, agressões, ameaças e lesões) e violência legal (formada, por exemplo, pelo conjunto de decisões judiciais que afetam as famílias de agricultores envolvidos).

De acordo com o Relatório sobre Conflitos agrários da Comissão Pastoral da Terra de 2010 (CPT, 2010), houve um crescimento dos conflitos de terras em 21% em relação ao ano anterior (528 em 2009 e 638 em 2010). Simultaneamente, houve uma queda nas ocupações de terras em 38% (290 em 2009 e 180 em 2010) e uma queda de 3% no número já decrescente em anos anteriores de novos acampamentos (36 em 2009 e 35 em 2010). Também, com o aumento do número de conflitos, houve o crescimento da violência expressa no número de assassinatos (de 24 em 2009 para 34 em 2010).

A Comissão Pastoral da Terra (CPT), para a organização dos dados dos relatórios anuais sobre conflitos agrários e violência no campo, identifica cinco categorias distintas de conflitos: 1) conflitos por terras (ocupações e acampamentos); 2) conflito pela água; 3) conflitos trabalhistas (trabalho escravo, superexplorado, desrespeito trabalhista, ações de resistência); 4) manifestações e 5) violência contra o trabalhador e seus direitos. A partir de tais categorias, ela também delimita os sujeitos e atores sociais envolvidos.

Com relação aos sujeitos sociais envolvidos em conflitos de terra, o Relatório identificou o retorno do protagonismo dos posseiros (235, do total de 638 conflitos no ano de 2010). A novidade aí está na variedade de denominações assumidas: são posseiros, ribeirinhos, fecho e fundo de pastos, seringueiros, castanheiros, vazanteiros, geraizeiros e pescadores. Em segundo lugar estão os Sem-Terra (29%) e, a seguir, os assentados, com 10,2% (65 dos casos). Além desses sujeitos coletivos, apareceram também os quilombolas e os índios, representando a luta pelo território. O principal destaque aí foi o crescimento significativo da luta dos posseiros, particularmente na Amazônia Legal e a queda na participação dos movimentos dos trabalhadores rurais de luta pela terra. Isso demonstra que a luta pela terra e pelo território no Brasil tem assumido novos contornos e nova complexidade (CPT, 2010).

O Relatório também aponta que em 2010 houve 27 conflitos pela terra e 19 pelo acesso à água ligado à atividade de mineração. Além disso, em 12 casos houve denúncia de trabalho escravo em atividades ligadas à mineração. Isso aponta para a ocorrência de formas novas de resistência nos locais de realização de empreendimentos de mineração, que acontecem também de forma articulada entre moradores, camponeses, movimentos de base, a academia e grupos de trabalho, e com graus variados de inventividade social (CPT, 2010).

Além das formas de violência simbólicas e reais realizadas pelos poderes públicos e privados, os dados da CPT (2010) corroboram o que inúmeras pesquisas já demonstraram sobre o campesinato e os povos rurais em geral no Brasil: sua resistência em fazer do espaço rural um espaço físico, social e simbólico de produção de vida (CANDIDO, 1964, SILVA, 1999).

Os conflitos no campo - em sua dimensão simbólica ou como face da violência legal - também se manifestam nas discussões ligadas às propostas recentes de mudanças legislativas. Nesse sentido, podemos destacar as lutas por dizer o direito ambiental, ensejadas por ocasião da alteração do Código Florestal – com a revogação da Lei Federal n. 4.771/65 e a publicação do novo código, de acordo com a Lei n. 12651/12. A sua imediata atualização pela Lei n. 12727/12, demonstra a caráter polêmico subjacente à promulgação do código e a inquietação dos atores envolvidos. Portanto, está longe de se constituir como tema incontroverso no âmbito do direito, ainda que se suponha que isto pode advir da norma posta. Bessa Antunes, considera como a Lei n. "anticlímax" 12651/12, haja vista o momento de sua emergências e os limites explícitos: "O Texto Legal comentado é ruim como técnica jurídica, inseguro e falho em seus conceitos, excessivamente abrangente e, portanto, contraditório" (ANTUNES, 2013: 2).

Os debates em torno das propostas de modificação gravitaram em torno da anistia (ao menos em parte) das propriedades rurais onde se verificam devastações havidas na vigência do atual Código e aproveitamento agrícola de áreas destinadas à preservação, especialmente de encostas e topo de montanhas, notadamente das pequenas e médias propriedades. Embora aparentemente parciais, são representativas do recrudescimento das lutas de poder relacionadas ao campo, concentração da terra, da produção agrícola e dos ganhos associados. E sinalizam reversão do quadro positivo de proteção da cobertura vegetal havida recentemente. Ainda é prematuro uma análise profunda das consequências das poucas alterações havidas no código, mas se pode cogitar de um possível aumento dos níveis de desmatamento e/ou de recomposição florística, com repercussão danosa para extensão considerável dos biomas nacionais, com perda significativa de biodiversidade, com efeitos, inclusive, nas Áreas de Preservação Permanente, em decorrência até das limitações, retrocessos e confusões sociojurídicos concernentes à sua elaboração.

Houve, em nosso entendimento, a desconsideração das tecnologias agroecológicas avançadas produzidas nos principais centros de pesquisa brasileiros, como o EMBRAPA e outros núcleos referenciais, que demonstram a desnecessidade de derrubada de espécies arbóreas para ampliação agrícola, com introdução de técnicas orgânicas e de manejo sustentáveis (NEVES, 2001; ALTIEIRI, 2001; GLIESSMAN, 2001; CASTAGNA, ARONOVICH, RODRIGUES, 2008).

Portanto, os conflitos agrários ampliaram a complexidade de temas e diversidade de atores, envolvendo progressivamente uma série de dimensões, sejam elas trabalhistas, sociais (comunitárias e familiares), simbólicas, educacionais, culturais, institucionais e jurídicas. Mais recentemente, as dimensões ecológicas, socioambientais e culturais aparecem de forma cada vez mais imbricada nos conflitos agrários e socioambientais (ANTUNES, 2013: 241-242).

São crescentes e patentes as reivindicações em escala mundial que gravitam em torno do acesso equitativo e uso racional dos recursos naturais. Conformam-se e confrontam, plenamente, às transformações econômicas de escala global operadas no mundo todo. África, Ásia, América Latina, Oceania, e, mesmo na periferia da Europa e da América do Norte, em que o monitoramento das populações locais é mais intenso, tem assistido aos embates entre o poder político aliado às corporações internacionais e as reivindicações comunitárias de base socioambiental (SCHLOSBERG, 2007). A construção das barragens de usina hidrelétrica de Belo Monte, a transposição das águas do São Francisco e às ameaças ao cerrado e à Amazônia, concebidas como fronteiras agrícolas, por exemplo, não são empreendimentos ou fenômenos isolados. Antes, correspondem a uma dinâmica complexa e desvastadora das formas já insustentáveis dos sistemas de produção hegemônicos, alicerçados nos fortalecimento dos mercados internacionais e do consumismo exacerbado.

A imbricação entre conflitos agrários e ambientais tornam indissociável a chave socioambiental de leitura das tensões sociais. Acserald (2004), ao desenvolver as diferentes concepções teórico-sociológicas acerca do conteúdo dos conflitos ambientais, conclui pela necessidade de reportá-los a quatro dimensões constitutivas: a apropriação simbólica, a apropriação material, a durabilidade e a interatividade espacial das práticas sociais. No contexto dos conflitos agrário-ambientais há mais do que um elemento material em disputa configurado na apropriação (base material): há também elementos de base cultural, simbólica e de legitimação, a concorrerem efetivamente para o conflito e sua perpetuação na sociedade (PONZILACQUA, 2011).

Tais elementos não aparecem estanques e dissociados, mas se enfeixam e conjugam de tal maneira que é preciso uma visão capaz de reconhecer tanto a sua complexidade quanto as vias possíveis de solução e encaminhamento dos problemas, sem, contudo, a pretensão de esgotamento das tensões de base, sempre vivas na tessitura das relações sociais (ACSELRAD, 2004).

É desastroso considerar o ambiental deslocando-o de questões de fundo como o ideológico, o cultural e o econômico, e, sobretudo, dissociando-o da racionalidade econômica dominante (LEFF, 2002). As políticas públicas, a elaboração legislativa e a composição dos conflitos precisam atentar para a dinâmica do tecido social em que se inserem ou se destinam. Do contrário, haverá o insucesso porquanto as contradições engendrantes dos conflitos permanecem latentes, ainda que a suponhamos extintas (PONZILACQUA, 2011).

Do ponto de vista jurídico, a articulação entre as questões ambientais e rurais, é percebida quando se reconhece o enfoque socioambiental presente na Constituição Federal de 1988. A Constituição reconheceu o meio ambiente ecologicamente equilibrado como bem jurídico fundamental a ser protegido e garantindo o acesso aos recursos naturais com apoio nos princípios da equidade, da inclusão e da justiça social (LEME MACHADO, 2006), bem como estipulou também um conjunto de direitos e interesses coletivos e difusos, ligados à temática ambiental, além de uma série de prestações impostas ao Poder Público e aos particulares para que tais direitos possam ser eficazmente exercidos e as linhas gerais da responsabilidade jurídica ambiental nas esferas civis, penais e administrativas.

Tanto a biodiversidade (processos ecológicos, as espécies e ecossistemas), quanto a sociodiversidade foram protegidos constitucionalmente. A Constituição seguiu uma orientação manifestamente multicultural e pluriétnica, reconhecendo direitos coletivos a povos indígenas e quilombolas, assegurando-lhes direitos territoriais espaciais. Ela buscou proteger as manifestações das culturas populares, indígenas e afro-brasileiras e das de outros grupos participantes do processo civilizatório nacional, considerando patrimônio cultural brasileiro os bens de natureza material e imaterial, portadores de referência à identidade, à ação e à memória dos diferentes grupos formadores da sociedade brasileira (SANTILLI, 2005).

Isso tudo fortalece a ideia de que a Constituição Federal de 1988 previu instrumentos jurídicos capazes de sustentar a formação de uma ordem constitucional ambiental (CANOTILHO, 2010; COSTA NETO, 2003) e para a configuração dos campos recentemente nomeados de socioambientalismo (MARÉS DE SOUSA FILHO, 2002) e de justiça ambiental (ACSELRAD, 2004). Este último, pautando-se: a) no reconhecimento da natureza conflitiva dos interesses e construções culturais que permeiam os discursos e ações com vistas à proteção do meio ambiente (conflitos jurídico-ambientais); e b) na inserção, no campo de análise e aplicação do Direito Ambiental, de conceitos como exclusão e desigualdade socioambiental no trato das questões atinentes à proteção da sociobiodiversidade (ACSELRAD, 2004).

De acordo com Santilli (2005), o socioambientalismo traz à tona o desafio de se articular questões sociais com problemáticas ambientais, de modo a se buscar compreender a sustentabilidade de forma mais ampla, sob o pressuposto de que as políticas públicas ambientais só funcionam com eficácia social e sustentabilidade política se incluírem as comunidades locais e promoverem uma repartição socialmente justa e equitativa dos benefícios derivados da exploração dos recursos naturais.

Vários autores, a partir de pontos analíticos diversos, sinalizam para o fato de que os principais problemas ligados tanto à questão ambiental quanto à questão rural são provenientes do padrão de desenvolvimento adotado em países periféricos como o Brasil, que persistem em manter o binômio agravamento da pobreza e degradação ambiental no processo de indução do crescimento econômico (GIRARDI, 2003; GUIMARAES, 2001; VEIGA, 2005; SILVA, 1999). Daí que, para que haja desenvolvimento sustentável é fundamental que as questões agrária e ambiental caminhem em uma mesma direção.

Cabe destacar, ainda, o crescente debate acerca de um novo papel assumido pela agricultura familiar na construção de modelos de desenvolvimento sustentável (GLIESSMAN, 2001; MOREIRA, 2003; ALTIERI, 2001). O seu significado como agricultura de baixa renda e de subsistência, tem cedido espaço para uma compreensão mais ampla de seus efeitos e potencialidades. Pode-se dizer que os agricultores familiares, quando enquadrados em políticas de desenvolvimento, tendem a se converter em defensores do meio ambiente. Isso porque, as práticas de proteção ambiental não são realizadas de modo a se deixar o homem apartado da natureza, por meio da criação de espaços de proteção inacessíveis a ele, mas sim de modo a se buscar novos conhecimentos e novas formas de produção sustentáveis (WEISSHEIMER, 2006). E, a agricultura familiar, apesar de se reproduzir historicamente adotando padrões de produção por vezes similares aos da lavoura extensiva (com o uso de agrotóxicos, por exemplo), tem se demonstrado mais aberta à experimentação de práticas produtivas agroecológicas e agroflorestais, ou, ao menos, mais sensível à questão do reconhecimento das diversidades biológicas e sociais locais. Daí a importância estratégica da reforma agrária para o fortalecimento dos modelos de desenvolvimento sustentável.

Por essa perspectiva, por exemplo, as estratégias e políticas públicas voltadas para a preservação dos recursos naturais no âmbito da agricultura familiar devem ser elaboradas de modo a se considerar as condições de reprodução social, econômica e cultural dos diversos povos e comunidades rurais, bem como a necessidade de programas e políticas de crédito, de assistência técnica e de educação ambiental para que eles incorporem efetivamente em suas práticas a dimensão ambiental.

A aproximação entre as questões agrárias e ambientais contribui para o fortalecimento da exigência da sustentabilidade na agricultura, de modo a se questionar o modelo atual de desenvolvimento agrário pelo viés produtivista e considerar seriamente o papel da pequena propriedade familiar no equacionamento de várias questões ambientais. De acordo com Whitaker (2005) pensar a Reforma Agrária do ponto de vista ecológico e à luz do conceito de sustentabilidade torna insatisfatória toda abordagem que ainda a compreenda apenas sob um ponto de vista economicista, em que a eficiência é medida pela produtividade e lucro produzido. Nessa linha de entendimento, a eficiência será aquela que não esgota o recurso e produz um mínimo de desordem em relação a todos os espaços atingidos.

A busca pela sustentabilidade na agricultura permite privilegiar alguns temas no âmbito de qualquer política ou programa público voltado ao desenvolvimento (VEIGA, 2005). Entre eles, podemos citar o da agricultura familiar, da cidadania no meio rural, da soberania alimentar, dos manejos ecológicos (agroecologia e agrofloresta, por exemplo) e da economia solidária (que envolve, por exemplo, o fortalecimento de práticas associativas e cooperativas entre pequenos produtores e consumidores e a criação de mecanismos para distribuição da produção que garantam maior rentabilidade para os agricultores e as agricultoras familiares rurais). Dessa forma, por exemplo, os assentamentos rurais, de potenciais causadores de degradação ambiental, passam ser vistos sob outra perspectiva: como espaços capazes de melhorias na qualidade ambiental de áreas degradadas, do desenvolvimento de sistemas de produção agrícola sustentável e da manutenção da biodiversidade e sociodiversidade.

Do ponto de vista jurídico-constitucional, quando se enfatiza a sustentabilidade ambiental no âmbito das práticas produtivas no campo, também se reforça uma das condicionantes, por vezes esquecida ou tomada em menor medida, do cumprimento da função social da terra prevista na Constituição Federal. Isso significa fortalecer a validade e eficácia jurídicas do instituto jurídico da desapropriação, não apenas nos casos em que o proprietário descumpre os critérios constitucionais da produtividade da terra, mas também nas situações em que há desrespeito à legislação ambiental e/ou à legislação de proteção das condições de trabalho e dignidade das pessoas nela existentes (MARES SOUSA FILHO, 2003; ALFONSIN, 2003).

Por todo o exposto até aqui, podemos perceber quão fundamental é o fortalecimento dos estudos em torno da questão da Reforma Agrária, com a elaboração de novos arranjos legais e políticos, repensando-a para além da simples questão do acesso à terra, de modo a incorporar as temáticas ambientais, a diversidade de protagonistas e lutas por direitos, com vista a efetivação da democracia e da justiça no meio rural brasileiro. A demanda por Reforma Agrária não é sinônimo de atraso, ameaça de desestruturação de sistemas produtivos, mas sim "uma das faces da luta contra a desigualdade econômica e social e, portanto, uma das ferramentas da construção de uma efetiva democracia, baseada na possiblidade de contínua expansão e criação de direitos" (MEDEIROS, 2003, p. 91).

A Conferência Internacional sobre Reforma Agrária e Desenvolvimento Rural (CIRADR) e o II Plano Nacional de Reforma Agrária (2003) fornecem subsídios para que a reforma agrária deixe de ser pensada como política compensatória ou meramente de distribuição de terras para assumir um papel fundamental no desenvolvimento geral do país.

A reforma agrária juridicamente prevista no ordenamento brasileiro, de fato, tem um alcance muito restrito em face dos amplos questionamentos e complexas necessidades históricas que atualmente estão associados a ela (MARTINS, 2004). Ou seja, é difícil imaginar que a reforma agrária tenha toda a força transformadora que os vários sujeitos sociais nela depositam. Todavia, é mais complicado ainda pensar que o equacionamento das contradições ligadas aos perfis de desenvolvimento e modernização assumidos pelo país até agora, seja realizado a despeito de um projeto democrático e amplo de reforma agrária.

Quando falamos de desenvolvimento aqui, não estamos nos referindo a processos concebidos apenas sob o ponto de vista do crescimento econômico. Sob a perspectiva da Constituição Federal de 1988, os mecanismos de desenvolvimento devem considerar também a ampliação da qualidade de vida e bem-estar social, a garantia da sustentabilidade ambiental e, sobretudo, a efetivação de direitos fundamentais, o alargamento da participação democrática e da cidadania, sobretudo das categorias e grupos sociais rurais que, historicamente no Brasil, ora são afetadas mais fortemente pelos impactos negativos, ora são sobreviventes como espécies de resíduos dos processos cíclicos de "modernização conservadora" ainda persistentes no país.

A interação sujeito-espaço, que caracteriza a territorialidade, é submetida a novas dinâmicas. Por vezes, fragilizam-se, noutras vezes, contrapõem-se, e, em alguns casos, resistem e criam resiliências. A multiterritorialidade, concebida como "universo que articula planos diferenciados" e "abre espaço", substitui e até suprime a territorialidade tradicional e circunscrita. Há, assim, como aponta Heidrich (2010: 33-4), uma dinâmica multi, inter e transterritorial.

A tensão entre espaço e território é imbuída das disputas de poder, formais ou informais, e, em última instância, há uma luta em torno da apropriação das modalidades de capital apontadas por Pierre Bourdieu (econômico, social, cultural e simbólico), nos diversos campos da sociedade, que são estruturas fortes em seu interior e refratárias às pressões exteriores (BOURDIEU, 2010).

Nesse sentido, demandam compreensão para além do ponto de vista estritamente econômico: devem ser consideradas de forma sincronizada com as temáticas da cidadania, da democracia e da proteção ambiental. Para melhor encaminhamento dos conflitos agrários-ambientais, em novas sínteses de superação, é preciso envolver uma combinação de várias políticas públicas convergentes, cujos eixos são: a) democratização do acesso à terra, b) produção de emprego e renda, c) defesa de um modelo de agricultura sustentável com apoio à agricultura familiar, d) democratização do acesso ao conhecimento, e) garantia aos povos do campo de acesso à educação, cultura, infraestrutura, crédito e seguro agrícola, e) respeito aos direitos étnicos de índios, negros, quilombolas e comunidades tradicionais, f) reconhecimento da biodiversidade e defesa do uso social da biodiversidade; g) igualdade de gênero, h) valorização dos conhecimentos tradicionais e garantia de acesso aos recursos genéticos, i) desenvolvimento territorial participativo; e j) garantia da segurança e da soberania alimentares.

Considerações finais

A associação entre a questão da reforma agrária e as temáticas ambientais e de cidadania trazem algumas consequências importantes tanto do ponto de vista das discussões teórico-jurídicas quanto relativas à elaboração e implantação de políticas públicas. Citaremos apenas algumas delas.

Há um déficit em termos de garantia de direitos fundamentais e cidadania no mundo rural, resultado de uma combinação histórica de fatores, mas que em grande parte se ligam ao modelo de "modernização conservadora" adotado pelo Brasil desde a década de 1960, que considerou o espaço rural como lugar do atraso, fadado à extinção.

Assim, os números relativos aos déficits de direitos sociais, especialmente ligados à educação, ainda são grandes, se comparados com a população urbana. Tais diferenças acentuam-se ainda mais quando se consideram diversidades de gênero e geracionais (DIEESE/NEAD/MDA, 2011). Isso exige uma redefinição das políticas voltadas para as áreas de assentamentos de reforma agrária já existentes e para as propriedades de agricultura familiar que ultrapassem a questão do apoio à produção. Cada vez mais, é necessário reforçar as políticas centradas no fortalecimento da cidadania nos espaços rurais, considerando-os como espaço não só de produção, mas também de reprodução social e simbólica de uma diversidade de grupos, tradições e culturas.

Essa discussão passa, necessariamente, pela problemática da distribuição das competências entre União, Estados e Municípios no âmbito do modelo de federalismo adotado pela Constituição Federal de 1988. A maior parte das políticas de ordenação do território rural é de competência da União, como a criação e gestão dos espaços destinados aos assentamentos de reforma agrária. Já a educação de ensino fundamental e o atendimento à saúde das populações rurais ficam a cargo dos municípios. Ocorre que nem todos os municípios dotam os espaços rurais, em especial os assentamentos de reforma agrária, de unidades de saúde ou escolas, obrigando as populações rurais a se deslocarem para a cidade em busca de tais serviços, utilizando-se de serviços de transporte também precários. A articulação dos compromissos entre tais esferas nem sempre é realizada de forma satisfatória em termos de garantia da cidadania no campo.

A nova conflitualidade ligada à determinação de territórios para povos e grupos tradicionais, quilombolas e indígenas é também uma questão que fortalece a defesa da reforma agrária e sua ligação com os discursos que a ligam à temática da justiça social. Nesse sentido, por exemplo, o Plano Nacional de Direitos Humanos III (PNDH-3) reconheceu o papel da reforma agrária como política de garantia do acesso à terra e à moradia de vários grupos sociais. Em termos de ações, o PNDH-III previu: mapeamento das terras públicas; saneamento de serviços notariais de registros imobiliários; a garantia dos territórios indígenas e de comunidades quilombolas; e a garantia do acesso à terra para as populações ribeirinhas, varzanteiras e pescadoras.

Por fim, cabe destacar a necessidade da temática da reforma agrária, em sua nova complexidade, transversalizar as práticas dos vários entes que compõem o sistema de justiça brasileiro, para que os processos judiciais que envolvem problemáticas e conflitos socioambientais sejam conduzidos e interpretados de maneira sensível aos direitos negados de tais grupos e de forma a considerar as contradições presentes, desde a década de 1960, no processo de modernização da agricultura brasileira. Isso de modo a se buscar a realização a justiça social no campo.

Esses são alguns dos desafios quando se passa a considerar a urgência e a necessidade da reforma agrária, em um sentido voltado para a realização de direitos, justiça social e um novo modelo de desenvolvimento sustentável para o país. Isso de modo a se poder reconfigurar o rural, nos termos de Wanderley (2009) como um patrimônio social, cultural e natural que deve ser assegurado em sua integridade e capacidade de se reproduzir material, social e culturalmente.

Referências bibliográficas

ACSELRAD, H. (Org.). **Conflitos ambientais no Brasil**. Rio de Janeiro: Relume Dumará, 2004.

ALFONSIN, J. T. **O acesso à terra como conteúdo dos direitos fundamentais**. Porto Alegre: SAFE, 2003.

ALTIERI, M. **Agroecologia**. A dinâmica produtiva da agricultura sustentável. Porto Alegre: UFRGS, 2001.

ANTUNES, P. B. **Comentários ao novo código florestal** (Lei n. 12651/12). – atualizado de acordo com a Lei n. 12727/12. São Paulo: Atlas, 2013.

BUAINAIN, A. M. Reforma agrária por conflitos. A gestão dos conflitos de terras no Brasil. BUAINAIN, A. M. (COORD.). **Luta pela terra, reforma agraria e gestão de conflitos no Brasil**. Campinas: Unicamp, 2008.

BERGAMASCO, S. M. P. P. A realidade dos assentamentos rurais por detrás dos números. **Estudos avançados**. vol. 11, n. 31, p. 37-49, 1997.

BOURDIEU, P. **O poder simbólico**. Rio de Janeiro: Bertrand Brasil, 2010.

CASTAGNA, A. A.; ARONOVICH, M.; RODRIGUES, E. **Pastoreio racional Voisin**: manejo agroecológico de pastagens. Niterói (RJ): Secretaria do Estado de Agricultura, Pecuária, Pesca e Abastecimento do RJ/ Superintendência de Desenvolvimento Regional/ Programa Rio Rural, 2008.

COMISSAO PASTORAL DA TERRA. **Caderno Conflitos no campo**. Brasil, 2005.

COMISSAO PASTORAL DA TERRA. **Caderno Conflitos no campo**. Brasil, 2010.

CANOTILHO, J. J. G. **Direito Constitucional ambiental brasileiro**. São Paulo: Saraiva, 2010.

COSTA NETO, N. D. C. **Proteção jurídica do meio ambiente**. Belo Horizonte: Del Rey, 2003.

DELGADO, N. G. O papel do rural no desenvolvimento nacional: da modernização conservadora dos anos 1970 ao governo Lula. In: MOREIRA, R. J.; BRUNO, R. **Dimensões rurais de políticas brasileiras**. Rio de Janeiro: Mauad, 2010.

DIEESE/NEAD/MDA. **Estatísticas do meio rural 2010-2011**. Brasília: MDA, 2011.

INSTITUTO DE PESQUISA ECONOMICA APLICADA. **Código Florestal**: implicações do PL 1876/99 nas áreas de reserva legal. Brasília: IPEA, 2011.

GIRARDI, G. Desenvolvimento local sustentável, poder local alternativo e refundação da esperança. DUSSEL, E (org.). **Por um mundo diferente**. Alternativas para o marcado global. São Paulo: Vozes, 2003.

GLIESSMAN, S. R. **Agroecologia em agricultura sustentável**. Porto Alegre: UFRGS, 2001.

GOHN, M. G. O **protagonismo da sociedade civil**: movimentos sociais, ONGs e redes solidárias. São Paulo: Cortez, 2005.

HEIDRICH, A. L. "Espaços e multiterritorialidade entre territórios: reflexões sobre a abordagem territorial". In: PEREIRA, S. R.; COSTA, B. P.; SOUZA, B. C. (org.). **Teorias e práticas territoriais**: análises espaço-temporais. São Paulo: Expressão Popular, 2010.

LEFF, E. **Epistemologia ambiental**. 2a. ed. São Paulo: Cortez, 2002.

LEME MACHADO, P. A. **Direito Ambiental Brasileiro**. São Paulo: Malheiros, 2006.

MARÉS DE SOUZA FILHO, C. F. Introdução ao Direito Socioambiental. LIMA, André (org.). **O Direito para o Brasil Socioambiental**. Porto alegre: Fabris, 2002.

MARTHA JR, G. B. (2008) ."Expansão da cadeia da cana-de-açúcar e suas implicações para o uso da terra e desenvolvimento do cerrado". In: Coletânea de artigos – **Workshop do Observatório Sucroalcooleiro**. V. 1, abril 2008, p. 221-231.

MARTINS, J. S. **Reforma Agrária**: o impossível diálogo. São Paulo: EDUSP, 2004.

MEDEIROS, L. S. **Reforma agrária no Brasil**. História e atualidade da luta pela terra. São Paulo: Ed Fundação Perseu Abramo, 2003.

MOREIRA, R. J. Questão agrária e sustentabilidade. In. ALIMONDA, H. et. al. (comp.) **Ecología Política**. Naturaleza, sociedad y utopía.. Buenos Aires: CLACSO, 2002.

PONZILACQUA, M. H. P. **Conflitos socioambientais, direito e ONGs**. Curitiba: Honoris Causa, 2011

PORTO-GONÇALVES, C. W.; ALENTEJANO, P. R. R. **A contra-reforma agrária na Lei e na marra**. A expansão do agronegócio e a reconfiguração da questão agrária no Brasil. In. CPT. Conflitos no campo brasil 2010. Goiânia: CPT, 2011.

NEVES, M. C. P. **Projeto estratégico de apoio à agricultura orgânica: agricultura orgânica como ferramenta para a sustentabilidade dos sistemas de produção e valoração de produtos agropecuários**. Brasília: Embrapa. 2001.

SANTILLI, J. **Socioambientalismo e novos direitos**. Proteção jurídica à diversidade biológica e cultural. São Paulo: Peirópolis, 2005.

SCHLOSBERG, D. **Defining Environmental Justice**: theories, movements and nature. Oxford: Oxford University Press, 2007.

SANTOS, J. V. T.; TEIXEIRA, A. N.; BECCKER, F. T. G. Conflitualidade e violência nos espaços agrários do Brasil contemporâneo. **Revista crítica de ciências sociais**. N. 57, junho/novembro, 2000, p. 147-168.

SILVA, J. G. **A modernização dolorosa**: estrutura agrária, fronteira agrícola e trabalhadores rurais no Brasil. Rio de Janeiro, 1981.

SILVA, M. A. M. **Errantes do fim do século**. São Paulo: UNESP, 1999.

VEIGA, J. E. **Desenvolvimento sustentável**. O desafio do século XXI. Rio de janeiro: Garamond, 2005.

WANDERLEY, M. N. B. **O mundo rural como um espaço de vida**. Porto Alegre: Editora UFRGS, 2009.

WHITAKER, D. C. A.; WHITAKER, V. A. O futuro dos assentamentos: educação, situação dos jovens, perspectivas de ressocialização e estratégias de sustentabilidade. In: **Simpósio Impasses e dilemas da política de assentamentos**. Araraquara: Caderno de Programação e Resumo, 2005.

O texto produzido deve ser cotejado com as informações atuais que ratificam os argumentos apresentados. O Relatório da CPT de 2015, dá conta de que os conflitos socioambientais se acirram no Brasil, exponencialmente, nos últimos vinte anos. Há expansão de conflitos cujos eixos ambientais e agrários se entrelaçam, se manifestam. "A mineração, as hidrelétricas e as madeireiras se expandem exigindo do poderpúblico a construção de linhões, portos, oasfaltamento e abertura de estradas e de hidrovias, e, consequentemente, a valorização das terras. Está pronto o caldo para o aumento e o acirramento dos conflitos e, sobretudo, para o crescimento da concentração da propriedade latifundiária" (CPT, 2015: 8). Segundo o geógrafo Ariovaldo Umbelino de Oliveira demonstra que concentração fundiária cresceu, acrescentando mais 97,9 milhões de hectares às grandes propriedades, resultante especialmente da ação de funcionários do INCRA que "foram os responsáveis diretos pela manipulação deslavada das Estatísticas Cadastrais e, portanto, do próprio Cadastro, para permitir que os grileiros das terras públicas pudessem conseguir sua regularização através do Programa Terra Legal" (CPT, 2015: 8). Cresce igualmente os conflitos relativos às populações tradicionais, ampliam-se os conflitos em torno da disputa pela água, há grupos emergentes que se organizam em torno de questões socioambientais. Destacam-se os problemas de saúde derivados do uso indiscriminado de agrotóxicos. Embora se tenha observado pequena redução no número de conflitos, o Relatório informa que estes conflitos envolvem atualmente mais pessoas e, ao mesmo tempo, há crescente número de assassinatos decorrentes das questões fundiárias e socioambientais. O total de assassinatos vinculados aos conflitos do campo, que envolvem questões fundiárias, trabalhistas, conflitos pela água, entre outros, ampliou-se de forma assustadora: de 39 ocorrência, em 2007, chegando a reduzir-se para 26 mortes e se ampliou para 50 assassinatos em 2017 (CPT, 2015: 20). Isso revela a ausência de política adequada no campo no Brasil.

Fonte: CPT. Conflitos no Campo – Brasil 2015 [Coordenação: Antônio Canuto, Cássia Regina da Silva Luz, Thiago Valentim Pinto Andrade - Goiânia]: CPT Nacional – Brasil, 2015)

Entre a Doutrina da Proteção Integral e a "Hipocrisia Punitiva": Reflexões sobre o Direito Penal Juvenil

Gustavo de Carvalho Marin
Sara Tironi

Introdução

O trabalho volta suas atenções para o adolescente[1] que entra em conflito com a lei penal, analisando a hipótese de que sua apropriação da violência pode consistir em uma tentativa de reafirmação da subjetividade cujo mote central é a busca por reconhecimento social. A partir da problematização desta premissa, e buscando contextualizar a condição específica do jovem sujeito de direitos, realiza-se uma análise crítico-reflexiva do modelo brasileiro de regulação jurídica dos conflitos que envolvem atos infracionais, questionando os limites de legitimação do chamado "direito penal juvenil" e suas finalidades pretensamente protetivas.

Para tanto, primeiramente, o artigo expõe brevemente como o advento da modernidade alterou o modo pelo qual as sociedades contemporâneas compreendem a ideia de violência, buscando contextualizar as mudanças na percepção social sobre comportamentos violentos e aqueles que o

---

[1] Neste trabalho, o termo jovem é utilizado em referência a adolescentes dentro da faixa etária passível de receber medida socioeducativa, ou seja, entre 12 e 18 anos, considerando-se também aqueles entre 18 e 21 anos, aos quais a lei expressamente estende a aplicação de tais medidas a depender das peculiaridades do caso concreto (ECA, artigo 2º, "caput" e parágrafo único).

cometem (1). Em seguida, analisa-se o papel da violência no processo de subjetivação e dessubjetivação do adolescente, especialmente do socialmente marginalizado que pratica ato definido legalmente como crime (2). Por fim, constatando-se a precária concretização e interpretação da Lei nº. 8069/1990 – Estatuto da Criança e do Adolescente (ECA) em âmbito nacional (3), o trabalho considera a inserção da Doutrina da Proteção Integral no âmbito da constitucionalização simbólica e discute a "hipocrisia punitiva" na aplicação de medidas socioeducativas (4).

1. A Condição Moderna e o Significado da Violência

O termo "modernidade" assume uma multiplicidade de sentidos possíveis, variando conforme o universo teórico do qual parte aquele que se propõe a estudar os processos aos quais tal expressão remete[2]. No entanto, buscando identificar pontos centrais da noção de modernidade, Anthony Giddens[3] afirma que ela remete a um estilo de vida ou organização social originada na Europa no século XVII, cuja influência estendeu-se posteriormente a uma escala em certa medida mundial. Segundo o autor, quatro seriam as suas dimensões básicas: (i) o *capitalismo*, enquanto sistema de produção de mercadorias fundamentado na relação entre a propriedade privada do capital e o trabalho assalariado sem propriedade; (ii) o *industrialismo*, como principal eixo de interação entre os indivíduos e a natureza, em razão da utilização de fontes inanimadas de energia material para a produção de bens, relacionado ainda à centralidade da utilização de certas máquinas no processo de produção; (iii) o *desenvolvimento das condições de vigilância*, referente à supervisão direta ou indireta das atividades da população na esfera política; e (iv) o *controle dos meios de violência* dentro de limites territoriais[4].

Para além destas dimensões, o advento da modernidade marcou-se também no campo ideológico. Nele, fez-se presente o *projeto da modernidade*, reflexo do esforço intelectual iluminista de atingir uma objetividade científica, uma moralidade que alcançasse níveis de solidez socialmente

---

[2] LATOUR, Bruno. *Jamais fomos modernos*. Trad. Carlos Irineu da Costa. 2. ed. 1. reimpr. São Paulo: Editora 34, 2011 p. 15.

[3] GIDDENS, Anthony. *As consequências da modernidade*. Trad. Raul Fiker. São Paulo: Editora UNESP, 1991. p. 11-13.

[4] Neste mesmo sentido, cf. WEBER, Max. *Ciência e política: duas vocações*. Trad. Leônidas Hegenberg; Octaby Silveira da Mota. 20. ed. São Paulo: Cultrix, 2013.

aceitáveis, bem como leis universais que libertassem a humanidade dos mitos, da escassez, das necessidades e da arbitrariedade das calamidades naturais. Por meio da crença no progresso, no planejamento das ordens sociais compreendidas como ideais bem como da conversão de valores, formas de conhecimento e produção em padrões, seria possível que o mundo fosse organizado e controlado de forma racional[5].

Até antes deste marco, que rompeu com os padrões tradicionais de ordem social vigentes, a percepção social sobre a violência era eminentemente política e inseparavelmente conectada a uma imagem progressista da história[6]. Nesse sentido, a ideia marxista da luta de classes seria a maior expressão desse conceito: por não possuir outros meios, o indivíduo dominado utilizaria a violência como recurso indispensável para se fazer ouvir. Até mesmo a delinquência entre os setores mais pobres, ainda que desvinculada de qualquer ideal político, poderia ser considerada uma forma de "justiça social autogerida" pelos setores populares[7].

A partir das manifestações das dimensões e ideais da modernidade, contudo, qualquer conotação positiva possível conferida à ideia de violência começa a esmaecer gradativamente, dando lugar a uma nova concepção que vê no comportamento violento uma contraposição ao ideal moderno.

Danilo Martuccelli aponta a existência de ao menos três razões para tanto. Por um lado, o *projeto de modernidade* – com sua crença no desenvolvimento, na ordem e na racionalidade – levou à difusão de uma nova representação do progresso histórico, o qual não é mais baseado em uma

---

[5] HARVEY, David. *Condição pós-moderna*. Trad Adail Ubirajara Sobral; Maria Stela Gonçalves. 17. ed. São Paulo: Edições Loyola, 2008. p. 131 e 304-306.

[6] O nono aforismo de Walter Benjamin sobre o conceito de história pode bem ilustrar a relação feita entre a violência e a noção de progresso histórico: "Há um quadro de Klee que se chama Angelus Novus. Representa um anjo que parece querer afastar-se de algo que ele encara fixamente. Seus olhos estão escancarados, sua boca dilatada, suas asas abertas. O anjo da história deve ter esse aspecto. Seu rosto está dirigido para o passado. Onde nós vemos uma cadeia de acontecimentos, ele vê uma catástrofe única, que acumula incansavelmente ruína sobre ruína e as dispersa a nossos pés. Ele gostaria de deter-se para acordar os mortos e juntar os fragmentos. Mas uma tempestade sopra do paraíso e prende-se em suas asas com tanta força que ele não pode mais fechá-las. Essa tempestade o impele irresistivelmente para o futuro, ao qual ele vira as costas, enquanto o amontoado de ruínas cresce até o céu. Essa tempestade é o que chamamos progresso". Cf. BENJAMIN, Walter. *O anjo da história*. Trad. João Barreto. Belo Horizonte: Autêntica Editora, 2012. p. 13 e 14.

[7] MARTUCCELLI, Danilo. Reflexões sobre a violência na condição moderna. Trad. Maria das Graças de Souza Nascimento. *Tempo Social; Rev. Sociol. USP; São Paulo; 11(1): 157-175, maio de 1999*.

violência que se materializa na luta de classes, mas sim atingido de forma racional por meio de soluções negociadas. Com isso, a violência separa-se da noção de história e passa a ser concebida como um "fracasso" transitório na busca por resultados pacificados. Sob uma segunda perspectiva, os avanços científicos e o consequente aprimoramento das capacidades de auto-representação das sociedades modernas impulsionaram o crescimento da consciência dos "riscos" e "perigos" que ameaçam seus indivíduos, ensejando a intensificação tanto de reações negativas às práticas violentas como de apelos por segurança. Por fim, considerando-se a difusão da ideia do triunfo do indivíduo, do conhecimento e da construção social sobre os limites físicos da natureza, a violência opera uma verdadeira inversão da condição moderna: ela passa a corresponder ao "apelo do mundo 'físico' em relação ao mundo da 'informação'". A ocorrência de atitudes violentas, deste modo, colocaria em cheque o ideal do indivíduo autônomo, capaz de se autocontrolar em virtude de ter interiorizado corretamente as normas de conduta[8].

A exposição desta mudança na compreensão semântica da violência não significa afirmar a existência de aspectos intrinsecamente positivos em comportamentos violentos, mas sim que as percepções e imagens sociais acerca da violência estão diretamente relacionadas a uma "sensibilidade" historicamente delimitada[9]. Em primeiro lugar, isso denota como a interpretação moderna da violência influencia diretamente os modos pelos quais o direito se organiza para lidar com ela – privilegiando técnicas em que prevalece a ideia de enfrentamento –, bem como as percepções sociais acerca daquele que trespassa os limites modernos de aversão quase absoluta à violência. Em segundo lugar, assumir a contingencialidade da compreensão da violência parece ter o potencial de elevar a complexidade dos debates acerca dos significados que o comportamento violento pode assumir nas interações intersubjetivas concretas, abrindo espaço ainda para uma reavaliação das práticas jurídicas a elas direcionadas.

---

[8] MARTUCCELLI, Danilo. Reflexões sobre a violência na condição moderna... *op. cit.*
[9] Carina Kaplan considera entende a "sensibilidade" como a forma pela qual uma sociedade percebe o mundo, imbricando-se aspectos objetivos e subjetivos, tais como imagens, crenças, discursos, olhares e concepções. Cf. KAPLAN, Carina V. La sensibilidad por la violencia como experiencia cultural y educativa en sociedades de desigualdad. El caso de los jóvenes. *Cadernos de Estudos Sociais*, Recife, v. 25, n. 1, p. 45-46, jan.-jun., 2011.

2. A Delinquência Urbana, o Adolescente e o Sujeito

Uma vez que, tal como exposto no item anterior, a interpretação do significado de violência e a sensação de insegurança são fatores socialmente construídos e historicamente situados[10], pode-se interpretar igualmente os efeitos da modernidade sobre as políticas públicas securitárias.

Sob a égide do modelo correcionalista do *welfarismo,* tais políticas eram alvos de críticas por serem consideradas demasiadamente permissivas e brandas face ao aumento da criminalidade, o qual passou a ser atribuído a desvios das camadas mais pobres que necessitavam ser controlados. A resposta do Estado a estas demandas passou por iniciativas de responsabilização – pelo qual estende a responsabilidade pela segurança a atores privados –, mas também pela politização do discurso sobre segurança, bem como por mecanismos populistas de segregação punitiva e atuação simbólica[11]. Incapaz de tranquilizar suas populações, inseguras por conta de um cenário de precarização do trabalho e dos serviços, consequência do desmantelamento dos aparelhos estatais ocorrido após a década de 1980, o Estado busca na segurança dos corpos uma forma de se mostrar visível e angariar capital político[12].

Esta contrapartida estatal é decorrência de uma nova experiência social do delito, constituída, dentre outros fatores, a partir da escalada da vio-

---

[10] KAPLAN, Carina V. La sensibilidad por la violencia como experiencia cultural y educativa en sociedades de desigualdad. El caso de los jóvenes. *Cadernos de Estudos Sociais,* Recife, v. 25, n. 1, p. 45-46, jan.-jun., 2011.

[11] GARLAND, David. *A cultura do controle: crime e ordem social na sociedade contemporânea.* Trad. André Nascimento. Rio de Janeiro: Revan, 2008. p. 217-221, e 279 et seq.

[12] BAUMAN, Zygmunt. *Globalização: as consequências humanas.* Trad. Marcus Penchel. Rio de Janeiro: Zahar, 1999, p. 126. *Sobre a política securitária neoliberal, Juarez Tavares estabelece quatro traços principais: (i) é relacionada a um contexto econômico de privatizações que flexibiliza a separação entre público e privado; (ii) incentiva o enrijecimento da repressão à criminalidade de rua; (iii) é caracterizada por uma orientação preventiva; e (iv) amplia e diversifica as sanções de cunho penal e extrapenal.* TAVARES, Juarez. A globalização e os problemas de segurança pública. In: HOLLENSTEINER, Stephan (org.). *Estado e sociedade civil no processo de reformas no Brasil e na Alemanha.* Rio de Janeiro: Lumen Juris, 2004. p. 64. *Loïc Wacquant denuncia o paradoxo da era neoliberal, a qual, ao mesmo tempo que defende um "menos Estado" (less State) no plano da economia e da seguridade social, promove um "mais Estado" (more State) na segurança pública, o que o autor denomina como passagem do Estado-Providência ao Estado-Penitência.* WACQUANT, Loïc. *As prisões da miséria.* 2. ed. Trad. André Telles. Rio de Janeiro: Zahar, 2011. p. 9 e 85 et seq.

lência urbana[13] e da estratégia estatal recente de intensificação da transferência de responsabilidades a agentes privados. Inseridos em um contexto de precarização e cada vez mais acostumados a gerenciar por si própria os riscos diários, os indivíduos das sociedades contemporâneas passam a experimentar o delito como fenômeno *normal*, mas ao mesmo tempo crescentemente repudiado e temido[14]. Esta sensação de medo é agravada pela atuação de uma mídia que descobriu no delito uma mercadoria interessante, e que reconstrói realidades a partir de interpretações alarmistas muito próprias[15], o que influencia diretamente as "falas do crime" – as quais, por sua vez, se constituem em elementos de reordenação social que, de forma maniqueísta e socialmente discriminatória, lançam sobre certos grupos a pecha de *perigosos*[16].

A nova experiência da criminalidade pode ser percebida no contexto brasileiro em pesquisas de opinião periodicamente realizadas. Uma delas, recentemente publicada pelo Instituto de Pesquisas Econômicas Aplicadas (IPEA) no fim de 2011, constatou que os brasileiros afirmaram ser a *violência* seu principal tema de preocupação (23% dos entrevistados)[17]. Outro estudo da mesma instituição, acerca da percepção social sobre segurança pública em 2012, mostrou que 62,3% dos entrevistados declararam ter

---

[13] Apesar de reconhecer as dificuldades e limitações em se trabalhar com estatísticas oficiais envolvendo a criminalidade urbana, Sergio Adorno identifica, mediante verificações empíricas, uma tendência mundial – na qual o Brasil se insere – de aumento da delinquência violenta. ADORNO, Sergio. O gerenciamento público da violência urbana: a justiça em ação. In: PINHEIRO, Paulo Sérgio (org.). *São Paulo sem medo: um diagnóstico da violência urbana*. Rio de Janeiro: Garamond, 1998.

[14] GARLAND, David. *A cultura do controle...* op. cit., p. 322-324 e 332-335.

[15] Cf. SHECAIRA, Sérgio Salomão. Mídia e crime. In: SHECAIRA, Sérgio Salomão (org.). *Estudos criminais em homenagem a Evandro Lins e Silva (criminalista do século)*. São Paulo: Editora Método, 2001, p. 360-361.

[16] Tal rotulação é tão consistente que até os grupos estereotipados os reproduzem, e reflete significativamente na estruturação do espaço urbano. CALDEIRA, Teresa Pires do Rio. *Cidade de muros: crime, segregação e cidadania em São Paulo*. Trad. Frank de Oliveira e Henrique Monteiro. São Paulo: Ed. 34; Edusp, 2000. p. 10.

[17] Em seguida vieram saúde (22,3% dos entrevistados), corrupção (13,7%), desemprego (12,4%), educação (8%), pobreza (6,1%) e desigualdades (5,8%). AGÊNCIA BRASIL. Pesquisa do IPEA mostra preocupações da população. *CONSEA*, 02 Jan. 2012. Disponível em: <www4.planalto.gov.br>. Acesso em: 01 Jun. 2013.

"muito medo" de assalto à mão armada; 62,4% de serem vítimas de assassinato; 61,6% de terem suas casas arrombadas; e 54,5% de serem agredidos[18].

O recrudescimento do temor ao crime nas últimas décadas é acompanhado por uma mudança de percepção sobre os adolescentes infratores. Se estes eram anteriormente vistos como "menores" a serem recuperados – ainda que mediante privação de liberdade –, a partir da década de 1970 tornaram-se temidos e associados à criminalidade urbana[19]. Na passagem da "sociedade disciplinar" *foucaultiana*[20] à "sociedade do controle" diagnosticada por Gilles Deleuze[21], passaram a ser mais frequentes as falas sociais a apontarem uma acentuação da participação de jovens na criminalidade urbana, sendo defendidas como soluções campanhas moralizatórias e maior rigor nas medidas restritivas da liberdade individual[22].

Embora o fenômeno da delinquência juvenil seja recorrentemente pautado nas discussões públicas como uma aberração a ser duramente combatida, estudos criminológicos apontam a *normalidade* de condutas adolescentes antissociais em razão das particularidades da idade, trabalhando-se com os conceitos de delinquência *transitória* e *ocasional*[23]. Além

---

[18] IPEA. *Sistema de indicadores de percepção social: segurança pública*. 5 de julho de 2012. Disponível em: <www.ipea.gov.br>. Acesso em: 08 Jun. 2013.

[19] Cf. ADORNO, Sérgio. *A delinquência juvenil em São Paulo*: mitos, imagens e fatos. Pro-Posições, Campinas: Faculdade de Educação - Unicamp, v. 13, n. 3(39), p. 50-51, set.-dez., 2002.

[20] Michel Foucault identifica a disciplina como método de controle sobre os corpos que sujeita suas forças e lhes impõe uma relação docilidade-utilidade por meio de uma coerção ininterrupta. A profusão social desta forma de exercício de poder e a formação de um "panoptismo" levou Foucault a trabalhar a ideia de uma sociedade disciplinar, marcada pela vigilância e adestramento. FOUCAULT, Michel. *Vigiar e punir: nascimento das prisões*. Trad. Raquel Ramalhete. 38. ed. Petrópolis, RJ: Vozes, 2010. p. 132-133 e 203-205.

[21] A sociedade atual não contaria mais com instituições sólidas de *disciplina*, as quais estariam numa profunda crise, mas sim com mecanismos fluidos e difusos de controle que prescindem da restrição espacial. Cf. DELEUZE, Gilles. Post-scriptum sur les societés de controle. Pourparlers, Paris: Les Editions de Minuit: 1990, p. 240-247. Disponível em: < https://sites.google.com/site/deleuzemedia/>. Acesso em: 20 Jul. 2013. Zygmunt Bauman fala em sociedade *pós-Panóptica: se antes era preciso que vigilante e vigiado "estivessem lá", no pós-panoptismo o poder é extraterritorial*. BAUMAN, Zigmunt. Modernidade... op. cit., p. 18.

[22] ADORNO, Sergio. A delinquência juvenil em São Paulo... op. cit., p. 53 e 57.

[23] Além destas duas categorias, é mencionada ainda a delinquência *de condição*, que designa o desvio que persiste no tempo e ganha formas heterogêneas mais agravadas. Entretanto, é a minoria dos casos entre adolescentes. LE BLANC, Marc. Un paradigme développemental pour la criminologie: développement et autorégulation de la conduite déviante. Criminologie, vol. 43, n° 2, 2010, p. 413-414. Disponível em: <http://id.erudit.org/iderudit/1001783ar>. Acesso em: 25 Jul. 2013.

da normalidade, o ato infracional é realidade decorrente de seu tempo. A sociologia da desviação de Howard Becker não qualifica o desvio ou o indivíduo desviante como algo ontológico, mas sim socialmente contextualizado e variável, fruto de interações sociais produtoras de rótulos[24]. Daí não se poder discutir a prática de atos infracionais de forma dissociada da reação coletiva a ela, tampouco qualquer destes fatores de forma separada do contexto social.

Herbert Marcuse afirma a existência de uma *sociedade enferma*, descrevendo-a como aquela em que as estruturas, instituições e relações não possibilitam a utilização dos recursos disponíveis para a otimização do desenvolvimento e satisfação das necessidades individuais[25]. De um lado, a sociedade da modernidade fluida se edifica sobre um consumismo movido não por necessidades articuladas, mas sim por *desejos* crescentes e voláteis comumente associados à própria formação da identidade do indivíduo[26]. De outro, à margem destas exigências, e de forma ainda mais notória nas sociedades latino-americanas, uma das características da contemporaneidade é a já mencionada precarização do trabalho, traduzida não apenas na forma de desemprego, mas também de trabalhos informais incapazes de garantir solidez laborativa[27]. Além deste distanciamento entre as metas sugeridas pela sociedade e as reais capacidades da juventude de acessá-las, o cenário se torna mais complexo diante da atual liquidez das instituições e dos laços humanos, o que diminui no jovem[28] a sensação de pertenci-

---

[24] BECKER, Howard S. *Los extraños*: sociología de la desviación. Buenos Aires: Editorial Tiempo Contemporáneo, 1971. p. 19-20. Para uma análise do desvio sob o enfoque do *Labelling Approach e uma melhor compreensão da perspectiva interacionista, cf.* SHECAIRA, Sérgio Salomão. *Criminologia*. 3. ed. rev., atual. e ampl. São Paulo: Editora Revista dos Tribunais, 2011. p. 309 et seq.

[25] A discrepância é tamanha que, para evitar um colapso, busca-se coordenar as mentes, fazendo com que as necessidades sociais sejam sentidas como individuais e instintivas. MARCUSE, Herbert. *La agresividad en la sociedad industrial avanzada*. Trad. Juan Ignacio Saenz-Díez. Madrid: Alianza, 1971. p. 103-106.

[26] BAUMAN, Zygmunt. *Modernidade... op. cit.*, p. 85 et seq.

[27] KESSLER, Gabriel. *Sociología del delito amateur*. Buenos Aires: Paidós, 2004. p. 31-35.

[28] Neste trabalho, o termo jovem é utilizado em referência a adolescentes dentro da faixa etária passível de receber medida socioeducativa, ou seja, entre 12 e 18 anos, considerando-se também aqueles entre 18 e 21 anos aos quais a lei expressamente estende a aplicação de tais medidas (ECA, artigo 2º, "caput" e parágrafo único).

mento social necessária para que a norma cumpra seu papel de estabilização de expectativas[29].

Embora não se possa definir com grande certeza uma relação de causalidade que consiga explicar exaustivamente o cometimento de delitos pela juventude[30], um contexto como o descrito parece propenso à violência juvenil. Norbert Elias afirma ser a violência uma resposta dos jovens ao desespero pelo arrebatamento, à carência de um futuro, à perda de sentido em suas vidas[31]. Em uma sociedade marcada pela desigualdade na distribuição das esperanças e potências, na qual a falta de vinculação com o futuro, a ausência da noção de missão social e o sentimento de impotência compõem a realidade de um grande número de pessoas, a violência acaba sendo o artifício a que jovens frequentemente recorrem para burlar imposições de uma ordem opressiva ou ganharem algum protagonismo[32].

Esta condição dialoga com a teoria do "reconhecimento"[33], elemento da filosofia hegeliana ressuscitado por teóricos políticos, tornou-se palavra-chave dos tempos contemporâneos. Axel Honneth busca reconstruir

---

[29] SHECAIRA, Sérgio Salomão. *Sistema de garantias e o direito penal juvenil*. São Paulo: Editora Revista dos Tribunais, 2008. p. 124-128.

[30] ibidem, p. 133. Shecaira fala em fatores individuais, micro-sociológicos e macrossociológicos.

[31] O autor utiliza tal raciocínio para analisar o terrorismo da Alemanha da década de 1980. Entretanto, a atualidade de seu pensamento ajuda a compreender aspectos da realidade da violência juvenil contemporânea, apesar de esta não se vincular exatamente a um projeto político. ELIAS, Norbert: Civilización y violencia. Trad. Christine Löffler e Francisco Javier Noya. *Revista Española de Investigaciones Sociológicas*, Madrid: Centro de Investigaciones Sociológicas, n. 65, p.141-151.

[32] BOURDIEU, Pierre. *Meditações pascalinas*. Trad. Sergio Miceli. Rio de Janeiro: Bertrand Brasil, 2001. p. 268-272. *Não significa, entretanto, que as desigualdades sociais necessariamente produzam adolescentes em conflito com a lei, e menos ainda que os jovens infratores sejam indivíduos totalmente orientados ao delito. Gabriel Kessler, em pesquisa empírica conduzida por meio de entrevistas com jovens argentinos, constatou que não havia uma necessária passagem do desemprego (ou subemprego) ao delito, tampouco existia uma relação excludente entre trabalho e crime. Os jovens entrevistados, ao contrário, demonstravam transitar de uma seara à outra conforme as peculiaridades de cada caso individual, muitas vezes simultaneamente.* KESSLER, Gabriel. *Sociología del delito amateur... op. cit.*, p. 34 et seq.

[33] A antiga figura hegeliana da "luta pelo reconhecimento" assume nova perspectiva conforme a globalização capitalista acelera os contatos transculturais, quebrando interpretações esquematizadas, pluralizando valores e politizando identidades e diferenças. Esta noção, para Axel Honneth e Nancy Fraser, é central nos esforços de conceituar as lutas hodiernas que envolvem identidade e diversidade. FRASER, Nancy; HONNETH, Axel. *Redistribution or recognition? A political-philosophical exchange*. Londres, UK: Verso, 2003. p. 1.

esta categoria como uma teoria sociológica sistemática. Por meio de um método intersubjetivo e aberto às ciências empíricas (principalmente à psicologia social de George Herbert Mead[34]), o autor utiliza como base do processo de aprendizado moral de sociedades existentes no plano concreto a intuição de Hegel da luta por reconhecimento, deixando de lado, contudo, o desenvolvimento metafísico do argumento hegeliano[35]. Desta maneira, constrói um quadro capaz de demonstrar a estrutura das relações sociais de reconhecimento. Considera, assim, que por meio de relações primárias de afeto com o outro, derivadas da natureza carencial e afetiva do ser humano, gera-se no indivíduo a *autoconfiança*. Quando tais relações são desrespeitadas com maus-tratos e violações, ameaça-se a integridade física do sujeito. Mediante relações jurídicas, decorrentes estas da imputabilidade moral do indivíduo, por sua vez, produz-se no sujeito o sentimento de *autorrespeito*. A privação de direitos e a exclusão põem em risco a integridade social do indivíduo. Por fim, as capacidades e propriedades individuais de cada sujeito, por meio da solidariedade (comunidade de valores)[36], é capaz de criar no indivíduo a *autoestima*, pois permitem que toda pessoa experimente a si mesma como valiosa para a sociedade, por suas realizações e capacidades, sendo premiadas com o prestígio social. O desrespeito àquilo que torna alguém individual lhe ofende e corresponde a degradação de sua subjetivação[37].

---

[34] G. H. Mead trabalha com a ideia de que a formação da identidade humana é produto da noção de reconhecimento coletivo e, para Honneth, em nenhuma outra teoria moderna esta consequência é tão evidente. Na obra de Mead, a consciência do *self* deriva do fato de o indivíduo somente se perceber como ator a partir da representação simbólica do ponto de vista do outro. A discordância entre os autores encontra-se na terceira etapa do reconhecimento, traduzida na noção de solidariedade. Para Mead, a transição do direito para a solidariedade pode ser percebida na realização social por meio da divisão do trabalho, enquanto para Honneth ocorre na contribuição diferenciada na prestação de determinados valores sociais compartilhados coletivamente. Cf. HONNETH, Axel. Luta por reconhecimento: a gramática moral dos conflitos sociais. São Paulo: Ed. 34, 2003. p. 117-211; SOUZA, Jessé. Uma teoria crítica do reconhecimento. Lua Nova, São Paulo, n. 50, 2000. Disponível em: <http://www.scielo.br/scielo.php?script=sci_arttext&pid=S0102-64452000000200008&lng=en&nrm=iso>. Acesso em 31 Jul. 2013.
[35] HEGEL, Georg Wilhelm Fredrich. *Elements of the philosophy of right*. Cambridge: Cambridge University Press, 1991; HONNETH, Axel. A luta... op. cit. p. 117.
[36] Entende Honneth por "solidariedade" uma forma de relação interativa na qual os sujeitos interessam-se reciprocamente por suas maneiras de vida distintas, pois se estimam entre si de modo simétrico. Cf.: HONNETH, Axel. A luta... op. cit. p. 209.
[37] HONNETH, Axel. A luta... op. cit. p. 211.

Ser reconhecido é algo próprio daquele que se denomina *sujeito*, o qual pode ser compreendido como a capacidade da pessoa de atuar criativamente, de escolher, de constituir sua existência e, ao mesmo tempo, ter sua subjetividade reconhecida pelos outros sujeitos[38]. Todavia, a obsessão por segurança e o temor à criminalidade acaba por selecionar indivíduos e grupos – dentre os quais certos adolescentes – como fatores de risco a serem eliminados, e deles é retirada a subjetividade na medida em que são desqualificados como potenciais parceiros de diálogo, e considerados apenas como seres perigosos a serem controlados[39].

Michel Wieviorka identifica que, em alguns casos, a violência é "a marca do sujeito contrariado, negado ou impossível, a marca de uma pessoa que sofreu uma agressão, seja física ou simbólica". A violência é a expressão, e em alguns casos uma tentativa de protagonismo, de indivíduos depreciados que acreditam não terem sido reconhecidos como sujeitos em uma sociedade excludente. Para uma juventude carente de perspectivas, a violência pode consistir não só em um excesso ou perda de sentido – pura capacidade de violência, desprovida de razão –, como também em um meio de subjetivação pela qual os indivíduos buscam atribuir algum sentido às suas existências [40] - algo que ganha traços peculiares ao se considerar o adolescente como pessoa de personalidade em formação.

Esta contextualização expressa que as teorias da normalidade conforme a idade, embora corretas, não servem para explicar integralmente a delinquência juvenil, principalmente em países em que a precarização do trabalho e das instituições se mostra mais acentuada. As condições adversas do atual estágio da modernidade ensejam uma dificuldade de se assegurar que o desvio violento da juventude venha a no futuro se constituir em integração positiva – ao contrário, assumem contornos fragmentários e dispersos[41]. Isso não significa que o delito juvenil, ainda que ambientado em uma rede de problemas de ordem social e individual, se traduza em fator

---

[38] WIEVIORKA, Michel. La violencia: destrucción y constitución del sujeto. Trad. Beatriz Borjas. *Espacio Abierto*, Maracaibo, v. 15, n. 1-2, jun. 2006, p. 241. Disponível em: <http://www2.scielo.org.ve/scielo.php?script=sci_arttext&pid=S1315-00062006000100014&lng=es&nrm=iso>. Acesso em: 31 Jul. 2013.

[39] BAUMAN, Zigmunt. *Danos colaterais: desigualdades sociais numa era global.* Trad. Carlos Alberto Medeiros. Rio de Janeiro: Zahar, 2013. p. 77-78.

[40] WIEVIORKA, Michel. La violencia: destrucción y constitución del sujeto... op. cit., p. 241.

[41] SHECAIRA, Sérgio Salomão. *Sistema de garantias e o direito penal juvenil... op. cit.*, p. 111-113.

de predição de eventuais delitos adultos – mentalidade que acaba orientando tanto políticas repressivas como as que se pretendem preventivas. Ao contrário do pensamento comum sobre o tema, o desvio juvenil não está associado a déficits de socialização, mas sim a um processo de socialização diferente e peculiar que precisa ser analisado e compreendido, para que as políticas públicas – inclusive as criminais – sejam voltadas à consolidação de comunidades erodidas pela desesperança e pela precariedade[42].

3. A Doutrina da Proteção Integral e o Constitucionalismo Simbólico

No Brasil, a proteção integral a todas as crianças e adolescentes, independente de sua situação "regular" ou "irregular" (distinção que em tese, aliás, deixa de existir), foi anunciada com a promulgação do ECA em 1990, respaldado pela Convenção Internacional sobre os Direitos das Crianças de 1989 e pela Constituição Federal de 1988 [43] [NOTA RODAPÉ]. Tais marcos normativos sugeriram uma importante mudança na própria concepção de infância e adolescência. O novo conceito jurídico passou a exigir um olhar diferenciado para a criança e o adolescente, passando a considera-los como sujeitos de direitos: não mais indivíduos carentes de tutela, mas detentores de todos os direitos inerentes à pessoa humana, sendo que estes direitos lhes devem ser garantidos com absoluta prioridade, por serem pessoas em situação peculiar de desenvolvimento[44].

Buscou-se, com isto, afastar a visão e a prática excludentes e estigmatizantes que incidiam, sobretudo, na população infanto-juvenil pobre, objeto principal das políticas de controle social presente nos códigos menoristas

---

[42] KESSLER, Gabriel. Las transformaciones en el delito juvenil en Argentina y su interpelación a las políticas públicas. In: POTTHAST, Barbara; STRÖBELE-GREGOR, Juliana; WOLLRAD, Dörte (ed.). *Ciudadanía vivida, (in)seguridades e interculturalidad*. Buenos Aires: FES, Adlaf e Nueva Sociedad, 2008. p. 244-245.

[43] De acordo com o artigo 227 do texto constitucional, é dever da família, da sociedade e do Estado garantir à criança, ao adolescente e ao jovem, com absoluta prioridade, os direitos fundamentais inerentes à pessoa humana. Esta determinação é reforçada nos artigos 3º. e 4º. do ECA.

[44] LEAL, Maria Cristina. O estatuto da criança e do adolescente e a lei de diretrizes e bases da educação como marcos inovadores de políticas sociais. *In:* SALES, Mione Apolinario; MATOS, Maurício Castro de; LEAL, Maria Cristina. *Política social, família e juventude: uma questão de direitos*. 6. ed. São Paulo: Cortez, 2010. p. 148.

promulgados anteriormente (1927 e 1979) e levadas a cabo com a ajuda de asilos, preventórios, internatos, patronatos e presídios[45].

Internacionalmente, a proclamação chamada "Doutrina da Proteção Integral" teve por pano de fundo o cenário pós-guerra e a necessidade de se reconstruir os direitos humanos após um extenso período no qual imperou a lógica da destruição e descartabilidade da pessoa humana[46], levando à emergência de um Direito Constitucional ocidental voltado principalmente para a proteção dos direitos fundamentais, enfatizando-se o valor da dignidade da pessoa humana[47], estendida, consoante a Declaração Universal dos Direitos Humanos de 1948, a todos os membros da família humana[48], incluindo-se, portanto, crianças e adolescentes.

Outros dois marcos internacionais de relevância foram a Declaração Universal dos Direitos das Crianças de 1959 e a já mencionada Convenção de 1989, que consagraram o princípio[49] do melhor interesse da criança[50].

[45] RIZZINI, Irene; PILOTTI, Francisco. Conclusão: a arte de governar crianças – lições do passado e reflexões para o presente. In: RIZZINI, Irene; PILOTTI, Francisco (org.). *A arte de governar crianças: a história das políticas sociais, da legislação e da assistência à infância no Brasil*. 3. ed. São Paulo: Cortez, 2011. p. 323.

[46] Cf. HOBSBAWM, Eric J.. *Globalização, democracia e terrorismo*. Trad. José Viegas. São Paulo: Companhia das Letras, 2008. p. 21; PIOVESAN, Flavia. Concepção contemporânea de direitos humanos: desafios e perspectivas. In: ROCHA, João Carlos de Carvalho; HENRIQUES FILHO, Tarcísio Humberto Parreiras; CAZETTA, Ubiratan (Coords.). *Direitos humanos: desafios humanitários contemporâneos*. Belo Horizonte: Del Rey, 2008. p. 9-10.

[47] Para Theodor Adorno e Max Horkheimer, contudo, a reconstrução a democracia sobre novos princípios e valores após a Segunda Guerra não afasta a sobrevivência do nazismo. Localizam os autores na "Dialética do Esclarecimento" elementos do antissemitismo que podem estar presentes em um conjunto - "ticket"- que constitua qualquer ideologia política. Aqueles que aderem ao "ticket" seriam inimigos da diferença. Isto, somado à falta de consideração pelo sujeito que decorre do processo econômico, no qual a consideração pelo indivíduo transforma-se em um obstáculo à produção, facilitaria com que os diferente de hoje, rotulados como "judeus", fossem enviados às novas "câmaras de gás". Cf. HORKHEIMER, Max; ADORNO, Theodor W. *Dialética do esclarecimento*. Trad. Guido Antonio de Almeida. Rio de Janeiro: Editora Jorge Zahar, 1991. p. 166; SELIGMANN-SILVA, Marcio. *O local da diferença: ensaios sobre memória, arte, literatura e tradução*. 1. ed. São Paulo: Editora 34, 2005. p. 9.

[48] DECLARAÇÃO UNIVERSAL DOS DIREITOS HUMANOS. Disponível em: < http://portal.mj.gov.br/sedh/ct/legis_intern/ddh_bib_inter_universal.htm>. Acesso em 04.07.2013.

[49] Mandamentos de otimização. Cf. ALEXY, Robert. *Teoria dos direitos fundamentais*. Trad. Virgílio Afonso da Silva. 2. ed. São Paulo: Malheiros, 2012. P. 90-91; SILVA, Virgílio Afonso da. *Direitos fundamentais: conteúdo essencial, restrições e eficácia*. 2. ed. 2. tir. São Paulo: Malheiros, 2011. p. 46-64.

[50] "The best interests of the child" foi traduzido como "interesse maior da criança" no Decreto 99.710 de 1990, que promulgou a Convenção sobre os Direitos das Crianças. Entende-se,

Originado na *common law*, servindo inicialmente à solução de conflitos de interesse entre partes nos quais existiam crianças envolvidas (em geral, em dissoluções de casamento para se decidir com quem deveria ficar a guarda da criança), significando, em essência, que em tais casos, os interesses da criança envolvida deveria prevalecer sobre os das partes ou instituições litigantes[51]. Passado de princípio na Declaração de 1959 para artigo pactuado na Convenção de 1989, o melhor interesse da criança e do adolescente extrapolou esfera inter-privada, de maneira a dever ser considerado em todas as ações relativas às crianças, efetuadas por instituições públicas ou privadas de bem estar social, tribunais, autoridades administrativas ou órgãos (artigo 3º. da Convenção)[52].

O contexto interno brasileiro, por sua vez, remonta ao esgotamento da "constitucionalização instrumental" do período autoritário iniciado em 1964[53] e à identificação simbólica[54] com os valores do constitucionalismo

todavia, no mesmo sentido da compreensão de Tânia Pereira, de que tanto o conteúdo da Convenção quanto a orientação constitucional e infraconstitucional adotada pelo sistema jurídico brasileiro transmitem um interesse qualitativo ("melhor") em vez de quantitativo ("maior"), razão pela qual não se utilizou a literalidade do Decreto pátrio. Cf. PEREIRA, Tânia da Silva. O princípio do melhor interesse da criança: da teoria à prática. 2008. Disponível em: < http://www.gontijo-familia.adv.br/2008/artigos_pdf/Tania_da_Silva_Pereira/MelhorInteresse.pdf>. Acesso em 22.06.2013.

[51] O'DONNELL, Daniel. A convenção sobre os direitos da criança: *estrutura e conteúdo*. 1990. *Disponível em:* < http://www.mpdft.mp.br/portal/pdf/unidades/promotorias/pdij/Publicacoes/A_Conven_Dir_Crian_1989.pdf> . *Acesso em 22.06.2013.*

[52] BRASIL. Promulga a Convenção sobre os Direitos das Crianças. Decreto n. 99.710 de 21 de novembro de 1990(b). Disponível em: < http://www.planalto.gov.br/ccivil_03/decreto/1990-1994/D99710.htm>. Acesso em 22.jun.2013.

[53] Fase em que a legislação constitucional era modificada segundo a conjuntura dos interesses daqueles que se encontravam, então, no poder, tornando-se, basicamente, mero instrumento jurídico dos grupos políticos dominantes, constituindo-se uma espécie de arma na luta pelo poder. Cf. NEVES, Marcelo. *A constitucionalização simbólica*. 2. ed. São Paulo: Martins Fontes, 2007. p. 177-178.

[54] *Visando a delimitar semanticamente o que compreende por simbólico em seu trabalho que se propõe a estudar este caráter na legislação e na constitucionalização, Marcelo Neves o faz por meio da distinção entre a ação simbólica, a ação expressiva e a ação instrumental. Na atitude expressiva, confunde-se o agir e a satisfação de sua respectiva necessidade. A ação instrumental, por sua vez, implica uma tentativa consciente de alcançar resultados objetivos por seu intermédio, ou seja, trata-se de uma relação meio-fim. Na ação simbólica, contudo, há a prevalência do seu significado latente sobre seu significado manifesto. Contrapondo-se à atitude expressiva, e, neste sentido, assemelhando-se à ação instrumental, a postura simbólica não se caracteriza pela satisfação imediata das respectivas necessidades, antes, relaciona-se com a questão da solução de conflito de interesses. Diferentemente da atitude instrumental, no entanto, a*

democrático, significativa para os grupos que deram sustentação e apoio ao texto da Constituição Federal de 1988. Deste modo, ante o imperativo de diferenciação funcional e inclusão na sociedade atual, tornou-se função jurídica da Constituição a institucionalização dos *direitos fundamentais* e do *Estado de bem estar*[55], de maneira a não se restringir no texto constitucional a colocação expressa das declarações de direitos individuais, sociais e coletivos, das mais amplas. Suficientemente abrangentes, de igual forma, são as previsões de *prestação*, tanto com relação à ao estabelecimento de procedimentos constitucionais para a solução de conflitos tanto no que se refere a especificação de mecanismos jurídicos da atividade política[56].

Buscou-se, desta maneira, conformar os dispositivos referentes à proteção da infância e da adolescência às diretrizes internacionais pautadas pelo princípio do melhor interesse, ao mesmo tempo em que a prestação desta proteção se alinhou ao caráter pós-moderno e pluralista[57] do Estado, com o estabelecimento de fórmulas que exigem um comprometimento significativo não apenas governamental, mas também da sociedade e da família[58]. Neste sentido, o ECA foi um reforço ideológico ao anunciar logo em seu primeiro artigo a temática da "proteção integral" à criança e ao adolescente e ao delinear uma política de atendimento que, em sua execução,

---

ação simbólica não se orienta conformando uma relação linear de meio-fim. Adverte, entretanto, que esta diferença é possível apenas analiticamente, pois na prática dos sistemas sociais as três variáveis costumam estar presentes. Porém, ao se falar em legislação simbólica, refere-se à predominância deste vetor sobre os demais. NEVES, Marcelo. *A constitucionalização... op. cit. p. 22-23.*

[55] Conforme se nota já no próprio preâmbulo constitucional.

[56] NEVES, Marcelo. *A constitucionalização... op. cit. p. 183-184.*

[57] Norberto Bobbio explora a grande divergência existente entre os conceitos de pluralismo, utilizados por correntes conflitantes. Salienta, entretanto, a base comum a todas as definições: a valorização dos grupos sociais que integram o indivíduo e desintegram o Estado. Cf. BOBBIO, Norberto. *As ideologias e o poder em crise.* Trad. João Ferreira. 4. ed. Brasília: Editora Universidade de Brasília, 1999. p. 15-23.

[58] Nos termos do artigo 227 da Constituição Federal de 1988, corroborado pelo ECA, os direitos das crianças e adolescentes devem ser garantidos, com absoluta prioridade, pela família, pelo Estado e pela sociedade, segundo um modelo caracterizado pela descentralização, participação dos atores sociais na formulação da política de atendimento e corresponsabilidade no provimento de recursos públicos e privados, reconhecendo-se largamente o trabalho voluntário e doméstico. Cf. PEREIRA-PEREIRA, Potyara Amazoneida. Mudanças estruturais, política social e papel da família: crítica ao pluralismo de bem-estar. *In:* SALES, Mione Apolinario; MATOS, Maurício Castro de; LEAL, Maria Cristina. *Política social... op. cit. p. 34-35.*

deve ser conduzida pelo melhor interesse da criança e do adolescente[59] e pela garantia da prioridade absoluta na efetivação de direitos.

Não obstante ter logrado a Constituição Federal de 1988 a eliminação das violações mais evidentes aos direitos humanos cometidas durante o autoritarismo militar, os governos civis eleitos nas últimas décadas não foram capazes de implementar políticas que pudessem assegurá-los a todos os cidadãos[60], tampouco que considerassem a prioridade absoluta de atendimento à infância e à adolescência. Um dos aspectos mais relevantes da violência da criminalidade da década em que foi promulgado o ECA, aliás, foi a capacidade vitimizadora de pessoas cada vez mais jovens das classes sociais mais baixas, de forma banalizada - por sua frequência - e invisível - por não produzir qualquer reação pública ou reinvindicação política para reversão deste quadro.

Em contrapartida, vê-se constantemente a produção de um discurso que qualifica estes mesmos jovens como os principais, se não únicos, responsáveis pelo recrudescimento da violência real[61]. De tempos em tempos, veicula-se na mídia a notícia de algum crime cometido por um adolescente contra um cidadão de maior projeção social, reforçando apreensões coletivas e acentuando preconceitos contra crianças e adolescentes "menorizados" pela opinião pública[62].

Ou seja, no plano da concretização constitucional - e infraconstitucional, no caso -, a prática política e o contexto social dão ensejo a uma concretização restrita e excludente dos dispositivos da Constituição Federal de 1988, no que diz respeito tanto à ação da população e dos agentes estatais (relacionado à noção de eficácia), quanto à vivência dos institutos constitucionais básicos. Não é possível, assim, falar-se em construção ou ampliação da cidadania nos moldes do princípio constitucional da igualdade, antes, o texto da Constituição permite o desenvolvimento de rela-

---

[59] "Superior interesse", nos termos do ECA.
[60] PINHEIRO, Paulo Sérgio. Violência, crime e sistemas policiais em países de novas democracias. *Tempo Social; Rev. Sociol.USP*, S. Paulo, 9(1): 43-52, maio de 1997.
[61] FRAGA, Paulo Cesar Pontes. Política, isolamento e solidão: práticas sociais na produção da violência contra jovens. In: SALES, Mione Apolinario; MATOS, Maurício Castro de; LEAL, Maria Cristina. *Política social...* op. cit. p. 87.
[62] ADORNO, Sérgio. A experiência precoce da punição. In: MARTINS, José de Souza (coord.). *O massacre dos inocentes: a criança sem infância no Brasil*. São Paulo: Hucitec, 1991. p. 204; ADORNO, Sérgio. *O adolescente na criminalidade urbana de São Paulo*. Brasília; Ministério da Justiça, Secretaria de Estado dos Direitos Humanos, 1999.

ções concretas de "subcidadania" e "sobrecidadania"[63], de modo que falar em um novo *status* inclusivo para toda a infância e a adolescência acaba soando como um discurso retórico.

4. Entre a Proteção Integral e a "Hipocrisia Punitiva"

Na fase tutelar de um "direito de menores", considerava-se que os desvios juvenis não deveriam ser abrangidos pela esfera penal, sob o argumento de que a proteção de direitos do adolescente e seu superior interesse eram incompatíveis com um sistema de atribuição de responsabilidade penal. A experiência em torno deste modelo, contudo, demonstrou sua incapacidade de conter os excessos do poder estatal sobre aquele que era considerado "menor em situação irregular". Apontando as arbitrariedades dos mecanismos "tutelares", fortaleceu-se a ideia de um "direito penal juvenil" que buscasse compatibilizar, de um lado, um modelo de responsabilização apropriado às particularidades do jovem – indivíduo em formação –, e, de outro, as garantias[64] próprias do sistema penal. Neste cenário, o superior interesse deveria funcionar de maneira complementar, como forma de limitar o poder punitivo e proteger o adolescente dos efeitos adversos da sanção ao desenvolvimento da sua subjetividade[65].

---

[63] NEVES, Marcelo. *A constitucionalização... op. cit. p. 184.*

[64] Abordando o ECA, Emilio García Méndez define a natureza "garantista" de uma legislação como o respeito ao império da lei, característico das democracias constitucionais, e a existência de instituições e mecanismos capazes de dar efetividade aos direitos positivados na legislação. O contrário disso seria justamente o *subjetivismo e a discricionariedade*. Méndez, Emilio García. Evolución historica del derecho de la infancia: ¿Por que una historia de los derechos de la infancia? In: ILANUD; ABMP; SEDH; UNFPA (org.). *Justiça, adolescente e ato infracional:* socioeducação e responsabilização. São Paulo: ILANUD, 2006, p. 16.

[65] CILLERO, Miguel. La responsabilidad penal de adolescentes y el interés superior del niño: ¿complemento o contradicción? In: MÉNDEZ, Emilio García. *Infancia y democracia en la Argentina:* la cuestión de la responsabilidad penal de los adolescentes. Buenos Aires: Del Signo, 2004, p. 35-36. Segundo a legislação brasileira (artigo 27 do Código Penal), menores de 18 anos são inimputáveis; o que não significa, entretanto, que não sejam responsáveis por seus atos. Não se trata de reconhecer adolescentes como sujeitos de direitos e tratá-los como adultos, e sim de criar formas de responsabilização com as garantias do direito penal, mas menos rígido que este. SPOSATO, Karyna Batista. Gato por lebre: a ideologia correcional no Estatuto da Criança e do Adolescente. *Revista Brasileira de Ciências Criminais*. São Paulo. v.14. n. 58, jan.-fev, 2006, p. 152. Precedendo estas etapas, houve ainda a fase da intervenção

Todavia, em contextos sociais menos estruturados e marcados pela acentuação de demandas securitárias, como é o caso brasileiro, a proteção "do menor" se converte em proteção "*contra* o menor"[66]. Há um distanciamento entre os textos legislativos e as práticas institucionais, as quais intensificam métodos de controle sobre os adolescentes infratores. Como isso ocorre sob um discurso dito progressista que refuta o "direito penal juvenil" para consagrar um modelo "pedagógico" a ser concretizado "com o auxílio do sacerdote ou do psiquiatra", Karyna Batista Esposato afirma a existência de um *neomenorismo*[67].

Apesar dos avanços do Estatuto da Criança e do Adolescente, a realidade brasileira ainda é marcada pelo despreparo, pela burocracia e clientelismo das instituições destinadas à aplicação das medidas socioeducativas, e pelo "caráter desumanizador das instituições de privação de liberdade"[68]. Emilio García Méndez argumenta que o ECA vem passando por uma dupla crise: de *implementação* e de *interpretação*, sendo esta última vinculada justamente às "boas" práticas, de viés ainda tutelar e discricionário, que veiculam uma tendência controladora e punitivista escondida por detrás de uma aparência falsamente progressista[69].

Buscando verificar esta hipótese, recente pesquisa buscou analisar os discursos presentes em decisões de tribunais de justiça dos estados e do Superior Tribunal de Justiça sobre medidas socioeducativas sob a vigência do Estatuto. Foi identificada a presença de elementos "menoristas" na aplicação das sanções, como a ideia estereotipada de um jovem desajustado e socialmente problemático carente de educação; a utilização de condições pessoais do adolescente como pretexto segregacionista; e a utilização da "proteção integral" como fator de justificação das técnicas de controle, inclusive internação[70]. Outro estudo empírico, este direcionado

---

indiferenciada, a qual não distinguia jovens de adultos. Cf. SHECAIRA, Sérgio Salomão. *Sistema de garantias... op. cit.*, p. 27 et seq.

[66] SAAD-DINIZ, Eduardo. A proteção penal do menor: entre a medida sócio-educativa e a repressão ao inimigo. *Revista Jurídica LEX*, São Paulo: Lex Editora, v. 55, jan.-fev., 2012, p. 409.

[67] SPOSATO, Karyna. Gato por lebre... *op. cit., p. 143-146*.

[68] SOUZA, Tatiana Tokoy de. *Um estudo dialógico sobre institucionalização e subjetivação de adolescentes em uma casa de semiliberdade*. São Paulo: IBCCRIM, 2008. p. 58-59.

[69] MÉNDEZ, Emilio García. Evolución historica... *op. cit., p. 15-20*.

[70] Para trechos das decisões, maiores explicações metodológicas e análise mais aprofundada dos resultados, cf. MINAHIM, Maria Auxiliadora; SPOSATO, Karyna Batista. A internação de adolescentes pela lente dos tribunais. *Revista Direito GV*, v.7, n.1, p. 277-298, jun. 2011.

sobre decisões do Supremo Tribunal Federal proferidas entre os anos de 2007 e 2012 sobre medidas socioeducativas, constatou-se que em 48% dos casos a corte constitucional brasileira não observou a excepcionalidade da internação[71], adotando-se um modelo de responsabilização prejudicial ao desenvolvimento da personalidade juvenil[72].

Analisando a legislação espanhola sobre adolescentes em conflito com a lei, Miguel Polaino-Orts sugere a configuração de uma verdadeira "hipocrisia punitiva", traduzida em uma realidade na qual se coloca o jovem como "protegido da lei", quando na realidade é tido como foco de perigo a ser controlado por meio de um tratamento *repressivo*, porém *travestido* de instrumento pedagógico[73] que zela pelo "melhor interesse". A pretensa natureza *educativa* das medidas adotadas pelo sistema brasileiro soa falsa e desproposta, principalmente ao se considerar a tentativa de uma sociedade enferma de controlar jovens indivíduos segundo padrões de norma-

---

[71] A dificuldade de acesso a dados empíricos atrapalham análises mais precisas, mas há algumas informações relevantes. Levantamento Nacional de 2010 sobre Adolescentes em Conflito com a Lei, realizado pela Secretaria de Direitos Humanos do Governo Federal, apontou que o Brasil restringe a liberdade de seus adolescentes por meio de medidas socioeducativas numa proporção de 8,8 para cada 10 mil adolescentes. O Estado de São Paulo se encontra acima da média nacional, atingindo o patamar de 17,8 adolescentes restritos ou privados de liberdade para cada 10 mil. SEDH. *Levantamento Nacional: adolescentes em conflito com a lei.* Brasília, 2010. Disponível em: <www.defensoria.gov.br>. Acesso em: 01 Ago. 2013. *No âmbito específico da Fundação Casa, instituição paulista responsável pela internação de jovens infratores, os últimos dados são de 2006, e eles sugerem uma seletividade na incidência das medidas de segregação. Dos internos, 33% se classificaram como de "classe pobre", 31% de "classe média baixa" e 4% de "classe muito pobre". No que tange à autoclassificação étnica, 46% dos internos se assumiam como pardos, e 21% como pretos ou negros – número que impressiona, se confrontado com a constatação de que em 2005 a população negra ou parda correspondia a 31% da população paulista. Cf. Maior população negra do país. Estudo disponível em <www.seade.gov.br>. Acesso em 01 Ago. 2013. Tal incidência seletiva e discriminatória das formas estatais de controle se nota também no âmbito policial. Em levantamento realizado na cidade de São Paulo, o periódico Diário de S. Paulo identificou que 2 em cada 3 pessoas (66%) mortas por policiais militares atuantes no município eram de cor parda ou preta.* MAGALHÃES, Álvaro. Polícia Militar mata mais pardos e negros. Diário de S. Paulo, São Paulo, 22 de Abr. 2013. Disponível em: <www.diariosp.com.br>. Acesso em 02 Ago. 2013.

[72] Cf. FIGUEIREDO, Camila Salles. *O problema da responsabilidade do menor: a verificação das medidas socioeducativas no período de 2007 a 2012 no Supremo Tribunal Federal. Relatório de pesquisa financiada pela Fundação de Amparo à Pesquisa do Estado de São Paulo.* Franca/SP, 2013.

[73] POLAINO-ORTS, Miguel. La reforma de la ley española de responsabilidad penal del menor (o el menor como enemigo). In: *Homenaje a Ricardo Franco Guzmán: 50 años de vida académica.* México D.F., Tlalpan, 2008. p. 596.

lidade deformados[74]. Diante disso, faz-se necessário substituir a "má" *e também* a dita "boa" vontade da realidade institucional envolvendo adolescentes infratores[75] por um modelo de responsabilização que não os trate como adultos, mas que no mínimo garanta que não se degrade o desenvolvimento de suas subjetividades sob o pretexto dos propósitos *protetivos*.

Conclusão

Giorgio Agamben, ao trabalhar a relação entre o poder soberano e a vida nua, traz em cena uma figura do direito romano arcaico, na qual, por primeira vez, o caráter da sacralidade conecta-se a uma vida humana como tal. Trata-se do *homo sacer* que, por definição, era a pessoa a quem o povo julgou por um delito e, mesmo não sendo lícito sacrificá-la, quem a matasse não seria condenado por homicídio. Para Agamben, o que define a condição do *homo sacer* é, sobretudo, a dupla exclusão a qual está submetido: a morte insancionável que qualquer um pode cometer contra ele não é considerada nem sacrifício, nem homicídio. Entende o autor que esta é uma figura que também o tempo hodierno nos propõe: a de uma vida insacrificável que, no entanto, tornou-se matável. Sem haver um protótipo predeterminável do homem sacro, todos, talvez, sejam virtualmente *homines sacri*[76].

Considerado, após a Constituição Federal de 1988 e o ECA, como sujeito ao qual se estende todos os direitos garantidos a toda pessoa humana, o adolescente pobre em conflito com a lei é coberto pelo manto da proteção integral que declara ser a sua vida insacrificável. Não obstante, é matável. O descaso para com a exclusão social à qual é submetido faz com que seja invisível até o momento em que se utilize da violência e seja condenado por uma opinião pública que, em tempos de exigência por políticas de segurança, conforma-se no sentido de clamar por sua criminalização. A hipocrisia punitivista que se pretende medida socioeducativa, por sua vez, denota a mesma falta de interesse para com o adolescente em conflito com a lei.

As políticas punitivas da contemporaneidade se sustentam a partir de tendências sociais que se identificam com uma *criminologia do outro*, a qual – em oposição à *criminologia do eu* – é caracterizada por se edificar sobre as

---

[74] MARCUSE, Herbert. *La agresividad... op. cit.*, p. 103.
[75] MÉNDEZ, Emilio García. Evolución historica... *op. cit.*, p. 17.
[76] AGAMBEN, Giorgio. *Homo sacer: o poder soberano e a vida nua I.* Trad. Henrique Burigo. 2. ed. Belo Horizonte: Editora UFMG, 2012. p. 74-113.

angústias coletivas e selecionar o diferente, o "pária ameaçador", como alvo de temor a ser socialmente enfrentado[77]. Em um contexto marcado pela fluidez das relações humanas, o distanciamento social é determinante nas demandas de maior exasperação punitiva – sempre mais rigorosa quando se trata do *outro* temido. Como criticamente aponta Sérgio Salomão Shecaira, o jovem *outro*, afinal, "não é conhecido, é filho da rua, logo não é filho de alguém". Se, de um lado, a curta distância é fator de tolerância e cuidado, isso não se aplica ao indivíduo descontextualizado – "e, menos ainda, ao garoto da rua"[78].

A experiência brasileira do direito penal juvenil parece inserir o adolescente em conflito com a lei na lógica do *outro* a ser controlado, quer mediante um discurso abertamente punitivista, quer de forma oculta por detrás de propósitos "educativos" e "protetivos". Em qualquer dos casos, tais medidas pouco ou nada contribuem para a constituição do adolescente como sujeito de direitos, minando as possibilidades de serem construídas práticas de subjetivação possivelmente mais sofisticadas do que o binômio "punição *ou* educação".

---

[77] GARLAND, David. As contradições da "sociedade punitiva": o caso britânico. *Rev. Sociol. Polit.*, Curitiba, n. 13, Nov. 1999. Disponível em: <http://www.scielo.br/scielo.php?script=sci_arttext&pid=S0104-44781999000200006&lng=en&nrm=iso>. Acesso em: 06 Ago. 2013.
[78] SHECAIRA, Sérgio Salomão. A lei e o outro. *Boletim IBCCRIM*, São Paulo, v.8, n.99.

Referências Bibliográficas

ADORNO, Sérgio. *A delinquência juvenil em São Paulo*: mitos, imagens e fatos. Pro-Posições, Campinas: Faculdade de Educação - Unicamp, v. 13, n. 3(39), p. 50-51, set.-dez., 2002.

_____. *A experiência precoce da punição*. In: MARTINS, José de Souza (coord.). O massacre dos inocentes: a criança sem infância no Brasil. São Paulo: Hucitec, 1991.

_____. *O adolescente na criminalidade urbana de São Paulo*. Brasília; Ministério da Justiça, Secretaria de Estado dos Direitos Humanos, 1999.

_____. *O gerenciamento público da violência urbana*: a justiça em ação. In: PINHEIRO, Paulo Sérgio (org.). São Paulo sem medo: um diagnóstico da violência urbana. Rio de Janeiro: Garamond, 1998.

AGAMBEN, Giorgio. *Homo sacer*: o poder soberano e a vida nua I. Trad. Henrique Burigo. 2. ed. Belo Horizonte: Editora UFMG, 2012. p. 74-113.

AGÊNCIA BRASIL. *Pesquisa do IPEA mostra preocupações da população*. CONSEA, 02 Jan. 2012. Disponível em: <www4.planalto.gov.br>. Acesso em: 01 Jun. 2013.

ALEXY, Robert. *Teoria dos direitos fundamentais*. Trad. Virgílio Afonso da Silva. 2. ed. São Paulo: Malheiros, 2012.

BAUMAN, Zigmunt. *Danos colaterais*: desigualdades sociais numa era global. Trad. Carlos Alberto Medeiros. Rio de Janeiro: Zahar, 2013. p. 77-78.

_____. *Globalização*: as consequências humanas. Trad. Marcus Penchel. Rio de Janeiro: Zahar, 1999.

BECKER, Howard S. *Los extraños*: sociología de la desviación. Buenos Aires: Editorial Tiempo Contemporáneo, 1971.

BENJAMIN, Walter. *O anjo da história*. Trad. João Barrento. Belo Horizonte: Autêntica Editora, 2012.

BOBBIO, Norberto. *As ideologias e o poder em crise*. Trad. João Ferreira. 4. ed. Brasília: Editora Universidade de Brasília, 1999.

BOURDIEU, Pierre. *Meditações pascalinas*. Trad. Sergio Miceli. Rio de Janeiro: Bertrand Brasil, 2001.

BRASIL. *Promulga a Convenção sobre os Direitos das Crianças*. Decreto n. 99.710 de 21 de novembro de 1990(b). Disponível em: < http://www.planalto.gov.br/ccivil_03/decreto/1990-1994/D99710.htm>. Acesso em 22.jun.2013.

CALDEIRA, Teresa Pires do Rio. *Cidade de muros*: crime, segregação e cidadania em São Paulo. Trad. Frank de Oliveira e Henrique Monteiro. São Paulo: Ed. 34; Edusp, 2000.

CILLERO, Miguel. *La responsabilidad penal de adolescentes y el interés superior del niño*: ¿complemento o contradicción? In: MÉNDEZ, Emilio García. Infancia y democracia en la Argentina: la cuestión de la responsabilidad penal de los adolescentes. Buenos Aires: Del Signo, 2004.

DECLARAÇÃO UNIVERSAL DOS DIREITOS HUMANOS. Disponível em: < http://portal.mj.gov.br/sedh/ct/legis_intern/ddh_bib_inter_universal.htm> . Acesso em 04.07.2013.

DELEUZE, Gilles. *Post-scriptum sur les societés de controle*. Pourparlers, Paris: Les Editions de Minuit: 1990, p. 240-247. Disponível em: < https://sites.google.com/site/deleuzemedia/>. Acesso em: 20 Jul. 2013.

ELIAS, Norbert: *Civilización y violencia*. Trad. Christine Löffler e Francisco Javier Noya. Revista Española de Investigaciones Sociológicas, Madrid: Centro de Investigaciones Sociológicas, n. 65, p.141-151.

FIGUEIREDO, Camila Salles. *O problema da responsabilidade do menor*: a verificação das medidas socioeducativas no período de 2007 a 2012 no Supremo Tribunal Federal. Relatório de pesquisa financiada pela Fundação de Amparo à Pesquisa do Estado de São Paulo. Franca/SP, 2013.

FOUCAULT, Michel. *Vigiar e punir: nascimento das prisões*. Trad. Raquel Ramalhete. 38. ed. Petrópolis, RJ: Vozes, 2010. p. 132-133 e 203-205.

FRAGA, Paulo Cesar Pontes. Política, isolamento e solidão: práticas sociais na produção da violência contra jovens. In: SALES, Mione Apolinario; MATOS, Maurício Castro de; LEAL, Maria Cristina. *Política social, família e juventude*: uma questão de direitos. 6. ed. São Paulo: Cortez, 2010.

FRASER, Nancy; HONNETH, Axel. *Redistribution or recognition?* A political-philosophical exchange. Londres, UK: Verso, 2003.

GARLAND, David. *A cultura do controle*: crime e ordem social na sociedade contemporânea. Trad. André Nascimento. Rio de Janeiro: Revan, 2008. p. 217-221, e 279 et seq.

GARLAND, David. As contradições da *"sociedade punitiva"*: o caso britânico. Rev. Sociol. Polit., Curitiba, n. 13, Nov. 1999. Disponível em: <http://www.scielo.br/scielo.php?script=sci_arttext&pid=S0104-44781999000200006&lng=en&nrm=iso>. Acesso em: 06 Ago. 2013.

GIDDENS, Anthonny. *As consequências da modernidade*. Trad. Raul Fiker. São Paulo: Editora UNESP, 1991.

HARVEY, David. *Condição pós-moderna*. Trad Adail Ubirajara Sobral; Maria Stela Gonçalves. 17. ed. São Paulo: Edições Loyola, 2008.

HEGEL, Georg Wilhelm Fredrich. *Elements of the philosophy of right*. Cambridge: Cambridge University Press, 1991.

HOBSBAWM, Eric J.. *Globalização, democracia e terrorismo*. Trad. José Viegas. São Paulo: Companhia das Letras, 2008.

HONNETH, Axel. *Luta por reconhecimento*: a gramática moral dos conflitos sociais. São Paulo: Ed. 34, 2003.

HORKHEIMER, Max; ADORNO, Theodor W. *Dialética do esclarecimento*. Trad. Guido Antonio de Almeida. Rio de Janeiro: Editora Jorge Zahar, 1991.

IPEA. *Sistema de indicadores de percepção social*: segurança pública. 5 de julho de 2012. Disponível em: <www.ipea.gov.br>. Acesso em: 08 Jun. 2013.

KAPLAN, Carina V. *La sensibilidad por la violencia como experiencia cultural y educativa en sociedades de desigualdad*. El caso de los jóvenes. Cadernos de Estudos Sociais, Recife, v. 25, n. 1, p. 45-46, jan.-jun., 2011.

KESSLER, Gabriel. Las transformaciones en el delito juvenil en Argentina y su interpelación a las políticas públicas. In: POTTHAST, Barbara; STRÖBELE-GREGOR, Juliana; WOLLRAD, Dörte (ed.). *Ciudadanía vivida, (in)seguridades e interculturalidad*. Buenos Aires: FES, Adlaf e Nueva Sociedad, 2008.

KESSLER, Gabriel. *Sociología del delito amateur*. Buenos Aires: Paidós, 2004.

LATOUR, Bruno. *Jamais fomos modernos*. Trad. Carlos Irineu da Costa. 2. ed. 1. reimpr. São

Paulo: Editora 34, 2011.

LE BLANC, Marc. *Un paradigme développemental pour la criminologie*: développement et autorégulation de la conduite déviante. Criminologie, vol. 43, n° 2, 2010, p. 413-414. Disponível em: <http://id.erudit.org/iderudit/1001783ar>. Acesso em: 25 Jul. 2013.

LEAL, Maria Cristina. O estatuto da criança e do adolescente e a lei de diretrizes e bases da educação como marcos inovadores de políticas sociais. In: SALES, Mione Apolinario; MATOS, Maurício Castro de; LEAL, Maria Cristina. *Política social, família e juventude*: uma questão de direitos. 6. ed. São Paulo: Cortez, 2010.

MAGALHÃES, Álvaro. *Polícia Militar mata mais pardos e negros*. Diário de S. Paulo, São Paulo, 22 de Abr. 2013. Disponível em: <www.diariosp.com.br>. Acesso em 02 Ago. 2013.

MARCUSE, Herbert. *La agresividad en la sociedad industrial avanzada*. Trad. Juan Ignacio Saenz-Díez. Madrid: Alianza, 1971.

MARTUCCELLI, Danilo. Reflexões sobre a violência na condição moderna. Trad. Maria das Graças de Souza Nascimento. *Tempo Social*; Rev. Sociol. USP; São Paulo; 11(1): 157-175, maio de 1999.

MÉNDEZ, Emilio García. Evolución historica del derecho de la infancia: ¿Por que una historia de los derechos de la infancia? In: ILANUD; ABMP; SEDH; UNFPA (org.). *Justiça, adolescente e ato infracional*: socioeducação e responsabilização. São Paulo: ILANUD, 2006, p. 16.

MINAHIM, Maria Auxiliadora; SPOSATO, Karyna Batista. A internação de adolescentes pela lente dos tribunais. *Revista Direito GV*, v.7, n.1, p. 277-298, jun. 2011.

NEVES, Marcelo. *A constitucionalização simbólica*. 2. ed. São Paulo: Martins Fontes, 2007. p. 177-178.

O'DONNELL, Daniel. *A convenção sobre os direitos da criança*: estrutura e conteúdo. 1990. Disponível em: < http://www.mpdft.mp.br/portal/pdf/unidades/promotorias/pdij/Publicacoes/A_Conven_Dir_Crian_1989.pdf> . Acesso em 22.06.2013.

PEREIRA, Tânia da Silva. *O princípio do melhor interesse da criança: da teoria à prática*. 2008. Disponível em: < http://www.gontijo-familia.adv.br/2008/artigos_pdf/Tania_da_Silva_Pereira/MelhorInteresse.pdf>. Acesso em 22.06.2013.

PEREIRA-PEREIRA, Potyara Amazoneida. Mudanças estruturais, política social e papel da família: crítica ao pluralismo de bem-estar. In: SALES, Mione Apolinario; MATOS, Maurício Castro de; LEAL, Maria Cristina. *Política social, família e juventude*: uma questão de direitos. 6. ed. São Paulo: Cortez, 2010.

PINHEIRO, Paulo Sérgio. Violência, crime e sistemas policiais em países de novas democracias. *Tempo Social*; Rev. Sociol.USP, S. Paulo, 9(1): 43-52, maio de 1997.

PIOVESAN, Flavia. Concepção contemporânea de direitos humanos: desafios e perspectivas. In: ROCHA, João Carlos de Carvalho; HENRIQUES FILHO, Tarcísio Humberto Parreiras; CAZETTA, Ubiratan (Coords.). *Direitos humanos*: desafios humanitários contemporâneos. Belo Horizonte: Del Rey, 2008.

POLAINO-ORTS, Miguel. La reforma de la ley española de responsabilidad penal del menor (o el menor como enemigo). In: *Homenaje a Ricardo Franco Guzmán*: 50 años de vida académica. México D.F., Tlalpan, 2008.

RIZZINI, Irene; PILOTTI, Francisco. Conclusão: a arte de governar crianças – lições do passado e reflexões para o presente. In: RIZZINI, Irene; PILOTTI, Francisco (org.). *A arte de governar crianças*: a história das políticas sociais, da legislação e da assistência à infância no Brasil. 3. ed. São Paulo: Cortez, 2011. p. 323.

SAAD-DINIZ, Eduardo. A proteção penal do menor: entre a medida sócio-educativa e a repressão ao inimigo. *Revista Jurídica LEX*, São Paulo: Lex Editora, v. 55, jan.-fev., 2012, p. 409.

SEDH. *Levantamento Nacional: adolescentes em conflito com a lei*. Brasília, 2010. Disponível em: <www.defensoria.gov.br>. Acesso em: 01 Ago. 2013.

SELIGMANN-SILVA, Marcio. *O local da diferença*: ensaios sobre memória, arte, literatura e tradução. 1. ed. São Paulo: Editora 34, 2005.

SHECAIRA, Sérgio Salomão. A lei e o outro. Boletim IBCCRIM, São Paulo, v.8, n.99.

_____. Criminologia. 3. ed. rev., atual. e ampl. São Paulo: Editora Revista dos Tribunais, 2011. p. 309 et seq.

_____. Mídia e crime. In: SHECAIRA, Sérgio Salomão (org.). *Estudos criminais em homenagem a Evandro Lins e Silva* (criminalista do século). São Paulo: Editora Método, 2001.

_____. *Sistema de garantias e o direito penal juvenil*. São Paulo: Editora Revista dos Tribunais, 2008. p. 124-128.

SILVA, Virgílio Afonso da. *Direitos fundamentais*: conteúdo essencial, restrições e eficácia. 2. ed. 2. tir. São Paulo: Malheiros, 2011.

SOUZA, Jessé. Uma teoria critica do reconhecimento. *Lua Nova*, São Paulo, n. 50, 2000. Disponível em: <http://www.scielo.br/scielo.php?script=sci_arttext&pid=S0102-64452000000200008&lng=en&nrm=iso>. Acesso em 31 Jul. 2013.

SOUZA, Tatiana Tokoy de. *Um estudo dialógico sobre institucionalização e subjetivação de adolescentes em uma casa de semiliberdade*. São Paulo: IBCCRIM, 2008.

SPOSATO, Karyna Batista. Gato por lebre: a ideologia correcional no Estatuto da Criança e do Adolescente. *Revista Brasileira de Ciências Criminais*. São Paulo. v.14. n. 58, jan.-fev, 2006.

TAVARES, Juarez. A globalização e os problemas de segurança pública. In: HOLLENSTEINER, Stephan (org.). *Estado e sociedade civil no processo de reformas no Brasil e na Alemanha*. Rio de Janeiro: Lumen Juris, 2004.

WACQUANT, Loïc. *As prisões da miséria*. 2. ed. Trad. André Telles. Rio de Janeiro: Zahar, 2011.

WEBER, Max. *Ciência e política*: duas vocações. Trad. Leônidas Hegenberg; Octaby Silveira da Mota. 20. ed. São Paulo: Cultrix, 2013.

WIEVIORKA, Michel. *La violencia*: destrucción y constitución del sujeto. Trad. Beatriz Borjas. Espacio Abierto, Maracaibo, v. 15, n. 1-2, jun. 2006, p. 241. Disponível em: <http://www2.scielo.org.ve/scielo.php?script=sci_arttext&pid=S1315-00062006000100014&lng=es&nrm=iso>. Acesso em: 31 Jul. 2013.

PARTE III: DIREITO E DESENVOLVIMENTO

O Imposto sobre a Propriedade Territorial Rural – ITR e as áreas de preservação permanente e de reserva legal no novo Código Florestal (Lei 12.651, de 25 de maio de 2012)

Alexandre Naoki Nishioka[1]

Honra-me a Professora Doutora Lydia Neves Bastos Telles Nunes com convite para participar de obra coletiva em homenagem aos 5 (cinco) anos da Faculdade de Direito de Ribeirão Preto da Universidade de São Paulo – USP, instituição que integro, com muito orgulho, desde fevereiro de 2012.

Como sou docente de direito tributário, escolhi um tema relacionado à matéria, que pudesse ser de interesse dos proprietários rurais, uma vez que Ribeirão Preto é conhecida como a "capital brasileira do agronegócio".

Trata-se de questão que tem sido muito recorrente no âmbito dos julgamentos das Delegacias da Receita Federal do Brasil de Julgamento e do Conselho Administrativo de Recursos Fiscais do Ministério da Fazenda e que diz respeito às áreas de preservação permanente e de reserva legal para efeitos da redução da base de cálculo do Imposto sobre a Propriedade Territorial Rural – ITR.

Referidas áreas foram recentemente alteradas pelo novo Código Florestal (Lei 12.651, de 25 de maio de 2012), merecendo o tema nova análise, à luz da nova legislação.

---

[1] O autor agradece ao colega e amigo Alexandre Luiz Moraes do Rêgo Monteiro a pesquisa realizada.

Antes de abordar especificamente do assunto, cumpre tecer alguns breves esclarecimentos sobre o ITR e as áreas de preservação permanente e de reserva legal.

O imposto sobre a propriedade territorial rural, de competência da União, na forma do art. 153, VI, da Constituição, incide nas hipóteses previstas no art. 29 do Código Tributário Nacional, *in verbis*:

"Art. 29. O imposto, de competência da União, sobre a propriedade territorial rural tem como fato gerador a propriedade, o domínio útil ou a posse de imóvel por natureza, como definido na lei civil, localizado fora da zona urbana do Município."

À guisa do disposto pelo Código Tributário Nacional, a União promulgou a Lei Federal n.º 9.393/96, que, na esteira do estatuído pelo art. 29 do CTN, instituiu, em seu art. 1º, como hipótese de incidência do tributo, a *"propriedade, o domínio útil ou a posse de imóvel por natureza, localizado fora da zona urbana do município"*.

Sem adentrar na discussão a respeito da eventual ampliação do conceito de propriedade albergado pela Constituição Federal pelo disposto nos artigos citados, ao incluírem como fato gerador do ITR o domínio útil e a posse (*cum animus domini*), verifica-se que não há qualquer celeuma a respeito da incidência do tributo no que toca às áreas de preservação permanente ou de reserva florestal legal.

Com efeito, ainda que em tais áreas a utilização da propriedade deva observar a regulamentação ambiental específica, disso não decorre a consideração de que referida parcela do imóvel estaria fora da hipótese de incidência do ITR. Isso porque, como se sabe, o direito de propriedade, expressamente garantido no inciso XXII do art. 5º da CF, possui limitação constitucional assentada em sua função social (art. 5º, XIII, da CF).

Nesse sentido, consoante salienta Gilmar Mendes (*et. al.*), possui o legislador uma relativa liberdade para conformação do direito de propriedade, devendo preservar, contudo, *"o núcleo essencial do direito de propriedade, constituído pela utilidade privada e, fundamentalmente, pelo poder de disposição. A vinculação social da propriedade, que legitima a imposição de restrições, não pode ir ao ponto de colocá-la, única e exclusivamente, a serviço do Estado ou da comunidade"* (MENDES, Gilmar Ferreira (*et. al.*). Curso de direito constitucional. 4ª ed. São Paulo: Saraiva, 2009. p. 483).

No que atine à regulação ambiental, deste modo, verifica-se que a legislação, muito embora restrinja o uso do imóvel em virtude do interesse na preservação do *meio ambiente ecologicamente equilibrado*, na forma como estabelecido pela Constituição da República, não elimina as faculdades de usar, gozar e dispor do bem, tal como previstas pela legislação cível.

Com fundamento no exposto, não versando o presente estudo sobre hipótese de não-incidência do tributo, mas, sim, de autêntica isenção ou, como querem alguns, redução da base de cálculo do ITR, dispôs a Lei Federal n.º 9.393/96, em seu art. 10, o seguinte:

> "Art. 10. A apuração e o pagamento do ITR serão efetuados pelo contribuinte, independentemente de prévio procedimento da administração tributária, nos prazos e condições estabelecidos pela Secretaria da Receita Federal, sujeitando-se a homologação posterior.
>
> *§ 1º Para os efeitos de apuração do ITR, considerar-se-á:*
> [...]
> **II - área tributável, a área total do imóvel, menos as áreas:**
> **a) de preservação permanente e de reserva legal**, previstas na Lei nº 4.771, de 15 de setembro de 1965, com a redação dada pela Lei nº 7.803, de 18 de julho de 1989" (grifei).

Havendo referido dispositivo legal feito expressa referência a conceitos desenvolvidos em outro ramo do Direito, mais especificamente no que toca à seara ambiental, oportuno se faz recorrer ao arcabouço legislativo desenvolvido neste campo específico, na forma indicada pelo art. 109 do CTN, para o fim de compreender, satisfatoriamente, o que se entende por áreas de preservação permanente e de reserva legal, estabelecidas como hipótese de isenção do ITR (redução do correspondente aspecto quantitativo).

A respeito especificamente da chamada "área de preservação permanente" (APP), dispõe o novo Código Florestal o seguinte:

> "Art. 3º Para os efeitos desta Lei, entende-se por:
> ...
> II - Área de Preservação Permanente - APP: área protegida, coberta ou não por vegetação nativa, com a função ambiental de preservar os recursos hídricos, a paisagem, a estabilidade geológica e a biodiversidade, facilitar o fluxo gênico de fauna e flora, proteger o solo e assegurar o bem-estar das populações humanas;
> ...

Art. 4º Considera-se Área de Preservação Permanente, em zonas rurais ou urbanas, para os efeitos desta Lei:

I - as faixas marginais de qualquer curso d'água natural perene e intermitente, excluídos os efêmeros, desde a borda da calha do leito regular, em largura mínima de: (Incluído pela Lei nº 12.727, de 2012).

a) 30 (trinta) metros, para os cursos d'água de menos de 10 (dez) metros de largura;

b) 50 (cinquenta) metros, para os cursos d'água que tenham de 10 (dez) a 50 (cinquenta) metros de largura;

c) 100 (cem) metros, para os cursos d'água que tenham de 50 (cinquenta) a 200 (duzentos) metros de largura;

d) 200 (duzentos) metros, para os cursos d'água que tenham de 200 (duzentos) a 600 (seiscentos) metros de largura;

e) 500 (quinhentos) metros, para os cursos d'água que tenham largura superior a 600 (seiscentos) metros;

II - as áreas no entorno dos lagos e lagoas naturais, em faixa com largura mínima de:

a) 100 (cem) metros, em zonas rurais, exceto para o corpo d'água com até 20 (vinte) hectares de superfície, cuja faixa marginal será de 50 (cinquenta) metros;

b) 30 (trinta) metros, em zonas urbanas;

III - as áreas no entorno dos reservatórios d'água artificiais, decorrentes de barramento ou represamento de cursos d'água naturais, na faixa definida na licença ambiental do empreendimento; (Incluído pela Lei nº 12.727, de 2012).

IV - as áreas no entorno das nascentes e dos olhos d'água perenes, qualquer que seja sua situação topográfica, no raio mínimo de 50 (cinquenta) metros; (Redação dada pela Lei nº 12.727, de 2012).

V - as encostas ou partes destas com declividade superior a 45°, equivalente a 100% (cem por cento) na linha de maior declive;

VI - as restingas, como fixadoras de dunas ou estabilizadoras de mangues;

VII - os manguezais, em toda a sua extensão;

VIII - as bordas dos tabuleiros ou chapadas, até a linha de ruptura do relevo, em faixa nunca inferior a 100 (cem) metros em projeções horizontais;

IX - no topo de morros, montes, montanhas e serras, com altura mínima de 100 (cem) metros e inclinação média maior que 25°, as áreas delimitadas a partir da curva de nível correspondente a 2/3 (dois terços) da altura mínima da elevação sempre em relação à base, sendo esta definida pelo plano horizontal determinado por planície ou espelho d'água adjacente ou, nos relevos ondulados, pela cota do ponto de sela mais próximo da elevação;

X - as áreas em altitude superior a 1.800 (mil e oitocentos) metros, qualquer que seja a vegetação;

XI - em veredas, a faixa marginal, em projeção horizontal, com largura mínima de 50 (cinquenta) metros, a partir do espaço permanentemente brejoso e encharcado. (Redação dada pela Lei nº 12.727, de 2012).

...

Art. 6º Consideram-se, ainda, de preservação permanente, quando declaradas de interesse social por ato do Chefe do Poder Executivo, as áreas cobertas com florestas ou outras formas de vegetação destinadas a uma ou mais das seguintes finalidades:

I - conter a erosão do solo e mitigar riscos de enchentes e deslizamentos de terra e de rocha;

II - proteger as restingas ou veredas;

III - proteger várzeas;

IV - abrigar exemplares da fauna ou da flora ameaçados de extinção;

V - proteger sítios de excepcional beleza ou de valor científico, cultural ou histórico;

VI - formar faixas de proteção ao longo de rodovias e ferrovias;

VII - assegurar condições de bem-estar público;

VIII - auxiliar a defesa do território nacional, a critério das autoridades militares.

IX - proteger áreas úmidas, especialmente as de importância internacional." (Incluído pela Lei nº 12.727, de 2012).

Verifica-se, à luz do que se extrai dos artigos em referência, que a legislação considera como área de preservação permanente, trazendo à baila a lição de Edis Milaré, as *"florestas e demais formas de vegetação que não podem ser removidas, tendo em vista a sua localização e a sua função ecológica"* (MILARÉ,

Edis. *Direito do ambiente: doutrina, jurisprudência, glossário.* 5ª ed. São Paulo: Revista dos Tribunais, 2007. p. 691).

Vale notar, nesse sentido, que a área de preservação permanente tem a função ambiental de preservar os recursos hídricos, a paisagem, a estabilidade geológica e a biodiversidade, facilitar o fluxo gênico de fauna e flora, proteger o solo e assegurar o bem-estar das populações humanas.

Não se confunde com a área de preservação permanente, no entanto, a chamada área de reserva legal, ou reserva florestal legal, cujos contornos são estabelecidos igualmente pelo novo Código Florestal, que assim dispõe:

> "Art. 3º Para os efeitos desta Lei, entende-se por:
>
> ...
>
> III - Reserva Legal: área localizada no interior de uma propriedade ou posse rural, delimitada nos termos do art. 12, com a função de assegurar o uso econômico de modo sustentável dos recursos naturais do imóvel rural, auxiliar a conservação e a reabilitação dos processos ecológicos e promover a conservação da biodiversidade, bem como o abrigo e a proteção de fauna silvestre e da flora nativa;
>
> ...
>
> Art. 12. Todo imóvel rural deve manter área com cobertura de vegetação nativa, a título de Reserva Legal, sem prejuízo da aplicação das normas sobre as Áreas de Preservação Permanente, observados os seguintes percentuais mínimos em relação à área do imóvel, excetuados os casos previstos no art. 68 desta Lei: (Redação dada pela Lei nº 12.727, de 2012).
>
> I - localizado na Amazônia Legal:
>
> a) 80% (oitenta por cento), no imóvel situado em área de florestas;
>
> b) 35% (trinta e cinco por cento), no imóvel situado em área de cerrado;
>
> c) 20% (vinte por cento), no imóvel situado em área de campos gerais;
>
> II - localizado nas demais regiões do País: 20% (vinte por cento).
>
> § 1º Em caso de fracionamento do imóvel rural, a qualquer título, inclusive para assentamentos pelo Programa de Reforma Agrária, será considerada, para fins do disposto do caput, a área do imóvel antes do fracionamento.

§ 2º O percentual de Reserva Legal em imóvel situado em área de formações florestais, de cerrado ou de campos gerais na Amazônia Legal será definido considerando separadamente os índices contidos nas alíneas a, b e c do inciso I do caput.

§ 3º Após a implantação do CAR, a supressão de novas áreas de floresta ou outras formas de vegetação nativa apenas será autorizada pelo órgão ambiental estadual integrante do Sisnama se o imóvel estiver inserido no mencionado cadastro, ressalvado o previsto no art. 30.

§ 4º Nos casos da alínea a do inciso I, o poder público poderá reduzir a Reserva Legal para até 50% (cinquenta por cento), para fins de recomposição, quando o Município tiver mais de 50% (cinquenta por cento) da área ocupada por unidades de conservação da natureza de domínio público e por terras indígenas homologadas.

§ 5º Nos casos da alínea a do inciso I, o poder público estadual, ouvido o Conselho Estadual de Meio Ambiente, poderá reduzir a Reserva Legal para até 50% (cinquenta por cento), quando o Estado tiver Zoneamento Ecológico-Econômico aprovado e mais de 65% (sessenta e cinco por cento) do seu território ocupado por unidades de conservação da natureza de domínio público, devidamente regularizadas, e por terras indígenas homologadas.

§ 6º Os empreendimentos de abastecimento público de água e tratamento de esgoto não estão sujeitos à constituição de Reserva Legal.

§ 7º Não será exigido Reserva Legal relativa às áreas adquiridas ou desapropriadas por detentor de concessão, permissão ou autorização para exploração de potencial de energia hidráulica, nas quais funcionem empreendimentos de geração de energia elétrica, subestações ou sejam instaladas linhas de transmissão e de distribuição de energia elétrica.

§ 8º Não será exigido Reserva Legal relativa às áreas adquiridas ou desapropriadas com o objetivo de implantação e ampliação de capacidade de rodovias e ferrovias.

Art. 13. Quando indicado pelo Zoneamento Ecológico-Econômico - ZEE estadual, realizado segundo metodologia unificada, o poder público federal poderá:

I - reduzir, exclusivamente para fins de regularização, mediante recomposição, regeneração ou compensação da Reserva Legal de imóveis com área rural consolidada, situados em área de floresta localizada na Amazônia Legal, para até 50% (cinquenta por cento) da propriedade, excluídas as áreas prioritárias para conservação da biodiversidade e dos recursos hídricos e os corredores ecológicos;

II - ampliar as áreas de Reserva Legal em até 50% (cinquenta por cento) dos percentuais previstos nesta Lei, para cumprimento de metas nacionais de proteção à biodiversidade ou de redução de emissão de gases de efeito estufa.

§ 1º No caso previsto no inciso I do caput, o proprietário ou possuidor de imóvel rural que mantiver Reserva Legal conservada e averbada em área superior aos percentuais exigidos no referido inciso poderá instituir servidão ambiental sobre a área excedente, nos termos da Lei nº 6.938, de 31 de agosto de 1981, e Cota de Reserva Ambiental.

§ 2º Os Estados que não possuem seus Zoneamentos Ecológico--Econômicos - ZEEs segundo a metodologia unificada, estabelecida em norma federal, terão o prazo de 5 (cinco) anos, a partir da data da publicação desta Lei, para a sua elaboração e aprovação.

Art. 14. A localização da área de Reserva Legal no imóvel rural deverá levar em consideração os seguintes estudos e critérios:

I - o plano de bacia hidrográfica;

II - o Zoneamento Ecológico-Econômico

III - a formação de corredores ecológicos com outra Reserva Legal, com Área de Preservação Permanente, com Unidade de Conservação ou com outra área legalmente protegida;

IV - as áreas de maior importância para a conservação da biodiversidade; e

V - as áreas de maior fragilidade ambiental.

§ 1º O órgão estadual integrante do Sisnama ou instituição por ele habilitada deverá aprovar a localização da Reserva Legal após a inclusão do imóvel no CAR, conforme o art. 29 desta Lei.

§ 2º Protocolada a documentação exigida para a análise da localização da área de Reserva Legal, ao proprietário ou possuidor rural não poderá ser imputada sanção administrativa, inclusive restrição a direitos, por qualquer órgão ambiental competente integrante do

Sisnama, em razão da não formalização da área de Reserva Legal. (Redação dada pela Lei nº 12.727, de 2012).

Art. 15. Será admitido o cômputo das Áreas de Preservação Permanente no cálculo do percentual da Reserva Legal do imóvel, desde que:

I - o benefício previsto neste artigo não implique a conversão de novas áreas para o uso alternativo do solo;

II - a área a ser computada esteja conservada ou em processo de recuperação, conforme comprovação do proprietário ao órgão estadual integrante do Sisnama; e

III - o proprietário ou possuidor tenha requerido inclusão do imóvel no Cadastro Ambiental Rural - CAR, nos termos desta Lei.

§ 1º O regime de proteção da Área de Preservação Permanente não se altera na hipótese prevista neste artigo.

§ 2º O proprietário ou possuidor de imóvel com Reserva Legal conservada e inscrita no Cadastro Ambiental Rural - CAR de que trata o art. 29, cuja área ultrapasse o mínimo exigido por esta Lei, poderá utilizar a área excedente para fins de constituição de servidão ambiental, Cota de Reserva Ambiental e outros instrumentos congêneres previstos nesta Lei.

§ 3º O cômputo de que trata o caput aplica-se a todas as modalidades de cumprimento da Reserva Legal, abrangendo a regeneração, a recomposição e a compensação. (Redação dada pela Lei nº 12.727, de 2012).

§ 4º É dispensada a aplicação do inciso I do caput deste artigo, quando as Áreas de Preservação Permanente conservadas ou em processo de recuperação, somadas às demais florestas e outras formas de vegetação nativa existentes em imóvel, ultrapassarem: (Incluído pela Lei nº 12.727, de 2012).

I - 80% (oitenta por cento) do imóvel rural localizado em áreas de floresta na Amazônia Legal; e (Incluído pela Lei nº 12.727, de 2012).

II - (VETADO). (Incluído pela Lei nº 12.727, de 2012).

Art. 16. Poderá ser instituído Reserva Legal em regime de condomínio ou coletiva entre propriedades rurais, respeitado o percentual previsto no art. 12 em relação a cada imóvel. (Incluído pela Lei nº 12.727, de 2012).

Parágrafo único. No parcelamento de imóveis rurais, a área de Reserva Legal poderá ser agrupada em regime de condomínio entre os adquirentes."

O Código Florestal estabelece, em sua essência, como lembra MILARÉ, a idéia de disciplinar a supressão tanto das florestas e demais formas de vegetação nativa, excetuadas as áreas de preservação permanente, vistas anteriormente, como, igualmente, das florestas não sujeitas ao regime de utilização limitada, ou já objeto de legislação específica (MILARÉ, Edis. op. cit. p. 702).

Nesse sentido, lembra o referido ambientalista que *"ao permitir tal supressão [de florestas] determina que se mantenha obrigatoriamente uma parte da propriedade rural com cobertura florestal ou com outra forma de vegetação nativa"*, delimitando, assim, *"a porção a ser constituída como Reserva da Floresta Legal"* (Op. cit. p. 702).

A reserva florestal legal, portanto, sendo um percentual determinado por lei para a preservação da vegetação nativa do imóvel rural, constitui, como afirma Paulo de Bessa Antunes, *"uma obrigação que recai diretamente sobre o proprietário do imóvel, independentemente de sua pessoa ou da forma pela qual tenha adquirido a propriedade"*, estando, assim, *"umbilicalmente ligada à própria coisa, permanecendo aderida ao bem"* (ANTUNES, Paulo de Bessa. *Poder Judiciário e reserva legal: análise de recentes decisões do Superior Tribunal de Justiça*. In: *Revista de Direito Ambiental* n.º 21. São Paulo: Revista dos Tribunais, 2001, p. 120).

À luz do exposto, verifica-se que as restrições ambientais, tanto nos casos de áreas de preservação permanente, como naqueles em que há reserva legal, decorrem, explicitamente, da ocorrência ou verificação, in loco, dos pressupostos legais apontados pela legislação, inexistindo, portanto, qualquer discricionariedade por parte do proprietário ou agente público.

Nesse passo, consoante se extrai da legislação ambiental trazida à baila, não há a exigência, para o cumprimento das normas relativas às áreas de preservação permanente, de qualquer ato público que as constitua, mas, apenas e tão-somente, da ocorrência das hipóteses legais previstas pelo Código Florestal, bem como pelos demais atos normativos primários que disponham sobre o tema.

Em relação à reserva legal, a legislação anterior previa sua averbação à margem da matrícula do imóvel. Sempre entendi que essa averbação não tinha natureza constitutiva, mas simplesmente declaratória, tendo em vista que, excetuadas as hipóteses especificamente mencionadas na lei, a observância do percentual de 20% não dependia de qualquer averbação, **estando apenas sujeita à aprovação da sua localização por** órgão ambiental estadual competente após o exercício de 2002, ou, mediante convênio, pelo órgão ambiental municipal ou outra instituição devidamente habilitada, na forma do §4º do art. 16 da revogada Lei n.º 4.771/65 (tendo em vista a redação dada pela Medida Provisória nº 2.166-67, de 2001).

Atualmente, **a exigência de aprovação da localização da área de reserva legal se mantém**, devendo agora ser autorizada pelo órgão estadual integrante do Sisnama ou instituição por ele habilitada, após a inclusão do imóvel no Cadastro Ambiental Rural – CAR, nos termos do §1º. do artigo 14 do novo Código Florestal, sendo que, "protocolada a documentação exigida para a análise da localização da área de Reserva Legal, ao proprietário ou possuidor rural não poderá ser imputada sanção administrativa, inclusive restrição a direitos, por qualquer órgão ambiental competente integrante do Sisnama, em razão da não formalização da área de Reserva Legal" (artigo 14, §2º., do novo Código Florestal). Tal cadastro, atualmente, dispensa a averbação no Cartório de Registro de Imóveis (artigo 18, §4º, do novo Código Florestal) e impede a aplicação de qualquer sanção ao proprietário ou possuidor rural.

Além da desnecessidade de averbação, para o fim específico de constituir as áreas de reserva florestal legal, igualmente não havia, até o exercício de 2000, qualquer fundamento legal para a exigência da entrega do Ato Declaratório Ambiental (ADA) para o fim de reduzir a base de cálculo do ITR. Nesse sentido, aliás, dispunha o art. 17-O, da Lei Federal n.º 6.938/81, com a redação que lhe foi conferida pela Lei n. 9.960/2000, o seguinte:

> "Art. 17-O. Os proprietários rurais, que se beneficiarem com redução do valor do Imposto sobre a Propriedade Territorial Rural - ITR, com base em Ato Declaratório Ambiental - ADA, deverão recolher ao Ibama 10% (dez por cento) do valor auferido como redução do referido Imposto, a título de preço público pela prestação de serviços técnicos de vistoria." (AC)
>
> "§ 1º A utilização do ADA para efeito de redução do valor a pagar do ITR é opcional."

Por esta razão, portanto, isto é, por inexistir qualquer fundamento legal para a entrega tempestiva do ADA, como requisito para a fruição da redução da base de cálculo prevista pela legislação atinente ao ITR, a 2ª Turma da Câmara Superior de Recursos Fiscais aprovou a seguinte súmula, extraída do texto da Portaria n.º 106/2009:

> "A não apresentação do Ato Declaratório Ambiental (ADA) emitido pelo IBAMA, ou órgão conveniado, não pode motivar o lançamento de ofício relativo a fatos geradores ocorridos até o exercício de 2000."

Pois bem. Muito embora inexistisse, até o exercício de 2000, qualquer fundamento para a exigência da entrega do ADA como requisito para a fruição da isenção, com o advento da Lei Federal n.º 10.165/2000 alterou-se a redação do §1º do art. 17-O da Lei n.º 6.938/81, que passou a vigorar da seguinte forma:

> "Art. 17-O.
> (...)
> § 1º **A utilização do ADA para efeito de redução do valor a pagar do ITR é obrigatória.**"

Assim, a partir do exercício de 2001, a exigência do ADA passou a ter previsão legal com a promulgação da Lei n.º 10.165/00, que alterou o conteúdo do art. 17-O, §1º, da Lei n.º 6.938/81, para a fruição da redução da base de cálculo do Imposto sobre a Propriedade Territorial Rural.

Entendo tal alteração na legislação da seguinte forma: **o ADA, apresentado tempestivamente, tem a função de inverter o ônus da prova**, passando este a ser do Fisco a partir da sua entrega. Caso não ocorra a entrega do ADA, pode o contribuinte se valer de outros meios de prova visando à fruição da redução da base de cálculo.

Assim, sendo certo que as normas que instituem isenções devem ser interpretadas de forma estrita, ainda que não se recorra somente ao seu aspecto literal, como se poderia entender de uma análise superficial do art. 111 do Código Tributário Nacional, fato é que, no que atine às regras tratadas como exclusão do crédito tributário pelo referido *codex*, a legislação não pode ser interpretada de maneira extensiva, de maneira que não há como afastar a exigência do ADA para o fim específico de possibilitar a redução da base de cálculo do ITR.

Importante gizar, outrossim, ainda no que concerne à obrigatoriedade de apresentação do ADA, que não há que se falar em revogação do referido dispositivo pelo §7º do art. 10 da Lei n.º 9.393/96, instituído pela Medida Provisória n.º 2.166-67/01, tendo em vista que a inversão do ônus da prova prevista no referido dispositivo refere-se justamente às declarações feitas pelo contribuinte no próprio Ato Declaratório Ambiental (ADA), de modo que não estabelece referido dispositivo legal qualquer desnecessidade de apresentação deste último.

Feita esta observação, relativa, portanto, à obrigatoriedade de apresentação do ADA, cumpre mover à análise do prazo em que poderia o contribuinte protocolizar referida declaração no órgão competente.

No que toca a este aspecto específico, tenho para mim que é absolutamente relevante uma digressão a respeito da *mens legis* que norteou a alteração do texto do art. 17-O da Lei n.º 6.938/81.

Analisando-se, nesse passo, o real intento do legislador ao estabelecer a obrigatoriedade de apresentação do ADA, pode-se inferir que a mudança de paradigma deveu-se a razões atinentes à efetividade da norma isencional, especialmente no que concerne à aferição do real cumprimento das normas ambientais pelo contribuinte, de maneira a permitir que este último possa usufruir da redução da base de cálculo do ITR.

Em outras palavras, a efetiva exigência do ADA para o fim específico da fruição da redução da base de cálculo do ITR foi permitir uma efetiva fiscalização por parte da Receita Federal da preservação das áreas de reserva legal ou de preservação permanente, utilizando-se, para este fim específico, do poder de polícia atribuído ao IBAMA.

Em síntese, pode-se afirmar que a alteração no regramento legal teve por escopo razões de "praticabilidade" tributária, a partir da criação de um dever legal que permita, como afirma Helenílson Cunha Pontes, uma *"razoável efetividade da norma tributária"* (PONTES, Helenílson Cunha. *O princípio da praticidade no Direito Tributário (substituição tributária, plantas de valores, retenções de fonte, presunções e ficções, etc.): sua necessidade e seus limites.* In: *Revista Internacional de Direito Tributário*, v. 1, n.º 2. Belo Horizonte, jul/dez-2004, p. 57), no caso da norma isencional.

De fato, no caso da redução da base de cálculo do ITR, mais especificamente no que atine às áreas de interesse ambiental *lato sensu*, além da necessidade de fiscalizar um número extenso de contribuintes, exigir-se-ia, não fosse a obrigatória protocolização do ADA, que a Receita Federal tomasse para si o dever de fiscalizar o extenso volume de propriedades rurais compreendido no território nacional, o que, do ponto de vista econômico, não teria qualquer viabilidade.

Por esta razão, assim, passou-se, com o advento da Lei Federal n.º 10.165/00, a exigir, de forma obrigatória, a apresentação do ADA para o fim de permitir a redução da base de cálculo do ITR, declaração esta sujeita ao poder de polícia do IBAMA.

Tratando-se, portanto, da interpretação do dispositivo em comento, deve o aplicador do direito, neste conceito compreendido o julgador, analisar o conteúdo principiológico que norteia referido dispositivo legal, a fim de conferir-lhe o sentido que melhor se amolda aos objetivos legais.

Partindo-se desta premissa basilar, verifica-se que o art. 17-O da Lei n.º 6.938/81, em que pese o fato de imprimir, de forma inafastável, o dever de apresentar o ADA, não estabelece qualquer exigência no que toca à necessidade de sua protocolização em prazo fixado pela Receita Federal para o fim específico de permitir a redução da base de cálculo do ITR.

A exigência de protocolo tempestivo do ADA, para o fim específico da redução da base de cálculo do ITR, não decorre expressamente de lei, mas sim do art. 10, §3º, I, do Decreto n.º 4.382/2002, que, inclusive, data de setembro de 2002.

Quer-se com isso dizer, portanto, que, muito embora a legislação tratasse, de maneira inolvidável, a respeito da entrega do Ato Declaratório Ambiental, para o fim específico da redução da base de cálculo do ITR, não havia, sequer no âmbito do poder regulamentar, disposição alguma a respeito do prazo para sua apresentação, e, menos ainda, que possibilitasse à Receita Federal desconsiderar a existência de áreas de preservação permanente ou de reserva legal no caso de apresentação intempestiva do ADA.

Com efeito, sendo certo que a instituição de tributos ou mesmo da exclusão do crédito tributário, na forma como denominada pelo Código Tributário Nacional, são matérias que devem ser integralmente previstas em lei, na forma como estatuído pelo art. 97 do CTN, mais especificamente no que toca ao seu inciso VI, não poderia sequer o poder regulamentar estabelecer a desconsideração da isenção tributária no caso da mera apresentação intempestiva do ADA.

Repise-se, nesse sentido, que não se discute que a lei tenha instituído a obrigatoriedade da apresentação do ADA, mas, sim, que o prazo de seis meses, contado da entrega da DITR, foi instituído apenas por instrução normativa, muito posteriormente embasada pelo Decreto n.º 4.382/2002, o que, com a devida vênia, não merece prosperar.

Em virtude, portanto, da ausência de estabelecimento de um critério rígido quanto ao prazo para a apresentação do ADA, eis que não se encontra previsto em lei, cumpre recorrer aos mecanismos de integração da legislação tributária, de maneira a imprimir eficácia ao disposto pelo art. 17-O da Lei n.º 6.398/81.

Dentre os mecanismos de integração previstos pelo ordenamento jurídico, dispõe o CTN, em seu art. 108, I, que deve o aplicador recorrer à analogia, sendo referida opção vedada apenas no que toca à instituição de tributos não previstos em lei, o que, ressalte-se, não é o caso.

Nesse esteio, recorrendo-se à analogia para o preenchimento de referida lacuna, deve-se recorrer à legislação do ITR relativa às demais declarações firmadas pelo contribuinte, mais especificamente no que atine à DIAT e à DIAC, expressamente contempladas pela Lei n.º 9.393/96, aplicadas ao presente caso tendo-se sempre em vista o escopo da norma inserida no texto do art. 17-O da Lei n.º 6.398/81, isto é, imprimir "praticabilidade" à aferição da existência das áreas de reserva legal e preservação permanente, para o fim específico da isenção tributária.

Pois bem. Sendo certo que a apresentação do ADA tem o papel de imprimir "praticabilidade" à apuração da área tributável, verifica-se que cumpre o escopo da norma a sua entrega até o início da fiscalização, momento a partir do qual a apresentação já não mais atenderá seu desiderato.

De fato, até o início da fiscalização em face do contribuinte, a entrega do ADA possibilitará a consideração, por parte da Receita Federal, da redução da base de cálculo do ITR, submetendo as declarações do contribuinte ao pálio do órgão ambiental competente e retirando referida aferição do âmbito da Receita Federal do Brasil. A entrega, portanto, ainda que intempestiva, muito embora pudesse ensejar a aplicação de uma multa específica, caso existisse referida norma sancionatória, seria equivalente à retificação das demais declarações relativas ao ITR, isto é, da DIAT e da DIAC, devendo, pois, ter o mesmo tratamento que estas últimas, em consonância com o que estatui o brocardo jurídico *"ubi eadem ratio, ibi eaedem legis dispositio*", isto é, onde há o mesmo racional, a legislação não pode aplicar critérios distintos.

À guisa do exposto, portanto, no que toca à entrega do ADA, tenho para mim que cumpre seu desiderato até o momento do início da fiscalização, a partir do qual a omissão do contribuinte ensejou a necessidade de fiscalização específica relativa ao recolhimento do ITR, o que implica nos custos administrativos inerentes a este fato.

Assim, aplica-se ao ADA, de acordo com este entendimento basilar, a regra prevista pelo art. 18 da Medida Provisória n.º 2.189-49/01, que assim dispõe:

"Art. 18. A retificação de declaração de impostos e contribuições administrados pela Secretaria da Receita Federal, nas hipóteses em que admitida, terá a mesma natureza da declaração originariamente apresentada, independentemente de autorização pela autoridade administrativa."

De acordo com a interpretação que ora se sustenta, pois, é permitida a entrega do ADA, ainda que intempestivamente, desde que o contribuinte o faça até o início da fiscalização.

Poder-se-ia sustentar, inclusive, que o ADA poderia ser substituído por outros documentos que comprovassem efetivamente as áreas de preservação permanente e de reserva legal, à luz do que se extrai do próprio "Manual de Perguntas e Respostas" do Ato Declaratório Ambiental (ADA) editado pelo IBAMA em 2010.

De fato, de acordo com a pergunta e resposta n. 10, não seria possível a apresentação retroativa do ADA, o qual, a partir do exercício de 2007, tornou-se anual.

Assim, a pergunta e resposta n. 11 orienta o administrado a adotar o seguinte procedimento, em virtude da impossibilidade de apresentação retroativa do ADA:

> "Em virtude da impossibilidade de proceder-se à apresentação de ADA, de um ou mais Exercícios anteriores – **por não haver retroatividade** –, recomenda-se que seja efetuado o preenchimento do formulário referente ao Exercício em vigor, mesmo porque a apresentação, a partir do ADA – Exercício 2007 tornou-se ANUAL.
>
> É necessário, também, munir-se de mapa(s) georreferenciado(s) da propriedade e respectivos laudos técnicos, se disponíveis. Sua apresentação, em um primeiro momento, não é necessária ao Ibama, porém, caso haja **notificação** pela Receita Federal do Brasil ao pro-

prietário rural – pela não apresentação do ADA no Exercício devido –, à ela deverão ser apresentados."

Mais adiante, em resposta à pergunta n. 40 ("Que documentação pode ser exigida para comprovar a existência das áreas de interesse ambiental?"), o IBAMA relaciona os seguintes documentos:

- " Ato Declaratório Ambiental – ADA e o comprovante da entrega do mesmo;

- Ato do Poder Público declarando as florestas e demais formas de vegetação natural como Área de Preservação Permanente, conforme dispõe o Código Florestal em seu artigo 3.;

- Laudo técnico emitido por engenheiro agrônomo ou florestal, acompanhado da Anotação de Responsabilidade Técnica – ART, que especifique e discrimine as Áreas de Interesse Ambiental (Área de Preservação Permanente; Área de Reserva Legal; Reserva Particular do Patrimônio Natural; Área de Declarado Interesse Ecológico; Área de Servidão Florestal ou Ambiental; Áreas Cobertas por Floresta Nativa; Áreas Alagadas para fins de Constituição de Reservatório de Usinas Hidrelétricas);

- Laudo de vistoria técnica do Ibama relativo à área de interesse ambiental;

- Certidão do Ibama ou de outro órgão de preservação ambiental (órgão ambiental estadual) referente às Áreas de Preservação Permanente e de Utilização Limitada;

- Certidão de registro ou cópia da matrícula do imóvel com averbação da Área de Reserva Legal;

- Termo de Responsabilidade de Averbação da Área de Reserva Legal (TRARL) ou Termo de Ajustamento de Conduta (TAC);

- Declaração de interesse ecológico de área imprestável, bem como, de áreas de proteção dos ecossistemas (Ato do Órgão competente, federal ou estadual – Ato do Poder Público – para áreas de declarado interesse ecológico): *Se houver uma área no imóvel rural que sirva para a proteção dos ecossistemas e que não seja útil para a agricultura ou pecuária, pode ser solicitada ao órgão ambiental federal ou estadual a vistoria e a declaração daquela como uma* Área de Interesse Ecológico.

- Certidão de registro ou cópia da matrícula do imóvel com averbação da Área de Servidão Florestal;

- Portaria do Ibama de reconhecimento da Área de Reserva Particular do Patrimônio Natural (RPPN)."

Pode-se concluir, portanto, que a própria Administração Pública, que não pode *venire contra factum proprium*, entende que tanto o ADA como a averbação da reserva legal têm efeito meramente declaratório, não sendo os únicos documentos comprobatórios das áreas de preservação permanente e de reserva legal, o que remete a solução da controvérsia, nas hipóteses em que ausentes a apresentação do referido ADA ou a averbação da reserva legal, à análise de cada caso concreto.

Em relação à **reserva legal**, esta **está sujeita à aprovação da sua localização por** órgão ambiental estadual competente após o exercício de 2002, ou, mediante convênio, pelo órgão ambiental municipal ou outra instituição devidamente habilitada, na forma do §4º do art. 16 da revogada Lei n.º 4.771/65 (tendo em vista a redação dada pela Medida Provisória nº 2.166-67, de 2001).

No novo Código Florestal, **a exigência de aprovação da localização da área de reserva legal se mantém**, devendo agora ser autorizada pelo órgão estadual integrante do Sisnama ou instituição por ele habilitada, após a inclusão do imóvel no Cadastro Ambiental Rural – CAR, nos termos do §1º. do seu artigo 14, sendo que, "protocolada a documentação exigida para a análise da localização da área de Reserva Legal, ao proprietário ou possuidor rural não poderá ser imputada sanção administrativa, inclusive restrição a direitos, por qualquer órgão ambiental competente integrante do Sisnama, em razão da não formalização da área de Reserva Legal" (artigo 14, §2º). Tal cadastro, atualmente, dispensa a averbação no Cartório de Registro de Imóveis (artigo 18, §4º) e impede a aplicação de qualquer sanção ao proprietário ou possuidor rural.

Externalidades Positivas e Custos dos Espaços Protegidos em Áreas de Produção Sucroenergética[1]

Carolina Costa de Aguiar
Flavia Trentini

INTRODUÇÃO

Desenvolvimento econômico e proteção do meio ambiente são duas questões que não podem ser analisadas de maneira apartada, uma vez que ambas estão relacionadas a um mesmo objetivo final: o bem-estar individual e coletivo. Ainda, é preciso observar que os recursos naturais não são inesgotáveis e o meio ambiente não possui capacidade plena de resiliência, ao mesmo tempo em que a atividade econômica não pode parar; ao contrário, cresce cada vez mais para atender às novas demandas da população.

Assim, o desafio atual é compatibilizar essas duas premissas de modo a promover um desenvolvimento que seja sustentável não só economicamente, mas também social e ambientalmente. O desenvolvimento econômico não pode ser realizado como um fim em si mesmo, mas como um meio que garanta possibilidades materiais mínimas (BRANDELLI, 2011, p. 165) para a consecução do desenvolvimento social, e garantindo-se nesse processo a sustentabilidade ambiental.

---

[1] Este artigo foi elaborado a partir do trabalho de mesmo título desenvolvido com fomento da Fundação de Amparo à Pesquisa do Estado de São Paulo (FAPESP).

Diante desse panorama, uma série de imposições são feitas pelo Direito à atividade econômica, estabelecendo-se certos limites a esta para que o processo produtivo não agrida o meio ambiente de maneira a comprometer sua sustentabilidade. Verifica-se tal limitação nos espaços territoriais especialmente protegidos, áreas geográficas que contêm determinados atributos naturais e que, por essa razão, são submetidas a um regime jurídico especial para a proteção dos valores ambientais ali presentes.

Os espaços protegidos podem ser áreas geográficas públicas ou privadas. Quando são de domínio público, vê-se o Poder Público simplesmente executando as atribuições estabelecidas a ele pelo ordenamento jurídico, tendo como principal marco o art. 225 da Constituição Federal (BRASIL, 1988).

Por outro lado, no caso de espaços protegidos no âmbito da propriedade privada, surgem outras considerações que vão além da questão de ser atribuída a todos a defesa e preservação do meio ambiente. O estabelecimento desses espaços dentro dos limites da propriedade privada gera custos ao titular do bem, que vão desde estudos técnicos prévios à implantação até a manutenção do espaço, sem se esquecer do ônus de não se poder utilizar essa parte determinada da propriedade para a finalidade econômica a que ela se destina.

A existência de tais espaços protegidos resulta em benefícios que são coletivos, na medida em que contribuem para a recuperação e preservação do meio ambiente. É o que se chama de externalidades positivas, pois por meio da atuação privada dá-se o aumento do bem-estar social.

Os benefícios derivados da preservação dos espaços interessam a toda a coletividade, mas tal dever imposto pelo Poder Público deve ser observado levando-se em conta o ônus gerado ao particular e a conduta que este terá frente à imposição. Pois, embora a determinação legal vise a objetivos os mais benéficos possíveis e deva ser cumprida, os custos podem atuar como fator que irá inibir a eficiência da norma e, como consequência, fazer com que a proteção não seja factível.

Assim, apresenta-se o problema do trabalho: estudar o comportamento do agente econômico diante das externalidades positivas e custos derivados dos espaços protegidos em áreas agrícolas, com o objetivo de analisar se ele internaliza essas externalidades e custos e, se sim, como o faz; para que se verifiquem as implicações econômicas sobre a concretização da proteção ambiental e como ela pode ser incentivada.

A estratégia de pesquisa utilizada para tanto é o estudo de caso, por meio da qual se toma uma unidade de análise que será estudada profundamente, com o objetivo de expandir e generalizar teorias, e não enumerar frequências. Dessa maneira, as conclusões obtidas são generalizáveis a proposições teóricas e não a populações ou universos (YIN, 2001, p. 29).

A unidade de análise do estudo de caso é uma usina de cana-de-açúcar em razão da expressividade do setor sucroenergético no Brasil, que utiliza grande parcela do território nacional como área agrícola[2]. Isso indica que, proporcionalmente, há uma relevante dimensão territorial que deve ser preservada, constituída, sobretudo, por áreas de preservação permanente e reserva legal.

As fontes de informação utilizadas foram documentos e entrevistas, sendo estas realizadas de modo semiestruturado, com o Supervisor de Sustentabilidade e Garantia de Qualidade, um Engenheiro Florestal responsável pela Divisão Agrícola da empresa e um Analista de Sustentabilidade.

O estudo de caso possibilita a análise dos principais determinantes da conduta do agente econômico e, a partir disso, ao final do trabalho são elaboradas propostas de ações positivas do Estado para que a proteção ambiental seja incentivada.

1. PROTEÇÃO DO MEIO AMBIENTE

O conceito de meio ambiente pode ser apresentado como o espaço onde se encontram os recursos naturais, inclusive aqueles já transformados ou degenerados (DERANI, 2008, p. 52). É a interação do conjunto de elementos naturais, artificiais e culturais que propiciem o desenvolvimento equilibrado da vida em todas as suas formas (SILVA, 2010, p.18).

Como se percebe, falar sobre meio ambiente não equivale a falar simplesmente sobre biodiversidade e meio físico isolados do contato humano. Não se olvida que a natureza possui um valor intrínseco, chamado de valor de existência, decorrente do simples fato de ela existir, de subsistir em suas características inerentes, independentemente de qualquer utilidade que possa proporcionar. No entanto, não se pode dissociá-la completamente

---

[2] Cerca de 8,49 milhões de hectares, o que representa 2,3% das terras aráveis do país (NEVES; TROMBIN; CONSOLI, 2010, p. 38).

do aspecto humano, uma vez que o homem dela faz parte e sua própria existência está a ela vinculada.

Atualmente, a proteção ambiental se desdobra em dupla dimensão: como bem autônomo e como pressuposto da vida humana (LEITE; PILATI; JAMUNDÁ, 2005, p. 618). Ela engloba todas as medidas destinadas à manutenção e melhoria das bases naturais da vida, e também aquelas para evitar ou minimizar danos e utilizar racionalmente os recursos naturais (DERANI, 2008, p. 227).

A Constituição Federal de 1988 não deixou de tratar o direito ao meio ambiente sob um aspecto subjetivo, ao dispor no *caput* do art. 225 que todos têm direito ao meio ambiente ecologicamente equilibrado (BRASIL, 1988). No entanto, foi além da concepção individualista, reputando-o bem de uso comum do povo e essencial à sadia qualidade de vida, como valor autônomo juridicamente considerado, o qual se destina inclusive a limitar o exercício de direitos subjetivos (LEITE; PILATI; JAMUNDÁ, 2005, p. 620), tal como ocorre ao direito de propriedade.

É necessário um patamar mínimo de qualidade ambiental para o exercício da vida humana em níveis dignos, pois o equilíbrio ecológico constitui pré-requisito do gozo dos direitos fundamentais mais essenciais, como os direitos à vida e à saúde (SARLET; FENSTERSEIFER, 2011, p. 90; CARVALHO, E., 2010, p. 448). Por outro lado, deve-se reconhecer que a concretização de uma qualidade de vida satisfatória está intrinsecamente relacionada à forma como a sociedade apreende e transforma seus recursos, ou seja, como desenvolve sua atividade econômica (DERANI, 2008, p. 224)[3].

Considerar a natureza como recurso é reconhecê-la como base material da vida em sociedade (ANTUNES, 2010, p. 9). O homem não é elemento externo ao meio ambiente, está nele compreendido como parte de um conjunto de relações econômicas, sociais e políticas construídas a partir da apropriação dos bens naturais, que se transformam em recursos essenciais para a vida humana.

Disso depreende-se que economia e meio ambiente são partes integrantes e dispersas no mesmo todo, seja porque se considere que este é fonte de

---

[3] Ingo Sarlet e Tiago Fensterseifer (2011, p. 125) afirmam que a Constituição Federal de 1988 optou por um capitalismo socioambiental (ou economia socioambiental de mercado), voltada a compatibilizar, sob a perspectiva do desenvolvimento sustentável, a livre iniciativa, a autonomia privada e a propriedade privada com a proteção ambiental e a justiça social, como se pode depreender dos princípios que regem a ordem econômica (BRASIL, 1988, art. 170).

recurso para aquele, seja pelo fato de que o meio ambiente é a integração e interação dos seres vivos com o meio, e a Economia é uma maneira pela qual o homem interage com seu mundo (D'ISEP, 2004, p. 39)[4].

1.1 Instrumentos de política ambiental

Em decorrência da complexidade e interdisciplinaridade da questão ambiental, para que o Poder Público cumpra sua tarefa constitucional de assegurar o meio ambiente ecologicamente equilibrado são utilizados diferentes instrumentos de política ambiental.

As políticas públicas ambientais praticadas pelo Estado são compostas, por um lado, de posturas positivas no sentido de promoção de atitudes benéficas ao meio ambiente, incentivando-as financeiramente, por exemplo; e, ao mesmo tempo, de fiscalização das atividades. Por outro lado, adotam-se ações negativas, como não permitir ou não financiar atividades que degradem o meio ambiente (SOARES, 2005, p.556).

Essas ações praticadas pelo Estado podem ser divididas em dois principais grupos de instrumentos de política ambiental: os instrumentos de comando e controle, também chamados de regulação direta, e os instrumentos econômicos, ou de mercado.

Os instrumentos de comando e controle são aqueles que fixam normas, regras, procedimento e padrões determinados para as atividades com a finalidade de assegurar o cumprimento dos objetivos da política em questão (NUSDEO, 2006, p. 364). São exemplos dessa categoria o controle ou proibição de determinado produto; licenciamento ambiental; proibição ou restrição de atividades; especificações tecnológicas; controle do uso de recursos naturais; padrões de poluição para fontes específicas; estabelecimento de padrões de qualidade ambiental (níveis de emissão de poluentes) etc.

Esses instrumentos estão relacionados ao poder de polícia do Estado, atividade que consiste em limitar o exercício de direitos individuais em favor do interesse público (DI PIETRO, 2008, p. 117), no caso, a proteção do meio ambiente. Por se tratar da descrição de um comportamento obrigatório, que, se descumprido, implica sanções diversas para

---

[4] Nesse sentido, recorde-se que os termos "economia" e "ecologia" derivam da mesma palavra grega *oikos*, que significa casa.

o agente (NUSDEO, 2010, p.119), requer contínua e efetiva fiscalização por parte dos órgãos reguladores, implicando altos custos de implementação, pois necessita de uma estrutura adequada para aplicação das regras de controle (LUSTOSA; CÁNEPA; YOUNG, 2003, p.142; NUSDEO, 2006, p. 365)

Já os instrumentos econômicos atuam diretamente nos custos de produção e consumo (majorando-os ou diminuindo-os) dos agentes econômicos cujas atividades estejam relacionadas aos objetivos da política pública (MOTTA, 2000, p. 88). Servem a duas principais funções: internalização de determinados custos sociais positivos ou negativos e indução de comportamentos sociais (NUSDEO, 2010, p. 117).

Ana Nusdeo (2006, p. 366-368) classifica os instrumentos econômicos do Direito Ambiental em duas categorias: instrumentos precificados, que provocam alteração dos preços de bens e serviços; e instrumentos de criação de mercado, que alocam direitos de uso dos recursos naturais ou de emissão de poluentes aos agentes econômicos e criam mecanismos para que sejam transacionados.

Podem ser citados os seguintes exemplos: subsídios; criação, majoração ou diminuição de tarifas; alíquotas diferenciadas; certificados de emissão transacionáveis; isenção de ITR relativo às áreas de preservação permanente, de reserva legal ou sob regime de servidão florestal ou ambiental; compensação de reserva legal etc.

Destaca-se o caráter indutor dos instrumentos econômicos, pois permitem alcançar comportamentos desejados pela política ambiental (NUSDEO, 2006, p. 366), condicionando a ação do agente econômico em busca de uma atividade menos agressiva ao meio ambiente (ANTUNES, 2010, p. 15). São estímulos a comportamentos desejados, porém que não são exigidos pela legislação, diferentemente dos instrumentos de comando e controle, que se relacionam apenas a comportamentos obrigatórios, cujo descumprimento acarretará sanção.

Por outro lado, os instrumentos econômicos podem vir a incidir também sobre condutas obrigatórias, em função da necessidade de aumentar a efetividade das normas; ou por um motivo econômico, como ajudar os proprietários a enfrentar o custo para o cumprimento da lei, ou compensar parte do custo de oportunidade, o que ocorre no exemplo de proibição de destinação econômica de parte da propriedade (NUSDEO, 2010, p. 122-123).

A política ambiental brasileira não privilegia os instrumentos econômicos, ao contrário, foca-se nos instrumentos de comando e controle. No entanto, essa estrutura não tem sido eficiente para impedir a degradação ambiental, uma vez que, segundo Alexandre Altmann (2008, p. 12), esta é motivada por uma nefasta equação: a impunidade de quem degrada somada à falta de incentivos àqueles que preservam.

Nesse esteio, discute-se uma nova leitura do Direito Ambiental, que considere a relevância dos mecanismos de incentivo ao lado dos instrumentos de comando e controle.

1.2 Espaços territoriais especialmente protegidos

Para que se realize a proteção ambiental muitas vezes ocorrem limitações à autonomia privada e ao direito de propriedade, uma legítima restrição ao gozo dos direitos individuais em prol do interesse coletivo, uma vez que a atual ordem jurídico-econômica está vinculada ao propósito de um desenvolvimento sustentável (SARLET; FENSTERSEIFER, 2011, p.235).

A propriedade privada é garantida pela Constituição Federal, porém com um novo contorno. Como afirma Cristiane Derani (2008, p. 238), hoje o exercício do domínio só será constitucional se compatível com a dupla característica da propriedade: domínio privado, frutos privados e sociais.

Verifica-se a limitação do direito de propriedade em razão do interesse coletivo quando ocorre a preservação dos recursos naturais de uma parcela da propriedade, que não pode ser utilizada ou tem seu uso reduzido a determinadas condições.

No Brasil, o conceito de espaços territoriais especialmente protegidos[5] surge com a Constituição Federal de 1988, inovando ao criar um regime jurídico especial e incluir tais espaços no rol dos instrumentos da Política Nacional do Meio Ambiente.

O regime jurídico a que estão submetidos é de interesse público e diz-se especial quanto à *fruição* e *modificabilidade*, segundo José Afonso da Silva (2010, p. 231), pois não podem ser alterados nem suprimidos senão

---

[5] Áreas geográficas que contenham certos atributos naturais, os quais possuem a função de manutenção do equilíbrio ecológico, preservação de recursos genéticos, manejo de recursos naturais, preservação de belezas cênicas e ambientes históricos, proteção de recursos hídricos, desenvolvimento de pesquisas científicas e outros mecanismos diversos que buscam a preservação da biodiversidade.

por meio de lei e nem ser utilizados de modo a comprometer os atributos que justifiquem sua proteção.

As principais modalidades de espaços protegidos são as áreas de preservação permanente, as reservas legais e as unidades de conservação. As áreas de preservação permanente (APP) consistem em áreas protegidas, cobertas ou não por vegetação nativa, com a função ambiental de preservar os recursos hídricos, a paisagem, a estabilidade geológica e a biodiversidade, facilitar o fluxo gênico de fauna e flora, proteger o solo e assegurar o bem-estar das populações humanas. São listadas nos artigos 4º e 6º do novo Código Florestal (BRASIL, 2012), que trazem, respectivamente, a APP por imposição legal e a APP derivada de ato do Poder.

A reserva legal é uma parcela da propriedade que deve ser mantida com cobertura de vegetação nativa. Era considerada pelo Código florestal revogado (BRASIL, 1965) como área necessária ao uso sustentável dos recursos naturais, à conservação e reabilitação dos processos ecológicos, à conservação da biodiversidade e ao abrigo e proteção de fauna e flora nativas. O novo Código (BRASIL, 2012) manteve essa redação mas a ela somou a função de assegurar o uso econômico de modo sustentável dos recursos naturais do imóvel rural.

Em resumo, a APP e a reserva legal distinguem-se por ser a primeira voltada à preservação de áreas com características específicas, previstas no art. 4º do Código Florestal, ou então áreas que o Poder Público determina que sejam permanentemente preservadas em busca dos objetivos do art. 6º dessa lei. Enquanto a reserva legal destina-se a preservar um *percentual* mínimo da propriedade, para que não haja uma total supressão da cobertura vegetal.

Já a unidade de conservação tem por objetivo a conservação dos atributos ecológicos de um espaço territorial delimitado e os recursos ambientais nele contidos. A lei a define como o espaço territorial e seus recursos ambientais (incluindo-se nestes as águas jurisdicionais) com características naturais relevantes, instituído com objetivo de conservação, com seus limites definidos e sob regime especial de administração (realizada por um órgão colegiado, composto por representantes do Poder Público e da sociedade civil), ao qual se aplicam garantias adequadas de proteção (BRASIL, 2000).

Existem doze diferentes espécies de unidades de conservação, divididas em duas categorias, as unidades de proteção integral e as unidades de uso sustentável – diferenciando-se estas das primeiras em razão da possibilidade de coleta e uso direto dos recursos naturais, cuja exploração varia de acordo com a espécie de unidade.

Os espaços protegidos estão ligados ao aspecto ambiental da função social da propriedade, pois esta, mesmo que esteja sob o domínio particular, deve atender ao interesse público de conservação do meio ambiente.

Entretanto, deve-se levar em conta que, mesmo que constituam deveres a serem cumpridos, essas limitações geram embaraços e custos ao proprietário. É preciso ir além da constatação de que há o dever de proteger, pois se não forem asseguradas as condições para que ela ocorra haverá o comprometimento da busca pelo desenvolvimento sustentável. A partir dessa ideia, serão discutidos nas próximas seções os benefícios gerados pelos espaços protegidos e, mais a frente, estratégias para que se garanta a sua manutenção.

1.3 Externalidades positivas

A manutenção de espaços territoriais especialmente protegidos dentro da propriedade privada cria uma série de obrigações e custos para o particular, mas ao mesmo tempo são prestados serviços ambientais[6] cujos benefícios serão usufruídos por toda a coletividade. Devido aos efeitos desses serviços recaírem sobre terceiros alheios à atividade que os produziu, e se tratar de benefícios, são chamados de externalidades positivas.

As externalidades, ou efeitos externos ao mercado, consistem nos efeitos sociais secundários da produção ou do consumo, que podem tanto ser positivos (representando ganhos para os terceiros), como negativos (implicando perdas para os terceiros). Em qualquer das situações, está presente a característica comum de não serem espontaneamente consideradas: quem causa obstáculos a outrem não os paga, quem cria benefícios a outrem não é compensado (ARAGÃO, 1997, p. 32).

As externalidades positivas produzidas pela propriedade rural estão ligadas ao conceito de multifuncionalidade da agricultura, pelo qual a atividade rural desempenha outras funções além da produção de bens agrícolas e agroalimentares, gerando as externalidades. O conceito compreende

---

[6] Em resumo, serviços ambientais são todas as atividades envolvidas no processo produtivo que contribuam para a proteção dos ecossistemas e da biodiversidade.

questões não-comerciais, relacionadas às ideias de preservação ambiental e de paisagens, bem-estar dos animais, estímulo ao emprego rural, manutenção cultural e desenvolvimento sustentável (WATANABE, 2008, p. 2).

Trata-se da noção de um espaço rural multifuncional, com função econômica, ecológica e sócio-cultural, que não deve ser entendido somente como simples gerador de desenvolvimento econômico, mas sim abrangendo outros aspectos, relacionados principalmente com a necessidade de que o desenvolvimento seja um processo controlado, atento ao equilíbrio social e biológico (TRENTINI, 2012, p. 45).

O espaço rural multifuncional presta serviços ambientais cuja quase totalidade é indispensável à preservação de um ecossistema e, em última análise, à própria qualidade de vida do homem, não podendo ser providos por meios alternativos caso não exista a manutenção e proteção de certas áreas. Acrescente-se a isso a incerteza que paira sobre a problemática ambiental, por se desconhecer até que ponto pode ser revertida ou não. Surge, assim, a necessidade de uma postura de precaução quanto à degradação do meio ambiente.

Percebe-se, então, que os benefícios gerados são positivos e, sobretudo, essenciais, fazendo com que interesse à sociedade que continuem a ser produzidos[7]. Mas o dever de proteção ambiental que o Poder Público estabelece ao particular deve ser observado levando-se em conta o ônus que a imposição pode gerar. É preciso considerar que para a geração das externalidades positivas ambientais há custos de oportunidade[8] para aquele que as produz, que podem fazer com que a proteção deixe de ser realizada em níveis satisfatórios ao interesse social.

---

[7] Nesse sentido: "os serviços do ecossistema têm algumas características que o tornam extremamente importantes economicamente. Provavelmente a maior importância é que é pouco provável que possamos desenvolver substitutos para a maioria desses serviços, incluindo a capacidade de proporcionar o habitat adequado para os seres humanos. Nós pouco entendemos como esses serviços são gerados, e não temos conhecimento de todos eles" (tradução nossa) (DALY; FARLEY, 2004, p. 106).

[8] Os custos de oportunidade são os benefícios perdidos ao se realizar determinada escolha no lugar de outra. Assim, ao preservar o espaço protegido, de modo com que este continue a gerar as externalidades positivas para a sociedade, um dos custos de oportunidade do agente econômico é aquele referente aos benefícios privados que poderia auferir utilizando tal área para a produção agrícola.

Ana Nusdeo (2006, p. 359) se refere às externalidades positivas como benefícios circulando extramercado[9]. A partir disso, a autora chama atenção para o fato de que a própria conceituação do termo *externalidade* deixa claro que se trata de um tema interdisciplinar localizado na fronteira de disciplinas como a Economia, a Ecologia e o Direito, passando pela gestão de políticas públicas.

Considerando-se, então, que o problema não se restringe ao campo do Direito, possíveis soluções devem ser estudadas a partir da natureza (complexa) da questão que se apresenta. De tal modo, junto ao aspecto jurídico é preciso analisar também as implicações econômicas dos espaços protegidos e das externalidades positivas geradas.

2. INTERNALIZAÇÃO DAS EXTERNALIDADES POSITIVAS

2.1 Assimetria de informação e custos de transação

Ao impor a criação ou preservação dos espaços protegidos no bem de propriedade privada, o Estado limita a atividade econômica que utiliza a propriedade como fator de produção. Essa limitação acarretará consequências sobre o lucro e a eficiência da atividade, pois a utilização da área foi restringida, gerando custos de oportunidade; além de gerar outros custos para o proprietário com a sua implantação e manutenção.

Além dos custos em se criar ou conservar o espaço, o proprietário suporta custos derivados de uma assimetria de informação, pois o mercado não consegue transportar naturalmente as informações necessárias para a percepção das externalidades positivas (derivadas da proteção ambiental) pelos agentes econômicos e consumidores (DERANI, 2008, p. 91).

A informação de que o processo produtivo ocorreu associado à proteção de certos espaços e seus atributos naturais e que ela proteção gerou despesas ao proprietário não são transmitidas pelo mercado. Consequen-

---

[9] Maria Aragão (1997, p. 33) explica: "A denominação efeitos *externos ao mercado* **é compreensível, porque se trata de transferência de bens ou prestações de serviços fora dos mecanismos do mercado. São transferências por meios não econômicos na medida em que não lhes corresponde qualquer fluxo contrário de dinheiro. Sen**do transferências 'a preço zero', o preço final dos produtos não as reflete, e por isso não pesam nas decisões de produção ou consumo, apesar de representarem verdadeiros custos ou benefícios sociais decorrentes da utilização privada dos recursos comuns".

temente, surgirão custos de transação para eliminar essa assimetria, pois obter (ou fazer com que alguém obtenha) informação implica custos.

De acordo com Ronald Coase (1960), nem os mercados nem a organização interna da firma funcionam a custo zero, e os custos de transação[10] derivam de assimetrias de informação que dificultam a negociação dos direitos de propriedade.

Segundo a Teoria da Nova Economia Institucional (NEI), os custos de transação no mundo real são positivos e são influenciados pelo papel das instituições, diferentemente da abordagem da Economia Neoclássica, que tomava como ponto de partida um mundo hipotético sem custos de transação, propiciando a alocação eficiente por meio do mercado. Conforme a NEI, as instituições formam o ambiente institucional, composto pelas regras formais e informais e são quem determina a alocação dos direitos de propriedade.

Para o presente estudo, a importância dos custos de transação decorre do fato de que quando há externalidades o preço de um determinado bem não reflete o real custo da sua produção para a sociedade, não há uma eficaz delimitação do direito de propriedade. Na medida em que esses custos não são refletidos nos preços, levam à não-percepção da escassez do determinado fator de produção – no caso, os recursos naturais – e, por conseqüência, à sua excessiva utilização (NUSDEO, 2006, p. 359).

Assim, questiona-se a internalização das externalidades positivas para que os custos sejam coletivamente divididos, uma vez que todos se valem dos benefícios gerados e deles necessitam. Para isso, é necessário um ambiente institucional que promova a internalização, que possa propiciar melhores condições para a proteção ambiental.

Em sentido contrário, há quem possa julgar indevida a internalização das externalidades positivas, pois, sendo dever de todos a proteção do meio

---

[10] "Os custos de transação são os custos de troca. Uma troca tem três etapas. Primeiro, um parceiro de troca tem de ser localizado. Trata-se de encontrar alguém que queira comprar o que você está vendendo ou vender o que você está comprando. Em segundo lugar, uma barganha deve ser atingida entre os parceiros de troca. uma barganha é alcançada por meio de negociação bem sucedida, que inclui a elaboração de um acordo. Em terceiro lugar, depois que uma barganha tiver sido alcançada, deve ser aplicada. aplicação envolve monitorar o desempenho das partes e punir violações do acordo. Podemos chamar as três formas de custos de transação correspondentes a esses três passos de uma troca: (1) custos de pesquisa [search costs], (2) custos de negociação [bargaining costs], e (3) custos de aplicação [enforcement costs]" (tradução nossa) (COOTER; ULEN, 2008, p. 91-92).

ambiente, ao particular caberia simplesmente *cumprir* as imposições normativas de conservação dos espaços naturais, sem se discutir o ônus que lhe é gerado e o dever da sociedade de retribuir pelos benefícios auferidos.

Todavia, não se pode negar que o espaço rural, tido hoje como multifuncional, presta serviços ambientais que beneficiam toda a coletividade; assim sendo, é justo que exista uma contraprestação, como forma de remunerar e, desse modo, até mesmo garantir a continuidade da prestação do serviço.

Um segundo argumento diz respeito à eficiência da construção jurídica acerca da proteção ambiental. É notoriamente sabido que as normas ambientais frequentemente não são cumpridas e, por isso, estão longe de garantir a efetiva defesa do meio ambiente. Uma das críticas se funda na crise estrutural da Administração Pública, que não consegue realizar a necessária fiscalização dos instrumentos de comando e controle, predominantes no nosso ordenamento.

Tendo em vista o panorama da degradação do meio ambiente, do aquecimento global e do estado de alerta em que se encontra a população mundial, é premente que o direito abandone esse caráter retardatário diante da questão ambiental, passando a agir segundo os princípios da precaução e da prevenção[11], antecipando-se ao dano.

Para isso, as instituições devem ser proativas ao invés de reativas, elaborando estratégias e políticas exequíveis, simples e adaptadas, baseadas em entendimentos que reconheçam as incertezas subjacentes a questões complexas, como a questão ambiental (CARVALHO, E., 2010, p. 121).

Por meio da internalização, a coletividade passa a contribuir com a geração das externalidades positivas, deixando de ser mera beneficiária para se tornar solidariamente responsável por tal processo.

Há duas principais teorias que tratam do modo como a internalização das externalidades positivas pode ocorrer. Uma delas é a "mercantilização" do meio ambiente, que defende a atribuição de valor ao meio ambiente para que este seja incorporado ao mercado. Já a segunda corrente é focada na intervenção do Estado por meio de incentivos aos particulares.

---

[11] Marcelo Abelha Rodrigues (2008, p. 134) distingue simplificadamente os princípios da precaução e da prevenção: "Previne-se contra o dano que se conhece. Precave-se contra o risco desconhecido".

2.2 Mercantilização do meio ambiente

A mercantilização do meio ambiente ocorre por meio da teoria da extensão do mercado, a qual incorpora a este último o meio ambiente, atribuindo-lhe preços. Os sujeitos privados negociam seus interesses em um sistema de direitos de propriedade, buscando a internalização eficiente das externalidades (DERANI, 2008, p. 92).

Essa teoria transforma a natureza em um *marketable good* (DERANI, 2008, p. 95). Trata-se de imputar um valor para os recursos naturais, cujo uso ensejará uma contraprestação monetária. Isto é, delimita-se o direito de propriedade de forma a nele incluir os fatores ambientais, para que possam ser transacionados.

O conceito de direito de propriedade possui significados diversos quando analisado sob o enfoque do Direito ou da Economia. Na visão jurídica, é o direito de usar, fruir e dispor de um bem, e de reavê-lo de quem injustamente o possua. Em outras palavras, a submissão de uma coisa, em todas as suas relações, a uma pessoa (GOMES, 2009, p. 109).

Sob o enfoque econômico, segundo Yoram Barzel (1997, p. 4), o direito de propriedade é o poder de consumir o bem ou serviços do ativo direta ou indiretamente – nesta última hipótese, por meio da troca. Para o autor, os *economic rights* são o fim, o que as pessoas buscam em última análise, enquanto os *legal rights* são os meios para se atingir esse fim.

De acordo com a teoria da extensão do mercado, desenvolvida por Ronald Coase (1960), é possível eliminar por meio da negociação a divergência entre custos privados e custos sociais, que decorre do fato de ao mercado só interessar a transação de bens aos quais corresponda um direito de propriedade definido (ARAGÃO, 1997, p. 37-38). Logo, para que o bem possa ser incorporado ao mercado é preciso que corresponda a um direito de propriedade bem delimitado, pois ele é que será transacionado[12].

É preciso que as externalidades positivas sejam reconhecidas, valoradas e, assim, incorporadas ao bem, refletindo, pois, em seu valor, o que elimina a assimetria de informação e diminui custos de transação. Essa necessidade surge do fato de que, se o atributo não for bem definido a ponto de

---

[12] "O que se negocia não são os bens-objeto de Direito, mas, sim, direitos de propriedade sobre as dimensões de bens" (ZYLBERSZTAJN; SZTAJN, 2005, p. 85).

poder ser transacionado, o agente deixará de fornecer os benefícios sociais decorrentes da proteção ambiental.

Desse modo, a valorização das externalidades positivas decorrentes dos espaços protegidos constitui um incentivo à sua criação e continuidade da conservação. Pois os preços não refletem adequadamente o valor dos serviços ambientais, ou seja, o mercado falha na valoração adequada da conservação biológica e, uma vez que o preço da madeira, da terra ou dos produtos agrícolas é mais elevado, isto leva ao processo de desmatamento (NUSDEO, 2008, p. 3-4).

Há que se considerar que a falha do mercado está relacionada também a problemas e custos de mensuração de um determinado bem, visto que é preciso atribuir-lhe o devido valor para que seja definido o direito de propriedade a ser transacionado. Por ser difícil a mensuração, o direito de propriedade será mal definido e, consequentemente, prejudicará a transação, problema que constitui um óbice à concretização da teoria da mercantilização do meio ambiente.

2.3 Correção do mercado por meio de incentivos

Enquanto a mercantilização do meio ambiente é considerada como *extensão* do mercado, já que incorpora o meio ambiente a este, a teoria da *correção* do mercado acredita que por intermédio do Estado pode-se solucionar o desarranjo entre interesse particular e interesse social.

Essa teoria surge com Pigou, que chamou de deseconomias externas os efeitos sociais danosos da produção privada, e de economias externas os efeitos de aumento de bem-estar social da produção. Segundo o autor, o Estado deve introduzir no primeiro caso um sistema de imposto e, no caso de efeitos sociais positivos, um sistema de subvenção ou incentivo (DERANI, 2008, p. 91).

O meio ambiente ecologicamente equilibrado constitui um direito difuso e deve ser protegido pelo Estado, seja direta ou indiretamente, exercendo os deveres que a ele incumbe a Constituição Federal ou estimulando determinadas condutas por parte dos indivíduos. Ele deve reconhecer as falhas do ordenamento jurídico e do sistema econômico e agir no sentido de corrigi-las ou propiciar instrumentos para a correção. Para que isso ocorra, podem-se criar incentivos a comportamentos individuais que sejam positivos em relação ao meio ambiente.

Tendo em vista que os ecossistemas e a biodiversidade são úteis à coletividade (FIGUEIREDO, 2009, p. 100) e que a humanidade depende, para sua existência, dos serviços ecossistêmicos, cuja rápida destruição tem consequências ainda muito incertas, é premente a adoção de uma postura preventiva contra processos predatórios irreversíveis (CARVALHO, E., 2010, p. 121).

Para isso, é papel fundamental do Estado direcionar a concretização da proteção ambiental, sobretudo quando ela não for efetuada espontaneamente pelos indivíduos – o que pode ocorrer se, em razão da não internalização das externalidades positivas e do ineficiente mecanismo de coerção estatal, o agente optar por abandonar as práticas ambientais que as geram[13].

Percebe-se que a teoria de correção do mercado está voltada precipuamente à eficiência dos mercados, buscando a solução de certas falhas de mercado. Mas o mecanismo de incentivos estatais se presta igualmente a funções, como a de proteção ambiental.

Assim, o Estado intervém no mercado por meio de incentivos para orientar a atuação dos agentes, garantindo-se uma prática privada gratificante tanto ao investidor quanto à sociedade (DERANI, 2008, p. 149); tornando-se a proteção ambiental vantajosa inclusive ao agente e, assim, garantindo que continue a ser praticada em benefício de toda a coletividade.

2.4 Mensuração dos bens naturais

Tanto na abordagem sobre mercantilização do meio ambiente, quanto em casos de intervenção do Estado por meio de incentivos, depara-se com a problemática da mensuração, devido à dificuldade em se atribuir valor aos bens naturais.

Não são conhecidas todas as funções ambientais e outras ainda não se conseguem bem delimitar. Além disso, o "valor social" do meio ambiente está relacionado não somente ao que a sua exploração econômica pode

---

[13] Como pondera Ana Grizzi (2008, p.57), é imprescindível demonstrar ao empreendedor que, em contrapartida à revisão de suas atividades a partir da incorporação da variável ambiental, ele continuará a obter lucro, seja pela redução de passivos ou contingências ambientais, redução de custos operacionais com prevenção ambiental, redução da taxa de juros em financiamentos, melhora da imagem corporativa junto a seus consumidores, ou como fator de diferencial competitivo no seu segmento de mercado.

gerar, mas também a um valor de existência, independentemente das utilidades que proporciona (ARAGÃO, 1997, p. 236).

Por isso a árdua questão de como se internalizar os custos decorrentes das externalidades positivas derivadas dos espaços protegidos, uma vez que o direito de propriedade de bens naturais não pode ser bem delimitado. Os métodos de valoração tendem a ser incompletos, primeiro porque é necessária uma visão completa da questão estudada, a ser desenvolvida por economistas, biólogos, ecologistas e muitos outros profissionais. E, sobretudo, pela incerteza de não se conhecer grande parte das consequências da excessiva utilização e degradação dos recursos naturais.

Dessa forma, a mensuração ainda constitui um obstáculo à internalização das externalidades positivas, na medida em que dificulta a definição dos direitos de propriedade para que estes sejam transacionados de maneira eficiente e, consequentemente, elevando os custos de transação. Além de constituir um embaraço ao Estado no processo decisório sobre a necessidade e delimitação da intervenção por meio de incentivos, pois, não se conhecendo exatamente o bem a ser tutelado, torna-se difícil verificar o quanto é preciso intervir de modo com que essa ação seja eficaz.

Não obstante os problemas decorrentes da dificuldade de mensuração, na prática o agente econômico pode buscar maneiras alternativas de internalizar as externalidades positivas, de forma viável para o caso concreto. Com o intuito de analisar essa questão, o trabalho se propôs à realização de um estudo de caso, do qual se trata a seguir.

3 ESTUDO DE CASO

3.1 Conduta ambiental da usina e espaços protegidos

A usina de cana-de-açúcar[14] objeto de análise do estudo de caso é produtora de cana, açúcar, álcool e levedura seca. Está localizada na região central do Estado de São Paulo, em uma área que abrange 11 municípios, onde são cultivados 41.000 hectares de cana-de-açúcar.

Dentre a área total de operação da usina, 3.745,01 hectares são áreas de preservação permanente (APP), monitoradas por engenheiros florestais

---

[14] Não será divulgado o nome da usina em razão de "pacto de sigilo", fator que é usual na pesquisa empírica e não interfere em seu resultado.

de sua Divisão Agrícola, responsável pela manutenção e recuperação da área. Além de APP, protege 710 hectares de fragmentos florestais do Cerrado, Florestas Estacionais Semideciduais e Deciduais.

A empresa possui um Programa de Adequação Ambiental voluntário, que prevê ações como a produção anual de cerca de 100 mil essências florestais nativas da região, das quais 60 mil são para uso próprio nas áreas da usina e 40 mil são doadas para os fornecedores de cana realizarem a recuperação dentro das suas respectivas áreas de produção.

O programa abrange a doação de mudas a fornecedores e outros proprietários rurais do entorno, com possibilidade de assistência técnica situacional sob pedido; realiza-se planejamento para a doação, esclarecem-se dúvidas sobre o plantio e este é acompanhado ao longo do tempo.

A usina é também signatária do Protocolo Agroambiental (Certificado Etanol Verde), assinado em 2007 pelo Governo de São Paulo, Secretaria Estadual do Meio Ambiente e União da Indústria Sucroalcooleira (UNICA), à qual a empresa é associada. O Protocolo tem por objetivo desenvolver ações que estimulem a sustentabilidade da cadeia produtiva de açúcar, etanol e bioenergia, incluindo diretivas técnicas ambientais, e reconhece as boas práticas ambientais do setor sucroenergético com um Certificado de Conformidade Agroambiental, renovado anualmente (SÃO PAULO, 2007).

Além disso, a empresa adota o Sistema de Gestão Ambiental da norma ABNT NBR ISO 14001 e tem 85% de sua produção certificada pelo Padrão Better Sugarcane Initiative (Bonsucro), desde outubro de 2011.

3.2 Determinantes do comportamento do agente econômico

A partir dos dados obtidos por meio das entrevistas e documentos da usina, verifica-se que o comportamento da empresa quanto à proteção ambiental, especificamente quanto aos espaços protegidos, pauta-se na legislação ambiental e também em questões relacionadas ao mercado.

Por um lado, a usina se adéqua às normas vigentes, buscando cumprir os deveres legais de proteção do meio ambiente. Por outro lado, percebe-se que sua conduta é influenciada precipuamente pelo próprio mercado, e não pela imposição da lei.

A atenção do agente está voltada à reputação no mercado e na sociedade, uma vez que a responsabilidade ambiental pode lhe agregar valor.

Ademais, algumas ações são adotadas especificamente para atender às exigências de uma determinada carteira de clientes.

Alguns compradores exigem que a empresa adote certos padrões ambientais, como, por exemplo, a série ISO 14000. A especificidade da demanda acaba, portanto, influenciando toda a gestão da usina e, consequentemente, a proteção ambiental praticada por ela. E essa questão é verificada não apenas nos negócios com um determinado comprador, mas também em relação a grandes nichos de mercado, sobretudo no mercado externo.

Outro objetivo da empresa, diretamente relacionado ao de satisfação das especificidades das demandas, é a certificação ambiental. A proteção ambiental é realizada de maneira a permitir certificações como o Certificado de Conformidade Agroambiental e a certificação do Bonsucro, selo internacional recentemente introduzido no setor sucroalcooleiro brasileiro, e exigido pela União Europeia para importações de produtos originados da cana-de-açúcar.

A adoção de padrões ambientais e a certificação constituem, portanto, condição para o acesso a novos mercados e permanência da empresa nesses e em outros mercados, cada vez mais rigorosos quanto à questão ambiental.

4 ANÁLISE DOS RESULTADOS

A análise dos resultados do estudo de caso permite concluir que, ao realizar ações protetivas do meio ambiente, a atenção da usina está voltada sobretudo à sua reputação no mercado e na sociedade e à certificação ambiental.

A certificação demonstra ser o principal mecanismo utilizado para internalizar as externalidades positivas ambientais, uma vez que reconhece as atividades realizadas pela empresa em benefício do meio ambiente e com isso lhe possibilita transacionar com agentes que exijam essa conduta "verde" da outra parte.

Não é possível determinar se por meio da certificação a usina é diretamente remunerada pelas externalidades positivas que gerou, se há um pagamento pelos benefícios gerados[15]. Mas certamente pode-se afirmar que, mesmo que indiretamente, a empresa ganha com a certificação, pois

---

[15] A análise do lucro da empresa em razão da certificação seria objeto de estudo da Economia e outras áreas afins.

esta lhe permite atuar em mercados que demandam cada vez mais produtos e serviços cujo processo produtivo tenha ocorrido em observância da proteção do meio ambiente.

A partir dessas constatações, verifica-se que é o próprio mercado quem incentiva a empresa a proteger o meio ambiente, realizando até mesmo atividades além das exigidas pelo ordenamento jurídico, como o Programa Ambiental de recuperação de espaços protegidos e doação de mudas. Ela responde a esses incentivos porque possui interesses econômicos (já que a própria razão de existência de uma empresa privada é o lucro[16]). No entanto, com essa conduta, ao mesmo tempo que satisfaz interesses privados passa a atender também ao interesse coletivo de um meio ambiente ecologicamente equilibrado.

A análise do estudo de caso não permitiu estudar os custos relacionados aos espaços protegidos em sua totalidade, devido a limitações técnicas por se tratar de um estudo jurídico, o que tornou inviável o estudo geral dos custos. Por essa razão, a análise foi restrita a custos de oportunidade e, sobretudo, a custos de transação decorrentes da assimetria de informação sobre as externalidades positivas.

O estudo de caso revelou a racionalidade econômica quanto à proteção ambiental, resultado do qual se pode partir para a resolução da parte final do problema: analisar mecanismos de incentivo que possam ser eficientes à defesa do meio ambiente. Mecanismos esses que sejam atrativos ao agente privado de maneira a potencializar a prática de atividades desejadas socialmente[17], e que devem ser pensados de acordo com o ambiente institucional.

---

[16] Nesse sentido, afirma Clarissa D'Isep (2004, p.43) que "(...) uma gestão empresarial que se preze, isto é, que faça jus às características econômicas, vai se adequar à legislação ambiental e, se possível, dela extrair a lucratividade, que, numa versão capitalista, será 'socializando os custos e privatizando o lucro'. Não se pretende dizer que a empresa não deva obter lucro e se tornar social, mesmo porque, ao obtê-lo, ela já exerce um papel social, pois garante a sua sobrevivência (e, conseqüentemente, garante empregos, hoje o maior desafio do sistema capitalista). Tampouco pretendemos externar que ela deva socializar os prejuízos. Apenas descrevemos as suas características".

[17] A ideia de interferir na conduta privada a partir de incentivos se conforma ao que pondera Ricardo Abramovay (2009, p. 338): "É claro que o setor privado age por interesse. A questão consiste em saber de que maneira se formam e se exprimem esses interesses. A principal crítica que se pode fazer aos que rejeitam, a princípio, o conceito de responsabilidade socioambiental do setor privado é que tratam os interesses empresariais como se fossem imunes à pressão

4.1 O papel das instituições e a função promocional do direito

As instituições são regras que definem as interações sociais e as estruturas políticas e econômicas (NORTH, 1991, p. 97). Podem ser compostas por regras formais, que são um produto do processo de escolha deliberada, como as constituições e leis; ou informais, que se podem dizer difusas, encontradas no dia-a-dia do comportamento social dos indivíduos e a ele incorporadas por meio de um processo muitas vezes não percebido, por exemplo, os costumes, tradições e códigos de conduta (AGUIRRE, 2005, p. 237).

São as instituições que criam ordem, reduzem incertezas nas trocas e influenciam escolhas, pois afetam diretamente a estrutura e conduta das organizações, as quais respondem às regras e incentivos estabelecidos. Constituem as "regras do jogo" (NORTH, 1991), assim, a forma com que as instituições são postas influencia a tomada de decisão, pois a estrutura de incentivo provida por elas influi nas preferências dos agentes econômicos.

As instituições podem ser eficientes, utilizando-se incentivos que estabeleçam recompensas à prática de atividades desejadas e desincentivos e sanções para as atividades indesejadas (BRANDELLI, 2011, p. 150). Ou podem ser ineficientes se falharem nesse mecanismo de incentivo/desincentivo. Quando há a falta de sanção das práticas indesejadas, isso pode se tornar até mesmo um incentivo a atividades oportunistas.

É o que ocorre hoje em realização à degradação ambiental no Brasil. Diante do quadro de falhas na fiscalização, morosidade dos procedimentos de apuração e julgamento, e falta de efetividade das sanções aplicadas, os agentes oportunistas considerarão mais vantajoso em vez de cumprir as regras de proteção ambiental incorrer no risco de sofrer a sanção, se acreditarem que este é menor do que o ganho que podem obter ao explorar uma área que deveria ser preservada, por exemplo.

---

social. Tudo se passa como se os mercados, de fato, fossem mecanismos de equilíbrio, neutros, impessoais e situados, por assim dizer, acima da vida social". E acrescenta o autor: "A ideia de que objetivos humanos emancipadores só podem ser alcançados fora do âmbito daquilo que se faz no mercado se apoia no mito de que a economia existe fora da sociedade e que a produção material é e deve ser autônoma com relação a valores e escolhas sociais baseadas em valores. É nesse sentido que a responsabilidade socioambiental do setor privado só pode ser compreendida à luz da inserção das empresas, do mercado, do sistema de preços e da economia no mundo social" (ABRAMOVAY, 2009, p. 356).

Além disso, recentemente houve questionáveis mudanças institucionais no tocante aos espaços protegidos, com a promulgação do novo Código Florestal (BRASIL, 2012), que para alguns é considerado em muitos pontos um retrocesso na proteção ambiental brasileira.

As falhas existentes quanto à efetiva sanção precisam ser supridas, mas para buscar a eficiência da proteção ambiental é necessário também contar com mecanismos de incentivo, que induzam os agentes econômicos a adotarem práticas mais saudáveis ao meio ambiente[18].

No estudo de caso realizado, verificou-se que a pressão exercida pelo mercado quanto à gestão ambiental faz com que a empresa procure moldar seu comportamento de acordo com as regras de mercado, aderindo à adoção de padrões de gestão e submetendo-se à certificação. Dessa forma, as instituições formais podem atuar complementarmente ao mercado apoiando e fomentando essa conduta motivada por ele, por meio da criação de uma estrutura (inclusive normativa) adequada para a concretização das ações desejadas.

Considerando-se o papel de grande influência que o Estado exerce sobre o ambiente institucional, cabe a ele fomentar comportamentos convergentes com o interesse público de um meio ambiente equilibrado, garantindo um ambiente que promova a preservação ecológica.

E cabe ao direito se adaptar segundo as conjunturas que se apresentam, dialogando permanentemente com as mudanças sociais (ALTMANN, 2008, p. 23), sempre em busca de dar a efetiva tutela aos interesses sociais. A complexidade das demandas da sociedade contemporânea exige do Estado estratégias multifacetadas e concatenadas entre si. Para isso, é necessário que se abandone a postura predominantemente repressiva do Estado, pois se pode constatar empiricamente que ela não tem sido plenamente eficaz. O dever do Estado de proteger o meio ambiente engloba também o dever de evitar riscos, adotando uma postura preventiva, que se antecipe ao dano ambiental (SARLET; FENSTERSEIFER, 2011, p. 183).

O direito ambiental deve ir além do mero poder de polícia, uma vez que pode exercer a função de orientar as forças produtivas em uma determi-

---

[18] De acordo com Maria Cecília Lustosa (2003, p. 164-165), existem quatro principais fatores que induzem esse comportamento: a regulamentação estatal; a pressão dos consumidores finais e intermediários; a pressão dos stakeholders, exercida por diversos grupos, desde populações residentes na vizinhança de um empreendimento poluidor até parlamentares e sociedade civil organizada; e a pressão dos investidores.

nada direção, menos agressiva ao meio ambiente. As instituições estatais devem ser proativas em vez de reativas, formulando políticas exequíveis, simples e adaptadas (CARVALHO, E., 2010, p. 121).

Conforme afirmam Robert Cooter e Thomas Ulen (2008, p.47), uma das questões mais importantes na economia de bem-estar[19] é a derivação de uma função de bem-estar social, que agrega preferências individuais em preferências sociais. A partir dessa ideia é que o Estado deve atuar, intervindo na ordem econômica de maneira a estimular condutas privadas que coadunem com a defesa do meio ambiente.

De acordo com Eros Grau (2010), uma das modalidades de intervenção do Estado é a intervenção por indução, por meio da qual ele intervém *sobre* o processo econômico. O Estado manipula os instrumentos de intervenção em consonância e na conformidade das leis que regem o funcionamento dos mercados, "convidando" o agente a uma opção de agir convergente com o interesse social (GRAU, 2010, p. 147-148).

Esse tipo de intervenção representa a preocupação do Estado com uma eficiência dinâmica do sistema, intervindo no mercado de modo a causar-lhe distorções, alterá-lo, interferir no seu funcionamento, a fim de fazer com que os resultados produzidos deixem de ser apenas os *naturais* ou *espontâneos*, para se aperfeiçoarem às metas fixadas, socialmente desejadas e fomentadas (NUSDEO, 1993, p. 25-26).

Trata-se do exercício da função promocional do direito tratada por Norberto Bobbio, caracterizada pela técnica do encorajamento, que visa não apenas a tutelar a possibilidade de fazer ou não fazer, caso se trate de atos permitidos, a possibilidade de fazer, caso se trate de atos obrigatórios, e a possibilidade de não fazer, caso se trate de atos proibidos; mas também a provocar o exercício dos atos conformes às regras, tornando os atos obrigatórios particularmente atraentes e os atos proibidos particularmente repugnantes (BOBBIO, 2007, p. 14-15).

De um ponto de vista funcional, a grande diferença entre as normas de desencorajamento (as que visam apenas a tutelar, e não a incentivar atos conformes) e as de encorajamento reside no fato de que as primeiras são utilizadas predominantemente com o objetivo da conservação social e as

---

[19] Claramente optada pela Constituição Federal de 1988, que traz como um dos objetivos fundamentais da República a promoção do bem-estar social (BRASIL, 1988, art. 3º, IV) e, mais a frente, declara que a ordem econômica tem por fim assegurar a todos existência digna, conforme os ditames da justiça social (BRASIL, 1988, art. 170).

segundas com o objetivo da mudança[20]. Por isso, se uma medida destinada simplesmente a desencorajar a transgressão de uma dada norma serve para manter o *status quo*, evidencia-se ainda mais a necessidade no caso brasileiro de técnicas de encorajamento, que transformem o estado atual da proteção ambiental no Brasil, pouco eficiente na prática.

É premente uma atitude mais ativa do que passiva, que estimule e sustente condutas benéficas ao meio ambiente. Como pondera Alexandre Altmann (2008, p. 24), isso não significa descartar ou diminuir a importância dos instrumentos de comando e controle, pretende-se apenas, com a inclusão de instrumentos de incentivo positivo, "*prevenir* a degradação ambiental de tal sorte que não se faça necessária a utilização de instrumentos de comando e controle", até mesmo porque a eficiência destes no panorama atual tem sido questionada.

Necessitam-se políticas públicas ambientais que articulem o uso dos instrumentos de comando e controle com os instrumentos econômicos de incentivo, de modo a promover uma atuação integrada e que dê efetividade à defesa do meio ambiente. Conforme Ana Nusdeo (2006, p. 363), o melhor instrumento de política pública será aquele que atinge os objetivos perseguidos com a menor relação custo-benefício para a sociedade.

Torna-se evidente a importância da atuação estatal no sentido de impulsionar as condutas privadas de proteção do meio ambiente, em caráter complementar aos tradicionais instrumentos de comando e controle. Para isso, podem ser aplicadas diversas formas de incentivo, dentre elas: incentivos fiscais, pagamento por serviços ambientais e incentivos à certificação.

4.2 Incentivos do Estado

4.2.1 Incentivos fiscais

Os incentivos fiscais podem ser classificados quanto à sua aplicação no momento da despesa ou da receita pública. No momento da despesa são os apoios financeiros, como subvenções, créditos presumidos e subsídios;

---

[20] O prêmio atribuído ao produtor ou ao trabalhador que supera a norma é um típico ato de encorajamento de um comportamento superconforme, prêmio este que tem a função de promover uma inovação, enquanto qualquer medida destinada simplesmente a desencorajar a transgressão de uma dada norma serve para manter o status quo (BOBBIO, 2007, p. 21).

e no momento da receita ocorrem as reduções do encargo tributário, que abrangem as imunidades, isenções, diminuição de alíquotas etc.

A tributação é o meio pelo qual o Estado aufere recursos necessários à sua existência como unidade político-operacional (aspecto fiscal ou arrecadatório). Mas, além de possuir essa finalidade arrecadatória, ela é utilizada como um poderoso instrumento de gestão de políticas econômicas e sociais, com caráter indutor dos comportamentos desejados (aspecto extrafiscal ou regulatório) (MICHELS, 2005, p. 228; COSTA, 2005, p. 313).

Assim, a extrafiscalidade é o emprego de instrumentos tributários com objetivo não apenas fiscal, mas também ordinatório, a partir do qual o Estado deliberadamente utiliza tais instrumentos para alcançar finalidades regulatórias de condutas sociais, com vista à realização de valores constitucionalmente consagrados, como o inciso VI do artigo 170 da Constituição Federal[21] (COSTA, 2005, p. 321; RIBAS, 2005, p. 688).

É uma técnica que pode ser utilizada para estimular comportamentos não-poluidores e desestimular os poluidores, tributando menos quem não polui ou polui pouco. A vantagem das normas indutoras advém do fato de que elas "interferem no bolso do contribuinte" (COSTA, 2005, p. 323), que então prefere adotar comportamentos menos agressivos ao meio ambiente.

A atuação estatal não visa a substituir os mecanismos de mercado, ao contrário, constatando-se falhas (como as externalidades positivas), realizam-se adaptações nas receitas e despesas, de modo a permitir que, a partir daí, o próprio mercado venha a agir (SCHOUERI, 2005, p. 237).

Assim, a extrafiscalidade pode ser implementada mediante a instituição e a gradação de tributos, com adoção de técnicas como a progressividade e diferenciação de alíquotas; a concessão de isenções; e outros incentivos fiscais, como a possibilidade de dedução de despesas efetuadas pelos contribuintes referentes a recursos empregados na preservação do meio ambiente (COSTA, 2005, p. 321-322).

No estudo de caso, por meio das entrevistas a usina de cana-de-açúcar se manifestou no sentido de que incentivos fiscais poderiam ser um apoio motivador que, a seu ver, ainda não existe de maneira significativa. Sobretudo, seria uma forma de tratar de maneira diferente, e com equidade, a empresa que investe em proteção ambiental da que não investe.

---

[21] Que estabelece como princípio da ordem econômica "a defesa do meio ambiente, inclusive mediante tratamento diferenciado conforme o impacto ambiental dos produtos e serviços e de seus processos de elaboração e prestação" (BRASIL, 1988).

São exemplos de situações em que houve uso da extrafiscalidade com finalidade ambiental: a legislação do Imposto de Renda que autorizou a dedução de importâncias empregadas em projetos de reflorestamento (Lei nº 5.106/66, Decreto nº 93.607/86 e Decreto nº 96.233/88) ; a Lei nº 9.393/96, que disciplina o Imposto sobre a Propriedade Territorial Rural (ITR) e exclui da área tributável as áreas de APP e reserva legal.

É possível, ainda, utilizar a característica de seletividade do ICMS e IPI, em função da essencialidade das mercadorias e serviços, para questões ambientais; e fazer com que legislação do ISS incentive serviços voltados à preservação ambiental, como o ecoturismo, sabidamente orientador e educativo (COSTA, 2005, p. 324).

Dessa forma, com a utilização dos incentivos o Estado pode incrementar as políticas públicas de preservação ambiental, entretanto, é preciso observar as competências e limitações constitucionais e legais para o estabelecimento desses benefícios[22].

4.2.2 Pagamento por serviços ambientais

O pagamento por serviços ambientais (PSA) é uma política utilizada para que ecossistemas sejam manejados de modo a gerar determinados serviços ambientais (COSTA, 2008, p. 14).

Serviços ambientais são todas as atividades envolvidas no processo produtivo que contribuam para a recuperação de áreas alteradas, proporcionando redução do desmatamento, ou desmatamento evitado; absorção do carbono atmosférico; recuperação das funções hidrológicas dos ecossistemas; proteção da biodiversidade; redução das perdas potenciais de solos e nutrientes; redução da inflamabilidade da paisagem; proteção de beleza cênica etc (OLIVEIRA; ALTAFIN, [20--]).

Atribuir valor a serviços ambientais prestigia o caráter multifuncional do meio ambiente e, sobretudo, do espaço rural, que não é visto mais como mero fornecedor de produtos primários, conferindo-se a ele importância ecológica, econômica e sociocultural (SÁ, 2007, p. 5; 9). A natureza fornece a base dos elementos necessários à vida e ao exercício da atividade econô-

---

[22] Exemplo disso é a determinação da Lei de Responsabilidade Fiscal (Lei Complementar nº 101/2000), que prevê em seu artigo 14 que a concessão ou ampliação de incentivo ou benefício deverá demonstrar que não será afetada a receita e as metas de resultados fiscais, bem como que haverá medidas de compensação (TRENNEPOHL, 2008, p. 105).

mica. Conforme haja degradação, são necessárias soluções artificiais para a substituição dos serviços prestados pela natureza, soluções essas que são menos adequadas e mais custosas (NUSDEO, 2010, p. 126).

Quando não há a valorização dos serviços ambientais, a área é convertida para outro uso que seja mais vantajoso para o proprietário. O pagamento pelos serviços ambientais, compensando os benefícios renunciados, pode servir para induzir o indivíduo a trocar práticas degradantes do meio ambiente por outras que sejam protetivas. Desse modo, os programas de PSA podem complementar as normas jurídicas de proteção ambiental.

O objetivo fundamental do pagamento por serviços ambientais é transformar a proteção em algo mais atrativo do que a exploração (em razão do custo de oportunidade da área protegida), pois é um mecanismo por meio do qual se internalizam as externalidades positivas. Além de estimular as ações ambientais que vão além das exigidas por lei.

Quanto aos espaços protegidos, deve-se admitir que os serviços prestados se caracterizam como serviços ambientais, uma vez que promovem a redução do desmatamento, proteção da biodiversidade, manutenção dos ecossistemas, dentre muitas outras funções que fazem parte da definição do conceito.

Além disso, os elevados custos de implementação dos espaços protegidos podem inibir a criação e conservação de tais áreas como estabelecem as normas ambientais, principalmente no caso de pequenos empresários rurais e agricultores familiares. Logo, o Estado pode se valer do PSA como uma política pública que sirva de instrumento complementar às normas jurídicas ambientais, como um incentivo eficiente para promover a proteção ambiental.

4.2.3 Incentivos à certificação

A marca de certificação, também chamada de marca de garantia, possui a função de atestar certas características comuns, assim como de específico nível de qualidade de produtos ou serviços; é a definição de atributos de um produto, processo ou serviço e a garantia de que eles se enquadram em normas predefinidas (UZCÁTEGUI, 2004; NASSAR, 2003, p. 30).

As características certificadas podem estar relacionadas à origem geográfica, determinado conteúdo, modo de fabricação, qualidade, cumprimento de normas (como as ambientais), dentre diversas outras. E, além da função de garantir certos atributos, a marca de certificação atualmente constitui parte integrante e estratégica do capital intelectual da empresa (UZCÁTEGUI, 2004), sendo um diferencial do agente econômico no mercado[23].

No estudo de caso realizado, verificou-se que os objetivos de fidelização de clientes, por meio da demanda especializada e certificação para acesso a determinados mercados, levaram a empresa a práticas vantajosas ao meio ambiente.

Percebe-se, então, que o mercado tem atuado como sinalizador para a adoção de ações ambientais positivas pelos agentes econômicos. Dessa forma, é recomendável que o Estado intervenha de maneira a impulsionar os empresários à certificação, seja a partir de apoio e incentivos a adotarem certificações privadas como, por exemplo, o Bonsucro; ou criando ele mesmo selos próprios, como a iniciativa do Estado de São Paulo, que criou em 2007, no âmbito do Protocolo Agroambiental, o Certificado de Conformidade Agroambiental.

O Protocolo visa a reconhecer e premiar as boas práticas ambientais e, por meio da publicidade do certificado concedido às unidades agroindustriais e às associações de fornecedores de cana, influencia na imagem das usinas e associações frente ao mercado interno e externo, determinando um padrão positivo de planos e metas de adequação ambiental a ser seguido (SÃO PAULO, 2007).

Em razão desse tipo de influência na sua imagem, o agente econômico é atraído a adotar boas práticas ambientais e a se submeter à certificação, pois esta atua como um mecanismo redutor de assimetria de informação. Reduzem-se, assim, os custos de transação, uma vez que, ao fornecer informação qualificada, facilita a coordenação entre as partes[24].

---

[23] "A certificação ambiental é um instrumento de mercado, que influencia a demanda por meio da sinalização e garantia de que um processo produtivo cumpre certos requisitos pré-estabelecidos no que respeita à não-agressão ambiental. (...) Dessa forma, a certificação ambiental diferencia determinado processo produtivo certificado dos demais processos existentes em um dado setor, agregando valor frente a uma demanda qualificada" (CARVALHO, L., 2010, p.24).

[24] Os "selos verdes" conferidos pela certificação surgem como resposta à falha de mercado representada pela assimetria de informação. Paulo Furquim de Azevedo (2005, p. 122-123) diz que um dos problemas que desta decorrem é a seleção adversa, que "elimina do mercado os produtos de boa qualidade porque o vendedor não consegue convencer o comprador sobre a qualidade do produto".

Ao poder público importa a promoção desse instrumento, pois há o interesse coletivo pelo fato de que colabora para o cumprimento das normas ambientais. Como bem elucida Luiz Carvalho (2010, p. 25), a relação da certificação ambiental com a legislação é auxiliar, uma vez que a regulação da primeira gera o enquadramento da atividade produtiva na segunda, e a supera. Desse modo, a coordenação entre as duas é benéfica; são independentes, mas os objetivos/consequências as unem.

Ressalte-se, ainda, que a certificação é um instrumento de maior permeabilidade no mercado (CARVALHO, L., 2010, p. 106), já que o agente facilmente enxerga vantagens econômicas em se certificar, como o acesso a determinados mercados. Por isso, é muito eficiente na alteração de comportamentos do setor produtivo, fazendo com que estes se tornem mais adequados aos objetivos das políticas ambientais.

Nos sistemas de certificação há três atores principais, o Estado, as empresas e as associações. Ao Estado pode competir o papel de executor e coordenador (como no caso citado do Certificado de Conformidade Agroambiental), mas nem sempre, pois a certificação pode ser realizada por instituições privadas.

Por outro lado, sempre cabe ao poder público o papel de agente regulamentador. Pois ao Estado cumpre garantir o ambiente institucional, algumas vezes por meio de regulamentações específicas para cada sistema de certificação, outras vezes, regulamentações gerais que servem de balizamento para a certificação (NASSAR, 2003, p.41-42). A garantia é dada pelo titular da marca (a certificadora), mas é necessário que as autoridades públicas desempenhem papel de vigilância do cumprimento do regulamento de utilização da marca e das características que ela garante (UZCÁTEGUI, 2004).

É preciso acrescentar, ainda, que, uma vez obtido um certo grau de conhecimento e reputação, a marca de certificação fará com que outros produtores queiram ajustar-se a esses mesmos padrões e dela fazer uso (SENIOR, 2007, p. 488). Consequentemente, a certificação ambiental é um importante instrumento para contribuir com uma significativa melhora da qualidade do processo produtivo e dos produtos, no tocante à proteção do meio ambiente, à medida que essa conduta estimula a inovação e modernização dos processos produtivos, fomentando o uso de tecnologias mais limpas (SENIOR, 2007, p. 486). O que, repita-se, é desejável segundo o ideal de desenvolvimento sustentável, motivo pelo qual a certificação é um instrumento que deve ser fomentado pelo Estado.

5. CONCLUSÃO

O estudo de caso realizado verificou que, por meio de estratégias como a certificação ambiental, o agente econômico faz com que as ações de proteção ecológica por ele praticadas lhe agreguem valor, o que o impulsiona a manter sua conduta, a qual se mostra benéfica ao meio ambiente. Assim, ao mesmo tempo em que a empresa satisfaz seu objetivo de lucro, adota um comportamento que atende ao interesse social.

A partir do estudo teórico inicial – que ajudou a compreender aspectos econômicos relacionados à proteção ambiental – e do estudo de caso – que revelou a racionalidade econômica do agente quanto à proteção –, foi possível avaliar alguns mecanismos de incentivo estatal que possam ser eficientes à maximização da proteção ecológica, influenciando a tomada de decisão do agente econômico.

É papel fundamental do Estado direcionar e promover a concretização da proteção do meio ambiente. Ele deve reconhecer as falhas do ordenamento jurídico, do ineficiente mecanismo de coerção estatal e falhas de mercado (como as externalidades) e agir no sentido de corrigi-las ou propiciar instrumentos para a correção. São necessárias políticas públicas que alinhem a uso dos instrumentos de comando e controle aos instrumentos econômicos de incentivo, para que se torne mais eficiente a defesa do meio ambiente e condizente com o princípio da precaução, evitando danos quase sempre difíceis de serem reparados.

Por meio de técnicas de encorajamento dos comportamentos privados adequados à proteção ambiental, a intervenção estatal pode se valer de diversos instrumentos, dentre os quais os incentivos fiscais, pagamento por serviços ambientas e incentivos à certificação, abordados neste trabalho. Ao criar esses incentivos, o Estado reconhece os benefícios sociais produzidos a partir de ações privadas e proporciona ao agente econômico condições para que essas externalidades positivas continuem a ser geradas. E, desse modo, cumpre seu papel de garantidor de um ambiente institucional que efetivamente promove a proteção ambiental.

Essa postura revela o caráter de cooperação que pode existir entre o poder público e o setor privado no tocante à defesa do meio ambiente, a qual passa a contar com a participação ativa de vários atores na busca de maior eficiência da proteção ecológica, a partir de uma perspectiva de sustentabilidade entre as questões ambientais e econômicas.

6. REFERÊNCIAS BIBLIOGRÁFICAS

ABRAMOVAY, Ricardo. Responsabilidade socioambiental: as empresas no meio ambiente, o meio ambiente nas empresas. In: VEIGA, José Eli da (Org). **Economia socioambiental**. São Paulo: Senac, 2009. p. 335-358.

AGUIRRE, Basília. Mudança institucional: a perspectiva da nova economia institucional. In: ZYLBERSZTAJN, Decio; SZTAJN, Rachel (Org.). **Direito & Economia:** análise econômica do direito e das organizações. Rio de Janeiro: Elsevier, 2005. p. 235-243.

ALTMANN, Alexandre. A função promocional do direito e o pagamento pelos serviços ecológicos. **Revista de Direito Ambiental**, São Paulo, ano 13, n. 52, p. 11-26, out./dez. 2008.

ANTUNES, Paulo de Bessa. **Direito ambiental**. 12. ed. rev. e atual. Rio de Janeiro: Lumen Juris, 2010.

ARAGÃO, Maria Alexandra de Sousa. **O princípio do poluidor pagador:** pedra angular da política comunitária do ambiente. Coimbra: Coimbra Editora, 1997.

AZEVEDO, Paulo Furquim de. Economia dos contratos. In: ZYLBERSZTAJN, Decio; SZTAJN, Rachel (Org.). **Direito & Economia:** análise econômica do direito e das organizações. Rio de Janeiro: Elsevier, 2005. p. 102-136.

BARZEL, Yoram. **Economic analysis of property rights**. New York: Cambrige University Press, 1997.

BOBBIO, Norberto. **Da estrutura à função**: novos estudos de teoria do direito. Barueri: Manole, 2007.

BRANDELLI, Leonardo. A eficiência econômica como instrumento da racionalidade no direito. **Revista dos Tribunais**, São Paulo, ano 100, v. 913, p. 137-173, nov. 2011.

BRASIL. **Código Florestal**. Lei nº. 4.771, de 15 de setembro de 1965. Disponível em: <http://www.planalto.gov.br/ccivil_03/Leis/L4771.htm>. Acesso em: 20 mar. 2011.

_____. **Constituição da República Federativa do Brasil**, de 5 de outubro de 1988. Disponível em: <http://www.planalto.gov.br/ccivil_03/constituicao/constituiçao.htm>. Acesso em: 20 ago. 2011.

_____. **Lei nº 9.985**, de 18 de julho de 2000. Disponível em: <http://www.planalto.gov.br/ccivil_03/Leis/L9985.htm>. Acesso em: 20 ago. 2011.

_____. **Lei nº 12.651**, de 25 de maio de 2012. Disponível em: <http://www.planalto.gov.br/ccivil_03/_Ato2011-2014/2012/Lei/L12651.htm>. Acesso em: 30 jun. 2012.

BUCCI, Maria Paula Dallari. **Direito administrativo e políticas públicas**. São Paulo: Saraiva, 2002.

CARVALHO, Edson Ferreira de. **Meio ambiente e direitos humanos**. Curitiba: Juruá, 2010.

CARVALHO, Luiz Souza Lima da Silva. **Desenvolvimento responsável**: abordagens e implicações da certificação ambiental do setor sucroalcooleiro brasileiro. Dissertação (Mestrado em Direito) - Universidade de São Paulo, São Paulo, 2010.

COASE, Ronald H. The problem of social cost. **Journal of Law and Economics**, v. 3, p.1-20, oct. 1960.

COOTER, Robert; ULEN, Thomas. **Law & Economics**. 5th ed. Boston: Addison-Wesley, 2008.

COSTA, Regina Helena. Apontamentos sobre a tributação ambiental no Brasil. In: TÔRRES, Heleno Taveira (Org.). **Direito tributário ambiental**. São Paulo: Malheiros, 2005. p. 312-332.

COSTA, Rosangela Calado da. **Pagamentos por serviços ambientais:** limites e oportunidades para o desenvolvimento sustentável da agricultura familiar na Amazônia Brasileira. Tese (Doutorado) – Programa de Pós-Graduação em Ciência Ambiental, Universidade de São Paulo, São Paulo, 2008.

D'ISEP, Clarissa Ferreira Machado. **Direito ambiental econômico e a ISO 14000**. São Paulo: Editora Revista dos Tribunais, 2004.

DALY, Herman; FARLEY, Joshua. **Ecological economics:** principles and applications. Washington, DC: Island Press, 2004.

DERANI, Cristiane. **Direito ambiental econômico**. 3. ed. São Paulo: Saraiva, 2008.

DI PIETRO, Maria Sylvia Zanella. **Direito administrativo**. 21. ed. São Paulo: Atlas, 2008.

FIGUEIREDO, Guilherme José Purvin de. **Curso de direito ambiental**. 3. ed. Curitiba: Arte & Letra, 2009.

GOMES, Orlando. **Direitos reais**. 19. ed. Rio de Janeiro: Forense, 2009.

GRAU, Eros Roberto. **A ordem econômica na Constituição de 1988:** interpretação e crítica. 14. ed. São Paulo: Malheiros, 2010.

GRIZZI, Ana Luci Limonta Esteves. **Direito ambiental aplicado aos contratos**. São Paulo: Verbo Jurídico, 2008.

LEITE, José Rubens Morato; PILATI, Luciana Cardoso; JAMUNDÁ, Woldemar. Estado de direito ambiental no Brasil. In: KISHI, Sandra A. S.; SILVA, Solange T. da; SOARES, Inês V. P. (Org.). **Desafios do direito ambiental no século XXI:** estudos em homenagem a Paulo Affonso Leme Machado. São Paulo: Malheiros, 2005. p. 611-634.

LUSTOSA, Maria Cecília Junqueira. Industrialização, meio ambiente, inovação e competitividade. In: MAY, Peter Hermann; LUSTOSA, Maria Cecília; VINHA, Valéria da (Org.). **Economia do meio ambiente:** teoria e prática. Rio de Janeiro: Elsevier, 2003. p. 155-172.

LUSTOSA, Maria Cecília Junqueira; CÁNEPA, Eugenio Miguel; YOUNG, Carlos Eduardo Frickmann. Política ambiental. In: MAY, Peter Hermann; LUSTOSA, Maria Cecília; VINHA, Valéria da (Org.). **Economia do meio ambiente:** teoria e prática. Rio de Janeiro: Elsevier, 2003. p. 135-153.

MICHELS, Gilson Wessler. Desenvolvimento e sistema tributário. In: BARRAL, Welber (Org.). **Direito e desenvolvimento**: análise da ordem jurídica brasileira sob a ótica do desenvolvimento. São Paulo: Editora Singular, 2005. p. 225-258.

MOTTA, Ronaldo Serôa da. Instrumentos econômicos e política ambiental. **Revista de Direito Ambiental**, São Paulo, ano 5, n. 20, p. 86-93, out./ dez. 2000.

MUELLER, Bernardo. Direitos de propriedade na nova economia das instituições e em Direito & Economia. In: ZYLBERSZTAJN, Decio; SZTAJN, Rachel (Org.). **Direito & Economia:** análise econômica do direito e das organizações. Rio de Janeiro: Elsevier, 2005. p. 91-101.

NASSAR, André Meloni. Certificação no agribusiness. In: ZYLBERSZTAJN, Decio; SCARE, Roberto Fava (Org.). **Gestão de qualidade no agribusiness:** estudos e casos. São Paulo: Atlas, 2003. p. 30-46.

NEVES, Marcos Fava; TROMBIN, Vinicius Gustavo; CONSOLI, Matheus Alberto. Measurement of sugar cane chain in Brazil. **International Food and Agribusiness Management Review**, Volume 13, Issue 3, p. 37-54, 2010.

NORTH, Douglass C. Institutions. **The Journal of Economic Perspectives**, v. 5, n. 1, p. 97-112, Winter, 1991. Disponível em: <http://www.jstor.org/pss/1942704>. Acesso em: 17 set. 2011.

NUSDEO, Ana Maria de Oliveira. Áreas de preservação permanente e reservas legais: uma análise das motivações para a sua efetiva conservação. In: FIGUEIREDO, Guilherme José Purvin et al. (Org.). **Código florestal:** estudos e reflexões. Curitiba: Letra da Lei, 2010. p. 115-130.

_____. **O papel dos mercados e dos direitos de propriedade na proteção ambiental**, 2008. Disponível em: <http://www.law.yale.edu/documents/pdf/sela/Nusdeo_Portuguese.pdf>. Acesso em: 14 jan. 2012.

_____. O uso de instrumentos econômicos nas normas de proteção ambiental. **Revista da Faculdade de Direito da Universidade de São Paulo**, São Paulo, v. 101, p. 357-378, jan./ dez. 2006.

NUSDEO, Fábio. **Fundamentos para uma codificação do Direito Econômico.** Tese (Concurso de provimento do cargo de Professor Titular) – Faculdade de Direito da Universidade de São Paulo, São Paulo, 1993.

OLIVEIRA, Luiz Rodrigues de; ALTAFIN, Iara Guimarães. PROAMBIENTE: uma política de pagamento de serviços ambientais no Brasil. **SOBER**. [20--]. Disponível em: <http://www.sober.org.br/palestra/9/421.pdf>. Acesso em: 20 mar. 2011.

RIBAS, Lídia Maria Lopes Rodrigues. Defesa ambiental: utilização de instrumentos tributários. In: TÔRRES, Heleno Taveira (Org.). **Direito tributário ambiental**. São Paulo: Malheiros, 2005. p. 675-723.

RODRIGUES, Marcelo Abelha. **Instituições de direito ambiental**. v. 1. São Paulo: Max Limonad, 2002.

_____. O direito ambiental no século 21. **Revista de Direito Ambiental**, São Paulo, ano 13, n. 52, p. 125-137, out./ dez. 2008.

SÁ, João Daniel Macedo. Serviços ambientais: a utilização de instrumentos econômicos para valorização da conservação e preservação ambiental. **Conpedi**, Belo Horizonte, 2007. Disponível em: <http://www.conpedi.org.br/manaus/arquivos/anais/bh/joao_daniel_macedo_sa.pdf>. Acesso em: 20 mar. 2011.

SÃO PAULO. **Protocolo Agroambiental do Setor Sucroalcooleiro Paulista**. 2007. Disponível em: <http://www.ambiente.sp.gov.br/etanolverde/documentos/protocoloAgroindustriais.pdf>. Acesso em: 12 mar. 2011.

SARLET, Ingo Wolfgang; FENSTERSEIFER, Tiago. **Direito constitucional ambiental:** estudos sobre a constituição, os direitos fundamentais e a proteção do ambiente. São Paulo: Editora Revista dos Tribunais, 2011.

SCHOUERI, Luís Eduardo. Normas tributárias indutoras em matéria ambiental. In: TÔRRES, Heleno Taveira (Org.). **Direito tributário ambiental.** São Paulo: Malheiros, 2005. p. 235-256.

SENIOR, Alexa et al. Responsabilidad ambiental: factor creador de valor agregado en las organizaciones. **Revista de Ciencias Sociales**, Maracaibo, n. 3, v. 13, p. 484-494, dic.

2007. Disponível em: <http://www.scielo.org.ve/pdf/rcs/v13n3/art09.pdf>. Acesso em: 13 mar. 2012.

SILVA, José Afonso da. **Direito ambiental constitucional**. 8. ed. São Paulo: Malheiros, 2010.

SOARES, Inês Virgínia Prado. Meio ambiente e orçamento público. In: KISHI, Sandra A. S.; SILVA, Solange T. da; SOARES, Inês V. P. (Org.). **Desafios do direito ambiental no século XXI:** estudos em homenagem a Paulo Affonso Leme Machado. São Paulo: Malheiros, 2005. p. 553-578.

SZTAJN, Rachel. Mudança institucional: a perspectiva do direito. In: ZYLBERSZTAJN, Decio; SZTAJN, Rachel (Org.). **Direito & Economia:** análise econômica do direito e das organizações. Rio de Janeiro: Elsevier, 2005. p. 228-234.

TRENNEPOHL, Terence Dornelles. **Incentivos fiscais no direito ambiental**. São Paulo: Saraiva, 2008.

TRENTINI, Flavia. **Teoria geral do direito agrário contemporâneo**. São Paulo: Atlas, 2012.

UZCÁTEGUI, A. A marca de certificação e suas particularidades. **Revista da Associação Brasileira da Propriedade Industrial**, Rio de Janeiro, n. 68, p. 3-10, jan./ fev. 2004. Disponível em: <http://www.cjp.ula.ve/gpi/documentos/marcas_certificacion.pdf>. Acesso em: 15 abr. 2012.

WATANABE, Kassia; SCHMIDT, Carla Maria. A multifuncionalidade da agricultura e suas externalidades positivas para o desenvolvimento local. In: XLVI CONGRESSO DA SOCIEDADE BRASILEIRA DE ECONOMIA, ADMINISTRAÇÃO E SOCIOLOGIA RURAL, 2008, Rio Branco. **Anais eletrônicos**. Disponível em: <http://www.sober.org.br/palestra/9/930.pdf>. Acesso em: 20 mar. 2011.

YIN, Robert K. **Estudo de caso:** planejamento e métodos. 2. ed. Porto Alegre: Bookman, 2001.

ZYLBERSZTAJN, Decio; SZTAJN, Rachel. A economia e o direito de propriedade. In: _____ (Org.). **Direito & Economia:** análise econômica do direito e das organizações. Rio de Janeiro: Elsevier, 2005. p. 84-91.

Da Teoria Geral do Contrato ao Contrato Empresarial

Frederico Pupo Carrijo de Andrade

1. Introdução

É com grande satisfação que acompanho a evolução da Faculdade de Direito de Ribeirão Preto da Universidade de São Paulo.

Como integrante de sua primeira turma, não posso deixar de ressaltar – nestas notas introdutórias – o sucesso da novel academia, tanto nos resultados do exame de ordem, quanto nos altos índices de produtividade relacionados a ensino, pesquisa e extensão, frutos inegáveis do esforço conjunto dos discentes, docentes e funcionários, nos cinco anos que estão sendo homenageados.

Este artigo propugna, inicialmente, a sistematização lógica e atualizada de conceitos clássicos do direito privado, como o negócio jurídico, o contrato e a causa contratual.

Com base nestes apontamentos, busca-se esclarecer o conceito de contrato empresarial, para que se possa responder ao seguinte questionamento: existem distinções objetivas entre os negócios firmados sob a lógica do direito comum e os negócios celebrados no âmbito do direito comercial?

A solução dada a esta indagação não é apenas de interesse teórico. Ela representa, outrossim, implicações práticas, notadamente em relação à interpretação que se deve conferir aos instrumentos mercantis.

2. O negócio jurídico

A formação do referencial teórico deste estudo parte da compreensão da classe de fatos jurídicos[1] que contém os institutos que serão analisados: o negócio jurídico.

Sendo assim, já se pode identificar que, como classe, negócio jurídico é uma estrutura[2] conformadora da vontade no mundo do direito. A complexidade na definição está em perceber que ele é tanto uma categoria (fato jurídico abstrato), quanto um fato jurídico concreto.

Há de se destacar que a mera exposição do querer do sujeito – se não for enquadrada em uma hipótese normativa que tenha consequências relacionadas àquelas buscadas pelo manifestante – pode ser um fato ordinário ou um fato jurídico em sentido estrito.

Vale dizer que, para que seja um negócio jurídico, faz-se necessário que ela esteja cercada de circunstâncias previstas normativamente de forma abstrata, que façam com que o direito reconheça a importância social daquele ato e, com isso, insira-o sob a égide de sua tutela. Deste modo, a manifestação da vontade ganha uma qualificação e passa a ser denominada declaração de vontade.

Por isso mesmo, não é suficiente a intenção do agente para a sua caracterização. Logo, o negócio em si é um fato concreto que, a partir do preenchimento de alguns pressupostos, representa uma realidade destinada à constituição, modificação ou extinção de direitos, pretensões, ações ou exceções[3].

---

[1] Para F. C. PONTES DE MIRANDA, *Tratado de direito privado*, tomo III, 2 ed., Campinas, Bookseller, 2001, p. 29, o negócio jurídico não se confunde com o suporte fático, pois é classe de fatos jurídicos e, por esta razão, "já é o suporte fático, o *negotium*, após a entrada desse no mundo jurídico".

[2] Cf. A. J. AZEVEDO, *Negócio jurídico: existência, validade e eficácia*, 4 ed., São Paulo, Saraiva, 2002., p. 2 e p. 4-14. Utiliza-se neste artigo a conceituação adotada por este autor, que levou em conta as teorias voluntaristas - que, sob uma ótica subjetivista e psicológica, são vinculadas ao entendimento de que o núcleo do negócio jurídico é a vontade de produção de efeitos determinados - e as teorias objetivistas – que analisam o negócio como um instrumento e não como um ato de vontade - e, sem afastar completamente qualquer das duas, optou pelo viés estruturalista.

[3] Cf. F. C. PONTES DE MIRANDA, *Tratado*, cit., p. 34.

Em resumo,

> "negócio jurídico é todo fato jurídico consistente em declaração de vontade, a que o ordenamento jurídico atribui os efeitos designados como queridos, respeitados os pressupostos de existência, validade e eficácia impostos pela norma jurídica que sobre ele incide"[4].

A. J. AZEVEDO[5] entende que todos os fatos jurídicos podem ser considerados sob o enfoque da existência e são aptos a produzirem efeitos, ou seja, possuem eficácia jurídica potencial ou efetiva. Por esta razão, menciona que o diferencial do negócio jurídico é o plano da validade.

Realiza-se, com esta observação, um corte metodológico na análise deste objeto, que pode ser estudado sob os planos da existência, da validade ou da eficácia.

Tem-se que o negócio é composto por elementos de existência, sendo estes essenciais, naturais ou acidentais. São elementos gerais intrínsecos: a forma, o objeto e as circunstâncias negociais. São elementos gerais extrínsecos: o agente, o lugar e o tempo. Há, ainda, conforme o tipo de negócio, elementos categoriais e particulares[6].

Para entrar no mundo jurídico e ser regularmente reconhecido, não basta que o negócio preencha elementos de existência. Ele deve também apresentar requisitos de validade. Estes são uma adjetivação àqueles, que qualificam a declaração de vontade objetivando prevenir ou eliminar gravames a interesses das partes e de terceiros[7].

Como exemplo, veja-se o artigo 104 do Código Civil. Dispõe-se que "a validade do negócio jurídico requer: I- agente capaz; II- objeto lícito, possível, determinado ou determinável; III- forma prescrita ou não defesa em lei."

Aduz-se que enquanto agente, objeto e forma são elementos de existência, os complementos dos incisos (capaz; lícito, possível, determinado

---

[4] A. J. AZEVEDO, *Negócio*, cit., p. 17.
[5] *Negócio*, cit., p. 23.
[6] Entende-se que esta definição dos elementos de existência seja suficiente para a abordagem deste trabalho, que se concentrará no plano da eficácia. Para maiores detalhes neste ponto, Cf. A. J. AZEVEDO, *Negócio*, cit., p. 34-40.
[7] Cf. A. J. AZEVEDO, *Negócio*, cit., p. 41.

ou determinável; prescrita ou não defesa em lei) são os requisitos de validade a eles aplicados.

Por fim, existência e validade não necessariamente implicam na produção completa de efeitos. Para que isso aconteça, devem estar presentes os fatores de eficácia, sendo entendidos como tudo aquilo que concorre para a consecução do resultado desejado, sem que haja uma ligação intrínseca ao negócio [8].

Exemplo comum é aquele que preenche os dois primeiros planos, mas se encontra subordinado a uma condição suspensiva[9]. Enquanto não for observado o evento futuro – fator de eficácia na hipótese suscitada – não serão produzidos os efeitos aos quais a declaração de vontade é orientada.

3. O contrato

A utilidade da exposição do negócio jurídico como matriz teórica é a percepção de que o contrato é um negócio especial, construído não só pelos elementos gerais descritos, mas também por elementos categoriais e particulares. Por este motivo, são a ele aplicáveis as análises referentes aos três planos presentes no tópico anterior.

Contrato é o instrumento, por excelência, de expressão da autonomia privada. Por meio dele, partes assumem obrigações, adequando interesses distintos das mais variadas formas em um mesmo meio. Com isso, os sujeitos não somente se vinculam pela vontade, mas realizam acordo com conteúdos obrigatórios referentes a comandos concretos e sanções pelo descumprimento[10].

Ele aperfeiçoa-se como o encontro de duas ou mais declarações de vontade, entendidas no esquema tradicional como oferta e aceitação[11]. Sob este aspecto, começam a ser traçados os pontos que o especializam frente aos outros negócios.

Conforme V. ROPPO[12], estes são basicamente três: i) o encontro das diferentes vontades em um centro, ou, o consenso; ii) a distinção do objeto,

---

[8] Cf. A. J. AZEVEDO, *Negócio*, cit., p. 30.
[9] Cf. A. J. AZEVEDO, *Negócio*, cit., p. 55.
[10] Cf. A. TRABUCCHI, *Istituzioni di diritto civile*, 43 ed., Padova, CEDAM, 2007, p. 166.
[11] Cf. A. TRABUCCHI, *Istituzioni*, cit. p. 171-172.
[12] Il contratto, in IUDICA, Giovanni; ZATTI, Paolo, *Trattato di diritto privato*, Milano, Giuffrè, 2001, p. 3.

que representa uma relação jurídica patrimonial; iii) o modo de expressar o acordo conforme seu objeto, já que ele não é descritivo ou valorativo, mas, ao invés, voluntário. Não se acordam sobre, mas por um fim.

Dá-se grande importância, como critério de distinção, à patrimonialidade. Classificada como elemento central da *fattispecie* contratual, ela significa que todo o conteúdo envolto por esta pode ter, de alguma forma, mensuração concreta no patrimônio das partes, seja em função da prestação obrigacional, seja em função do resultado do inadimplemento.

Ela é evidente, por exemplo, nos contratos relativos à transmissão do direito de propriedade ou de quaisquer dos poderes que esta envolvam, ficando-se clara a suscetibilidade de aferição de valor econômico.

Não há, por outro lado, patrimonialidade quando se menciona o direito da personalidade, área que abrange objetos que não podem ser alienados ou transmitidos mediante a espera de proveito desta natureza[13]. Ademais, pode-se notar que existem uma série de atos que representam o encontro de vontades, são lícitos, mas não estão permeados por este caráter. Cita-se o consentimento do paciente obtido pelo médico para a realização de um tratamento[14].

A caracterização patrimonial faz com que o contrato tenha grande relevância à produção e circulação de riquezas, sendo a tutela do auto--regramento das partes uma forma de estabilização das relações jurídicas, inclusive no âmbito dos mercados.

Neste sentido, ele é um tipo de negócio jurídico que possui importância a diversos sistemas jurídicos, os quais o classificam das mais variadas maneiras. Por esta razão, difícil é a extração de um conceito preciso a ele concernente. Consoante R. SACCO e G. DE NOVA[15], mais adequado que este enquadramento é a compreensão dos genótipos e fenótipos contratuais.

---

[13] Cf. V. ROPPO, Il contratto, cit., p. 6. Este parágrafo refere-se, por exemplo, à indisponibilidade do direito a vida e a inalienabilidade do direito ao próprio corpo mediante prestação onerosa, conforme os artigos 13 e 14 do Código Civil. Importante, ainda, que não se confunda o direito da personalidade em si, com o reflexo deste que, em alguns casos, pode ser patrimonializado, como a imagem, que pode compor o objeto de um contrato de cessão.

[14] Cf. V. ROPPO, Il contratto, cit., p. 7.

[15] Il contratto, in SACCO, Rodolfo, *Trattato di diritto civile*, t. 1, 3 ed., Torino, UTET, 2001, p. 55. Veja-se, por exemplo, e conforme os autores citados, a pluralidade de definições existentes nos diferentes ordenamentos jurídicos quanto aos conceitos de contrato, contratto, contrat, Vertrag, contract.

Os autores identificam que deve haver um núcleo comum que se repita na maioria dos sistemas que utilizam essa figura. Utilizam o entendimento já trazido neste texto de que todos os contratos apresentam como ponto de partida o ato de consenso. Este, qualificado por seu conteúdo, sempre se dirige à normatização concreta de uma relação patrimonial. Consenso e patrimonialidade são, então, o genótipo[16].

Considerando-se que a definição do instituto analisado passa pela simetria entre fato e direito, o fenótipo contratual dependerá dos elementos específicos inseridos por cada ordenamento jurídico destinados a adaptar a noção citada no parágrafo anterior à realidade social em que se encontram inseridos. Citam que a causa[17] é um exemplo de fenótipo jurídico positivo exigido pela lei italiana para o preenchimento dogmático do conceito naquela ordem.

Assim, o *Codice Civile* italiano elenca o genótipo em seu artigo 1321[18] e o fenótipo no artigo 1325[19], ao prescrever os requisitos contratuais.

A referência à concepção peninsular não é por acaso. Esta é identificada como inspiração à construção do direito privado brasileiro, notadamente no que tange ao Código Civil de 2002[20]. Como aponta H. M. D. VERÇOSA[21], apesar de o atual diploma civil brasileiro não trazer expressa uma definição contratual que coincida, *ipsis literis*, com a presente no *Codice Civile*, há de se identificar a semelhança, que legitima a utilização da experiência italiana como referência para a construção do conceito no ordenamento pátrio.

Tanto o é que a tradicional doutrina civilista identifica como raízes do contrato os mesmos elementos estudados pelos italianos citados. Neste

---

[16] R. SACCO; G. DE NOVA, Il contratto, cit., p. 64.
[17] R. SACCO; G. DE NOVA, Il contratto, cit., p. 64- 65.
[18] "Il contratto è l'accordo di due o piú parti per costituire, regolare o estinguere tra loro un rapporto giuridico patrimoniale."
[19] "I requisiti del contratto sono: 1) l'accordo delle parti; 2) la causa; 3) l'oggetto; 4) la forma, quando risulta che è prescritta dalla legge sotto pena di nullità."
[20] Inegável a coincidência quanto à unificação do regime das obrigações e ao seguimento da tradição jurídica romano-germânica, como aponta a exposição de motivos do Código Civil. Cf. REPÚBLICA FEDERATIVA DO BRASIL (Senado Federal), *Novo Código Civil: exposição de motivos e texto sancionado*, 2ed.,Brasília, 2005, disponível em http://www2.senado.gov.br/bdsf/item/id/70319, acesso em 15.07.2012, p. 31-32.
[21] *O código civil de 2002 e a crise do contrato: seus efeitos nos contratos mercantis* (tese de livre docência), São Paulo, Faculdade de Direito da Universidade de São Paulo, 2009, p. 61.

sentido, C. M. S. PEREIRA[22] destaca que ele é o ajuste de vontades de inegável função econômica, que erige como princípios básicos o da obrigatoriedade dos pactos (devendo ser interpretado tendo-se em vista a função social), do consensualismo e da boa-fé objetiva.

Ainda quanto ao Código de 2002, a menção ao contrato dá-se em seus títulos V e VII, que privilegiam a normatização dos contratos em espécie ao estabelecimento de uma matriz de requisitos e critérios gerais. Uma ideia que não é cogitada nestes fragmentos - mas que pode ser útil à compreensão da distinção que se propugna aos contratos empresariais - é a da causa contratual.

4. A causa contratual

Como exposto, no ordenamento italiano, a causa é um requisito de validade do contrato. A vontade não se resume, portanto, ao consenso, mas é analisada sobre o enfoque do conteúdo causal que ela orienta[23].

A. J. AZEVEDO[24] esclarece que há negócios jurídicos que se aperfeiçoam nos diversos planos independentemente de uma causa, sendo chamados de abstratos. Dessa forma, eles até tem a presença do elemento causal, mas este não é relevante para a sua definição. Em contraposição, os negócios causais são aqueles que se caracterizam por terem "elemento categorial inderrogável objetivo (objeto típico)[25]".

Com isso, apesar da ausência de qualquer menção positivada, nestes negócios a causa corresponde àquilo que socialmente deseja-se que o ordenamento proteja. Importante notar, ainda conforme o autor citado, que esta não se confunde com o elemento categorial objetivo do negócio.

---

[22] *Instituições de direito civil*, v.3, 13 ed., Rio de Janeiro, Forense, 2009, p. 7-19. Ainda neste tema, vide ORLANDO GOMES, *Contratos*, 11 ed., Rio de Janeiro, Forense, 1986, p.11, para quem contrato é "negócio jurídico bilateral, ou plurilateral que sujeita as partes à observância de conduta idônea à satisfação dos interesses que regularam", interesses cujo enfoque se centra no vínculo de obrigação patrimonial.

[23] Cf. U. SALVESTRONI, Vita e vitalità del contratto, in *Rivista del diritto commerciale e del diritto generale delle obbligazioni*, n. 3-4, 1994, p. 171.

[24] *Negócio*, cit., p. 140-143. O autor ainda expõe que, no direito brasileiro, não há negócios absolutamente abstratos, uma vez que sempre a causa sempre terá algum reflexo ou relevância às partes. Cita, assim, que até mesmo os títulos de crédito podem sofrer influências causais ao momento de sua execução.

[25] Cf. *Negócio*, cit., p. 145.

Este é aquilo que integra a estrutura da declaração de vontade, fazendo referência a causa (mas não sendo ela propriamente dita) e fixando, assim, o regime jurídico a que o negócio subordinar-se-á.

Diferencia-se, portanto, da causa, pois esta age não nos planos da existência, mas no da validade e da eficácia. Ela é algo externo à estrutura negocial que se traduz como "função prático-social ou econômico-social do negócio"[26].

A distinção fica mais evidente na análise dos negócios com causa final. Veja-se um contrato bilateral, como a compra e venda. Neste, o elemento categorial inderrogável é a prestação obrigacional com a acepção patrimonial. A causa é o que se espera do adimplemento da obrigação, é a dupla realização da prestação e da contraprestação[27].

Nota-se que em um contrato plurilateral, a causa já é distinta. Não se vincula a função econômica destes contratos ao simples adimplemento recíproco de maneira sinalagmática, mas sim à manutenção de uma ligação obrigacional que favoreça o cumprimento do escopo comum fixado pelas partes, podendo-se ter em vista até mesmo valores como a segurança jurídica e a estabilidade dos mercados.

Destarte, "a causa, no nosso direito, não está na lei, mas está, porque é inevitável, no ordenamento como um todo."[28] A ausência de menção a ela no Código Civil de 2002 não faz com que tenha sido dispensada, principalmente pela importância que representa como escopo jurídico ou razão prática do negócio.

Isso será determinante para a análise não só da licitude deste – por meio da avaliação do preenchimento de todos os requisitos gerais e específicos que variam conforme a função de cada negócio – mas também para a identificação do já mencionado regime jurídico que a ele será aplicado[29].

Tendo-se em vista a necessidade de se privilegiar a autonomia de vontade, em meio a correntes doutrinárias que destacam em excesso a função social dos contratos, sem muitas vezes sequer conferir a isso alguma significação objetiva, começa-se a repensar o conceito da causa.

---

[26] Cf. *Negócio*, cit., p. 153.
[27] Cf. *Negócio*, cit., p. 154.
[28] A. J. AZEVEDO, *Negócio*, cit., p. 160.
[29] Cf. T. ASCARELLI, *Panorama do direito comercial*, São Paulo, Saraiva, 1947, p. 62.

B. IZZI[30], com a análise de um acórdão paradigmático da *Corte di Cassazione* italiana, destaca que além da função econômico-social do contrato, deve-se adotar a ideia de função econômico-individual deste, para se desvincular o instrumento de um possível controle de sua utilidade social.

Assim, busca-se privilegiar a dinâmica contratual para que se consiga aferir quais os interesses objetivamente as partes podem alcançar com uma pactuação, independentemente de sua forma, sendo relevante para a compreensão dos negócios o tipo de atividade que estes realizam[31].

Independentemente da leitura da causa como função econômico-social, ou função econômico individual, o que se deduz da exposição deste tópico é que o contrato não é um instituto que deva ser visto de forma estática ou alheia à realidade em que se insere. Pelo contrário, as normas que o regem estão diretamente ligadas àquilo que as partes promovem com a patrimonialidade que as envolve.

Nesse âmbito, destacam-se dos contratos orientados pelo direito comum, os contratos empresariais, por serem considerados em uma lógica absolutamente distinta não só quanto à função, mas quanto às circunstâncias negociais e a especialidade da interpretação dos pactos mercantis.

5. O contrato empresarial[32]

5.1. O objeto do direito comercial

O direito comercial tem sua raiz histórica na especialidade dos mercadores frente ao escambo comum verificado a partir do século XIII[33]. Surgiu, da prática mercantil, a necessidade de um regramento objetivo que fosse

---

[30] Nuovi orientamenti giurisprudenziali in tema di causa del contratto, in *Rivista del diritto commerciale e del diritto delle obbligazioni*, n. 4-5-6, abr.-jun. 2007, P. 481.
[31] C. B IZZI, Nuovi, cit., p. 489.
[32] Segundo P. FORGIONI, *Teoria geral dos contratos empresariais*, São Paulo, RT, 2009, p. 26, "a distinção de denominações entre direito mercantil, direito comercial e direito empresarial é estéril". Há diferentes utilizações históricas, mas as três nomenclaturas vinculam-se inexoravelmente à disciplina dos agentes econômicos na atividade de geração de riqueza, ou seja, no trato destes com o mercado por meio do escopo de lucro. Assim, como a autora faz em sua obra (p. 37), serão usadas neste trabalho as expressões contratos ou pactos comerciais, mercantis ou empresariais como sinônimos.
[33] Cf. P. FORGIONI, *A evolução do direito comercial brasileiro: da mercancia ao mercado,* São Paulo, RT, 2009, p. 36-38.

apto a orientar as trocas realizadas por sujeitos determinados, tendo-se em vista a busca pela agilidade e pela segurança.

Sem que se aprofunde o rico e extenso histórico da matéria – por não ser o núcleo do objeto deste artigo – já se consegue perceber que mercados e atividade especializada exercida por certos agentes econômicos sempre configuraram conjuntamente o ponto fulcral da disciplina[34].

Relevante, assim, a percepção do que se entende como objeto do direito comercial para a sistematização das declarações de vontade que com ele se relacionam.

P. FORGIONI[35] orienta esta análise ao definir, dentro das diretrizes do direito mercantil brasileiro, três etapas evolutivas sucessivas. A primeira delas, tangente à ênfase ao ato de intermediação, vincula a área estudada aos atos praticados pelos comerciantes, que são intermediários entre a produção e o consumo, além da indústria, que também a compõe.

Em um segundo período, o objeto do direito comercial sai do ato de comércio e passa a se centrar na atividade de produção, colocando a empresa como enfoque[36]. Privilegia-se não o ato ou a qualificação do agente, mas a atividade que este organiza de modo profissional. Inverte-se a ordem anterior, sendo, agora, o comerciante um dos tipos que podem compor a figura do empresário.

Com base nesta corrente e inspirado nos perfis da empresa de Asquini[37] e no artigo 2082[38] do *Codice Civile* italiano, o Código Civil de 2002 enuncia que "considera-se empresário quem exerce profissionalmente atividade econômica organizada para a produção ou a circulação de bens ou de serviços."

Todavia, por meio da percepção da constante complexidade nas situações mercantis[39], cada vez mais atreladas às consequências econômico-financeiras dos movimentos do agente econômico, suscita-se a existência

---

[34] Cf. R. SZTAJN, *Teoria jurídica da empresa: atividade empresária e mercados,* 2 ed., São Paulo, Atlas, 2010, p. 4.
[35] *Evolução,* cit., p. 45-101.
[36] *Evolução,* cit., p. 58.
[37] Cf. P. FORGIONI, *Evolução,* cit., p.64.
[38] "È imprenditore chi esercita professionalmente una attività economica organizzata al fine della produzione o dello scambio di beni o di servizi."
[39] Cf. W. BULGARELLI, Atualidade dos contratos empresariais, in *Revista do advogado,* n. 36, março/1992, p. 115.

de uma terceira fase, em que se realiza definitivamente a transição do direito do comércio ao direito do mercado[40].

Neste panorama, há de se notar o grau de limitação e a inaplicabilidade do entendimento anterior - ainda vigente e ensinado nas academias brasileiras - à realidade coeva.

Isso ocorre, pois ao se definir como núcleo do direito comercial a empresa e o empresário, opta-se por uma delimitação que só leva em conta o ente em si, ignorando, ou deixando em planos alheios ao de análise central, a relação daqueles com clientes, fornecedores e outras empresas[41].

Há de se reconhecer, para além deste entendimento, que "a empresa não apenas é; ela age, atua, e o faz principalmente por meio de contratos. A empresa não vive ensimesmada, metida com seus ajustes internos; ela revela-se nas transações."[42]

Dessa maneira, o objeto do direito comercial passa ser o estudo da empresa como agente econômico, bem como do complexo de relações jurídicas a ela relacionados e da disciplina de sua atuação no mercado.

5.2. Especialidade e conceito do contrato empresarial

Imprescindível que se aponte, principalmente diante do momento em que se encontra o direito comercial contemporâneo, que o seu objeto somente se completa por meio das transações dos seus agentes. Estas são realizadas, em sua grande maioria, por meio dos contratos[43].

Estes pactos são orientados por uma causa que está permanentemente ligada ao objeto descrito no tópico anterior. Com isso, quer-se dizer que tais instrumentos, celebrados no ambiente institucional do direito mercantil, devem ser lidos e são confeccionados mediante um conjunto axiológico próprio, que traz como valores[44]: i) o privilégio à autonomia de vontade das partes; ii) a liberdade concorrencial; iii) a importância da transformação

---

[40] Cf. G. ALPA, *Trattato di diritto civile*, v. 1, Milano, Giuffrè, 2000, p. 478.
[41] Cf. P. FORGIONI, *Evolução*, cit., p. 99.
[42] P. FORGIONI, *Contratos*, cit., p. 23.
[43] Cf. P. FORGIONI, *Contratos*, cit., p. 28.
[44] Neste sentido, vide G. ALPA, *Trattato*, cit., p. 479-481 e M. C. CRAVEIRO, *Pactos parassociais patrimoniais: elementos para sua interpretação no direito societário brasileiro* (tese de doutorado), Faculdade de Direito da Universidade de São Paulo, São Paulo, 2012, p. 20-21.

do imprevisto em risco e da consequente segurança jurídica; iv) o balanceamento entre a forma e a substância; v) a dinamicidade das relações.

Ora, se as normas empresariais apresentam características que as distinguem das normas de direito comum pela função e pela operacionalidade que propugnam[45], é evidente que o sistema contratual que emerge daquelas normas deve ter matrizes específicas[46], como a maior elasticidade e liberalidade de formas, além de uma progressiva desvinculação do formalismo clássico[47].

Esta especialidade dos contratos empresariais não é sequer abalada pelo debate da "unificação do direito obrigacional", trazida pelo Código Civil de 2002, mais uma vez em franca inspiração ao *Codice* italiano.

Permanecem intactas as diferenças significativas que existem entre o direito civil e o direito mercantil[48]. Não há como se ignorar a prática, uma vez que incabível sob a ótica do primeiro a conformação do exercício da atividade econômica destinada ao mercado[49].

O que se entende que realmente foi feito pelo atual diploma civil é a explicitação do que há muito tempo já se sabia: as obrigações, quaisquer que sejam as suas naturezas, tem origem em um regramento comum, o que não exclui as peculiaridades de cada uma delas. Por exemplo, contratos empresariais devem cumprir o preenchimento dos requisitos de validade e dos fatores de eficácia do negócio jurídico presentes na parte geral da codificação privada, mas estão ao mesmo tempo sujeitos a princípios, valores e normas do ramo jurídico em que se encontram alocados.

---

[45] Cf. W. BULGARELLI, Atualidade, cit., p. 117.
[46] Cf. T. ASCARELLI, *Panorama*, cit., p. 75.
[47] Cf. P. FORGIONI, Interpretação dos negócios empresariais, in W. FERNANDES (coord.), *Fundamentos e princípios dos contratos empresariais: série GV Law*, São Paulo, Saraiva, 2007, p. 78.
[48] Cf. P. FORGIONI, Contratos, cit., p. 108. Por isso, de acordo com o entendimento firmado neste trabalho, não se sustenta a ideia de uma crise do contrato, como defende H. M. D. VERÇOSA, Crise, cit., p. 330, sobre o pretexto de que os contratos tenham sido colocados, após 2002, em uma mesma "roupagem" que desconsidera as suas especificidades e faz com que o interprete deva necessariamente lançar mão de uma interpretação criativa. De acordo com G. ALPA, Trattato, cit., p. 483, não há como se crer em tal crise, uma vez que "il contratto continua ancora oggi a costituire il fondamento del mercato."
[49] Cf. M. C. P. RIBEIRO; I. GALESKI JUNIOR, *Teoria geral dos contratos: contratos empresariais e análise econômica*, Rio de Janeiro, Elsevier, 2009, p. 9.

Com base nessa diferenciação, P. FORGIONI[50] entende ser necessária a fixação de uma teoria geral dos contratos empresariais, que esteja apta a englobar a lógica peculiar dos agentes que nela se relacionam. Para tanto, a autora traça alguns vértices do sistema contratual empresarial.

O destaque inicial neste tema é dado àquilo que move, inexoravelmente, os agentes econômicos: o escopo de lucro[51]. Não é legítima a expectativa de qualquer gratuidade nas transações comerciais. O sujeito entra nesta área tendo claramente o objetivo de, por meio de suas transações, auferir renda cada vez maior que a sua despesa. Para tanto, há de ter em vista que ele sempre buscará as decisões e os movimentos estratégicos que consigam lhe ampliar esta proporção.

Assim, o agente é movido por seu egoísmo[52] peculiar, sendo o oportunismo[53] um fator a se considerar como legítimo (dentro dos limites legais) na análise do pacto mercantil. Sempre será buscado o instrumento ideal que possa, ao mesmo tempo, vincular a parte contrária e deixar o caminho de oportunidades livre para se realizarem outros negócios mais favoráveis.

O norte do contrato empresarial é, portanto, a sua função econômica[54]. A vontade do agente é orientada à produção de efeitos específicos que se relacionam à movimentação de riquezas. Por este motivo, notadamente no direito comercial, pode-se defender que a análise da causa contratual ainda é relevante.

Ao se identificar tal orientação, não há como se ignorar que estes contratos clamam por um regime jurídico diferenciado, que valoriza a autonomia privada de uma forma absolutamente distinta do que faz o direito comum. Importa aduzir que a função econômico-individual, se lícita e não prejudicial à concorrência e à segurança dos mercados, faz com que o

---

[50] *Contratos*, cit., p. 55-152.
[51] Cf. P. FORGIONI, *Contratos*, cit., p. 56-57.
[52] Cf. P. FORGIONI, *Contratos*, cit., p. 112.
[53] Cf. P. FORGIONI, *Contratos*, cit., 65-66.
[54] Cf. P. FORGIONI, *Contratos*, cit., 58. Neste sentido, conforme M. C. P. RIBEIRO; E. AGUSTINHO, Fundamentos para interpretação dos contratos empresariais: aspectos jurídicos e econômicos, in *Revista de direito mercantil, industrial, econômico e financeiro*, n. 151/152, jan./dez. 2009, p. 69 "a função direta dos contratos empresariais expressa-se no acertamento dos interesses nele disciplinados, o que, por si só, colabora para o desenvolvimento da atividade empresarial. Refere-se aos interesses de natureza privada, inseridos na categoria dos direitos disponíveis, negociados numa pressuposta situação de igualdade entre os contratantes, desde que adstritos aos limites da lei, do mercado e da prática corrente."

consenso entre as partes mereça tutela independentemente, muitas vezes, da forma que assuma.

Como se parte do pressuposto de que a decisão tomada pelo contratante é sempre aquela que lhe trará maiores benefícios, considera-se que ele tenha levado em conta os custos de transação[55], sendo o contrato o melhor meio para, na situação em que tenha sido celebrado, diminuir as assimetrias informacionais e proporcionar a almejada segurança jurídica.

É neste ponto a relevância do pacto como um mecanismo de se transformar a insegurança (ou imprevisibilidade total) em um risco contabilizável. Em outras palavras, com um acordo, o sujeito é capaz de mensurar exatamente quais são as consequências (inclusive financeiras) do adimplemento e do inadimplemento.

Não há como se negar, entretanto, a racionalidade limitada[56] que existe neste meio. Por mais que a ação dos agentes seja, o máximo possível, racional[57], é impossível prever em um instrumento contratual todas as possibilidades e eventos incertos que poderão acontecer em um dado negócio concreto.

Aliás, em algumas situações, nem é interessante que se preveja à exaustão todas estas consequências[58], seja porque isso poderia atrapalhar a tratativa pré-contratual, seja porque as partes deliberadamente desejam maior liberdade para pensar e agir futuramente.

Ressalta-se que o contrato empresarial só pode, portanto, ser entendido em seu contexto[59], uma vez que, como estudado, a empresa é um agente eminentemente voltado às suas relações externas. Deste modo, o regime jurídico por aquele estabelecido só se sustenta em um meio de instituições sólidas, que favoreçam, inclusive, a força da obrigatoriedade.

O *pacta sunt servanda*, princípio clássico que aparenta ser utilizado em menor escala na interpretação do direito civil, principalmente após a hipertrofia do conceito da função social, merece grande destaque no direito

---

[55] Cf. P. FORGIONI, *Contratos,* cit., p. 61-62.
[56] Cf. P. FORGIONI, *Contratos,* cit., p. 66-67
[57] No âmbito do direito empresarial, conforme P. FORGIONI, *Contratos,* cit., p. 120, "o ordenamento jurídico autoriza a pressuposição de que o agente econômico, de forma prudente e sensata, avaliou os riscos da operação e, lançando mão de sua liberalidade econômica, vinculou-se."
[58] Cf. P. FORGIONI, *Contratos,* cit., p. 70-71
[59] Cf. P. FORGIONI, *Contratos,* cit., p. 73-75.

comercial, uma vez que "a força obrigatória dos contratos viabiliza a existência do mercado, coibindo o oportunismo indesejável das empresas"[60].

Esta assertiva não quer dizer que a autonomia privada seja irrestrita na seara mercantil. Se o objeto desta é também garantir a estabilidade dos mercados e os direitos de terceiros (fornecedores, credores), não há como se deixar tudo à autorregulação das partes[61].

O modo de evitar ou solucionar gravames causados pelo abuso da posição econômica realizado por um dos contratantes não é, todavia, a intervenção direta no contrato com o objetivo de se igualar as partes, mas a utilização de normas referentes ao direito concorrencial e ao afastamento de práticas leoninas.

Logo, a superioridade econômica não é, no direito comercial, qualquer fonte de preocupações, desde que não se invada a tênue fronteira do abuso.

Neste sentido, o erro e a jogada equivocada[62] também fazem parte da lógica empresarial, uma vez que a atividade da empresa não é exercida no âmbito das ciências exatas. Esta, como centro de tomada de decisões, busca alocar seus recursos de modo mais eficiente. Todavia, nem sempre isso é possível, seja pela carência de dados referentes a uma dada transação, seja por descuido ou falta de preparo ao momento de pactuar.

A vantagem obtida por um dos contratantes em função do erro ou equívoco alheio não pode ser anulada pelo direito. Ela representa a própria seleção natural econômica. Manter e legitimar os lucros e proveitos dela advindos é privilegiar a competitividade.

Nota-se que este complexo de noções caras à contratação empresarial não é defendido graças ao apego à pura ideologia liberal. Ele tem a função pragmática de tutelar o crédito, garantir às partes meios seguros para a produção e circulação de riquezas e sustentar a existência hígida dos mercados[63].

---

[60] Cf. P. FORGIONI, *Contratos,* cit., 80-81. Neste sentido, V. H. M. FRANCO, Os contratos empresariais e seu tratamento após o advento do Código Civil de 2002, in *Revista de direito mercantil, industrial, econômico e financeiro,* n. 151/152, jan.-dez. 2009, p. 31, afirma que "o contrato, na sua função de circulação de riqueza, não pode ser acatado como instrumento de justiça distributiva, sob pena de extinção"

[61] Cf. P. FORGIONI, *Contratos,* cit., P. 81-88. Contudo, deve-se reconhecer, conforme a autora, que de todas as áreas do direito, a mercantil é aquela em que a "liberdade econômica assume quadrantes mais largos".

[62] Cf. P. FORGIONI, *Interpretação,* cit., p. 91-94.

[63] Cf. P. FORGIONI, *Contratos,* cit., p. 89.

Ante o exposto, contrato empresarial é algo além de um encontro de declarações voltadas ao cumprimento de um sinalagma. É meio de obtenção de informações e, ao mesmo tempo, modo de alocação, prevenção e cálculo dos riscos[64]. Por este motivo, podem figurar como suas partes somente agentes econômicos que estejam envoltos na lógica comercial[65].

5.3. A interpretação do contrato empresarial

Diante de um instrumento que, como se defende, é portador de elementos distintivos da raiz advinda do direito comum, adota-se interpretação especial, levando-se em conta todos os vértices descritos no tópico anterior.

A premente agilidade e a influência da prática[66] na criação de mecanismos – que buscam adaptar-se às necessidades dos agentes econômicos – fazem com que se privilegie a interpretação do contrato empresarial de um modo jus-realista[67], em contraposição ao jus-formalismo[68] que embasa o direito privado clássico.

Neste aspecto, a flexibilidade passa a ser uma "chave interpretativa"[69] dos acordos empresariais, para a adaptação da linguagem e da hipótese abstrata à existência de oferta, demanda, competição e outros desafios encontrados no cotidiano mercantil.

Para tanto, dá-se grande destaque aos usos e costumes, que além de uma clássica fonte do direito comercial, também são recursos para a interpretação e integração dos contratos. Ao refletirem a tipificação social reconhecida como válida pelo direito[70], aproximam a realidade do horizonte

---

[64] Cf. P. FORGIONI, *Contratos*, cit., p. 136-137 e p. 141.
[65] Dessa forma, o Código de Defesa do Consumidor não é aplicável às relações interempresariais, pois deve se manter restrito às relações de consumo, que operam mediante paradigmas muito distintos dos que foram apresentados neste tópico. Ademais, segundo. P. FORGIONI, *Contratos*, cit., p. 34, "se o vínculo estabelece-se em torno ou decorrência da atividade empresarial de ambas as partes, premidas pela busca do lucro, não se deve subsumi-lo à lógica consumerista, sob pena de comprometimento do bom fluxo de relações econômicas". Em concordância, vide M.C. P. RIBEIRO; I. GALESKI, *Teoria*, cit., p. 214.
[66] Cf. M.C. P. RIBEIRO; I. GALESKI, *Teoria*, cit., p. 70.
[67] Sobre este conceito, veja-se G. ALPA, Trattato, cit., p. 488.
[68] Cf. W. BULGARELLI, Diretrizes gerais dos contratos empresariais, in C. A. BITTAR (coord.), *Novos contratos empresariais*, São Paulo, RT, 1990, p. 19.
[69] Cf. R. SZTAJN, *Teoria*, cit., p. 11.
[70] Cf. P. FORGIONI, *Contratos*, cit., p. 114-115.

normativo. No caso concreto, podem ser caminhos adequados para se encontrar a função econômica do negócio que envolve as partes.

No que se refere ao método interpretativo, a análise das regras traçadas por Pothier e Cairu[71] pode trazer recursos de grande valia.

O primeiro autor deixa evidente que, na seara comercial, imprescindível é o comportamento ético dos negociantes, já que muito importa a confiança e a legítima expectativa da parte contrária.

Seguem, assim, algumas regras de entendimento dos pactos, tais quais: i) deve-se buscar a causa objetiva do contrato; ii) na existência de dois sentidos, deve-se entender por aquele que se possa extrair algum efeito, buscando-se, com isso, a utilidade do instrumento; iii) havendo, de mesmo modo, dois sentidos, deve-se privilegiar aquele que mais se coadune com a natureza do contrato; iv) a ambiguidade deve ser interpretada conforme os usos do local de celebração; v) cláusulas não podem ser interpretadas isoladamente, pois devem ser entendidas no contexto de todas as outras disposições contratuais; vi) havendo dúvida, prevalece a interpretação contra aquele que estipulou, em vantagem ao que contraiu a obrigação; vii) cláusulas não compreendem o âmbito psicológico dos agentes, mas só aquilo que eles se propuseram a tratar e que seja aferível de maneira objetiva.

Já o segundo autor estabelece como regras centrais da interpretação mercantil: i) o pensamento dos contraentes deve ser lido conforme a "praça" em que se encontram, ou seja, de acordo com aquilo que normalmente se pratica entre os agentes do local; ii) deve-se buscar o conhecimento do comportamento daquele com quem se contrata, deixando-se evidente que o sistema privilegia o homem do comércio que seja probo, diligente e ativo; iii) em proteção à aparência e ao bom funcionamento dos mercados, o contrato celebrado por um dos sócios em nome da sociedade obriga os demais; iv) o lucro está diretamente relacionado ao risco.

Os comandos elencados de alguma forma fazem referência à função econômica do negócio, à proteção da previsibilidade e à tutela da eficiência e da agilidade nas relações jurídicas[72].

No que se refere ao atual panorama brasileiro, P. FORGIONI[73] critica as regras de interpretação presentes nos artigos 112, 113, 114 e 423 do

---

[71] Far-se-á, a seguir, exposição destas regras em conformidade com P. FORGIONI, *Interpretação*, cit., p. 108-124.
[72] Cf. P. FORGIONI, *Interpretação*, cit., p 119.
[73] *Interpretação*, cit., p. 124 e p. 127-147.

Código Civil de 2002, por serem insuficientes e não conseguirem abranger a extensa realidade da contratação comercial.

Frente a carência do direito positivo neste tema, a autora recorre aos princípios interpretativos que se associam aos vértices do sistema mercantil. Começa, deste modo, sua análise pela da boa-fé, que na seara em estudo, tem o papel de reforçar a fidúcia, garantindo a fluência das transações. Para que se evite qualquer subjetivismo, a boa-fé que importa é a objetiva, aferida no caso concreto a partir de elementos práticos que revelem a vontade das partes aplicada à função econômica almejada.

Ademais, como regra básica do direito mercantil e, em que pese o artigo 423 do Código Civil de 2002[74] apenas se referir à interpretação em favor do aderente, não se pode ignorar que, nos casos de dúvida, a interpretação deve ser realizada a favor do devedor, o que é pensado tendo-se em vista a própria estabilidade do funcionamento do sistema comercial[75].

Além disso, a supressão de regras interpretativas positivadas, como as presentes no artigo 131 do antigo Código Comercial de 1850[76], não é apta a excluir a necessidade real de interpretação distinta dos contratos empresariais, que deve fundar-se em tantas outras fontes que se baseiam na especialidade da área em questão.

---

[74] "Quando houver no contrato de adesão cláusulas ambíguas ou contraditórias, dever-se-á adotar a interpretação mais favorável ao aderente."
[75] Cf. P. FORGIONI, *Interpretação*, cit., p. 141.
[76] "Sendo necessário interpretar as cláusulas do contrato, a interpretação, além das regras sobreditas, será regulada sobre as seguintes bases:
1 - a inteligência simples e adequada, que for mais conforme à boa fé, e ao verdadeiro espírito e natureza do contrato, deverá sempre prevalecer à rigorosa e restrita significação das palavras;
2 - as cláusulas duvidosas serão entendidas pelas que o não forem, e que as partes tiverem admitido; e as antecedentes e subseqüentes, que estiverem em harmonia, explicarão as ambíguas;
3 - o fato dos contraentes posterior ao contrato, que tiver relação com o objeto principal, será a melhor explicação da vontade que as partes tiverem no ato da celebração do mesmo contrato;
4 - o uso e prática geralmente observada no comércio nos casos da mesma natureza, e especialmente o costume do lugar onde o contrato deva ter execução, prevalecerá a qualquer inteligência em contrário que se pretenda dar às palavras;
5 - nos casos duvidosos, que não possam resolver-se segundo as bases estabelecidas, decidir-se-á em favor do devedor."

6. Conclusões

(i) A partir da conceituação do negócio jurídico, afirma-se que o contrato é um negócio especial, construído não só pelos elementos gerais, mas também por elementos categoriais e particulares. Como instrumento da autonomia da vontade, é encontro de vontades destinado a regular relação jurídica de caráter patrimonial, podendo-se identificar externamente à sua estrutura a sua causa, que se entende como finalidade econômico-social ou individual.

(ii) Considerando-se que o objeto do direito comercial seja o estudo da empresa como agente econômico, bem como do complexo de relações jurídicas a ela relacionados e da disciplina de sua atuação no mercado, nota-se que os pactos nesta seara celebrados inserem-se em contextos distintos daqueles oriundos do direito comum, tendo inclusive, causas diversas.

(iii) Tais instrumentos, originados no ambiente institucional mercantil, devem ser lidos e são confeccionados mediante um conjunto axiológico próprio. Logo, se as normas empresariais apresentam características que as distinguem das de direito comum pela função e pela operacionalidade que propugnam, é evidente que o sistema contratual que emerge daquelas normas deve ter matrizes específicas, como a maior elasticidade e liberalidade, além de uma progressiva desvinculação do formalismo clássico.

(iv) São pontos de relevância no estudo dos contratos empresariais as considerações tangentes ao escopo de lucro dos pactuantes, ao egoísmo peculiar dos agentes econômicos, à função econômica, ao contexto de racionalidade limitada e de custos de transação, ao pacta sunt servanda, à alocação, à prevenção e ao cálculo de riscos.

(v) A interpretação destes pactos deve ser realizada sob a perspectiva jus-realista, em contraposição ao jus-formalismo que embasa o direito civil clássico. A flexibilidade passa a ser uma chave interpretativa e os usos e costumes são elementos de indispensável aplicação. Critérios de especialidade podem ser adotados na análise das convenções mercantis, como, por exemplo, os presentes nos estudos de Pothier e Cairu e, até mesmo, no artigo 131 do antigo Código Comercial.

7. Referências Bibliográficas

ALPA, Guido, *Trattato di diritto civile*, v. 1, Milano, Giuffrè, 2000.

ASCARELLI, Tullio, *Panorama do direito comercial*, São Paulo, Saraiva, 1947.

AZEVEDO, Antônio Junqueia de, *Negócio jurídico: existência, validade e eficácia*, 4 ed., São Paulo, Saraiva, 2002.

BULGARELLI, Waldirio, Atualidade dos contratos empresariais, in *Revista do advogado*, n. 36, março/1992.

_____, Diretrizes gerais dos contratos empresariais, in C. A. BITTAR (coord.), *Novos contratos empresariais*, São Paulo, RT, 1990

CRAVEIRO, Mariana Conti, *Pactos parassociais patrimoniais: elementos para sua interpretação no direito societário brasileiro* (tese de doutorado), Faculdade de Direito da Universidade de São Paulo, São Paulo, 2012.

FORGIONI, Paula, *A evolução do direito comercial brasileiro: da mercancia ao mercado*, São Paulo, RT, 2009.

_____, Interpretação dos negócios empresariais, in FERNANDES, Wanderley (coord.), *Fundamentos e princípios dos contratos empresariais: série GV Law*, São Paulo, Saraiva, 2007.

_____, *Teoria geral dos contratos empresariais*, São Paulo, RT, 2009.

FRANCO, Vera Helena de Mello, Os contratos empresariais e seu tratamento após o advento do Código Civil de 2002, in *Revista de direito mercantil, industrial, econômico e financeiro*, n. 151/152, jan.-dez. 2009.

GOMES, Orlando, *Contratos*, 11 ed., Rio de Janeiro, Forense, 1986.

IZZI, Bernardino, Nuovi orientamenti giurisprudenziali in tema di causa del contratto, in *Rivista del diritto commerciale e del diritto delle obbligazioni*, n. 4-5-6, abr.-jun. 2007.

PEREIRA, Caio Mário da Silva, *Instituições de direito civil*, v.3, 13 ed., Rio de Janeiro, Forense, 2009.

PONTES DE MIRANDA, Francisco Cavalcanti, *Tratado de direito privado*, tomo III, 2 ed., Campinas, Bookseller, 2001.

REPÚBLICA FEDERATIVA DO BRASIL (Senado Federal), *Novo Código Civil: exposição de motivos e texto sancionado*, 2ed., Brasília, 2005, disponível em http://www2.senado.gov.br/bdsf/item/id/70319, acesso em 15.07.2012.

RIBEIRO, Marcia Carla Pererira; AGUSTINHO, Eduardo, Fundamentos para interpretação dos contratos empresariais: aspectos jurídicos e econômicos, in *Revista de direito mercantil, industrial, econômico e financeiro*, n. 151/152, jan./dez. 2009.

RIBEIRO, Marcia Carla Pererira; GALESKI JUNIOR, Irineu, *Teoria geral dos contratos: contratos empresariais e análise econômica*, Rio de Janeiro, Elsevier, 2009.

ROPPO, Vincenzo, Il contratto, in IUDICA, Giovanni; ZATTI, Paolo, *Trattato di diritto privato*, Milano, Giuffrè, 2001.

SACCO, Rodolfo; DE NOVA, Giorgio, Il contratto, in SACCO, Rodolfo, *Trattato di diritto civile*, t. 1, 3 ed., Torino, UTET, 2001.

SALVESTRONI, Umberto, Vita e vitalità del contratto, in *Rivista del diritto commerciale e del diritto generale delle obbligazioni*, n. 3-4, 1994.

SZTAJN, Rachel, *Teoria jurídica da empresa: atividade empresária e mercados*, 2 ed., São Paulo, Atlas, 2010.

TRABUCCHI, Alberto, *Istituzioni di diritto civile*, 43 ed., Padova, CEDAM, 2007.

VERÇOSA, Haroldo Malheiros, O código civil de 2002 e a crise do contrato: seus efeitos nos contratos mercantis (tese de livre docência), São Paulo, Faculdade De Direito da Universidade de São Paulo, 2009

Regime Constitucional da Extrafiscalidade

Guilherme Adolfo Mendes

Introdução

No presente artigo, após distinguir a função extrafiscal da fiscal, defenderemos a tese de que a extrafiscalidade não é um aspecto insignificante, nem colateral para a compreensão do modelo tributário adotado pela Constituição Federal. Analisaremos também como o caráter teleológico imprimido à tributação deve influenciar, no altiplano do ordenamento jurídico pátrio, a interpretação de cada um dos ditames e institutos que constituem o Regime Jurídico Tributário.

Fiscalidade e extrafiscalidade

Na nossa sociedade, o Estado desempenha papel proeminente. São múltiplas as suas funções e variegadas as tarefas a serem exercidas. Deve garantir as liberdades de seus residentes; implementar direitos sociais, como saúde, educação, cultura e desporto; promover o desenvolvimento econômico, ora por meio da regulação das atividades privadas, ora ao atuar diretamente na economia; é responsável, por meio das Forças Armadas, pela proteção da sua população de eventuais agressões externas, bem como pela segurança interna através das diversas corporações policiais; dentre outras inúmeras atribuições.

O desempenho de tantas atividades pelo Estado gera custos elevados. Da folha de pagamento dos seus servidores ao preço pago por bens, como remédios, destinados à população; dos dispêndios com contratação de agentes privados para prestar serviços à sociedade, como limpeza urbana, ao repasse direto de renda aos mais necessitados; dos gastos com manutenção e expansão da infra-estrutura, como construção e conservação de estradas, ruas e avenidas, ao subsídio à aquisição de casas populares; o dispêndio público se avoluma.

Para fazer frente a despesas tão elevadas, o Estado precisa de recursos. As fontes, a princípio, são várias. Pode fazer dívida, mas há um limite e a própria dívida gera novos gastos na forma de juros. Pode emitir moeda, uma vez que é o detentor dessa competência, porém gerará elevados índices de inflação, que desorganiza o setor produtivo e retira poder de compra justamente das parcelas mais carentes da população. Pode explorar seu próprio patrimônio ao vender estatais e receber dividendos de empresas em que é acionista, mas esses valores são ocasionais e geralmente pouco significativos.

Desse modo, ao Estado resta apenas a opção de obter recursos dos próprios particulares. Para tal, cria tributos. A tributação, portanto, é a principal fonte de receitas para custear os gastos públicos; e, ao cumprir esse desígnio, os tributos exercem a chamada função *fiscal*.

Nada obstante, apesar de corresponderem à origem principal de receita do Estado, os tributos não exercem apenas atribuições de cunho fiscal. Criá-los e manejar suas regras não tem por objetivo exclusivo transferir dinheiro da esfera privada para a pública.

Já de longa data se percebeu que a tributação interfere no comportamento das pessoas. Na Europa, já se cobrou tributo em razão da propriedade de residências, mas calculado em função do número de janelas. Resultado: as novas residências foram construídas com poucas janelas.

Aquele que sofre a exigência fiscal geralmente busca mecanismos para dela escapar. Pode deixar de realizar o fato que dá ensejo ao tributo (se a tributação sobre o cigarro é alta, deixa de fumar); pode reduzir a freqüência com que pratica o fato (no exemplo anterior, reduz o consumo de tabaco); ou pode ainda realizar um fato similar, mas de menor tributação (no caso de tributação mais elevada do cigarro em relação às demais formas de consumir tabaco, fuma-se cachimbo).

Esse efeito comumente gera distorções econômicas. Num modelo ideal, os agentes privados se organizam para maximizar a produção de bens e serviços. Atuam, pois, no ponto de maior eficiência econômica. Como a tributação invariavelmente interfere no comportamento desses agentes, irá deslocá-los da condição de máxima produção.

Em razão desse efeito, do ponto de vista do desenvolvimento exclusivamente econômico, as regras de tributação devem ser neutras, ou seja, não devem gerar efeitos indutores de comportamento. Uma neutralidade absoluta, contudo, só é alcançada na ausência total de tributação, o que, num Estado moderno, é irrealizável. Desse modo, a tributação neutra deve ser compreendida como um princípio, como um valor a ser perseguido, dentre tantos outros que veremos a seguir, e não como uma regra jurídica, cujo modelo de aplicação é do tipo tudo-ou-nada. Assim, a circunstância de um tributo gerar efeitos perturbadores na atividade produtiva não viola qualquer norma em nossa ordem jurídica capaz de lhe retirar a validade jurídica, pois todos produzem esse efeito em alguma medida. Todavia, dentre duas ou mais opções similares sob outros aspectos relevantes, o legislador deve escolher aquela que menos interfere no comportamento dos agentes privados, pois a nossa Constituição prestigia o desenvolvimento econômico, e não só o social, do País.

Esse efeito que a tributação produz sobre o comportamento dos seus destinatários é inescapável e de natureza factual. Faz parte dos limites ontológicos da ordem jurídica. Por outras palavras, o direito não possui instrumentos para eliminá-lo. Uma norma que determine a pena de morte de alguém, uma vez executada, não poderá mais ser revogada, ou melhor, não haverá como outra norma reverter os seus efeitos, pois não está ao alcance do jurídico ressuscitar pessoas. Desse modo, da mesma forma que não é possível editar regras capazes de resgatar pessoas do mundo dos mortos, é impossível editar regras tributárias que não alterem a configuração da produção de bens e serviços.

Esse efeito, porém, pode ser juridicamente desejado. Pode possuir um caráter finalístico. O tributo pode ser estruturado de forma a produzir um determinado resultado e não outro, a influir nas condutas intersubjetivas de certa forma e não de outra.

Sempre que o legislador considerar esses efeitos para manejar as regras de tributação, o intento deixará de ser exclusivamente o de prover o caixa estatal. Evidentemente, criam-se tributos sempre por razões fiscais. No entanto, outros motivos podem levar (e hoje sempre levam) a uma configuração específica; motivos diversos daquele de municiar o Estado de recursos financeiros. Por isso são chamados de motivos, razões ou escopos não-fiscais ou extrafiscais.

O tributo, ao ser criado e estruturado por intentos diversos daquele de fornecer receitas à máquina pública, exerce funções além da fiscal, por isso chamadas de *função extrafiscal* ou *extrafiscalidade*. A fiscalidade, desse modo, é a função que o tributo desempenha de municiar os cofres do Estado, ao passo que a extrafiscalidade são todas as demais funções exercidas pela tributação.

No exercício dessas funções extrafiscais, os tributos têm potencialidade para colaborar com a persecução de qualquer dos objetivos e valores juridicamente tutelados. Podem contribuir para a defesa das liberdades, podem fomentar os diversos direitos sociais; podem até colaborar para o desenvolvimento econômico nacional.

Um exemplo simples desse último caso é a tributação dos bens e serviços importados em patamares superiores aos similares nacionais. Essa medida protecionista pode gerar ineficiências globais e com isso reduzir a produção mundial, mas promove a nacional.

Esse exemplo não contradiz o que havíamos afirmado anteriormente de que a tributação gera ineficiências econômicas, pois o Brasil ganha, mas o resto do mundo perde mais, e o saldo global é negativo. Todavia, o intento do desenvolvimento econômico nacional, mesmo em detrimento de um desenvolvimento global, terá sido atingido.

Há, porém, hipóteses em que a tributação colabora efetivamente para o desenvolvimento econômico e não apenas para o deslocamento da produção e renda de um mercado para outro, do mundial para o nacional, como no exemplo da tributação das importações.

Como havíamos dito, tributos geram ineficiências num mercado em condições ideais. Todavia, na prática, um mercado desse tipo não existe. Sempre estão presentes desvios da configuração ideal, que são as chamadas "falhas de mercado". Nesse caso, a tributação pode colaborar para reduzi-las e com isso promover o próprio desenvolvimento econômico ao aproximar o mercado do seu modelo ideal. Um exemplo disso ocorre nas denominadas *externalidades*.

Partindo do pressuposto econômico de que os produtores privados de bens e serviços visam a maximizar seus lucros, irão aplicar seus recursos naqueles processos com a melhor relação entre receitas e custos. Entre dois com o mesmo custo, será escolhido o de maior receita; por outro lado, entre dois com as mesmas receitas, o produtor optará pelo de menor custo.

No entanto, às vezes, o processo pode gerar custos não assumidos pelo produtor, mas pela sociedade. Vamos supor que uma indústria, para produzir um determinado bem, tenha à disposição dois modos de produção e um custe R$ 1.000,00 e o outro, R$ 2.000,00. O primeiro, a princípio menos oneroso, é poluente, ao passo que o segundo, não. Ademais, para reverter os efeitos da poluição devem ser gastos recursos da ordem de R$ 3.000,00. Pois bem, se esses gastos com despoluição não forem exigidos do industrial, ele adotará o primeiro modo de produção, pois lhe será menos dispendioso; afinal, seu gasto será de apenas R$ 1.000,00. No entanto, o custo econômico total será de R$ 4.000,00 (R$ 1.000,00 gastos pelo industrial mais R$ 3.000,00, pelo resto da sociedade). Assim, do ponto de vista da economia como um todo, o primeiro processo será menos eficiente, mas o agente privado estará estimulado a adotá-lo por não arcar com seus custos totais. Nesse caso, uma tributação mais elevada para o modo de produção mais poluente pode conduzir o agente a optar pelo outro modo de produção, que é economicamente mais eficiente para o conjunto da sociedade.

Em todas as situações de falhas de mercado, a tributação pode colaborar para sua redução ou até eliminação e, conseguintemente, para aumentar a eficiência da economia. É a extrafiscalidade com intentos estritamente econômicos.

O mais freqüente, porém, é o exercício de funções extrafiscais com interesses diversos do fomento econômico. A tributação pode ser dirigida para a promoção, por exemplo, dos mais variegados direitos sociais. Na verdade, como já havíamos dito, as regras tributárias podem colaborar para a concretização de qualquer valor albergado pela ordem jurídica. E sempre que escopos dessa natureza governarem a seara da tributação, estaremos no campo da extrafiscalidade.

Regime jurídico tributário

A extrafiscalidade, apesar de reconhecida por praticamente todos os estudiosos do direito tributário, não tem sido investigada com a acuidade necessária por parte significativa da doutrina em razão de considerá-la um aspecto colateral do regime jurídico tributário, um atributo não essencial para descrever o fenômeno da tributação. Nesse caso, apesar de o legislador poder empregar normas tributárias para perseguir objetivos diversos do meramente fiscal, deveria respeitar o regime jurídico tributário formado por regras e preceitos alheios às considerações de âmbito extrafiscal. Assim, por exemplo, as pessoas políticas poderiam graduar tributos com a finalidade de desestimular atividades prejudiciais ao meio ambiente. Todavia, a competência para legislar sobre questões ambientais não conferiria poder legiferante à pessoa política para criar um tributo sem previsão constitucional.

O fato de a doutrina nacional desconsiderar, em grande parte, a extrafiscalidade decorre da premissa, freqüentemente implícita, de que o Sistema Tributário Nacional seria essencialmente constituído por preceitos demarcadores de precisos limites ao poder de tributar. Não só enunciados relativos a princípios e imunidades seriam destinados à limitação do poder; a própria atribuição de competência tributária exerceria essa função em razão do seu caráter taxativo, porquanto só podem ser criados os específicos tributos previstos na Constituição Federal e sempre pela pessoa política que recebeu esse poder. Logo, o Sistema Tributário Nacional deveria ser concebido como um conjunto articulado de preceitos limitadores ao Poder Fiscal do Estado, o qual poderia ser empregado para outras finalidades desde que respeitadas essas balizas. Haveria, pois, uma subordinação dos objetivos extrafiscais aos preceitos demarcadores das atribuições de caráter fiscal. Razões extrafiscais não justificariam, por conseguinte, a criação e a estruturação de tributos em desconformidade com um "regime jurídico tributário" formado por regras, institutos e princípios alheios a esse tipo de preocupações.

Nessa linha de pensamento, o direito tributário deveria ser compreendido como um direito de resistência aos abusos que o Estado poderia vir a cometer ao criar tributos e o regime jurídico tributário deveria ser concebido como um aparato de limites materiais e remédios contra esses eventuais desmandos. Desse modo, toda e qualquer pretensão tributária, independentemente das razões para a sua criação, deveria se enquadrar nessa moldura protetora previamente concebida e hierarquicamente localizada no degrau superior dos enunciados constitucionais.

De fato, um aspecto dos mais relevantes do Sistema Tributário Nacional é o seu caráter limitador do Poder. Não pode o legislador, por mais nobres que tenham sido suas intenções, por mais elevados que tenham sido os valores que o inspiraram, criar regras tributárias que maculem os limites estabelecidos pelo Sistema Tributário Nacional. Num exemplo simples, é vedado ao Município criar um tributo sobre a comercialização de tabaco sob a justificativa de proteger a saúde de seus cidadãos pelo simples motivo de não ter recebido da Constituição Federal a competência específica para tributar vendas de mercadorias. Essa atribuição deve ser exercida pela União, ao estabelecer seletivamente as alíquotas do imposto sobre produtos industrializados (IPI), e pode ainda ser reforçada pelo Estado ao fixar também de forma seletiva as alíquotas do imposto sobre mercadorias (ICMS).

A Constituição Federal, contudo, ao erigir o Sistema Tributário Nacional, não se restringe a atribuir competência para o Poder Público obter receita dos particulares, a delimitar esse poder e a conferir ao legislador a faculdade para empregar regras tributárias com outras finalidades, mas desde que respeitadas as referidas delimitações. O nosso Diploma Súpero diretamente conforma o regime jurídico tributário para atender a escopos diversos daquele de levar recursos financeiros ao caixa do governo.

A extrafiscalidade constitucional

Fábio Fanucchi já alertava da presença da extrafiscalidade no texto constitucional:

Há, inclusive, manifestações de extrafiscalidade na própria Constituição brasileira e relativas a determinados impostos (...) podendo-se dizer, então, que existem tributos extrafiscais já por origem constitucional. (FANUCCHI, p. 56)

A função extrafiscal, desse modo, não se esgota na faculdade atribuída ao legislador infraconstitucional para perseguir escopos não fiscais por meio de regras tributárias; faculdade esta limitada pelos ditames estabelecidos no Sistema Constitucional Tributário. A própria Constituição diretamente estabelece objetivos a serem alcançados por meio da tributação. Há, portanto, uma extrafiscalidade constitucional, a qual não é casuística, acidental, nem excepcional. Praticamente todos os dispositivos que formam o Sistema Tributário Nacional possuem algum aspecto de índole não fiscal, primam por alcançar algum objetivo não relacionado à função de levar receitas aos cofres públicos, a começar pelo seu núcleo: a atribuição do Poder de Tributar.

A Carta Constitucional distribui precisamente a competência tributária entre as três classes de pessoas políticas (União, Estados e Municípios), além do Distrito Federal, não apenas para fornecer a cada uma destas esferas de poder parcelas das atividades econômicas nacionais em relação às quais poderão obter suas receitas. Essa distribuição de competência, cuja origem remonta à Emenda Constitucional nº 18/65, é orientada por preceitos de ordem extrafiscal. Os impostos, por exemplo, são da competência privativa do Ente Político detentor da competência regulatória relativa ao espaço sócio-econômico sobre o qual recai a tributação; e por duas razões: (i) para conferir mais um instrumento de atuação e (ii) para evitar que Pessoas Políticas diversas formulem políticas contraditórias – uma por meio da regulação direita, outra através da indução tributária.

Destaque-se que, antes da referida EC nº 18/65, a regulação do comércio exterior, por exemplo, era (como ainda é hoje) da competência federal, ao passo que o imposto de exportação era estadual. Assim, de pouco ou nada valia medidas da União que viessem a incentivar a exportação se os Estados aumentassem a tributação sobre esta mesma atividade.

Hoje, há coerência de índole extrafiscal na distribuição do Poder de Tributar. Por exemplo, a União, como já adiantamos, detém a competência legiferante privativa sobre comércio exterior (art. 22, inciso VIII, da Constituição Federal) e é o mesmo Ente Político que recebeu o Poder para instituir os impostos de importação e de exportação (art. 153, incisos I e II, da CF). À União também é conferida a competência privativa concernente a questões de direito agrário (art. 22, inciso I, da CF) e para "desapropriar por interesse social, para fins de reforma agrária, o imóvel rural que não esteja cumprindo sua função social" (art. 184 da CF). Não por acaso, o importo territorial rural (art. 153, VI, da CF) lhe foi atribuído. Aliás, justamente em razão da necessidade de concentrar sob domínio federal o poder para editar leis, inclusive tributárias, relativas à questão agrária, vale observar que a Emenda Constitucional 42/03 permitiu aos Municípios assumirem o montante integral da arrecadação desse imposto, mas sem alterar a competência legislativa federal. Em contrapartida, a política de desenvolvimento urbano é de âmbito municipal (art. 182 da CF), logo foram os Municípios que receberam a competência tributária relativa ao imposto sobre a propriedade predial e territorial urbana. Vale ainda mencionar que a União detém a competência administrativa para "fiscalizar as operações de natureza financeira" (art. 21, inciso VIII, da CF), assim como a legislativa para regular, por meio de lei complementar, o sistema financeiro nacional, em consonância com o disposto no art. 192 da CF; e justamente o imposto que recai sobre essa atividade – sobre operações de crédito, câmbio e seguro, ou relativas a títulos ou valores mobiliários – é também da competência federal (art. 153, inciso V, da CF).

Como veremos nos tópicos que se seguirão, a extrafiscalidade se manifesta no plano constitucional de múltiplas formas e é decisiva para a moldura do regime jurídico tributário, seja por meio das disposições que compõem o Capítulo especificamente destinado a traçar o Sistema Tributário Nacional correspondente aos artigos 145 a 162 da CF (a rigor, dos artigos 145 a 156, pois a Seção VI atinente à repartição das receitas tributárias é de índole eminentemente financeira), seja através de disposições localizadas em outros setores da Constituição Federal, como o art. 179 da Ordem Econômica e Financeira, que determina aos Entes Políticos dispensar tratamento jurídico incentivador por meio da simplificação, da eliminação ou da eliminação de obrigações jurídicas, dentre as quais, as de cunho tributário.

Não há um regime jurídico tributário prévio e hierarquicamente localizado no patamar superior do nosso ordenamento jurídico, conformado exclusivamente por preocupações dirigidas à contenção do Poder Estatal para criar tributos com pretensões fiscais, regime este que balizaria também o estabelecimento de tributos com finalidades extrafiscais. Os escopos extrafiscais estão marcantemente presentes nos enunciados constitucionais dirigidos a regular a disciplina tributária e, por conseqüência, colaboram de forma decisiva para o desenho do regime constitucional tributário.

Os escopos constitucionais

Conforme nos ensina José Afonso da Silva, a Constituição Brasileira adota o modelo dirigente (SILVA, 1999). Não só estabelece escopos a serem alcançados. Tece, em pormenores, diretrizes, limites, condições e amiúde até os meios a serem adotados para alcançar os fins determinados.

Seus desdobramentos múltiplos e diversificados advêm do contexto histórico em que foi promulgada, pois exigiu do constituinte atenção aos reclamos por conquistas sociais de toda ordem e, a um só tempo, afirmar com vigor sua opção político-liberal pelas garantias e direitos individuais.

O constituinte teve, pois, que se equilibrar entre duas concepções ideológicas aparentemente antagônicas. De um lado, a liberal-clássica a reclamar uma presença estatal mínima, apta à realização da personalidade humana em sua máxima extensão mediante a liberdade do corpo e da alma, do pensar e do agir. De outro, a social-intervencionista que reconhece o Estado como a única instituição capaz de suprir os desafortunados nas suas necessidades de subsistência mais elementares, como saúde e alimentação, e de refrear as forças destrutivas ingentes ao próprio modo de produção capitalista-liberal.

Ao se comprometer com dois modelos econômico-sociais tão díspares, teve que erigir um texto, no patamar superior da nossa ordem jurídica, sobremaneira minucioso, com prescrições exaustivas para orientar e determinar a atuação dos Poderes Públicos, ora em prol de uma das suas opções, ora em atenção à outra. Se, por um lado, o capitalismo possui a virtude de ser o mais eficiente modelo de produção de bens e serviços, por outro, não dispõe dos instrumentos necessários para atender aos mais relevantes reclamos sociais, especialmente, dos excluídos.

Como, na maioria das situações, a intervenção estatal sobre a livre escolha dos agentes privados reduz a eficiência econômica e, portanto, a produção e a renda nacionais, a Constituição Federal é repleta de disposições que proíbem essa interferência, mas também são abundantes outras tantas que a autorizam e até determinam. Ora o constituinte optou pela intervenção por considerar que os ganhos sociais justificam as perdas de eficiência produtiva, ora optou pelo oposto.

Essa tensão entre os dois modelos percorre todo o Texto Excelso, inclusive e principalmente, os dispositivos de âmbito tributário. Há preceitos que determinam ao Estado intervir no espaço econômico a fim de prestigiar escopos sociais, assim como há ditames que impedem essa intervenção. Esses dois tipos de orientação estão presentes na configuração do nosso Sistema Tributário e, às vezes, até na estrutura de um único tributo. É o caso, por exemplo, do IPI, que deve atender aos critérios da seletividade e da não-cumulatividade. Em razão do primeiro, suas alíquotas devem ser graduadas para onerar com mais intensidade produtos de consumo supérfluo, como jóias e perfumes, em comparação com aqueles considerados essenciais para a sobrevivência humana, como remédios e alimentos. Essa medida não tem por escopo cumprir a capacidade contributiva (note-se que as alíquotas mais elevadas desse imposto são destinadas ao tabaco e às bebidas; itens consumidos por ricos e pobres), mas sim deslocar fatores de produção e estabelecer novos pontos de equilíbrio entre a oferta e a demanda desses bens. Aqueles com maior tributação terão sua produção e consumo reduzidos, enquanto os menos onerados sofrerão o efeito oposto.

No total, ao se reduzir esses bens a um fator comum – moeda –, a produção global da economia será reduzida em razão das ineficiências econômicas causadas pela tributação indutora, mas os ganhos sociais justificam essa perda de cunho econômico. Por outro lado, a não-cumulatividade garante neutralidade ao IPI em relação ao modo de produção. Produtos idênticos sofrerão o mesmo ônus tributário (a soma do imposto recolhido nos diversos elos da cadeia produtiva será sempre a mesma) independentemente de terem sido fabricados em uma, duas ou por meio de centenas de etapas. Assim, é indiferente para os agentes econômicos, do ponto de vista tributário, adotarem cadeias longas ou curtas.

Como a função extrafiscal corresponde ao uso do tributo com finalidades diversas daquela de municiar de receitas o aparato estatal, esta função estará presente sempre que a opção constitucional para a moldura da tributação for intervencionista. Por outro lado, se a alternativa for de cunho liberal, estará ausente ou até mesmo proibido o caráter extrafiscal da tributação. Desse modo, no exemplo do IPI, cada um dos critérios é informado por concepções sócio-econômicas diversas. A seletividade determina a intervenção e se opõe à plena liberdade de escolha, ao passo que a não-cumulatividade opera de forma inversa. A primeira impõe que o IPI possua caráter extrafiscal em relação àquilo que se produz, ao prestigiar escopos de cunho social, ao passo que a segunda proíbe a indução extrafiscal em relação ao modo de produção por priorizar a liberdade de ação.

Essas opções – intervencionista a impor a extrafiscalidade, liberal a proibir – cooperam para erigir o regime jurídico constitucional da tributação, mas não se restringem àquelas presentes nos dispositivos do capítulo especificamente dedicado ao Sistema Tributário Nacional. Em atenção ao viés intervencionista, as normas de tributação, no exercício da função de natureza extrafiscal, podem colaborar para a persecução dos inúmeros objetivos traçados em todos os setores da Constituição Federal; e, em atenção ao viés liberal, a tributação não pode ser empregada para influir nas condutas dos particulares sempre que o nosso Diploma Superior proibir a atuação do Estado.

Como exemplo do primeiro caso, em diversos dispositivos (art. 5º, inciso XXIX; art. 187, inciso III; art. 200, inciso 200; art. 214, inciso V, art. 216, inciso III; art. 218 e 219), a CF prestigia o desenvolvimento tecnológico nacional, logo as leis tributárias podem ser moldadas de forma a fomentar iniciativas dessa natureza, como a Lei Ordinária Federal nº 11.196/05, que concedeu incentivos no âmbito do imposto de renda para empresas que promovam ações dirigidas ao avanço tecnológico nacional. Por outro lado, como exemplo do segundo caso, o § 7º do art. 226 da CF, ao estabelecer o planejamento familiar a cargo do casal e livre de intervenções estatais, repercute no plano tributário ao proibir tratamentos diferenciados em razão da forma de constituição das famílias, o que havia no passado. O Decreto-Lei 3.200/41, no seu art. 33, a fim de fomentar o aumento da população nacional, estabelecia um adicional do imposto de renda para os casados maiores de 45 anos que tivessem apenas um filho e o art. 32 fixava um acréscimo ainda maior para os maiores de 25 anos que não tivessem filho algum. Tais disposições, se fossem publicadas hoje, estariam maculadas de inconstitucionalidade por violarem um relevante preceito, mesmo não específico do Sistema Tributário Nacional.

Tipos constitucionais de extrafiscalidade

Como vimos, as pretensões de cunho extrafiscal não são veiculadas apenas pelo legislador. Podem advir diretamente do próprio constituinte, seja por meio de disposições localizadas dentro do capítulo próprio do Sistema Tributário Nacional, como as imunidades das exportações (art. 149, § 2º, inciso I; art. 153, § 3º, inciso III; e art. 155, § 2º, inciso X, alínea "a"), a progressividade do ITR (art. 153, § 4º, inciso I) e a seletividade do IPI (art. 153, § 3, inciso I), seja mediante enunciados situados em outras partes do nosso Diploma Excelso, como o tratamento tributário incentivado para as microempresas e empresas de pequeno porte (art. 179 da CF), o imposto predial e territorial urbano (IPTU) progressivo no tempo em razão de descumprimento do plano diretor (art. 182, § 4º, inciso II) e a imunidade das operações de transferência de imóveis desapropriados para fins de reforma agrária (art. 184, § 5º). Ademais, a Constituição, ao fixar os valores superiores da nossa ordem jurídica, impõe ao legislador um plano axiológico que deve ser seguido ao estabelecer imposições tributárias dirigidas a influenciar as condutas sociais; deverá incentivar aquelas que mais se adéqüem a este plano e inibir as que estão em desconformidade.

As disposições constitucionais, que veiculam mensagens prescritivas dirigidas a conformar as funções não fiscais da tributação, não são apenas inúmeras, são principalmente variadas. São de diversos tipos. A extrafiscalidade pode advir de dispositivos específicos da temática tributária, e daqueles não diretamente relacionados. Os escopos extrafiscais podem ser os mais diversos: promoção da saúde, da educação, da cultura, da livre concorrência, etc. Há os setoriais e também os regionais. Podem ser perseguidos por todas as Pessoas Políticas ou por apenas uma.

Além dessas formas de classificar as regras constitucionais que informam o uso dos tributos para fins não fiscais, julgamos útil aquela que estabelece tipos em função dos seguintes critérios: (I) da direção da intervenção e da (II) sua modulação deôntica.

Em relação à modulação, as regras constitucionais podem (i) permitir, (ii) obrigar e até (iii) proibir o emprego do tributo com fins extrafiscais. Quanto à direção da intervenção, podem se referir a (a) incentivo, a (b) desestímulo, e à (c) comunhão de ambas as direções pelo fomento de certas condutas e inibição de outras axiologicamente opostas. A tipologia é, então, elaborada pela combinação de ambos os critérios e resulta em 9 (nove) classes teóricas de regras constitucionais: (i.a) permite incentivar; (i.b) permite desestimular; (i.c) permite incentivar determinadas condutas e desestimular outras; (ii.a) obriga incentivar; (ii.b) obriga desestimular; (ii.c) obriga incentivar determinadas condutas e desestimular outras; (iii.a) proíbe incentivar; (iii.b) proíbe desestimular; e (iii.c) proíbe incentivar e desestimular.

É interessante constatar que, para cada um desses tipos teóricos, localizarmos enunciados que neles se enquadram. Isso demonstra quão farta é a nossa Constituição de mensagens de cunho extrafiscal. Do tipo "i.a", o art. 43, § 2º, inciso III, permite à União estabelecer incentivos regionais (art. 43, § 2º, inciso III). Do tipo "i.b", o artigo 182, § 4º, inciso II, faculta ao Município instituir o IPTU progressivo no tempo do proprietário de solo urbano não edificado, subutilizado ou não utilizado, em desrespeito ao plano diretor. Do tipo "i.c", o art. 155, § 2º, inciso III, permite ao legislador adotar a seletividade para as alíquotas do ICMS de formar a estimular a produção de bens e serviços essenciais e a desestimular a dos supérfluos. Do tipo "ii.a", o art. 179 determina aos Entes Tributantes estabelecer tratamento tributário incentivador para as microempresas e empresas de pequeno porte (Mpes). Do tipo "ii.b", o art. 153, § 4º, inciso I, impõe a gradação de alíquotas do ITR a fim de desestimular a manutenção de propriedades improdutivas. Do tipo "ii.c", o art. 153, § 3º, inciso I, impõe a adoção da seletividade para a instituição do IPI (note-se que a seletividade para o ICMS é uma faculdade, logo se enquadra no tipo "i.c" como visto anteriormente). Do tipo "iii.a", o art. 173, §

2º impede que sejam concedidos privilégios fiscais para as empresas públicas e as sociedades de economia mista em detrimento do setor privado. Do tipo "iii.b", o art. 150, inciso VI, alínea "b", ao estabelecer a imunidade dos templos de qualquer culto, impede os Entes Tributantes de instituir impostos destinados a inibir a prática de determinadas religiões. Por oportuno, uma vez que as manifestações religiosas são protegidas da instituição de determinados impostos em comparação com outras atividades sociais, poderia ser afirmado que esta imunidade produz um efeito estimulador. Todavia, não podemos perder de vista que a extrafiscalidade não se identifica com os efeitos concretos das regras tributárias sobre seus destinatários, mas apenas com aqueles que possuem caráter teleológico. A tributação sobre a folha de pagamento, por exemplo, desestimula o emprego, mas nem por isso possui função extrafiscal, uma vez este efeito não é juridicamente desejado. A inibição do emprego é um resultado colateral de um tributo criado com nítidas pretensões fiscais. Desse modo, a imunidade dos templos de qualquer culto, ainda que possa induzir a disseminação de igrejas, não deve ser interpretada como fomento à religiosidade nacional, uma vez que nosso Estado é laico. Por fim, do tipo "iii.c", a não-cumulatividade do IPI e do ICMS determina a neutralidade destes impostos quanto ao modo de produção; não pode haver incentivos, nem desestímulos para cadeias produtivas específicas.

Esquematicamente, os tipos teóricos podem ser representados pelas células de intersecção dos critérios de classificação, nas quais inserimos o dispositivo constitucional atinente a cada um dos exemplos discutidos acima.

Intervenção \\ Modulação	Incentivar	Desestimular	Incentivar e Desestimular
Permitir	Incentivos regionais (art. 43, § 2º, III)	IPTU progressivo (art. 182, § 4º, II)	Seletividade do ICMS (art. 155, § 2º, III)
Obrigar	Tributação favorecida das Mpes (art. 179)	Gradação do ITR (art. 153, § 4º)	Seletividade do IPI (art. 153, § 3º, I)
Proibir	Vedação a privilégios a estatais (art. 173, § 2º)	Imunidade dos templos (art. 150, VI, "b")	Não-cumulatividade (art. 153, § 3º, I)

Tabela I – Tipologia constitucional da extrafiscalidade

Extrafiscalidade e regras de exigência formal

Toda regra constitucional que veicula mensagens prescritivas de escopo extrafiscal pode ser enquadra em algum dos 9 (nove) tipos acima apresentados. Aquelas, sobre as quais discorremos, foram somente exemplos.

Num trabalho anterior, afirmamos que os critérios informadores da referida classificação eram de natureza substancial e, portanto, dirigidos a agrupar os enunciados normativos em função do seu conteúdo de diretriz extrafiscal. Haveria, porém, outra espécie de regras que guardaria relação com o exercício da função extrafiscal, mas sob o aspecto formal. Essas regras determinariam a forma mediante a qual prescrições com intentos não fiscais devem ser veiculadas.

Com essa natureza, localizamos três disposições na Constituição Federal. A primeira, prevista no art. 155, § 2º, inciso XII, alínea "g", impõe que isenções, incentivos e benefícios fiscais do ICMS só podem ser concedidos e revogados por meio de deliberação (convênio) dos Estados e Distrito Federal, nos termos da lei complementar. A segunda, cuja previsão está localizada no art. 156, § 3º, inciso III, é similar à anterior, mas relativa ao imposto sobre serviços (ISS) de competência municipal. Os incentivos, isenções, e benefícios desse imposto também devem ser veiculados por meio de uma forma específica a ser definida em lei complementar (ainda não editada).

Essas duas regras visam evitar que Estados, Distrito Federal e Municípios, mediante impostos de sua competência que incidem sobre bens e serviços, concedam unilateralmente favores fiscais capazes de atrair produção e investimentos para seus territórios em detrimento das demais unidades da Federação, o que se costuma chamar de "guerra fiscal".

Por fim, a terceira regra que impõe limites formais ao estabelecimento de regras de cunho extrafiscal está prevista no art. 150, § 6º, segundo o qual:

> Qualquer subsídio ou isenção, redução de base de cálculo, concessão de crédito presumido, anistia ou remissão, relativos a impostos, taxas ou contribuições, só poderá ser concedido mediante lei específica, federal, estadual ou municipal, que regule exclusivamente as matérias acima enumeradas ou o correspondente tributo ou contribuição, sem prejuízo do disposto no art. 155, § 2.º, XII, g.

É oportuno constar que as três disposições se referem a incentivos. Ademais, determinam que esses incentivos devem ser veiculados por um determinado diploma normativo, logo proíbe a sua edição mediante documentos diversos. Dessa forma, apesar de merecerem menção apartada, podemos enquadrá-las no tipo "iii.a". São regras que proíbem incentivar, mas com a peculiaridade de possuírem índole formal.

Extrafiscalidade e Limites ao Poder de Tributar

Meras razões extrafiscais não legitimam a criação e o aumento de qualquer tipo de imposição tributária. Por outro lado, a extrafiscalidade não corresponde a um aspecto colateral ao fenômeno jurídico da tributação, que deva se enquadrar, para ser exercida, a limites estabelecidos tão-somente com o propósito de conter abusos no exercício do poder de tributar. O regime constitucional tributário é erigido com base no escopo fiscal da tributação – prover os cofres públicos – e nos seus limites, mas também com respeito aos múltiplos intentos extrafiscais e às suas próprias demarcações.

Há regras que impulsionam a tributação e as que a mitigam tanto por razões fiscais, como extrafiscais, e todos os preceitos devem ser analisados à luz dessas múltiplas considerações. Os princípios tributários, por exemplo, tanto demarcam limites ao legislador infraconstitucional para criar tributos com fundamentos extrafiscais, como devem ser erigidos com base em escopos desta natureza presentes na Constituição Federal.

Com o propósito de analisarmos essa relação bidirecional, a classificação elaborada por Paulo de Barros Carvalho dos princípios jurídicos é um instrumento valioso. O renomado Professor os segrega em dois tipos: (i) princípios objetivos e (ii) princípios que veiculam valores (CARVALHO, p. 207).

Poderíamos afirmar que os primeiros, como a legalidade, a anterioridade e a noventena, não poderiam ser afetados por vetores extrafiscais. Assim, por maiores que fossem as razões de ordem social ou econômica, um tributo jamais poderia ser aumentado por meio de decreto do Executivo e nem cobrado no mesmo ano da publicação da lei. Esses princípios de cunho objetivo não se vergam em razão de objetivos extrafiscais. Isso não significa dizer, porém, que sua configuração não considera a extrafiscalidade. Pelo contrário. Todavia, tais considerações são objetivamente demarcadas. Por exemplo, os três princípios citados são expressamente excepcionados justamente para prestigiar finalidades não fiscais. As alíquotas de quatro impostos federais (o imposto de importação, o imposto de exportação, o imposto sobre produtos industrializados e o imposto sobre operações financeiras) são fixadas por ato do Executivo, em conformidade com o previsto no art. 153, § 1º, da CF. Esses mesmos impostos não atendem o primado da anterioridade e três deles, o da noventena, por explícita previsão do art. 150, § 1°, da CF.

Todas essas exceções estão previstas para possibilitar ao Poder Público agir sobre a atividade econômica com a presteza necessária para atingir escopos extrafiscais. Tais escopos, contudo, não legitimam a modificação dos outros critérios desses impostos. O caráter teleológico dessas exceções não autoriza, pois, a sua ampliação além das fronteiras precisamente demarcadas (só manejar as alíquotas, mas não a base de cálculo, por exemplo), mas determina a sua própria interpretação e aplicação. Como as exceções foram previstas por razões extrafiscais, sua aplicação só se justifica uma vez presentes motivações desta natureza. Desse modo, um aumento de IOF, por exemplo, não pode ser exigido em violação ao preceito da anterioridade e da noventena, se o seu intuito foi apenas compensar a perda de arrecadação com a extinção da Contribuição Provisória sobre Movimentações Financeiras (CPMF).

Se princípios que demarcam limites objetivos podem ser delineados por razões extrafiscais, as quais contribuem para a construção do seu sentido, por maiores razões, os princípios que introduzem valores são amoldados pelos múltiplos escopos que a tributação deve atender. Como exemplos destes princípios, podemos citar a isonomia, a capacidade contributiva e a vedação ao confisco. Nesse último caso, o tributo não pode atingir um nível capaz de comprometer a própria dimensão econômica que toma por base. Todavia, a partir de qual patamar objetivo um tributo se tornaria confiscatório e, portanto, inconstitucional? Que percentual de alíquota macularia o referido preceito constitucional? São perguntas sem resposta precisa. Não há como afirmar objetivamente o caráter confiscatório do IPTU a partir de uma determinada alíquota. Nada obstante, podemos asseverar que o nível de alíquota, a partir do qual se caracteriza o confisco, é maior para o IPTU adotado para induzir o proprietário a cumprir o plano diretor do município (o IPTU progressivo no tempo, previsto no art. 182, § 4° da Constituição Federal), que para o IPTU exigido por razões exclusivamente fiscais.

O caráter teleológico da tributação é relevante para a compreensão dos limites ao poder de tributar, como demonstramos na análise dos princípios. Contudo, uma visão completa, mesmo panorâmica sobre o tema, exige também a investigação das imunidades, da distribuição e do exercício das competências tributárias, bem como de outros limites à tributação impostos por ditames veiculados por disposições constitucionais localizadas em setores externos ao Sistema Tributário Nacional, como discutiremos a seguir.

A competência tributária

Em comparação aos princípios, a competência tributária, que corresponde ao poder atribuído pela Constituição Federal às Pessoas Políticas (aquelas que possuem Poder Legislativo, ou seja, a União, os Estados, o Distrito Federal e os Municípios) para criarem tributos por lei, estabelece fronteiras ainda mais nítidas e precisas ao emprego de tributos com fins extrafiscais.

Se o Ente Político dispuser da competência legislativa para disciplinar certa esfera do convívio social, mas não detiver a competência tributária específica para impor tributo sobre a respectiva dimensão econômica, não estará juridicamente legitimado a adotar instrumentos tributários extrafiscais. Os fins, neste caso, não justificam os meios. A taxatividade da distribuição de competência não pode ser rompida por razões de qualquer espécie.

Por outro lado, o uso dos meios (a competência tributária) pode ser condicionado à perseguição dos fins. Por exemplo, se as alíquotas do IPI forem uniformes, o imposto será inconstitucional por macular o primado da seletividade. A mesma sorte teria o imposto territorial rural, caso suas alíquotas não diferenciassem os imóveis produtivos dos improdutivos.

Extrafiscalidade e competências regulatórias

Se, por um lado, a competência legislativa para criar tributos fixa balizas precisas à indução tributária; por outro, são diversas as hipóteses em que as pretensões não-fiscais demarcam o exercício da competência tributária. Dentre essas hipóteses, uma se destaca.

A Pessoa Política só pode utilizar tributo com finalidade extrafiscal, se dispuser da competência legislativa para instituí-lo, mas isso não é suficiente. Também é essencial que a Constituição Federal lhe confira a competência regulatória para disciplinar aquele específico domínio social.

Juristas nacionais, há muitos anos, já reconhecem essa relação, como Antônio Roberto Sampaio Dória[1], Ruy Barbosa Nogueira[2] e, mais recentemente, Luís Eduardo Schoueri[3].

Como exemplo, o art. 22, inciso IV, da Constituição Federal, confere a competência legislativa em caráter privativo para a União legislar sobre a política energética, por conseguinte, somente seus tributos podem ser manejados para fomentar ou desestimular atividades nessa seara. Os Estados, portanto, estão impedidos de diferenciar as alíquotas do ICMS sobre energia elétrica em razão da sua fonte produtora.

Imunidades

Nas palavras de Carrazza, "as regras de imunidade também demarcam (no sentido negativo) as competências tributárias das pessoas políticas" (CARRAZZA, p. 623). É a mesma lição de Paulo de Barros Carvalho:

(...) a classe finita e imediatamente determinável de normas jurídicas, contidas no texto da Constituição da República, e que estabelecem, de modo expresso, a incompetência das pessoas políticas de direito constitucional interno para expedir regras instituidoras de tributos que alcancem situações específicas e suficientemente caracterizadas (CARVALHO, p. 341).

---

[1] DÓRIA, p. 255, "Cabendo à União, e supletivamente aos Estados, legislar sobre a produção e o consumo, estão os Municípios absolutamente inibidos de regular, através de tributações onerosas ou destrutivas, a produção de bebidas alcoólicas, tabaco, narcóticos, ou qualquer outra utilidade, cujo consumo se repute menos aconselhável à saúde pública".

[2] NOGUEIRA, p. 185: "O imposto deixa de ser conceituado como exclusivamente destinado a cobrir as necessidades financeiras do Estado. É também, conforme o caso e o poder tributante, utilizado como instrumento de intervenção e regulamentação de atividades. É o fenômeno que hoje se agiganta com a natureza extrafiscal do imposto. Mas esse conceito moderno de finanças públicas que tem no imposto seu mais eficaz instrumento de atuação poderá e deverá ser aplicado indistintamente por todas as categorias de Governo da Federação e em relação a quaisquer impostos? Em um Estado federativo como o nosso competirá aos entes menores, Estados-Membros e Municípios, a tarefa de regular e controlar a economia nacional? Parece evidente que essa função é meramente supletiva e limitada a aspectos regionais ou locais e em harmonização coadjuvante".

[3] SCHOUERI, p.351: "(...) normas tributárias indutoras sujeitam-se: I) por força do veículo pelo qual se introduzem no mundo jurídico, às regras de repartição de competências tributárias; II) por força da matéria que regulam, às regras de competência legislativa. Conclui-se, portanto, pela necessária concomitância de competências, para que se introduzam normas tributárias indutoras no ordenamento brasileiro".

As imunidades são, pois, regras de competência de cunho negativo. Desse modo, como o próprio tributo não pode ser criado, o seu emprego para fins extrafiscais também está proibido, como aduzimos em tópico precedente acerca da imunidade dos templos de qualquer culto.

Todavia, apesar de os enunciados de imunidade colaborarem para a construção de sentido da competência tributária, apresentam significação própria, por meio da qual podemos identificar valores extrafiscais. A leitura de dispositivos veiculadores de imunidades permite amiúde a identificação de nítidos escopos jurídicos de incentivo. É o caso, por exemplo, das imunidades para as entidades de assistência social (art. 150, inciso VI, alínea "c", quanto a impostos sobre patrimônio, renda e serviços; e art. 195, § 7º, atinente a contribuições à seguridade social).

Dessa forma, sob o aspecto da extrafiscalidade, há imunidades que veiculam mensagens de incentivo e aquelas que proíbem a indução tributária. Essa distinção é relevante, pois as primeiras podem ser reforçadas pelo legislador por meio de reduções de outros tributos da sua competência; as segundas, não. Assim, por exemplo, a lei pode conceder isenções de taxas para as entidades de assistência social, mas não para igrejas, exceto, evidentemente, se atenderem aos requisitos para se enquadrarem como entes com fins assistenciais.

Bitributação com fins extrafiscais

A bitributação é a dupla incidência, sobre um mesmo fato jurídico, de tributos da competência de pessoas políticas diversas. Já, no *bis in idem*, os tributos são instituídos por um só ente tributante. A doutrina costuma ser tolerante quanto a este segundo fenômeno, mas avessa ao primeiro. Só admite a bitributação em hipóteses expressas, como o § 3º, art. 155, da CF, segundo o qual:

À exceção dos impostos de que tratam o inciso II do caput deste artigo e o art. 153, I e II, nenhum outro imposto poderá incidir sobre operações relativas a energia elétrica, serviços de telecomunicações, derivados de petróleo, combustíveis e minerais do País.

Todavia, a vedação à bitributação não encontra previsão expressa na Constituição de 1988, como ocorria com a de 1934, em cujo art. 11 assim se fixava:

É vedada a bitributação, prevalecendo o imposto decretado pela União quando a competência for concorrente. Sem prejuízo do recurso judicial que couber, incumbe ao Senado Federal, ex officio ou mediante provocação de qualquer contribuinte, declarar a existência da bitributação e determinar a qual dos dois tributos cabe a prevalência.

As Constituições que se seguiram, inclusive a atual, não mais repudiaram esse fenômeno de forma explícita. Ainda assim, juristas de renome, como o saudoso Aliomar Baleeiro, desde então reafirmam a vedação à bitributação como um ditame implícito (BALEEIRO, p. 239).

Concordamos com essa assertiva, pois está assentada na própria forma com que a Constituição reparte as competências tributárias, especialmente, no que se refere aos impostos, uma vez que delimita, com suficiente precisão, dimensões econômicas diferentes para cada Ente Político alcançar no uso do seu poder de tributar.

Em razão disso, sobre a mesma propriedade imóvel, num mesmo ano, deverá incidir o imposto predial e territorial urbano (IPTU), de competência municipal, ou o imposto territorial rural (ITR), de competência federal; nunca os dois. Sobre uma mesma operação, só poderá incidir o ICMS, de competência estadual, o ISS, de competência municipal; ou os dois, mas desde que sobre parcelas distintas do valor da operação. E assim por diante.

Nada obstante, a proibição à bitributação não pode ser considerada um princípio ou valor absoluto, pois, além de não ter sido veiculada mediante disposição expressa, encontramos dispositivos que explicitamente a determinam. Com essa característica, ao lado do art. 155, § 3º, citado anteriormente, podemos mencionar o § 2º, inciso IX do mesmo artigo, segundo o qual, o ICMS:

não compreenderá, em sua base de cálculo, o montante do imposto sobre produtos industrializados, quando a operação, realizada entre contribuintes e relativa a produto destinado à industrialização ou à comercialização, configure fato gerador dos dois impostos.

Este dispositivo estabelece regras de definição de bases de cálculo nas hipóteses de dupla incidência do IPI, de competência federal, com o ICMS, de competência estadual. Logo, claramente autoriza a bitributação.

Em ambas as disposições, a incidência tributária conjunta é determinada por razões extrafiscais. O já citado § 3º do art. 155, por exemplo, estabelece imunidades de impostos sobre operações já tributadas pelo ICMS justamente por considerar que a omissão autorizaria a múltipla incidência de impostos, mas mesmo assim preservou a bitributação entre este imposto estadual e o de importação (II). A razão é de cunho protecionista. O II deve exercer a função extrafiscal de um adicional à tributação interna com o fito de desestimular importações a favor do produtor nacional.

Conclusão

O emprego dos tributos com finalidades diversas de alimentar os cofres públicos não é um aspecto que se esgota no domínio do político, que se limita a motivar o legislador a editar diplomas normativos. Essa função é relevante também para o jurídico.

O caráter extrafiscal da tributação é um importante vetor hermenêutico capaz de colaborar para a interpretação das dicções legislativas, especialmente no patamar superior do nosso sistema normativo, onde coopera decisivamente com múltiplos desdobramentos para a configuração do Regime Constitucional Tributário.

Referências Bibliográficas

BALEEITO, Aliomar. *Uma introdução à Ciência das Finanças*. Rio de Janeiro, Forense, 1998.

CARRAZZA, Roque Antônio. *Curso de direito constitucional tributário*. São Paulo, Malheiros, 2002.

CARVALHO, Paulo de Barros. *Curso de direito tributário*. São Paulo, Saraiva, 2008.

DÓRIA, Antônio Roberto Sampaio. *Princípios Constitucionais Tributários e a Cláusula Due Process of Law*. Tese de livre-docência. São Paulo, USP, 1964.

FANUCCHI, Fábio. *Curso de direito tributário brasileiro*. São Paulo, Resenha Tributária, 1975.

NOGUEIRA, Ruy Barbosa. *Curso de direito tributário*. São Paulo, Saraiva, 1995.

SCHOUERI, Luís Eduardo. *Normas tributárias indutoras e intervenção econômica*. Rio de Janeiro, Forense, 2005.

SILVA, José Afonso da. *Aplicabilidade das normas constitucionais*. São Paulo, Malheiros, 1999.

A Emenda do Direito do Agronegócio no Projeto de Código Comercial

Gustavo Saad Diniz

1. Contextualização

Tramita na Câmara dos Deputados o Projeto de Lei nº 1.572/2011, que tem por escopo a aprovação de novo Código Comercial para o Brasil. Não é demais ressaltar que a ideia de Código está completamente deslocada num tempo em que preponderam os microssistemas e num contexto em que a multiplicidade de fatores econômicos e complexidade da sociedade moderna inibem a pretensão de completude codificante. Principalmente depois da redemocratização e da atribuição de força normativa[1] mais precisa e extensa para a Constituição Federal, o sistema jurídico privado brasileiro começou a ser influenciado pela decodificação, bem nos moldes do que foi identificado por Natalino Irti[2]. Se os Códigos se prestavam para uma sociedade econômica individualista e para manutenção dos pilares de propriedade e liberdade contratual, o contexto que se seguiu determinou o deslocamento do centro normativo para o texto constitucional reforçado.

As exigências sociais e da técnica jurídica passaram a moldar leis mais precisas, específicas e implementadoras de políticas públicas. Por isso foi

---

[1] HESSE, Konrad. *A força normativa da constituição*. Trad. Gilmar Ferreira Mendes. Porto Alegre: Sergio Antonio Fabris, 1991.
[2] IRTI, Natalino. *L'età della decodificazione*. Milão: Giuffrè, 1999. 21-49.

introduzida no Brasil a técnica dos microssistemas normativos, com criação de ordenamentos com definição de escopo a ser perseguido também pelo próprio Estado.

É diante desse contexto e de outros problemas apontados em Manifesto público[3], que a Emenda Aditiva nº 33 integra um documento que, por si, já é portador de uma realidade que pode complicar ainda mais o setor do agronegócio, especialmente por integrar, num Código Comercial, matérias díspares, com lógica de mercado variavelmente distinta.

2. Algumas críticas à propedêutica da Emenda do Agronegócio

Os apontamentos se confirmam pela distinção entre a *fattispecie* empresário do Projeto de Lei nº 1.572/2011 e a qualificação ampla do conceito de agronegócio feita pela Emenda: "Agronegócio é a rede de negócios, contratos e títulos que promovem a integração das atividades econômicas organizadas de fornecimento de insumos, produção, comercialização, armazenamento, logística e distribuição, para consumo interno e internacional, de bens agrícolas, pecuários, de reflorestamento e pesca". Observa-se que a opção da emenda é tratar o agronegócio a partir da cadeia agronegocial, que não é, "porteira adentro", necessariamente empresarial. Enfiar essas regras num código de comércio e empresas poderá desequilibrar o marco legal.

Ainda a propósito do perigoso expediente de conceituar o agronegócio pelo texto da lei – que menoscaba o adágio *omnis definitio in juris civilis periculosa est* – coloca-se injustificado fator de discrímen na Emenda ao excluir do âmbito de incidência a "exploração da terra por grupo familiar sem caráter profissional e organizado, ainda que ocorra a comercialização dos excedentes da produção". Mais uma vez, o legislador optará por deixar os pequenos produtores na informalidade, contrariando até mesmo a função social da cadeia agronegocial proposta na Emenda. Afirma-se isso porque o núcleo familiar continuará fora de balizas legais de estímulo à organização, relegando ao cooperativismo a única maneira de formalizar as atividades.

---

[3] *Manifesto: Pela rejeição do Projeto de Código Comercial – PL 1.572/11*. Disponível em << http://www.migalhas.com.br/Quentes/17,MI178410,11049-Especialistas+manifestamse+contra+Codigo+Comercial. Acessado em 03/06/2013. Publicado em 15/05/2013.

A própria principiologia da Emenda prejudica a boa intenção do texto, já que promove uma superposição com princípios já consolidados na CF. Além disso, eleva à categoria de princípios meras pautas de interpretação, como a integração da cadeia agronegocial.

O mais preocupante, quanto a pauta de interpretação da Emenda, é fixar a redução teleológica[4] como regra para distribuição dos riscos do agronegócio. A redução teleológica é encontrada em Karl Larenz, sustentando que certas regras jurídicas, em alguns casos, necessitam de interpretação contra o seu sentido literal, "mas de acordo com a teologia imanente à lei", demandando uma restrição que não está contida no texto legal[5]. E continua Larenz:

A integração de uma tal lacuna efetua-se acrescentando a restrição que é requerida em conformidade com o sentido. Visto que com isso a regra contida na lei, concebida demasiado amplamente segundo o seu sentido literal, se reconduz e reduzida ao âmbito de aplicação que lhe corresponde segundo o fim da regulação ou a conexão de sentido da lei, falamos de uma <<redução teleológica>>[6].

Não se pode amarrar o intérprete num único método e isso também não se faz por meio do texto legal. Por mais que seja interessante a redução teleológica, a utilização desse método é excepcional, tamanha a gravidade de contrariar, por vezes, o próprio texto da lei.

3. Demandas jurídicas do agronegócio e sensibilidade do setor

A moldura do mercado pelo regramento jurídico demanda singular equilíbrio porque, de um lado, não pode inviabilizar as balizas econômicas em bom funcionamento e, de outro, deve permitir avanços significativos. Em matéria de agronegócio, essa constatação é ainda mais sinuosa: (*a*) o Brasil é competidor mundial de ponta em matéria de produtividade agropecuária e o setor ocupa sensível posição no PIB brasileiro; (*b*) houve certa melhora

---

[4] "Na interpretação dos negócios jurídicos agroindustriais, será empregada a redução teleológica, assim entendida a consideração do fim comum pretendido pelas partes no vínculo obrigacional e, ainda, os usos e costumes praticados no mercado agroindustrial, conforme as melhores práticas do comércio nacional e internacional de bens e serviços agroindustriais".
[5] LARENZ, Karl. *Metodologia da ciência do direito*. 2. ed. Tradução José Lamego. Lisboa: Fundação Calouste Gulbenkian, 1989. p. 473.
[6] LARENZ, Karl, *Metodologia...*, op. cit., p. 473.

no marco legal para apropriação dos fatores de produção (capital, trabalho, propriedade e tecnologia) pelo empreendedor rural, entretanto, ainda são verificáveis entraves jurídicos e demandas econômicas; (c) pela relevância já apontada, o setor apresenta inseguranças jurídicas pela indefinição do marco legal das organizações privadas da atividade agronegocial.

Com esses pressupostos lançados, a implementação de políticas públicas não depende somente de medidas econômicas. A própria legislação pode emoldurar um conjunto de princípios e regras para construir institutos jurídicos, organizações e até mesmo alcançar objetivos claros de desenvolvimento, distribuição de renda e melhora em alguns setores econômicos, sem implicar perdas para outros (numa boa combinação dos postulados de Pareto e Kaldor-Hicks). Essas garantias podem ser observadas a partir da análise das organizações e seu aperfeiçoamento para a cadeia do agronegócio.

Entretanto, essa não foi a opção da Emenda do agronegócio, que preferiu a integração da cadeia pela via contratual e não por meio das organizações. Uma técnica não anularia a outra, tornando complementares na estratégia de criar melhor política pública ao setor. Basta ver o interessante instrumento do sistema de integração por meio de contrato, previsto nos arts. 33 a 42 da Emenda.

Ressalvamos, para o presente estudo, algumas balizas para maior clareza nos fatores de produção do empresário[7] ou sociedade empresária com atividade rural[8].

---

[7] Não é demasiado anotar que a atividade rural é de facultativo registro ao empresário individualmente considerado, na linha do que dispõe o art. 971 do CC. Essa opção é dada a quem tem atividade de exploração de imóvel rural, na linha do que dispõe o art. 4º, inciso VI, da Lei nº 4.504/64: "Empresa Rural é o empreendimento de pessoa física ou jurídica pública ou privada que explore econômica e racionalmente imóvel rural, dentro de condição de rendimento econômico da região em que se situe e que explore área mínima agricultável do imóvel segundo padrões fixados, pública e previamente, pelo Poder Executivo. Para esse fim, equiparam-se às áreas cultivadas, as pastagens, as matas naturais e artificiais e as áreas ocupadas com benfeitorias". Assim, esse registro da atividade como empresarial demanda análise de custo-benefício e de um plano de negócio que permita visualizar as vantagens da sujeição ao conjunto de regras que pautam a atividade empresarial. Sobre o tema, propondo a autonomia do direito do agronegócio e a importância das organizações para a "industrialização da agricultura": BURANELLO, Renato. *Autonomia didática do direito do agronegócio*. In: BURANELLO, Renato; SOUZA, André Ricardo Passos de; PERIN JÚNIOR, Ecio. (coord). *Direito do agronegócio*. São Paulo: Quartier Latin, 2011. p. 35.

[8] Nesse sentido é a orientação de Fernando Campos Scaff, para quem "a atividade agrária demonstra sua relevância quando compreendida não de forma autônoma e individualizada,

4. Fortalecimento das organizações (sequer mencionadas pela Emenda do Agronegócio)

A informalidade e o pouco controle sobre a atividade ainda são imperativos no ambiente de agronegócio. Esse peremptório diagnóstico demonstra que a formatação jurídica das organizações econômicas ainda não é apta para atrair os empreendedores. É possível que as razões para tal fato estejam em carga tributária e custos desestimulantes para formalização em pessoas jurídicas demasiadamente pesadas para a acomodação dos interesses.

Se o grande produtor consegue se valer de sociedades limitadas ou anônimas, o médio e o pequeno nem procuram a facultativa regularização como empresários. Quando muito, acomodam-se em sociedades cooperativas, que também demandam certas evoluções.

Outra constatação a ser feita está na separação econômica da atividade em três tipos[9]: (*a*) *agronegócio típico* ou *porteira adentro*, com negócios ligados à agropecuária e à agroindústria[10]; (*b*) *agronegócio à montante* ou *pré-porteira*, vinculado a atividades empresárias de fornecimento de insumos para o agronegócio típico[11]; (*c*) *agronegócio à jusante* ou *pós-porteira*, que são atividades empresariais ou cooperativas de aquisição, beneficiamento, industrialização e transporte da produção agropecuária até o consumidor final[12]. Nessas fases, sofisticaram-se as organizações pré-porteira e pós-

---

mas sim interpretada tal como um dos elementos da empresa" (SCAFF, Fernando Campos. *Aspectos fundamentais da empresa agrária*. São Paulo: Malheiros, 1997. p. 36).

[9] Utilizando essa tipologia: ZILBETTI, Darcy Walmor. A agroindústria no sistema do direito agrário e do desenvolvimento sustentável. In: ZILBETTI, Darcy Walmor; BARROSO, Lucas Abreu. Agroindústria: uma análise do contexto socioeconômico e jurídico brasileiro. São Paulo: Leud, 2009. p. 11-12. Também: MANIGLIA, Elisabete. A agroindústria na região Sudeste. In: ZILBETTI, Darcy Walmor; BARROSO, Lucas Abreu. Agroindústria: uma análise do contexto socioeconômico e jurídico brasileiro. São Paulo: Leud, 2009. p. 90-91. MASTROROCCO, Daniela; EID, Patricia Guilherme. *Complexo agroindustrial e arrendamento do estabelecimento agrário*. In: BURANELLO, Renato; SOUZA, André Ricardo Passos de; PERIN JÚNIOR, Ecio. (coord.). *Direito do agronegócio*. São Paulo: Quartier Latin, 2011. p. 290.

[10] A título ilustrativo: preparo e conservação do solo, práticas culturais, adaptação de cultivares, análises agronômicas, plantio, colheitas, criações animais, entrega da produção.

[11] Como exemplos: parte mecânica de produção de máquinas, implementos e equipamentos de irrigação; parte química de fertilizantes e defensivos; parte biológica de produção de sementes, micro-organismos, controles biológicos, transgenia.

[12] Para referência: estruturas agroindustriais de tecnologia pós-colheita ou produção, processamento, logística, linha de produção, além das cadeias contratuais de auxílio do empresário,

-porteira, mas ainda falta melhor técnica de fortalecimento da atividade típica. Além disso, os elos da cadeia econômica não foram integrados em sinergia, com estruturas jurídicas de estímulo à cooperação ou de diminuição da dependência econômica. Isso é sinal que faltam organizações adequadas às necessidades do agronegócio.

Alguns textos já apontaram alternativas como a sociedade em conta de participação, sociedade de propósito específico para projetos agroindustriais[13] e associações de produtores como viáveis ao incremento da atividade agronegocial. Complementam-se tais sugestões com instrumentos para as atividades típicas e para integração da cadeia do agronegócio através das organizações.

5. Alguns avanços pontuais no modelo cooperativista e a impertinência do PLS nº 03/2007 e do PL 1.572/2011

Após o advento da Lei nº 5.764/71 (LCoop) e, posteriormente, com os arts. 5º, XVIII, 146, III, "c" e 174, §2º, 187, VI e 192, *caput*, todos da CF, houve um exponencial crescimento desse tipo societário. Basta ver, em números aproximados, que as mais de 6.600 cooperativas representam 6% do PIB brasileiro[14]. E foi com base nesse sistema de direito positivo que se conquistaram os expressivos resultados indicados. Afirmou Waldirio Bulgarelli que a cooperativas se inserem "entre as associações passíveis de serem instaladas no País, (...), ajudando o desenvolvimento nacional, sobretudo, no plano rural, constituindo, hoje, uma ponderável força não só econômica mas principalmente social, dadas as características da sua doutrina cristã de ajuda-mútua e de solidariedade"[15].

Mesmo assim, já existem algumas de exigências econômicas e sociais para que a legislação seja *adaptada para evoluir*. Enfatize-se que é desneces-

---

com transporte, armazenagem, comercialização.
[13] BURANELLO, Renato; MORATO, Marcelo Lins. *Principais tipos societários nas atividades de produção e comercialização agropecuária*. In: BURANELLO, Renato; SOUZA, André Ricardo Passos de; PERIN JÚNIOR, Ecio. (coord). *Direito do agronegócio*. São Paulo: Quartier Latin, 2011. p. 274-277.
[14] OCB. *Agenda legislativa do cooperativismo*. Disponível em: <<http://www.brasilcooperativo.coop.br/Site/ocb_congresso/agenda_cooperativismo_2011.pdf>>. Consultada em: 25/03/2013.
[15] BULGARELLI, Waldirio. *As sociedades cooperativas e a sua disciplina jurídica*. Rio de Janeiro: Renovar, 1998. p. 146-147.

sária uma ruptura total com a ordem legal vigente, uma vez que a LCoop (*a*) já se consolidou na *práxis* das organizações, (*b*) já passou por um longo processo de *interpretação* e, portanto, (*c*) alcançou um desejado nível de *experiência* que não pode simplesmente ser abandonado, ao som de tentadores cantos de uma lei nova. Ao contrário disso, o setor cooperativista demanda benfazejas alterações pontuais, sejam elas corretivas, sejam elas a incorporar na LCoop somente as necessidades reais, que mantenham a essência do cooperativismo, mas que também permitam o fortalecimento das organizações. A postura do legislador atual deveria ser muito mais de atuação em microssistemas especializados – como na Lei nº 12.690/2012 das cooperativas do trabalho – do que agir com a pretensão total de um novo corpo legislativo.

Por esse motivo que a revogação da LCoop pelo Projeto de Lei do Senado (PLS) nº 03/2007 não trará os benefícios necessários e exigidos para as cooperativas. Se fica permitida a figura de linguagem, ele mira na implementação de políticas públicas, mas acerta em cheio nas organizações aptas a essa realização. Além de falhas de técnica legislativa, o PLS aproveita o que é bom na LCoop (daí ser desnecessária a ruptura), cria alguns equívocos (como o mal engendrado contrato de parceria e uma repartição desnecessária de poder de representação do Sistema Cooperativista) e termina por não atender àquilo que as cooperativas necessitam para avançar econômica e socialmente.

Se fosse mantido o atual sistema da legislação, poderiam ser incorporados, com maior facilidade, alguns dos pontos interessantes, como: (*a*) a adoção de instrumento de capitalização representado pelo Certificado de Crédito Cooperativo (CCC), previsto no PLS, de modo a permitir o fluxo de capital nas cooperativas para desempenho das atividades sem chamadas de capital junto aos cooperados – hoje, praticamente, o único instrumento disponível, além do capital financeiro[16][17]; (*b*) poderia, ainda, ser adotada medida de recuperação judicial especialíssima e moldada para as coope-

---

[16] DINIZ, Gustavo Saad. O paradoxo do autofinanciamento das cooperativas. *Revista de Direito Empresarial*. Curitiba, n. 14, p. 135-154, 2010.

[17] Alternativa hoje em vigor é o certificado de direitos creditórios do agronegócio (CDCA), criado pela Lei 11.076/2004. O CDCA é título de renda fixa voltado para financiar a cadeia produtiva do agronegócio. Diferencia-se da debênture porque só pode ser emitido por cooperativas de produtores rurais ou pessoas jurídicas com objeto de comercialização (art. 24 da Lei nº 11.076/2004).

rativas, evitando somente o implemento da dissolução e liquidação da atividade; (c) poderia, também, ocorrer a criação de grupos de cooperativas, com concentração econômica benéfica aos cooperados e à expansão da própria atividade cooperativista, sem necessidade de transformação em sociedade empresária ou dissolução da cooperativa para permitir a expansão[18].

Todas as análises não se descuidam da peculiaridade das cooperativas[19]. São organizações societárias que criam direitos aos sócios em concomitância com a utilização dos serviços da sociedade. Por esse motivo, não há desvinculação entre propriedade e poder de controle nesse tipo societário, daí derivando o ato cooperativo (art. 79 da LCoop). Na formação da organização societária das cooperativas é notável que os sócios se agremiam em torno da otimização de resultados e repartição de benefícios decorrentes *das sobras operacionais*. Não se forma a sociedade a partir de base de capital ou do lucro, mas pelo escopo de compartilhar esforços no desempenho de atividade econômica comum, recebendo as sobras proporcionais aos atos praticados com a cooperativa. Esse pressuposto, reitere-se, foi alcançado ao longo da grande *experiência* gerada pela LCoop.

Igualmente impertinente é o regramento das cooperativas pelo Projeto para um novo Código Comercial (PL 1.572/2011). Indicada a peculiaridade das sociedades cooperativas, é inconciliável que tal matéria seja incorporada em codificação que pretende a regulação de sociedades empresárias.

Há incompatibilidade entre a política empresarial e a política cooperativista ao se constatar que: (a) as cooperativas são sociedades simples lastreadas em bases pessoais, sendo irrelevante o montante de participação no capital para delimitação do *status socii* (art. 1.094, incisos V e VI, do CC e art. 4º, incisos V e VI, da nº 5.764/71); (b) a transferência de capital inicial é facultativa, de modo que é o patrimônio ativo que serve de lastro para a responsabilização da cooperativa; (c) a organização da cooperativa pode ser feita com responsabilidade limitada ou ilimitada dos sócios, sendo esta importante variável para verificação do perfil de garantia de

---

[18] Interessante análise foi feita por José Miguel Embid Irujo, comparando os direitos espanhol e alemão: IRUJO, Jose Miguel Embid. *Der Konzern im Genossenschaftsrecht*. In: SCHNEIDER, Uwe, et. AL (coord). *Festschrift für Marcus Lutter zum 70. Geburtstag*. Köln: Dr. Otto Schmidt, 2000.

[19] FORGIONI, Paula Andrea. *As sociedades cooperativas no Brasil: muito além dos preconceitos e das questões tributárias*. In: BRUSCHI, Gilberto Gomes et. al. (coord). *Processo empresarial*. Rio de Janeiro: Elsevier, 2012. p. 606-622.

pagamentos das dívidas da sociedade cooperativa capitalizada com recursos de terceiros.

Portanto, o conteúdo dos arts. 12 e 410 do Projeto de Código Comercial (PL 1.572/2011) é muito prejudicial a esse peculiar tipo de organização societária mutualística, que não combina com o regime empresarial. Transferir para a cooperativa a escolha do regime de empresa como matéria de regência poderia trazer diversos problemas.

Primeiro deles estaria no regime de distribuição de resultados, que seriam interpretados como lucros, com desdobramentos perniciosos em matéria tributária.

A propósito disso, a luta das cooperativas para serem compreendidas pelos Tribunais seria toda ela perdida na incerteza da aproximação com o regime empresarial. Haveria insegurança e instabilidade no regime tributário das cooperativas, porque se a CF estabelece que a lei complementar deve dar o adequado tratamento tributário ao ato cooperativo (art. 146, III, "c", da CF), submeter a cooperativa ao regime empresarial poderia descaracterizar o ato cooperativo para uma atividade negocial comum, sujeita à tributação integral e sem o estímulo do art. 174, §2º, da CF.

Terceiro problema, mas não último, seriam as teses de dissolução da sociedade e repartição, como acervo de cooperados, de fundos e reservas obrigatórios, desvirtuando a indivisibilidade do FATES (art. 28, inciso II, da LCoop).

6. Adaptações à EIRELI para o agronegócio

Com a entrada em vigor da Lei nº 12.441/2011, o ordenamento jurídico brasileiro incorporou nova modalidade de *pessoa jurídica* (e não a sociedade unipessoal): trata-se da empresa individual de responsabilidade limitada (geradora da estranha sigla EIRELI). A inovação em nossas tradições de estruturas negociais e organizacionais veio acompanhada de alvíssaras e, paradoxalmente, de costumeiras críticas decorrentes de um debate muito pouco entremeado pela grande produção acadêmica sobre o assunto (por todos, leia-se Calixto Salomão Filho) e pelas tendências jurisprudenciais. As consequências, por certo, serão dúvidas severas que demandarão grande esforço interpretativo e razoabilidade dos que utilizarão o novo instituto.

Através dessa pessoa jurídica, torna-se possível organizar atividade empresarial com autonomia do patrimônio da EIRELI em relação àquele que a constituiu. Em tese, minimizam-se os riscos da atividade empresária, isolando-a em organização específica, sem comprometer outros bens do patrimônio de quem constituiu a tal EIRELI. Além disso, argumenta-se, reduzem-se as urgências e os problemas do "presta nome", ou "sócio de palha", ou "testa de ferro", ou "laranja" (com permissão das alcunhas tratadas com sinonímia nos dicionários).

Para alcançar esse desiderato, a lei institui hipótese excepcional de capital mínimo (tratado indevidamente na lei por capital *social*), de modo que a pessoa jurídica deve ser constituída com capital integralizado de pelo menos 100 salários mínimos (aqui com duvidosa constitucionalidade sobre o índice escolhido, conforme art. 7º, IV, da CF). Trata-se de exigência de ordem pública, já que o capital representa garantia indireta dos credores. Entretanto, eis um desafio corrente no Brasil, a comuníssima transferência meramente contábil do capital mínimo não vai impedir a constituição de EIRELI subcapitalizada, com todas as consequências de crédito que ainda observaremos.

Sendo esses alguns traços da *ratio* política legislativa, a contrapartida dos problemas demandará grande esforço para a boa recepção e adaptação da nova lei, que em geral não tem boa redação. Observe-se, primeiramente, a grande dúvida sobre a possibilidade de uma outra pessoa jurídica – sociedade limitada ou S/A, por exemplo – criar uma EIRELI e até mesmo usar esse instrumento para estruturação de unidades de grupos e diminuição de custos de transação com subsidiárias integrais. Em princípio, a Lei nº 12.441/2011 não fez qualquer restrição, já que o art. 980-A passou a dispor que a EIRELI será constituída de uma "única pessoa". Pelo Livro I do Código Civil são consideradas pessoas tanto as naturais como as jurídicas. Se a lei não fez a distinção, não poderia o intérprete fazê-la, como de fato se nota na Instrução Normativa DNRC nº 117, de 22 de novembro de 2011, que no item 1.2.11 não admite pessoa jurídica como titular de EIRELI. Alguns podem até argumentar que o art. 1º do CC trata da "pessoa", sem adjetivação, como sendo somente a natural (ou física – tratada assim indistintamente em passagens do CC). Todavia, ainda se insiste que o legislador não fez a diferenciação e seria injustificável a restrição, até para permitir racionalização de estruturas societárias desordenadamente grupadas com trocas de participações somente para compor a pluralidade dos sócios.

Outro ponto que demandará extrema atenção dos aplicadores da lei é que a novidade vem acompanhada de imensos problemas de *confusão patrimonial*, por certo geradores de um potencial aumento da aplicação da desconsideração da personalidade jurídica. Não é sem razão afirmar que na experiência alemã da sociedade unipessoal (*Einpersongesellschaft*) uma expressiva quantidade de decisões de desconsideração de personalidade jurídica diz respeito justamente a esse modelo organizacional. Se no nosso atual quadro jurisprudencial o respeito à pessoa jurídica está banalizado – no mais das vezes sem critérios objetivos – teme-se que a EIRELI contribua para o agravamento dessa instabilidade no aprisionamento dos riscos pela organização criada.

Percebe-se que esse trabalho legislativo padece de vícios e problemas gravíssimos para a regulamentação de importante medida de avanço econômico e de segurança de investimentos. Infelizmente, mais uma vez, será depois da vigência da lei, com a experiência do processo de aplicação do texto, que se conseguirá o aperfeiçoamento do instituto jurídico.

Isso vale também para a utilização da EIRELI para organização do agronegócio e isolamento dos riscos dessa atividade nessa nova estrutura. Para tal desiderato, alterações pontuais seriam necessárias, especialmente com a quebra do capital mínimo para as atividades típicas do agronegócio, facilitando a expansão pela via dos contratos de arrendamento e parceria.

7. Integração da cadeia agronegocial por meio das organizações

As organizações também precisam coordenar as diversas fases pré-porteira e pós-porteira àquela de atividade tipicamente agronegocial[20]. Esse domínio integral da cadeia pode implicar redução substancial de custos, além de proporcionar integração econômica e tecnológica para melhora dos resultados.

À falta de instrumentos jurídicos específicos, a utilização de grupos societários fáticos e associações de produtores são as alternativas viáveis – ou a falta delas – porque, conforme já se apontou, para as cooperativas falta melhor regulação para os grupos cooperativos [*i. 5*].

A estrutura de grupos de fato somente tem validade para as organizações que suportam todo o custo de manutenção de controladoras, controladas e coligadas para a integração da cadeia produtiva.

---

[20] Até mesmo em termos de custos tributários isso pode ser observado com o seguinte precedente do STJ:

O direito brasileiro de grupos seguiu a opção alemã[21], ao se segmentar em *grupos de direito* baseados em contrato de convenção (265 a 268 da LSA) e *grupos de fato* baseado na unicidade de controle e coligação (arts. 243 a 250 da LSA e 1.097 a 1.101 do CC). Se a primeira opção se vê pouco na prática, a segunda alternativa é comuníssima e vem sendo utilizada até instintivamente pelos empresários.

Para os fins do presente estudo, basta demonstrar que um grupo de fato fica caracterizado se existem sociedades coligadas (*de controle* – art. 1098 do CC, *de filiação* – art. 1.099 do CC, e *de participação* – art. 1.100 do CC) ou controladas (com relação de subordinação à controladora). Assim, nos grupos as sociedades conservam a autonomia patrimonial e a personalidade jurídica, mas ficam submetidas ao comando do controlador. Trata-se de organização plurissocietária com unidade de direção, que permitiria a integração das fases de produção, mas que dificilmente tem seus custos absorvidos por pequenos e médios produtores. Normalmente, em grandes conglomerados ligados ao agronegócio, a unidade agropecuária fica alocada em uma das unidades do grupo formado por uma longa cadeia produtiva.

A propósito de grupos, a legislação brasileira carece de regulação da coordenação de plurissocietária de cooperativas [*i. 5*]. Aqui temos as agremiações de cooperativas singulares e centrais, numa superestrutura de

---

TRIBUTÁRIO AÇÃO CAUTELAR. RECURSO ESPECIAL. CRIAÇÃO DE AVES ATRAVÉS DE PARCERIA. FUNRURAL. LEI COMPLEMENTAR Nº 11/71 e LEI 6.195/74. EMBARGOS DE DECLARAÇÃO. ACOLHIMENTO.

I - No acórdão recorrido restou consignado pelo Tribunal a quo que a perícia realizada "atesta que a apelante produz, na forma de parceria, aves para abate na indústria, servindo-se de terceiros para criá-las.

II - Os contratos de parceria entre agroindústria e produtores rurais para criação e engorda de aves e leitões são insusceptíveis da incidência tributária a título de comercialização da produção. Precedentes: REsp nº 571.777/RS, Rel. Min. ELIANA CALMON, DJ de 19/09/2005; e REsp nº 299.200/SC, Rel. Min. MILTON LUIZ PEREIRA, DJ de 30/04/2002.

III - "Sobre a quota-parte dos animais que simplesmente retornam à empresa, não sendo a esta vendida pelo produtor parceiro, não pode haver incidência da citada exação, porquanto não há qualquer comercialização, pressuposto da tributação, in casu" (REsp nº 587.703/SC, Rel. Min. Luiz Fux, DJ de 27/09/2004). IV - Agravo regimental provido. (STJ - AgRg no AgRg no AgRg no REsp 475.037/SC, Rel. Min. Francisco Falcão – 1ª Turma – j. 27/09/2005).

[21] GUERREIRO, José Alexandre Tavares. *Das relações internas no grupo convencional de sociedades*. In: TORRES, Heleno Taveira; QUEIROZ, Mary Elbe. (Org.). *Desconsideração da personalidade jurídica em matéria tributária*. São Paulo: Quartier Latin, 2005. p. 305.

participações de várias e distintas cooperativas singulares numa central[22]. Não é disso que se trata: um grupo de cooperativas implicaria a constatação de controle e direção unitária de uma cooperativa sobre uma sociedade anônima ou limitada ou mesmo sobre outras cooperativas, mas com o cuidado de não malferir os princípios do cooperativismo (art. 4º da LCoop)[23]. Nesse assunto, em valioso estudo, Jose Miguel Embid Irujo orienta sobre possíveis incompatibilidades de subordinar uma cooperativa em sistema de grupos se forem subjugados os interesses da cooperativa aos interesses do grupo. Propõe o comercialista espanhol, que a concentração econômica igualitária das cooperativas gera um paradoxo, porque deve respeitar unidades, mas enfraquece o grupo. Isso se admitido o comando de "baixo para cima" do grupo de controle unificado, mas igualitário entre as unidades (*Gleichordnungskonzern*)[24].

Outra alternativa seriam as associações de produtores. Apesar de importantes na agremiação para ganho de escala, o modelo de pessoa jurídica apresenta dificuldades de expansão e até mesmo de qualificação jurídica de resultados superavitários, que não podem ser redistribuídos aos associados como lucro (art. 53, *caput*, do CC).

Referida estrutura jurídica também não integra totalmente a cadeia produtiva na extensão necessária, até porque, no pré-porteira e no pós--porteira, prepondera a qualificação de atividade empresarial.

A utilização de contratos também pode servir à integração da cadeia agronegocial. Essa a sustentação original feita por Daniela Mastrorocco e Patricia Guilherme Eid:

Ainda que esse tipo contratual não verse sobre o uso e gozo da terra rural, como nos casos do arrendamento e parceriais já explicados, o fenômeno da integração indica a interação econômica entre duas partes que desenvolvem uma das operações do ciclo produtivo referentes à produção, transformação e venda de um determinado produto. Este contrato

---

[22] As Cooperativas Singulares de Crédito, Cooperativas Centrais de Crédito e os Bancos Cooperativos são pessoas jurídicas autônomas, independentes e completamente responsáveis pelas obrigações que assumem em seu nome (Resolução BACEN nº 3859/2010).
[23] Nesse sentido, Embid Irujo no original: "Es bereitet uns kein Problem, daß eine Genossenschaft eine Kapitalgesellschaft kontrolliert oder beherrscht, insofern die Beherrschung nicht die Verwirklichung ihres spezifischen genossenschaftlichen Zwecks verhindert" (IRUJO, Jose Miguel Embid. *Der Konzern im Genossenschaftsrecht*. In: SCHNEIDER, Uwe, *et. al.* (coord). *Festschrift für Marcus Lutter zum 70. Geburtstag*. Köln: Dr. Otto Schmidt, 2000. p. 1099).
[24] IRUJO, Jose Miguel Embid, op. cit., p. 1099.

está inserido nesse artigo como uma das formas, cada vez mais comuns, de exploração das atividades agroindustriais. A integração vertical pode ser entendida como o grau de controle que uma determinada empresa tem sobre os seus fatores de produção ou sobre a distribuição ou utilização dos produtos e serviços produzidos. A integração vertical pode ser considerada plena quando a empresa tem o controle total sobre seus fatores de produção ou sobre a distribuição ou utilização dos produtos e serviços produzidos[25].

Essas alternativas, em alguns casos com inviabilidade de custos[26], podem também representar a emancipação de determinada comunidade do agronegócio, sobretudo por diminuir a dependência econômica em situações de poder de mercado que comprometem os custos marginais da produção agropecuária.

8. Conclusão

A cadeia produtiva do agronegócio tem demanda por organizações jurídicas adaptadas às necessidades do setor, sobretudo para acomodação de investimentos de pequenos e médios produtores [i. 3] e a integração da cadeia agronegocial [i. 4].

Em razão disso, a Emenda do Agronegócio deveria tramitar separadamente do Projeto de Código Comercial, adquirindo sistemática de microssistema para adaptar as organizações e melhorar a integração da cadeia agronegocial.

Para tanto, demonstraram-se as seguintes viabilidades no presente estudo:

1 – Mudanças legislativas devem ser lastreadas em profundo planejamento, com previsão para contingências e programação evolutiva. Por isso uma lei não pode simplesmente apagar a experiência de um texto legal anterior que foi eficiente na estruturação de um modelo societário peculiar como a cooperativa. Textos legais *devem ser* a positivação de programas e a consolidação de valores da cultura de um país. Por isso, para as cooperativas [i. 5].

---

[25] MASTROROCCO, Daniela; EID, Patricia Guilherme, op. cit., p. 307.
[26] MASTROROCCO, Daniela; EID, Patricia Guilherme, op. cit., p. 308.

2 – Sugestões como instrumentos de capitalização de cooperativas, procedimento para recuperação em crise financeira e formação de grupos de sociedades cooperativas podem ser relevantes alterações evolutivas [i. 5].

3 – No atual estágio do debate, o PLS 03/2007 e o PL 1.572/2011 não contemplam adequadamente as necessidades do cooperativismo [i. 5].

4 – A EIRELI deve passar por alterações para se tornar interessante instrumento de organização da atividade típica de agronegócio [i. 6].

5 – As fases da cadeia produtiva poderiam ser integradas por organizações em grupo [i. 5 e 6].

Referêncis Bibliográficas

BOBBIO, Norberto. **Da estrutura à função**. Trad. Daniela Beccaccia Versani. Barueri: Manole, 2007.

BULGARELLI, Waldirio. **As sociedades cooperativas e a sua disciplina jurídica**. Rio de Janeiro: Renovar, 1998.

BURANELLO, Renato. **Autonomia didática do direito do agronegócio**. In: BURANELLO, Renato; SOUZA, André Ricardo Passos de; PERIN JÚNIOR, Ecio. (coord). **Direito do agronegócio**. São Paulo: Quartier Latin, 2011. p. 26-40.

BURANELLO, Renato; MORATO, Marcelo Lins. **Principais tipos societários nas atividades de produção e comercialização agropecuária**. In: BURANELLO, Renato; SOUZA, André Ricardo Passos de; PERIN JÚNIOR, Ecio. (coord). **Direito do agronegócio**. São Paulo: Quartier Latin, 2011. p. 234-285.

CASTRO, Rogério Alessandre de Oliveira. **Setor sucroenergético e sua adequada regulação: sustentabilidade x viabilidade econômica**. Curitiba: Juruá, 2012.

DINIZ, Gustavo Saad. O paradoxo do autofinanciamento das cooperativas. **Revista de Direito Empresarial**. Curitiba, n. 14, p. 135-154, 2010.

_____. **Avanços para o marco legal das cooperativas**. In: Organização das Cooperativas do Brasil. **Agenda legislativa do cooperativismo**. Brasília: [n.c.], 2013. p. 126-128.

FORGIONI, Paula Andrea. **As sociedades cooperativas no Brasil: muito além dos preconceitos e das questões tributárias**. In: BRUSCHI, Gilberto Gomes et. al. (coord). **Processo empresarial**. Rio de Janeiro: Elsevier, 2012. p. 606-622.

GONÇALVES NETO, Alfredo Assis. **Direito de empresa: comentários aos artigos 966 a 1.195 do Código Civil**. 4. ed. São Paulo: Revista dos Tribunais, 2012.

GONÇALVES, Oksandro. **A desconsideração da personalidade jurídica e o novo Código de Processo Civil**. In: BRUSCHI, Gilberto Gomes; et. al. (org.). **Direito processual empresarial: estudos em homenagem ao professor Manoel de Queiroz Pereira Calças**. Rio de Janeiro: Elsevier, 2012. p. 590-605.

GUERREIRO, José Alexandre Tavares. **Das relações internas no grupo convencional de sociedades**. In: TORRES, Heleno Taveira; QUEIROZ, Mary Elbe. (Org.). **Desconsideração da personalidade jurídica em matéria tributária**. São Paulo: Quartier Latin, 2005.

HESSE, Konrad. **A força normativa da constituição**. Trad. Gilmar Ferreira Mendes. Porto Alegre: Sergio Antonio Fabris, 1991.

IRUJO, Jose Miguel Embid. **Der Konzern im Genossenschaftsrecht**. In: SCHNEIDER, Uwe, *et. al.* (coord). **Festschrift für Marcus Lutter zum 70. Geburtstag**. Köln: Dr. Otto Schmidt, 2000. p. 1083-1100.

IRTI, Natalino. **L'età della decodificazione**. Milão: Giuffrè, 1999.

LARENZ, Karl. **Metodologia da ciência do direito**. 2. ed. Tradução José Lamego. Lisboa: Fundação Calouste Gulbenkian, 1989.

MACHADO, Sylvio Marcondes. **Problemas de direito mercantil**. São Paulo: Max Limonad, 1970.

MANIGLIA, Elisabete. **A agroindústria na região Sudeste**. In: ZILBETTI, Darcy Walmor; BARROSO, Lucas Abreu. **Agroindústria: uma análise do contexto socieconômico e jurídico brasileiro. São Paulo: Leud, 2009. p. 87-100.

MASTROROCCO, Daniela; EID, Patricia Guilherme. **Complexo agroindustrial e arrendamento do estabelecimento agrário**. In: BURANELLO, Renato; SOUZA, André Ricardo Passos de; PERIN JÚNIOR, Ecio. (coord). **Direito do agronegócio**. São Paulo: Quartier Latin, 2011. p. 288-309.

OCB. **Agenda legislativa do cooperativismo**. Disponível em: <<http://www.brasilcooperativo.coop.br/Site/ocb_congresso/agenda_cooperativismo_2011.pdf>>. Consultada em: 20/01/2013.

RESEK, Gustavo Elias Kallás. **A agroindústria no sistema empresarial e na teoria do agronegócio**.

SALOMÃO FILHO, Calixto. **A sociedade unipessoal**. São Paulo: Malheiros, 1995.

SCAFF, Fernando Campos. **Aspectos fundamentais da empresa agrária**. São Paulo: Malheiros, 1997. ZILBETTI, Darcy Walmor; BARROSO, Lucas Abreu. **Agroindústria: uma análise do contexto socieconômico e jurídico brasileiro**. São Paulo: Leud, 2009. p. 149-168.

VALERIO, Marco Aurélio Gumieri. **A agroindústria no sistema do biodiesel**. In: ZILBETTI, Darcy Walmor; BARROSO, Lucas Abreu. **Agroindústria: uma análise do contexto socieconômico e jurídico brasileiro**. São Paulo: Leud, 2009. p. 261-274.

ZILBETTI, Darcy Walmor. **A agroindústria no sistema do direito agrário e do desenvolvimento sustentável**. In: ZILBETTI, Darcy Walmor; BARROSO, Lucas Abreu. **Agroindústria: uma análise do contexto socieconômico e jurídico brasileiro**. São Paulo: Leud, 2009. p. 11-17

Concorrência e Comércio Internacional: Reflexões Sobre as Duas Faces da Mesma Moeda

Juliana Oliveira Domingues

1. Introdução

A discussão sobre a interface entre o direito antitruste (ou direito da concorrência como também é chamado)[1] e o direito do comércio internacional não é nova no âmbito nacional e internacional. Entretanto, o tema segue instigando os pesquisadores por diversas razões.

Conforme bem pontua STEPHAN "excetuando uma economia fechada, concorrência e política comercial são as duas faces da mesma moeda"[2]. No mesmo sentido, para LEVINSOHN o comércio internacional e a con-

---

[1] Veja-se que direito antitruste (ou direito da concorrência) é diferente de "política" antitruste ou de defesa da concorrência. No entendimento de HOEKMAN, antitruste é um subconjunto da política concorrencial como um todo. Enquanto a legislação antitruste relaciona-se com instrumentos que controlam ou regulam o comportamento permissível de agentes privados ou pessoas, a política concorrencial está ligada às medidas e instrumentos que podem ser perseguidos por governos para aumentar a contestabilidade dos mercados. Cf. HOEKMAN, Bernard. **Competition Policy and Preferential Trade Agreements.** World Bank and Center for Economic Policy Research, 1998, p. 03.

[2] STEPHAN, Paul B. Competitive Competition Law? An Essay Against International Cooperation. **University of Virginia Law & Economics Research Paper No. 03-3**, Spring, 2003, p. 05.

corrência não existem um sem o outro e ignorar as relações entre as duas matérias pode levar à criação de diretrizes políticas enganosas[3].

De modo análogo, a realização de análise eficaz sobre o intercâmbio entre os dois temas pode ser vantajosa, pois há uma imbricada relação entre o direito do comércio internacional e o direito da concorrência, que remonta até mesmo as bases históricas do direito e do comércio.

Portanto, avaliar as interações entre os temas pode fomentar a geração de benefícios, em que pese as lógicas de análise apresentarem diferenças e determinadas particularidades.

Inicialmente, cabe ressaltar que, em uma economia globalizada, as políticas nacionais de uma maneira geral, e em especial aquelas relacionadas ao direito da concorrência, podem ter implicações relevantes em um contexto internacional. É essa reflexão que pretende-se explorar, de forma introdutória, no presente estudo.

2. Interface entre o comércio internacional e o direito da concorrência

Em um panorama internacional, em que a grande maioria dos Estados compromete-se a liberalizar cada vez mais o comércio, por meio de compromissos assumidos em âmbito bilateral, regional ou multilateral - como é o caso dos compromissos assumidos dentro da OMC - as políticas concorrenciais nacionais (que têm relações diretas com padrões de produção, prática de preços e comercialização) podem ter impactos decisivos no desenvolvimento do comércio internacional.

Sobre esse aspecto, do relacionamento entre as duas matérias, vejam-se as importantes considerações de HOEKMAN:

[...] práticas anticompetitivas nacionais podem limitar as oportunidades de acesso ao mercado e efetivamente anular ou prejudicar os compromissos de um país a liberalização do comércio; de tal modo os regimes nacionais de defesa da concorrência podem impor externalidades negativas em outros países (por exemplo, a tolerância aos cartéis de exportação); ou para a eficaz aplicação da legislação antitruste contra as empresas com poder de mercado global requer-se certo grau de harmonização das regras e da

---

[3] "[...] neglecting interactions between the two types of policies may provide misleading policy guidelines. Trade and competition policies typically promote competing interests". LEVINSOHN, James. Competition Policy and International Trade. National Bureau of Economic Research. **Working Paper No. 4972**, 1994, p. 12.

cooperação entre as agências nacionais de controle, igualmente para ser eficaz e para reduzir os custos de compliance e de incerteza para as empresas multinacionais.[4] (tradução livre).

A relação entre os dois temas pode ser verificada sob diferentes perspectivas. Em primeiro lugar, entende-se que a relação entre o direito do comércio internacional e o direito da concorrência pode ser analisada em dois níveis:

i) Genérico - quando da realização de análise teórica sobre a interação das matérias; e

ii) Específico - quando da realização de análise prática sobre a interação dos temas, ou seja, sobre os efeitos da adoção de políticas comerciais e concorrenciais dentro de um Estado ou entre os Estados.

Nesse segundo nível, é importante enfatizar que as interações sofrerão modificações conforme a influência de variáveis, tais como: i) o tamanho da economia dos países, ii) as políticas por eles adotadas, iii) o grau de envolvimento com as regras de liberalização do comércio, dentre outras.

No plano genérico das interações entre as matérias, podem ser mencionados, por exemplo, os reflexos das medidas *antidumping*. O *dumping* definido por BARRAL e BROGINI é:

[...] a prática de discriminação de preços em mercados nacionais distintos: uma empresa exportadora vende um produto no mercado importador a um preço inferior ao valor normal praticado em seu mercado de origem.[5]

A medida *antidumping* é mecanismo de defesa comercial que relaciona, de modo intrínseco, as duas matérias em seu sentido genérico. A relação entre as matérias resta demonstrada uma vez que o comércio internacio-

---

[4] HOEKMAN, 1998, p.1.
[5] BARRAL, Welber; BROGINI, Gilvan Damiani. **Manual prático de defesa comercial.** São Paulo: Aduaneiras, 2007, p. 236. De acordo com BAGNOLI: "*Dumping* é a prática de introduzir um produto no mercado de outro país a preço inferior ao "valor normal", ou seja, o preço de exportação é inferior ao preço efetivamente praticado para produto semelhante em operações comerciais normais, que destinem o tal produto ao consumo interno no país exportador." BAGNOLI, Vicente. **Introdução ao direito da concorrência.** 1.ed. São Paulo: Singular, 2005, p. 128.

nal dos produtos importados a preço injustificável pode prejudicar a concorrência representada pelos produtores nacionais do bem envolvido[6].

Nesse âmbito, LEVINSOHN, em estudo sobre a questão, já ponderou que a discussão sobre as interações entre a política da concorrência e a política de comércio internacional não seria completa sem pelo menos alguma menção às relações entre a discriminação de preços (ligada à política da concorrência) e o direito *antidumping* (ligada à política de comércio internacional)[7].

No plano específico das interações entre as matérias, ressalta-se a influência que as políticas de comércio internacional podem ter na alteração dos cenários concorrenciais e vice-versa.

LEVINSOHN analisa situações peculiares presentes em diferentes países e tamanhos de economias. Vejam-se, nesse contexto, as observações do autor quando da realização de uma análise com a utilização de diferentes variáveis no plano específico de interações entre comércio internacional e concorrência:

Como um primeiro exemplo de interações entre política comercial e concorrencial, considere o caso de um país que implementa uma política concorrencial muito restritiva. Empresas que antes podiam aliar-se ou formar conluios livremente são agora forçadas a competir. Em um padrão de estrutura neoclássica, a política mais rigorosa, que perde retornos de escala, conhecimento ou outras sinergias, aumentaria o bem estar econômico. [...] Se as firmas produzem produtos diferenciados, como é o caso da maioria das indústrias manufatureiras, que competem umas com as outras ajustando preços, uma taxa de exportação ou tarifa de importação tem o efeito de aumentar os preços e os lucros à custa dos consumidores. Numa situação de oligopólio, essa política comercial tem o efeito de deslocar implicitamente as firmas para mais perto do equilíbrio do conluio - exatamente o contrário do objetivo da restritiva política concorrencial. Suponha, então, que uma tarifa ou taxa de exportação é implementada enquanto a política concorrencial é fortalecida. Então, se uma política comercial não é considerada quando a política concorrencial é mais rigo-

---

[6] Ademais, o conceito de *dumping* assemelha-se com o conceito de "preço predatório", tema freqüentemente abordado em legislações concorrenciais nacionais.

[7] "Further, price discrimination is only possible with market power in a domestic setting or segmented markets in a international setting". LEVINSOHN, 1994, p. 17.

rosa, os ganhos do consumidor em relação à política concorrencial são diminuídos.[8] (tradução livre).

Ainda, analisando a interação entre direito do comércio internacional e o direito da concorrência que é aplicado no âmbito nacional, sob a influência de variáveis específicas, o autor complementa suas explicações:

[...] A política comercial é muitas vezes dirigida para permitir que as empresas nacionais exerçam poder de mercado para deslocar para longe os lucros das empresas estrangeiras, enquanto a política de concorrência é geralmente orientada para restringir o exercício do poder de mercado. A exceção óbvia é quando a política de concorrência explicitamente permite cartéis de exportação.[9] (tradução livre).

Vale destacar, com base nas observações de LEVINSOHN, transcritas acima, assim como nas de HOEKMAN, previamente apresentadas, que os cartéis de exportação são exemplos importantes da ligação entre o direito do comércio internacional e o direito da concorrência. De uma maneira geral (e considerando-se também o nível da análise da interação entre as matérias), pode-se dizer que parte da relação entre comércio internacional e concorrência nacional dá-se em referência à cartelização para fins de exportação.

Essas características aparecem, especialmente, quando da análise detalhada de políticas comerciais e concorrenciais de diversos países. As diferentes políticas adotadas pelos Estados tornam ainda mais complexa a relação entre essas duas matérias. Alguns autores fazem propostas de harmonização de políticas como forma de melhorar o desempenho da relação entre os temas[10].

No entanto, não obstante a relação de interação e até de complementaridade que se verifica entre o direito do comércio internacional e o direito da concorrência é importante notar que também há diferenças na forma de adoção de políticas comerciais e políticas concorrenciais pelos Estados, o que traduz a existência de determinados antagonismos entre as matérias.

De modo geral, e conforme apontado por LEVINSOHN, as políticas de comércio internacional podem ser classificadas de maneira simples, uma

[8] LEVINSOHN, 1994, p. 15.
[9] LEVINSOHN, 1994, p. 15.
[10] Para mais informações sobre harmonização de políticas, veja-se LEVINSOHN, 1994, p. 18-27.

vez que variam de modelos mais liberais aos mais conservadores[11]. As políticas concorrenciais, por sua vez, possuem caracterização mais complexa na medida em que, embora também envolvam a existência de modelos mais ou menos severos, estes se relacionam à diferentes mercados, quais sejam: o mercado doméstico e o mercado internacional (ou de exportação)[12]. Em adição, vale lembrar que não existe um modelo único de legislação nacional antitruste ou de política antitruste aplicável a todos os países.

De maneira geral, verifica-se que muitos países realizam uma diferenciação na adoção de políticas antitruste, no que se refere ao grau de severidade em relação a mercados domésticos e aos mercados de exportação. Em grande parte dos casos, os governos acabam por ser mais negligentes no que se refere aos efeitos nos mercados de exportação do que com relação aos mercados domésticos, considerando fatores como o lucro[13] que poderá ser gerado pelas operações de exportação, assim como pelo simples fato de incentivar os produtores nacionais a ter mais força na competição internacional.

LEVINSOHN bem resume essa tendência ao lembrar que vários países são mais rigorosos com as empresas que atuam no mercado nacional, já que o governo reconhece o interesse do consumidor em preços baixos e em uma grande variedade de mercadorias. No entanto, esses mesmos governos, também reconhecem que os lucros auferidos no exterior podem ser positivos e, assim, as firmas exportadoras que praticam condutas que poderiam ser condenadas com rigor nacionalmente passam a ter tratamento muito diferenciado ao praticar a conduta no exterior[14].

Veja-se, também, que apesar dos pontos de interação e de influência, existem características divergentes entre os temas em dois pontos em especial: (i) alcance das normas; e (ii) sujeitos beneficiados pelas normas.

Quanto ao primeiro ponto, vale lembrar que as políticas de concorrência são geralmente definidas em nível nacional, sem distinção com rela-

---

[11] Ainda, vale lembrar que existem os compromissos assumidos no âmbito da OMC.
[12] LEVINSOHN, 1994, p. 3.
[13] Sobre o lucro como fator determinante para políticas concorrenciais mais negligentes com relação aos mercados de exportação, vejam-se as observações de LEVINSOHN: "The basic trade-off that countries face in constructing their competition policies is that between firms profits and consumer welfare. When the consumers effected by collusion are not citizens, since the firms are exporters, the trade-off vanishes and the search for firm profits guides policy." (1994, p. 10).
[14] LEVINSOHN, 1994, p. 5.

ção às indústrias ou aos mercados abrangidos pelas normas, enquanto as políticas de comércio internacional são, de modo geral, delimitadas pelas regras multilaterais da OMC, mas também possuem algumas particularidades, considerando as características de indústrias específicas. Quanto ao segundo ponto, pode-se dizer que as políticas de comércio internacional são implementadas tendo em vista os interesses de produtores, enquanto as políticas concorrenciais visam, em geral, ao atendimento dos interesses dos consumidores[15], ou da manutenção de um ambiente concorrencial saudável.

Independentemente das relações, interações ou diferenças existentes entre esses direitos, ou até mesmo do nível em que essa análise pode ocorrer (genérico ou específico, teórico ou prático), é essencial ressaltar a inegável existência de importantes relações entre as duas matérias.

3 As diferentes perspectivas de análise

Conforme explicado anteriormente, embora tanto o comércio internacional e a política de concorrência busquem a melhoria do bem-estar e tenham pontos comuns ou pontos que influenciam uma a outra, não se pode dizer que seus objetivos e características sejam idênticos.

Por exemplo, as leis desenvolvidas no contexto do comércio internacional, aplicadas à defesa comercial, estão mais preocupadas com o acesso dos *traders* aos mercados estrangeiros, enquanto o objetivo central das leis nacionais de concorrência costuma ser o de preservar a competição nos mercados, assim como atender ao interesse dos consumidores que buscam preços competitivos e uma concorrência saudável no mercado.

Desse modo, vale observar, como exemplo, as perspectivas diferentes e os problemas de convergência encontrados no Brasil. Nesse sentido, ficará mais claro e será possível concluir que, apesar de diferentes, as políticas se comunicam e podem interferir e/ou contribuir uma com a outra.

---

[15] LEVINSOHN, 1994, p. 12.

3.1 Análise da legislação brasileira: pontos de divergência e objetivos comuns

No Brasil, assim como em diversos países - especialmente os que são Membros da OMC - existem leis distintas que regem o direito da concorrência e os compromissos assumidos no âmbito do comércio internacional. A lei de concorrência vigente é a Lei n°. 12.529/2011[16], enquanto as políticas de defesa comercial estão previstas em outros instrumentos legais, pautados pelos Acordos firmados no âmbito da OMC, os quais foram devidamente incorporados.

Conforme destaca MACERA, pode-se dizer que "de certo modo, a política de concorrência e a política de liberalização comercial apresentam objetivos comuns, à medida que visam à remoção de barreiras concorrenciais"[17]. Entretanto, é necessário que sejam ponderadas algumas diferenças relevantes, uma vez que há uma dicotomia jurídica e procedimentos diferenciados de análise e aplicação dessas medidas.

A chamada "política de concorrência"[18] visa proteger o processo competitivo, ou seja, não pretende dar proteção meramente aos agentes privados (competidores). Por meio da boa aplicação da política concorrencial, procura-se garantir à sociedade maior eficiência econômica, que se reflete, por exemplo, em preços melhores, melhor qualidade dos produtos e incentivo às inovações.

De outro lado, a política de liberalização comercial busca facilitar o acesso aos mercados por meio da redução de tarifas ou restrições quantitativas e também por meio da eliminação de barreiras ao investimento estrangeiro direto[19].

---

[16] Sobre a Nova Lei Antitruste Brasileira veja-se: DOMINGUES, Juliana Oliveira; GABAN, Eduardo Molan. **Direito Antitruste**. São Paulo: Ed. Saraiva, 2012.

[17] MACERA, 2006, p. 5.

[18] Conforme bem coloca MUNHOZ: "A política de concorrência, conforme já foi apontado, não pode ser usada como sinônimo de direito da concorrência, pois constitui um conceito mais amplo, que abarca este último. Parte-se do princípio de que a vigência de uma legislação concorrencial não garante a manutenção de um ambiente concorrencial, sendo cada vez mais necessária a existência de uma infra-estrutura jurídica e econômica que complemente a legislação antitruste, de forma a garantir o processo competitivo" MUNHOZ, Carolina Pancotto Bohrer. **Direito, livre concorrência e desenvolvimento**. São Paulo: Lex, 2006, p. 151.

[19] GUASCH, J. Luis e RAJAPATIRANA, Sarath. 1998, p. 03. Cf. MACERA, 2006, p. 5.

Vale destacar que as análises de mercado realizadas no âmbito da tutela concorrencial e da defesa comercial são bem distintas. Veja-se que, ao analisar um mercado, o direito antitruste define o chamado "mercado relevante" no aspecto do produto e no aspecto geográfico[20], critério que não é usado nas investigações de defesa comercial.

Fixados os limites do mercado analisado (na análise antitruste), passa-se então a avaliar o comportamento dos consumidores e produtores diante de mudanças nos preços. Para essa análise é aplicável o "teste do monopolista hipotético"[21] que avalia o grau de substitutibilidade entre bens e serviços para a definição do mercado relevante.

Conforme explica a própria SEAE/MF em Parecer preparado para o famigerado caso Ambev, a definição de um mercado nem sempre é simples, pois envolve a identificação do conjunto de agentes econômicos (consumidores e produtores) que teriam potencial efetivo de limitar as decisões economicamente relevantes, tais como aquelas referentes a preços e quantidades.

---

[20] O mercado relevante se determinará em termos de produtos e serviços que o compõem (dimensão produto) e da área geográfica para a qual a venda destes produtos é economicamente viável (dimensão geográfica). BRASIL. SEAE/MF. Guia para análise econômica de atos de concentração..

[21] "Segundo o teste do monopolista hipotético, o mercado relevante é definido como o menor grupo de produtos e a menor área geográfica necessários para que um suposto monopolista esteja em condições de impor um 'pequeno porém significativo e não transitório' aumento de preços. [...] O teste do 'monopolista hipotético' consiste em considerar, para um conjunto de produtos e área específicos, começando com os bens produzidos e vendidos pelas empresas que estão se concentrando e com a extensão territorial em que estas empresas atuam, qual seria o resultado final de um 'pequeno porém significativo e não transitório' aumento dos preços para um suposto monopolista destes bens nesta área. Se a resposta é que a redução das vendas seria suficiente para fazer com que o suposto monopolista não considere o aumento de preços rentável, então a SEAE acrescentará o produto que é o mais próximo substituto do produto da empresa concentrada e a região de onde provém a produção que é a melhor substituta da produção da empresa em questão à definição original de mercado relevante. O exercício é, em seguida, repetido com referência a este novo mercado e assim sucessivamente, até o ponto em que seja identificado um grupo de produtos e um conjunto de localidades para o qual seja economicamente interessante, para um suposto monopolista, impor um 'pequeno porém significativo e não transitório aumento' dos preços. O primeiro grupo de produtos e localidades identificado segundo este procedimento será o menor grupo de produtos e localidades necessário para que um suposto monopolista esteja em condições de impor um 'pequeno porém significativo e não transitório' aumento dos preços, sendo este o mercado relevante delimitado". BRASIL. SEAE/MF, 1999, p. 09.

Assim, nos termos do Parecer:

> Dentro dos limites de um mercado, a reação dos consumidores e produtores a mudanças nos preços relativos - o grau de substituição entre os produtos ou fontes de produtores - é maior do que fora destes limites. Assim, um mercado pode ser definido como a área em que a concorrência entre as empresas é mais acirrada. A possibilidade de substituir produtos, entretanto, não termina nos limites do mercado. A economia como um todo é uma cadeia de possibilidades de substituição. A substitutibilidade e, portanto, a competição econômica são uma questão de grau. O teste do "monopolista hipotético", descrito a seguir, é o instrumental analítico utilizado pela SEAE para a aferição do grau de substitutibilidade entre bens ou serviços. Segundo essa metodologia, o mercado relevante é definido como o menor grupo de produtos e a menor área geográfica necessários para que um suposto monopolista esteja em condições de impor um "pequeno porém significativo e não transitório" aumento de preços.[22]

De modo diferente é realizada a análise e investigação para a eventual aplicação do direito *antidumping*, que cuida da definição da "indústria doméstica": a totalidade dos produtores nacionais do produto similar ao importado, ou aqueles cuja produção conjunta constitua parcela significativa da produção nacional total da mercadoria em análise. Veja-se que o bem tutelado, nesse caso, é a indústria nacional, não existindo uma análise de mercado tal qual a realizada pelo direito antitruste.

No que se refere à indústria doméstica, conforme os termos do art. 17 do Decreto n°. 1.602, de 23 de agosto de 1995, substituído pelos arts. 34 e 35 do Decreto nº 8.055/2013 (que entrou em vigor em 1 de outubro de 2013)[23], que regulamenta as normas que disciplinam os procedimentos administrativos, relativos à aplicação de medidas *antidumping*:

---

[22] BRASIL. SEAE/MF. Parecer n.º 188/99/MF/SEAE/COGSE/COGDC, Brasília, 11 de novembro de 1999, p. 6.

[23] Esse decreto foi o resultado do Acordo Relativo à Implementação do Artigo VI do Acordo Geral sobre Tarifas Aduaneiras e Comércio - GATT/1994, aprovado pelo Decreto Legislativo nº 30, de 15 dezembro de 1994, e promulgado pelo Decreto nº 1.355, de 30 de dezembro de 1994, e na Lei nº 9.019, de 30 de março de 1995, na parte que dispõe sobre a aplicação dos

Art. 34. Para os fins deste Decreto, o termo indústria doméstica será interpretado como a totalidade dos produtores do produto similar doméstico.

Parágrafo único. Quando não for possível reunir a totalidade dos produtores referidos no caput, e desde que devidamente justificado, o termo poderá ser definido como o conjunto de produtores cuja produção conjunta constitua proporção significativa da produção nacional total do produto similar doméstico.

Art. 35. A critério do DECOM, poderão ser excluídos do conceito de indústria doméstica:

I - os produtores domésticos associados ou relacionados aos produtores estrangeiros, aos exportadores ou aos importadores; e

II - os produtores cuja parcela das importações do produto alegadamente importado a preço de dumping for significativa em comparação com o total da produção própria do produto similar

Em adição, no que diz respeito ao mercado do produto, o conceito de *like product* utilizado nas investigações de *dumping* é realmente bastante vago, não havendo um critério de substitutibilidade tal como ocorre no "teste do monopolista hipotético" aplicável ao direito antitruste brasileiro. Conforme explicam SCHMIDT, SOUSA e LIMA:

> [...] enquanto as medidas *antidumping* são aplicadas independentemente da estrutura de mercado em questão ou da capacidade de financiamento da empresa acusada, pois se referem ao tema da defesa comercial (em que há uma violação no fluxo do comércio), estes fatores são de extrema relevância sob uma ótica antitruste.[24]

---

direitos previstos no Acordo *Antidumping*. A redação dada pelo art. 17 era a seguinte: Para os efeitos deste Decreto, o termo 'indústria doméstica' será entendido como a totalidade dos produtores nacionais do produto similar, ou como aqueles, dentre eles, cuja produção conjunta constitua parcela significativa da produção nacional total do produto, salvo se: I – os produtores estejam vinculados aos exportadores ou aos importadores, ou seja, eles próprios, importadores do produto alegadamente importado a preços de dumping, situação em que a expressão 'indústria doméstica' poderá ser interpretada como alusiva ao restante dos produtores; II – em circunstâncias excepcionais, como definidas no § 4.º deste artigo, o território brasileiro puder ser dividido em dois ou mais mercados competidores, quando então o termo 'indústria doméstica' será interpretado como o conjunto de produtores de um daqueles mercados.

[24] SCHMIDT; SOUSA; LIMA, 2002, p. 11.

Veja-se que, apesar de inexistir levantamentos oficiais detalhados sobre analises de definição do *"like product"* no Brasil, existem alguns exemplos interessantes de segmentações realizadas pelo DECOM (Departamento de Defesa Comercial, inserido na estrutura da Secretaria de Comércio Exterior - SECEX, no âmbito do Ministério do Desenvolvimento, Indústria e Comércio Exterior – MDIC) no que diz respeito à definição de produto em investigações de *dumping*, tais como as seguintes: i) caso do *dumping* dos ventiladores[25] - os ventiladores foram diferenciados em ventilador de mesa e de coluna; ii) caso do *dumping* do papel[26] – o papel foi segmentado em cartão e papéis em geral; iii) caso do *dumping* do leite[27] – o leite foi diferenciado em leite em pó genérico de leite em pó integral ou desnatado, não acondicionado para varejo; entre outras.

Obviamente há casos que a definição do *like product* pode instigar discussões e debates, até mesmo porque a lei dá margem para interpretação ao colocar que na ausência de produto idêntico pode ser considerado como similar o produto que apresente características muito próximas às do produto que está sendo investigado.

A definição do produto objeto da investigação, com base na qual será definido o produto similar (*like product*), é um dos mais importantes conceitos para efeito da aplicação de uma medida *antidumping*. É por meio desse conceito que se define a indústria doméstica, os exportadores – prováveis causadores de dano à indústria doméstica – e o mercado sobre o qual será feita a análise.

Na análise *antidumping*, diferentemente da antitruste, não há preocupação em avaliar alterações ao bem-estar do consumidor ou a manutenção de um ambiente concorrencial. De fato existem óticas diferentes: enquanto as regras *antidumping* têm como objetivo proteger os produtores domésticos contra as importações com suposto *dumping*, as regras concorrenciais têm a finalidade proteger a concorrência saudável no mercado e viabilizar o estado de bem-estar econômico.

Outro ponto bem diferente diz respeito à utilização pelas autoridades de defesa comercial da melhor informação disponível (*best informa-*

---

[25] BRASIL. Processo MDIC/SECEX - 52500.004770/2006-98. Veja-se também: Resolução n°. 23, de 19 de Junho de 2007.
[26] BRASIL. Processo MDIC/SECEX-RJ 52500-017061/2006-72.
[27] BRASIL. MDIC. SECEX. Processo MDIC/SECEX-RJ 52500.023916/2005-13. No mesmo sentido, veja-se Circular N.° 60, de 5 de setembro de 2006, publicada no DOU de 08/09/2006.

tion avaiable) que também é controversa, uma vez que essa informação pode não corresponder à realidade do mercado que se está analisando na investigação[28].

Há também diferença na análise do dano. Veja-se que, na investigação de *dumping*, quando se avalia o dano causado, ou o dano potencial, as autoridades não buscam avaliar o dano ao consumidor, mas apenas à indústria doméstica. Nas regras antitruste, apesar do dano ao consumidor não ser o fator determinante (uma vez que outras questões são analisadas considerando o mercado) este pode ser um elemento sensível para a decisão das autoridades responsáveis pela investigação.

Ainda no que diz respeito aos aspectos práticos e métodos de investigação, já se discutiu, inclusive, se alguns elementos utilizados na análise antitruste poderiam ser utilizados nas investigações de defesa comercial (como o *dumping*[29]) como ferramentas para refinamento (veja-se a questão da substitutibilidade).

Por outro lado, veja-se que, em tese, ao se sobretaxar um produto (*e.g.*, aplicação de medida *antidumping*) que chega aos consumidores a um preço melhor e com boa qualidade pode ocorrer a redução das opções de compra e diminuir o bem estar do consumidor que poderá ficar limitado há poucos ou apenas uma única opção, a depender do produto em questão. Essa perspectiva não é relevante para a aplicação das regras de *dumping*, por exemplo, que analisam o dano sobre outro viés.

Conforme pontua MACERA:

O impacto econômico da aplicação de medidas *antidumping* é considerável, visto que afeta o processo concorrencial nos mercados nacionais e internacionais. À medida que o *antidumping* tem como foco o dano à indústria e não à concorrência, é natural que se estabeleça um viés protecionista.[30]

Vale destacar que, em alguns mercados, a concorrência das importações torna-se essencial, especialmente quando existem elevadas barreiras à

---

[28] Basicamente, a utilização da melhor informação disponível ocorre quando qualquer parte interessada negar acesso à informação necessária; quando a parte não fornecer a informação solicitada dentro do prazo; ou quando a parte criar obstáculos à investigação antidumping.

[29] Uma infração internacional não punida na ordem interna pode distorcer o mercado. O AAD é prescrito multilateralmente, mas aplicado localmente por meio de investigações que ocorrem nos países que supostamente estão sofrendo com a prática de *dumping*. Entretanto, pode ser questionada eventual aplicação incorreta de medida ou eventual violação aos termos do AAD, por exemplo, na própria OMC.

[30] MACERA, 2006, p. 6.

entrada, pois por meio da concorrência das importações é possível contestar o eventual exercício de poder de mercado da(s) empresa(s) considerada(s) dominante(s) no território nacional. O SBDC (Sistema Brasileiro de Defesa da Concorrência) tem sido sensível a essa questão.

4. Considerações Finais

Em que pese ser possível identificar algumas semelhanças, a política concorrencial é distinta da política de defesa comercial, especialmente no que diz respeito aos seus objetivos, regras e métodos de análise.

Vale destacar que há uma diferença que emerge da própria concepção destas políticas, pois a defesa comercial é pró-indústria e segue muitos acordos firmados internacionalmente, enquanto a defesa da concorrência é pró-competição e, em última análise, mais pró-consumidor.

Entretanto, as decisões no âmbito da defesa da concorrência ou no âmbito do direito do comércio internacional (i.e. defesa comercial) podem afetar ambas as políticas, o que já se observa na prática nacional[31], já que os objetivos e as perspectivas de análise são distintos.

A entrada em vigor da Nova Lei Antitruste Brasileira (NLAB) e do Novo Regulamento sobre investigação e aplicação de medidas antidumping reforçam a importância que é dada a esses setores no Brasil.

Ainda que existam diferenças importantes e perspectivas distintas de análise, segue importante o diálogo entre as autoridades para que as políticas adotadas sejam convergentes, evitando-se, assim, possíveis incompatibilidades ou situações que coloquem em risco o bem estar social ou até mesmo o desenvolvimento econômico e social do país.

---

[31] Veja-se: DOMINGUES, Juliana Oliveira. **Concorrência e Defesa Comercial**. In: Zanotta, Pedro; Brancher, Paulo. (Org.). Desafios Atuais do Direito da Concorrência. São Paulo: Singular, 2009, p. 147-167.

5. Referências Bibliográficas

BAGNOLI, Vicente. **Introdução ao direito da concorrência.** 1.ed. São Paulo: Singular, 2005.

BARRAL, Welber; BROGINI, Gilvan Damiani. **Manual prático de defesa comercial.** São Paulo: Aduaneiras, 2007.

BRASIL. MDIC. SECEX. Processo MDIC/SECEX - 52500.004770/2006-98.

BRASIL. MDIC. SECEX. Processo MDIC/SECEX-RJ 52500-017061/2006-72

BRASIL. MDIC. SECEX. Processo MDIC/SECEX-RJ 52500.023916/2005-13.

BRASIL. Circular N.° 60, de 5 de setembro de 2006, publicada no DOU de 08/09/2006.

BRASIL. SEAE/MF. **Parecer n.º 188/99/MF/SEAE/COGSE/COGDC**, Brasília, 11 de novembro de 1999.

DOMINGUES, Juliana Oliveira; GABAN, Eduardo Molan. **Direito Antitruste.** São Paulo: Ed. Saraiva, 2012.

DOMINGUES, Juliana Oliveira. **Concorrência e Defesa Comercial.** In: Zanotta, Pedro; Brancher, Paulo. (Org.). Desafios Atuais do Direito da Concorrência. São Paulo: Singular, 2009, p. 147-167.

HOEKMAN, Bernard. **Competition Policy and Preferential Trade Agreements.** World Bank and Center for Economic Policy Research, 1998.

LEVINSOHN, James. Competition Policy and International Trade. National Bureau of Economic Research. **Working Paper No. 4972,** 1994.

MACERA, Andrea Pereira. A interação entre antitruste e antidumping: problema ou solução? **SEAE/MF Documento de Trabalho n. 36**, dez. 2006. Disponível em: <www.seae.fazenda.br>. Acesso em: 15 maio 2013.

SCHMIDT, Cristiane Alkmin Junqueira; SOUSA, Isabel Ramos de; LIMA, Marcos André M. de. **Tipologias de dumping.** SEAE/MF Documento de Trabalho n. 17, ago. 2002.

STEPHAN, Paul B. Competitive Competition Law? An Essay Against International Cooperation. **University of Virginia Law & Economics Research Paper No. 03-3**, Spring, 2003.

Factoring e Securitização de Recebíveis Mercantis

Rogério Alessandre de Oliveira Castro

1. Considerações iniciais

A pesquisa sobre o tema ora sugerido buscará dar continuidade aos trabalhos que já desenvolvemos por ocasião do mestrado[1] e do doutorado[2] envolvendo o instituto do *factoring* e suas várias faces, porém, agora com um foco mais específico, qual seja a securitização de recebíveis mercantis, créditos esses que também alavancam as operações de *factoring* no Brasil.

A securitização de potenciais créditos de operações de *factoring*, com a consequente criação de Fundos de Investimento em Direito Creditórios (FIDC), ganham destaque numa área específica do Direito Comercial, qual seja o direito do mercado de capitais.

Pretendemos, com o presente artigo, comparar estruturas de créditos distintas, mas com funções similares, que: (i) transformam créditos a prazo em dinheiro à vista para os empresários deles detentores; (ii) transformam créditos heterogêneos em créditos homogêneos, com o fim de titularizá-los, fazendo cessarem quaisquer relações entre tais títulos e os negócios que lhes deram origem; e (iii) massificam os créditos titularizados em

---

[1] A dissertação de mestrado foi transformada no livro: **Factoring: seu reconhecimento jurídico e sua importância econômica**. 2. ed. Leme: LED, 2004, 333 p.
[2] A tese de doutorado também resultou em livro, a saber: **Factoring no Brasil e na Argentina**. Curitiba: Juruá, 2009, 544 p.

valores mobiliários, de modo a permitir o seu comércio em vias negociais próprias do mercado de capitais.

Procuraremos, com este artigo, desenvolver, sob o método comparativo[3], diversos aspectos relacionados ao *factoring* e à securitização de recebíveis mercantis no Brasil, tais como a etimologia das palavras, os seus conceitos, as suas estruturas e funções, as suas legislações e regras pertinentes, as vantagens e desvantagens de suas operações, os Fundos de Investimento em Direito Creditório (FIDC), dentre outros pontos de interesse que serão identificados no decorrer deste trabalho.

2. Etimologia das palavras *factoring* e securitização

Etimologia vem a ser o estudo dos étimos, isto é, das fontes de nossos vocábulos[4]. No presente caso, investigaremos a origem, a formação e a evolução das palavras *factoring* e securitização.

Como a atividade de *factoring* teve sua origem nas relações comerciais decorrentes do processo de colonização do continente americano pela Inglaterra, não é difícil entender porque a expressão fora forjada em vernáculo anglo-saxão e disseminada aos demais países, como França, Espanha, Itália, Portugal, Alemanha, Estados Unidos, México, Brasil, Argentina, dentre outros.

A palavra *factoring* advém do latim, *factor (óris)*, pode tanto ser entendida como "autor, fabricante, criador" quanto como "executor, cumpridor"[5]. Aquele que faz alguma coisa, que desenvolve ou fomenta uma atividade[6]. Esse substantivo (*fator*, no caso nominativo; e *factoris*, no caso genitivo) tem seu radical no supino do verbo *facere*, cujos tempos primitivos são *fado, facis, feci* e *factum*[7].

---

[3] Marina de Andrade Marconi e Eva Maria Lakatos trazem, como um dos métodos específicos das ciências sociais, o método comparativo (**Metodologia científica**. 4. ed. São Paulo: Atlas, 2004, p. 92).

[4] Do grego *étymos* = verdadeiro + *logia* = estudo (ALMEIDA, Napoleão Mendes. **Gramática metódica da Língua Portuguesa**. 10. ed. São Paulo: 1958, 304).

[5] DICIONÁRIO LATIM-PORTUGUÊS. 2. ed. Porto: Porto, 2001, p. 280.

[6] LEITE, Luiz Lemos Leite. **Factoring no Brasil**. 11. ed. São Paulo: Atlas, 2007, p. 2; RIZZARDO, Arnaldo. **Factoring**. 3. ed. São Paulo: Revista dos Tribunais, 2004, p. 19.

[7] DICIONÁRIO LATIM-PORTUGUÊS. 2. ed. Porto: Porto, 2001, p. 280; NOVO Dicionário Eletrônico Aurélio. Versão 5.0. Regis Ltda., 2004, 1 CD-ROM; LEITE, Luiz Lemos Leite.

Tanto o Novo Dicionário Eletrônico Aurélio como o Dicionário Eletrônico Houaiss trazem, respectivamente, as seguintes definições para *factoring*:

> Substantivo masculino; 1. Econ. Sistema pelo qual uma empresa produtora de bens ou serviços transfere seus créditos a receber, resultantes de vendas a terceiros, a uma empresa especializada (*factor* ou empresa de fomento mercantil) que assume as despesas de cobrança e os riscos de não pagamento; fomento comercial; fomento mercantil[8].

> Substantivo masculino; Rubrica: economia, termo jurídico. Contrato pelo qual um comerciante ou industrial cede, total ou parcialmente, a uma instituição financeira créditos de vendas feitas a terceiros, em troca do pagamento de certa comissão, assumindo a instituição o risco do não recebimento dos créditos[9].

Podemos afirmar que a palavra *factoring*, grafada na língua inglesa, já foi incorporada por esses dois dicionários em nosso vernáculo sem nenhuma transliteração.

Contudo, não podemos esquecer que a autoridade para reconhecer as palavras oficialmente existentes em nosso léxico é o Vocabulário Ortográfico de Língua Portuguesa (VOLP), editado pela Academia Brasileira de Letras[10]. O VOLP apenas registra a palavra e a classe gramatical, deixando a definição para os dicionários. Segundo José Maria da Costa, "isso significa que, se o VOLP registra determinado vocábulo como existente em nosso idioma, ele o faz com autoridade legal para tanto, de modo que a referida palavra há de ser tida como oficialmente existente em nosso léxico". Em complemento, conclui o mesmo autor que "se, por outro lado, não há o res-

---

Factoring no Brasil. 11. ed. São Paulo: Atlas, 2007, p. 382; RIZZARDO, Arnaldo. *Factoring*. 3. ed. São Paulo: Revista dos Tribunais, 2004, p. 19.

[8] NOVO Dicionário Eletrônico Aurélio. Versão 5.0. Regis Ltda., 2004, 1 CD-ROM.
[9] DICIONÁRIO eletrônico Houaiss da língua portuguesa. Versão 1.0., 2009. 1 CD-ROM.
[10] De acordo com o art. 2º da Lei n.º 5.765, de 18 de dezembro de 1971, a Academia Brasileira de Letras tem competência para atualizar o vocabulário ortográfico da língua portuguesa.

pectivo registro, a palavra não existe oficialmente, e, assim, não estamos autorizados a empregá-la na linguagem formal"[11].

Ocorre que o sistema de busca de palavras estrangeiras disponibilizado pelo VOLP registra o vocábulo *factoring* como substantivo masculino de origem inglesa, o que vale dizer, já faz parte de nossa língua oficial, sem qualquer aportuguesamento ou transliteração[12], diferentemente do que ocorreu com outras palavras do uso cotidiano da população (v.g. computador e não *computer*, futebol e não *football*, bife e não *beef*, suéter e não *sweater*, coquetel e não *cock-tail* etc.)[13]. Outros termos técnicos também já constam do VOLP, como é o caso do leasing (substantivo masculino) e da franchising (substantivo feminino), o que já não ocorre, por outro lado, com o *joint-venture*.

Entendemos que no Brasil a palavra *factoring* já integra oficialmente o léxico do país para todos os efeitos, o que vale dizer, não deve ser mais escrita em itálico, negrito, com sublinha ou entre aspas, como ocorreria com um vocábulo pertencente a outro idioma[14]. Houve um empréstimo integral do termo em língua inglesa no Brasil, sem qualquer adaptação para o vernáculo do país. Aliás, a nosso entender, não podemos mais falar, aqui no Brasil, que o *factoring* é um exemplo de estrangeirismo ou barbarismo, ao menos enquanto entendidos como vício de linguagem, sendo aceitável,

---

[11] COSTA, José Maria. **Manual de redação profissional**. 2. ed. Campinas, São Paulo: Millennium, 2004, p. 574.

[12] Outra palavra que se incorporou em nosso vernáculo sem aportuguesamento ou transliteração foi expertise (perícia, competência), que tem origem francesa, muito embora também se encontre grafada da mesma forma em língua inglesa. Outros exemplos: performance, doping e dumping. (DICIONÁRIO eletrônico Houaiss da língua portuguesa. Versão 1.0., 2009. 1 CD-ROM; NOVO Dicionário Eletrônico Aurélio. Versão 5.0. Regis Ltda., 2004, 1 CD-ROM; DICIONÁRIO de Francês-Português (Minidicionário). São Paulo: Ática, 1994, p. 144; DICIONÁRIO de Inglês (English Mini Dictionary). 2. ed. London: Harrap's, 1991, 181).

[13] O sistema de busca de palavras estrangeiras do VOLP, quinta edição, 2009 (ACADEMIA BRASILEIRA DE LETRAS. **Busca de palavras estrangeiras do vocabulário ortográfico da Língua Portuguesa**. Disponível em: <http://www.academia.org.br/abl/cgi/cgilua.exe/sys/start.htm?sid=24>. Acesso em: 16 fev. 2013, 13:12:05).

[14] Welber Barral também entende que palavras estrangeiras incorporadas ao vernáculo, como é o caso de shopping center e dumping, não precisam ser escritas em itálico (BARRAL, Welber. **Metodologia da pesquisa jurídica**. 2. ed. Florianópolis: Fundação Boiteux, 2003, p. 151).

contudo, a utilização do termo estrangeirismo apenas para indicar simples empréstimo vocabular ao português.[15]

Já com relação à securitização, alguns importantes dicionários da língua portuguesa publicados no Brasil registram o seguinte:

> Substantivo feminino. 1 Operação de crédito em que entram títulos como garantia de pagamento; 2 Conversão de empréstimos e outros ativos em títulos ou obrigações que podem ser vendidos a investidores[16].
>
> Substantivo feminino. 1 Ato de tornar uma dívida qualquer com determinado credor em dívida com compradores de títulos no mesmo valor. 1.1 Conversão de empréstimo (bancário, p.ex.) e outros ativos em *securities*, a serem vendidas a investidores[17].
>
> Substantivo feminino. 1. Econ. Operação de crédito caracterizada pelo lançamento de títulos com determinada garantia de pagamento[18].

De acordo com alguns dicionários da língua portuguesa, a palavra securitização origina-se do termo inglês *security*, que significa *papel com valor mobiliário, título, obrigação, valor*[19]. Por sua vez, *security* advém do latim, especificamente da palavra *securitas (securitatis)*, que significa segurança, tranquilidade, sossego[20].

Segundo Lewis Ranieri o termo securitização fora utilizado inicialmente, na conformação atual, em 1977, nos Estados Unidos, em uma coluna

---

[15] Estrangeirismos são as expressões tiradas de outras línguas e que constituem vício quando os vocábulos estranhos não são indispensáveis. Tem por sinônima a palavra barbarismo (COSTA, José Maria. **Manual de redação profissional**. 2. ed. Campinas, São Paulo, SP: Millennium, 2004, p. 574).
[16] AULETE DIGITAL. Dicionário Contemporâneo da Língua Portuguesa. Lexikon Editora Digital Ltda. Disponível em: <http://www.auletedigital.com.br/>. Acesso em: 30 jan. 2013.
[17] DICIONÁRIO eletrônico Houaiss da língua portuguesa. Versão 1.0., 2009. 1 CD-ROM.
[18] NOVO Dicionário Eletrônico Aurélio. Versão 5.0. Regis Ltda., 2004, 1 CD-ROM.
[19] Consultar: Dicionário eletrônico Houaiss da língua portuguesa. Versão 1.0., 2009. 1 CD-ROM.
[20] Consultar: Dicionário eletrônico Houaiss da língua portuguesa. Versão 1.0., 2009. 1 CD-ROM.

do *Wall Street Journal*, de autoria de Ann Monroe, sobre operação no mercado imobiliário[21].

Os dicionários da língua portuguesa consultados trazem que o substantivo feminino securitização advém do verbo securitizar, acrescido do sufixo "-ação". Na verdade, a palavra securitização origina-se do termo técnico em inglês *securitization*[22], razão pela qual entendemos que houve, nesse caso, processo de aportuguesamento, conforme ocorreu com outros termos técnicos, como é o caso do arrendamento mercantil (*leasing*) e da franquia (*franchising*).

Na França, utiliza-se o termo *titrisation*, neologismo que sugere a ideia de *transformation en titres*, isto é, transformação em títulos, em valores mobiliários[23]. Em Portugal, alguns autores adotaram a terminologia *titularização de créditos* para designar securitização[24]. Oportuno lembrar que os autores portugueses, em clara proteção à sua língua, também já preferiam a terminologia *cessão financeira* em vez de *factoring*.

No Brasil, a palavra securitização é largamente utilizada, apesar de alguns autores entenderem que essa terminologia acaba gerando confusão com as atividades securitárias (seguro)[25]. Outros autores acreditam que a palavra securitização não remete nem foneticamente à operação que ela designa[26].

---

[21] RANIERI, Lewis S. The origins of securitization, sources of its growth, and its future potential. In: KENDALL, Leon T.; FISHMAN, Michael J. (Eds.). **A primer on securitization**. Cambridge, Mass.: MIT Press, 2000, p. 31; CAMINHA, Uinie. **Securitização**. 2. ed. São Paulo: Saraiva, 2007, p. 36; NORONHA NAJJARIAN, Ilene Patrícia de. **Securitização de recebíveis mercantis**. São Paulo: Quartier Latin, 2010, p. 34; SANTOS, Cláudio Gonçalves dos; CALADO, Luiz Roberto. **Securitização: novos rumos do mercado financeiro**. São Paulo: Saint Paul Editora, 2011, p. 21.

[22] Também não encontramos o termo *securitization* nos dicionários da língua inglesa, mas apenas a palavra *security* (**Longman Dictionary of Contemporary English**. 4. ed. Harlow: Pearson, 2008).

[23] LE CANNU, Paul; GRANIER, Thierry; ROUTIER, Richard. **Instruments de paiement et de crédit - Titrisation**. 8. ed. Paris: Dalloz, 2010, p. 465.

[24] CAMPOS, Diogo Leite. A titularização de créditos (securitização). **Revista de Direito Comparado**, Rio de Janeiro, n. 17, 1999; SILVA, João Calvão da. **Titularização de créditos**. Coimbra: Almedina, 2003.

[25] NORONHA NAJJARIAN, Ilene Patrícia de. **Securitização de recebíveis mercantis**. São Paulo: Quartir Latin, 2010, p. 31.

[26] CAMINHA, Uinie. **Securitização**. 2. ed. São Paulo: Saraiva, 2007, p. 36.

A nosso ver, a palavra securitização já se encontra incorporada em nosso vocabulário oficial. Contudo, conforme já destacado anteriormente, a autoridade para reconhecer as palavras oficialmente existentes em nosso léxico é o Vocabulário Ortográfico de Língua Portuguesa (VOLP), editado pela Academia Brasileira de Letras.

Assim, o fato de uma palavra já constar dos dicionários não significa que ela se encontra oficialmente reconhecida em nosso vocabulário. Há que se pesquisar o sistema de busca de palavras disponibilizado pelo VOLP. E esse sistema não identifica o vocábulo securitização[27]. Vale dizer, essa palavra não existe oficialmente em nosso léxico. Trata-se de termo técnico utilizado inicialmente nos Estados Unidos, adotado em outros países e aportuguesado para a nossa língua, ou seja, trata-se de mais um neologismo, cujo som se aproxima do vocábulo inglês (*securitization*/securitização) e nos dá a ideia de conversão de créditos em títulos mobiliários. Houve um empréstimo no Brasil do termo adotado na língua inglesa, com adaptação para o vernáculo do nosso país.

Podemos concluir que no Brasil a palavra securitização já integra os dicionários da língua portuguesa, mas, não oficialmente o léxico do país, tendo em vista a inexistência do seu registro no VOLP. A despeito disso, em função do seu aportuguesamento, entendemos desnecessário escrever o termo securitização em itálico, negrito, com sublinha ou entre aspas, como ocorreria com um vocábulo pertencente a outro idioma.

3. Conceito de *factoring* e securitização

Lembramos inicialmente do ensinamento de Waldírio Bulgarelli no sentido de que os novos tipos de negócios devem ser entendidos como resultado da criatividade posta a serviço da circulação da riqueza[28]. E, a nosso entender, tanto o *factoring* quanto a securitização de recebíveis fazem parte desses novos tipos de negócios.

Fábio Konder Comparato, o primeiro autor brasileiro a publicar um estudo sobre o *factoring*, conceituou sua operação como venda de fatura-

---

[27] Consultar o sistema de busca do Vocabulário Ortográfico da Língua Portuguesa (VOLP). Disponível em: < http://www.academia.org.br/abl/cgi/cgilua.exe/sys/start.htm?sid=23>. Acesso em: 31 mar. 2013.

[28] BULGARELLI, Waldírio. Empresa de *factoring* e suas atividades. **Revista de direito bancário**, São Paulo, v. 14, p. 205-210, out. dez. 1991, p. 210.

mento de uma empresa, agregada a um serviço de gestão de créditos e a uma garantia contra o risco de inadimplemento dos créditos transferidos, podendo ainda comportar um financiamento, se os créditos cedidos são liquidados no momento da cessão[29].

De forma semelhante, Carlos Alberto de São Tiago Hagstrom afirma que "o *factoring* apresenta-se como técnica financeira e como técnica de gestão comercial, que comporta serviços de gestão de créditos e garantia contra o risco de inadimplência dos devedores"[30].

Fran Martins, por sua vez, explica o que se entende por técnica financeira e técnica de gestão comercial no *factoring*:

> Como técnica financeira, representa um financiamento da empresa faturizada, adquirindo o faturizador os créditos dessa, pagando-lhe e assumindo o risco com a cobrança e o não pagamento das contas, sem ter o direito de regresso contra o faturizado. Como técnica de gestão comercial, nota-se na faturização a interferência do faturizador nas operações do faturizado, selecionando os clientes deste, fornecendo-lhe informações sobre o comércio em geral, prestando-lhe, enfim, serviços que, de qualquer modo, diminuem os encargos comuns do vendedor[31].

Para Maria Helena Diniz, o *factoring* consiste numa técnica de mobilização do preço oriundo de vendas comerciais, cuja finalidade está ligada à necessidade de reposição do capital de giro das pequenas e médias empresas[32].

Com uma amplitude bem maior, Luiz Lemos Leite, presidente da ANFAC, traz um conceito para o *factoring* - que, aliás, é encontrado em

---

[29] COMPARATO, Fábio Konder. *Factoring*. **Revista de Direito Mercantil**, São Paulo, SP, v. 6, p. 59-66, set. 1972, p. 59-60.

[30] HAGSTROM, Carlos Alberto São Tiago. O *factoring* no Brasil. **Revista de Direito Mercantil**, São Paulo, SP, v. 48, p. 39-47, out. dez. 1982.

[31] MARTINS, Fran. Faturização ou *Factoring*. In: _____. **Contratos e obrigações comerciais**. 15. ed. Rio de Janeiro: Forense, 2001, p. 475. Maria Helena Diniz também analisa as técnicas de gestão comercial e financeira do *factoring* (DINIZ, Maria Helena. Faturização ou "*Factoring*". In: _____. **Tratado teórico e prático dos contratos**. São Paulo, SP: Saraiva, 1993. 4 v., p. 59).

[32] Essa autora acrescenta que o faturizador é geralmente uma instituição financeira (Faturização ou "*Factoring*". In: _____. **Tratado teórico e prático dos contratos**. São Paulo, SP: Saraiva, 1993. 4 v., p. 58).

algumas legislações tributárias que dispõem sobre sua atividade[33] -, no sentido de que:

> é a prestação contínua de serviços de alavancagem mercadológica, de avaliação de fornecedores, clientes e sacados, de acompanhamento de contas a receber e de outros serviços, conjugada com a aquisição de créditos de empresas resultantes de suas vendas mercantis ou de prestação de serviços, realizadas a prazo[34].

Percebe-se, nesse conceito, uma oferta de serviços bastante ampla. Concordamos que a doutrina brasileira não diverge ao relacionar o *factoring* a uma cessão de créditos (ou venda e compra) e prestação de serviços. Entretanto, entendemos que, por ser "complexa e multiforme"[35], a operação resulta num contrato "camaleão", na medida em que existe uma gama extensa de atividades possíveis e que, dependendo da necessidade do cliente, uma, algumas ou todas elas far-se-ão presentes. Ou, adaptando a expressão de Alberto Asquini no presente caso, diríamos que o *factoring* é um contrato poliédrico e multifacetado[36].

A securitização de recebíveis, por sua vez, é outra possibilidade de estrutura de financiamento para os empresários que necessitam de recursos para o seu negócio, não como o empréstimo bancário convencional ou a operação de *factoring*, mas com a venda de seus ativos para lastrear emissões de valores mobiliários. A securitização está atrelada à ideia de se buscar financiamentos outros que não os do sistema bancário (desintermediação financeira).

Da mesma forma que o *factoring*, a securitização surge na seara econômica, como inovação do tráfego negocial, e ganha atenção do mundo jurídico, que procura encontrar sustentação no ordenamento vigente para dar segurança às partes envolvidas na mobilização e circulação do crédito.

---

[33] Art. 28, § 1º, alínea c-4, da Lei n.º 8.981/95; art. 15, § 1º, inciso III, letra "d", da Lei n.º 9.249/95; Art. 58 da Lei n.º 9.430/1996; art. 58 da Lei n.º 9.532/1997; art. 246 do Regulamento do Imposto de Renda (RIR).
[34] LEITE, Luiz Lemos. **Factoring no Brasil**. 11. ed. São Paulo, SP: Atlas, 2007, p. 4.
[35] O termo "operação complexa e multiforme" ("opération complexe et multiforme") é utilizado por Louis Edmond Sussfeld (**Le *factoring***. Paris: PUF, 1968, p. 1).
[36] ASQUINI, Alberto. **Profili dell'imprensa. Rivista del diritto commerciale**. Milão: Francesco Vallardi, v. XLI, p.1-20, 1943.

Uinie Caminha compreende que a securitização, em sentido amplo, pode ser entendida como a substituição das formas tradicionais de financiamento bancário pelo financiamento através do mercado de capitais, enquanto, em sentido restrito, é uma operação complexa, que envolve alguma forma de segregação de patrimônio, quer pela cessão a uma pessoa jurídica distinta, quer pela segregação interna, e uma emissão de títulos lastreada nesse patrimônio segregado[37].

De forma semelhante, Ilene Patrícia de Noronha Najjarian afirma que a securitização pode ser entendida sob dois aspectos, um macro, como um mecanismo novo de autofinanciamento empresarial (semelhante ao adotado pelas sociedades anônimas) e um contratual, ou seja, como um contrato mercantil de cessão de lastro para emissões de valores mobiliários[38].

Já Thais Romano Cançado e Fábio Gallo Garcia definem a securitização como "a *monetização* de título de crédito, ou seja, o processo de transformação de ativos de dívida em títulos negociáveis no mercado de capitais, através da utilização de determinados veículos"[39].

Entendemos que a securitização, no Brasil, pode ter vários significados, alguns mais restritos, outros mais amplos, alguns sob o enfoque financeiro, outro sob o jurídico, porém, de forma geral, pode ser entendida como uma mobilização de ativos, ou seja, agrupamento de créditos que serve de lastro para emissão de títulos padronizados negociáveis no mercado de capitais. Em concepção ainda mais genérica, a securitização pode ser entendida como um negócio jurídico que transforma instrumentos de dívidas ou créditos em títulos ou valores mobiliários.

4. O crédito mercantil como alavanca do *factoring* e da securitização

Como registrava o poeta Carlos Drummond de Andrade, "o dinheiro gosta de circular na área dos que não precisam dele". Partindo dessa premissa, a criação de instrumentos que facilitem a circulação do dinheiro daqueles

---

[37] CAMINHA, Uinie. **Securitização**. 2. ed. São Paulo: Saraiva, 2007, p. 37-38.
[38] NORONHA NAJJARIAN, Ilene Patrícia de. **Securitização de recebíveis mercantis**. São Paulo: Quartir Latin, 2010, p. 25.
[39] CANÇADO, Thais Romano; GARCIA, Fabio Gallo. **Securitização no Brasil**. São Paulo: Atlas, 2007, p. 5.

que o possuem para os que não o possuem, como é o caso do *factoring* e da securitização, ganha destaque no campo econômico e jurídico.

Tanto o *factoring* como a securitização estão intimamente ligados ao crédito, à sua mobilização e à sua circulação. Podemos entender o crédito como a soma das condições econômicas e morais, pelas quais se obtém uma prestação presente, contra promessa de uma prestação futura[40].

José Ferreira Borges, redator do primeiro código comercial português, ao analisar o verbete crédito, destacava o seguinte:

Se bem se refletir, em última análise, o crédito é o único contrato mercantil em que todos os demais se fundem. Esta verdade, quando geralmente conhecida, e bem avaliada, reduzirá a jurisprudência mercantil a uma simplicidade, de que não é suscetível a jurisprudência civil propriamente dita[41].

Como alertava Oscar Barreto Filho, o crédito é um pressuposto necessário da atividade econômica atual. Não se discute que é graças ao crédito que os empresários em geral conseguem imprimir a seus negócios o volume exigido pela intensidade da vida atual[42]. E o crédito está principalmente ligado ao direito comercial, tido pelo referido autor, embora de modo sumário e incompleto, como a disciplina jurídica da atividade econômica.

Sem sombra de dúvidas, o crédito é objeto de estudo tanto da ciência econômica como da ciência jurídica. Ele acaba estabelecendo um diálogo entre essas duas áreas do conhecimento. Dentre outros juristas, o italiano Tullio Ascarelli[43] foi um dos que sempre estudaram com atenção as relações entre direito e economia, considerou o direito, sobretudo, no seu valor instrumental em relação aos fins econômicos da sociedade, a ponto de Norberto Bobbio defini-lo como um jurista-economista[44].

---

[40] Ferraris apud Oscar Barreto Filho. O crédito no direito. In: TEPEDINO, Gustavo; FACHIN, Luiz Edson (org.). **Edições especiais Revista dos Tribunais 100 anos: obrigações e contratos: obrigações: funções e eficácia**. São Paulo: Editora RT, 2011, v. 2, p. 308.

[41] BORGES, José Ferreira. **Dicionário Jurídico-Comercial**, 2. ed. Porto: 1866, p. 108.

[42] BARRETO FILHO, Oscar. O crédito no direito. In: TEPEDINO, Gustavo; FACHIN, Luiz Edson (org.). **Edições especiais Revista dos Tribunais 100 anos: obrigações e contratos: obrigações: funções e eficácia**. São Paulo: Editora RT, 2011, v. 2, p. 307.

[43] Tullio Ascarelli entendia que o direito comercial era o direito que nascera das exigências da sociedade capitalista (In: **Saggi di diritto commerciale**. Milão: Giuffré, 1949, p. 7-33).

[44] BOBBIO, Norberto. **Da estrutura à função: novos estudos de teoria do direito**. Tradução Daniela Beccaria Versiani. Barueri: Manole, 2007, p. 269.

Conforme já dito, o crédito assume importância considerável na economia contemporânea e seus vários mecanismos de concessão acabam representando uma "desmaterialização" da atividade econômica, na medida em que se tem a passagem das trocas imediatas de bens por moedas e, em seguida, por crédito[45].

As vendas mercantis a prazo são, em regra, materializadas em títulos de crédito, como as duplicatas, muito embora esse ato de emissão implique em desmaterialização da atividade econômica comercial. Esses títulos, ao representarem um direito de crédito, podem ser utilizados pelos empresários que os detêm para levantar recursos ao seu negócio. Esse autofinanciamento pode ser buscado pelo empresário tanto quando cede esses créditos a um banco, a uma sociedade de *factoring* ou a uma securitizadora de recebíveis.

Enfim, a cessão do crédito comercial e industrial pode alavancar várias atividades de financiamento empresarial, como o *factoring* e a securitização de recebíveis, tidos como instrumentos de desintermediação financeira.

5. Breve histórico do *factoring* e da securitização no Brasil

Segundo relata Luis Lemos Leite[46], o registro da palavra *factoring* foi encontrado inicialmente em 1968, por ocasião de inspeção realizada pelo Banco Central do Brasil (BACEN) num balancete de um banco de investimento de São Paulo, integrante de um conglomerado financeiro[47]. Conforme esse mesmo autor, os inspetores do BACEN identificaram a palavra *factoring* no lugar de "financiamento de capital de giro", enquanto o Departamento Jurídico dessa mesma instituição concluíra tratar-se de simulação de desconto

---

[45] COMPARATO, Fábio Konder. **O seguro de crédito**. São Paulo: Revista dos Tribunais, 1968, p. 9.

[46] Luiz Lemos Leite registra no prefácio à 1ª edição do seu livro *Factoring* no Brasil, publicada em 1993, que a decisão de escrevê-lo "se prende primordialmente ao fato de estudar o *factoring* desde 1968, quando ainda funcionário do Banco Central" (**Factoring no Brasil**. 6. ed. São Paulo, SP: Atlas, 1999, p. 23).

[47] LEITE, Luiz Lemos. **Factoring no Brasil**. 6. ed. São Paulo: Atlas, 1999, p. 10; LEÃES, Luiz Gastão Paes de Barros. A operação de *factoring* como operação mercantil. **Revista de Direito Mercantil**, São Paulo, v. 115, p. 239-254, jul. set. 1999; HAGSTROM, Carlos Alberto de São Tiago. O *factoring* no Brasil. **Revista de Direito Mercantil**, São Paulo, v. 48, p. 39-47, out. dez. 1982; COELHO, Wilson do Egito. O *factoring* e a legislação bancária brasileira. **Revista de Direito Mercantil**, São Paulo, v. 54, p. 73-82, abr. jun.1984.

bancário de duplicatas. Apesar desse registro, não podemos entender que o *factoring* começou efetivamente a ser operado no Brasil nesse período.

A nosso ver, o tema passou a ser discutido academicamente neste país com o artigo de Fábio Konder Comparato, intitulado *Factoring* e publicado na Revista de Direito Mercantil n.º 6, Ano XI, da Editora Revista dos Tribunais, no ano de 1972. Esse autor foi, a nosso entender, o primeiro a publicar um estudo sobre o *factoring* no Brasil e o primeiro a estabelecer algumas premissas que permanecem intactas até o presente momento. Entre essas premissas, cabe citar a busca de capital de giro para as pequenas e médias empresas, a autogeração de recursos através da dispersão dos riscos empresariais, o tríplice objeto do *factoring* (garantia, gestão de créditos e financiamento), dentre outras que ainda envolvem muita discussão, como a cessão definitiva sem regresso (cláusula *pro soluto*). Além dessas, outras duas delas não se confirmaram na prática: o nome "faturização" em vez de *factoring*; e ser uma atividade somente permitida a instituições financeiras que não captem recursos do público, ou a bancos comerciais com ótimos índices de liquidez patrimonial[48].

Já em 1978, Fran Martins aborda a questão do *factoring* no Seminário Nacional de Contratos promovido pela Fundação D. Cabral, de Belo Horizonte[49]. Na mesma época, Orlando Gomes registra em sua obra que, conquanto não estivesse regulado especificamente em nosso direito, o *factoring* é um contrato bancário atípico e, portanto, as partes têm de ser, de um lado, um comerciante ou um industrial e, do outro, uma instituição bancária[50].

Todavia, o tema passou a ser analisado por um maior número de autores brasileiros somente na década de 1980, quando a atividade de *facto-*

---

[48] COMPARATO, Fábio Konder. *Factoring*. **Revista de Direito Mercantil**, São Paulo, v. 6, p. 59-66, set. 1972.

[49] MARTINS, Fran. O contrato de *factoring* e sua introdução no direito brasileiro. **Revista Forense**, Rio de Janeiro, Forense, v. 262, p. 9-14, 1978, p. 9; Faturização ou *Factoring*. In: _____. **Contratos e obrigações comerciais**. 15. ed. Rio de Janeiro: Forense, 2001, p. 469.

[50] GOMES, Orlando. **Contratos**. 6. ed. Rio de Janeiro: Forense, 1978, p. 573-574. Já na 26ª edição desse livro, utiliza-se do termo "empresa de *factoring*" em vez de "instituição bancária", e não fala mais que o *factoring* é um contrato bancário atípico, simplesmente que é um contrato atípico, já que a jurisprudência do STJ entende que a operação não é privativa de instituição financeira (REsp. 489.658-RS, j. 05.05.2005)(**Contratos**. 26. ed. Rio de Janeiro: Forense, 2008, p. 580).

ring começa a ser praticada no país.[51] Logo, então, surgem as primeiras normas dispondo sobre o *factoring*. Aliás, a primeira delas, a Circular do Banco Central nº 703, datada de 16 de junho de 1982, veio esclarecer que, enquanto a matéria não fosse regulamentada pelo Conselho Monetário Nacional (CMN), as operações conhecidas por *factoring*, compra de faturamento ou denominações semelhantes, por apresentarem, na maioria dos casos, características e particularidades próprias daquelas privativas das instituições financeiras, somente por estas poderiam ser praticadas, sob pena de multa pecuniária e detenção de 1 (um) a 2 (dois) anos.

De 1982 a 1988, temos, na verdade, uma proibição por parte do Banco Central brasileiro quanto à prática do *factoring* por instituições que não fossem financeiras. Apesar desse período de indefinição, entendemos que o passo decisivo para consolidar a atividade de *factoring* no Brasil foi tomado em 11 de fevereiro de 1982, quando foi fundada a Associação Nacional das Empresas de Fomento Comercial (ANFAC) por Luiz Lemos Leite.

Em função da restrição imposta pelo BACEN por meio da citada Circular nº 703/1982, algumas sociedades de *factoring* foram à justiça para questionar a norma e, em 1986, o Tribunal Federal de Recursos (TFR) decidiu que as autoridades administrativas não poderiam impedir a constituição e o registro de sociedades de *factoring* no Brasil, enfim, sinalizou que a sociedade de *factoring* desenvolvia uma atividade comercial e não uma atividade

---

[51] Diversos artigos sobre o assunto são publicados na década de 1980, tais como: HAGSTROM, Carlos Alberto de São Tiago. O *factoring* no Brasil. **Revista de Direito Mercantil**, São Paulo, v. 48, p. 39-47, out. dez. 1982; COELHO, Wilson do Egito. O *factoring* e a legislação bancária brasileira. **Revista de Direito Mercantil**, São Paulo, v. 54, p. 73-82, abr. jun.1984; COELHO, Tulio Freitas do Egito. O *factoring* e a Lei 4.595/64. **Revista de Direito Mercantil**, São Paulo, v. 67, p. 109-114, jul. set. 1987.

privativa de instituição financeira.[52] Essa decisão judicial, dentre outras[53], influenciou o BACEN a editar, em 30 de setembro de 1988, a Circular nº 1.359, que revogou expressamente a Circular nº 703/1982. Entretanto, não foram somente as decisões judiciais que contribuíram para essa revogação. Segundo Newton De Lucca, a revogação da citada circular deu-se, conforme informação passada por Carlos Alberto Hagstrom, advogado do Banco Central, às novas reflexões sobre o tema a partir da participação do Brasil na Conferência do UNIDROIT sobre *factoring* internacional, ocorrida em 1988, no Canadá[54].

A revogação da Circular nº 703/1982 implicou, na prática, na possibilidade de as sociedades de *factoring* arquivarem livremente seus atos constitutivos nas Juntas Comerciais brasileiras, sem a necessidade de autorização do BACEN.

Podemos dizer que, a partir de outubro de 1988, a atividade de *factoring*, entendida então como comercial e não financeira, passou a ser utilizada cada vez mais pelos empresários brasileiros de pequeno e médio portes, a ponto de o volume anual de operações dessa natureza apresentar um considerável crescimento a partir de 2000.

Contudo, o *factoring* ainda continua a não ser regulado por lei específica no Brasil, muito embora existam projetos tramitando há anos perante o Congresso Nacional. Com o aumento das operações, inúmeras legislações sucederam-se abordando os mais diversos aspectos relacionados à atividade

---

[52] Ementa: "[...] 2. *Factoring* ou "faturização. Enquanto não regulada por lei a constituição ou registro de sociedades que se proponham ao exercício desse tipo de atividade comercial, não cabe às autoridades administrativas, com apoio em simples opiniões doutrinárias opor-lhes, a priori, restrições de qualquer natureza. Se, no exercício efetivo de suas atividades comerciais, se verificar que interferem em atividades financeiras não autorizadas, então, sim, caberá ao Banco Central agir na forma da lei." (AMS 99.964, 2ª T. do TFR, Rel. Costa Lima, j. 13.05.1986, Sérgio Leal Martinez e Darso Saraiva de Moraes impetraram MS contra ato do Presidente da JUCERS que negou registro ao contrato de constituição da sociedade Serda Interpart Administração e Assessoria Financeira Limitda). Esse acórdão é encontrado na íntegra ao final do artigo escrito por Maria Elizabete Vilaça Lopes (O contrato de *factoring* e o sistema financeiro nacional. **Revista de Direito Mercantil**, São Paulo, v. 74, p. 57-71, abr. jun. 1989).
[53] FERREIRA, Carlos Renato de Azevedo. **Factoring.** 3. ed. São Paulo: Revista dos Tribunais, 2004, p. 38.
[54] DE LUCCA, Newton. O contrato de *factoring*. In: BITTAR, Carlos Alberto (coord.). **Os contratos empresariais**. São Paulo: Revista dos Tribunais, 1990, p. 155.

de *factoring*[55], principalmente os tributários[56], muito embora até o presente momento inexista ainda uma lei específica regulamentando o seu contrato.

Já com relação à securitização, podemos dizer que as suas operações no Brasil passaram a ser utilizadas após a Reforma Bancária, ocorrida com a Lei nº 4.595/1964, e a Reforma do Mercado de Capitais, determinada pela Lei nº 4.728/1965. Essas reformas trouxeram mecanismos de controle e fiscalização das instituições públicas e privadas do sistema financeiro nacional, estabelecendo ainda a formação de instituições financeiras especializadas na captação e aplicação de recursos a médio e longo prazos. Merece também destaque a Lei nº 6.385/1976, que cria a Comissão de Valores Mobiliários (CVM), entidade autárquica vinculada ao Ministério da Fazenda, que tem por finalidade disciplinar, fiscalizar e desenvolver o mercado de valores mobiliários, entendido como aquele em que são negociados títulos emitidos para captar recursos junto ao público.

Segundo Emerson Norio Chinen, as primeiras operações realizadas no Brasil assemelhadas à securitização ocorreram no início da década de 1980, quando eram oferecidos títulos em caução ou como garantia do capital de giro obtido pela empresa tomadora[57]. Seria um tipo de securitização parcial, já que a própria empresa tomadora dos recursos realizava a emissão do título ou valor mobiliário.

Na década de 1990, quando se tem a abertura dos mercados e as privatizações, começam a surgir as operações de securitização nos moldes das práticas atualmente adotadas, como a envolvendo companhias prestadoras de serviço público, de energia elétrica, de serviço de telefonia e de água, como a Companhia Energética de São Paulo (CESP), que emitiu, em 1994, o Certificado a Termo de Energia (CTE).

---

[55] O Conselho de Controle de Atividades Financeiras (COAF) editou a Resolução nº 21, de 20 de dezembro de 2012, para dispor sobre os procedimentos a serem adotados pelas empresas de fomento comercial (*factoring*), em qualquer de suas modalidades, inclusive a securitização de ativos, quanto à prevenção da prática de lavagem de dinheiro e do financiamento ao terrorismo.
[56] Lei nº 9.249, de 26 de dezembro de 1995, em seu artigo 15, § 1º, III, trata da forma de apuração do IR; Lei nº 9.532, de 10 de dezembro de 1997, em seu artigo 58, trata da incidência do IOF; Ato Declaratório nº 09, de 25 de fevereiro de 2000, do Secretário da Receita Federal, define a base de cálculo das contribuições para o PIS/PASEP e COFINS; Lei Complementar nº 116, de 31 de julho de 2003, dispõe sobre o ISSQN.
[57] CHINEN, Emerson Norio. **Securitização de recebíveis.** Dissertação de mestrado em Direito Comercial. Faculdade de Direito, Universidade de São Paulo, São Paulo, 1995.

O histórico da securitização no Brasil é encontrado nas normativas editadas pelo Conselho Monetário Nacional (CMN) e pela Comissão de Valores Mobiliários (CVM), razão pela qual passaremos a analisar algumas delas.

Em 1993, o Conselho Monetário Nacional (CMN) edita a Resolução nº 2.026, que facultou aos bancos múltiplos com carteira comercial, de investimento e/ou de crédito, financiamento e investimento, aos bancos comerciais, aos bancos de investimento e às sociedades de crédito, financiamento e investimento a aquisição de direitos creditórios oriundos de operações comerciais ou de prestação de serviços, com pessoas físicas, junto a sociedades anônimas cujo objeto social fosse única e exclusivamente a aquisição de direitos creditórios. Enfim, possibilitou que os bancos em geral e as instituições financeiras nela mencionadas adquirissem os direitos creditórios oriundos de operações comerciais ou de prestação de serviços. Segundo Ilene Patrícia de Noronha Najjarian, a securitização ganha força com essa Resolução CMN nº 2.026/1993[58].

Em 7 de maio de 1998, o CMN edita a Resolução nº 2.493, que revoga a de nº 2.026/1993 e autoriza a cessão de créditos oriundos de operações de empréstimo, definanciamento e de arrendamento mercantil contratadas por bancos múltiplos, bancos comerciais, bancos de investimento, sociedades de crédito, financiamento e investimento, sociedades de crédito imobiliário, sociedades de arrendamento mercantil e companhias hipotecárias a sociedades anônimas que tenham por objeto exclusivo a aquisição de tais créditos. A Resolução CMN nº 2.493/1998 condicionava a cessão de créditos oriundos de operações de empréstimos, de financiamento e de arrendamento mercantil à sociedade anônima que trouxesse em sua denominação a expressão "Companhia Securitizadora de Créditos Financeiros". Entendem alguns autores que a Resolução CMN nº 2.493/1998 foi importante para a securitização na medida em que passou a permitir que as instituições financeiras realizassem operações dessa natureza[59].

Em 26 de janeiro de 2000, a Resolução CMN nº 2.493/1993 é revogada pela de nº 2.686, que estabelece condições para a cessão de créditos a socie-

---

[58] NORONHA NAJJARIAN, Ilene Patrícia de. **Securitização de recebíveis mercantis**. São Paulo: Quartir Latin, 2010, p. 79.
[59] STUBER, Walter Douglas; BENTIVEGNA, Enrico Jucá; FILIZZOLA, Henrique Bonjardim. **O instituto da securitização de créditos no Brasil**. Disponível em: < http://www.revistado*factoring*.com.br/artigos/pagina=2>. Acesso em: 14 abr. 2013.

dades anônimas de objeto exclusivo e a companhias securitizadoras de créditos imobiliários. Em 30 de maio de 2001, é editada pelo CMN a Resolução nº 2.836, ainda em vigor, que altera a de nº 2.493/1993 e consolida as normas sobre cessão de créditos, autorizando as instituições financeiras a ceder, a instituições da mesma natureza, créditos oriundos de operações de empréstimos, de financiamento e de arrendamento mercantil.

Importante passo para a securitização de recebíveis fora do sistema financeiro foi a Resolução CMN nº 2.907, de 29 de novembro de 2001, ainda em vigor, que autorizou a constituição e o funcionamento de fundos de investimento em direitos creditórios e de fundos de aplicação em quotas de fundos de investimento em direitos creditórios.

Outra normativa importante para a securitização de recebíveis foi a Instrução da Comissão de Valores Mobiliários (CVM) nº 356, de 17 de dezembro de 2001, com as alterações introduzidas pela Instrução CVM nº 393, de 22 de julho de 2003.

6. Breve histórico do *factoring* e da securitização em outros países

É possível, com certas restrições, encontrar alguns traços de semelhança do *factoring* com as tradicionais figuras de colaboração encontradas no comércio da antiguidade. Contudo, a moldura atual do contrato de *factoring* encontra-se efetivamente nos Estados Unidos, por ocasião da expansão colonial inglesa.

De forma sintética, o processo de desenvolvimento do *factoring* moderno, cuja origem está atrelada à expansão do comércio britânico para o continente norte-americano, pode ser dividido em três fases: o *colonial factoring*, no qual o *factor* atua como distribuidor (séc. XVI até meados do séc. XIX); o *factoring old line*, em que o *factor*, como cessionário dos créditos decorrentes de venda e compra mercantil, cumpre uma função complexa de gestão, assume o risco de insolvência e financia o cliente (final do séc. XIX); por fim, o *new style factoring*, que surgiu no final da década de 1930, por meio do qual o *factor* se compromete a disponibilizar ao seu cliente um conjunto de serviços financeiros[60].

---

[60] VASCONCELOS, Luís Miguel D. P. Pestana de. **Dos contratos de cessão financeira** (*factoring*). Coimbra: Coimbra, 1999, p. 27.

Porém, a nosso entender, somente após a Primeira Guerra Mundial, as características do contrato de *factoring* se tornaram mais claras, ganhando destaque inicialmente nos Estados Unidos, depois na Inglaterra e em outros países europeus, espalhando-se, mais tarde, por todos os continentes. Segundo Karl Kaufhold, o *factoring* foi introduzido na Alemanha pela empresa *Mittelrheinische Kreditbank Dr. Horbach* em 1958. Nos primeiros anos, as empresas de *factoring* na Alemanha operavam principalmente o "*factoring* com recurso", ou seja, com a cláusula *pro solvendo*, cujo termo em alemão é conhecido como *Factoring mit Rückgriff*, *unechtes Factoring* (*factoring* atípico, não puro)[61]. Na França, o contrato de *factoring* nasce em 1964, ou seja, alguns anos após o seu surgimento na Grã-Bretanha e na Alemanha[62]. Na Itália, a atividade de *factoring*, com os contornos atuais, também surgiu recentemente, mais precisamente na década de 1970.

O *factoring* desenvolveu-se nos mais diversos campos de atividade, na busca de se adaptar às necessidades contemporâneas da atividade comercial.

Já a securitização, nos termos que atualmente é adotada, apresenta uma história relativamente recente, que se dá no início da década de 1970, ou seja, não mais que quarenta anos.

Contudo, alguns autores identificam em certas operações no passado traços de semelhança à securitização atual.

Meir Kohn, do Departamento de Economia da Faculdade de Dartmouth, Estados Unidos, identifica na França do século XII um possível embrião da securitização, consistente na cessão dos aluguéis da terra como garantia do financiamento contraído pelo proprietário do imóvel rural, os conhecidos *bail à rente* ou *rent-sale*[63].

Vinod Khotari entende que a securitização teria surgido na Dinamarca, no início do século XVIII, quando os britânicos incendiaram Copenhague e, para a sua reconstrução, foi necessário utilizar-se do instrumento de hipoteca para garantir os interesses das instituições hipotecárias libe-

---

[61] KAUFHOLD, Karl. Der deutsche *Factoring*markt. In: HAGENMüLLER, K. F.; SOMMER, Heinrich Johannes; BRINK, Ulrich. **Handbuch des nationalem un internacional** *factoring*. 3. ed. Frankfurt: Fritz Knapp, 1997, p. 55.
[62] Sobre o *factoring* na França, consultar: SUSSFELD, Louis Edmond. **Le** *factoring*. Paris: PUF, 1968; GERBIER, Jean. **Le** *factoring*. Paris: Dunod, 1970.
[63] KOHN, Meir. **The capital market before 1600**. Fev. 1999, p. 4. Disponível em: < http://www.dartmouth.edu/~mkohn/Papers/99-06.pdf>. Acesso em: 4 abr. 2013.

radoras dos recursos. Segundo referido autor, a Dinamarca seria o local de nascimento da securitização (*the birthplace of securitization*)[64].

De forma similar, a Alemanha desenvolveu um instrumento de financiamento com garantia hipotecária, denominado *pfandbrief*, criado em 1769, a pedido de Frederico, o Grande da Prússia, instrumento esse que ainda é utilizado no mercado germânico[65].

Apesar dessas tentativas de identificar a origem da securitização no passado mais remoto, existe certo consenso que a securitização, nos padrões atuais, foi construída nos Estados Unidos, pelo mercado financeiro hipotecário, em meados da década de 1970. Daquele momento em diante, é possível perceber que as autoridades americanas passaram a editar várias normativas sobre a securitização, marco regulatório esse que deu sustentação ao crescimento das operações dessa natureza naquele país no decorrer dos anos[66].

Com o sucesso do mercado de securitização americano, suas operações passaram também a ser utilizadas em diversos outros países, inclusive no Brasil.

7. Da estrutura e da função do *factoring*

Cesare Vivante já advertia os estudantes e estudiosos do direito a não se aventurem a uma análise jurídica sem conhecerem a fundo a estrutura técnica e a função econômica do instituto objeto de seus estudos[67]. Segundo Norberto Bobbio, é possível encontrar no pensamento de Tullio Ascarelli uma advertência para a necessidade de o jurista estudar um instituto tanto sobre o prisma de sua estrutura normativa como de sua função econômica[68].

O estudo de qualquer aspecto do contrato de *factoring* parte de um dado específico, ou seja, de um elemento característico dele, no caso, a trans-

---

[64] KOTHARI, Vinod. **Securitization: the financial instrument of the future**. Singapura: Wiley, 2006, p. 127-128.
[65] *Idem ibidem*, p. 119-120.
[66] *Idem ibidem*, p. 112-113.
[67] VIVANTE, Cesare. Trattato di Diritto Commerciale. Milão: Francesco Vallardi, 1934, 1 v., p. IX.
[68] BOBBIO, Norberto. **Da estrutura à função: novos estudos de teoria do direito**. Tradução Daniela Beccaccia Versiani. Barueri, SP: Manole, 2007, p. 250-251.

missão de créditos do cliente para a sociedade de *factoring* com a qual foi celebrado. Em outras palavras, em princípio, não há *factoring* sem a transmissão de créditos. A dúvida que permanece está em saber qual é a relação estrutural, e não funcional neste momento, entre os créditos.

Com efeito, o contrato de *factoring* pode realizar-se, basicamente, de duas formas distintas. Na primeira, o cliente se obriga a ofertar em cessão seus próprios créditos, podendo, contudo, a sociedade de *factoring*, de forma discricionária, aceitá-la ou não. Na segunda, o cliente expressa imediatamente o seu consentimento na cessão dos créditos já existentes como também dos créditos futuros, e a sociedade de *factoring* declara, por sua vez, que aceita todos os créditos que não sejam expressamente por ela rechaçados.

No primeiro caso, o contrato de *factoring* se instrumentaliza na qualidade de um pacto de opção, também chamado de contrato preliminar. Segundo essa tese, o contrato de *factoring* é um contrato preliminar (pré-contrato ou *pactum de contrahendo*) de posteriores contratos de cessão[69]. O cliente, por um lado, se obriga a ofertar à sociedade de *factoring* as faturas que nascerem de sua atividade comercial, em virtude do compromisso de exclusividade (globalidade). A sociedade de *factoring*, por sua vez, se reserva a faculdade de aceitar ou recusar todas ou parte das faturas oferecidas pelo cliente faturizado. Enfim, a cessão, uma vez materializada, seria para esta tese o contrato definitivo, enquanto o contrato de *factoring*, propriamente dito, o contrato preliminar[70].

Já no segundo caso, surge como um contrato de cessão imediatamente translativo ou definitivo. Os defensores dessa tese entendem que o *factoring* é um contrato definitivo do qual nascem direitos e obrigações para ambas as partes, tendo os créditos efeito translativo na medida em que venham a surgir[71].

---

[69] Defendem essa tese: BIANCHI, Renzo. **Il *factoring* i problema gestionali che comporta**. Turim: G. Giappichelli, 1970, p. 60-61; SUSSFELD, Louis Edmond. **Le *factoring***. Paris: PUF, 1968, p. 29; ZUDDAS, Goffredo. **Il contrato di factorig**. Napoli: Casa Editrice Dott, 1983, p. 156.
[70] LISOPRAWSKI, Silvio V.; GERSCOVICH, Carlos G. **Factoring**. Buenos Aires: Depalma, 1997, p. 74-76.
[71] Defendem a tese do contrato definitivo, dentre outros: CARNEVALI, Ugo. I problema giuridici del factorin. In: PORTABLE, Giuseppe B (org.). **Le operazioni bancarie**. Milano: Giuffrè, 1978. 2 t., p. 299-305; ROLIN, Serge. **El *factoring***. Madrid: Pirámide, 1975.

Contudo, existem algumas posições divergentes às teses do contrato preliminar (ou pacto de opção) e do contrato definitivo (imediatamente translativo), como são as teses do contrato normativo e do contrato quadro, também chamado de contrato base ou contrato de coordenação.

A tese que qualifica o *factoring* como contrato normativo ganhou força com o italiano Aldo Frignani[72], ao qual se uniram outros autores, como Giorgio Fossati e Alberto Porro[73]. Segundo eles, o contrato de *factoring* é um contrato normativo bilateral individual, ou seja, um acordo direto dirigido a prever as regras que disciplinarão as futuras relações a serem estabelecidas entre as partes contratantes. A consequência é clara, ou seja, tem-se uma separação entre o contrato de *factoring* e a transmissão dos créditos, a qual será materializada em futuras relações negociais entre as partes que celebraram o referido contrato.

Além das teses de contrato definitivo, preliminar e normativo, surge outra, que busca conciliar as anteriores por meio do que se denominou contrato de coordenação, também chamado de contrato quadro[74].

Essa tese intermediária do contrato de coordenação surgiu com Roberto Pardolesi, que procurou reconhecer alguns pontos das teses anteriores[75]. Ao analisar o problema da estrutura contratual do *factoring*, esse autor considerou dois aspectos: (a) a pluralidade negocial ínsita nessa complexa operação; e (b) o fato de que uma parte está vinculada, na origem, a realizar uma oferta de cessão, enquanto a outra é livre para atuar como dese-

---

[72] FRIGNANI, Aldo. L'avan-progetto di legge uniforme sul *Factoring* internazionale (UNIDROIT), **Rivista Diritto Civile**, v. XXIX, p. 96, 1983; FRIGNANI, Aldo. **Factoring, leasing, franchising, venture capital, concorrenza**. Turim: G. Giappichelli, 1987, p. 260-272.

[73] FOSSATI, Giorgio; PORRO, Alberto. **Il** *factoring*. **Aspetti economici, finanziari e giuridici**. 3. ed. Milan: Giuffré, 1985, p.153-173.

[74] Utilizam os termos contrato de coordenação e contrato quadro com o mesmo significado: LISOPRAWSKI, Silvio V.; GERSCOVICH, Carlos G. **Factoring**. Buenos Aires: Depalma, 1997, p. 76; GARCÍA-CRUCES GONZÁLEZ. José Antonio. **El contrato de** *factoring*. Madrid: Tecnos, 1990, 98-99. Contudo, Luís Miguel D. P. Pestana Vasconcelos entende que o contrato de coordenação não tem o mesmo significado do contrato quadro, já que este apresenta conteúdo mais abrangente do que aquele, isto é, enquanto do contrato de coordenação decorre unicamente os devedores de concluir contratos, no contrato quadro, onde se enquadra o *factoring*, há também o dever de o faturizado comunicar o devedor e não transferir o crédito cedido a outrem (**Dos contratos de cessão financeira (***factoring***)**. Coimbra: Coimbra, 1999, p. 160-161).

[75] GARCÍA-CRUCES GONZÁLEZ. José Antonio. **El contrato de** *factoring*. Madrid: Tecnos, 1990, 98.

jar[76]. Segundo ele, não se pode identificar um contrato definitivo numa convenção complexa em que se encontra o contrato de *factoring*, no qual as obrigações se materializam num momento posterior à sua celebração[77]. Isso é dizer, para Roberto Pardolesi, que as relações entre o contrato de *factoring* e os consequentes negócios de transmissão (cessões) levam-no à categoria de "contratos de coordenação".

Para o já citado Roberto Pardolesi, o contrato de *factoring* é um contrato quadro, já que apresenta as características próprias do contrato normativo, mas também é fonte de obrigações[78]. Se trilharmos a tese defendida por esse autor, estaremos diante de um contrato quadro de caráter unilateral, já que somente é vinculante para o cliente da sociedade de *factoring*[79].

Luís Miguel D. P. Pestana de Vasconcelos também entende que o contrato de *factoring* consiste num contrato quadro, na medida em que envolve uma estrutura contratual apta a servir de suporte aos diferentes tipos contratuais, com conteúdos e funções diversas entre si, desempenhando, inclusive uma função organizatória das relações a serem estabelecidas entre as partes[80].

Quando não se conta com legislação especial ou precedentes jurisprudenciais consolidados, como é o caso do Brasil, o devido enquadramento do contrato de *factoring* fica dificultado.

Muito embora a doutrina brasileira não tenha tratado de forma específica de sua estrutura contratual, entendemos que o *factoring* se enquadra melhor como contrato quadro, na medida em que nele as partes contratantes não só estabelecem previamente as cláusulas e condições das futuras e eventuais cessões, como também as obrigações de aplicação imediata, como as de prestação de serviços a cargo da sociedade de *factoring*. Enfim, o contrato é fonte mediata e imediata de obrigações para as partes. Com essa estrutura contratual, apesar de as funções serem complexas e variadas, enfatiza-se tanto a financeira como a prestação de serviços de gestão.

---

[76] PARDOLESI, Roberto. **I contratti di distribuzione**. Nápoles: Jovene, 1979, p. 264.
[77] *Idem ibidem*, p. 264.
[78] PARDOLESI, Roberto. **I contratti di distribuzione**. Nápoles: Jovene, 1979, p. 264.
[79] No mesmo sentido: GARCÍA-CRUCES GONZÁLEZ. José Antonio. **El contrato de *factoring***. Madrid: Tecnos, 1990, p. 99.
[80] VASCONCELOS, Luís Miguel D. P. Pestana de. **Dos contratos de cessão financeira (*factoring*)**. Coimbra: Coimbra, 1999, p. 156.

Para entendermos as funções do *factoring*, é oportuno questionar quais as razões que levam o cliente faturizado a procurar uma sociedade de *factoring*, ou seja, quais as funções operacionais que o atraem.

De forma geral, podemos destacar diversas razões que podem levar um empresário a recorrer a uma sociedade de *factoring*, tais como as necessidades de: (a) terceirizar, total ou parcialmente, o seu departamento administrativo de gestão de controle de créditos e cobranças; (b) terceirizar, total ou parcialmente, a gestão do seu departamento contábil e de análise de risco; (c) garantir-se frente ao risco da insolvência de seus compradores (*factoring* sem direito de regresso) ou melhorar as possibilidades de recebimento de seus créditos (*factoring* com direito de regresso); (d) aumentar a sua capacidade creditícia.

Essas necessidades do cliente faturizado acabam por transformarem-se nas funções que a sociedade de *factoring* passa a desempenhar, ou seja, nas funções do *factoring*.

Nesse cenário, Renzo Bianchi sintetiza as diversas funções do *factoring* em três: (a) a de um instrumento de gestão (*strumento di gestione*); (b) a de um instrumento de financiamento (*strumento di finanziamento*); e (c) a de um instrumento de desenvolvimento empresarial (*strumento di sviluppo aziendale*)[81].

Goffredo Zuddas procura articular as diferentes funções que o *factoring* pode desempenhar, trazendo o seguinte esquema: (a) se houver uma cessão com direito de regresso (*pro solvendo*) e com antecipação de recursos, verifica-se apenas a função creditícia; (b) se houver uma cessão sem direito de regresso (*pro soluto*), ou parte *pro soluto* e parte *pro solvendo*, em ambas as hipóteses sem antecipação de recursos, verifica-se apenas a função assecuratória (garantia); (c) se houver uma cessão sem direito de regresso (*pro soluto*), ou parte *pro soluto* e parte *pro solvendo*, em ambas as hipóteses com antecipação de recursos, verifica-se uma função mista, isto é, creditícia e assecuratória (garantia); (d) se houver uma cessão com direito de regresso (*pro solvendo*) e sem antecipação, verifica-se uma função de gestão (prestação de serviços)[82].

Por sua vez, Luís Miguel D. P. Pestana de Vasconcelos apresenta um esquema funcional com algumas pequenas alterações em relação ao ante-

---

[81] BIANCHI, Renzo. **Il *factoring* i problema gestionali che comporta**. Turim: G. Giappichelli, 1970, p. 176.
[82] ZUDDAS, Goffredo. **Il contrato di *factoring***. Napoli: Casa Editrice Dott, 1983, p. 160.

rior, a saber: (a) se o crédito for transferido sem direito de regresso (sem recurso, *pro soluto*) e com antecipação de recursos, concretizam-se as três funções (financeira, garantia e de cobrança/gestão de crédito); (b) se o crédito for transmitido com direito de regresso (com recurso, *pro solvendo*) e com antecipação de recursos, associam-se as funções de cobrança e de financiamento; (c) se o crédito for transferido sem direito de regresso (sem recurso, *pro soluto*), mas sem adiantamento, coligam-se as funções de garantia e de cobrança[83].

As três funções essenciais (gestão, garantia e financiamento)[84], que levam à construção e configuração do contrato de *factoring*, não permitem dizer, em absoluto, que devam estar necessariamente presentes nesse contrato, ou, ainda, que, se nele previstas, terão de obrigatoriamente ser adotadas para todos os créditos transmitidos pelo cliente faturizado[85]. Na verdade, essas distintas funções podem combinar-se ou não dependendo do que as partes estipularem.

Em outras palavras, o cliente faturizado procura encontrar na sociedade de *factoring* uma parceria para o fomento dos seus negócios, muitas vezes carecedores, de forma conjugada ou não, de gestão de créditos, de assessoramento, de financiamento, de garantia, dentre outras funções.

Podemos afirmar que é característica do contrato de *factoring* apresentar um quadro funcional complexo, articulado e variável, uma vez que as citadas funções se organizam de forma diferente nas diversas transferências de créditos, dependendo das necessidades do cliente faturizado e dos termos contratados.

8. Da estrutura e da função da securitização de recebíveis mercantis

Para destacar o seu aspecto estrutural e funcional, Francesco Carnelutti faz uma comparação interessante entre um instituto de Direito e uma máquina:

---

[83] VASCONCELOS, Luís Miguel D. P. Pestana de. **Dos contratos de cessão financeira (*factoring*).** Coimbra: Coimbra, 1999, p. 167.
[84] Fábio Konder Comparato também destaca essas três funções essenciais do *factoring*, por ele chamadas de "tríplice objeto". (*Factoring*. **Revista de Direito Mercantil**, São Paulo, v. 6, p. 59-66, set. 1972, p. 61).
[85] ENTERRIA, Javier Garcia de. **Contrato de *Factoring* y cesión de creditos.** 2. ed. Madrid: Civitas, 1996, p. 51.

Que fazemos quando queremos observar uma máquina? Oriento-me deste modo. A primeira questão que se propõe em tal caso é: para que serve? Isso quer dizer que se a considera, antes de mais nada, pelo lado de sua função; fixa-se a atenção sobre o *opus* que ela proporciona. É uma máquina de escrever ou uma máquina de coser? Depois vem outra pergunta que muda a posição do observador: como está feita? Esse é o ponto de vista da estrutura. A distinção que comecei a estabelecer entre o lado funcional e o lado estrutural dos institutos jurídicos não é mais do que uma questão de multiplicação dos pontos de vista na observação, isto é, multiplicação das imagens resultantes da observação como remédio àquela inferioridade de nossa percepção, pela qual toda imagem, em relação a seu objeto, é parcial[86].

Assim, procuraremos desenvolver tanto uma análise estrutural do contrato de securitização como também as suas funções em relação ao cedente do crédito e o investidor.

Conforme já destacado anteriormente, a securitização, de forma geral, pode ser entendida como "o ato de tornar uma dívida qualquer com determinado credor em dívida com compradores de títulos no mesmo valor"[87].

A estrutura da securitização pode ser compreendida como uma coligação de contratos mercantis autônomos, ou seja, um contrato mercantil atípico denominado de securitização e alguns outros contratos acessórios dela decorrentes. Por meio do contrato de securitização, propriamente dito, tem-se a venda dos créditos por seu detentor a um veículo securitizador[88], que os utilizará como garantia, isto é, lastro para emissão de títulos, denominados valores mobiliários, a serem vendidos aos investidores.

Cassio Martins C. Penteado Júnior sintetiza a securitização clássica em três etapas, a saber: 1ª – cessão de crédito (*pro soluto*) pela originadora

---

[86] CARNELUTTI, Francesco. **Metodologia do direito.** Tradução Frederico A. Pachoal. 3. ed. Campinas: Bookseller, 2005, p. 52.

[87] DICIONÁRIO eletrônico Houaiss da língua portuguesa. Versão 1.0., 2009. 1 CD-ROM.

[88] No Brasil, temos três espécies de veículos securitizadores: EPE (Entidade de Propósito Específico), FIDC (Fundo de Investimento em Direito Creditório) e a sociedade anônima a ser constituída com propósito específico denominada com frequência de Trust (NORONHA NAJJARIAN, Ilene Patrícia de. **Securitização de recebíveis mercantis.** São Paulo: Quartier Latin, 2010, p. 73).

dos ativos; 2ª – colocação dos valores mobiliários junto aos investidores; 3ª – recebimento pela securitizadora dos montantes pagos investidores[89].

Segundo Ilene Patrícia de Noronha Najjarian:

> A securitização é um contrato mercantil de cessão de lastro, ou seja, cessão de recebíveis para emissões de valores mobiliários, de vez que o contrato de cessão de crédito firmado em uma operação de securitização cede não só o crédito puro e simples, mas cede "lastro", ou melhor, ativos que atendam o condão de servir de base subjacente para emissão de valores mobiliários, lastreando, pois, emissões públicas e privadas[90].

Porém, entendemos que a securitização, enquanto cessão de recebíveis, é um contrato coligado a outros de prestação de serviços, tais como contrato para classificação de riscos com agência de *rating*, contrato de auditoria, contrato de serviços de custódia dos valores mobiliários, dentre outros, que viabilizarão a emissão de valores mobiliários.

Nesses termos, Uinie Caminha define a securitização como uma estrutura composta por um conjunto de negócios jurídicos, ou um negócio jurídico indireto, que envolve a cessão e a segregação de ativos em uma sociedade, ou em um fundo de investimento, os quais servirão de lastro para emissão de títulos a serem vendidos aos investidores[91]. Nesse sentido, a mesma autora esclarece que não há um negócio jurídico único tipificado denominado securitização, pois compreende diversos atos sucessivos e constantes, ou seja, vários contratos são utilizados para estruturar um negócio único, tais como a cessão de créditos, constituição de sociedades, emissão de títulos, prestação de garantias e compra e venda de títulos[92]. Segundo ela, trata-se de um negócio indireto, pois se utiliza de contratos já existentes em nosso ordenamento jurídico.

---

[89] PENTEADO JÚNIOR, Cássio Martins C. A securitização de recebíveis de créditos gerado em operações dos bancos: a resolução nº 2493 e sua perspectiva jurídica. **Revista de Direito Mercantil, Industrial, Econômico e Financeiro**, São Paulo, XXXVI, v. 111, p. 120-124, jul./set. 1998.
[90] NORONHA NAJJARIAN, Ilene Patrícia de. **Securitização de recebíveis mercantis.** São Paulo: Quartier Latin, 2010, p. 27.
[91] CAMINHA, Uinie. **Securitização.** 2. ed. São Paulo: Saraiva, 2007, p. 38-39.
[92] CAMINHA, Uinie. **Securitização.** 2. ed. São Paulo: Saraiva, 2007, p. 126, 130-131.

Fábio Ulhoa Coelho registra que "a operação de securitização de créditos consiste na emissão de título negociável lastreado em obrigação ativa a vencer" e destaca que "se trata normalmente de mecanismo de financiamento da atividade empresarial abrigado no mercado de capitais (não necessariamente no de valores mobiliários, esclareça-se)"[93].

Podemos dizer que o processo de securitização de recebíveis mercantis caracteriza-se pela criação de estruturas organizadas e juridicamente independentes com o objetivo de separar, minimizar e, em alguns casos, eliminar o risco de crédito das empresas[94]. Essas estruturas organizadas podem ser os Fundos de Investimento em Direitos Creditórios (FIDC). Por exigência da Comissão de Valores Mobiliários (CVM), especificamente por meio de sua Instrução nº 356/2001, o FIDC deverá contar com o trabalho de diferentes participantes, tais como: (a) o administrador, que é responsável legal pelo fundo; (b) o gestor, responsável pela alocação do patrimônio do fundo; (c) o custodiante, responsável pela elaboração das informações contábeis e controle das transações financeiros do fundo; (d) o auditor, que faz a auditoria das demonstrações contábeis, que devem ser aprovadas pelos cotistas e enviadas à CVM; (e) a agência de *rating*, que é responsável pela avaliação do risco e da estrutura do fundo.

Existem três tipos de cotas de FIDC. A cota sênior, em que o investidor recebe a remuneração antes dos demais; a cota mezanino, em que o pagamento é feito em segundo lugar; e a cota subordinada, cujos investidores recebem por último. O FIDC pode ser aberto ou fechado. No aberto, o investidor pode realizar resgate a qualquer momento, conforme estabelecido em seu regulamento, já no FIDC fechado não.

Enfim, a securitização permite a substituição do modelo clássico da intermediação financeira por um novo modelo, no qual o mercado de capitais exerce um papel fundamental no financiamento dos mais diversos tipos de ativos, caso do crédito decorrente das vendas e compras mercantis a prazo, ou seja, o mesmo crédito que pode alimentar a operação de *factoring*.

A constituição do FIDC no Brasil é regida pela Resolução do Conselho Monetário Nacional (CMN) nº 2.907/2001, como também pelas Ins-

---

[93] COELHO, Fábio Ulhoa. **Comentários à nova lei de falências e de recuperação de empresas.** 2. ed. São Paulo: Saraiva, 2005, p. 359.
[94] FREITAS, Newton. **Dicionário Oboé de finanças.** 10. ed. Fortaleza: Imprensa Universitária, 2004, p. 234.

truções da Comissão de Valores Mobiliários (CVM) nº 356/2001, alterada pela 393/2003 e 531/2013, e nº 504/2011, alterada pela 532/2013.

Na prática, uma determinada empresa cede ao FIDC, na condição *pro soluto* (via de regra), os créditos decorrentes de suas vendas mercantis a prazo. Esses créditos deverão ser representados principalmente por duplicatas mercantis para pagamento a prazo e amparados em documentação que comprove a sua existência (notas fiscais, comprovantes de entrega, contratos, dentre outros). Toda cessão de direitos creditórios será precedida de análise pela administradora do fundo, a fim de evitar concentração de títulos de um mesmo sacado.

Entendemos que o FIDC envolve uma comunhão de recursos destinados preponderantemente à aquisição de direitos creditórios, que acaba transformando vendas a prazo em recursos imediatos para o empresário que os detém, mediante taxas de juros de mercado.

Segundo Uinie Caminha, a função econômica da securitização pode ser resumida em três aspectos: mobilizar riquezas, dispersar riscos e desintermediar o processo de financiamento[95].

Podemos resumir a função da securitização, sob a ótica dos empresários detentores de recebíveis, como a de prover a antecipação de recursos financeiros sem a necessidade de haver a participação direta dos bancos nesta operação[96]. Trata-se de um instrumento de desintermediação financeira. Já sob a ótica dos investidores, é uma alternativa que pode ser mais lucrativa do que os investimentos convencionais realizados junto aos bancos.

9. Semelhanças e diferenças entre o *factoring* e a securitização

Tanto o *factoring* como a securitização trazem, muitas vezes, entendimentos paradoxais sobre essas técnicas financeiras. O *factoring* no Brasil, não raras vezes, é associado por alguns à agiotagem e à lavagem de dinheiro, enquanto outros o defendem como eficiente instrumento, desvinculado dos bancos, de financiamento e assessoria aos pequenos e microempresários[97]. A securitização também é cercada, muitas vezes, por avaliações

---

[95] CAMINHA, Uinie. **Securitização**. 2. ed. São Paulo: Saraiva, 2007, p. 38.
[96] NORONHA NAJJARIAN, Ilene Patrícia de. **Securitização de recebíveis mercantis**. São Paulo: Quartier Latin, 2010, p. 43.
[97] Sobre os desvios na utilização do *factoring*, consultar: CASTRO, Rogério Alessandre de Oliveira. **Factoring no Brasil e na Argentina**. Curitiba: Juruá, 2009, p. 227-231.

antagônicas, de um lado, os que a entendem como uma solução miraculosa às dificuldades de financiamento dos agentes econômicos, e, do outro, os que defendem que a sua utilização irresponsável foi determinante para a crise financeira que se iniciou nos Estados Unidos em 2007 e se espalhou pela Europa e diversos outros países[98].

Dentre outras semelhanças entre o *factoring* convencional e a securitização de recebíveis mercantis, entendemos oportuno destacar as seguintes: (a) o *factoring* e a securitização não integram diretamente o Sistema Financeiro Nacional; (b) de forma geral, tanto o *factoring* como a securitização de recebíveis mercantis são alternativas ao financiamento bancário convencional, ambos são instrumentos de desintermediação financeira; (c) tanto o *factoring* como a securitização são mecanismos de financiamento da atividade empresarial, ou seja, formas distintas de o titular dos créditos cedidos transformá-los em dinheiro à vista; (d) tanto o *factoring* como a securitização envolvem contratos mercantis atípicos, ou seja, não estão disciplinados em lei específica; (e) tanto o *factoring* como a securitização de recebíveis mercantis podem ser entendidos como operações estruturadas de antecipação de receita, muito embora o primeiro possa envolver ainda prestação de serviços diversos ao cedente do crédito; (f) o contrato de cessão de créditos é a espinha dorsal do *factoring* e da securitização de recebíveis mercantis; (g) ambos podem ser entendidos como negócios indiretos, na medida em que se valem de institutos já existentes no ordenamento jurídico; (h) quando se trata de *factoring* na condição *pro soluto*, ambos transferem o risco do inadimplemento a terceiros (sociedade de *factoring* e FIDC)[99].

Por outro lado, podemos destacar as seguintes diferenças entre o *factoring* e a securitização de recebíveis mercantis: (a) a atividade de *factoring* é fiscalizada, principalmente, pelo Conselho de Controle das Atividades Financeiras (COAF)[100], enquanto a securitização pelo Banco Central,

---

[98] LE CANNU, Paul; GRANIER, Thierry; ROUTIER, Richard. **Instruments de paiement et de crédit – Titrisation**. 8. ed. Paris: Dalloz, 2010, p. 465.

[99] Sobre as semelhanças entre o *factoring* e a securitização de recebíveis, consultar também: CHAVES, Natália Cristina. **Direito empresarial: securitização de crédito**. Belo Horizonte: Del Rey, 2006, p. 71-76; GAGGINI, Fernando Schwarz. **Securitização de recebíveis**. São Paulo: LEUD, 2003, p. 73-79.

[100] Resolução COAF nº 21, de 20 de dezembro de 2012, dispõe sobre os procedimentos a serem adotados pelas empresas de fomento comercial (sociedades de *factoring*), como forma de prevenção à lavagem de dinheiro e ao financiamento do terrorismo. Essa normativa alcança

Conselho Monetário Nacional (CMN) e Comissão de Valores Mobiliários (CVM); (b) a atividade de securitização é mais complexa do que a atividade de *factoring*, na medida em que exige inúmeras contratações acessórias, tais como contrato de agência de *rating*, contrato de auditoria, contrato de serviços de custódia do valores mobiliários, dentre outros; (c) a estruturação e o funcionamento do FIDC, mecanismo adotado para a securitização de recebíveis mercantis, são complexos, além do que implica em custos maiores para a sua implantação e exige valores maiores de captação para sua viabilização se comparado com a atividade convencional do *factoring*[101]; (d) a sociedade de *factoring* não utiliza os créditos adquiridos do cedente para emissões de valores mobiliários, enquanto a securitizadora os utilizará como lastro para essas emissões; (e) a cessão de créditos para uma sociedade de *factoring* implica a incidência do IOF enquanto a cessão de créditos para um fundo de investimento não; (f) a operação de *factoring* não distribui o risco, mas o concentra numa sociedade de *factoring*, que a adianta receitas, por meio da aquisição de títulos a vencer, enquanto na securitização há dispersão dos riscos entre diversos investidores[102]; (g) o FIDC tem como maior objetivo vender cotas para investidores, ele possui CNPJ, mas não é uma empresa; ao contrário, a sociedade de *factoring* é uma empresa independente, cujo objetivo principal é adquirir os recebíveis dos seus clientes[103].

10. Vantagens e desvantagens da securitização de recebíveis mercantis em relação ao *factoring*

Quanto às vantagens da securitização de recebíveis mercantis frente ao *factoring*, podemos destacar as seguintes: (a) para os investidores em cotas do FIDC, há a segregação do risco da empresa cedente dos recebíveis com sua

---

todas as modalidades de *factoring*, inclusive a securitização de ativos, títulos ou recebíveis mobiliários e gestoras afins.

[101] Segundo o art. 9º, inciso III, da Instrução CVM nº 356/2001, alterada pela nº 393/2003, o fundo poderá ser liquidado se manter patrimônio líquido médio inferior a R$ 500.000,00 pelo período de três meses consecutivos.

[102] CAMINHA, Uinie. **Securitização**. 2. ed. São Paulo: Saraiva, 2007, p. 138.

[103] Sobre as diferenças entre o *factoring* e a securitização de recebíveis, consultar também: CHAVES, Natália Cristina. **Direito empresarial: securitização de crédito**. Belo Horizonte: Del Rey, 2006, p. 71-76; GAGGINI, Fernando Schwarz. **Securitização de recebíveis**. São Paulo: LEUD, 2003, p. 73-79.

eventual recuperação judicial ou falência[104]; (b) para as empresas cedentes dos recebíveis para o FIDC, se houver montante satisfatório de captação de recursos, poderá ter um custo menor se comparado à operação de *factoring*; (c) para os investidores em cotas do FIDC, há diversificação dos ativos e possibilidade de adquirir títulos com *rating* (classificação do risco); (d) não há concentração do risco, como ocorre com a sociedade de *factoring*, ao adquirir os créditos; (e) não incidência do IOF[105].

Já com relação às desvantagens da securitização de recebíveis mercantis frente ao *factoring*, destacamos as seguintes: (a) operações mais complexas do que as de *factoring*; (b) custos mais elevados para a sua estruturação se comparado com as operações de *factoring*; (c) precisa de captações de valores elevados para compensar os custos fixos[106], diferentemente do que ocorre com as operações de *factoring*.

11. *Factoring* como possível atividade complementar da securitização de recebíveis mercantis

Uinie Caminha destaca algumas utilizações desvirtuadas da securitização, especialmente no que se refere a sociedades de *factoring*, por entender que a dimensão restrita do fluxo de créditos de seus clientes (pequenas e médias empresas) não justifica a estruturação de uma operação de securitização[107].

Concordamos com a referida autora que a utilização da securitização de recebíveis não pode ser desvirtuada, no entanto, por outro lado,

---

[104] De acordo com o art. 136, § 1º, da Lei nº 11.101/2005 (Lei de Falências), na hipótese de securitização de créditos do devedor, não será declarada a ineficácia ou revogado o ato de cessão em prejuízo dos direitos dos portadores de valores mobiliários emitidos pelo securitizador. Ademais, no início de 2013, o Superior Tribunal de Justiça, em duas decisões, entendeu que o artigo 49, § 3º, da Lei nº 11.101/2005 exclui dos efeitos da recuperação os créditos garantidos por cessão fiduciária, ao interpretar que a expressão "bens móveis" contida nesse dispositivo abrangeria também bens imateriais, como os créditos (REsp. 1.263.500/ES; REsp 1.202.918/SP).

[105] A Confederação Nacional do Comércio (CNC) ajuizou, em 19.01.1998, ADI contra a cobrança do IOF sobre as operações de *factoring*, tendo a liminar negada e o mérito dessa ação ainda não julgado (ADI 1.763/DF, Rel. Min. Dias Toffoli, em substituição ao Min. Sepúlveda Pertence).

[106] A CVM poderá liquidar o fundo que apresente patrimônio líquido médio inferior a R$ 500.000,00 pelo período de três meses consecutivos (art. 9º, III, da Instrução CVM nº 356/2001, alterada pela 393/2003).

[107] CAMINHA, Uinie. **Securitização**. 2. ed. São Paulo: Saraiva, 2007, p. XIV e 138.

entendemos que esse instrumento de desintermediação financeira pode apresentar-se como uma alternativa aos detentores de créditos quando as sociedades de *factoring* não possuam recursos suficientes para sua aquisição, ou que não pretendam, por qualquer razão, dispô-los[108].

Conforme já destacado anteriormente, a securitização permite a substituição do modelo clássico da intermediação financeira por um novo modelo, no qual o mercado de capitais exerce um papel fundamental no financiamento dos mais diversos tipos de ativos, caso do crédito decorrente das vendas e compras mercantis a prazo, ou seja, o mesmo crédito que alimenta a operação de *factoring*.

O *BankBoston* foi o primeiro banco dos Estados Unidos a introduzir o "sistema *factoring*" no mercado de capitais. Aqui no Brasil, a partir de 2005, o *factoring* também passou a ser introduzido no processo securitização de ativos, que coloca o mercado de capitais como alternativa de acesso a fontes de financiamento à atividade econômica[109]. E os Fundos de Investimento em Direitos Creditórios (FIDC) passam a ser os instrumentos do processo de securitização desses ativos[110].

---

[108] Sobre esse tema, consultar: GAGGINI, Fernando Schwarz. **Securitização de recebíveis**. São Paulo, SP: LEUD, 2003.

[109] Dentre outros, destacamos o FIDC Lastro Performance LP, constituído em 2005, sob a forma de condomínio aberto, e que tem por objetivo a aplicação de recursos na aquisição de direitos creditórios decorrentes de vendas mercantis já entregues ou serviços já prestados, recebíveis esses indicados e selecionados pela consultora especializada Lastro *Factoring* Fomento Comercial Ltda. A Lastro RDV DTVM Ltda. é o administrador/gestor, o Santander S/A é o banco custodiante, o Bradesco S/A é o banco cobrador e a BDO RCS é a auditoria contábil. A Agência de risco é a Austin Rating que, em reunião realizada no dia 14 de fevereiro de 2013, atribuiu a classificação "AA-" às cotas seniores deste FIDC, o que significa baixa probabilidade de que os cotistas não recebam o pagamento referente às suas aplicações, acrescido do rendimento esperado, em caso de resgate das cotas (AUSTIN RATING. Disponível em: <http://www.austin.com.br/Ratings/Finanças_Estruturadas/FIDCs>. Acesso em: 2 mai. 2013, 8:34:18).

[110] "Entre outros fatores, a desregulamentação financeira e monetária dos mercados, a liberalização do fluxo de capitais, a capacidade de negociação instantânea de ativos financeiros, proporcionada pela telemática, o crescimento e a sofisticação da oferta de aplicações financeiras e o desenvolvimento dos mercados de derivativos, criaram condições para que os indivíduos e as empresas prefiram entregar parte de sua poupança a profissionais que, conhecendo bem a complexidade das finanças, conseguem administrar os recursos recebidos de seus clientes dentro de uma estrutura organizacional que lhes permite escala para, de um lado, ter melhores condições de negociar a redução de taxas, e, de outro lado, diversificar os investimentos

O mecanismo da operação de securitização de recebíveis mercantis envolve, em regra, uma instituição responsável pela administração e escrituração das cotas do FIDC, um banco custodiante encarregado pela controladoria e cobrança regular dos recebíveis e um consultor, que pode ser uma sociedade de *factoring*, que passa a ser responsável pela análise e seleção dos recebíveis que serão adquiridos pelo fundo. Diríamos que, nessa formatação, as sociedades de *factoring* concentrariam suas atividades apenas na prestação de serviços, pois a aquisição de créditos é feita pelo FIDC. Além disso, uma agência será responsável pela avaliação e classificação do risco que envolve cada classe de quotas do FIDC, e uma empresa especializada realizará uma auditoria independente nas operações e demonstrações financeiras desse fundo.

Entendemos que, no Brasil, a securitização de recebíveis mercantis poderá prover recursos aos potenciais clientes das sociedades de *factoring* quando estas não os possuam ou não desejam dispô-los. Nesse caso, acabará também por redirecionar o papel das sociedades de *factoring* para a prestação de serviços de análise e seleção dos recebíveis que serão adquiridos pelo FIDC, prestação de serviços que, na prática, é pouco utilizada nas operações convencionais de *factoring* neste país.

A securitização de recebíveis mercantis pode ser entendida como uma alteração da estrutura de crédito que envolve as operações de *factoring*, ou seja, uma passagem da estrutura mercantil de financiamento para uma estrutura do mercado de valores mobiliários. Também entendemos que a securitização de recebíveis mercantis poderá resultar em novo nicho de mercado para as sociedades de *factoring*, ou seja, valer-se do seu expertise na análise e seleção dos recebíveis que serão adquiridos pelo FIDC. Essa prestação de serviços por parte da sociedade de *factoring*, voltada não mais ao cliente faturizado mas ao administrador do fundo, poderá contribuir para o fortalecimento do seu papel no fomento da atividade econômica do empresário detentor de créditos, agora sob uma nova vertente, a do mercado de capitais.

Enfim, a securitização de recebíveis mercantis não substitui ou exclui a atividade de *factoring*, na medida em que não são atividades concorrentes. A nosso entender, a sociedade de *factoring* pode contribuir para a seleção

coletivos, permitindo uma redução dos riscos individuais". (FREITAS, Ricardo de Santos. **Natureza jurídica dos fundos de investimentos**. São Paulo, SP: Quartier Latin, 2005, p. 267).

e análise de créditos mercantis, contribuir para uma das etapas da securitização. Desse modo, visualizamos certa complementariedade e colaboração do *factoring* com a securitização de recebíveis mercantis.

12. Conclusões

Procuramos, com o presente artigo, analisar diversas questões envolvendo o *factoring* e a securitização de recebíveis mercantis. Dessa nossa análise, extraímos algumas conclusões, que passamos a registrar nas linhas abaixo.

Quanto à etimologia das palavras, tanto o *factoring* como a securitização são termos técnicos incorporados pela língua portuguesa no Brasil. Com relação ao *factoring* (do latim *factor, factóris*), já classificado pelo VOLP como substantivo masculino, houve empréstimo integral do termo em língua inglesa, sem qualquer adaptação, não podendo ser entendido como estrangeirismo ou barbarismo, enquanto vício de linguagem. Por sua vez, a palavra securitização (do latim *securitas, securitatis*), encontrada nos dicionários da língua portuguesa, mas não reconhecida pelo VOLP, é um neologismo, cujo som se aproxima do termo em inglês (*securitization*), razão pela qual entendemos ter havido aportuguesamento.

Quanto ao conceito, o *factoring* é entendido como uma atividade mercantil (e não financeira) de aquisição de créditos resultantes de vendas mercantis ou de prestação de serviços, realizadas a prazo, conjugada com a prestação de serviços diversos ao cliente faturizado, que pode compreender a gestão de créditos (avaliação dos sacados), a garantia contra o risco de inadimplemento e um financiamento (transforma vendas a prazo em vendas à vista). Já a securitização, apesar de várias vertentes conceituais, pode ser entendida como uma atividade não financeira de mobilização de ativos, ou seja, agrupamento de créditos que serve de lastro para emissão de títulos padronizados negociáveis no mercado de capitais.

O *factoring* passou a ser discutido academicamente no Brasil com Fábio Konder Comparato, em 1972, quando publicou artigo sobre o tema na Revista de Direito Mercantil nº 6, muito embora sua operacionalização tenha ocorrido somente na década de 1980. Inicialmente, a Circular BACEN nº 703, de 16.06.1982, restringiu suas operações apenas às instituições financeiras, o que implicou em sua pouca utilização até 1988, quando o mesmo BACEN edita Circular nº 1.359, revogando a anterior. A partir de então, o *factoring* passa a ser operado por empresas mercantis e não por instituições financeiras, o que resulta o aumento expressivo do volume de suas operações. Ainda hoje não existe uma lei específica disciplinando o *factoring*, apenas legislações esparsas, principalmente na área tributária (IOF, IR, COFINS, ISSQN), como também normativas editadas pelo COAF, como a Resolução nº 21, de 20.12.2012, que estabelece procedimentos a serem adotados pelas sociedades de *factoring* para prevenção à lavagem de dinheiro e ao financiamento do terrorismo.

A securitização também começa a se desenvolver no Brasil na década de noventa, merecendo destaque a Resolução CMN nº 2.026/1993, que permitiu aos bancos adquirirem direitos creditórios oriundos de operações comerciais ou de prestação de serviço. A securitização no Brasil ganha maior ênfase na década de 2000, ainda de forma não tão expressiva como nos Estados Unidos, quando surge um marco regulatório mais claro editado pelo CMN e CVM, merecendo destaque, com relação à securitização de recebíveis mercantis, a Resolução CMN nº 2.907/2001 e as Instruções CVM nº 356/2001, 393/2003, 531/2013 e 532/2013.

Tanto o *factoring* como a securitização ganham quando destaque nos Estados Unidos e depois passam a ser utilizados em outros países. O *factoring* surge nos Estados Unidos, por ocasião da expansão colonial inglesa (século XVI), muito embora a sua utilização, no formato atual, desenvolveu-se no final da década de 1930 junto aos bancos americanos, tendo ainda hoje destaque naquele país. Muito embora alguns autores entendam que a Dinamarca tenha sido o local de nascimento da securitização (reconstrução de Copenhague no século XVIII), há certo consenso de que essa atividade, nos padrões atuais, tenha sido também construída nos Estados Unidos, no mercado hipotecário da década de 1970, sendo ainda hoje o mercado americano o que apresenta o maior volume dessas operações.

Entendemos que o *factoring* está estruturado num contrato quadro apto a servir de suporte aos diferentes tipos contratuais (principalmente, cessão de crédito e prestação de serviços), com funções diversas, que compreendem gestão de créditos, assessoramento, financiamento e garantia por parte da sociedade de *factoring* ao cliente faturizado. Já a securitização de recebíveis apresenta uma estrutura contratual mais complexa, caracterizada por uma coligação de contratos mercantis autônomos, tais como o contrato de cessão dos créditos que irão lastrear a emissão de valores mobiliários a serem negociados com os investidores, os contratos de prestação de serviços de análise dos créditos cedidos, classificação de risco (rating), auditoria e custódia dos valores mobiliários. Sob a ótica dos empresários detentores de recebíveis, a securitização tem a função de prover a antecipação de recursos sem a intermediação financeira convencional, ou seja, essencialmente financiamento. Concordamos com Uinie Caminha quando destaca como funções da securitização da mobilização de riquezas, a dispersão de riscos e a desintermediação financeira do processo de financiamento.

Dentre outras semelhanças entre o *factoring* convencional e a securitização de recebíveis mercantis, entendemos oportuno destacar as seguintes: (a) o *factoring* e a securitização não integram diretamente o Sistema Financeiro Nacional; (b) de forma geral, tanto o *factoring* como a securitização de recebíveis mercantis são alternativas ao financiamento bancário convencional; ambos são instrumentos de desintermediação financeira; (c) tanto o *factoring* como a securitização são mecanismos de financiamento da atividade empresarial, ou seja, formas distintas de o titular dos créditos cedidos transformá-los em dinheiro à vista; (d) tanto o *factoring* como a securitização envolvem contratos mercantis atípicos, ou seja, não estão disciplinados em lei específica; (e) tanto o *factoring* como a securitização de recebíveis mercantis podem ser entendidos como operações estruturadas de antecipação de receita, muito embora o primeiro possa envolver ainda prestação de serviços diversos ao cedente do crédito; (f) o contrato de cessão de créditos é a espinha dorsal do *factoring* e da securitização de recebíveis mercantis; (g) ambos podem ser entendidos como negócios indiretos, na medida em que se valem de institutos já existentes no ordenamento jurídico; (h) quando se trata de *factoring* na condição *pro soluto*, ambos transferem o risco do inadimplemento a terceiros (sociedade de *factoring* e FIDC).

Por outro lado, podemos destacar as seguintes diferenças entre o *factoring* e a securitização de recebíveis mercantis: (a) a atividade de *factoring* é fiscalizada, principalmente, pelo Conselho de Controle das Atividades Financeiras (COAF), enquanto a securitização pelo Banco Central, Conselho Monetário Nacional (CMN) e Comissão de Valores Mobiliários (CVM); (b) a atividade de securitização é mais complexa do que a atividade de *factoring*, na medida em que exige inúmeros contratações acessórias, tais como contrato de agência de *rating*, contrato de auditoria, contrato de serviços de custódia do valores mobiliários, dentre outros; (c) a estruturação e o funcionamento do FIDC, mecanismo adotado para a securitização de recebíveis mercantis, são complexos, além do que implica em custos maiores para a sua implantação e exige valores maiores de captação para sua viabilização se comparado com a atividade convencional do *factoring*; (d) a sociedade de *factoring* não utiliza os créditos adquiridos do cedente para emissões de valores mobiliários, enquanto a securitizadora os utilizará como lastro para essas emissões; (e) sobre a cessão de créditos para uma sociedade de *factoring* incide o IOF e sobre a cessão de créditos para um fundo de investimento não; (f) a operação de *factoring* não distribui o risco, mas o concentra numa sociedade de *factoring*, que a adianta receitas, por meio da aquisição de títulos a vencer, enquanto na securitização há dispersão dos riscos entre diversos investidores; (g) o FIDC tem como maior objetivo vender cotas para investidores, ele possui CNPJ, mas não é uma empresa; ao contrário, a sociedade de *factoring* é uma empresa independente, cujo objetivo principal é adquirir os recebíveis dos seus clientes.

Enfim, a securitização de recebíveis mercantis pode ser entendida como uma alteração da estrutura de crédito que envolve as operações de *factoring*, ou seja, uma passagem da estrutura mercantil de financiamento para uma estrutura do mercado de valores mobiliários. Por outro lado, entendemos também que a securitização de recebíveis mercantis não substitui ou exclui a atividade de *factoring*, na medida em que não são atividades concorrentes. A nosso ver, a sociedade de *factoring* pode contribuir para a seleção e análise de créditos mercantis, contribuir para uma das etapas da securitização. Desse modo, visualizamos certa complementariedade e colaboração do *factoring* com a securitização de recebíveis mercantis.

13. Referências Bibliográficas

ACADEMIA BRASILEIRA DE LETRAS. Vocabulário Ortográfico da Língua Portuguesa (VOLP). **Busca de palavras estrangeiras do vocabulário ortográfico da Língua Portuguesa.** Disponível em: <http://www.academia.org.br/abl/cgi/cgilua.exe/sys/start.htm?sid=24>. Acesso em: 16 fev. 2013.

ALMEIDA, Napoleão Mendes. **Gramática metódica da Língua Portuguesa.** 10. ed. São Paulo: 1958.

ASCARELLI, Tullio. **Saggi di diritto commerciale.** Milão: Giuffré, 1949.

ASHTON, Peter Walter. A securitização, o mercado de capitais e as sociedades por quotas de responsabilidade limitada. **Revista da Faculdade de Direito da Universidade Federal do Rio Grande do Sul,** Porto Alegre, n. 11, p. 7-12, 1996.

ASQUINI, Alberto. **Profili dell'imprensa. Rivista del diritto commerciale.** Milão: Francesco Vallardi, v. XLI, p.1-20, 1943.

AULETE DIGITAL. Dicionário Contemporâneo da Língua Portuguesa. Lexikon Editora Digital Ltda. Disponível em: <http://www.auletedigital.com.br/>. Acesso em 30 jan. 2013.

AUSTIN RATING. Disponível em: <http://www.austin.com.br/Ratings/Finanças_Estruturadas/FIDCs>. Acesso em: 2 mai. 2013, 8:34:18.

AZEVEDO, Antonio Junqueira de. Natureza de seguro dos fundos de garantia. In: TEPEDINO, Gustavo; FACHIN, Luiz Edson (Org.). **Obrigações e contratos: obrigações: estrutura e dogmática.** São Paulo: Revista dos Tribunais, 2011, v. 1, p. 571-587.

BARRETO FILHO, Oscar. O crédito no direito. In: TEPEDINO, Gustavo; FACHIN, Luiz Edson (Org.). **Obrigações e contratos: obrigações: funções e eficácia.** São Paulo: Revista dos Tribunais, 2011, v. 2, p. 305-315.

BARRAL, Welber. **Metodologia da pesquisa jurídica.** 2. ed. Florianópolis: Fundação Boiteux, 2003.

BIANCHI, Renzo. **Il *factoring* i problema gestionali che comporta.** Turim: G. Giappichelli, 1970.

BOBBIO, Norberto. **Da estrutura à função: novos estudos de teoria do direito.** Tradução Daniela Beccaria Versiani. Barueri: Manole, 2007.

BORGES, José Ferreira. **Dicionário Jurídico-Comercial,** 2. ed. Porto: 1866.

BULGARELLI, Waldírio. Empresa de *factoring* e suas atividades. **Revista de direito bancário,** São Paulo, v. 14, p. 205-210, out. dez. 1991.

CAMINHA, Uinie. **Securitização.** 2. ed. São Paulo: Saraiva, 2007.

CANÇADO, Thais Romano; GARCIA, Fabio Gallo. **Securitização no Brasil.** São Paulo: Atlas, 2007.

CAMPOS, Diogo Leite. A titularização de créditos (securitização). **Revista de Direito Comparado,** Rio de Janeiro, n. 17, 1999.

CARNELUTTI, Francesco. **Metodologia do direito.** Tradução Frederico A. Pachoal. 3. ed. Campinas: Bookseller, 2005.

CARNEVALI, Ugo. I problema giuridici del factorin. In: PORTABLE, Giuseppe B (org.). **Le operazioni bancarie.** Milano: Giuffrè, 1978. 2 t., p. 299-305.

CASTRO, Rogério Alessandre de Oliveira. ***Factoring*: seu reconhecimento jurídico e** sua importância econômica. 2. ed. Leme: LED, 2004.

_____. *Factoring* no Brasil e na Argentina. Juruá: Curitiba, 2009.

_____. Análise do posicionamento do STJ em relação aos juros remuneratórios nas operações de *factoring*. In: CIAMPOLINI NETO, Cesar; WARDE JR., Walfrido Jorge (coord). **O direito de empresa nos tribunais brasileiros**. São Paulo: Quartier Latin, 2010, p. 123-144.

CHAVES, Natália Cristina. **Direito empresarial: securitização de crédito**. Belo Horizonte: Del Rey, 2006.

CHINEN, Emerson Norio. **Securitização de recebíveis**. Dissertação de Mestrado. Departamento de Direito Comercial da Faculdade de Direito da USP, 2002.

COELHO, Fábio Ulhoa. **Comentários à nova lei de falências e de recuperação de empresas**. 2. ed. São Paulo: Saraiva, 2005.

COELHO, Tulio Freitas do Egito. O *factoring* e a Lei 4.595/64. **Revista de Direito Mercantil**, São Paulo, v. 67, p. 109-114, jul. set. 1987.

COELHO, Wilson do Egito. O *factoring* e a legislação bancária brasileira. **Revista de Direito Mercantil**, São Paulo, v. 54, p. 73-82, abr. jun.1984.

COMPARATO, Fábio Konder. **O seguro de crédito**. São Paulo: Revista dos Tribunais, 1968.

_____. *Factoring*. **Revista de Direito Mercantil**, São Paulo, SP, v. 6, p. 59-66, set. 1972, p. 59-60.

COSTA, José Maria. **Manual de redação profissional**. 2. ed. Campinas, São Paulo: Millennium, 2004.

DE LUCCA, Newton. O contrato de *factoring*. In: BITTAR, Carlos Alberto (coord.). **Os contratos empresariais**. São Paulo: Revista dos Tribunais, 1990, p. 115-155.

DICIONÁRIO de Francês-Português (Minidicionário). São Paulo: Ática, 1994.

DICIONÁRIO de Inglês (English Mini Dictionary). 2. ed. London: Harrap's, 1991.

DICIONÁRIO eletrônico Houaiss da Língua Portuguesa. Versão 1.0., 2009. 1 CD-ROM.

DICIONÁRIO Latim-Português. 2. ed. Porto: Porto, 2001.

DINIZ, Maria Helena. Faturização ou *"Factoring"*. In: _____. **Tratado teórico e prático dos contratos**. São Paulo, SP: Saraiva, 1993. 4 v., p. 58-59.

DONINI, Antonio Carlos; GUIA, Fernanda. **Normas do COAF: *Factoring* & Securitizadoras: comentários à Resolução 21**. 2. ed. São Paulo: Klarear, 2013.

ENTERRIA, Javier Garcia de. **Contrato de *Factoring* y cesión de creditos**. 2. ed. Madrid: Civitas, 1996.

FARINA, Juan M. Fondos comunes de inversión. In: _____. **Contratos comerciales modernos**. 3. ed. Buenos Aires: Astrea, 2005, v. 6, p. 182-185.

FERREIRA, Carlos Renato de Azevedo. **Factoring**. São Paulo: Fiuza, 2004.

FOSSATI, Giorgio; PORRO, Alberto. **Il *factoring*. Aspetti economici, finanziari e giuridici**. 3. ed. Milan: Giuffré, 1985.

FREITAS, Newton. **Dicionário Oboé de finanças**. 10. ed. Fortaleza: Imprensa Universitária, 2004.

FREITAS, Ricardo de Santos. **Natureza jurídica dos fundos de investimentos**. São Paulo: Quartier Latin, 2006.

FRIGNANI, Aldo. L'avan-progetto di legge uniforme sul *Factoring* internazionale (UNI-

DROIT), **Rivista Diritto Civile**, v. XXIX, p. 96, 1983.

_____. *Factoring*, **leasing, franchising, venture capital, concorrenza**. Turim: G. Giappichelli, 1987, p. 260-272.

GAGGINI, Fernando Schwarz. **Securitização de recebíveis**. São Paulo: LEUD, 2003.

GAMBÔA, Celso. **Securitização de recebíveis**. Disclousure das Transações Financeiras, São Paulo, ano 1, n. 1, out. 1995.

GARCÍA-CRUCES GONZÁLEZ. José Antonio. **El contrato de *factoring***. Madrid: Tecnos, 1990.

GERBIER, Jean. **Le *factoring***. Paris: Dunod, 1970.

GOMES, Orlando. **Contratos**. 6. ed. Rio de Janeiro: Forense, 1978.

_____. **Contratos**. 26. ed. Rio de Janeiro: Forense, 2008.

HAGSTROM, Carlos Alberto São Tiago. O *factoring* no Brasil. **Revista de Direito Mercantil**, São Paulo, SP, v. 48, p. 39-47, out. dez. 1982.

KAUFHOLD, Karl. Der deutsche *Factoring*markt. In: HAGENMüLLER, K. F.; SOMMER, Heinrich Johannes; BRINK, Ulrich. **Handbuch des nationalem un internacional *factoring***. 3. ed. Frankfurt: Fritz Knapp, 1997.

KOHN, Meir. **The capital market before 1600**. Disponível em: < http://www.dartmouth.edu/~mkohn/Papers/99-06.pdf>. Acesso em: 04 abr. 2013.

KOTHARI, Vinod. **Securitization: the financial instrument of the future**. Singapura: Wiley, 2006.

LE CANNU, Paul; GRANIER, Thierry; ROUTIER, Richard. **Instruments de paiement et de crédit – Titrisation**. 8. ed. Paris: Dalloz, 2010.

LEÃES, Luiz Gastão Paes de Barros. A operação de *factoring* como operação mercantil. **Revista de Direito Mercantil**, São Paulo, v. 115, p. 239-254, jul. set. 1999.

LEITE, Luiz Lemos Leite. ***Factoring* no Brasil**. 3. ed. São Paulo: Atlas, 1995.

_____. ***Factoring* no Brasil**. 6. ed. São Paulo: Atlas, 1999.

_____. ***Factoring* no Brasil**. 11. ed. São Paulo: Atlas, 2007.

LISOPRAWKSI, Silvio V. La securitización. Necessidade de una legislación de fideicomiso financeiro. **Revista jurídica Argentina La Ley,** Buenos Aires, n. 101, 1994.

_____; KIPER, Cláudio M. **Fideicomisso, domínio fiduciario y securitización**. Buenos Aires: Depalma, 1995.

LONGMAN Dictionary of Contemporary English. 4. ed. Harlow: Pearson, 2008.

LOPES, Maria Elizabete Vilaça.O contrato de *factoring* e o sistema financeiro nacional. **Revista de Direito Mercantil**, São Paulo, v. 74, p. 57-71, abr. jun. 1989.

MARCONI, Marina de Andrade; LAKATOS, Eva Maria. **Metodologia científica**. 4. ed. São Paulo: Atlas, 2004.

MARTINS, Fran. O contrato de *factoring* e sua introdução no direito brasileiro. **Revista Forense**, Rio de Janeiro, Forense, v. 262, p. 9-14, 1978, p. 9

_____. Faturização ou *Factoring*. In: _____. **Contratos e obrigações comerciais**. 15. ed. Rio de Janeiro: Forense, 2001.

MICHAELIS Moderno Dicionário da Língua Portuguesa. Disponível em: <http://michaelis.uol.com.br/moderno/portugues/index.php?lingua=portuguesportugues&palavra=cultivar>. Acesso em: 30 jan. 2013.

MIRANDA, Pontes de. Fundos de investimento. In: _____. **Tratado de Direito Privado:**

parte especial. Direito das obrigações: negócios jurídicos bancários e de bolsa. Corretagem de seguros. Transferência de propriedade mobiliária, em segurança. Subscrição, distribuição e colocação de títulos e valores mobiliários. Atualizado por Bruno Miragem. São Paulo: Revista dos Tribunais, 2012, v. 52, p. 280-284.

MIRANDA, Pontes de. **Direito das coisas: propriedade mobiliária (bens incorpóreos), propriedade intelectual, propriedade industrial**. Atualizado por Marcos Alberto Sant'Anna Bitelli. São Paulo: Editora Revista dos Tribunais, 2012, v. 16, t. XVI, p. 639-652.

NORONHA NAJJARIAN, Ilene Patrícia de. **Securitização de recebíveis mercantis**. São Paulo: Quartier Latin, 2010.

NOVO Dicionário Eletrônico Aurélio. Versão 5.0. Regis Ltda., 2004, 1 CD-ROM

OLIVA, Milena Donato. Indenização devida "ao fundo de investimento": qual quotista vai ser contemplado, o atual ou o da data do dano? In: TEPEDINO, Gustavo; FACHIN, Luiz Edson (Org.). **Obrigações e contratos: serviços e circulação**. São Paulo: Revista dos Tribunais, 2011, v. 6, p. 1303-1328.

PARDOLESI, Roberto. **I contratti di distribuzione**. Nápoles: Jovene, 1979.

PENTEADO JÚNIOR, Cassio Martins C. A propósito da securitização de recebíveis: cessão de crédito ou cessão do contrato. **Revista de Direito Mercantil**, São Paulo, SP, v. 115, p. 124-126, jul./set. 1999.

_____. A securitização de recebíveis de créditos gerados em operações de bancos: a resolução n. 2493 e sua perspectiva jurídica. **Revista de Direito Mercantil**, São Paulo, SP, v. 111, p. 120-124, jul./set. 1998.

RANIERI, Lewis S. The origins of securitization, sources of its growth, and its future potential. In: KENDALL, Leon T.; FISHMAN, Michael J. (Eds.). **A primer on securitization**. Cambridge, Mass.: MIT Press, 2000.

RIZZARDO, Arnaldo. **Factoring**. 3. ed. São Paulo: Revista dos Tribunais, 2004.

ROLIN, Serge. **El factoring**. Madrid: Pirámide, 1975.

ROZENTHAL, R.; OCAMPO, R. **Securitization of credit: incide the new technology of finance**. Chicago: Phobus Publishing, Chicago, 1988.

SACCONI, Luiz Antonio. **Minidicionário Sacconi da Língua Portuguesa**. 11 ed. São Paulo: Nova Geração, 2009.

SANTOS, Cláudio Gonçalves dos; CALADO, Luiz Roberto. **Securitização: novos rumos do mercado financeiro**. São Paulo: Saint Paul, 2011.

SILVA, João Calvão da. **Titularização de créditos**. Coimbra: Almedina, 2003.

SOUZA, Adriano Boni de. **Securitização de recebíveis de agroenergia: um estudo de caso baseado em títulos do agronegócio**. Dissertação de mestrado. Escola de Economia de São Paulo, 2010.

SUSSFELD, Louis Edmond. **Le factoring**. Paris: PUF, 1968.

STUBER, Walter Douglas; BENTIVEGNA, Enrico Jucá; FILIZZOLA, Henrique Bonjardim. **O instituto da securitização de créditos no Brasil**. Disponível em: < http://www.revistadofactoring.com.br/artigos/pagina=2>. Acesso em: 14 abr. 2013.

SZTAJN, Rachel. Quotas de fundos imobiliários – novo valor mobiliário. **Revista de Direito Mercantil, Industrial, Econômico e Financeiro**, v. 93, p. 104-107, jan.-mar. 1994.

TOMÉ, Maria João Romão Carreiro Vaz. **Fundos de investimento mobiliários abertos**.

Coimbra: Almedina, 1997.

VASCONCELOS, Luís Miguel D. P. Pestana de. **Dos contratos de cessão financeira (*factoring*)**. Coimbra: Coimbra, 1999.

VEIGA, V. Alexandre Brandão da. **Fundos de investimento mobiliário e imobiliário**. Coimbra: Almedina, 1999.

VIVANTE, Cesare. **Trattato di Diritto Commerciale**. Milão: Francesco Vallardi, 1934, 1 v., p. IX.

ZUDDAS, Goffredo. **Il contrato di factorig**. Napoli: Casa Editrice Dott, 1983.

ZWEIG, Phillip L. (Editor). **The asset securitization handbook**. Homewood-IL: Dow Jones-Irwin, 1989.

Licitações Internacionais: Regime Jurídico e Óbices à Abertura do Mercado Público Brasileiro a Empresas Estrangeiras

Thiago Marrara
Carolina Silva Campos.

Introdução

Ao longo dos anos, o crescente combate à corrupção e as exigências populares por um Estado mais eficiente, transparente e moralizado, elevaram as pressões contra a Administração Pública. Isso a pressionou a se preocupar sob frequência redobrada com a execução de contratos administrativos (geralmente designada de gestão contratual ou processo administrativo contratual) e a colocar em prática seus poderes punitivos quer no intuito de reprimir infrações contratuais, quer para evitar a recontratação de empresas condenadas por graves infrações a contratos firmados com o Estado.

Nesse contexto de mudanças, ganharam protagonismo as sanções de suspensão, de impedimento, de inidoneidade e de proibição de participar em licitações e contratar com o poder público. As três primeiras modalidades punitivas se aplicam com supedâneo na Lei Geral de Licitações e Contratos, na Lei de Pregão, na Lei do RDC, na Lei Orgânica do TCU, assim como em leis estaduais e municipais sobre licitações e contratos. A seu turno, as proibições incidem por força da Lei de Defesa da Concorrência (art. 38), da Lei de Improbidade (art. 12) e da Lei de Crimes Ambientais (art. 22). Na Lei das Eleições, previa-se idêntica proibição como sanção adicional contra pessoas jurídicas condenadas por doações excessivas (acima dos patamares legais) a partidos políticos (art. 81, § 3º). Contudo, a Lei n. 13.165, de setembro de 2015, revogou o dispositivo.

A despeito dos diferentes pressupostos normativos e suas alterações, um exame do Cadastro Nacional de Empresas Inidôneas e Suspensas (CEIS), banco de dados mantido pela Controladoria Geral da União, confirma o aumento significativo de limitações sancionatórias impostas pelo Estado à participação de agentes de mercado em licitações. Em janeiro de 2016, constavam mais de 12 mil registros de pessoas físicas e jurídicas suspensas, impedidas, declaradas inidôneas ou proibidas de licitar no CEIS.

Apesar de legítimo e necessário, o incremento do controle da gestão contratual e o consequente recrudescimento da postura punitiva das entidades estatais contratantes automaticamente reduzem o número de agentes econômicos em mercados públicos e, por reflexo, tendem a enfraquecer a competição, aumentar o poder de mercado dos agentes econômicos ativos, elevar os riscos de cartelização e, pior, fragilizar o princípio da vantajosidade licitatória. Por essas e outras causas, ao mesmo tempo em que o Estado aprimora a gestão contratual, compete-lhe encontrar alternativas que não somente compensem a redução da concorrência no curto e médio prazo, como também promovam o aumento gradual da competição no certame por meio da atração de novos licitantes.

Sob essa premissa, um dos caminhos a se explorar é aquele que torna as licitações brasileiras atraentes para agentes econômicos estrangeiros. Não se trata de solução isenta de dificuldades. Dentre outros desafios, a valorização da competição mediante a atração de licitantes estrangeiros demanda que se resolvam inúmeras dúvidas jurídicas. De que modo a legislação brasileira trata da participação de empresas estrangeiras em licitações? Quais são as principais barreiras existentes nessa legislação? Como eventuais barreiras poderiam ser superadas?

O objetivo desse artigo se resume a contribuir com a elaboração de respostas a essas indagações iniciais e, a partir disso, viabilizar a adoção de medidas capazes de incrementar a concorrência em licitações públicas, sobretudo mediante a superação de barreiras à entrada geradas por fatores normativos enraizados na legislação geral de licitações. Sob esse propósito, o artigo parte da comparação entre licitações internacionais e licitações organizadas sob normas internacionais, trata das modalidades procedimentais cabíveis, examina a problemática da habilitação e do julgamento envolvendo licitantes estrangeiros, discute regras restritivas relativas à formação de consórcios e ainda trata de barreiras à entrada criadas por entidade profissionais brasileiras em desfavor de concorrentes estrangeiros.

Definições preliminares: licitações internacionais e licitações sob normas internacionais

Há pelos menos dois desafios a superar antes de se examinar o regime jurídico das licitações internacionais no direito brasileiro. Em primeiro lugar, a Lei Geral de Licitações e Contratos (Lei n. 8.666/1993) trata do tema com pouca sistematicidade, pois menciona as licitações internacionais de modo confuso e fragmentado no corpo de inúmeros dispositivos. A dispersão normativa pede a reunião dos dispositivos legais como passo prévio à interpretação. Do contrário, arrisca-se atingir conclusões precipitadas e incorretas.

Em segundo lugar, conquanto o legislador tenha se preocupado em oferecer um rol de definições gerais básicas na Lei de Licitações (art. 6º) – prática comum em outros ordenamentos jurídicos de referência –, nele não se encontra a definição de licitação internacional. Daí porque se mostra imprescindível, para fins introdutórios, esclarecer quais são os elementos necessários para configurar uma licitação *internacional* e, mais que isso, como essa categoria de licitação se diferencia daquela realizada *sob normas internacionais*.

Comecemos pela última indagação.

As licitações realizadas *sob normas internacionais* nada mais são que procedimentos licitatórios executados por entidade brasileira federal, estadual ou municipal sob um regime jurídico diferenciado, pois composto parcialmente por normas e condições estabelecidas por organizações internacionais ou entidades externas. Em contraste a uma mera licitação tradicional, a peculiaridade desses procedimentos reside em seu regime jurídico permeável, por uma decisão do próprio legislador brasileiro e nos termos de acordo celebrado com o país, a normas elaboradas por entes internacionais.

No escopo de viabilizar a satisfação de compromissos assumidos pelo Brasil em suas relações internacionais, a legislação brasileira admite que a Administração Pública empregue duas soluções: 1) utilize mecanismos de contratação direta ou 2) realize licitações sob normas externas derrogadoras, em situações pontuais, do regime jurídico padrão, caso em que se terá uma licitação sob normas internacionais.

O caminho da contratação direta se sustenta no art. 24, XIV da Lei n. 8.666/1993. É aceitável a dispensa de licitação para "aquisição de bens ou serviços nos termos de *acordo internacional* específico *aprovado pelo Congresso Nacional* quando as condições ofertadas forem manifestamente *vantajosas* para o Poder Público" (redação dada pela Lei n. 8.883/1994) (g. n.). Na redação originária de 1993, o dispositivo mencionava a dispensa para "aquisição de bens ou serviços por intermédio de *organização internacional*" (g. n.). Com a alteração, aprimorou-se o texto e se evidenciou que a aquisição não ocorre por intermédio da OI, mas sim por ente brasileiro com base em acordos internacionais em geral, bilaterais, multilaterais ou plurilaterais. A nova redação também permite concluir que as regras não necessariamente precisarão derivar da OI.

Outro caminho aceitável para a viabilização dos compromissos internacionais reside na realização efetiva de uma licitação, porém sob regime diferenciado. A esse respeito, dispõe o art. 42, § 5º da Lei n. 8.666/1993 (com redação dada pela Lei n. 8.883/1994) que:

Para a realização de obras, prestação de serviços ou aquisição de bens *com recursos provenientes de financiamento* ou *doação* oriundos de *agência oficial de cooperação estrangeira ou organismo financeiro multilateral* de que o Brasil seja parte, *poderão* ser admitidas, na respectiva licitação, as *condições decorrentes de acordos, protocolos, convenções ou tratados internacionais aprovados pelo Congresso Nacional*, bem como as *normas e procedimentos* daquelas entidades, inclusive quanto ao *critério de seleção da proposta mais vantajosa* para a administração, o qual poderá contemplar, além do preço, *outros fatores de avaliação*, desde que por elas exigidos para a obtenção do financiamento ou da doação, e que também *não conflitem com o princípio do julgamento objetivo* e sejam objeto de *despacho motivado do órgão executor do contrato*, despacho esse *ratificado pela autoridade imediatamente superior* (g.n.).

À luz do texto transcrito, a adoção do regime diferenciado pressupõe que: a) a aquisição dependa de recursos financeiros externos; b) o financiador ou doador seja agência de cooperação estrangeira ou organismo financeiro multilateral; c) as normas licitatórias externas constem de documento jurídico aprovado pelo Congresso; d) o respeito a essas normas configure condição para a obtenção dos recursos; e) as normas externas se harmonizem com a regra geral do julgamento objetivo e f) que um despacho motivado do contratante autorize o emprego das normas externas.

Do texto legal ainda se extrai que a participação de agentes econômicos estrangeiros não constitui elemento essencial de uma licitação *sob normas internacionais*. Em outras palavras, é possível que o procedimento de contratação se limite a uma competição entre fornecedores ou empreiteiros: a) apenas nacionais; b) apenas estrangeiros ou c) ambos.

Em contraste, a licitação internacional visa a ampliar o acesso de competidores estrangeiros.[1] Embora a Lei Geral de Licitações não defina as licitações internacionais em seu art. 6º ou em qualquer outro dispositivo, elas se encontram consagradas de modo esparso em vários dispositivos legais, por exemplo, no art. 3º, § 1º, II, no art. 55, § 2º, no art. 23, § 3º e no art. 53, § 3º. Fora isso, o tema é tratado em leis específicas, como a Lei n. 11.732/2008, ainda que apenas para efeitos de "drawback",[2] e o Decreto 6.702/2008. Ocorre que nesses diplomas tampouco se conceitua satisfatoriamente o que é licitação internacional.

A despeito da ausência de uma definição legal, o exame geral da Lei de Licitações permite sustentar que *licitações internacionais* configuram procedimentos licitatórios marcados pelo objetivo de atrair licitantes brasileiros e estrangeiros. Tanto faz ser a licitação conduzida com base no regime jurídico estabelecido pelo direito brasileiro ou sob a regência de normas de organizações internacionais. Uma licitação internacional pode ou não ser ao mesmo tempo licitação sob normas internacionais. Determinante para sua configuração é apenas o intuito de incentivar a competição pela presença de estrangeiros, sem prejuízo da participação dos brasileiros.

---

[1] Há autores que, porém, tomam a licitação internacional de modo amplo, incluindo as regidas parcialmente por normas de direito internacional. É o caso de Toshio Mukai (1997, p. 82).

[2] Drawback foi concebido, em 1966, como um regime aduaneiro especial, que suspendia o pagamento de imposto de importação para produtos que seriam utilizados para posterior exportação, como forma de fortalecimento do setor de exportações. No entanto, em 1990 e em 2001, a prática do drawback foi estendida para as licitações internacionais, como forma de incentivar a concorrência internacional em grandes projetos, como os de infraestrutura, caracterizando-se por desonerar o imposto de importação de mercadorias utilizadas para fabricação, no Brasil, de máquinas e equipamentos a serem fornecidos internamente, decorrente de licitações internacionais, cujo pagamento advém de recursos estrangeiros. Por essa razão, os diplomas normativos que disciplinam a questão se esforçaram em conceituar as licitações internacionais.

Note-se bem: o fator determinante não reside na abertura da licitação a estrangeiros, mas na sua adaptação à participação de estrangeiros. Vale registrar essa ressalva, pois desde a revogação do art. 171 da Constituição da República e diante do princípio da igualdade, toda e qualquer licitação está, a princípio, aberta a brasileiros e a estrangeiros estabelecidos no Brasil. Daí porque o fator de diferenciação não reside no grau da "abertura" do certame, mas sim no "objetivo" de atrair estrangeiros, sobretudo os que ainda não atuam no Brasil. Isso exige da entidade contratante esforços para adaptar o ato convocatório e seus anexos a essa pretensão.

Egon Bockmann Moreira, Bernardo Strobel Guimarães e Lino Torgal também se manifestam nesse sentido. Para eles, não há no ordenamento jurídico pátrio a figura das licitações exclusivamente nacionais, nas quais se admitiria a participação exclusiva de empresas brasileiras. Em virtude do art. 3º, §1º, II, Lei n. 8.666/93 e do art. 5º, *caput* da CF, qualquer pessoa que preencha os requisitos da lei e do edital está autorizada a participar do certame, não havendo diferenciação entre brasileiros e estrangeiros residentes no país. A nacionalidade ou naturalidade dos licitantes não há que ser invocada como critério de preferência nas licitações. Ao adotar tal posição, a legislação pátria "claramente se filia às diretrizes internacionais que estipulam que o acesso ao mercado público por empresas estrangeiras deve dar-se em termos análogos aos garantidos aos agentes econômicos locais" (MOREIRA *et al.*, 2015, p. 72).

Eros Roberto Grau (1992, p. 428), quando da análise do Decreto-Lei n. 2.300/86, diploma que disciplinava o regime das licitações antes da Lei n. 8.666/93, ensina que a licitação internacional não se limita a permitir a participação de licitantes estrangeiros no certame, uma vez que, nos termos do art. 3º, §1º, I, do Decreto-Lei, cujo conteúdo foi acompanhado, em partes, pelo art. 3º, §1º, II, da Lei n. 8.666/03, é vedado aos agentes públicos estabelecer condições desiguais em virtude da naturalidade e sede das empresas na licitação. Para o autor, licitação internacional é aquela em que se assegura a publicidade no exterior, para além do território nacional, no intuito de conferir o caráter internacional à disputa. A esse respeito, contudo, bem pontua Rafael Wallbach Schwind (2013, p. 29) que a mera divulgação do certame no exterior é insuficiente a caracterizar uma licitação como internacional. Se assim o fosse, seria necessário que a lei, expressamente, previsse a necessidade da publicação do edital no exterior, bem como estipulasse os critérios de divulgação, o idioma do edital, em quais países o edital deveria ser publicado, dentre outros. Para o autor, com o avanço da internet, é possível que empresas estrangeiras tenham contato com editais de licitações brasileiras, sem que seja conferida publicidade internacional, e participem, dentro dos requisitos legais e do edital, do certame.

Da mesma forma, resta evidente que grande parte da doutrina toma a licitação internacional não como aquela realizada no exterior, aquela financiada por recursos externos ou que realize publicidade no exterior. Para ser configurada uma licitação internacional, o edital deve prever expressamente que o certame é aberto a licitantes estrangeiros e adequar-se às disposições da Lei n. 8.666/93 que disciplinam a matéria (também nesse sentido, cf. SCHWIND, 2013, p. 34).

Na definição aqui adotada, a origem dos bens ou dos serviços objeto do contrato futuro tampouco constitui fator determinante para caracterizar a licitação internacional. Essa advertência é relevante, na medida em que a Lei de Licitações inclui definições sobre bens e serviços nacionais, buscando diferenciá-los dos estrangeiros, o que pode ocasionar mal-entendidos interpretativos. Para a contratação dos bens e serviços nacionais,[3] é preciso ter em mente que a legislação autoriza somente a previsão de margens de preferência. Globalmente, porém, o preço adicional não deve ultrapassar 25% sobre o preço dos produtos manufaturados e serviços estrangeiros, nem ser aplicado, em uma licitação, para bens e serviços cuja produção ou prestação no país seja inferior à quantidade a ser adquirida pelo Estado (art. 3º, § 5º e seguintes).

Modalidades de licitação internacional

Ainda que reconheça a licitação internacional, a legislação prescinde de normas acerca de todos os seus aspectos operacionais. É preciso indagar, por exemplo: existe procedimento específico para essa licitação? Quais são as regras gerais de seu regime jurídico? Os licitantes estrangeiros se beneficiam de regras diferenciadas nas mais diversas fases do procedimento de contratação?

---

[3] Produtos manufaturados nacionais aqueles "produzidos no território nacional de acordo com o processo produtivo básico ou com as regras de origem estabelecidas pelo Poder Executivo federal", enquanto serviços nacionais são aqueles "prestados no País, nas condições estabelecidas pelo Poder Executivo federal" (art. 6º, XVII e XVIII, incluídos pela Lei 12.349/2010).

No tocante às modalidades, uma leitura apressada da Lei de Licitações induz interpretações equivocadas. Prescreveu o legislador que:

> Art. 23 (...)
> § 3º: A *concorrência é a modalidade de licitação cabível* (...) *nas licitações internacionais*, admitindo-se neste último caso, observados os limites deste artigo, a tomada de preços, quando o órgão ou entidade dispuser de cadastro internacional de fornecedores ou o convite, quando não houver fornecedor do bem ou serviço no país (g. n.).

Primeiramente, a Legislação abre espaço para o uso de três procedimentos, mas prevê a concorrência como regra geral e a tomada de preços e o convite como alternativas condicionadas. Em qualquer hipótese, a concorrência é aceitável, já que se trata do procedimento mais completo, adequado para análises aprofundadas de requisitos de habilitação necessários a revelar a verdadeira capacidade executória dos licitantes em relação ao contrato proposto.[4] Para as outras duas modalidades, há que se observar condições especiais:

A *tomada de preços internacional* é válida para contratos de compras e serviços em geral no valor de até R$ 650.000,00 ou contratos de obras e serviços de engenharia no valor de até R$ 1.500.000,00. Além de o valor contratual não atingir esses tetos, exige-se que a entidade contratante disponha de cadastro internacional de fornecedores.

O *convite internacional* vale para contratos de compras e serviços em geral de até R$ 80.000,00 ou contratos de obras e serviços de engenharia de até R$ 150.000,00, mas somente quando inexistir fornecedor do bem ou do serviço no país. Essa última condição deve ser entendida da seguinte maneira: o convite não deve incluir fornecedores estrangeiros que ainda não operam no Brasil, quando houver no mínimo três fornecedores atuan-

---

[4] A escolha da concorrência como modalidade geral repousa no fato de que ela "amplia o universo da licitação, porquanto dispensa qualquer pré-requisito para a participação de interessados. O que vem ao encontro das circunstâncias mercadológicas em que se operam (...) os certames internacionais, que se peculiarizam por sua competitividade ou complexidade". (PEREIRA JUNIOR, 2009, p. 279). Portanto, a previsão de que a concorrência pode substituir qualquer outra modalidade de licitação demonstra que ela é mais ampla e completa que as demais.

tes no Brasil (brasileiros ou estrangeiros devidamente autorizados nos termos do Código Civil) com capacidade de atender à demanda estatal.

Para além dessas três modalidades, resta saber se é lícita a realização de concurso internacional e de leilão internacional. A princípio, o art. 23, § 3º não trata do assunto e, por interpretação negativa, chegar-se-ia rapidamente à conclusão de que o emprego dessas duas modalidades seria ilegal. No entanto, um exame mais abrangente da Lei oferece respostas em outro sentido.

O leilão internacional encontra previsão não no dispositivo que contém sua definição legal (art. 22, § 5º), mas sim em outro trecho da Lei. O art. 53, § 3º estabelece que, "nos *leilões internacionais*, o pagamento da parcela à vista poderá ser feito em até vinte e quatro horas" (g.n.). Desse breve texto resulta que, uma vez respeitadas as situações contratuais em que o leilão é possível (ex. alienação de bens ou concessões de serviços), nada impedirá sua adaptação à participação ampla de estrangeiros a despeito do valor do contrato e independentemente de qualquer outra condição especial.

Quanto ao concurso, igualmente, não há menção expressa na Lei de Licitações da sua previsão para realização no âmbito internacional, tanto que, para alguns autores, esta é a única modalidade licitatória que não pode se dar no âmbito internacional (PEREIRA, 2013, p. 72). Entretanto, a possibilidade de realização de *concurso internacional,* apesar de não constar expressamente da Lei n. 8.666/1993, decorre de uma argumentação *"a maiori, ad minus".* Se for lícito o mais, será lícito o menos! Entende-se essa argumentação na medida em que se reconhece que o concurso constitui modalidade voltada à seleção de trabalho técnico, artístico ou científico e que envolve pagamento por remuneração ou por prêmio. Ora, uma vez que se aceita a realização de uma concorrência internacional para execução de serviços complexos e com grande dispêndio de recursos financeiros pelo Estado, qual a razão para se negar a abertura de um concurso a licitantes estrangeiros, por exemplo, para fins de contratação de um projeto arquitetônico?

Assim como a concorrência, também é possível que o concurso envolva uma ampla análise de requisitos de habilitação. Fora isso, essa modalidade permite uma formatação flexível da comissão de licitação, sobretudo para viabilizar a presença de grandes especialistas no serviço ou na mercadoria que é objeto do contrato e, a depender da estratégia licitatória, sequer envolverá dispêndio significativo de recursos financeiros, já que ao vencedor se poderá atribuir um prêmio no lugar da remuneração financeira. Por todas essas razões, não se mostra incompatível com a Lei de Licitações a condução de concurso internacional a despeito de menção em norma explícita.

Regime jurídico das licitações internacionais

Um dos princípios centrais do modelo licitatório é a isonomia. Todo certame visa a oferecer aos agentes econômicos as mesmas oportunidades de acesso a mercados públicos, de sorte a consagrar o ideal de Estado democrático e republicano, bem como os princípios da ordem econômica, mormente a livre iniciativa. Assentado sobre esses valores, o art. 3º, § 1º, inciso II da Lei n. 8.666/1993 veda ao ente contratante determinar trato diferençado de espécie "comercial, legal, trabalhista, previdenciária ou qualquer outra, entre *empresas brasileiras e estrangeiras*, inclusive no que se refere a moeda, modalidade e local de pagamentos, *mesmo quando envolvidos financiamentos de agências internacionais...*" (g.n.), a não ser em relação a serviços de informática e automação no termos de legislação especial (Lei n. 8.248/1991).

O art. 3º, contudo, não trata, nem delimita toda a complexidade do regime jurídico das licitações internacionais por inúmeras razões. Em primeiro lugar, o art. 42, *caput*, dispõe que, "nas concorrências de âmbito internacional, o edital deverá *ajustar-se às diretrizes da política monetária e do comércio exterior* e *atender às exigências dos órgãos competentes*" (g.n). Em segundo, existem normas especiais acerca da habilitação, do julgamento e de aspectos contratuais relativos a empresas estrangeiras. Por mais que alguns desses dispositivos legais se refiram unicamente à *concorrência* internacional, eles incidem por analogia a qualquer procedimento licitatório internacional.

Requisitos de habilitação

Como etapa destinada à investigação da viabilidade de execução do futuro contrato pelos licitantes em disputa, a habilitação varia tanto em virtude da modalidade procedimental, quanto da natureza nacional ou internacional da licitação. Há que se levar ambos os fatores em consideração quando se investiga a legalidade de requisitos de habilitação contidos em certo ato convocatório. Além deles, imprescindível à verificação da legalidade é a observância da razoabilidade na escolha desses requisitos pela entidade contratante, haja vista que a inadequação ou o excesso em sua definição muitas vezes ocasiona a redução da competição e, por reflexo, prejudica o interesse de a Administração Pública celebrar o contrato mais vantajoso.

De acordo com a Lei n. 8.666/1993 (art. 27), os requisitos de habilitação se esgotam na documentação tratada pelos art. 28 a 31, toda ela supostamente útil a comprovar em relação a cada licitante: 1) a habilitação *jurídica*; 2) a qualificação *técnica*; 3) a qualificação *econômico-financeira*; 4) a regularidade *fiscal* e 5) *trabalhista*, inclusive no tocante ao cumprimento de normas constitucionais relativas ao *trabalho de menores* (art. 7º, XXXIII da CF).

A legislação aponta os cinco elementos como um "teto", como já prelecionaram Adilson Abreu Dallari (2007, p. 135) e Marçal Justen Filho (2012, p. 458). Melhor dizendo: os requisitos previstos no texto normativo representam a "documentação máxima" exigível dos licitantes com o objetivo de verificar sua capacidade de execução do contrato proposto. Orientada pela razoabilidade e pela finalidade pública da contratação, a entidade estatal deverá selecionar os requisitos adequados para cada licitação e seu respectivo objeto dentre os permitidos na lei. Isso se extrai inicialmente do art. 27, *caput*, conforme o qual a Administração solicitará documentação "exclusivamente" sobre os itens apontados em seus incisos, ou seja, não inventará exigências que extrapolem as previsões legais.

Já o art. 32, § 1º dispõe que "a documentação de que tratam os art. 28 a 31 poderá ser dispensada, no todo ou em parte, nos casos de convite, concurso, fornecimento de bens para pronta entrega e leilão". Em linha com os comentários de Marçal Justen Filho (2005, p. 353), a dispensa de requisitos de habilitação caberá nos "casos em que não houver dilação temporal entre o momento da contratação e da execução da prestação por parte do particular", ou seja, "quando a prestação for executada pelo particular imediatamente após avençado o contrato", caso em que "não haverá necessidade em maior investigação da idoneidade dele". Além disso, será aceitável "quando o montante quantitativo da licitação for reduzido ou quando a natureza do contrato não exigir maiores indagações sobre a situação subjetiva do interessado".[5]

---

[5] Pereira Júnior (2009, p. 32) adverte, porém, que a prova de regularidade perante a seguridade social não pode ser afastada da habilitação, uma vez que a Constituição proíbe a contratação, pelo Poder Público, de pessoa jurídica em débito com a Previdência (art. 195,

Habilitação em licitações internacionais

A Lei n. 8.666/1993 abordou de modo expresso as licitações internacionais ao tratar da fase de habilitação. Determina o art. 32, § 4º que:

As *empresas estrangeiras* que *não funcionem* no País, *tanto quanto possível*, atenderão, nas licitações internacionais, às exigências dos parágrafos anteriores mediante *documentos equivalentes, autenticados pelos respectivos consulados* e *traduzidos por tradutor juramentado*, devendo ter *representação legal no Brasil* com poderes expressos para receber citação e responder administrativa ou judicialmente (g.n.).

Perante esse rico parágrafo normativo, é preciso enfatizar inúmeros mandamentos. Em primeiro lugar, dele se extrai que a participação em licitações brasileiras se abre tanto a empresas estrangeiras que "*funcionem no país*", quanto a empresas estrangeiras "que *não funcionem no país*". Ambas são sociedades constituídas sob leis estrangeiras e cuja sede não se encontra no país. No entanto, as primeiras operam em território nacional sob autorização governamental, inclusive por meio de contratos com o Poder Público, e desempenham suas atividades no solo brasileiro de forma contínua e permanente; enquanto as segundas não agem no território nacional, ou agem de forma eventual e isolada, mas podem celebrar contratos com o Brasil, por exemplo, após vencerem uma licitação conduzida por embaixada no exterior ou uma licitação realizada no país, mas cujo contrato se execute em território estrangeiro.

Em relação às primeiras empresas (sociedades estrangeiras em funcionamento no Brasil), o art. 32, § 4º não as menciona, mas o art. 28, inciso V, sim. De acordo com esse último dispositivo, conforme o caso, na documentação relativa à habilitação jurídica, é "possível" exigir do licitante, em se tratando de empresa ou sociedade estrangeira em funcionamento no país, "decreto de autorização (...) e ato de registro ou autorização para funcionamento expedido pelo órgão competente, quando a atividade assim o exigir". Embora a exigência pareça recair no espaço de discricionariedade do ente contratante, uma interpretação sistemática do direito brasileiro revela que a norma da Lei de Licitações não se sustenta.

§ 3º, CF). Essa observação deve ser lida com ressalvas, pois naturalmente a comprovação do recolhimento apenas será exigível no caso de a empresa empregar mão de obra vinculada ao regime previdenciário brasileiro, o que nem sempre acontecerá.

Com efeito, em alguns momentos, a Lei de Licitações de 1993 deve ser interpretada à luz do direito civil, que disciplina as regras concernentes, dentre outros, à personalidade jurídica. Com ressalta Bacellar Filho (2007, p. 28), o direito administrativo e o direito civil estão inseridos na mesma ordem constitucional, de modo que há uma construção de vasos de comunicação entre eles; um diálogo necessário que influencia a interpretação das relações regidas por ambos os ramos do direito. É exatamente o que ocorre nesse cenário.

O Código Civil de 2002 disciplina a sociedade estrangeira nos art. 1.134 a 1.141. Em apertada síntese, referidos dispositivos: 1) exigem que qualquer sociedade estrangeira solicite autorização do Executivo para funcionar no Brasil (art. 1.134); 2) permitem ao Estado brasileiro estabelecer condicionamentos à autorização no intuito de defender os "interesses nacionais" (art. 1.135); 3) exigem inscrição da empresa em livro especial para sociedades estrangeiras (art. 1.136); 4) impõem o respeito à legislação e a sujeição aos tribunais pátrios (art. 1.137); 5) determinam a abertura de representação permanente no Brasil com poder para resolver quaisquer questões e receber citação judicial pela sociedade e 6) tornam obrigatória a aprovação pelo Estado de alterações no contrato social ou no estatuto como requisito de sua eficácia em território brasileiro (art. 1.139).[6]

Fora isso, cumpre frisar que as empresas estrangeiras que desejem operar no Brasil e acessar mercados públicos devem observar as regras contidas no Código Civil no que toca à autorização governamental e às demais exigências previstas nos artigos mencionados em momento anterior à fase de habilitação na licitação, em razão de dois motivos.

O primeiro reside no fato de que o art. 28, V, Lei de Licitações, é expresso a determinar que se apresente o decreto governamental de autorização no momento da habilitação da empresa. Já o segundo motivo diz respeito às dificuldades de se condicionar a assinatura do contrato a uma condição futura e incerta, uma vez que a autorização para funcionar no Brasil não ocorre de modo automático. Caso fosse autorizada a apresentação tardia do decreto governamental, a celebração do contrato administrativo pode-

---

[6] "O cumprimento das normas relativas à autorização e registro implica uma *equiparação jurídica* entre a sociedade estrangeira e a nacional, ficando ambas sujeitas *in totum* ao ordenamento jurídico brasileiro e à jurisdição nacional. A partir desse instante, os atos que as empresas estrangeiras praticam no Brasil sujeitam-se de modo integral ao direito e à jurisdição pátrios" (MOREIRA et. al., 2015, p.77).

ria ser inviabilizada por conta do indeferimento da autorização ou por demora excessiva em sua expedição, casos em que se frustraria a licitação em prejuízo a interesses públicos primários.

Já no que se refere às empresas estrangeiras que *não funcionam* no país (inclusive as que meramente detêm ações de SPE),[7] o Código Civil não se aplica, mas o art. 32, § 4º da Lei de Licitações prevê algumas normas relevantes. Por um lado, esse dispositivo confere a tais empresas o direito subjetivo de se habilitarem apenas com a juntada de *documentos equivalentes,* mas condiciona a aceitação destes e doutros documentos estrangeiros à autenticação consular e à tradução juramentada para o português. Por outro, o dispositivo demanda que as empresas mencionadas disponham de representação legal no Brasil com poderes expressos para receber citação e responder administrativa ou judicialmente. Contudo, referida exigência afigura-se despropositada à primeira vista. Afinal, se a empresa não funciona no Brasil, por que deveria ter representação em território nacional?

Para solucionar essa dúvida, é imprescindível distinguir certos casos. No primeiro, a empresa estrangeira que *não atuava* no Brasil, vence a licitação e passa a agir em território nacional, hipótese em que necessitará cumprir as regras do CC, inclusive mediante a fixação de representação no país. No segundo, a empresa estrangeira ganha a licitação conduzida no Brasil, mas não se estabelece no país, pois executará o contrato a partir de território estrangeiro. Na terceira, a empresa atua fora do Brasil, ganha certa licitação realizada fora do país e executa o contrato no exterior.

---

[7] A participação de sociedade estrangeira em sociedade de propósito específico não deve ser considerada como atuação nacional para fins de aplicação das normas civilistas. De acordo com o art. 1.134 do Código Civil, as empresas estrangeiras não precisam de autorização quando são "acionista de sociedade anônima brasileira". "Logo, é perfeitamente possível que uma empresa estrangeira que não atue no Brasil venha a participar da licitação se, ao final desta, ela vier a assumir unicamente a condição de acionista da sociedade de propósito específico responsável pela execução do objeto (desde que a SPE seja uma S.A.)". (MOREIRA, et. al., 2015, p. 87). Tal hipótese é relevante nos casos em que da licitação resultar um contrato de natureza concessória, nos termos do art. 9º, da Lei nº 11.079/2004 (Lei de PPPs), que exige a constituição de uma SPE, e do art. 20, da Lei no 8.987/1995 (Lei Geral de Concessões), "que faculta que o Poder Concedente exija sua constituição previamente à execução do objeto, desde que haja previsão editalícia nesse sentido". A incidência de tais regras pode conduzir, portanto, à possibilidade de participação de empresas estrangeiras em certames licitatórios relativos a projetos de infraestrutura, desde que não se configure a atuação isolada de empresa estrangeira (MOREIRA, et. al., 2015, p. 87).

Em virtude da pluralidade de hipóteses concebíveis – todas elas a demonstrar os diferentes graus possíveis de relação de um licitante estrangeiro com o território nacional –, o art. 32, § 6º adequadamente relativiza as exigências previstas no § 4º. No entanto, essa mitigação atinge somente os casos de: 1) licitações internacionais para aquisição de bens e serviços cujo pagamento se faça com o produto de financiamento concedido por organismo financeiro internacional de que o Brasil faça parte ou por agência estrangeira de cooperação; 2) compras, celebradas com empresa estrangeira, de equipamentos fabricados e entregues no exterior, com a condição de que haja prévia autorização do chefe do Executivo e 3) aquisição de bens ou serviços realizada por unidades administrativas brasileiras com sede no exterior. Nessas três hipóteses, afasta-se igualmente a exigência de que o contrato contenha cláusula que declare o foro da sede da Administração para dirimir qualquer questão contratual (art. 55, § 2º).[8]

Ainda que seja compreensível e lógico em sua finalidade, o mandamento contido no § 6º mostra-se bastante problemático, haja vista que nele se impõe o afastamento das exigências do § 4º, mas não se explicitam quais, nem como. Todas as exigências cairão por terra ou apenas algumas? Os três casos excepcionais receberão tratamento idêntico? A solução desses problemas requer a interpretação lógica e teleológica dos dispositivos legais em comento.

No tocante às licitações realizadas *sob normas internacionais*, se os contratos forem executados no Brasil, é compreensível exigir a autorização de atuação da empresa no Brasil e a representação em território nacional por força das normas posteriores e superiores do Código Civil. Nesse caso, a ressalva do § 6º perde o sentido. O direito à possibilidade de juntada de documentos equivalentes também deve ser mantido nessa hipótese, bem como a determinação de consularização como meio de reconhecimento

---

[8] Nos contratos em geral, o foro será sempre o local da sede do órgão da Administração direta ou indireta que tenha celebrado o contrato, não sendo possível a escolha, pela própria Administração Pública, de foro diverso do local em que se situa. Para Justen Filho (2005, p. 497), o escopo desse mandamento é tutelar a soberania do Estado brasileiro, daí ser fundamental estabelecer a competência da jurisdição brasileira. No entanto, defende o autor que o §2º é parcialmente inconstitucional, pois, ao determinar a obrigatoriedade de cláusula de eleição de foro da sede da unidade administrativa, entra em conflito com o art. 109, §2º, da Constituição Federal, que faculta ao particular escolher o local em que litigará com a União (JUSTEN FILHO, 2005, p. 497).

de autenticidade de um documento produzido no exterior. Já a exigência de tradução dependerá das regras da entidade financiadora internacional.

Nos dois casos restantes (aquisição de equipamento fabricados e entregues no exterior e aquisição de bens ou serviços por unidades estrangeiras), a representação no país torna-se desnecessária, pois o fato de o licitante estrangeiro vencer a licitação não o obriga a atuar no Brasil. Por reflexo, não terá que observar o Código Civil simplesmente por celebrar o contrato com a Administração.[9] Já o direito do estrangeiro à juntada de documentos equivalentes na licitação para fins de habilitação se mantém por igual. Afinal, se ele não atua nem nunca atuou no Brasil, naturalmente não terá como juntar documentos nacionais. A seu turno, a consularização e a tradução mostram-se desnecessárias quando a contratação ocorrer no exterior, porém afigura-se oportuno exigir que ente contratante providencie a documentação adequada a viabilizar o controle efetivo da licitação. Uma solução para tanto consiste em exigir dos interessados em licitações de unidades administrativas brasileiras no exterior a entrega de documentos em inglês.

Nos casos não enquadrados na exceção prevista no art. 32, § 6º da Lei 8.666/93, os licitantes estrangeiros deverão observar o disposto no art. 32, § 4º e apresentar, *sempre que possível*, "documentos equivalentes, autenticados pelos respectivos consulados e traduzidos por tradutor juramentado". Devem, ainda, "ter representação legal no Brasil com poderes expressos para receber citação e responder administrativa ou judicialmente". Todos esses mandamentos merecem algumas considerações.

A consularização configura regra obrigatória para apresentação dos documentos das empresas estrangeiras, como já se manifestaram a Secretaria da Fazenda do Estado de Minas Gerais[10] e o Tribunal de Justiça do

---

[9] Em sentido semelhante ao aqui defendido, Marçal Justen Filho também relativiza as exceções do art. 32, § 6º ao afirmar que "o dispositivo refere-se especialmente à parte final do §4º, que previu a obrigatoriedade da eleição da jurisdição brasileira e da manutenção de procurador com poderes para receber citação perante a Justiça brasileira. Dispositivo dessa ordem poderia inviabilizar a contratação, especialmente nas hipóteses em que o contrato devesse ser executado no estrangeiro" (JUSTEN FILHO, 2005, p. 358).

[10] Resposta à Impugnação SEF 200/2011, Secretaria do Estado da Fazenda de Minas Gearais. http://www.fazenda.mg.gov.br/empresas/licitacoes/concorrencia/Resposta_Impugnacao_Concorrencia_SEF_200_2011.pdf

Estado do Pernambuco,[11] dentre outros. Os documentos referentes à constituição de tais empresas, uma vez elaborados sob as leis de seu país de origem, devem ser submetidos ao crivo do consulado brasileiro, no intuito de se conferir autenticidade aos mesmos e para que tenham validade internamente. Ademais, em tese, todo documento estrangeiro deve ser traduzido por um tradutor juramentado no Brasil. No entanto, tal regra vem sendo relativizada no intuito de assegurar a efetiva competitividade na licitação, como já se posicionou o Superior Tribunal de Justiça.[12] Diferentemente da consularização, a ausência de tradução juramentada não é suficiente a ensejar a inabilitação da empresa licitante, já que constitui um vício formal facilmente sanável.

Por fim, a exigência de um representante legal com poderes para responder judicial ou administrativamente pela empresa constitui requisito indispensável, na medida em que facilita a relação da empresa estrangeira com a Administração Pública. O representante será o canal de comunicação entre a empresa estrangeira e a Administração, devendo ter poderes para receber citação e responder judicial e administrativamente, de sorte a evitar delongas processuais (afinal, quando há representante, a citação da empresa não se efetiva através de carta rogatória). A representação deve, assim, perdurar até que se encerre o vínculo entre o particular e a Administração Pública; vínculo este que não se confunde com o fim do processo, mas se refere ao fim da conexão entre as partes contratantes.

Documentos equivalentes

O direito do licitante estrangeiro à juntada de documentos equivalentes merece comentários adicionais pela sua relevância para a real abertura dos mercados públicos brasileiros. Documento equivalente significa documento análogo, que desempenha a mesma função ainda que expedido em outro país. Por cumprir a mesma função, ele serve a viabilizar o cumprimento um critério de habilitação na falta de documentos brasileiros, por exemplo. Como a lei não faz qualquer diferenciação, documentos equivalentes são aceitáveis a princípio para qualquer critério de habilitação, salvo

---

[11] TJPE. Ap. nº 56288-3/99. 2ª Câmara. DJ 10/08/2001. Revista Fórum Administrativo – Direito Público. Vol. 16. Ano 2. Jun 2002.
[12] STJ, MS 5.281/DF, Rel. Demócrito Reinaldo, Rel. para acórdão Min. Humberto Gomes de Barros, 1ª Seção, j. 12/11/1997, DJ 09/03/1998.

no tocante a informações detidas exclusivamente pelo Estado brasileiro, as quais, por natural, não podem ser objeto de atestados de entidades estrangeiras, nem de entes privados.

Como se demonstrou, o art. 32, § 4º confere o direito de juntada de documento equivalente a empresas que não operam no Brasil. "Empresa" deve ser entendida como sinônimo de licitante estrangeiro, não somente como sociedades comerciais com propósito lucrativo e sede em outro país. Apesar da confusa redação do art. 32, § 6º, demonstrou-se que a documentação equivalente vale também em licitações para aquisição de equipamentos fabricados e entregues no exterior ou de bens ou serviços por unidades estrangeiras.

Dúvida resta sobre a aplicação desse direito para empresas estrangeiras que atuam no país. Situações existem em que a licitação ocorre no Brasil e dela participa uma empresa estrangeira em fase de instalação ou recém-instalada no país. Em ambas as situações, o art. 32, § 4º a princípio não se aplicaria à luz de uma interpretação literal. Não obstante, defende-se que o direito de juntada de documentos equivalentes deverá beneficiar esses licitantes sob pena de se colocá-los injustificadamente em situação desvantajosa em relação aos demais licitantes brasileiros e, pior, a licitantes estrangeiros que sequer operam no país. Em outras palavras: se uma empresa não vinculada ao Brasil desfruta do direito de juntar documentos equivalentes; uma empresa estrangeira recém-instalada no país há que gozar do mesmo benefício, sobretudo quando necessário para comprovar sua experiência técnica anterior.

A despeito dessas discussões, em qualquer das hipóteses narradas, o uso de documentos equivalentes se sujeita a condições. A Lei de Licitações exige a validação consular e a tradução juramentada. Tais requisitos legais sofrem exceções já debatidas, devendo-se aplicar em regra a licitações realizadas no Brasil. Diante da obrigatoriedade da consularização e da tradução, cabe à autoridade pública fixar, a partir dos limites mínimos estabelecidos em lei, um prazo razoável para entrega da documentação, ou seja, prazo que permita a observância das condições legais por licitantes estrangeiros e sua efetiva participação no certame.

Fora isso, é preciso discutir se e em que medida outros requisitos de limitação do uso de documentos equivalentes podem ser estabelecidos por lei estadual ou municipal, bem como por atos normativos da Administração. Essa discussão é relativamente simples, pois se resolve mediante o emprego de técnicas de hierarquização das fontes do direito positivo e com suporte em normas de divisão de competências administrativas no federalismo brasileiro.

A competência exclusiva para editar normas de direito comercial, civil e normas gerais sobre licitações e contratos administrativos pertence ao Congresso Nacional. Como se viu, o direito à juntada de documento equivalente está assegurado na Lei Geral de Licitações e Contratos editada pelo Congresso e, a princípio, supõe-se que configura norma válida para todos os entes da federação. De outra parte, ao cuidar da matéria, a Lei n. 8.666/1993 não previu qualquer necessidade de detalhamento posterior, nem se valeu da técnica da deslegalização.

Esses motivos bastam para afirmar que Estados e Municípios prescindem de competência para modificar ou limitar referida norma, por exemplo, mediante requisitos adicionais que dificultem ou obstem o direito subjetivo garantido ao licitante estrangeiro em certames estaduais ou locais. A mesma vedação atinge a Administração Pública de qualquer esfera federativa no exercício de seu poder normativo interno e em sua competência para elaborar atos convocatórios. Descabe ao ente contratante se valer do poder normativo interno para restringir o direito de juntada de documentos equivalentes.

A proibição de que Estados da federação, Municípios e entes da Administração Pública em geral limitem o direito em questão se sustenta igualmente no objetivo geral da vantajosidade, consagrado no art. 3º da Lei Geral de Licitações. Dele resulta o dever de o ente contratante tomar as medidas necessárias para estimular a competição no certame com o escopo de elevar as chances de o Estado celebrar o melhor contrato. Após a edição da EC n. 6/1995, a estratégia elaborada na fase interna da licitação com o objetivo de promover a vantajosidade há que levar em conta o fato de que a norma constitucional anteriormente discriminadora de empresas de capital nacional e empresas estrangeiras deixou de existir, razão pela qual a competição no certame necessita ser pensada sem distinções entre brasileiros e estrangeiros, salvo no tocante a empresas de pequeno porte por força do art. 170, IX da CF.

Barreiras criadas por entidades profissionais

A participação de licitantes estrangeiros em certames brasileiros gera uma discussão inevitável acerca da relação entre condicionamentos legais ao exercício de atividades profissionais e legislação geral de licitação. Entra-

-se aqui em um debate sobre a validade de normas de leis federais, ordinárias ou complementares, que obstam a participação estrangeira e, por conseguinte, fecham os mercados públicos nacionais.

Um exemplo ajuda a ilustrar a discussão. A Lei n. 5.194/1966 regula o exercício das profissões de engenheiro.[13] Para o amplo campo da engenharia, o art. 2º, o art. 6º e o art. 15 da Lei de 1966 estabelecem normas gerais sobre exercício legal e ilegal da profissão e sobre os efeitos do exercício ilegal para contratos de obras ou serviços de engenharia. Vale a transcrição:

Art. 2º. O *exercício, no país, da profissão de engenheiro*... observadas as condições de capacidade e demais exigências legais, é assegurado: a) aos que possuam, devidamente registrado, diploma de faculdade ou escola superior de engenharia (...), oficiais ou reconhecidas, existentes no País; b) aos que possuam, devidamente revalidado e registrado no País, diploma de faculdade ou escola estrangeira de ensino superior de engenharia (...), bem como os que tenham esse exercício amparado por convênios internacionais de intercâmbio; c) aos estrangeiros contratados que, a critério dos Conselhos Federal e Regionais de Engenharia, Arquitetura e Agronomia, considerados a escassez de profissionais de determinada especialidade e o interesse nacional, tenham seus títulos registrados temporariamente. (g. n.)

Art. 6º. *Exerce ilegalmente a profissão* de engenheiro (...): a) a pessoa física ou jurídica que realizar atos ou prestar serviço público ou privado reservado aos profissionais de que trata esta lei e que não possua registro nos Conselhos Regionais; b) o profissional que se incumbir de atividades estranhas às atribuições discriminadas em seu registro; c) o profissional que emprestar seu nome a pessoas, firmas, organizações ou empresas executoras de obras e serviços sem sua real participação nos trabalhos delas; d) o profissional que, suspenso de seu exercício, continue em atividade; e) a firma, organização ou sociedade que, na qualidade de pessoa jurídica, exercer atribuições reservadas aos profissionais da engenharia (...) com infringência do disposto no parágrafo único do art. 8º desta lei. (g. n.)

---

[13] Originariamente, a Lei também regia a profissão de arquiteto. No entanto, a partir de 2010, seu âmbito foi reduzido, pois a profissão de arquiteto passou a ser objeto da Lei n. 12.378 (cf. art. 66).

Art. 15. São *nulos de pleno direito os contratos* referentes a qualquer ramo da engenharia (...), inclusive a elaboração de projeto, direção ou execução de obras, quando firmados por entidade pública ou particular com pessoa física ou jurídica não legalmente habilitada a praticar a atividade nos termos desta lei. (g. n.)

No que se refere às pessoas jurídicas, a Lei contém outras disposições relevantes. Conforme seu art. 59, *caput*:

As firmas, sociedades, associações, companhias, cooperativas e empresas em geral, que se organizem para executar obras ou serviços relacionados na forma estabelecida nesta lei, só poderão iniciar suas atividades depois de promoverem o competente registro nos Conselhos Regionais, bem como o dos profissionais do seu quadro técnico.

Já seu § 3º dispõe que *"o Conselho Federal estabelecerá, em resoluções, os requisitos que as firmas ou demais organizações previstas neste artigo deverão preencher para o seu registro"* (g.n.).

Com supedâneo nesse arcabouço normativo, editou-se a Resolução CONFEA n. 444/2010 para disciplinar os "procedimentos relativos ao consórcio de empresas, *participação de empresas estrangeiras em licitações* e acervo técnico de obras e serviços realizados no exterior" (g. n.). Diga-se bem: embora a Lei Federal n. 5.194/1996 não tenha feito qualquer menção explícita a licitações ou licitantes estrangeiros, o órgão profissional estabeleceu normativa sobre o tema, na qual despontam inúmeras barreiras à entrada de licitantes estrangeiros nos mercados públicos brasileiros. Dentre as diversas normas, a Resolução prescreve que:

Os consórcios de empresas que objetivem participar de licitações no Brasil devem avisar ao CREA sua *intenção* e lhe entregar vasta documentação, incluído edital de licitação, a certidão de registro no CREA das empresas consorciadas etc. (art. 1º).

As Câmaras Especializadas do CREA analisarão a documentação para "certificar-se" da *compatibilidade das empresas envolvidas com as atividades pleiteadas pelo consórcio*, com base nas informações constantes do edital (art. 2º).

Empresas estrangeiras sem filiais devidamente registradas no país deverão juntar: documentos de constituição e de seu corpo técnico, comprovantes relativos ao acervo técnico dos profissionais delas encarregados com a devida consularização e tradução juramentada *"pelo menos trinta dias antes da data prevista para a realização da licitação"*; cópia do Edital de Licitação em que deseja participar; além de dados relativos aos seus representantes legais no país. O cumprimento desses requisitos permitirá, por um único ano, participação em licitações (art. 5º).

Esses três mandamentos inquestionavelmente geram dificuldades exacerbadas à entrada de estrangeiros em licitações brasileiras. Contudo, o impacto econômico de uma norma jurídica não é condição suficiente para o reconhecimento de sua invalidade. Daí porque se torna imprescindível examinar, ainda que brevemente, se e por quais motivos os requisitos da referida Resolução esbarram no princípio da legalidade. Para tanto, uma série de razões poderiam ser apontadas, incluindo desde as limitações competenciais do CREA, a desconsideração dos diferentes modelos de licitações internacionais e dos modos de participação de licitantes estrangeiros, a colisão com normas gerais da Lei de Licitações e Contratos, inclusive no que tange ao direito de juntada de documento equivalente, até a incompatibilidade lógica com as normas do Código Civil.

Em primeiro lugar, é preciso buscar os fundamentos competenciais das resoluções do CREA. De acordo com previsão explícita do art. 2º da Lei n. 5.194/1966, os órgãos de engenharia detêm poder normativo para disciplinar e fiscalizar o exercício da profissão de engenheiro unicamente "no país". A Resolução CONFEA, porém, mistura em suas normas situações em que licitantes estrangeiros, vencedores de uma licitação, passam ou não a atuar no país. Contudo, se a licitação for realizada no Brasil, mas para produção de mercadoria e sua entrega no exterior, ou se for conduzida por entidade brasileira no exterior (como uma embaixada) ou mesmo sob normas de direito internacional, evidentemente que tais exigências não se aplicarão, quer por extrapolarem o âmbito de competência territorial do CREA, estabelecido no referido art. 2º, quer por afrontarem normas especiais, como as que regem licitações desenvolvidas em regime permeável a estipulações de acordos internacionais. Isso significa que as normas da Lei n. 5.194 e de qualquer Resolução nela baseada valem para o exercício da engenharia no território nacional e, por conseguinte, não são capazes de atingir todas as licitações brasileiras e todos os licitantes estrangeiros.

Em segundo lugar, por consequência do quanto exposto, não cabe ao CREA estabelecer, como fez no art. 5º da Resolução n. 444, qualquer restrição à empresa de engenharia sem filial no Brasil caso sua atuação não ocorra em território nacional. Além de lhe faltar competência (por força do art. 2º), o tratamento da participação licitatória de empresa que atue somente fora do Brasil consta de modo explícito do art. 32, § 4º da Lei de

Licitações. Mesmo que se desconsidere o vício de competência já discutido, o dispositivo da Lei Geral se sobreporá à normativa profissional por ser posterior e superior, além de específico quanto ao tema das licitações internacionais – o qual, vale reiterar, sequer consta de modo explícito do rol de competências regulamentares definido pela Lei n. 5.194/1966 (art. 27).

Em terceiro lugar, a Resolução, ao submeter às Câmaras Especializadas a análise da compatibilidade entre as empresas consorciadas e as atividades desenvolvidas pelo consórcio, extrapola a competência das referidas câmaras, que abarcam somente os poderes referidos pelo art. 46, Lei 5.194/1966, quais sejam:

a) julgar os casos de infração da presente lei, no âmbito de sua competência profissional específica; b) julgar as infrações do Código de Ética; c) aplicar as penalidades e multas previstas; d) apreciar e julgar os pedidos de registro de profissionais, das firmas, das entidades de direito público, das entidades de classe e das escolas ou faculdades na Região; e) elaborar as normas para a fiscalização das respectivas especializações profissionais; f) opinar sobre os assuntos de interesse comum de duas ou mais especializações profissionais, encaminhando-os ao Conselho Regional.

Logo, não consta das atribuições conferidas por lei às Câmaras Especializadas o poder de análise da compatibilidade entre empresas estrangeiras e consórcio. Reitere-se, por isso, que a Resolução extrapola os limites estabelecidos pela Lei n. 5.194/1966, o que demonstra sua ilegalidade por regulação excessiva, abusiva e anticompetitiva. Quem, de fato, deve se posicionar a respeito do alinhamento do consórcio às disposições do edital e da legislação é a Comissão da licitação, que analisará os documentos e as propostas dos licitantes, a fim de habilitá-los no certame.

Em quarto lugar, as restrições do art. 5º da Resolução violam frontalmente o direito subjetivo à juntada de documentos equivalentes por empresas não atuantes no Brasil e as normas do Código Civil. A autorização de funcionamento e a representação no Brasil impõem-se somente a empresas com atuação no território nacional. Empresas estrangeiras que ainda não atuem no país estão dispensadas de todos esses requisitos por interpretação negativa do Código. Em complemento, de acordo com a Lei de Licitações, estas mesmas empresas detêm direito subjetivo à juntada de documentos equivalentes, cuja consularização e tradução, inclusive, aceitam dispensa em inúmeras hipóteses (tal como demonstram as exceções previstas no art. 32, § 6º).

Ainda que a norma da Resolução em comento fosse aceitável sob uma análise de hierarquia das fontes e de divisão de competências, ela permaneceria incompatível com o direito positivo por esbarrar no princípio da vantajosidade e da competição, ambos regentes do modelo licitatório brasileiro. O art. 5º da Resolução dispõe que as empresas estrangeiras sem filial no Brasil teriam que informar ao CREA sua intenção de licitar e juntar documentação para análise da entidade profissional com, pelo menos, trinta dias de antecedência da data prevista para a licitação. A abusividade dessa determinação é patente, pois se sabe que muitas licitações sequer oferecem trinta dias para entrega de documentação, tal como se vislumbra nos prazos previstos na Lei n. 8.666 (art. 21, § 2º). É possível estipular cinco dias para entrega de documentos no convite; quinze dias nas tomadas de preço em geral e leilões e trinta dias para tomadas de preço nos tipos "melhor técnica" ou "técnica e preço", bem como trinta dias para concorrências em geral, salvo algumas exceções legais. Em qualquer dessas situações, ou seja, na quase totalidade das licitações, o prazo mínimo de trinta dias para encaminhamento do pedido ao CREA jamais poderá ser cumprido.

Isso justifica a suspeita de que a exigência de juntada de documentos ao CREA no prazo mínimo de 30 dias (maior que o prazo de entrega de documentação na grande parte das licitações) constitui somente uma forma disfarçada de excluir ou de dificultar a participação de entidades estrangeiras em certames internacionais realizados pelo Brasil. A finalidade anticoncorrencial do dispositivo se confirma quando a ele se agrega o dever de a empresa estrangeira informar ao CREA em que licitação específica deseja participar. A informação antecipada não somente cria um tratamento discriminatório nocivo das empresas estrangeiras em relação às brasileiras, como eleva seus custos de participação no certame e ainda afasta o elemento surpresa inerente à competição efetiva na licitação, dado o risco de vazamento dessas informações estratégicas para outros agentes de mercado interessados na disputa.

Em síntese, o artigo 5º da Resolução não se compatibiliza nem com o regime de empresas estrangeiras sem atuação no Brasil, nem com o regime das empresas estrangeiras com atuação nacional. Com dito, as primeiras sujeitam-se a regime licitatório especial, do qual consta o direito subjetivo à juntada de documentos equivalentes e se afastam as exigências de autorização para funcionamento no Brasil. Já as segundas, por atuarem no território nacional, passam por processo de autorização conduzido pelo governo federal e determinado por lei, devendo-se submeter ao mesmo regime das empresas nacionais, daí porque jamais poderiam ser forçadas a informar ao CREA suas intenções de participar em licitações.

CONSÓRCIOS E EMPRESAS ESTRANGEIRAS

Para objetos contratuais mais complexos, é usual que os licitantes se unam por mecanismos de cooperação, como o consórcio empresarial. Em regra, os consórcios se constituem por agentes econômicos atuantes no Brasil, mas não é de se destacar a possibilidade de que, por razões de conveniência empresarial, eles envolvam estrangeiros. Para essa hipótese específica, o legislador buscou oferecer alguns direcionamentos no art. 33, § 1º da Lei n. 8.666/1993. De acordo com esse dispositivo, "no consórcio de empresas brasileiras e estrangeiras *a liderança caberá, obrigatoriamente, à empresa brasileira*, observado o disposto no inciso II deste artigo" (inciso que faz referência ao cumprimento das condições de liderança previstas no ato convocatório) (g. n.).

Alguns autores defendem a inconstitucionalidade desse dispositivo. Para Marçal Justen Filho (2005, p. 361), uma vez que a Administração Pública pode realizar contratos com empresas estrangeiras, a proibição de que elas sejam líderes em um consórcio se mostra descabida. Ademais, tal impedimento se afigura com uma interferência indevida na liberdade de concorrência e no exercício de profissões. Acompanha este posicionamento Rafael Wallbach Schwind (2013, p. 71), que entende o dispositivo como um violador da isonomia, já que em um consórcio formado exclusivamente por empresas estrangeiras, não há qualquer vedação de liderança a uma delas.

Acredita-se, porém, que a boa compreensão do mandamento legal requer um exame histórico e, posteriormente, algumas distinções de cenário. É preciso partir, nesse sentido, da redação da Constituição da República de 1988, vigente até 1993, ano em que a Lei de Licitações foi promulgada. Àquela época, a Emenda Constitucional n. 6/1995 ainda não havia sido editada, motivo pelo qual vigia o art. 171, § 2º da CF, cujo teor merece transcrição: *"Na aquisição de bens e serviços, o Poder Público dará tratamento preferencial, nos termos da lei, à empresa brasileira de capital nacional"* (g.n.). Por sua vez, o art. 171, II definia a empresa brasileira de capital nacional como:

> (...) aquela cujo *controle efetivo* esteja em caráter permanente sob a titularidade direta ou indireta de *pessoas físicas domiciliadas e resi-*

dentes no País ou de entidades de direito público interno, entendendo-se por controle efetivo da empresa a titularidade da *maioria de seu capital votante e o exercício, de fato e de direito, do poder decisório* para gerir suas atividades (g.n.).

Com a Emenda Constitucional n. 6/1995, o art. 171 foi completamente revogado, sobrevindo ao Estado o mero dever de conferir "tratamento favorecido para as *empresas de pequeno porte* constituídas sob as leis brasileiras e que tenham sua sede e administração no país" (g. n.) (conforme o art. 170, IX, incluído pela referida Emenda). Por conseguinte, a diretriz de tratamento favorecido para empresas brasileiras de capital nacional, salvo quando de pequeno porte, caiu por terra. Essa constatação é relevante, uma vez que se elaborou e se editou a Lei de Licitações antes da Emenda, do que resulta: 1) a suposição de que seu texto sofreu a influência do então existente art. 171 e 2) a necessidade de se reinterpretar o art. 33, §1º à luz do texto constitucional modificado.

É com base nessas premissas que se deve observar a pretensa obrigatoriedade de liderança do consórcio por empresa brasileira. Quando da sua criação, a norma se sustentava no art. 171 da Constituição. Hoje, contudo, a raiz constitucional desapareceu, e tanto é assim que a legislação posterior sequer faz menção a esse requisito. É o que se vislumbra na Lei n. 8.987/1995 (art. 19) e na Lei n. 9.074/1995, que tratam de contratos de concessão, e na Lei n. 12.462/2011 (art. 14, parágrafo único), referente ao regime diferenciado de contratação. Em vista desses diplomas, a interpretação correta da Lei n. 8.666 se pauta pela lógica *"a maiore, ad minus"*. Como a liderança pela empresa brasileira é desnecessária para contratos custosos e extremamente complexos, com execução no Brasil e essenciais à vida da população, igualmente será para meros contratos operacionais, desvinculados da prestação de serviços públicos, como os contratos de obras, serviços e bens da Lei n. 8.666.

A norma de liderança para contratos instrumentais prevista na Lei n. 8.666/1993 deve ser, por conseguinte, relativizada e interpretada de modo lógico e sistemático. Para tanto, mostra-se fundamental resgatar a diferença básica entre empresas estrangeiras *com* e *sem* atuação no Brasil.

No primeiro caso, da empresa estrangeira *com* atuação no Brasil, devidamente autorizada pelos órgãos federais, não há razão para se impor a liderança da empresa brasileira, já que a estrangeira aqui atuante deverá possuir representação no país, inclusive com poderes para "resolver quaisquer questões e receber citação judicial pela sociedade", além de adaptar seu contrato social ou seu estatuto às normas nacionais (art. 1138 e 1139 do Código Civil). Sendo assim, o fato de a empresa líder ser estrangeira não gera *a priori* obstáculos para que a Administração contratante gerencie o contrato com eficiência. Se a empresa estrangeira atuar no Brasil mediante cumprimento das exigências do Código Civil, vedar sua liderança no consórcio implicará afrontar o princípio da igualdade dos licitantes (art. 3º da Lei n. 8.666/1993), sobretudo após a extinção da norma constitucional que autorizava diferenciação entre licitante estrangeiro e brasileiro.

No segundo caso, a situação afigura-se distinta, pois o consórcio seria liderado por empresa estrangeira *sem atuação* no Brasil (exatamente as empresas mencionadas no art. 32, § 4º da Lei de Licitações, parágrafo antes debatido). Sob essas circunstâncias, cumpre distinguir duas hipóteses. Na primeira, imagine-se um consórcio formado para executar um contrato administrativo no Brasil. Para ele, valerá a proibição da liderança por empresa estrangeira sem atuação no país. Na segunda, tomem-se os casos do art. 32, § 6º da Lei n. 8.666/1993, como licitações para aquisição de equipamentos fabricados e entregues no exterior e para aquisição de bens ou serviços por unidades estrangeiras. Em casos assim, a exigência de liderança nacional torna-se novamente inócua, imotivada e indevida.

Julgamento: regras especiais

Ao tratar das licitações internacionais, a preocupação do legislador brasileiro não se limitou à necessária adaptação da fase de habilitação à participação de licitantes estrangeiros. Além das diversas regras excepcionais até agora examinadas, a Lei n. 8.666/1993 contém dispositivos sobre o julgamento das propostas comerciais juntadas por agentes econômicos desse gênero.

O mandamento mais proeminente nesse cenário é o do art. 44, § 4º, que estende a propostas baseadas em mão-de-obra estrangeira a proibição de aceitação de "preços global ou unitários simbólicos, irrisórios ou de valor zero, incompatíveis com os preços dos insumos e salários de mercado, acrescidos dos respectivos encargos, ainda que o ato convocatório da licitação não tenha estabelecido limites mínimos (...)" (art. 44, § 3º).

Em sua redação originária, o § 4º estendia a aplicação do §3º às propostas dos *licitantes estrangeiros*, mas estabelecia como referência "os mercados nos países de origem". Com isso, o dispositivo prejudicava os licitantes brasileiros, submetendo-os a eventual confronto desvantajoso com a empresa estrangeira, que poderia contratar mão-de-obra em outros mercados por preços inferiores aos praticados no Brasil, reduzindo sobremaneira os cursos finais dos bens e serviços licitados.

Ainda no tocante aos aspectos da proposta comercial e do julgamento, dois outros artigos merecem consideração. O art. 40, IX prevê que o edital indicará obrigatoriamente *"condições equivalentes de pagamento entre empresas brasileiras e estrangeiras, no caso de licitações internacionais"* (g. n.). De outra parte, conforme o art. 42, § 1º, "quando for permitido ao *licitante estrangeiro cotar preço em moeda estrangeira*, igualmente o poderá fazer o licitante brasileiro" (g. n.). Já o § 3º do art. 42 impõe que "as *garantias de pagamento* ao licitante brasileiro serão *equivalentes àquelas oferecidas ao licitante estrangeiro*" (g. n.). E, na dicção do § 4º, com o propósito de julgamento da licitação, "as propostas apresentadas por licitantes estrangeiros serão *acrescidas dos gravames consequentes dos mesmos tributos que oneram exclusivamente os licitantes brasileiros quanto à operação final de venda* (...)".

Apesar das dúvidas acerca da constitucionalidade do § 4º,[14] o objetivo de todos os mandamentos apontados se resume a promover o tratamento formalmente isonômico de licitantes estrangeiros e brasileiros, de sorte a vedar condições mais favoráveis a agentes econômicos externos em detrimento dos nacionais. As normas em nenhum momento autorizam que a Administração Pública brasileira construa um cenário de protecionismo ou de vantagens indevidas aos brasileiros. Isso se extrai claramente do art. 3º, § 1º, II da Lei, de acordo com o qual é vedado aos agentes públicos:

(...) estabelecer *tratamento diferenciado* de natureza comercial, legal, trabalhista, previdenciária ou qualquer outra, entre *empresas brasileiras e*

---

[14] Para Marçal Justen Filho (2005, p. 410), "não seria cabível o simples acréscimo de valores às propostas de estrangeiros, correspondendo à carga tributária imposta ao licitante brasileiro. Isso somente seria admissível se essa tributação fosse efetivamente devida ao Fisco brasileiro, hipótese em que a proposta deveria tomá-la em consideração. (...) Somente se produz a dita equalização quando a proposta do licitante estrangeiro acarretar algum tipo de despesa para a Administração Pública, despesa essa que não haveria no tocante a proposta do licitante nacional". Segundo o autor (op. cit., p. 410), isso ocorre porque cada Estado possui seu próprio sistema tributário que influencia os custos dos bens licitados. Por esse motivo, não teria nenhuma justificativa plausível acrescer à proposta estrangeira os custos tributários nacionais. "Essa interpretação conduz à inviabilidade do julgamento das propostas e retrata expediente indireto e inválido para beneficiar as empresas nacionais" (JUSTEN FILHO, 2005, p. 410).

estrangeiras, inclusive no que se refere a moeda, modalidade e local de pagamentos, mesmo quando envolvidos financiamentos de agências internacionais, ressalvado o disposto no parágrafo seguinte e no art. 3º da Lei nº 8.248, de 23 de outubro de 1991. (g. n.)

Referido mandamento não impede todo e qualquer tipo de medida discriminatória no edital, mas simplesmente exige que não se destrua indevidamente a concorrência por meio de certas restrições a princípio indevidas. De acordo com Egon Bockmann Moreira *et al.* (2015, p. 73), regras discriminatórias para empresas estrangeiras serão aceitáveis desde que se destinem a "impedir que a igualdade seja corrompida por meio de atos e fatos exteriores à sociedade empresarial que pretende licitar". Daí a importância de se possibilitar a cotação de preço em moeda estrangeira e outras ações necessárias a equalizar as condições de competição ou, nas palavras de Justen Filho (2005, p. 410), oferecer um mesmo denominador a permitir a comparação. Sem essas cautelas, certamente a Administração incorrerá em graves erros ao comparar propostas de licitantes brasileiros e estrangeiros e ao buscar selecionar a proposta mais vantajosa.

Conclusão

A atração de licitantes estrangeiros a licitações brasileiras contribui não somente para que se contornem as implicações derivadas da política de combate à corrupção sobre os mercados públicos, senão igualmente para fomentar a competição por diversos tipos de contratos administrativos, para reduzir os riscos de colusão e para permitir que a Administração Pública celebre contratos cada vez mais vantajosos.

O desejo de promover a abertura dos mercados públicos esbarra, contudo, em obstáculos jurídicos. Nas linhas anteriores, demonstrou-se que a Lei Geral de Licitações e Contratos não disciplina a participação de licitantes estrangeiros de modo tão simples. É preciso reconhecer que a Lei não ignorou o tema por completo, nem deixou de tratar de peculiaridades relativas à fase de habilitação e julgamento de estrangeiros. No entanto, prescinde-se de uma definição clara de licitação internacional, de uma sistematização dos dispositivos relevantes e de harmonia plena entre o texto legal e o contexto político, econômico e constitucional vigente.

A partir da análise sistemática dos dispositivos legais, o artigo buscou apontar esses problemas e contribuir para superá-los em certa medida. Sob esse escopo, diferenciou-se a licitação internacional da licitação sob normas internacionais, mostrando-se que aquela se destina principalmente à atração de agentes econômicos que ainda não operam no Brasil. Ademais, apontou-se a problemática da habilitação no intuito de destacar que as empresas estrangeiras com atuação no Brasil sujeitam-se ao Código Civil e, na licitação, recebem tratamento diverso ao das empresas estrangeiras não atuantes no país. A respeito dessas últimas, destacou-se a relevância do direito subjetivo à juntada de documentos equivalentes, o qual, como dito, não pode ser derrogado ou obstaculizado por normas de entidades profissionais, como o CREA, sobretudo quando criadas sem suporte em lei formal. Enfim, abordaram-se algumas das possíveis adaptações permitidas pela Lei à fase de julgamento diante de agentes estrangeiros.

Sem prejuízo, *de lege ferenda*, seria relevante que o legislador pátrio ponderasse a necessidade de rever a disciplina legal do tema com o objetivo de sistematizá-la e atualizá-la frente ao texto constitucional vigente, às diversas leis licitatórias, aos problemas nacionais vividos nos últimos anos e, por natural, à imprescindibilidade de se garantir de modo permanente a concretização da isonomia e da vantajosidade como objetivos centrais do modelo de contratações públicas.

Referências bibliográficas

BACELLAR FILHO, Romeu Felipe. *Direito Administrativo e o novo Código Civil*. Belo Horizonte: Fórum, 2007.

CRETELLA JUNIOR, José. Estrangeiro e a licitação pública. In: FRANCO, Vera Helena de Mello. *Negócios e o Direito: Sobrevivência Legal No Brasil*. São Paulo: Maltese, 1992.

DALLARI, Adilson Abreu. *Aspectos jurídicos da licitação*, 7ª ed. São Paulo: Saraiva, 2007.

DI PIETRO, Maria Sylvia Zanella. *Temas polêmicos de licitações e contratos*, 5ª Ed. São Paulo: Malheiros Editores, 2006.

GRAU, Eros Roberto. Concorrência, execução de serviços, empresa estrangeira, qualificação, irregularidade, proposta, preço, cotação, moeda estrangeira, impossibilidade. *Boletim de Licitações e Contratos*, v. 5, n. 11, p. 427-435, nov. 1992.

JUSTEN FILHO, Marçal. *Comentários à Lei de Licitações e contratos administrativos*. 11ª Ed. São Paulo: Dialética, 2005.

JUSTEN FILHO, Marçal. *Comentários à Lei de Licitações e Contratos Administrativos*, 15ª ed. São Paulo: Dialética, 2012.

MOREIRA, Egon Bockmann, GUIMARÃES, Bernardo Strobel, TORGAL, Lino. Licitação internacional e empresa estrangeira: os cenários brasileiro e europeu. *RDA – Revista de Direito Administrativo*, Rio de Janeiro, v. 269, p. 67-106, maio/ago. 2015.

MUKAI, Toshio. As licitações internacionais, as normas da Lei 8.666/93 e as dos organismos financeiros internacionais. *RDA*, v. 208, 1997.

MUKAI, Toshio. *Licitações e contratos públicos*. 8ª Ed. São Paulo: Saraiva, 2008.

PEDRA, Anderson Sant'Ana. Licitação internacional: normas nacionais x normas estrangeiras. *Revista Eletrônica de Direito do Estado*. Salvador, n. 7, p. 67-106, jul/set. 2006. Disponível em: < http://www.direitodoestado.com/revista/REDE-7-JULHO-ANDERSON%20PEDRA.pdf>. Acesso em 06/03/2016.

PEREIRA JUNIOR, Jessé Torres. *Comentários à Lei das Licitações e contratações da Administração Pública*, 8ª Ed. Rio de Janeiro: Renovar, 2009.

PEREIRA, Henrique de Castro. *Licitações internacionais e a Lei nº 8.666/93*. São Paulo: All Print Editora, 2013.

SCHWIND, Rafael Wallbach. *Licitações internacionais* — participação de estrangeiros e licitações realizadas com financiamento externo. Belo Horizonte: Fórum, 2013.

SOUZA, Márcio Luiz Dutra de. *Drawback* para fornecimento no mercado interno e o conceito de licitação internacional. *Revista Virtual da AGU*, ano VII, nº 68, set. de 2007.

SUNDFELD, Carlos Ari. Licitante estrangeiro - quando não é necessário o Decreto de Autorização de Funcionamento. In: ____. *Pareceres*. São Paulo: RT, 2013. v. III.

PARTE IV: PROCESSOS, TRIBUNAIS E SOLUÇÃO DE CONFLITOS

O Novo Código de Processo Civil Brasileiro e a Velha Opção Pelo Efeito "Suspensivo" no Recurso de Apelação

Benedito Cerezzo Pereira Filho

1. Introdução

As constantes reformas realizadas nas legislações, de um modo geral, inclusive na própria Constituição Federal que, por uma questão de segurança das relações sociais, requer uma maior e, se possível, eterna durabilidade, denotam que ainda estamos em busca de um melhor cenário legislativo.

Com esse desiderato, foi apresentado ao Congresso Nacional o Projeto de Lei – PL 166/2010 – visando um Novo Código de Processo Civil. Após trâmite regular na Câmara dos Deputados – PL 8046/2010, sobreveio aprovação e sanção presidencial em 16 de março de 2015, Lei n.º 13.105, com um interstício temporal para vigência – *vacatio legis* – de 01 (um) ano, conforme artigo 1.045.

É evidente que não só o tempo é suficiente para se buscar uma nova legislação. Se fosse assim as legislações seriam elaboradas com base simplesmente na questão temporal. Por outro lado, não se pode olvidar que o Código de Processo Civil de 1973, não obstante o serviço prestado, foi pensado numa época histórica, social, econômica e política que não existe mais.

Este Código de Processo Civil de 1973, por exemplo, trabalhou com um conceito de jurisdição que hoje não se sustenta. Aquela jurisdição meramente declaratória, sem preocupação em concretizar direitos, mas só declarar, nos dias atuais, não tem como ser prestigiada.

O juiz despido de poder é inconcebível! No entanto, por ser um Código anterior à Constituição de 05 de outubro de 1988, sua atuação pode ser equiparada a de um historiador, voltada para o passado, cuja decisão, precipuamente, buscava somente a via reparatória.[1]

Apesar das várias reformas, ao todo, 65 (sessenta e cinco) leis, nesses 40 (quarenta) anos, buscaram dar a esse Código certa atualidade e uma estrutura capaz de atender aos anseios dos cidadãos, o que não nos parece ter sido suficiente.

Surgiu uma nova ordem constitucional que inaugurou um cenário jurídico diferenciado do até então existente, com total supremacia do princípio da dignidade da pessoa, vocacionada à tutela do direito, a requerer, acima de tudo, atuação do juiz e das partes que tenham em mente a proteção da norma. Assim, evita-se a via reparatória, diminui-se a importância da tutela do dano e prestigia-se a tutela do direito.

Bem por isso, o Novo Código procurou atender à Constituição, ao direito material e à realidade social. Para isso, foi sistematizado da seguinte forma: o Livro I retrata a Parte Geral, que sempre foi uma crítica no Código de Processo de 1973, porque muitos artigos que dizem respeito a vários Livros estão concentrados no Livro I, dificultando a sistematização quanto à compreensão e interpretação. O Livro II disciplina o processo de conhecimento; o Livro III, o processo de execução; e o Livro IV, os processos nos tribunais e dos meios da impugnação das decisões judiciais. Ao Livro V são reservadas as disposições finais e transitórias.

A Parte Geral, contida no Livro I, cuida de temas inerentes a todos os demais Livros, sendo que a porta de entrada do Código já convida à reflexão pelo Estado constitucional. Ou seja, que a interpretação da legislação ordinária se dê a partir dos valores consagrados na Constituição da República.

Eis a razão pela qual os 11 (onze) primeiros artigos retratam aqueles princípios previstos na Constituição e que dão ênfase aos direitos e às garantias fundamentais do cidadão. Houve uma preocupação, portanto, de refletir esses valores constitucionais na legislação ordinária.

Por outro lado, o projeto abarca temas relevantes: celeridade, efetividade e segurança jurídica, mas segurança jurídica entendida como justiça

---

[1] Sobre essa questão ver o que escrevemos na Revista Consultor Jurídico, 30 de março de 2015, com o título: "A atuação do juiz no novo código de processo civil". Disponível em: http://www.conjur.com.br/2015-mar-30/benedito-cerezzo-atuacao-juiz-codigo-processo-civil

da decisão, sem descuidar da igualdade de todos perante o direito e do direito de participação de todos no processo.

Para tanto, se foi reconhecido efetivo poder ao juiz, se preocupou com a real participação das partes na construção da decisão, haja vista, dentre outros, o artigo 10 expressar, em letras garrafais, que o juiz não pode tomar nenhuma decisão, nem sobre aquelas que pode conhecer de ofício, sem ouvir as partes.

Não obstante, na Câmara dos Deputados entendeu-se por bem manter alguns preceitos do Código de 1973, como, por exemplo, o malsinado efeito "suspensivo" do recurso de apelação que, como é sabido, na maioria dos casos, exige a necessidade do duplo grau de jurisdição para o autor da demanda usufruir do bem da vida buscado no judiciário.

Por entender que essa posição constitui um retrocesso, haja vista contrariar o fato de que a prestação da tutela jurisdicional tem de ser condizente com o preceito constitucional de uma proteção jurídica adequada, tempestiva e efetiva, conforme o art. 5.º, inciso XXXV e inciso LXXVIII, da Constituição Federal, estruturou-se o presente texto com objetivo de analisar a questão.

2. O ensino crítico como o espelho do novo

O conhecimento - ensino - deve ser utilizado para aperfeiçoar o meio, para trazer conforto ao cidadão. O ensino jurídico, como todo "saber", exige, igualmente, esse desiderato. Porquanto, a realidade social, nos planos econômico, social e cultural, é uma questão que não pode, em absoluto, ser desprezada.[2]

Os responsáveis pela normatividade, por sua vez, precisam ter consciência desse cenário para que o debate seja profícuo e possa, de verdade, espelhar uma legislação apta a solucionar adequadamente os conflitos sociais.

É um conjunto, pois, cujos elementos que o compõem não podem estar dissociados. Em outras palavras, é preciso conhecer o todo para empre-

---

[2] A esse respeito escreveu Posner: "[...] os juízes não percebem quanto é limitado o conhecimento que têm das realidades sociais que dão origem às demandas." POSNER, Richard A. **A problemática da teoria moral e jurídica**. trad. por Marcelo Brandão Cipolla. São Paulo: Editora WMF Martins Fontes, 2012. p. XII.

gar uma técnica adequada àqueles problemas apontados como carentes de solução.[3]

O olhar sobre o novo deve levar em consideração a estrutura e a ideologia do velho que se pretende *sepultar* para não correr o risco de se mudar apenas o *tempo* do discurso. "É preciso tomar o termo em todo o seu sentido: o da possibilidade de fazer aparecer o *'invisível'*"[4], capaz de justificar a mudança proposta.

A legislação nunca deve ser vista como um dado completo, a requerer apenas a sua aplicação no mundo dos fatos, independentemente das vicissitudes do dia-a-dia. A advertência de Dworkin, segundo a qual: "Por incrível que pareça, nossa doutrina não tem nenhuma teoria plausível acerca da divergência teórica no direito"[5], convida-nos, no mínimo, a uma reflexão sobre o que e como temos "pensado" o direito, "Porque, em definitivo, trata-se de saber porque é que dada regra jurídica, e não dada outra, rege dada sociedade, em dado momento."[6]

Não se pode olvidar que "O raciocínio jurídico é um exercício de interpretação construtiva"[7] a exigir muita reflexão, tanto na teoria como na prática, cônscio de que "o real não mantém as condições da sua existência senão numa luta, quer ela seja consciente quer inconsciente. A realidade que me surge num dado momento não é, pois, senão um momento, uma fase da sua realização: esta é, de facto, um processo constante."[8]

É, em última análise, "unir os dois polos de uma mesma problemática: Direito e Sociedade, juristas e realidade social"[9], num ensino jurídico permeado pela crítica (des)reveladora, convencidos de que "O direito é, sem

---

[3] "O direito é, em primeiro lugar, um conjunto de *técnicas* para reduzir os antagonismos sociais, para permitir uma vida tão pacífica quanto possível entre homens propensos às paixões. É dar conta do caráter flutuante e pragmático dessa arte, uma arte de homens sensatos, como lembra sem humor a velha palavra jurisprudência. Assim, o conhecimento que se pode ter dessa arte refletirá as incertezas dessa técnica de pacificação social." MIAILLE, Michael. **Introdução crítica ao direito**. 2 ed., trad. por Ana Prata, Lisboa: Editorial Estampa, 1994. pp. 25-26.

[4] Idem, ibidem. p. 21.

[5] DWORKIN, Ronald. **O império do direito**. trad. por Jefferson Luiz Camargo, São Paulo: Martins Fontes, 2003. p. 10.

[6] MIAILLE, Michael. **op. cit**. p. 23.

[7] DWORKIN, Ronald. **op. cit**. p. xii.

[8] MIAILLE, Michel. **op. cit**. pp. 21-22.

[9] ARNAUD, André-Jean. **O direito traído pela filosofia**. trad. por Wanda de Lemos Capeller e Luciano Oliveira. Porto Alegre: Sergio Antonio Fabris Editor, 1991. p. 14.

dúvida, um fenômeno social"[10], não podendo, portanto, voltar as costas para a realidade social, "Pois quanto mais aprendemos sobre o direito, mais nos convencemos de que nada de importante sobre ele é totalmente incontestável"[11] e que, "Se compreendermos melhor a natureza de nosso argumento jurídico, saberemos melhor que tipo de pessoas somos."[12]

3. A (in)consciência no ensino jurídico: *processo de (des)informação*

"A venda sobre os olhos da Justiça não significa apenas que não se deve interferir no direito, mas que ele não nasceu da liberdade."[13]

Todo saber traz consigo, é-lhe ínsito, portanto, certa carga ideológica. Compreendida aqui, no seu sentido mais singelo, como uma ideia, ideário. Isso porque, nenhum saber é *imparcial*. Ao contrário, ele é condicionado, adstrito ao seu interlocutor. "Destarte, inexiste saber neutro, valioso por si próprio, sendo sempre o *saber de alguém e um saber para algo*."[14] Cada qual, portanto, deverá *construir* o seu saber e não *apreender* o "saber" alheio, sem nada lhe acrescentar.[15]

Porquanto, esse saber não-neutro poderá estar a serviço de uma ideologia. Neste ponto, entendido no seu complexo, ou seja, como "um ideário histórico, social e político que oculta a realidade, e que esse ocultamento

---

[10] DWORKIN, Ronald. **op. cit.** p. 17.
[11] Idem, ibidem. p. 13.
[12] Idem, ibidem. p. 15.
[13] ADORNO, Theodor W.; HORKHEIMER, Max. **Dialética do esclarecimento**: fragmentos filosóficos. trad. Por Guido Antonio de Almeida. Rio de Janeiro: Jorge Zahar Editor, 1985. p. 30.
[14] PASSOS, José Joaquim Calmon de. **Direito, poder, justiça e processo**: julgando os que nos julgam. Rio de Janeiro: Forense, 1999. p. 7.
[15] Apoderar-se do "saber" alheio é um mal que apenas permite repetição (*e quem conta um conto, aumenta um ponto!*) de um "conhecimento" que se eterniza único e sem perspectiva de alteração do *status quo*. O professor, então, não ensina, apenas (*e é tudo*) informa. O entendimento de Jacinto Coutinho é lapidar: "Afinal, desde sua pequena 'lanterna' o que pode fazer de menos pior é indicar 'um' caminho e, por ele (fixado como limite a ser transposto), forçar os alunos a encontrarem 'um' para eles mesmos. Como disse Dussel, "analfabetos dos analfabetos que se lhes quer impor", ainda têm uma chance se a imposição não se fizer. Do contrário, serão como seus mestres e seguirão repetindo a mesma catilina, ou seja, o discurso da Totalidade". COUTINHO, Jacinto Nelson de Miranda. Sonhocídio: Estragos neoliberais no ensino do direito ou "La busqueda del banquete perdido", como diria Enrique Marí. In: **Crítica Jurídica**. Revista latinoamericana de política. Filosofia y Derecho. n. 21, jul-dez/2002. p. 105.

é uma forma de assegurar e manter a exploração econômica, a desigualdade social e a dominação política."[16]

A formação do Estado Moderno com sua juridicidade constitui exemplo de uma ideologia que transpassa séculos às ocultas.[17] De tão inserida, se fortalece até mesmo com a crítica. Ainda que paradoxal, a bem da verdade, a própria crítica passa ser ideológica à proporção que, por ausência de compreensão, é vista como um entrave ao conhecimento posto que, por ignorância, vislumbra como óbvio.

Eis o motivo pelo qual surgem soluções imediatistas[18] e mágicas a concluírem, por exemplo, que o problema da letargia processual cível estaria no número excessivo de recursos ou que a questão da violência se resume na impunidade e na existência de penas brandas. É certo, então, que uma análise crítica é diferente de uma análise *com crítica*.[19]

Essas conclusões apressadas vêm, sempre, recheadas de forte dose de sensacionalismo e, por isso, ganha espaço no cenário jurídico e é rapidamente "apreendida" pelos agentes responsáveis pela juridicidade *teórica* e *prática*.

Essa conclusão óbvia vulgariza o pensamento crítico à medida que o *educador* o despreza por entender que a solução já está por demais alcançada. "O culto das aparências leva ao desprezo da realidade"[20] e fortalece um sentimento de paz mentiroso que oculta as contradições e os conflitos gerados pelo sistema jurídico injusto, a acomodar professores, alunos, juris-

---

[16] CHAUI, Marilena. **O que é ideologia?** 2. ed., rev. e ampl., São Paulo: Brasiliense, 2001. p. 7.

[17] "A transição para o Estado Moderno, fundador do sistema capitalista, exigiu uma série de alterações ideológicas para sua instalação e crescimento." OLIVEIRA, Rosa Maria Rodrigues de. Sexismo, misoginia, machismo, homofobia: reflexões sobre o androcentrismo no ensino jurídico. In: **Crítica jurídica**. Revista latinoamericana de política, filosofia y derecho. n. 20, jan-jul/2002. p. 257. É ideológico, portanto, acreditar na ausência de ideologia. Essa falsa percepção da realidade, aliás, é fundamental para a perpetuação da dogmática como único saber jurídico.

[18] "O grande desafio é superar visões imediatistas que estão lastreadas, no mínimo, no século XIX, e que amarram os juristas a um mundo coerente internamente, mas que se distancia, cada vez mais, da concretude histórica hoje vivida". AGUIAR, Roberto A. R. de. A contemporaneidade e o perfil do Advogado. In: **OAB Ensino Jurídico**: novas diretrizes curriculares. Brasília: Conselho Federal da OAB, 1996. p. 120.

[19] Nesse sentido, ver: MIAILLE, Michel. **op. cit.** pp. 21 e ss.

[20] INGENIEROS, José. **O homem medíocre**. trad. por Alvanísio Damasceno. Curitiba: Livraria do Chain, [s.d.]. p. 80.

tas e profissionais na vala dos comuns, numa irracional e covarde crença de concórdia absoluta.

A crítica passa a ser, então, um discurso vazio porque não obstante ser propagada é, ao mesmo tempo, rechaçada, pois o problema já foi suficientemente localizado. "O aspecto sonoro basta para esse educador que não sabe o que é a consciência crítica mas trata o conceito como se o conhecesse, pois é óbvio. Dessa forma, não acontece uma barreira aparente no processo de comunicação, mas uma barreira na essência da compreensão – que passa despercebida pelo falante."[21]

Ora! Se existe essa obviedade, e se o crítico é, por excelência, contrário ao óbvio, é óbvio (*com escusas pelo solecismo*) que ele será estigmatizado pela maioria! E aqueles que "tentarem ser diferentes, certamente sofrerão estigmatizações. Ora são considerados comunistas, ora são tachados de teóricos, ora de poetas, quando não sofrem ações mais diretas de desestabilização nos escritórios, nas repartições e nas escolas de direito."[22]

O ensino jurídico, em particular, caracteriza-se por desenhar esse campo simplista no qual seus atores (*professores que, na maioria das vezes, se confundem com o profissional da prática forense = juiz, promotor, delegado e advogado*), desprezam o conhecimento crítico por acreditarem (*obviedade*) na *certeza* e na *verdade* que julgam presentes no mundo jurídico.

É admitir com Roberto Aguiar que "Os juristas vivem um paradoxo: seu cotidiano está marcado pelo contraditório, mas sua ideologia conservadora está sempre reafirmando a harmonia do mundo."[23] Assim, pois, o conflito e a contradição são, apesar de recônditos, irrefutáveis.

Estigmatizado, o pensamento crítico é sufocado e, assim, impedido de suplantar a ideologia que conduz o "saber jurídico" tradicional das escolas de Direito. Por essa sorte de razão, não se sabe ou não se pretende saber "qual o papel do jurista e qual a função social do seu saber/fazer numa sociedade conflituosa, desigual e em profundas transformações."[24]

---

[21] MELLO, Suely Amaral. **Linguagem, consciência e alienação**: o óbvio como obstáculo ao desenvolvimento da consciência crítica. São Paulo: Unesp-Marília-Publicações, 2000. p. 75.
[22] AGUIAR, Roberto A. R. de. O imaginários dos juristas. **Revista de direito alternativo**. n. 2, São Paulo: Acadêmica, 1993. pp. 18-19.
[23] Idem, ibidem. p. 19.
[24] Com essa moldura de ensino, não se procura "identificar o perfil ideológico prevalecente entre os profissionais das carreiras jurídicas e, com isso, conhecer também qual tipo de influência a ideologia jurídica hegemônica exerce no modo de atuação do profissional do

Sua prática repetidora de "saberes inquestionáveis", dogmáticos, portanto, reduz sua importância a mero intérprete em busca da descoberta da vontade da lei e do seu criador (legislador). Ele não cria, apenas revela a vontade já pré-existente e indiscutível, pois oriunda de um dogma, a lei.

Os juristas, então, são aliados e jamais, opositores ao "dono do poder". "São sujeitos vicários"[25], à medida que apenas substituem ou preenchem a abstração da lei, na busca de sua vontade e, como não poderia ser diferente, o enganado de hoje, será o enganador de amanhã.[26]

Por esse entendimento vesgo, a opacidade da *realidade* social é responsável por disseminar um ensino de extrema superficialidade, cuja aparência de profundidade mascara e, portanto, obstaculariza toda possibilidade de crítica. Daí afirmar Cappelletti que "A corrupção das mentes é obtida através da desinformação maciça e da proibição de toda crítica."[27]

A ausência de questionamento adultera a objetividade dos fatos e da necessária intervenção estatal (*jurisdição*) suficientemente capaz de impedir a compreensão do Direito como fenômeno indispensável à essência do ser humano enquanto motriz da vida.

É um saber neutro, asséptico, abstrato e cego, incapaz de compreender que "julgar regras não é a mesma coisa que julgar situações de facto, 'casos na sua singularidade imediata' (Hegel)."[28]

A vasta complexidade que envolve todo o saber jurídico é reduzida a uma simplicidade estonteante vocacionada a imunizar o amplo contexto que o compõe das mais variadas vertentes, sociológica, psicológica, econômica etc.

---

direito." MACHADO, Antônio Aberto. **Ministério público**: democracia e ensino jurídico. Belo Horizonte: Del Rey, 1999. p. 15.

[25] A expressão é de Roberto Aguiar em: O imaginários dos juristas. **Revista de Direito Alternativo**. n. 2, São Paulo: Acadêmica, 1993. p. 18.

[26] "E se todos somos enganados, por isso mesmo não somos também enganadores? NIETZSCHE, Friedrich Wilhelm. **Humano, demasiado humano: um livro para espírito livres**. Trad., Paulo César de Souza. – São Paulo: Companhia das letras, 2005. p. 10.

[27] CAPPELLETTI, Mauro. Repudiando Montesquieu? A expansão e a legitimidade da "Justiça Constitucional". **Revista Forense**, mar.-abr., 2003. p. 129.

[28] GARAPON, Antoine. **Bem julgar**: ensaio sobre o ritual judiciário. trad. por Pedro Filipe Henriques, Lisboa: Instituto Piaget, 1997. p. 18.

Há, porquanto, uma manipulação do real e, "Quando se manipula, não se procura argumentar, isto é, trocar ideias, mas impô-las."[29] Essa estratégia, por sua vez, é despercebida à maioria. Como bem elucida Breton: "A manipulação apóia-se numa estratégia central, talvez única: a redução mais completa possível da liberdade de o público discutir ou de resistir ao que lhe é proposto."[30]

Essa situação de (in)consciência irradia-se pelo ensino jurídico e se fortalece na crença de que se está num estado de perfeita harmonia em que a mediocridade amparada pela vala dos comuns impede o conhecimento da crise que, abandonada em si mesma, proclama soluções midiáticas com reformas legislativas desprendidas de estudos estatísticos e, portanto, distante da necessidade/realidade social.

É admitir, com Chico Buarque,[31] que às vezes é necessário fugir da 'escola' para aprender a lição!

4. Um novo tempo, um novo direito!

Acontece que, não obstante essa letargia ao estudo crítico, à abertura política a qual o Brasil se viu submetido a partir de 1985 e, principalmente, após (ou com) a promulgação da Constituição da República, em 05 de outubro de 1988, vocacionada a construir uma sociedade livre, justa e solidária,[32] exige uma legislação ordinária (processual e material) apta e conformada com as normas constitucionais e, por via oblíqua, também um ensino jurídico condizente com o novo plano jurídico-político (*econômico e social*).

---

[29] BRETON, Philippe. **A manipulação da palavra**. trad. por Maria Stela Gonçalves. São Paulo: Edições Loyola, 1999. p. 21.

[30] "Essa estratégia deve ser invisível, já que seu desvelamento indicaria a existência de uma tentativa de manipulação. Não se trata tanto do fato de haver uma estratégia, um cálculo, que especifica a manipulação quanto de sua dissimulação aos olhos do público. Por conseguinte, os métodos de manipulação avançam mascarados". Idem, ibidem. p. 20.

[31] "Mas tive que fugir da escola pra aprender a lição." CHICO BUARQUE. **Meu refrão**. 1965.

[32] O art. 3º da CRFB assevera: "Constituem objetivos fundamentais da República Federativa do Brasil: I- **construir uma sociedade livre, justa e solidária**; II- garantir o desenvolvimento nacional; III- **erradicar a pobreza e a marginalização e reduzir as desigualdades sociais e regionais** e; IV- **promover o bem de todos, sem preconceitos de origem, raça, sexo, cor, idade e quaisquer outras formas de discriminação**".

Acentuada a crise[33] do sistema judiciário que "sempre fora tido como um poder com funções clássicas de manutenção do *status quo* político, jurídico, social, econômico e cultural"[34] em confronto com a nova perspectiva assumida e prometida pelo Estado Constitucional, urge, então, assumir de vez uma postura crítica frente ao modelo jurídico que nos foi forjado pelos detentores do poder econômico e político num determinado momento da história.

Neste mister, é imprescindível buscar amparo junto ao método dialético, no sentido marxista, ou seja, "processo de descrição exata do real" para neutralizar a ideologia envolta no sistema (legal e educacional), com condições de averiguar a forma ideal de se cumprir os comandos normativos da Constituição da República, erigidos a *status* de direitos fundamentais do cidadão.

Nesta perspectiva, será possível superar os mais variados mitos existentes no cenário jurídico e a vislumbrar um horizonte além da floresta, apesar das árvores. A visão do todo, acredita-se, contribuirá para a exata compreensão do particular, sempre visando *"construir pontes e não levantar muros"*.

5. Um novo código: a importância da mudança

"O componente ideológico acompanha todo conhecimento científico no campo social – por conseguinte, também na esfera jurídica. A dogmática jurídica, contudo, pretende sustentar o contrário. Na realidade, a dogmática jurídica implica saturação ideológica no conhecimento do direito, um encerramento da possibilidade de um corte epistemológico, uma inércia reflexiva, uma falta de interesse na mudança – enfim, o conformismo dos satisfeitos e a ausência de crítica por parte dos juristas."[35]

---

[33] A bem da verdade, nem se pode acusá-lo de crise, pois ele foi pensado dessa forma e, assim, cumpre bem o seu papel. Amilton Bueno de Carvalho explicita: "[...] não há interesse que o Judiciário funcione (aliás, ele funciona porque o que é feito para mal funcionar e mal funciona, logo funciona)." CARVALHO, Amilton Bueno de. **Magistratura e direito alternativo**. 5. ed., Rio de Janeiro: LUAM, 1997. p. 94.

[34] MACHADO, Antônio Aberto. **op. cit.** p. 20.

[35] WARAT, Luís Alberto. O sentido comum teórico dos juristas. In: FARIA, José Eduardo (org.). **A crise do direito numa sociedade em mudança**. Editora Universidade de Brasília, 1988. p. 32.

Muito se discutiu sobre a necessidade de um Novo Código de Processo Civil. Talvez a maior dificuldade, ao se pensar num novo código, seja o que fazer com o velho. Em outras palavras, até onde se deve considerar a legislação que se pretende reformar? Um código novo ou uma reforma?

Essa questão também foi enfrentada quando se pensou no Código de 1973. Na época, vigia o Código de Processo Civil de 1939 e o então responsável pela mudança, Ministro da Justiça Alfredo Buzaid, confessou, na exposição de motivos, que tinha dúvida se elaborava um código novo ou, apenas, uma reforma. Decidiu-se por um novo código!

A Comissão que apresentou anteprojeto para o Novo Código de Processo Civil enfrentou diversas questões e uma delas também foi essa: *seria um novo código ou uma ampla reforma?* Plural, composta de doze membros que atuam nos mais variados setores da sociedade, contou com uma ampla e efetiva participação de toda comunidade jurídica na exata medida em que houve um canal de comunicação na página do Senado Federal e na Câmara dos Deputados, além das múltiplas audiências públicas que se realizaram nas cinco regiões do país.

A maturidade do trabalho esmerou um objetivo: a nova ordem processual, desenhada no Projeto 166/2010[36], foi regida pela Constituição Federal com total prestígio às garantias fundamentais, num equilíbrio que permeou celeridade com segurança jurídica, esta compreendida como justiça da decisão.

Assim, a opção de se pensar num novo código, abandonando as reformas pontuais até então constantes, foi acertada à medida que se procurou dar concretude ao princípio de justiça encartado na Constituição Federal. Se é certo, como advertia Francesco Carnelutti, que *"Os códigos principiam a envelhecer no prelo, quando estão sendo impressos, tamanha a evolução social"*, o de 1973, além dessa "defasagem" inata, foi pensado numa época cujos valores tinham outras conotações.[37]

---

[36] Na Câmara dos Deputados recebeu o número 8046/2010.

[37] Neste ponto, verificar a obra: MARINONI, Luiz Guilherme. **Teoria geral do processo**. vol. 1, São Paulo: Revista dos Tribunais, 2013. pp. 21 e ss.

No entanto, para que alcance seu desiderato, a novel construção legislativa deve ser pensada e vivenciada neste cenário de crítica que tentamos demonstrar acima, imbuídos de que *"Crítica é análise"*.[38]

Ser caçador de novidades, que me desculpem os "modistas", é fácil. O difícil é fazer a crítica. E assim o é porque ao crítico: "Não lhe é dado defender nem os seus interesses pessoais, nem os alheios, mas somente a sua convicção, e a sua convicção, deve fomar-se tão pura e tão alta, que não sofra a ação das circunstâncias externas. Pouco lhe deve importar as simpatias ou antipatias dos outros; um sorriso complacente, se pode ser recebido e retribuído com outro, não deve determinar, como a espada de Breno, o pêso da balança; acima de tudo, dos sorrisos e das desatenções, está o dever de dizer a verdade, e em caso de dúvida, antes calá-la, que negá-la."[39] Por isso, penso que, para ab-rogar o Código Buzaid, é imprescindível compreendê-lo criticamente. Analisar o contexto em que foi pensado. O regime político, econômico e social a que serviu ou serve.

A doutrina de Luiz Guilherme Marinoni é exemplo a ser seguido. A experiência de sua vasta pesquisa assegura que necessitamos de "uma dogmática jurídica preocupada em construir um processo justo e capaz de outorgar tutela adequada, efetiva e tempestiva aos direitos a partir de novas regras processuais civis."[40] Porquanto, dentre tantas dissonâncias, é o momento de rechaçar as desigualdades e proporcionar aos jurisdicionados um diploma processual que seja capaz de atender aos direitos de forma igualitária.

A necessidade de se tutelar demandas sociais hodiernas, numa compreensão lógica de que é a realidade que muda a lei, pugna por uma construção que, de antemão, já reconheça a existência de um novo direito processual. Ainda com Luiz Guilherme Marinoni, "Enganam-se aqueles que pensam que ainda têm à sua frente o Código de Processo Civil de 1973 – Código Buzaid."[41]

---

[38] ASSIS, Machado de. O ideal do crítico. In: **Obra Completa de Machado de Assis**. Rio de Janeiro: Nova Aguilar, vol. III, 1994. Publicado originalmente no *Diário do Rio de Janeiro*, 8/10/1865.

[39] Idem, ibidem.

[40] MARINONI, Luiz Guilherme; MITIDIERO, Daniel. **Código de processo civil comentado**. Nota prévia à primeira edição. São Paulo: Revista dos Tribunais, 2013. p. 6.

[41] Idem. Ibidem. p. 6.

A vontade pelo *novo* requer muita coerência para que o resultado seja o mais próximo possível do ideal. As divergências, importantes na construção teórica, não podem constituir empecilhos, mas impulsos para se alcançar o objetivo. Mesmo porque, ainda com o mestre Machado de Assis, *"A dissonância dos relógios é o princípio da relojoaria."*

6. Tramitação do projeto: avanços e retrocessos que culminaram no novo código de processo civil

No conto intitulado "A Igreja do Diabo", Machado de Assis,[42] com sua sabedoria ímpar, retrata a eterna contradição humana capaz de causar abespinhamento no próprio Diabo. As discussões acerca do Projeto do Novo Código de Processo Civil, votado na Câmara dos Deputados, demonstraram o quanto os processualistas têm sido, no mínimo, contraditórios.

As manifestações, prol e contra a aprovação do Projeto, foram de argumentos apelativos a previsões futurísticas, cobrança por "novidades" e por "modelo internacional de legislação."[43]

Nesse diá-logo "contraditório" muitos migraram de lado, ora apoiando, ora refutando a aprovação do Projeto, às vezes por convicção, ou, até mesmo, por ter sido convidado a assessorar este ou aquele parlamentar. É evidente que o debate e a opinião, além de fundamentais, são frutos do regime democrático. Não se está aqui, portanto, negando-os, mas, apenas, tentando entendê-los.[44]

Lógico que, neste espaço, não é possível discorrer sobre os vários argumentos que foram lançados contra a aprovação do Projeto. Sendo assim, sabedor de que mesmo elegendo um assunto específico, precisar-se-ia de um "tratado" para contrapor a todos os comentários. Limitaremo-nos, pois, ao ponto que, para nós, custou ou custará muito caro à intenção de se projetar um novo e eficaz cenário prático-processual às causas cíveis no Brasil.

---

[42] ASSIS, Machado. A igreja do diabo. In: _____. **50 contos de Machado de Assis**: seleção, introdução e notas John Gledson. São Paulo: Companhia das Letras, 2007. pp. 183-190.
[43] GAJARDONI, Fernando da Fonseca *et alii*. **A pressa e o projeto do novo CPC**. Migalhas n. 3.160. Disponível em: <http://www.migalhas.com.br/dePeso/16,MI182166,51045--A+pressa+e+o+projeto+do+novo+CPC> Acesso em: 09 jul. 2013.
[44] Acerca da ideia do Diabo, "advertiu o Senhor: *Vieste dizê-la, não legitimá-la*". ASSIS, Machado. A igreja do diabo. In: _____. **50 contos de Machado de Assis**: seleção, introdução e notas John Gledson. São Paulo: Companhia das Letras, 2007. p. 184.

Da *gramática* à prática, parece ser consenso o fato de que o processo civil exala uma morosidade inaceitável. Por isso, seria trivial que o novo código enfrentasse com agudez as causas dessa "morosidade". Sendo assim, não precisa muito esforço intelectual para se concluir pela necessidade de racionalização do trâmite das ações e, por via oblíqua, pela divisão do tempo do processo entre as partes interessadas na decisão judicial.

Muito embora a reforma processual levada a efeito em 1994, pela lei número 8.952, que instituiu a antecipação da tutela (artigos 273 e 461), tenha mirado justamente este objetivo, dividir o ônus do tempo entre os litigantes, a duração do processo ainda ficou a depender, na maioria dos casos, da concordância do réu com a "justiça" da sentença.

Ao seu alvedrio, a fase cognitiva será encerrada ou não. Em outras palavras, o bem da vida disputado em juízo só sairá da sua esfera patrimonial caso queira, pois, a simples interposição de um recurso de apelação, ainda que desprovido de fundamentos jurídicos capazes de reformar a decisão de primeira instância, tem vocação inarredável de impedir o trânsito em julgado e, assim, permitir que todo o tempo gasto para o trâmite e julgamento do recurso de apelação seja, também, suportado pelo autor, mesmo sendo ele o vencedor na sentença.

Essa situação, que nos parece injusta, foi enfrentada no Projeto nº 166/2010, aprovado no Senado, e a solução encontrada foi a de permitir que a sentença de primeiro grau produzisse efeitos práticos desde já, ou seja, o autor receberia o bem da vida independentemente do recurso de apelação interposto que seria, assim, uma opção do réu, mas, sabedor de que, a não ser em caso de extrema urgência, seu recurso não teria capacidade para impedir que o autor da ação desfrutasse, desde logo, dos efeitos concretos da sentença que lhe foi favorável.

Pensando em termos de duração de um processo, a medida nos parece lógica. Cada parte suportará o tempo do processo para buscar uma decisão judicial que lhe seja favorável a fim de que possa dela usufruir de forma ampla e eficaz. O autor, salvo nos casos de tutela antecipada, aguardará a prolação da sentença e o réu, o tempo necessário para o tribunal processar e julgar o seu recurso de apelação.

Aliás, não se inventou a roda! Apenas procurou-se albergar no Código novo os princípios de justiça albergados na Constituição. No caso, respeitou-se a previsão da duração razoável do processo, artigo 5.º, inciso

LXXVIII. É mais do que chegada a hora de, realmente, se trabalhar com o decantado processo constitucional.

Essa previsão no Projeto 166/2010, que retirou do recurso de apelação o seu denominado "efeito suspensivo", foi vista, por alguns processualistas, como uma forma de aumentar o poder do juiz, cunhando a expressão "ditadura do judiciário". A discussão, então, ficou na superficialidade do problema. Partiu-se apenas de meras suposições e de uma desconfiança desmedida no juiz de primeiro grau.

Assim, como *"Há muitos modos de afirmar; há só um de negar tudo"*,[45] essas conjecturas bastaram para, na Câmara dos Deputados, ser o artigo rejeitado e voltar ao que era antes, ou seja, necessidade do duplo grau de jurisdição para o autor ter efetivo acesso ao bem da vida, alvo do litígio.

O juízo de primeiro grau continua sendo apenas uma "jurisdição de passagem" e a sentença, um mero parecer aguardando a verdadeira "decisão" que, em última análise, será do réu, de *permitir ou não a realização do trânsito em julgado*.

Em resumo, no *novo*, prestigiou-se o *velho*, manteve-se a *morosidade* em detrimento da *efetividade* e continuou-se a privilegiar uma parte, no caso o réu, em detrimento do autor que demonstrou, desde a inicial, ter razão.

Eis a eterna contradição humana aqui presente! Mesmo brandindo por efetividade, o "processualista" preferiu a calmaria do conservadorismo e a manter o vetusto procedimento comum e sua desigualdade inerente.[46]

A Câmara dos Deputados viu o novo com o olhar do velho e, assim, acreditando ter inovado, transformou-o em velho. Não se trata, pois, de substituir a vinha do Senhor pela vinha do Diabo, mas, de se perquirir a que melhor atende à sede do povo, com a advertência de Machado de Assis de que a Igreja do Diabo era formalmente perfeita, contudo, humanamente contraditória.

---

[45] Idem, ibidem. p. 183.
[46] PEREIRA FILHO, Benedito Cerezzo; OLIVEIRA, Emerson Ademir Borges de. A estrutura do código de processo civil: uma afronta à igualdade! In: CONGRESSO NACIONAL DO CONPEDI, 14., 2005, Florianópolis. **Anais**. Florianópolis: Fundação Boiteux, 2005. pp. 295-296.

7. Considerações Finais

A alteração, na Câmara dos Deputados, do dispositivo constante do Projeto oriundo do Senado que permitia a sentença produzir seus efeitos no mundo dos fatos enquanto pendente recurso de apelação, no nosso sentir, foi um retrocesso enorme. A "justificativa" dos processualistas de que tal orientação fortaleceria em demasia o juiz de primeiro grau é, no mínimo, preconceituosa.

Há muito tempo LUIZ GUILHERME MARINONI, estudioso que detida e meticulosamente estuda o processo civil pátrio, apregoou a necessidade de se permitir a execução imediata da sentença.[47] É perceptível, pelos seus estudos e, principalmente, pela prática forense, que não faz sentido uma decisão proferida sob o pálio do contraditório e, pois, das garantias constitucionais, ser impedida de produzir efeitos práticos até que o tribunal local se manifeste sobre ela.

O que o projeto permitia era justamente isso. Que a sentença pudesse produzir efeitos no mundo dos fatos ainda que o processo estivesse sob análise do tribunal por força de recurso de apelação. Mas, preocupado com eventuais equívocos e em atenção àqueles casos cuja natureza do direito material controvertido aconselha aguardar o pronunciamento do tribunal sobre o caso, o Projeto, remetido à Câmara dos Deputados, esmerou-se em permitir ao relator, naquelas situações de comprovada necessidade, impedir que essa sentença produza seus naturais efeitos, aguardando, então, a decisão do órgão colegiado a seu respeito.

Se assim o é, como poderia essa técnica processual ser considerada "*ditadura do judiciário*"? Aliás, chega a ser ofensivo acusar o projeto de ser prodigioso com o Judiciário em detrimento dos demais, pois, ele cuidou de, justamente, trazer para o seu bojo, as garantias constitucionais do cidadão e, dentre elas, expressamente, por várias vezes, ressalta a necessidade de se fundamentar a decisão.

Esse princípio constitucional que, por sua índole, poderia inclusive ficar implícito, foi repetido por 10 (dez) vezes no projeto. O artigo 489 do Novo Código é exemplo claro dessa preocupação. Sua construção é laboriosa. Na Seção II, Dos Elementos e Efeitos da Sentença, em seu parágrafo

---

[47] MARINONI, Luiz Guilherme. **Tutela antecipatória**: julgamento antecipado e execução imediata da sentença. 4 ed., atual., e ampl. – São Paulo: Editora Revista dos Tribunais, 2000.

único afirma: *"Não se considera fundamentada qualquer decisão judicial, seja ela interlocutória, sentença ou acórdão, que: I – se limitar à indicação, à reprodução ou à paráfrase de ato normativo, sem explicar sua relação com a causa ou a questão decidida; II – empregar conceitos jurídicos indeterminados, sem explicar o motivo concreto de sua incidência no caso; III – invocar motivos que se prestariam a justificar qualquer outra decisão; IV – não enfrentar todos os argumentos deduzidos no processo capazes de, em tese, infirmar a conclusão adotada pelo julgador; V – se limitar a invocar precedente ou enunciado de súmula, sem identificar seus fundamentos determinantes nem demonstrar que o caso sob julgamento se ajusta àqueles fundamentos; VI – deixar de seguir enunciado de súmula, jurisprudência ou precedente invocado pela parte, sem demonstrar a existência de distinção no caso em julgamento ou a superação do entendimento".*

O art. 11, por sua vez, inserido no Capítulo I – DOS PRINCÍPIOS E DAS GARANTIAS FUNDAMENTAIS DO PROCESSO CIVIL – expressa: *"Todos os julgamentos dos órgãos do Poder Judiciário serão públicos, e fundamentadas todas as decisões, sob pena de nulidade"*. Sendo assim, sinceramente, não se consegue compreender em que medida estaria a decantada *"ditadura do judiciário"*, se, todo o procedimento é revestido da mais ampla garantia constitucional e processual.

O Novo Código abarcou os temas relevantes: celeridade, efetividade e segurança jurídica, entendidos como justiça da decisão, sem descuidar **"da igualdade de todos perante o Direito"** e do **"direito de participação no processo"**. Todos os segmentos: *Defensoria Pública, Advocacia, Magistratura, Ministério Público, Fazenda Pública*, enfim, todos foram prestigiados.

Assim, se se reconheceu efetivo poder ao juiz, preocupou-se com a real participação das partes na construção da decisão. Não por outra razão o art. 10 expressa: *"O juiz não pode decidir, em grau algum de jurisdição, com base em fundamento a respeito do qual não se tenha dado às partes oportunidade de se manifestar, ainda que se trate de matéria sobre a qual tenha que decidir de ofício"*. Por outro lado, não se concebe um juiz despido de poder, principalmente à luz da Constituição cujo objetivo é tutelar direitos, evitando a ocorrência do dano (art. 5.º, XXXV da CF).

O novo é impactante, no entanto, precisa ser recepcionado com espírito aberto, ávido o suficiente para enterrar a denominada *cegueira utilitária* e não permitir que o *"futuro repita o passado"*, afinal, *"A entrada para a mente do homem é o que ele aprende, a saída é o que ele realiza. Se sua mente não for alimentada por um fornecimento contínuo de novas idéias, que ele põe a traba-*

lhar com um propósito, e se não houver uma saída por uma ação, sua mente torna-se estagnada. Tal mente é um perigo para o indivíduo que a possui e inútil para a comunidade" (JEREMIAS W. JENKS). Sendo assim, se o objetivo da novel legislação era conceber ao cidadão uma justiça célere, não entendemos, pois, o medo pela mudança! Aliás, para nós, a *reforma* proporcionada na Câmara dos Deputados, retirando do Código a possibilidade de a sentença produzir efeitos imediatos, é, antes de tudo, contraditória.

Afirmamos isso, porque o artigo 4.º, seguindo o objetivo inicial do Projeto de Lei 166/2010 de elaborar uma legislação processual que permitisse dar concretude, na prática, aos princípios constitucionais, por isso a preocupação de se "abrir" o Código com "As Normas Fundamentais", artigos 1.º ao 11, deu ênfase à duração razoável do processo ao prescrever: *"As partes têm o direito de obter em prazo razoável a solução integral do mérito, **incluída a atividade satisfativa**."* Contudo, com o (des)serviço prestado pela Câmara, esse dispositivo perde eficácia ante a dicção do artigo 1.012: *"A apelação **terá** efeito suspensivo."*

Ora, como o cidadão obterá a tutela do direito em tempo suportável[48] se para isso terá que se submeter a um obrigatório duplo grau? As duas construções legislativas são contraditórias e, infelizmente, a segunda, torna a primeira *letra morta*.

Para o jurisdicionado restará demonstrar *urgência* na solução e efetivação do seu direito, visando convencer o judiciário que ele merece uma tutela de urgência. Ou seja, neste ponto, que nos parece relevantíssimo e, talvez, o mais importante para quem realmente pensa num Código de Processo Civil que prestigie a efetividade, o *novo* nasceu *velho*.

---

[48] Preferimos o termo "suportável" ao "razoável". Para nós, razoável é muito vago, impreciso e não leva em consideração as diferenças inerentes às partes envolvidas no processo. A esse respeito, ver o que escrevemos no livro intitulado **O novo código de processo civil**: questões controvertidas, publicado pela Editora Atlas e escrito exclusivamente por professores de processo civil da USP.

Referências Bibliográficas

ADORNO, Theodor W.; HORKHEIMER, Max. **Dialética do esclarecimento**: fragmentos filosóficos. trad. Por Guido Antonio de Almeida. Rio de Janeiro: Jorge Zahar Editor, 1985.

AGUIAR, Roberto A. R. de. A contemporaneidade e o perfil do Advogado. In: **OAB ensino jurídico**: novas diretrizes curriculares. Brasília: Conselho Federal da OAB, 1996. pp. 129-142.

_____. O imaginário dos juristas. **Revista de Direito Alternativo**. n. 2, São Paulo: Acadêmica, 1993. pp. 18-27.

ARNAUD, André-Jean. **O direito traído pela filosofia**. trad. por Wanda de Lemos Capeller e Luciano Oliveira. Porto Alegre: Sergio Antonio Fabris Editor, 1991.

ASSIS, Machado de. O ideal do crítico. In: **Obra Completa de Machado de Assis**. Rio de Janeiro: Nova Aguilar, vol. III, 1994. Publicado originalmente no *Diário do Rio de Janeiro*, 8/10/1865.

_____. A igreja do diabo. In: **50 contos de Machado de Assis**: seleção, introdução e notas John Gledson. São Paulo: Companhia das Letras, 2007. pp. 183-190.

BRETON, Philippe. **A manipulação da palavra**. trad. por Maria Stela Gonçalves. São Paulo: Edições Loyola, 1999.

CAPPELLETTI, Mauro. Repudiando Montesquieu? A expansão e a legitimidade da "justiça constitucional". **Revista Forense**, vol. 366, Rio de Janeiro: Forense, mar.-abr., 2003. pp. 127-150.

CARVALHO, Amilton Bueno de. **Magistratura e direito alternativo**. 5. ed., Rio de Janeiro: LUAM, 1997.

CHAUI, Marilena. **O que é ideologia?** 2. ed., rev. e ampl., São Paulo: Brasiliense, 2001.

CHICO BUARQUE. **Meu refrão**. 1965.

COUTINHO, Jacinto Nelson de Miranda. Sonhocídio: Estragos neoliberais no ensino do direito ou "La busqueda del banquete perdido", como diria Enrique Marí. In: **Crítica Jurídica**. Revista latinoamericana de política. Filosofia y Derecho. n. 21, jul-dez/2002. pp. 101-107.

DWORKIN, Ronald. **O império do direito**. trad. por Jefferson Luiz Camargo, São Paulo: Martins Fontes, 2003.

FARIA, José Eduardo (org.). **A crise do direito numa sociedade em mudança**. Editora Universidade de Brasília, 1988.

GAJARDONI, Fernando da Fonseca *et alli*. **A pressa e o projeto do novo CPC**. Migalhas n. 3.160. Disponível em: <http://www.migalhas.com.br/dePeso/16,MI182166,51045--A+pressa+e+o+projeto+do+novo+CPC> Acesso em: 09 jul. 2013.

GARAPON, Antoine. **Bem julgar**: ensaio sobre o ritual judiciário. trad. por Pedro Filipe Henriques, Lisboa: Instituto Piaget, 1997.

GRACIÁN, Baltasar. **A arte da prudência**: aforismos selecionados. trad. por Daniva Moscoso de Araújo. Rio de Janeiro: Sextante, 2006.

INGENIEROS, José. **O homem medíocre**. trad. por Alvanísio Damasceno. Curitiba: Livraria do Chain, [s.d.].

MACHADO, Antônio Aberto. **Ministério público**: democracia e ensino jurídico. Belo

Horizonte: Del Rey, 1999.

MARINONI, Luiz Guilherme. **Teoria geral do processo**. vol. 1, São Paulo: Revista dos Tribunais, 2013.

_____. **Tutela antecipatória**: julgamento antecipado e execução imediata da sentença. 4 ed., atual., e ampl. – São Paulo: Editora Revista dos Tribunais, 2000.

MARINONI, Luiz Guilherme; MITIDIERO, Daniel. **Código de processo civil comentado**. São Paulo: Revista dos Tribunais, 2013.

MELLO, Suely Amaral. **Linguagem, consciência e alienação**: o óbvio como obstáculo ao desenvolvimento da consciência crítica. São Paulo: Unesp-Marília-Publicações, 2000.

MIAILLE, Michael. **Introdução crítica ao direito**. 2 ed., trad. por Ana Prata, Lisboa: Editorial Estampa, 1994.

MORAES, Daniela Marques de. **A importância do olhar do outro para a democratização do acesso à justiça**. Rio de Janeiro: Lumen Juris, 2015.

NIETZSCHE, Friedrich Wilhelm. **Humano, demasiado humano: um livro para espírito livres**. Trad., Paulo César de Souza. – São Paulo: Companhia das letras, 2005.

OLIVEIRA, Rosa Maria Rodrigues de. Sexismo, misoginia, machismo, homofobia: reflexões sobre o androcentrismo no ensino jurídico. In: **Crítica jurídica**. Revista latinoamericana de política, filosofia y derecho. n. 20, jan-jul/2002. pp. 255-264.

PASSOS, José Joaquim Calmon de. **Direito, poder, justiça e processo**: julgando os que nos julgam. Rio de Janeiro: Forense, 1999.

PEREIRA FILHO, Benedito Cerezzo. A atuação do juiz no novo código de processo civil. **Revista Consultor Jurídico**. 30 mar. 2015. Disponível em: http://www.conjur.com.br/2015-mar-30/benedito-cerezzo-atuacao-juiz-codigo-processo-civil

_____. A duração razoável do processo na perspectiva do novo código de processo civil – lei nº 13.105, de 16 de março de 2015. In: **O novo código de processo civil**: questões controvertidas. Vários autores. São Paulo: Atlas, 2015.

_____. O poder do juiz: ontem e hoje. **Revista da AJURIS**. v. 104, Porto Alegre: AJURIS, 2006. pp. 19-33.

PEREIRA FILHO, Benedito Cerezzo; OLIVEIRA, Emerson Ademir Borges de. A estrutura do código de processo civil: uma afronta à igualdade! In: CONGRESSO NACIONAL DO CONPEDI, 14., 2005, Florianópolis. **Anais**. Florianópolis: Fundação Boiteux, 2005.

POSNER, Richard A. **A problemática da teoria moral e jurídica**. trad. por Marcelo Brandão Cipolla. São Paulo: Editora WMF Martins Fontes, 2012. p. XII.

WARAT, Luís Alberto. O sentido comum teórico dos juristas. In: FARIA, José Eduardo (org.). **A crise do direito numa sociedade em mudança**. Editora Universidade de Brasília, 1988.

A Cooperação Jurídica Vertical por Meio das Opiniões Consultivas no MERCOSUL e na CAN: Uma Crítica ao Instituto nos Tribunais Comunitários da América do Sul

Cynthia Soares Carneiro

Introdução

O princípio da subsidiariedade como marco

Desde que iniciei os estudos sobre o direito supranacional, seus fundamentos e limites, o princípio jurídico da subsidiariedade, que regula a distribuição de competências entre os entes supraestatais e estatais, determinando restrições impostas à ingerência do ente público de maior instância, quando o ente público menor puder realizá-lo de forma adequada e eficaz. Sob outro ângulo, mas com o mesmo objetivo, a subsidiariedade é entendida como a função de auxílio, de *subsídio*, do ente maior em relação ao menor quando este não puder promover, de maneira satisfatória, os objetivos do organismo de integração ou do Estado (QUADROS 1995; BARACHO1995).

A *função de subsidiar*, inerente aos organismos internacionais voltados à promoção da integração econômica e do desenvolvimento em relação aos seus Estados-Membros, em pleno sistema mundial vigente traz aspectos bastante interessantes, principalmente pelo fato de que o *princípio da subsidiariedade*, originariamente, se aplica à estrutura jurídico-administrativa do Estado, determinando a descentralização institucional e inibindo, juridicamente, a atuação do ente federativo maior em relação ao menor, justamente uma das reformas estruturantes propostas pelo Consenso de Washington.

Além disso, esse princípio jurídico carrega elementosque me parecem verdadeiramente *revolucionários*, naacepção *marxiana* do termo. Elementos estesque são contraditórios em relação à funcionalidade do sistema-mundo capitalista e, portanto, capaz de estabelecer brechas *disruptivas* com potencial suficiente para modificá-lo em suasbases. Enfim, promove mudanças significativas em elementos que lhe são essenciais: na forma como exercem sua soberania externa e na forma como são estruturados internamente, pela centralização e burocratização das instituições políticas e jurídicas (MARX, 2005; ABENSOUR,1997).

A subsidiariedadejurídico-administrativa representa a inversão radical da lógica governamental do Estado Nacional moderno. Ao invés da concentraçãodas instituições e do enfraquecimento do poder local, processo em curso desde a transição do modelo feudal para o capitalista, há a descentralização e transferência de competências estatais para unidades regionais menores, estabelecendo como parâmetro para a extensão de sua competência, os limites para uma atuação *eficaz*, isto é, capaz de dar respostas rápidas às demandaspúblicas, e *adequadas*, ou seja, deve atender satisfatoriamente a essas demandas (QUADROS 1995;BARACHO 1995).

O sentido jurídico do princípio de subsidiariedade somente adquiriu expressão normativa em face da criação dos órgãos supranacionais da União Europeia, que, em seu processo de desenvolvimento, encontrou-se na contingência de regular os limites de sua atuação em relação aos Estados-Membros para respaldar sua soberania[1]. Entretanto,sua exteriorização jurídica tem também promovido reformas na arquitetura institucional dos Estados, ao redistribuir competências antes concentradas em órgãos da União, nos Estados Federados, ou nos órgãos nacionais, nos Estados

---

[1] Na versão consolidada do Tratado da União Europeia (Tratado de Lisboa), o princípio da subsidiariedade esta expresso no seu art. 3º, n. 3: "Em virtude do princípio da subsidiariedade, nos domínios que não sejam da sua competência exclusiva, a União intervém apenas se e na medida em que os objectivos da acção considerada não possam ser suficientemente alcançados pelos Estados-Membros, tanto ao nível central como ao nível regional e local, podendo, contudo, devido às dimensões ou aos efeitos da acção considerada, ser mais bem alcançados ao nível da União". Disponível em: http://eur-lex.europa.eu/LexUriServ/LexUriServ.do?uri=OJ:C:2010:083:0013:0046:PT:PDF. Acesso em 30.jul.2013.

unitários, competências, estas, que passam a ser exercidas por entes sub-regionais e/ou municipais.

Este fenômeno tem alcançado o mundo todo, posto que o direito comunitário-supranacional, nos moldes como foi instituído na União Europeia, em maior ou menor grau, tem sido transplantado para as diversas regiões do globo por meio dos oito organismos de integração regional existentes. Isto é o que podemos observar nos organismos de integração sul-americanos, e, neste sentido, especialmente pela Comunidade Andina, composta por Estados que possuem os menores índices de desenvolvimento da região.

Sob a perspectiva marxiana de que as revoluções estruturais são de longa duração, posto que em seu processo desconstruam bases institucionais estabelecidas e consolidadas, parto do pressuposto que o princípio da subsidiariedade, ou função de subsidiariedade, configura-se como um mecanismo jurídico que aperfeiçoa a democracia ao identificar o *estado formal*, estabelecido pela Constituição, como o *estado real*, a população que o compõe (MARX 2005), ao transferir competências e responsabilidades para entidades mais próximas dos cidadãos, estimulados a se organizarem em conselhos administrativos, legislativos e de fiscalização das atividades de caráter e interesse público. Isso porque sob a perspectiva histórica de que o Direito moderno registra, em movimentos de avanços e retrocessos, consensos políticos mais ou menos democráticos que, uma vez positivados, ou seja, revestidos de força jurídica, passam a constituir um comando institucional que determina, segundo o princípio da legalidade estrita as ações governamentais, e, nos termos da legalidade e anterioridade da lei, orienta as da sociedade civil.

Entretanto, são obstáculos concretos à efetivação dadimensão democrática e do potencial revolucionáriodo princípio da subsidiariedade, justamente a racionalidade e a funcionalidade do sistema mundial de mercados,que modela esustenta a estrutura econômica capitalista desde suas origens, ainda no século XVI (WALLERSTEIN 2001).

O fato, inclusive, do direito e das instituições comunitárias europeias terem sido, ao menos formalmente, transplantadas para os demais organismos de integração regional existentes é uma evidência de que, *superestruturalmente*, os Estados Nacionais modernos, desde o momento em que se estabelecem, permanecem vinculados a uma rede de relações político-econômicas que os inserem na sociedade internacional. Relações estas estabelecidas segundo uma racionalidade/funcionalidade hierárquica, colonial, posto que pressupõe centros e periferias, expressando-se na divisão internacional/local da produção e do trabalho, o que cristaliza e perpetua a concentração/má distribuição de renda, tanto em âmbito local como planetário.

Neste sentido, a questão fundamental a orientar meus estudos sobre integração comunitária é a análise crítica e permanente sobre os beneficiários dos processos comunitários. A quem interessa e quem diretamente se beneficia dos sistemas de integração sul-americanos? Uma vez estabelecida segundo parâmetros comuns ao sistema-mundial de mercados, como se manifestam as instituições transplantadas do modelo europeu em um ambiente comunitário completamente diverso e de herança colonial?

A todos deve parecer evidente que uma integraçãosul-americana baseada em um modelo assim concebido estaria fadada ao fracasso. Os objetivos institucionalmente declarados provavelmente jamais seriam atingidos. No entanto, nas últimas décadas, tanto a CAN como o MERCOSUL aumentaram consideravelmente sua atuação, o que pode ser dimensionado pela prodigiosa produção do Tribunal de Justiça Andino, o terceiro mais atuante, dentre os tribunais internacionais existentes (HELFER, 2009; ALTER 2011).

Neste aspecto, o MERCOSUL, muito criticado,desde suas origens, por não seguir à risca, como fez a Comunidade Andina, o desenho e procedimentosdos órgãos comunitários europeus, representaria melhor um modelo *alternativo* àqueles organismos de integração?

Transposições institucionais e racionalidade do sistema-mundo/colonial: metodologia de análise

Considerando que a transposição de normas europeias feita por Estados da América Latina ocorre desde a origem destes Estados, o fenômeno do transplante jurídico trata-se de aspecto funcional do sistema-mundo/colonial. A partir desta constatação, devemos analisar o resultado materializado pelas instituições comunitárias sul-americanas para detectar os efeitos deste transplante normativo, averiguando se a atuação destas instituições leva a resultados que correspondem aos interesses integracionistas declarados nos seus tratados constitutivos, ou se seus resultados atendem aos históricos interesses de companhias localizadas em Estados centrais ao sistema-mundo, estabelecendo a sua colonialidade.

Para analisar este resultado foram examinadas decisõesproferidas pelo Tribunal de Justiça Andino (TJA). Aliás, o órgão judicial da CAN, é o que melhor traduz a literal transposição do direito comunitário europeu para a América do Sul. A quantidade de decisões judiciais proferidas pelo Tribunal desde a sua criação é realmente impressionante, principalmente por se tratar de um tribunal comunitário sul-americano, cujos Estados-Membros sempre tiveram que lidar com as dificuldades impostas ao seu projeto de integração e à incipiência de suas instituições, não apenas as regionais, também as internas.

O propósito inicial da pesquisa era o de averiguar e contabilizar o objeto de pedir nas Interpretações Prejudiciais emanadas do Tribunal de Justiça da Comunidade Andino, e exclusivamente nesta espécie de decisão, justamente por se tratar, em espécie, de cooperação jurídica vertical geralmente estabelecida entre juízes nacionais e comunitários, tal como ocorre no Tribunal de Justiça da União Europeia e suas decisões essenciais para a construção e consolidação do direito comunitário europeu.

Buscava-se, portanto, avaliar a contribuição do Tribunal de Justiça Andino ao desenvolvimento de um direito regional e se este direito teria, em face das especificidades da região colonial, caracteres próprios, mesmo tendo sido constituído sobre as bases fornecidas pela União Europeia. Além disso, o procedimento do reenvio prejudicial, permitiria dimensionar a natureza das demandas dos juízes nacionais e o desenvolvimento da cooperação jurídica internacional na região andina.

As Interpretações Prejudiciais foram estabelecidas como mecanismo processual próprio do direito processual comunitário europeu, e prevê a obrigatoriedade da consultaao tribunal comunitárioquando o fundamento jurídico do pedido da parte, na ação ajuizada perante juiz ou tribunal nacional, versar sobre normas comunitárias. Para assegurar que a interpretação e aplicação do direito comunitário sejam uniformes em todo espaço de integração, os juízes, facultativamente, ou os Tribunais de única ou última instância, obrigatoriamente, deveriam remeter a questão ao Tribunal de Justiça comunitário, único competente para indicar, por sentença, a forma adequada de interpretação do direito.

As consultas prejudiciais também estão previstas no MERCOSUL, e são chamadas de Opiniões Consultivas. Elas são exatamente isto, uma consulta facultativa feita pelo juiz original da causa quando, remetida ao Tribunal Permanente de Revisão do MERCOSUL (TPRM), o juiz nacional tiver qualquer dúvida, e somente em casos de dúvida, sobre a aplicação de normas do direito de integração mercosulino. A decisão proferida pelo TPR, diferentemente do reenvio prejudicial europeu e andino, não vincula a interpretação que posteriormente será dada pelo juiz local, embora podemospressupor que aquele que facultativamente consulta está predisposto a atender o que foi estabelecido pelo tribunal consultado. Até esta data foram submetidas ao TPRM apenas três Opiniões Consultivas.[2]

O estudo das Interpretações Prejudiciais do Tribunal de Justiça Andinaparecia promissor, pois, tendo como base os debates estabelecidos por ocasião da Primeira Opinião Consultiva suscitada perante o Tribunal Permanente de Revisão do MERCOSUL, em 2007, esperávamos encontrar aspectos relevantes acerca do desenvolvimento do direito da integração na América do Sul e suas possíveis contribuições, igualmente significativas, para o desenvolvimento da sistemática de cooperação jurídica entre juízes nacionais, reciprocamente, e entre estes juízes e os Tribunais Comunitários.

Naquela decisão, o voto do Árbitro Relator Wilfrido Fernández de Brixe as divergências levantadas pelos demais árbitros na mesma decisão remetem,justamente,a questões relativas à cooperação jurídica internacional vertical, isto é, entre juízes nacionais e juízes comunitários, que, no caso do MERCOSUL são árbitros, o que, talvez, explique os limites estabelecidos a sua atuação em relação ao Poder Judiciário estatal. Na OP n. 01/2007 também são discutidos aspectos relativos à cooperaçãohorizontal, ou seja, entre os próprios juízes nacionais que atuam no processo originário, cuja sistemática, na América do Sul, é regulado por procedimentos e princípios que remontam há quase um século e meio, desde as Conferências de Montevidéu e de Havana.

A Opinião Consultiva n. 01/2007 mencionadecisões clássicas do Tribunal de Justiça da União Européia e também do Tribunal da Comunidade Andina,quando discorre sobre a relação do direito comunitário como o direito nacional, versando sobre a propriedade da obrigação ou faculdade do juiz nacional de submeter aos tribunais comunitários toda e qualquer questão relativa ao direito de integração.[3]Sobre este aspecto especial o

---

[2] As três OP podem estão disponíveis em: [http://www.mercosur.int./t_generic.jsp?contentid=377&site=1&channel=secretaria&seccion=5]. Acesso em 30.jul.2013.

[3] TJCE, sentença de 15 de julho de 1964, Costa/ENEL e TJCA, sentença proferida no processo 1-IP-87 e 2-IP-90, que tratam da relação entre direito comunitário e direito interno, declarando

voto discorre sobre a *teoria do ato claro* e *do ato esclarecido* e suas diferenças no sistema europeu e no sistema andino (CARNEIRO 2007)[4].

O direito comunitário andino consagrou, sem exceções, o reenvio prejudicial obrigatório, independentemente do objeto da decisão já ter sido consolidada pelo Tribunal Comunitário. Essa exigência, entretanto, gera um grande número de decisões que possuem teor idênticoe 90% delas sobre disputas relativas aodireito de marcas e patentes (HELFER 2009).No pólo ativo, quase que invariavelmente, temos umaempresa estrangeira, multinacional, que atua na região andina – temos que lembrar que a Comunidade Andina adotou o modelo de integração comercial aberta, ampliando o livre-comércio aos seus tradicionais parceiros comerciais estrangeiros. No pólo passivo, compareçem, como réus na disputa ou como interessado na decisão do órgão executivo, quase que invariavelmente pequenas e médias empresas locais. [5]

O teor e o número destas decisões, por si só, evidenciam a inconsistência da exigência de se submeter ao Tribunal de Justiça Andino toda e qualquer matéria regulada pelo direito de integração da CAN, mesmo que o conteúdo da norma suscitada já tenha sido objeto de sentença interpretativa e seu sentido tenha restado definitivamente esclarecido. Ora, a decisão definitiva do caso é do órgão jurisdicional local, que, presume-se, já conhece a determinação prévia proferida pelo tribunal comunitário[6].

---

a primazia do primeiro em relação ao segundo. Todas estas decisões estão disponíveis para consulta no sítio oficial da União Europeia e da Comunidade Andina.

[4] A OP n. 07/2007 está disponível em: [http://www.mercosur.int./innovaportal/file/PrimeraOpinionConsultiva-Versionfinal.pdf?contentid=377&version=1&filename=PrimeraOpinionConsultiva-Versionfinal.pdf]. Acessoem 30.jul.2013.

[5] Sobre este aspecto material das decisões, Alter e Helfermencionam: "The ATJ has been given great preemptive forcees to Andean intellectual property rules than to other areas of Andean Law. The Tribunal has relied on the extensive and detail secondary legilslation on patests, trademarks, and copyrighs as an indication that the member states had 'sovereignytrasferred' their 'exclusive authority'over intellectual property issues to community level. See 1-IP-96: section III (holding that, in the area of intellectual property, member state cannot deviate from 'the common interests' of the community except by acting through Andean institutions'.) (2011, 22)

[6] O relator da OP n. 01/2007 argumenta que o sistema adotado pelo TJA é melhor e mais adequado "à realidade latino-americana" do que aquele definido pelo TJE, nos seguintes termos: "No nosso entender, o sistema vigente na Comunidade Andina é mais adequado, não apenas para nossa realidade do Mercosul, senão para a nossa realidade latino-americana em geral. Primeiro, porque a nossa realidade coadjuva melhor com a conscientização dos órgãos

O fato é que logo no início desta pesquisa já pudemos identificar as respostas para as primeiras questões que foram levantadas na sua concepção. São elas: i) De quais órgãos nacionais provém o reenvio;ii) Quais as matériasfrequentemente suscitadas;iii) Quais os sujeitos na relação jurídica subjacente ao processo ajuizado na instância nacional originariamente competente.

Vejamos: i) Em relação aos órgãos jurisdicionais nacionais dos quais provém a demanda pela Interpretação Prejudicial, não há nenhuma matéria que tenha sido submetida ao Tribunal de Justiça Andino por juízes dos Estados-Membros, pois elas provém exclusivamente de órgãos administrativos e não judiciais, propriamente ditos; ii) Esses órgãos, por sua vez, são responsáveis pelo registro de marcas e patentes e geralmente possuem um tribunal responsável pela solução de controvérsias relativas à disputa pelo direito à propriedade industrial; iii) Quanto aos sujeitos das relações jurídicas subjacentes, ou seja, do conflito original que gerou o reenvio prejudicial ao TJA, quase que invariavelmente,a demanda versa sobre interesses de uma empresa estrangeira de abrangência multinacional que pretende ter reconhecido o seu direito ao uso de marca e patente registrada em país estrangeiro. Muitas destas empresas são grandes laboratórios químicos oufabricantes de produtos alimentícios que solicitam o reconhecimento dos seus direitos pelo órgão administrativo ou então se insurgem contra uma empresa local da mesma natureza que teria registrado, inadequadamente, uma patente como sendo sua, ou então se utiliza de uma marca que se assemelha a outra já adotada pela empresa estrangeira.

Superadaesta abordagem e constatações iniciais, procuramos, então, averiguar as seguintes indagações: i) Qual a contribuição das Interpretações Prejudiciais do Tribunal de Justiça da Comunidade Andina para a construção de uma teoria de Direito Comunitário na América do Sul? ii) Qual a importância dos tribunais comunitários da América do Sul para a consolidação do Direito Comunitário na região?

Em razão da profícua atuação do Tribunal de Justiça Andino e da grande quantidade de decisões proferidas em Interpretações Prejudiciais, e também devido à primeira decisão do Tribunal Permanente de Revisão do

judiciais nacionais sobre a importaância da intepretação prejudicial no marco do Direito Comunitário (ou Direito de Integração) e segundo porque com o risco de ser desnecessariamente repetitiva, proporciona ao Tribunal Comunitário a oportunidade de evolucionar e modificar seus próprio critérios anteriores. O direito é e deve ser sempre evolutivo. (Ver nota anterior)

MERCOSUL, que a todo tempo refere-se a sentenças do TJA, esperávamos colher informações esclarecedoras sobre o resultado efetivo das instituições transplantadas por Estados historicamente colonizados em relação às suas correspondentes nos Estados historicamente colonizadores.

Embora não tenha chegado às conclusões inicialmente esperadas, ou seja, a de detectar fundamentos de um direito comunitário alternativo àquele implantado na Europa, a análise foi bastante esclarecedora acerca do contexto, da natureza e dos limites do projeto comunitário estabelecido na América do Sul, em particular na Comunidade Andina, instituição na qual se concentrou o estudo.

Esperava concluir pela relevância dos tribunais comunitários da região para a construção de um direito de integração próprio e voltado aos objetivos fundamentais estabelecidos nos seus tratadosinstitutivos: o fortalecimento da união de seus povos, o estabelecimento, com a criação da CAN, de um marco histórico, econômico e social na consolidação da soberania e independência de seus Membros, que passariam a coordenar suas ações segundo os princípios da paz, justiça, igualdade, solidariedade e democracia.[7]

Esperava também encontrar especificidades regionais significativas em relação às instituições europeias transplantadas e aos sujeitos na relação jurídica original, mas, da forma como foi estabelecido o TJA e pelo teor das decisões emanadas, salta aos olhos que seus resultados atendem, principalmente, aos interesses de empresas europeias que atuam na região. Essas companhias, inclusive, conhecem o ambiente comunitário liberal, tem familiaridade com seus mecanismos e, portanto, sabem como utilizá-los a seu favor. É neste sentido que argumentamos ser imprescindível rediscutir o papel e a função dos tribunais comunitários na região, para que se adéquemauma conjuntura regional que propugna por uma *integração alternativa*, tanto no sentido de buscar seus próprios fins, rompendo com suas relações internacionais tradicionais, estabelecidas sobre parâmetros coloniais, quanto no sentido de fomentar a cooperação socioeconômica da região para a solução conjunta de seus graves problemas sociais e promovendo um efetivo desenvolvimento econômico responsável e autossustentável.

---

[7] Estes são os temas do Preâmbulo do Acordo de Cartagena. Disponível em: [http://www.comunidadandina.org/Normativa.aspx]. Acesso em 30.jul.2013.

Após analisar cerca de duzentos e oitenta Interpretações Prejudiciais, em um universo de mais de mil e quinhentas sentenças proferidas pelo Tribunal de Justiça Andino de 1983a 2013[8], o que podemos concluir é que se faz necessário avaliar os procedimentos adotados pelos organismos de integração instituídos na América do Sul, e colocar sob este crivo de análise,inclusive, a recém criada UNASUL, para depreendermos sua real racionalidade, a sua funcionalidade materializada, para determinar até que ponto sãomanifestações institucionais reflexivas do sistema-mundo moderno e, portanto, instrumentos para sua estabilidade, ou se poderiam se constituir como ferramentas institucionais que podem levar à desconstrução desta funcionalidade histórica.

Esperava-seencontrar matérias relacionadas com o objeto característico de uma zona de integração comercial, como demandas relativas a contratos firmados entre empresas originárias da região andina ou questões relacionadas aos tributos preferenciais incidentes sobre as atividades mercantis inter-regional, ou ainda questões reguladas pelo Direito Comercial, tais como o estabelecimento de empresas de um Estado em território de outro Estado-Membro, a quebra de empresas locais com repercussão nos demais Estados, e até questões relativas à contratação de trabalhadores originários de diferentes Estados do bloco de integração, ou relativas ao direito do consumidor.

Neste caso, teríamos farto material para avaliar a dinâmica integracionista e os avanços e dificuldades das autoridades com poder de jurisdição em enfrentar esta nova realidade jurídica regional, que, justamente por estabelecer normas e instâncias de decisões supranacionais exige que os juízes e tribunais nacionais tenham uma nova perspectiva do direito.Decisões desta natureza retratariam a consolidação de um espaço de integração na América Andina, o que seria a consagração dahistórica retórica integracionista dessa região da América do Sul.

No entanto, o quadro que encontramos evidencia que a integração aberta acordada pelos Estados-Membros da Comunidade Andina comEstados da União Europeia e como os Estados Unidos corrobora a tese de

---

[8] Todas as sentenças proferidas em IP estão disponíveis no sítio oficial da CAN, que tem sido reformulado. Por isso, constam em tabela apenas as decisões proferidas de 1991 a 2010, mas as demais podem ser encontradas pelo sistema de busca pelo número. Disponível em:[http://www.comunidadandina.org/Solcontroversias.aspx?fr=0&codProc=218&codpadre=16&tipoProc=2]. Acesso em 30.jul.2013.

que o regionalismo sul-americanocontinua vinculado às relações sócio-
-econômicas que perduram na região em longa duraçãoe que vão ao encontro, invariavelmente,dos interesses de empresas que se situam em Estados centrais do sistema-mundo/colonial. Companhias que, no caso das multinacionais originárias de países europeus, estão, inclusive, familiarizadas com os procedimentos judiciais dos quais podem se servir para alcançar seus interesses e que, por transplante,correspondem exatamenteàqueles que poderiam manejar no âmbito de incidência do direito comunitário europeu.

3. Direito comunitário andino e direito comunitário europeu: uma história colonial de longa duração

Uma integração regional estabelecida segundo os mesmos paradigmas que levaram à criação da União Europeia trata-se de um arranjo institucional para a readequação de condições essenciais ao sistema-mundo, ou seja, a configuração de um centro econômico formado por países centrais, quase todos europeus, e a condição original de periferia subalterna aos interesses comerciais de empresas situadas neste centro. Um arranjo histórico que tem condicionado o desenvolvimento dos países sul-americanos, neste caso específico de análise, dos países andinos.

Neste sentido, para um projeto de integração alternativo ao estabelecido pela União Europeia é imprescindível uma efetiva reconfiguração institucional e procedimental dos órgãos supranacionais andinos, especialmente de seu Tribunal de Justiça, objeto deste estudo.No entanto, uma mudança institucional estaria longe de configurar, por si só, uma opção alternativa à funcionalidade clássica do sistema-mundo/colonial, posto que não bastainstituir órgãos supranacionais ou mesmo priorizar o desenvolvimento de relações socioeconômicas em detrimento das relações meramente comerciais, que, invariavelmente, atendem aos interesses do capital privado. O essencial é que estas relações socioeconômicas se pautem por princípios da solidariedade e cooperação comunitária, para a correção de assimetrias e desenvolvimento equitativo, princípios declarados em todos os tratados institutivos de organismos regionais americanos. Somente pelo cumprimento dos princípios e objetivos declarados nestes instrumentos jurídicos a racionalidade sistêmica e sua lógica de centro e periferia, que leva à divisão internacional da produção e do trabalho poderia ser superada na região.

Um indicativo de que um sistema de integração desenvolve-se de formaalternativa ao modelo europeu é a prioridade que o organismo regional dá à efetivação de políticas públicas voltadas às pessoas arrebatadas pelo processo integracionista, seja na condição de trabalhador, de consumidor, de estudante inter-regional ou na condição daqueles que sofrem direta ou indiretamente os efeitos das intervenções comunitárias, como é o caso das populações afetadas pelas obras de infraestrutura energética e de comunicação que tem sido realizadasna região por parcerias firmadas entre Bancos de fomento situados nos Estados sul-americanos. No âmbito da América do Sul, estas ações têm sido implantadas, principalmente, pela *União das Nações Sulamericanas* (UNASUL) por intermédio de sua *Iniciativa para a Integração da Infraestrutura Regional Sulamericana* (IIRSA)[9], que, futuramente, pode se tornar um organismo de convergência entre Mercosul e Comunidade Andina. Estamos caminhando para isso, daí a necessidade imperiosa de debater o modelo de integração desejado pela população destes Estados.

O contexto no qual foram negociados,entre os Estados sul-americanos, osantigos e os mais recentes arranjos institucionais integracionistas, demonstra, entretanto, que, desde suas origens, um bloco de integração tem sido a expressão mais bem acabada do centralismo e da concentração institucional, elementos característicos e fundamentais à funcionalidade do sistema-mundo capitalista. Os últimos acordos, firmados na década de 1990,já sob influência dos paradigmas econômicos debatidos durante a Rodada do Uruguai do GATT - que resultou na OMC - foram responsáveis pela efetiva implantação, na América do Sul, dos sistemas de integração regional vigentes, especialmente o Sistema de Integração Andino (SAI), transplantado da União Europeia, e o MERCOSUL, que, embora com características mais específicas, foi igualmente inspirado no projeto de criação de um mercado comum dentro dos paradigmas clássicos do livre-mercado.

Este movimento regional integracionista da década de 1990 foi impulsionado pelos Planos de Ajuste Estrutural (PAE) firmados, na mesma década, pelos Estados sul-americanos com o Fundo Monetário Internacional em parceria com o Banco Mundial. Para a execução das metas estabelecidas

---

[9] Para maiores informações sobre o programa consultar sua página oficial na internet. Disponível em: http://worldnews.nbcnews.com/_news/2013/07/05/19311803-american-mom-daughter-6-stuck-in-brazil-in-child-custody-battle. Acesso em 11.jul.2013.

pelos PAE, os governos locais teriam acesso a empréstimos disponibilizados pelo Banco Mundial e teriam, inclusive, a assessoria de técnicos estrangeiros para a elaboração dos projetos de infraestrutura e das reformas institucionais que lhes assegurariam o acesso ao crédito prometido.

Na década de 1990 foram ratificados diversos protocolos adicionais ao *Acordo de Integração Subregional Andino*, conhecido como *Acordo de Cartagena*, este, negociado no âmbito da Associação Latino-Americana de Livre Comércio (ALALC) e vigente desde 26 de maio de 1969.

O *Pacto Andino*, como ficou mais conhecido, recepcionou as ideias consagradas pelo *desenvolvimentismo cepalino*, formulado por intelectuais sul-americanos. Esta tese foi promovida em fóruns internacionais realizados a partir do final da década de 1950, sob a tutela e patrocínio das Nações Unidas e seu objetivo era a formulação e o planejamento de políticas públicas. A Comissão Especial para a América Latina (CEPAL) tributa a promoção do desenvolvimento às instituições públicas, que seriam capazes de substituir a ação dos atores sociais em Estados subdesenvolvidos, presumindo que estes Estados possuem reduzido *capital social*. RaúlPrebisch, argentino, e Celso Furtado, brasileiro, são expoentes deste grupo(COLISTETE, 2001)[10].

Dos organismos de integração econômica criados na América do Sul sob os auspícios das organizações internacionais de Bretton Woods, instituídas a partir da década de 1940, o Pacto Andino foi o que mais avançou no seu processo de institucionalização. Este progrediu, embora timidamente, durante parte das décadas de 1970 e 1980. No entanto, e justamente em face de não ser objeto de interesse social e por não ser capaz de formular ideias ou incorporar aspectos regionais específicos, permaneceu praticamente inalterado até 1996, quando, do ponto de vista de sua arquitetura institucional, ocorreram mudanças mais significativas. Da mesma forma que ocorrera na década de 1960, a reforma foi promovida em face do que era preceituado e viabilizado pelas organizações internacionais globais, embora, recentemente, a CEPAL, abrigada no Conselho Econômico e Social das Nações Unidas (ECOSOC),tenha dado lugar ao FMI e Banco Mundial.

Com a vigência do *Protocolo Modificatorio del Acuerdo de Integración Subregional Andino (Acuerdo de Cartagena)*, aprovado em Trujillo, Perú, em 10 de

---

[10] Disponível em: http://www.scielo.br/scielo.php?script=sci_arttext&pid=S0103-40142001000100004. Acesso em 11.jul.2013

março de 1996,[11] por isso conhecido como *Protocolode Trujillo*, foi instituído o *Sistema Andino de Integração* e adotado o nome *Comunidade Andina*.Àestrutura institucional já estabelecida juntou-se o Conselho Presidencial Andino (equivalente ao Conselho Europeu) e o Conselho Andino de Ministros de Relações Exteriores (que corresponde ao Conselho da União Europeia). Ambos têmcompetência normativa, antes concentrada na Comissão da Comunidade Andina. A *Junta* do Acordo de Cartagena, órgão técnico do Pacto Andino, tornou-se o Secretariado-Geral da Comunidade Andina, com poderes administrativos e jurisdicionais.

Em 2001, o Conselho Andino de Ministros de Relações Exteriores editou a *Decisão 500*,que regulamentou o funcionamento do Tribunal de Justiça Andino e estabeleceu o procedimento das diversas ações relativas ao processo judicial comunitário. Todas essas ações também inspiradas no modelo processual europeu.Esta *Resolução* modificou o *Tratado de Criação do Tribunal de Justiça*, de 1984, que, desde então, já se inspirara no Tribunal de Justiça Europeu, adaptando-o aos termos do Protocolo de Trujillo.

Esta transposição simplesmente desconsiderou que, com o passar do tempo, o próprio Tribunal de Justiça Europeu demonstrou não ser, absolutamente, essencial ao processo integracionista, pois este depende, muito mais,de ações concretas e, portanto, de políticas públicas implantadas no âmbito governamental de cada Estado. Depende também de conjunturas econômicas regionais e internacionais favoráveis à integração e da percepção, por parte dos sujeitos afetados por este processo, de que um sistema de integração econômica regional, interfronteiriço, é mais vantajoso e desejável do que aquele estabelecido com terras mais distantes, mesmo que centrais ao sistema-mundo.

Mesmo que no Preâmbulodestes tratados possamos encontrar princípios e objetivos que traduzem um percurso histórico e características sociais, culturais e políticas específicas e bastante diferentes daqueles Estados europeus, o fato é que, histórica, social e culturalmente, os dois blocos de Estados, continuam conectados, como o sistema jurídico evidencia. A análise de suas normas e decisões judiciais permite dimensionar o quanto o substrato econômico que integrou estes dois continentes a partir do século XV continua, até o começo deste século XXI, solidamente consolidado.

---

[11] O documento pode ser encontrado em http://www.comunidadandina.org/Normativa.aspx#. Acesso em 06.jun.2013.

O MERCOSUL, embora resulte do mesmo contexto em que foram restabelecidas as instituições comunitárias da América Andina e da América Central, o que tambémvincula sua instituição aos preceitos do *Consenso de Washington* e às diretrizes negociadas na Rodada do Uruguai, diferencia-se, em vários aspectos, dos organismos que o antecederam, ou seja, a ODECA e o Pacto Andino.

O Protocolo de Ouro Preto, que regulamentou o Tratado de Assunção aoestabelecer a arquitetura institucional do MERCOSUL, estabelece,em seus dispositivos,ao menos no que se refere à supranacionalidade das instituições comunitárias e àforma de internalização de suas normativas, um procedimento bastante diverso daquele adotado pelas Comunidades Européias, pela Comunidade Andina e pelo SICA. Com isso, podemos afirmar que, no MERCOSUL, o princípio da subsidiariedade, embora não declarado, prevalece sobre o princípio da supranacionalidade dos órgãos comunitários, uma característica, a meu ver, mais adequada aos Estados sul-americanos.

A necessidade de se estabelecer,na América,um modelo de integração regional diferente do europeu envolve desde aspectos físicos elementares, tal como a falta de infraestrutura de transportes e de comunicação entre os Estados sul-americanos, quanto aspectos de ordem histórica, como os graves problemas socioeconômicos de seuspaíses, que vão da extrema vulnerabilidade econômica e pobreza de suas populações à insuficiência de desenvolvimento capitalista. Uma realidade, portanto, bastante diferente da europeia, mesmo depois da destruição promovida pelas guerras mundiais, fator que justificou, no pós-guerra, a criação de estruturas supranacionais e um mercado comum entre os Estados que sofreram os efeitos das disputas coloniais travadas entre eles.

Naquele momento, em 1950, e depois, em 1990, o sistema-mundo precisava ser reorganizado, pois os Estados hegemônicos tradicionais perceberam o risco de serem superados pelas novas hegemonias globais. Nestes momentos de crise, os projetos de integração entre Estados sul-americanos voltam a ser suscitados e encorajados (CARNEIRO, 2010).

4. Princípios comunitários europeus e jurisprudência andina

O Pacto Andino, firmado em 1969, originariamente não previa um Tribunal Internacional. No entanto, a partir de meados de 1970, as dificuldades em se implementar o direito comunitário derivado, ou seja, as diretivas emanadas da Comissão Andina, às instituições dos Estados-Membros, acabou levando à sua instituição.

As Decisões da Comissão Andina eramincorporadas ao ordenamento jurídico interno da cada Estado-Membro mediante Decreto Presidencial. Setores empresariais dos Estados-Membros, especialmente da Colômbia, arguiram perante a Suprema Corte da Colômbiaque normas de conteúdo macroeconômico não teriam validade interna sem o controle prévio dos parlamentos nacionais, e seus argumentos foram acolhidos (ALTER, 2011, 11). [12]

O efeito desta decisão é uma norma interna poder revogar ou ter primazia em relação ao Direito Comunitário, medida tomada unilateralmente pelo Estado, o que praticamente tornavam inócuas as normativas comunitárias, mesmo aquelas sobre as quais o Pacto detinha competência exclusiva.Todo o sistema, enfim, seria desacreditado. Em face destas ponderações, a Comissão Andina passou a defender a criação de um Tribunal Comunitário, que deveria garantir o cumprimento do direito regional junto aos Estados-Membros. Essa conclusão levou a Comissão a consultar o Instituto para a Integração da América Latina e Caribe (INTAL), órgão consultivo do Banco Interamericano para o Desenvolvimento (BID), para que este órgão financeiro internacional emitisse um parecer sobre o melhor modelo de tribunal para o Pacto Andino.

Sobre este episódio, Karen Alter e Laurence Helfer comentam:

> "INTAL is a research Center established by the Inter-American Development Bank in 1965 with mission of promoting and consolidating regional integration. Its networks of consultants – many of whom are part-time scholars – provides technical assistance to implement and enforce integration policies. INTAL served as a conveyer belt for the transmission of European ideas into conversations

---

[12] Alter e Helfer (2011) também mencionam o processo ajuizado perante a Corte Constitucional da Colômbia no qual o autor requer que seja declarada a inaplicabilidade de normativas colombianas relativas à produção e comercio do álcool por serem contrárias ao direito comunitário. A Corte negou o pedido do autor sob o argumento de que apenas as normas relativas aos direitos humanos têm hierarquia superior às leis, o que não é o caso das normativas comerciais comunitárias, que seriam equivalentes e não superiores às normas internas. Os autores comentam: "The Colombian Court adopted somewhat abstruse reasoning, stating that community Law has 'primacy'over conflicting national law, but suggesting that primacy means that community law 'displaces but does not abrogate o render non-executable' confliticting national legislation'." (p. 23)

about integration in Latin America. At the time, many INTAL consultants had been educated and trained in European universities, and they continued to attend pro-integration events in Europe.(...) In June 1972, the Junta convened a Meeting of Experts that included INTAL consultants, Professor Gerald Olivier (the Assistant Director of EC Legal Services), and ECJ Judge Pierre Pascatore. Based on this meeting, the Junta prepared a draft of a treaty establishing the ATJ. Representatives of the member states discussed the draft in November 1972, and December a joint Junta-INTAL working group presented its proposals to the Commission. The proposal focused on two key requirements: the doctrines of supremacy and direct effect, and a supranational mechanism to review the legality of community acts. (...) It created an Andean judicial body to review the correct interpretation os Andean rules by national judges..." (ALTER, HELFER 2011).

Apesar da decisão intergovernamental, no sentido de instituir uma Corte Comunitária, ter sido definida em 1972, o Tribunal somente iniciou seus trabalhos em 1984.

Posteriormente, com o Protocolo de Cochabamba, de 1996, o Tribunal também foi reestruturado conformando-se, definitivamente, com o modelo europeu. O Protocolo de Cochabamba foi regulamentado pela Decisão n. 500 do Conselho da Comunidade Andina, que instituiu o *Estatuto do Tribunal de Justiça da Comunidade Andina* e seusritos processuais.

A arquitetura institucional e processual do órgão judiciário supranacional sul-americano transplantou para a região andina princípios e procedimentos que levaram tempo para serem concebidos pela jurisprudência e pela doutrina europeia. Seu surgimento tardio, em relação ao europeu, possibilitou a consolidação, nos tratados da Comunidade Andina, destes institutos que, na Europa, foram delineados com o tempo. Estes fundamentos jurídicos, portanto, também foram recepcionados pelos órgãos comunitários andinos.

A jurisprudência do TJA ratifica os princípios do Direito Comunitário europeu e classifica as fontes de direito comunitário em duas espécies: os tratados e protocolos, negociados e firmados em conferências de cúpula, e incorporados segundo disposições constitucionais cada Estado; e as Decisões, normas exaradas pelos órgãos comunitáriosquais o tratado constitutivo atribui competência normativa, que a exercerá segundo os princípios e limites também estabelecidos pelo tratado constitucional. Daí se falar de sua natureza fundamental, porém fundamental apenas na esfera do organismo regional denominado União Europeia e aos seus Estados-Membros, mas não à Europa, como às vezes pode parecer.

As Comunidades Europeias, de fato, deram origem a uma nova forma de elaboração e incorporação de normas internacionais ao ordenamento jurídico dos Estados-Membros. Até então, apenas a disciplina de elaboração e internalização dos tratados internacionais tinha sido objeto de estudos e elaborações normativas, em face de sua prática costumeira nas relações entre povos e Estados. No entanto, até então ainda não se havia conferido efeito coercitivo direto e imediato de normas internacionais no ordenamento jurídico interno, o que suscitou, até poucos anos atrás, muitos debates acerca de uma possível relativização da soberania estatal.

Por se tratarem de normas de natureza diferente, e provenientes de fontes diferentes, o procedimento para a elaboração de cada espécie também poderá ser diferente e é o que ficou estabelecido pelos tratados originários das Comunidades Europeias.

A forma de incorporação dos tratados ao ordenamento jurídico interno é previsto nas Constituições de todos os Estados da América do Sul, e a forma, em todos eles, se assemelha em grande medida, exigindo-se, em praticamente todas as matérias, a autorização prévia dos parlamentos para sua ratificação presidencial.

Quanto às normas derivadas dos órgãos comunitários, a forma e o momento de sua vigência junto aos Estados-Membros são previstos pelo tratado constitutivo, que se antecipou às previsões constitucionais neste sentido. Os Estados da Comunidade Andina, posteriormente, reformaram suas constituições e incorporaram ao seu texto *clausulas de abertura* e reconhecimento do direito comunitário secundário. São estas normas que dimensionam a participação, ou não, de órgãos públicos internos no processo de internalização do direito da integração secundário.[13]

Justamente em face dos eventos já mencionados, outro princípio comunitário europeu recepcionado textualmente pelo direito de integração andino é o da suaprimazia em relação ao direito nacional, quando ambos

---

[13] É o caso dos arts. 41 e 42 do Protocolo de Ouro Preto, no caso do Mercosul, e dos arts. 2º, 3º e 4º do Tratado de Creacion Del Tribunal de Justicia de la Comunidad Andina.

tratarem da mesma matéria. Ficou firmado, portanto, que a lei interna apenas prevalece sobre uma norma comunitária na falta de sua regulamentação pelos próprios órgãos comunitários, ou seja, apenas quando, sendo necessária, não houver disposição comunitária aplicável à questão. Na Comunidade Andina, este entendimento é possível até mesmo quando a matéria for de competência exclusiva dos órgãos andinos, na sua ausência, aplica-se a lei nacional, pois nenhum dispositivo do direito comunitário deverá ser interpretado no sentido de limitar a soberania do Estado desconsiderando seu poder jurisdicional interno quando estas normativas são compatíveis com os objetivos e princípios da integração regional.[14]

O princípio da aplicação direta do direito comunitário pelo juiz nacional também foi ratificado pela jurisprudência andina, e, no caso concreto, percebendo-se o conflito entre uma norma comunitária e uma interna, como já afirmado, prevalece a primeira.

Em face da aplicação do direito comunitário pelo juiz nacional, que conhecerá originariamente da demanda, a Decisão 500 determina que toda ação fundamentada em normas do direito comunitário andino devem ser, antes de definitivamente julgada a ação, previamente interpretadas pelo juiz comunitário. Essa providência visa, conforme o direito europeu, criar um entendimento uniforme das normativas comunitárias. Esta consulta do juiz ao TJA será facultativa, quando o processo ainda estiver sujeito a recurso, mas será obrigatória, quando já estiver em último grau de jurisdição ou quando o caso for de competência originária dos órgãos jurisdicionais superiores. Na consulta obrigatória o processo original é suspenso. Daí no nome do incidente: Interpretação Prejudicial, isto é, ocorrida antes do julgamento definitivo.[15]

---

[14] Ver nota 12.
[15] Decisão 500 Conselho Andino. **Artículo 121.-** Objeto y finalidad. Corresponde al Tribunal interpretar las normas que conforman el ordenamiento jurídico de la Comunidad Andina, con el fin de asegurar su aplicación uniforme en el territorio de los Países Miembros. **Artículo 122.-** Consulta facultativa. Los jueces nacionales que conozcan de un proceso en el que deba aplicarse o se controvierta alguna de las normas que conforman el ordenamiento jurídico de la Comunidad Andina, podrán solicitar, directamente y mediante simple oficio, la interpretación del Tribunal acerca de dichas normas, siempre que la sentencia sea susceptible de recursos en derecho interno. Si llegare la oportunidad de dictar sentencia sin que hubiere recibido la interpretación del Tribunal, el juez deberá decidir el proceso. **Artículo 123.-** Consulta obligatoria De oficio o a petición de parte, el juez nacional que conozca de un proceso en el cual la sentencia fuera de única o última instancia, que no fuere susceptible de recursos en derecho

5. Interpretações Prejudiciais e o principio da subsidiariedade

Se a partir de meados da década de 1970 até 1990 parecia haver bastante entusiasmo acerca das instituições e, especialmente, dos tribunais supranacionais. Atualmente, a convicção sobre sua necessidade e importância encontra-se abalada. De fato, o desenvolvimento das comunidades europeias e do próprio direito europeu,na sua primeira década de existência,prescindiram da atuação do Tribunal de Justiça Europeu. No entanto, acreditava-se que sua atuação seria essencial para que o direito comunitário fosse respeitado pelos Estados e para que, uma vez aplicado pelo juiz nacional, sua interpretação fosse uniforme em todos os Estados que compunham as Comunidades Europeias (ALTER 2011, 3).

Para a primeira situação, as normas processuais comunitárias preveem a Ação de Incumprimento, e para a segunda, as Interpretação Prejudiciais, que são incidentes processuais provocados quando normativas do direito comunitário são suscitadas perante o juiz nacional. Neste caso, o juiz local ou o Tribunal nacional devem reenviar a matéria à manifestação do Tribunal de Justiça Europeu, que deverá orientar o juiz da causa sobre a melhor interpretação e melhor forma de aplicação da normativa em questão.

De início, entendia-se que, havendo qualquer pedido,feito no processo original,que fosse fundamentado no direito comunitário, o reenvio da questão ao TJE seria obrigatório, que, sem entrar no mérito do litígio, deveria proferir a interpretação e sugerir a aplicação mais adequada para a normativa suscitada. Em razão do volume de questões que passaram a ser levadas ao TJE e, principalmente, em razão da repetição frequente das mesmas questões, o TJE decidiu, no paradigmático caso CILFIT, de 1982[16], que quando o dispositivo comunitário for suficientemente claro, ou no caso da questão já ter sido objeto de interpretação anterior e já estivesse, portanto, suficientemente esclarecida, os tribunais nacionais não estavam obrigados a promover o incidente de interpretação prejudicial, o que evitaria o retardamento da decisão definitiva em prejuízo da administração da Justiça. Essa nova disposição, trazida pela jurisprudência comunitária,

---

interno, enel que debaaplicarse o se controviertaalguna de las normas que conformanelordenamiento jurídico de laComunidad Andina, deberá suspender elprocedimiento y solicitar directamente y mediante simple oficio, lainterpretacióndel Tribunal.

[16] Disponível em: [http://eurlex.europa.eu/LexUriServ/LexUriServ.do?uri=CELEX:61981CJ0283:EN:HTML] Acesso em 20.jul.2013

ficou conhecida como "teoria do ato claro"e "teoria do ato esclarecido" (CARNEIRO 2007).

A questão da obrigação ou da faculdade do juiz local em submeter a questão ao Tribunal Comunitário foi o principal debate travado durante a decisão proferida na Opinião Consultiva n. 1/2007 pelo Tribunal de Revisão do Mercosul, o que se justifica pelo fato do Mercosul ter optado por uma sistemática diferente daquela adotada pela União Europeia e pela CAN, posto que, como o nome indica, a Opinião Consultivamercosulina, segundo a sistemática adotada pelo Protocolo de Olivos, além do juiz não estar obrigado a submeter a norma à interpretação do TPRM, a sentença proferida é insuscetível de vincular o juiz que a suscita[17].

A análise das Interpretações Prejudiciais proferidas pelo TJA permite-nos avaliar que, indubitavelmente, o procedimento de reenvio ao tribunal comunitário deveria recepcionar também o princípio do ato claro e esclarecido, o que evitaria a profusão de decisões praticamente idênticas como as que têm sido proferidas pelo Tribunal no procedimento de Interpretações Prejudiciais.

A constatação permite-nos, inclusive, ponderar sobre o papel dos tribunais supranacionais nos organismos de integração regional: os tribunais permanentes seriam mesmo necessários ao desenvolvimento do bloco ou os tribunais deveriam ser uma consequência, uma necessidade a ser demandada pelo próprio processo de integração? O reenvio necessário, imposto antes mesmo da consolidação de um direito comunitário, não contrariaria o princípio da subsidiariedade, relativo aos órgãos supranacionais? O princípio determina que a interveniência do órgão comunitário seja feita apenas nos casos em que as instituições nacionais ou locais não possam fazê-lo de forma mais adequada e eficaz.Ora, os juízes e tribunais nacionais devem ser presumidamente aptos à compreensão e aplicação do direito de integração sem que seja necessária e obrigatória a suspensão do processo original para a apreciação da questão pelos juízes comunitários.

---

[17] O Relator da OC n, 1/2007, Dr. WilfridoBrix justifica, em seu voto, sua opinião a este respeito, combatendo a mera faculdade do juiz. Afirma, inclusive, que prefere o sistema da CAN, que não recepcionou a tese do ato claro e esclarecido. Disponível em: [http://www.mercosur.int/innovaportal/file/PrimeraOpinionConsultiva-Versionfinal.pdf?contentid=377&version=1&filename=PrimeraOpinionConsultiva-Versionfinal.pdf]

Neste aspecto, o Mercosul encontrou uma solução, acredito, mais adequada e eficaz: a criação do *Fórum de Cortes Supremas do Mercosul*, que, em encontros regulares, tem debatido a melhor forma de cooperação jurídica entre os Estados etambém contribuído para a harmonização do entendimento e cumprimento do novo direito de integração regional, principalmente no que concerne à cooperação jurídica horizontal, ou seja, aquela que se dá entre órgãos administrativos e judiciais dos Estados-membros do bloco comunitário, mecanismo que atende mais adequadamente ao preceituado pelo princípio da subsidiariedade.

6. Direito Comunitário Andino e Interpretações Prejudiciais: para quem?

Conforme reportado anteriormente, apesar da obrigatoriedade do tribunal nacional de submeterao Tribunal de Justiça da Comunidade Andina a interpretação da norma comunitária que fundamenta o pedido original, dentre as decisões consultadas não pudemos encontrar nenhuma que tenha sido suscitada por órgão judiciário local, mas apenas por órgãos administrativos estatais competentes para decisões relativas a marcas e patentes. Como podemos explicar isto?

Um dos aspectos a ser levado em consideração é oreduzido escopo de matérias que estão sob competênciaexclusiva do Conselho Andino, principal órgão normativo da CAN, como é o caso de toda matéria sobre propriedade intelectual, que se sobrepõe, em regulamentação, àquelas relativas à concorrência, regime de origem e tributos incidentes sobre bens e serviços igualmente imprescindíveis à criação de um espaço comercial integrado.

Neste ponto, é necessário pontuar que o direito de propriedade industrial e intelectual não era reconhecido pelas normativas andinas vigentes antes de 1990, posto que a política econômica preconizada pela CEPAL incluía, além da substituição de importações pelo fortalecimento da indústria local, também adotou critérios tendentes ao não reconhecimento de patentes sobre produtos considerados essenciais ao desenvolvimento científico e tecnológico regional – condições para o seu desenvolvimento industrial, uma política macroeconômica que incluía, também, o controle do capital estrangeiro e a nacionalização da economia (não confundir, neste caso, com estatização, mas estímulo às empresas estrangeiras para se nacionalizarem formando, com companhias nacionais, empresas de capital misto)[18].

A partir de 1991, esta regulamentação de inspiração *cepalina* foi revogada por determinação dos acordos realizados entre os Estados andinos com o Banco Mundial e o Fundo Monetário Internacional, que, ainda, coincidiram com o período em que também ocorriam as negociações da Rodada do Uruguai do GATT. Surgiram outras Decisões que impuseram sensível flexibilização em relação às normas anteriores e, a partir de então, foram criadas, nos Estados-Membros, as Agências Nacionais para Registro de Patentes (HELFER 2009, PEREZ, 1998).[19]

Outro aspecto pode estar relacionado à resistência dos juízes locais e tribunais nacionais em considerar as normas comunitárias derivadas dos órgãos normativos da CAN como supranacionais em relação ao direito nacional ordinário, em matéria de competência concorrente.

Embora todas as Constituições vigentes na América do Sul recepcionem os tratados internacionais ao seu ordenamento jurídico interno estabelecendo, inclusive, uma clara hierarquia normativa entre tratadose normas constitucionaise infraconstitucionais - com exceção, sobre este aspecto, à Constituição Federal brasileira que, até o momento, não deu tratamento adequado à questão - a recepção das normas secundárias, isto é, aquelas emanadas de órgãos da CAN, tendem a ser consideradas pelos tribunais andinos como equivalentes às leis nacionaise passíveis, portanto, de serem revogadas por estas. Este entendimento confere, na prática, a primazia do direito nacional em relação ao comunitário e não o contrário, como

---

[18] Decisión 24/1970 da Comisión Andina sobre Régimen común de tratamiento a los capitales extranjeros y sobre marcas, patentes, licencias y regalías; Decisión 85/74 sobre Propiedad Industrial (ver especialmente os seus arts. 4º e 5º). Após 1991 são editadas Decisões que flexibilizam o rigor das primeiras: Decisión 291/1991 e Decisión. 311/199, que revogam a Decisión 24/70 e Decisión. 85/74, seguidas pela a Decisión 344/1994, que estabelece o Regime Común sobre Propiedad Industrial, detalhado pelas Decisões n. 486/2000, 632/2005 e 689/2008. Todas estas normativas estãodisponíveis no sítio oficial da Comunidade Andina: [http://www.comunidadandina.org/Normativa.aspx#] Acesso em 30.jul.2013.

[19] O Peru instituiu, em 1992, o Instituto Nacional de Defensa de La Competencia y de La Protección de laPropiedad Industrial (INDECOP), que conta com um Tribunal com competência para litígios envolvendo direito de concorrência, propriedade industrial e proteção do consumidor; no mesmo ano de 1992, a Colômbia instituiu a Superintendência de Industria e Comércio (SIC). Em 1996, a Bolívia criou o Servicio Nacional de Propiedad Intelectual; em 1997, a Venezuela criou o Serviço Autônomo de Propiedad Intelectual (SAPI); em 1998, o Equador instituiu o Instituto Equatoriano de Propiedade Intelelectual (EIIP). (PEREZ 1998)

expressa o Acordo de Cartagena e o Tratado de Criação do Tribunal de Justiça da Comunidade Andina[20]. Este entendimento pode ser uma das evidênciasda resistência arraigada,dentre os juízes locais, a um sistema internacional, em face, inclusive, dos seus possíveis efeitos colonialistas.A tradição dualista, comum a todos os Estados sul-americanos, só tem sido superada recentemente, quando as Constituições locais passaram a dar tratamento claro ao direito internacional e ao direito comunitário em seus textos.

Justamente esta tradição sul-americana, reflexo da condição de ex-colônias, ou de resistência a esta condição por parte dos Estados da região, é que demonstra anecessidade de se dar a devida valoração jurídica ao princípio da subsidiariedade comunitária (e federativa), inclusive expressando-o constitucionalmente, fator que poderá,finalmente,engajar os juízes e tribunais nacionais no projeto de integração jurídica regional.

Sobre este aspecto, a ausência de provocações judiciais ao Tribunal Andino, Helfer aponta outra questão a ser considerada: a possível debilidade do sistema jurídico e judiciário local, como fator inibidor da cooperação vertical entre tribunais locais e o TJA.Enfim, seria,justamente, a falta de tradição e de estrutura do Poder Judiciário local, o que evidenciaria não sua resistência, mas sua incapacidade em responder adequadamente às questões decorrentes da integração comercial regional. Aponta, ainda, muito propriamentea atuação dos juízes comunitários no sentido de maximizar sua atuação em detrimento das Cortes nacionais, inclusive para justificar a existência do TJA. (HELFER 1997 *apud* HELFER 2009).

Finalmente, e de certa forma correlata aos aspectos anteriormente mencionados, o que explica a exclusiva atuação,por atribuição de competência, dos órgãos administrativos e de seus tribunais especiais, recentemente criados nos Estados-Membros da CAN, para decidir sobre questões relativas à propriedade intelectual e concorrência,pode evidenciar a permanência da condição comum a todos os Estados que compõe a Comunidade Andina, ou seja, a de Estados periféricos ao sistema-mundo, expressão de Wallerstein,posteriormente adaptada por AnibalQuijano, para descrever aspectos relativos aos Estados sul-americanos, que o denomina, justamente,como *sistema-mundo/colonial*(QUIJANO2006).

[20] Neste sentido a sentença proferida apela Corte Constitucional da Colômbia, Sentença c-256/98 de 27 de maio de 1998, Seção 3.1 DISPONIVEL EM: http://www.corteconstitucional.gov.co/relatoria/1998/c-256-98.htm. Acessoem: 05.ago.2013.

É ainda esclarecedor constatar que os sujeitos das relações jurídicas originariamente aviadas perante tribunais de contencioso administrativo e que dão ensejo às Interpretações Prejudiciais junto ao TJA são, quase que invariavelmente, multinacionais com sede nos países centrais, principalmente em países europeus, que buscam o reconhecimento de direitos que, anteriormente, lhes eram, ao menos, formalmente negados pelas Decisões comunitárias andinas. Este aspecto também é levado em consideração pelo Professor Laurence Helfer, da Duke Universitye pela Professora Karen Alter, daNorthwesternUniversity, ambas dos Estados Unidos (HELFER 2009, 9-12).[21]

Apenas para exemplificação, mencionamos alguns dos sujeitos requerentes no ano de 2009: a indústria farmacêutica Lilly (81-IP-2009), Kraft Foods Holding (104-IP-2009); Hard Rock Café (78-IP-2009), The Prudential InsurenceCompanyofAmerica (61-IP-2009), Kellog (4-IP-2009), PfizerIrelandFarmacêutica (70-IP-2009); Helena Rubinstein (72-IP-2009), Philips Morris Products S.A (80-IP-2009); Smith KlineBeechanBiological S.A (83-IP-2009), Nestlé Societé dês Produits S.A (79-IP-2009), Pharmabrands S.A e Soc. Merck andCo. (49-IP-2009), Laboratório Byly S.A (138-IP-2009), Sociedade FujisawaFarmaceutical (139-IP-2009), Soc. Abbot (94-IP-2009), Alcon (141-IP-2009). Temos muitos outros exemplos que não serão aqui relacionados e sequer detalhados por fugir do escopo deste artigo.

Sobre este aspecto, a reforma no Acordo de Cartagena, em 1996, instituiu uma zona de integração aberta e não propriamente protetiva como previa, originalmente, o Pacto Andino. Logo na primeira alínea do seu art. 3º estabelece como seu objetivo fundamental a *"profundización de la integra-*

---

[21] Foi uma grata surpresa descobrir que as questões que levaram a esta pesquisa são muito similares aquelas que já tinham sido objeto de problematização e investigação pelo ProfesorHelfer e Profesor Karen, os quais tive a oportunidade de conhecer no Encontro entre Cortes Comunitárias sul-americanas realizadas na Universidade de Buenos Aires, em 2011. Dentre as questõesqueseustrabalhosprocuram responder encontramos: "Why have Andeans judges and officials been able to induce widespread respect for Andean rules in intellectual property but not in other areas of regional integration? (...) We inquire, first, into the creation and protection of IP rights for private parties under the Andean legal system; second, into whether national actors – in particular administrative agency officials – habitually implement Andean IP rules as interpreted by Andean judges; and third, into whether individual member countries comply with ATJ rulings in the face of contrary pressure by foreing interests (principally the United States and American pharmaceutical companies". (HELFER 2009, 3)

ción con los demás bloques económicos regionales y de relacionamiento con esquemas extrarregionales en los ámbitos político, social y económico-comercial".Esse mecanismo permite aComunidade Andina realizar acordos que ampliam a zona de livrecomércio para Estados ouorganizaçõescomunitárias de fora da América do Sul, consolidando os tradicionaisfluxoscomerciais que ligam a região preferencialmente à Europa e aosEstados Unidos,em detrimento de seusparceiros andinos oumercosulinos. Essaopçãofoi condicionada emrazão da forteingerência de Estados hegemônicos e dos organismosinternacionaiseconômicos que formularam o denominado Consenso de Washington sobre os Estados andinos, contribuindo para a readequação do sistema-mundo/colonial e a manutenção dosseusdesvios.[22]

7. Conclusão

Após a análise das Interpretações Prejudiciais proferidas pelo TJApudemos, finalmente, enfrentar as questões que justificaram este trabalho de

---

[22] Sobreesteaspecto, apontaHelfer: "By the late 1980s, a prevaisve crisis in Latin America had pushed the Andean Pact to the brink osfalilure. Using the substantial economic leverage that crisis engendered, the World Bank, the Inter-American Development Bank, and Internactional Monetary Fund (IMF) pressed Andean governments to adopt a broad array of liberalizing and deregulatory reforms. These reformsm known as the 'Washington Consensus' engendered fundamental changes in how Andean countries regulated their economies. National governments – acting on their own and through Andean institutions – adopted major policy reforms to achieve open, market-bases economies and creadtednes institutions staffed by Western-educated professionals who endorsed these goals". (HELFER, 209, 7-8). Maisadiante: "In the early 1990s, member states shifted course and adopted four Decisions that mandated progressively higher levels os IP protection, These new regional laws reflected the market liberalization goals of the later phases of the Washington Consensus. But other factors reinforced the impetus for change: the inclusion of IP rules in the Uruguay Round of multilateral trade negotiations and threats of trade sanctions by the United States. (HELFER, 2009, 10) (...) "As of 1994, although Andean IP rules were consistent with TRIPS, they fell short of the demands of U.S IP rights holders for more capacious IP protection. The United States and its IP industries responded by pressuring individual Andean countries to negotiate bilateral treaties and to enact domestic laws containing enhanced IP rules. These strategies caused some national executives to defect from Andean rules, but (...) the ATJ and the General Secretariat proved to be hospitable forums for the region's generic drug industry to challenge these defections as violations of Andean Law. However, compliance with the ATJ rulings upholding these challenges would not have occurred without the support of domestics IP agenciese, whose restructuring was also a product of the Washington Consensus reforms. (HELFER, 2009, 10-11).

pesquisa pois, originariamente, o objetivo era dimensionar o desenvolvimento do direito de integração nos blocos comunitários sul-americanos pela atuação dos seus tribunais para detectar sua contribuição teórica ao desenvolvimento do direito da integração e dos procedimentos de cooperação jurídica na América do Sul.

Pela atuação do Tribunal podia-se esperar que, tal como ocorreu nas Comunidades Europeias, cuja Corte proferiu decisões prejudiciais paradigmáticas[23], o TJA, ao interpretar e esclarecer o direito andino pudesse, inclusive, inová-lo, conferindo-lhe um caráter próprio, diferente daquele desenvolvido na Europa. No entanto, as Interpretações Prejudiciais demonstraram, neste sentido, ser quase que completamente inócuas, pois tratam, essencialmente, de questões pacificadas pela doutrina e jurisprudência europeia e confirmadas, com pequenas nuances de diferença, pelos juízes da CAN. Não há, portanto, qualquer construção de institutos novos e específicos, próprios do direito da integração regional.

Tais conclusões nos impõe repensar a arquitetura institucional necessária à efetivação dos blocos de integração, em face da evidência de que os tribunais permanentes são dispensáveis a esta meta. Além disso, o reenvio necessário, conforme foi concebido e tem sido utilizado não traduz uma prestação jurisdicional mais eficiente e adequada às partes litigantes em relação àquela provida pelo juiz originário da causa, inclusive atrasa a prestação jurisdicional, pois, estando em último grau de jurisdição, suspende o processo. Enfim, este tipo de cooperação é contraproducente, além de violar o princípio da subsidiariedade.

Neste sentido, em caso de uma convergência institucional entre CAN e Mercosul, o modelo adotado pelo último demonstra ser mais adequado e suficiente em relação ao primeiro, embora ambos não cumprem o papel que deles se poderia esperar, que é de, ao menos, contribuir para o desenvolvimento de uma teoria sobre o direito da integração sul-americano.

Em um movimento de baixo para cima, a Escola Judicial da América Latina, associação formada por juízes de diversos países sul-americanos, pondera sobre a necessidade de criação de um tribunal sul-americano especializado em direito ambiental, e justifica sua importância em face

---

[23] Por exemplo, o caso Van Gend em Loos, no qual o TJE proclamou o princípio da aplicação imediata do Tratado de Roma e das regras de livre-mercado no ordenamento jurídico de cada Estado-Membro da CEE; e o caso Simenthal, no qual foi fixado o princípio da aplicação direta e imediata do direito comunitário pelo juiz nacional, são clássicos.

dos ecossistemas compartilhados e, portanto, da necessidade de ação conjunta para dirimir questões relativas ao meio-ambiente e ao desenvolvimento autossustentável.

Esta é uma matéria nova e uma nova proposta, ainda não aventada em outros sistemas de integração.

De qualquer forma, podemos afirmar que os sistemas de integração sul-americanos são mais efetivos em questões que não envolvem, diretamente, o comércio, como a integração educacional, por exemplo, representada pela Universidade Símon Bolívar, da CAN, situado em Quito, no Equador, ou da Universidade Federal da Integração Latino-Americana (UNILA), em Foz do Iguaçu. Portanto, não se trata de uma integração jurídica, mas social, que certamente mudará o patamar das relações culturais entre os povos sul-americanos.

Pode ser que, neste sentido, estamos, de fato, construindo uma integração alternativa ao sistema europeu. A história do direito internacional na América Latina, rica em contribuições ao direito internacional geral, demanda este vanguardismo.

Referências Bibliográficas

ABENSOUR, Miguel. *La democracia contra el Estado*. Buenos Aires: EdicionesColihue, 1997.

ALTER, Karen; HELFER, Laurence R.; SALDÍAS, Osvaldo. *Transplanting the European Court of Justice:* the experience of the Andean Tribunal of Justice.Oñati International Institute for the Sociology of Law. Social-Legal Series, v. 1, n. 04, 2011, p. 1-30.

BARACHO, José Alfredo de Oliveira. O princípio de subsidiariedade: conceito e revolução. IN: *Revista de Direito Administrativo*. Rio de Janeiro, p. 21-54, abr/jun, 1995.

CARNEIRO, Cynthia Soares. Integração alternativa na América do Sul: teoria e método de análise de sua viabilidade. *Revista Crítica do Direito*, ed. 37, v. 02, 2012.

CARNEIRO, Cynthia Soares; VADEL, Javier . Direito de Integração Sul-Americano: ordem jurídica e sistema-mundo/colonial. In: VADEL, J.. (Org.). *Os novos rumos do regionalismo e as alternativas políticas na América do Sul*.1 ed. Belo Horizonte: Editora PUC Minas, 2010, v. 1, p.

COLISTETE, Renato Perim. O desenvolvimentismo cepalino: problemas teóricos e desenvolvimento no Brasil. *Revista do Instituto de Estudos Avançados*, vol.15 no. 41, São Paulo, Jan./Apr. 2001.

HELFER, Laurence R. ALTER, Karen; GUERZOVICH, Florencia.Islands of effective international adjucation: constructing an intellectual property rule of law in the Andean Community. The American Journal of International Law, v. 103:1, 2009, p. 1-47.

MAGALHAES, J.L.Q. *PactoFederativo*.Belo Horizonte: Mandamentos, 2002.

MARX, K. *Crítica à filosofia do direito de Hegel*. São Paulo: Boitempo, 2005

MERCOSUL. TRIBUNAL PERMANENTE DE REVISÃO. Opinião Consultiva n. 01/2007.

PEREZ, Cecília Falcone. *Ecuador: new intellectual property Law*. In: Grain, oct. 28, 1998. Disponívelem: http://www.grain.org/article/entries/1915-ecuador-new-intellectual--property-law. Acesso em 30.jul.2013.

QUADROS, Fausto de. *O princípio da subsidiariedade no direito comunitário após o tratado da União Européia*. Coimbra: Almedina, 1995.

QUIJANO, Aníbal. Os fantasmas da América Latina. In: NOVAES, Adauto (org.) *Oito visões da América Latina*. SP: Senac, 2006, p. 49-85.

WALLERSTEIN, Immanuel. *Capitalismo histórico e civilização capitalista*. SP: Contraponto, 2001.

O Efeito Suspensivo Automático da Apelação no Novo CPC (art. 1.012): Elementos Empíricos para um Debate Adequado a Respeito da Necessidade de sua Extinção

Fernando da Fonseca Gajardoni

Não é lógico obrigar o vencedor da ação em 1ª instância a esperar o tempo do duplo grau de jurisdição, quando o juiz já declarou a existência do direito postulado. Parece, em outras palavras, *"que a sentença deveria ter, em regra, executividade imediata"*[1], mesmo que em caráter provisório (art.475- -O, do CPC/73).[2]

Afinal, em um sistema de Justiça civil que se deseja (e se projeta) efetivo, a sentença não pode ter o mesmo efeito de um parecer; o 1º grau não pode ser mera instância de passagem; e o juiz monocrático não pode ser responsável, simplesmente, por decidir quem vai recorrer de sua decisão (quando não ambos).

Exatamente por isso a expectativa legislativa ante ao advento do Novo CPC (Lei 13.105/2015), era a de supressão da suspensão automática (*ex lege*) dos efeitos da sentença apelável, nos moldes do recurso ordinário da Justiça

---

[1] Luiz Guilherme Marinoni. *Tutela antecipatória, julgamento antecipado e execução imediata da sentença*. 4. ed. São Paulo: Revista dos Tribunais, 2000, p. 55-56

[2] E essa afirmação ainda se faz mais sentida quando se sabe que, no sistema processual civil brasileiro, admite-se execução (eficácia) imediata das tutelas de urgência, baseadas em cognição sumária/precária (art. 294 e ss do CPC/2015), mas (contraditoriamente) se nega o mesmo atributo à sentença de primeiro grau, como regra proferida em cognição exauriente.

do Trabalho (art. 899 da CLT) e da apelação nos processos regidos pela Lei de Locações (art. 58, V, da Lei n. 8.245/91), Lei de Ação Civil Pública (art. 14 da Lei 7.347/85) e Juizados Especiais Cíveis, Federais e da Fazenda Pública (art. 43, da Lei n. 9.099/95). A atribuição do efeito suspensivo restaria ao ponderado arbítrio do juiz, que o concederia, apenas, nos casos de risco de dano grave pela possibilidade de início da execução provisória.

Contrariando, contudo, (i) a tendência nacional e internacional a respeito da temática; (ii) a proposta do IBDP (Instituto Brasileiro de Direito Processual Civil) gestada desde a década de 1990[3]; (iii) a sugestão da Comissão de Juristas nomeada para a elaboração do anteprojeto do CPC (art. 908); (iv) o próprio projeto aprovado no Senado Federal (art. 949); e (v) o coro quase que uniforme da doutrina especializada no assunto; o Novo CPC (art. 1.012) manteve a regra do CPC/1973 (art. 520, *caput*), que, como regra geral, torna automaticamente sem efeito a sentença de 1º grau sujeita a recurso de apelação.

Basicamente, os defensores da suspensão automática dos efeitos da sentença apelável apegam-se a 03 (três) argumentos para justificar a manutenção da regra atual do CPC/73: a) risco de injustiça, em razão dos irreversíveis prejuízos sofridos pelo recorrente/executado amparado pelo provimento do recurso de apelação no Tribunal; b) incerteza, na medida em que execuções provisórias se iniciariam sem o referendo do duplo grau de jurisdição; e c) insegurança jurídica, diante do fato de o número de recursos providos pelos Tribunais ser expressivo.

As assertivas não se sustentam, tampouco têm respaldo em dados empíricos.[4]

---

[3] A proposta se tornou o projeto de Lei n. 3.605/2004, que acabou não vingando. Era estabelecido que a apelação somente seria recebida no efeito devolutivo, sendo recebida, entretanto, também no efeito suspensivo, quando: I – proferida em ação relativa ao estado ou capacidade da pessoa; II – diretamente conducente à alteração do registro público; III – cujo cumprimento necessariamente produza consequências prática irreversíveis; IV – que substitua declaração de vontade; e V –sujeita a reexame necessário.

[4] E não há como se criticar, aqui, o fato de – mais uma vez -, estarmos promovendo mudanças legislativas sem respaldo em dados empíricos, critica que não é nova e já foi feita por nós (Fernando da Fonseca Gajardoni. *Técnicas de Aceleração do Processo*: uma análise crítica à luz de dados estatísticos. Lemos e Cruz: Franca, 2003) e por diversos outros autores (com destaque para José Carlos Barbosa Moreira. O futuro da justiça: alguns mitos. *Revista da Escola Paulista da Magistratura*, São Paulo, v. 2, n. 1, p. 81, 2001). No mesmo sentido crítico, mas já à luz do

Não há irreparáveis prejuízos ao executado/apelante tutelado pela decisão do Tribunal. A ausência de efeito suspensivo da apelação possibilitará, apenas, a execução provisória do julgado, com todos os condicionamentos a ela inerentes (responsabilidade objetiva do exequente, prestação de caução para fins de levantamento em dinheiro e prática de atos de expropriação, restabelecimento das partes ao *status quo ante* no caso de provimento do recurso, etc.), os quais preservam, suficientemente, o apelante/executado (vide art. 520 do Novo CPC). Ademais, sempre existe a possibilidade de se obter, em casos de extremo risco, o efeito suspensivo da apelação perante o próprio Tribunal (art. 1.020, §§ 3º e 4º, do CPC/2015).

Como não há, também, incerteza pela ausência de referendo da sentença pelo duplo grau de jurisdição. Não se subtrai do jurisdicionado a oportunidade de recurso ao segundo grau (que conforme hoje é consenso, não é regra absoluta). Apenas não se admite que, durante o processamento e julgamento desse recurso, seja o tutelado pela sentença de primeiro grau a vítima do tempo-processo.[5]

Por fim, é falsa a afirmação de que o número de apelações providas pelos Tribunais é elevado, o que afasta a tese de insegurança jurídica e acaba com a justificativa lógica para a manutenção do efeito suspensivo automático da apelação.

As tabelas[6] abaixo são representativas das apelações julgadas nos últimos 12 (doze) meses pelas 02 (duas) principais Seções Cíveis do Tribunal de Justiça do Estado de São Paulo (Público e Privado[7]), que pela dimensão

---

anteprojeto do Novo CPC, cf. Gregório Assagra de Almeida e Luiz Manoel Gomes Jr. *Um Novo Código de Processo Civil para o Brasil*. GZ Editora: Rio de Janeiro 2010.

[5] Cabe apontar a perspicaz observação de Zulmar Duarte Jr., nos debates sobre os dados ora apresentados, no sentido de que com a manutenção do efeito suspensivo automático da apelação, "*o algoz do vencedor deixa de ser a outra parte, passando a ser a própria apelação, o Tribunal*".

[6] Fonte: Setor de Estatística da Secretaria de 2ª instância do TJSP (SJ 7.1).

[7] A Seção de Direito Privado do Tribunal de Justiça de São Paulo, após a unificação determinada pela EC 45/2004, é formada por 38 Câmaras e composta, quando completa, por 190 Desembargadores e 38 Juízes Substitutos em Segundo Grau. A maior Seção do Tribunal está dividida em três Subseções que, na unificação, acabaram guardando relação com as matérias de competência recursal da antiga composição do Tribunal de Justiça (Direito Privado 01) e das composições dos extintos Primeiro (Direito Privado 02) e Segundo Tribunais de Alçada (Direito Privado 03).

de sua movimentação judiciária no cenário nacional, pode perfeitamente ser utilizado como parâmetro para estudo.[8]

PRIVADO 01[9]	JULHO A DEZEMBRO DE 2012		JANEIRO A JUNHO DE 2013	
Resultado do julgamento	APELAÇÕES (colegiadas + monocráticas)	PERCENTUAL	APELAÇÕES (colegiadas + monocráticas)	PERCENTUAL
Deram provimento	4.980 + 93	17%	5.824 + 72	17,5%
Deram provimento parcial	5.404 + 31	18,3%	6.119 + 45	18,5%
Negaram provimento	19.057 + 236	64,7%	21.010 + 276	64%
TOTAL	29.801	100%	33.346	100%

[8] Além de o TJSP possuir os dados relativos ao julgamento dos recursos consolidados (o que facilitou sobremaneira a pesquisa), vale destacar que esse Tribunal, sozinho, responde por praticamente metade (50%) do movimento judiciário da Justiça Estadual nacional, pese com apenas 22% do orçamento total (Fonte: CNJ – Justiça em números). Por isso é crível acreditar que os resultados encontrados são representativos do que de ordinário ocorre em toda a Justiça brasileira (inclusive da União).

[9] São de competência da Subseção de Direito Privado 01: ações relativas a fundações de direito privado, sociedades paraestatais, associações e entidades civis, comerciais e religiosas; ações relacionadas a direito de família e afins (nulidade de casamento, separação judicial, divórcio, alimentos e revisionais, uniões estáveis), ao estado e capacidade das pessoas (tutela e curatela), sucessões (inventário, partilhas, testamentos, codicilos, herança), relacionadas à posse e direitos reais em geral (usucapião, reivindicatória, divisão e demarcação); ações relativas a loteamentos, seguro habitacional, seguro-saúde, contratos de planos de saúde e responsabilidade civil; ações relativas a compra e venda (e compromissos), cessão (e promessa), adjudicação compulsória de coisa imóvel; ações paulianas e relativas a venda de quinhão, venda e administração de coisa comum, responsabilidade civil contratual relacionadas com matéria da própria seção, responsabilidade civil extracontratual, salvo a do estado; ações relativas a direitos de autor, propriedade industrial, patentes, marcas, denominações sociais, atos da junta comercial; ações de falências, concordatas (e seus incidentes), insolvência civil fundada em título executivo judicial; ações e procedimentos relativos a registros públicos em geral; ações de alienação judicial relacionada com matéria da própria seção; ação civil pública relacionada com matéria da própria seção; ações relativas a contribuições confederativas e assistenciais; e é dela, ainda, a competência residual.

PRIVADO 02[10]	JULHO A DEZEMBRO DE 2012		JANEIRO A JUNHO DE 2013	
Resultado do julgamento	APELAÇÕES (colegiadas + monocráticas)	PERCENTUAL	APELAÇÕES (colegiadas + monocráticas)	PERCENTUAL
Deram provimento	6.961 + 253	22,1%	7.014 + 454	21,4%
Deram provimento parcial	6.820 + 252	21,8%	7.306 + 317	22%
Negaram provimento	17.827 + 466	56,1%	18.778 + 931	56,6%
TOTAL	32.579	100%	34.800	100%

[10] São de competência da Subseção de Direito Privado 02: ações oriundas de representação comercial, comissão mercantil, comodato, condução e transporte, depósito de mercadorias; ações de retribuição ou indenização de depositário/leiloeiro; ações e execuções de títulos extrajudiciais; ações relativas a contratos bancários nominais ou inominados; ações relativas a franquia ("franchising"); ações discriminatórias de terras, servidão de caminho e direito de passagem; ações derivadas de consórcio; ações possessórias de imóveis; ações de eleição de cabecel; ações civis públicas, monitórias e de responsabilidade cível contratual relacionadas com matéria da própria seção; ações relativas a locação, prestação de serviços regidas pelo direito privado, inclusive as que envolvam obrigações irradiadas de contratos de prestação de serviços escolares e fornecimento de água, gás, energia elétrica e telefonia; ações relativas a prestação de serviços bancários; e ações fundadas em contrato de cartão de crédito.

PRIVADO 03[11]	JULHO A DEZEMBRO DE 2012		JANEIRO A JUNHO DE 2013	
Resultado do julgamento	APELAÇÕES (colegiadas + monocráticas)	PERCENTUAL	APELAÇÕES (colegiadas + monocráticas)	PERCENT
Deram provimento	4.965 + 96	18,5%	5.071 + 98	19%
Deram provimento parcial	5.617 + 49	20,8%	5.473 + 40	20,3%
Negaram provimento	16.286 + 344	60,7%	16.040 + 426	60,7%
TOTAL	27.357	100%	27.148	100%

PÚBLICO	JULHO A DEZEMBRO DE 2012		JANEIRO A JUNHO DE 2013	
Resultado do julgamento	APELAÇÕES (colegiadas + monocráticas)	PERCENTUAL	APELAÇÕES (colegiadas + monocráticas)	PERCENT
Deram provimento	10.838 + 2.918	15,2%	22.368 + 2.157	21%
Deram provimento parcial	10.025 + 834	12%	17.482 + 925	15,7%
Negaram provimento	59.248 + 6.678	72,8%	67.763 + 6.107	63,3%
TOTAL	90.541	100%	116.802	100%

[11] São de competência da Subseção de Direito Privado 03: ações de cobrança a condômino; ações de ressarcimento por dano em prédio urbano ou rústico; ações e execuções oriundas de contrato de alienação fiduciária em garantia; ações relativas a direito de vizinhança e uso nocivo da propriedade; ações e execuções relativas a honorários de profissionais liberais; ações relativas a acidente do trabalho fundado em direito comum, prevenções de acidentes e segurança do trabalho; ações e execuções relativas à locação de bem imóvel e móvel; ações de arrendamento rural e parceria agrícola; ações e execuções relativas a seguro de vida / acidentes pessoais; ações e execuções relativas à venda a crédito com reserva de domínio; ações e execuções relativas a arrendamento mercantil, mobiliário ou imobiliário; ações e execuções oriundas de mediação, de gestão de negócios e de mandato; ações e execuções de crédito de serventuário da justiça; ações civis públicas, monitórias e de responsabilidade civil contratual relacionadas com matéria de competência da própria seção; ações que versem sobre a posse, domínio ou negócio jurídico que tenha por objeto coisas móveis corpóreas e semoventes; e ações relativas a locação, prestação de serviços regidas pelo direito privado, inclusive as que envolvam obrigações irradiadas de contratos de prestação de serviços escolares e de fornecimento de água, gás, energia elétrica e telefonia; e ações relativas a acidentes de veículo e seguros correlatos

Observe-se das tabelas que nas seções cíveis do TJSP, o número de apelações integralmente providas gira em torno de 15,2% a 22,1%, representativo, portanto, de 18,7% (média ponderada) do total julgado (com destaque para a Seção de Direito Público, com percentual de reforma no 2º semestre de 2012 em 15%). Note-se que o número de provimentos parciais das apelações (geralmente para alterar valores indenizatórios por danos morais, índices de juros, correção e seus termos iniciais) ocorre entre 12% a 22% das apelações julgadas, o que corresponde, em uma média ponderada, a aproximados 17% do total. Fácil concluir, portanto, que do total de apelações julgadas no 2º semestre/2012 e 1º semestre/2013, 65% delas – com picos de 72,8% no 2º semestre de 2012 na Seção de Direito Público[12] - são improvidas, sendo que as outras 17% (média) sofrem alterações pontuais (provimentos parciais).

Não faz o mínimo sentido, por isso, que 82% das partes beneficiadas pela sentença de primeiro grau (recursos improvidos ou providos parcialmente) – ou mesmo os 65% em uma análise menos otimista dos dados (só as apelações improvidas) -, tenham subtraído o direito de executar provisoriamente a sentença, sob o inexplicável argumento de que é necessário preservar a segurança jurídica dos 18% (recursos providos) – 30% (recursos providos e parcialmente providos) -, das partes que obtém êxito nas apelações interpostas. *A regra geral deve, sempre, privilegiar e promover a tutela da maioria, não da minoria excepcionalmente tutelada pela 2ª instância* (já adequadamente protegidas pelas regras que informam a execução provisória).

A busca por um (pseudo) consenso político em torno da aprovação do Novo CPC não podia ter servido de escusa para que se mutilasse a reforma mais esperada dos últimos anos; aquela que permitiria ao titular do direito já reconhecido em primeiro grau antecipar medidas executivas na pendência da apelação; que inibiria, naturalmente, a prática recursal protelatória de quem lucra com o tempo-justiça (leia-se: Poder Público e instituições financeiras)[13].

---

[12] E esse dado merece mesmo ser destacado. Comprova que as ações em que o Poder Público é parte (Direito Público) têm percentual de reforma menor dos que as ações em curso nas 03 (três) subseções de Direito Privado. Ou seja, o maior combatente do fim do efeito suspensivo automático da apelação (o Poder Público) é aquele cujas sentenças de 1º grau têm o menor percentual de reforma.

[13] Em 1991, em um momento de crítico congestionamento do Judiciário com ações que versavam sobre locações, veio à tona a Lei n. 8.245/91, a prever que *"os recursos interpostos contra*

Espera-se, então, que a sociedade civil pressione o parlamento para que seja efetivamente implantada, no Brasil, a regra da auto-executoriedade da sentença de 1º grau (prevista em todas as versões anteriores do projeto), extinguindo a regra da suspensividade automática da sentença apelável inadequadamente mantida no Novo CPC (Lei 13.015/2015).

Se o que queremos é uma legislação processual civil que, realmente, possa contribuir para a efetividade da Justiça, essa é, sem dúvida alguma, uma reforma irrenunciável.

as sentenças terão efeito somente devolutivo". O resultado colhido na prática forense, à margem de estatísticas seguras, demonstrou que tal alteração legislativa praticamente liquidou o excessivo número de apelações nessa matéria. Principalmente em ações de despejo, cuja apelação, no mais das vezes, em razão exatamente do efeito suspensivo, era utilizada com o intuito de protelar o cumprimento da decisão de primeiro grau.

Prova Eletrônica: Novos Desafios na Busca da Verdade Real do Processo Penal

Sebastião Sérgio da Silveira

1. Introdução

A busca da verdade real sempre foi um dos maiores desafios do processo penal, principalmente como forma de garantir direitos fundamentais e cidadania, para aqueles que são alvo da persecução penal estatal.

Conforme é sabido, a prova é um dos mais interessantes e árduos temas do processo penal moderno e ocupa lugar privilegiado na doutrina da maioria dos países. A curiosidade pelos diversos eventos de valoração da prova, que se sucedem no processo penal, principalmente diante da nova realidade da prova eletrônica ou virtual, justificou a iniciativa do presente trabalho, que pretende se constituir em modesta contribuição para o estudo do assunto.

Todas as novidades no campo da prova são sempre recebidas com cautela e perplexidade. Assim, a gradativa introdução da prova eletrônica ou virtual no processo penal brasileiro é uma nova realidade que tem provocado reflexões e debates, principalmente diante da carência de regramento legal específico sobre o assunto.

As preocupações se justificam porque qualquer desobediência aos limites de produção, cognitivos ou de valoração da prova implica sérias consequências para os litigantes, especialmente para o cidadão, que quase sempre se coloca como a parte hipossuficiente na relação jurídico-processual.

Não obstante, como a cada dia aumentam as hipóteses de introdução e discussão de provas eletrônicas no processo penal, é necessário um rápido posicionamento da doutrina e da jurisprudência sobre o tema, especialmente quanto aos limites para a sua admissão e o seu poder de convencimento, principalmente quando ela é utilizada como fundamento para a restrição da liberdade dos cidadãos.

2. Etimologia do vocábulo prova

Segundo Manuel Miranda Estrampes *"prova deriva do latim probatio, probationis que, por sua vez, procede do vocábulo probus que significa bom. Portanto, o que resulta provado é bom, se ajusta à realidade, e provar consiste em verificar ou demonstrar a autenticidade de alguma coisa".*[1]

Giovanni Brichetti também vê a etimologia de prova na palavra *probatio*, usada pelos práticos da Idade Média para exprimir correspondência do fato à realidade[2]. No mesmo sentido são as lições de Santiago Santis Melendo[3] e Eduardo Cambi[4].

Portanto, de uma forma ou de outra, a palavra prova está ligada ao adjetivo latino *probus e,* na nossa língua, o vocábulo sempre estará vinculado à idéia daquilo que é bom, que foi inspecionado, verificado e confirmado.

3. Conceito de prova

O conceito de prova não é unânime, já que é empregado em diversas acepções no direito processual penal.

---

[1] ESTRAMPES, Manuel Miranda. *La mínima actividad probatoria en el proceso penal.* Barcelona: Bosch, 1997. p. 15.
[2] BRICHETTI, Giovanni. *La "evidencia" en el derecho procesal penal.* Trad. Santiago Sentis Melendo.. Buenos Aires: EJEA, 1973, p. 25.
[3] MELENDO, Santiago Sentis. *La Prueba.* Buenos Aires: EJEA, 1979, p.33, assinala: "Prueba, como la mayoría de las voces, llega a nuestro idioma procedente del latín; en el cual, probatio, probationis, lo mismo que el verbo correspondiente (probo, probas, probare), vienen de probus, que quiere decir bueno, recto, honrado. Así, pues, lo que resulta probado es bueno, es correcto, podríamos decir que es auténtico; que responde a la realidad. Esta, y no otra, es la verdadera significación del sustantivo probo y del verbo probar: verificación o demostración de autenticidad."
[4] CAMBI, Eduardo. *Direito Constitucional à Prova no Processo Civil.* São Paulo: RT, 2001, p. 47.

A dificuldade em estabelecer um conceito uniforme para a palavra prova decorre das diversas acepções consideradas pelo jurista, principalmente porque todas elas se valem de conteúdos conceituais emprestados de outras ciências, principalmente da filosofia. É bem por isso que Alexandro Giuliani adverte que: "*a noção de prova pertence, mais amplamente, aos domínios da filosofia, na medida em que diz respeito ao vasto campo das operações do intelecto à comunicação do conhecimento verdadeiro*".[5]

Partindo da ideia de Giuliani, é necessário compreender o fenômeno probatório como algo que extrapola o campo do direito processual. A prova como atividade comprobatória e de verificação de uma premissa, não é uma atividade que se realiza exclusivamente no campo do Direito; é atividade humana que demanda conhecimento de outras ciências e, inclusive, da experiência acumulada com os costumes. Assim, conforme já afirmado, a prova possui um caráter metajurídico ou extrajurídico, que transcende o campo da ciência jurídica.

Na doutrina, destacam-se três diferentes acepções para o vocábulo prova. Manuel Miranda Estrampres[6] sistematiza e resume tais diferentes concepções, na forma a seguir exposta.

Em um primeiro aspecto, de caráter objetivo, é considerado prova todo meio que serve para levar ao juiz conhecimento dos fatos. Nessa vertente, abarcaria todas as atividades relativas à busca e obtenção de bases elementares de informações, assim com à prática de diferentes meios de demonstração, através dos quais fontes de provas são introduzidas no processo. Com tal significado, fala-se, por exemplo, de relevância e admissibilidade da prova, ou de sua tipicidade ou atipicidade.

A referida concepção sofre graves críticas da doutrina, das quais é difícil discordar, na medida em que existe, no caso, uma clara confusão entre os conceitos de prova e meio de prova.

Na segunda acepção, a prova é equiparada ao resultado que se obtém de seu processo de produção. Assim, ela deve ser medida pelo grau de convencimento que pode produzir na mente do julgador, de forma que ela se resume no resultado da própria atividade probatória. Aqui, a prova é o resultado da conjugação dos meios probatórios e de sua valoração pelo juiz. No caso, existe prova quando se estabelece que a afirmação sobre o

---

[5] GIULIANI, Alessandro. Prova. Enciclopedia del diritto. Milano: Giuffrè, 1988, v. 37, p. 519 (trad. livre).
[6] ESTRAMPES, Manuel Miranda. op. cit. pp. 20/22.

fato resulta verificada e confirmada com base nos elementos cognitivos disponíveis. Utiliza-se, pois, a palavra prova para designar a carga, a valoração e o êxito dos elementos que a compõem.

Finalmente, em uma terceira acepção, existe proposta de conciliar os dois conceitos anteriores: ela é, ao mesmo tempo, vista à luz dos critérios objetivos (meio) e subjetivo (resultado). Dentro dessa perspectiva define-se prova como o conjunto de motivos e razões que ministram o conhecimento dos fatos, deduzidos dos meios apontados, para os fins do processo.

Por certo, a terceira posição é a mais ajustada à nossa realidade processual. Efetivamente, conforme oportuna lição de Echandía, "*conceito misto de prova, objetivo e subjetivo, é o único que permite elaborar uma noção integral de prova.*"[7] Do contrário, a adoção isolada de um ou de outro conceito estaria direcionada sempre, a uma incompletude conceitual e científica. Haveria, de um lado, o meio de demonstração da verdade e, de outro, o resultado, com a verdade já demonstrada, sem a possibilidade de ser estudada a forma por que se deu tal demonstração.

4. Dificuldade na conceituação de verdade

Diz-se sempre que a finalidade da prova é a reprodução da verdade histórica dos fatos em um determinado processo. Mas o quê deve ser entendido como verdade?

A verdade é um desiderato presente na maioria das aspirações humanas. Reconhece-se, também, que o caminho da verdade é o caminho da Justiça, ou conforme afirma Rui Manuel de Freitas Rangel: "*A verdade e a justiça são realidades e valores completamente inseparáveis, de tal maneira que a primeira grande tarefa do juiz é denunciar e destruir a mentira.*"[8] Para se desvencilhar do grave encargo de distribuir a Justiça, o Juiz deve, portanto, perseguir o primado da verdade, descartando os subterfúgios processuais que poderiam acobertá-la ou conduzi-lo ao cometimento de graves injustiças.

Em qualquer de suas acepções, a verdade é uma necessidade inata no ser humano. No processo, sempre que existir um fato controvertido, impõe-se que o julgador permita a utilização dos meios de prova para tentar recons-

[7] ENCHANDÍA, Hernando Devis. *Teoría general de la prueba judicial.* 6ª ed. Tomo I. Buenos Aires: Zavalia, 1988, Tomo I., p. 25.
[8] RANGEL, Rui Manuel de Freitas. *Registro da Prova: A motivação das sentença civis no âmbito da reforma do processo civil e as garantias fundamentais do cidadão.* Lisboa: Lex, 1996, p. 18.

truir, nos autos, a chamada verdade histórica ou a determinação de uma crença segura sobre o ocorrido. Dessa forma, conforme asseverado por Bento de Faria, a atividade probatória nada mais é que *"a relação particular e concreta entre o convencimento e a verdade."*[9]

Verdade é um conceito filosófico e, a despeito da grande preocupação que permeia o tema, ainda hoje não existe unanimidade acerca de seu significado. Segundo Antonio Rocha Alvira[10], existe a verdade metafísica, que provém das ideias puras; a física, que é a verdade que nos chega através dos sentidos e a verdade história que decorre das relações existentes entre as pessoas.

No direito probatório é quase impossível cogitar-se da verdade absoluta, isenta de dúvidas. É facultado, no entanto, a conclusão de que o homem deve se contentar com a noção de que a verdade não passa de uma crença. A verdade somente existe porque nela se acredita. Aliás, nesse sentido são as lições de Isidoro Eisner[11] Erich Döhring[12], Karl Joseph Anton Mittermaier[13], François Gorphe[14] e Hernando Devis Echandía[15] que também veem, na falibilidade humana, o elemento que impossibilita o acesso à ver-

---

[9] FARIA, Bento. *Código de Processo Penal*. vol. I. Rio de Janeiro: Livraria Jacintho, 1942, p. 210.

[10] ALVIRA, Antonio Rocha. *De la prueba en derecho*. 5ª ed. Bogotá: Ediciones Lerner, 1967, p. 34.

[11] EISNER, Isidoro. *La prueba en el proceso civil*. Buenos Aires: Abeledo-Perrot, 1992, p. 62, assim enfocando o conceito: *"A verdade é uma coisa metafísica, a verdade é a coincidência exata entre a idéia que temos de uma coisa e a coisa mesma, e sabemos como, agora e sempre, se debate as correntes filosóficas a respeito do que é a verdade, qual é a realidade, qual é a coisa em si. Nos obriga a chegar a essências filosóficas que não estão em nossa capacidade e em nosso plano de exposição. Mas, advertimos que esta verdade, como o reconhecimento íntimo da essência da coisas tal qual são, não estão em nossas mãos lograr jamais."*

[12] DÖHRING, Erich. *La Prueba: Su práctica y apreciación*. Trad. Tomás A. Banzha. Buenos Aires: El Foro, 1.996, p. 432: *"Antes bien, el juzgador deberá contentarse con una medida de prueba que no ofrezca reparos a la vida práctica."*

[13] MITTERMAIER, Karl Joseph Anton. op. cit. p. 21, assevera: *"A verdade é a concordância entre um fato real e a idéia que dele forma o espírito. Suponhamos um indivíduo que se quer convencer da realidade de uma coisa, e que a procura; resulta a verdade desde que a convicção adquirida se acha em perfeita correlação com o seu objeto. Bem se vê que se não trata, para as necessidades deste livro, de examinar se a verdade propriamente dita, ou melhor, a realidade absoluta das coisas, pode ser submetida às investigações do espírito humano, ou se este antes se deve contentar com a simples aparência."*

[14] GORPHE, François. *Apreciación judicial de las pruebas*. Trad. Jorge Guerrero. Bogotá: Temis, 1.998, p. 298: *"Por desgracia, no poseemos criterio seguro de la verdad en esta materia; voluntario o no, el error se oculta tan bien bajo la apariencia de la verdad, que no siempre resulta fácil distinguirlo."*

[15] ECHANDÍA, Hernando Devis. *Teoria general...*, p. 317: *"Esa certeza judicial no significa que el juez está en posesión de la verdad, sino que cree haberla encontrado, y es, por lo tanto, relativa o sujeta a error."*

dade, na forma das proposições filosóficas. Para Fernando da Costa Tourinho Filho, "*a verdade, em sua essência, somente é acessível à Suma Potestade.*"[16]

Erich Döhring[17] evidencia sua preocupação com aquilo que denomina "fanatismo pela verdade" e afirma que a pretensão de estabelecer exigências doutrinárias para a busca de uma verdade quase absoluta pode significar o malogro do direito probatório e da própria Justiça; no caso, a grande maioria das decisões estaria justificada pela ausência de prova ou pela dúvida evidenciada, com consequências inaceitáveis para todo o sistema estatal organizado.

Observa-se, portanto, que a prova objetiva sempre a verdade. Em sentido técnico processual, verdade deve significar a correspondência com o fato ocorrido, com a máxima proximidade possível, ou deve revelar nos autos, uma clara imagem do ocorrido, de forma a permitir o debate entre as partes e, principalmente, para dar ao juiz elementos que lhe possibilitem decidir sobre aquilo cuja reconstrução histórica foi almejada através da atividade probatória.

5. Verdade processual

A verdade processual – evidenciada pelas provas produzidas nos autos – nem sempre possui estreita conexão com a realidade histórica dos acontecimentos.

Conforme adverte Johannes Hessen[18], é certo que o homem se esforça para converter suas concepções em atos. Todavia, a falibilidade dos processos humanos, muitas vezes, impede que seja estabelecida a adequada reprodução dos fatos ocorridos nas frias páginas de autos judiciais.

O conceito de verdade jurídica ou processual, segundo Casimiro A. Varela[19], está intimamente ligado ao de conhecimento e este equivale ao conhecimento verdadeiro e supõe uma relação transcendental entre o sujeito e o objeto: aquele alcança, conscientemente, o objeto tal como ele é na realidade.

---

[16] TOURINHO FILHO, Fernando da Costa. *Manual de Processo Penal*. São Paulo: Saraiva, 2001, p. 13.
[17] DÖHRING, Erich. op. cit., p. 432.
[18] HESSEN, Johannes. *Teoría del conocimiento*. Buenos Aires: Losada, 1977, p. 398.
[19] VARELA, Casimiro. *Valoración de la prueba*. 2ª ed. Buenos Aires: Astrea, 1998, pp. 137/138.

Da mesma forma, a verdade processual resulta de um conceito analógico: é absoluta por estar inserida no campo da propriedade do homem e se aloja no âmago do intelecto dele; paralelamente, ela está permeada pela relatividade porque, sendo a inteligibilidade uma relação, varia de acordo com os diferentes sujeitos do conhecimento e as diversas realidades cognoscíveis.

A verdade processual enfrenta duas grandes dificuldades. A primeira está centrada na reprodução da verdade histórica, que se relaciona à parte cognoscível das informações incorporadas, pela prova, ao processo. Outra agrura diz respeito ao destinatário das informações – o juiz – de quem são exigidos objetividade, imparcialidade e raciocínio lógico.

Ainda que o julgador possua todos os valores mencionados, sempre haverá diferença de interpretação, decorrentes dos diversos níveis de subjetivismo que permeiam a mente humana.

Não obstante, conforme Johannes Hessen[20] existem limites impostos ao poder de conhecimento humano e os homens, seres dotados de vontade e ação, estão sempre sujeitos às antíteses do ser ou não ser, do sujeito e do objeto.

Em resumo, é possível afirmar que a verdade processual é o conhecimento passível de ser extraído de determinado acervo probatório, nem sempre coincidente com a verdade histórica dos fatos. Diante da vedação expressa na maioria dos ordenamentos processuais, no sentido de não permitir ao juiz a utilização de conhecimento privado para o julgamento das causas, somente as conclusões possíveis de serem extraídas do conjunto probatório podem ser consideradas na conformação da verdade processual.

6. A verdade material e a verdade formal

Abstraído o rigor da verdade filosófica, deve confortar os interessados o estudo da chamada verdade processual, a que se visa, nos autos de um processo.

Ao juiz não é conferida a faculdade de se escusar decidir em razão do desconhecimento dos fatos e se houver controvérsia sobre alguma matéria de fato. O pronunciamento dele é indispensável, ainda que seja para dizer que uma das partes não se desincumbiu do ônus de demonstrar aquilo que

---

[20] HESSEN, Johannes. op. cit., p. 92.

alegou. Por conseguinte, no campo processual, é absolutamente necessário esquecer as reais dificuldades encontradas na busca da verdade filosófica, porquanto, via de regra, cabe ao juiz decidir; tal decisão, na maior parte das vezes, passa pelo reconhecimento da verdade. O objeto da busca é, no caso, a chamada verdade processual ou a possível.

Conforme é cediço, na doutrina são encontrados dois conceitos diferentes para verdade processual: um aplicado ao processo penal (verdade material) e outro relativo ao processo civil (verdade formal). O processo penal, por cuidar da tutela de um dos maiores valores humanos – a liberdade – é extremamente mais rigoroso que as demais ciências processuais no estabelecimento da verdade. Nos modernos sistemas processuais acusatórios, sempre é reconhecido o chamado princípio da verdade material, que exige, para a condenação de uma pessoa, a existência de comprovação clara de autoria e materialidade do delito.

A verdade material, dessa forma, é extremamente mais rigorosa que a formal, mas dela não se pode esperar a infalibilidade. Em todos os processos que envolvem o elemento humano sempre haverá a possibilidade de erro, ou conforme afirma Antonio Rocha Alvira, *"a diferença entre a verdade e o erro está somente no juízo"*.[21]

De qualquer forma, a verdade material é o objeto de demonstração nos autos e não pode ser conseguida através de presunções ou ilações do juiz ou das partes, exceto nas hipóteses de presunções legais ou de notoriedade do fato.

Enquanto o direito processual penal exige a verdade material, as demais ciências instrumentais, capitaneadas pelo processo civil, contentam-se com outro tipo de verdade, a formal.

Na doutrina, encontramos as clássicas diferenças entre os dois tipos de verdade enfocados. Todavia, é forçoso reconhecer que, substancialmente, a verdade é sempre a mesma. A verdade não pode conduzir à mentira, de forma que ela é, sempre, verdade.

Por tais razões, parece absurdo imaginar que possam existir duas verdades - uma aplicável ao processo civil e outra ao processo penal. Substancialmente, é impossível apontar qualquer distinção entre os dois tipos de verdade. Portanto, no nível de convencimento, as duas verdades em tudo se assemelham. Ou estamos diante da verdade capaz de convencer ou a

---

[21] ALVIRA, Antonio Rocha. op. cit., p. 37.

verdade não existe. Se verdade é uma crença, temos ou não motivos para acreditar nela.

Assim, a única diferença entre as duas verdades está na forma de concreção de uma e de outra. A verdade material deve ser sempre demonstrada, ao passo que a verdade formal pode permitir a utilização de outros métodos, como as chamadas presunções contempladas pelo processo civil. Assim, por exemplo, a revelia implica em confissão da matéria de fato alegada pelo autor, efeito desconhecido no processo penal.

Nessa conformidade, a natureza do bem em disputa no processo penal, conforme ensina Giuseppe Bettiol[22], requer procedimentos reais de reconstrução da verdade histórica, e veda a utilização de presunções, salvo as legalmente estabelecidas. Em outras palavras, a verdade real do processo penal somente é acessível através de meios probatórios lícitos e legítimos, enquanto a verdade formal não exige ser demonstrada para permitir ao juiz formar convicção a respeito dela.

Diversa é a opinião sustentada por Rafael de Pina[23], secundado por Fernando da Costa Tourinho Filho[24], que situam a diferença entre a prova civil e a penal no fato de que, na primeira, a carga de produção pertence às partes; na segunda, o juiz está investido de poderes instrutórios que lhe permitem a busca da verdade, independentemente da atividade das partes. Não se nega que o juiz criminal esteja investido de maiores poderes instrutórios que o civil. Todavia, não é possível aceitar a simplista solução

---

[22] BETTIOL, Giuseppe. *Instituciones de Derecho Penal y Procesal*. Trad. Faustino G.A. y Conradi. Barcelona: Bosch, 1977, pp. 243/244: "Não queremos negar que haja contraposição entre a verdade legal de um lado, que concerne ao processo civil e a verdade substancial de outro que concerne ao processo penal, por ter um relevo no âmbito de ambos os processos; cremos, porém, não seja justo fazer de uma contraposição um princípio absoluto, como se o processo civil não tivesse interesse em lograr a verdade efetiva ou real dos fatos. O processo, tanto civil como penal, é um instrumento da verdade. Onde seja inegável - dada a limitação das possibilidades humanas na busca da verdade - não sempre a verdade legal e a verdade substancial, mas de tal afirmação não é lícito concluir que entre ambos haja ontologicamente uma diferença radical no que concerne à prova dos fatos." (trad. livre)

[23] DE PINA, Rafael. *Tratado de las pruebas civiles*. 3ª ed. México: Porúa, 1981, p. 31, que assim analisa a questão: "Sin embargo, desde el punto de vista legal, entre la prueba civil y penal se señalan diferencias fácilmente apreciables. En materia civil, v. gr., la carga de la prueba corresponde a las partes; en materia penal, el juez puede investigar ex officio la verdad de los hechos. El juez penal se halla investido de una potestad amplísima en virtud de la cual puede hacer lo que crea necesario para descubrir la verdad, circunstancia en la que no se encuentra el juez civil."

[24] TOURINHO FILHO, Fernando da Costa. *Manual....*, p. 13.

oferecida pelos mencionados autores, uma vez que, como apontado, as diferenças maiores estão nos meios de demonstração da verdade.

Apesar disso, tanto no processo penal quanto nos demais tipos de processo, a questão que se coloca é relativa à capacidade de convencimento da prova. Existiria um elemento probatório capaz de demonstrar a verdade, sem qualquer tipo de eiva dubitativa? A resposta, por certo, é negativa.

Nos dias atuais, a despeito da incrível revolução tecnológica vivenciada, nem mesmo com as mais sofisticadas perícias laboratoriais é possível a demonstração da verdade isenta de dúvida. Os exames de D.N.A., representando os mais modernos métodos de investigação, nos permitem chegar a uma probabilidade de 99,99%, mas não à certeza. O que se dirá, então, da prova testemunhal, da pericial e de qualquer outra? Nem mesmo a confissão, considerada a "rainha" das provas pode nos conduzir à verdade. Em todos os elementos de convicção existe intervenção do elemento humano com sua natural limitação e daquilo que René Descartes chamou de "gênio maligno" (malin génie)[25], que sempre possibilitará a concepção de algum tipo de dúvida.

Sem descurar da doutrina majoritária, que reconhece a dificuldade de se chegar à verdade absoluta, em interessante propositura, Antonio Luiz da Câmara Leal afirma existir a verdade processual sempre que houver *"a afirmativa que exclui a possibilidade de outra afirmativa ou negativa em sentido contrário."*[26]. Como sustenta Bento de Faria, a verdade condenatória, somente pode existir se, no processo, ocorrerem *"atos inconciliáveis com a possibilidade de sua inocência"*[27] ou vice-versa. A verdade é, portanto, a evidência sem possibilidade de ser contestada pelos demais elementos de convicção reproduzidos nos autos.

A segurança da verdade real, tão decantada pelos processualistas penais mostra-se, muitas vezes, irrealizável. Também aqui, basta a demonstração confortável da verdade, que possibilite crença sobre a realidade do fato e de suas circunstâncias. A certeza absoluta, portanto, é, inegavelmente, quase intangível e, consoante preleciona Moacyr Amaral Santos, não se

---

[25] DESCARTES, René. *Discurso do Método*. Trad. Bento Prado Júnior. São Paulo: Victor Civitas, 1983, p. 18.
[26] CÂMARA LEAL, Antonio Luiz da. *Comentários ao Código de Processo Penal Brasileiro*. Vol. I. São Paulo: Freitas Bastos, 1942, p. 427.
[27] FARIA, Bento de. op. cit. Vol II, p. 210.

trata da "verdade absoluta", mas da "realidade sensível e inteligível"[28] Tem sido muito discutido, na jurisprudência, o alcance do princípio da verdade material. Dentre os inúmeros julgados a respeito do tema, merece destaque o pronunciamento do extinto Tribunal de Alçada Criminal do Estado de São Paulo, que parece resumir tudo aquilo que foi falado sobre o conceito de verdade material e, de cujo acórdão, é extraída a seguinte lição:

> "A solução condenatória reclama, tão-só, prova **suficiente**, que não se identifica com prova maciça, incontrastável, reflexo sem distorções da realidade. Prova tal apenas idealmente se pode conceber. Inexiste no plano fenomênico.
>
> Ora, o conceito de suficiência, não se confundindo, para o efeito condenatório, com isenção total de eiva dubitativa, consiste, pois, na firme possibilidade de afirmação da realidade do fato imputado e de definição de sua autoria, no contexto das comprimidas fronteiras humanas da capacidade de apreensão dos elementos probatórios e da reconstituição do episódio delituoso. Prova suficiente não é nem pode ser penhor de certeza plena, de que somente os deuses são senhores. Daí que se afigura irreal e meramente retórico o emprego de expressões como "prova categórica", "prova cabal", "prova inconcussa" e outras do gênero.
>
> Invertendo-se os termos do problema: prova insuficiente é aquela e só aquela a tal ponto inquinada de dúvida invencível que radicalmente impossibilita ter-se o fato por verificado e ter-se o acusado por seu autor."[29]

Nessa conformidade, nos parece forçoso concluir que limitações epistemológicas sempre determinarão algum tipo de impureza dubitativa e parece que o grande desafio, na atualidade, do direito probatório é o estabelecimento de critérios que possa orientar a formação de um juízo condenatório, especialmente no processo penal.

Todavia, a análise e valoração da prova, dentro de um ou de outro modelo, pressupõe a utilização de experiências e valores aceitos por toda

---

[28] SANTOS, Moacy Amaral. *Prova Judiciária no cível e comercial*. 4ª ed. São Paulo: Max Limonad, 1970, vol I, p. 12: "*Por isso mesmo, a verdade, que se busca, quase sempre não se apresenta ou nunca se apresenta com a brancura de verdade absoluta, mas apenas com as cores da realidade sensível e inteligível. Contudo, é a verdade.*"

[29] TACrimSP, Apelação nº 1.034.747/1, Rel. Juiz Corrêa de Moraes, 7ª Cam., Juiz Corrêa de Moraes, j. 21.11.96.

a sociedade, de forma a não permitir o uso de visões pessoais ou particulares daquele a quem incumbe julgar. Os critérios de inferência adotados pelo julgador, como forma de possibilitar o amplo controle recursal pelas partes, deve ser suficientemente esclarecido e motivado em todas as decisões judiciais.

7. Prova eletrônica

As questões relacionadas com arquivos eletrônicos ou digitais passaram a ser um novo desafio do direito processual, especialmente no campo da prova.

O desenvolvimento da informática, a expansão das redes sociais, as novas tecnologias de e-comerce e transações digitais, com a criação de um verdadeiro mundo digital, nos colocou diante de novos desafios, que cotidianamente os operadores do Direito são chamados ao enfrentamento.

São cada vez mais frequentes as discussões relacionadas com a higidez de arquivos e contratos eletrônicos, validade de provas, fraudes digitais, dentre outras, que são introjetadas em discussões judiciais, e nos obrigam a reflexões jurídicas sobre tais temas.

Não bastasse isso, nos dias atuais, vivemos um processo de digitalizão dos processos, com a transformação de provas, manifestações, decisões e incidentes processuais em arquivos digitais. Isso nos força a aprofundar as preocupações com essa nova fronteira do direito.

Mesmo diante de tamanhas transformações, lamentavelmente não houve preocupação do Congresso Nacional de elaborar uma disciplina legal apropriada e compatível com essa nova realidade processual. De concreto, tivemos a edição da Medida Provisória nº. 2.200/2001, de constitucionalidade absolutamente duvidosa, já que disciplina matéria processual e, que jamais foi apreciada pelo Poder Legislativo (porque anterior a Emenda Constitucional nº 32), que define documento eletrônico e dispõe sobre matéria análoga.

Dentre várias matérias relacionadas com sistemas de informação, a referida Medida Provisória, em seu artigo 10[30], instituiu entre nós o chamado documento eletrônico, equiparando-a a prova documental.

---

[30] Art. 10. Consideram-se documentos públicos ou particulares, para todos os fins legais, os documentos eletrônicos de que trata esta Medida Provisória.

Caso, de fato, se empreste ao documento eletrônico a natureza de prova documental, o mesmo é uma das modalidades de prova desta natureza que podem ser trazidas aos autos, para fins probatórios, já que várias outras podem ser cogitadas.

Diante da profusão de meios eletrônicos existentes nos dias atuais é difícil uma definição precisa e completa de prova eletrônica. Não obstante, Mauricio Matte a define como:

"toda junção de informações que seja gerada por um programa aplicativo, como editor de texto, planilha de cálculo, gerenciador de mensagens eletrônicas (*e-mail*), de captura e digitalização de imagens por meio de *scanner*, entre outros, em que mesmo que guardados em dispositivo de armazenamento, ficando em formato inteligível pelo homem, através, então, de processamento eletrônico de dados, seja possível acessar sua informação posteriormente por aplicativos específicos, quer como meio de prova, quer simplesmente para consulta"[31].

Atento ao referido conceito, que é amplamente aceito pela doutrina, me parece que a tentativa de conceber um conceito universal para prova eletrônica, tem propiciado um grave equívoco, relativo à confusão que é feita entre prova e meio de prova.

De fato, um conjunto de informações eletrônicas, pode ser considerado um documento eletrônico. Todavia, nem todo documento eletrônico pode ser encarado como prova eletrônica.

Assim, por exemplo, quando uma petição inicial é digitalizada, para fins de juntada em um processo eletrônico, a mesma é transformada em documento eletrônico, para utilização naquele meio digital. Todavia, não se tem aí uma prova eletrônica.

A mesma conclusão deve ser aplicada no caso de outras provas transformadas em meio digital, para fins de juntadas nessas novas formas de processos judiciais. Assim, um depoimento de testemunha, colhido atra-

§ 1º As declarações constantes dos documentos em forma eletrônica produzidos com a utilização de processo de certificação disponibilizado pela ICP-Brasil presumem-se verdadeiros em relação aos signatários, na forma do art. 131 da Lei nº 3.071, de 1º de janeiro de 1916 - Código Civil.
§ 2º O disposto nesta Medida Provisória não obsta a utilização de outro meio de comprovação da autoria e integridade de documentos em forma eletrônica, inclusive os que utilizem certificados não emitidos pela ICP-Brasil, desde que admitido pelas partes como válido ou aceito pela pessoa a quem for oposto o documento. (BRASIL, 2001).
[31] MATTE, Maurício de Souza. Internet: comércio eletrônico. São Paulo: LTr, 2001, p. 68.

vés gravação magnética, quando juntado em processo judicial, não pode ser considerada uma prova eletrônica. Continua possuindo a natureza de prova testemunhal.

Nesse contexto, talvez o mais adequaado seria a separação de prova eletrônica de prova vertida para suporte eletrônico.

Dentro dessa linha de raciocínio, aquelas informações produzidas originariamente com suporte eletrônico, poderiam ser encaradas como provas eletrônicas, quando os seus respectivos arquivos forem recepcionados em processos, visando a demonstração de algum fato.

Uma correspondência eletrônica, retratando uma informação relevante, caso juntada aos autos, poderia ser considerada como prova eletrônica, cujo poder de convencimento deve ser aferido à luz de seu cotejo com os demais elementos de convicção coligidos nos autos. Já uma correspondência em meio material, digitalizada posteriormente não pode ser encarada como prova eletrônica.

No caso de documentos digitalizados, diante da omissão do Código de Processo Penal, deve ser aplicado, por analogia, o disposto no artigo 365, inciso VI e seu § 1º do Código de Processo Civil, no sentido de que a parte que juntou a cópia digital deve manter em seu poder o original do documento até o final do prazo do processo (já que o regime da rescisão da coisa julgada no processo penal é diverso).

Nesse ponto é importante ressaltar que a informação é produzida originariamente em meio digital, não é possível cogitar das precauções previstas no Código de Processo Civil, já que o original é o próprio arquivo eletrônico, daí a razão em distinguir a prova eletrônica, da prova vertida para a forma eletrônica.

Da mesma forma, que uma conversa realizada através de um programa de computador (a exemplo do Skype), caso gravada, também poderia ser encarada como prova digital. O mesmo não ocorreria na hipótese de uma conversa simplesmente registrada através de meio magnético.

Nessa conformidade, é forçoso reconhecer a existência de prova eletrônica, e sua diferença daquela simplesmente tranformada em meio eletrônico.

8. Natureza jurídica da prova eletrônica

Existe uma tendência doutrinária de emprestar à prova eletrônica a natureza de prova documental.

Todavia, no âmito do processo penal, o documento possui definição restrita, na forma presvista no artigo 232 e seu parágrafo de sua respectiva codificação. Segundo tal conceito, somente são considerados documentos os escritos, instrumentos ou papéis, além das fotografias (parágrafo único). Assim, não parece razoável, a inclusão dos documentos eletrônicos, que não estão incluídos na definição legal, como documentos, para fins de prova no processo penal.

Não se aplicam aos arquivos eletrônicos, por exemplo, as disposições relativas ao incidente de falsidade (CPP, art. 145), que são específicos para os documentos típicos previstos no artigo 232 do mesmo *codex*.

A pretendida equiparação de documento eletrônico a documento público ou particular "para todos os fins legais", prevista no Art. 10 da medida provisóira nº 2.200/01, por certo não alcança o processo penal.

Conforme se denota do texto da referida medida provória, a sua natureza é civil, de forma que, se produz efeitos, esses estão restritos ao âmbito do processo civil. Para o processo penal, ela é assistemática, de forma que não teve o condão revogar ou alterar dispositivos do código respectivo.

O escopo da referida medida provisória, certamente, foi o direito civil, como forma de legitimar os contratos e transações digitais, realizados através da utilização de chaves de autenticação previstas no referido diploma legal.

Assim, os documentos civis assinados digitalmente através do referido sistema de chaves de autenticação, satisfazem o disposto no artigo 221 do Código Civil, como acontece comumente no sistema bancário e transações através da rede mundial de computadores, sendo que a sua validade sempre estará vinculada à comparavação da autenticidade das referidas assinaturas digitais.

Nos restritos limites do direito processual e tendo-se em conta a sua maior natureza protetiva, nos parece que é satisfatória a ideia traduzida por Giannantonio Taglino[32], para quem o documento eletrônico não poder ser equiparado ao documento escrito, simplesmente porque ele não pode ser assinado.

Em reforço da tese aqui advogada, no sentido de que a equiparação de arquivos eletrônicos somente se dá no âmbito do processual civil, não é desproposidado lembrar que os incisos V e VI do artigo 365 do CPC, com a redação dada pela Lei nº 11382/06, fez referência expressa aos extratos

---

[32] TAGLINO, *Giannantonio*. **Manuale di diritto dell'informatica**. 2ª ed. Padova: Cedam, 1997, p. 379.

digitais e reproduções digitalizadas, conferindo aos mesmos a força probante de documentos. Ora, quisesse o legislador estender tais efeitos ao processo penal, teria feito alterações também no Código de Processo Penal.

Como os arquivos eletrônicos escapam da restrita descrição do diploma legal mencionado, a melhor alternativa é considerá-la como prova atípica ou inominada, que a despeito de não estar expressamente prevista na legislação processual penal, pode ser admitida em função do princípio da liberdade da prova.

Referido princípio da liberdade da prova ou da persuasão racional do Juiz foi expressamente consagrado pelo artigo 155 do Código de Processo Penal, que contempla a admissão de qualquer tipo de prova lícita, exceto nas hipóteses de restrição legal.

Dentro da amplitude do princípio da liberdade da prova no processo penal brasileiro, o único impedimento que se coloca como cláusula absoluta em nosso sistema é o relativo à proibição da produção ou valoração de provas ilícitas (C.F. art. 5º, inciso LVI e C.P.P., art. 157).

Por outro lado, as restrições quanto à utilização de meios probatórios somente ocorrem naqueles casos em que a lei exige um tipo de prova específica, como aquelas ligadas ao estado de pessoa (quando a prova deve ser feita na forma da lei civil, na forma do parágrafo único, do artigo 155 do C.P.P.) e à materialidade de crimes que deixam vestígios (onde é exigida prova pericial, em consonância com o art. 158 do C.P.P.).

Nesse é importante ressaltar que a inadequada equiparação de prova eletrônica a prova documental poderia trazer outras consequências de natureza extraprocessual, como no caso, a tipificação do crime de falsidade documental (arts. 296 e seguintes do CP), todas as vezes que alguém alterar o conteúdo de um arquivo eletrônico.

Portanto, em razão da sua diversidade de peculiaridades, o mais razoável é considerar a prova eletrônica como sendo uma nova modalidade de prova, que entre nós pode ser considerada inominada ou atípica, mas que possui a mesma capacidade de convencimento de qualquer outra prova lícita nominada expressamente em nosso código.

9. Poder de convencimento das provas eletrônicas

Conforme já afirmado alhures, inexiste qualquer tipo de hierarquia de provas no processo penal brasileiro, de forma que é assegurada a ampla possibilidade de produção de provas pelas partes e o Juiz, por seu turno, também pode valorar livremente a prova, desde que o faça motivadamente (C.F., art. 93, inciso IX), indicando as razões de seu convencimento, ou nas precisas palavras de Anamaria Vasconcelos, *"Há liberdade do juiz para apreciá-la e formar o seu convencimento, mas exige-se que na decisão indique os motivos que formaram o convencimento."*[33]

Assim, a idoneidade da prova documental e o seu grau de credibilidade, deverá ser aferida caso a caso, sempre em cotejo com os demais elementos de convicção coligidos nos mesmos autos.

Todavia, não se pode perder de vista que as marcantes características da prova eletrônica sempre exige redobrada cautela dos seus destinatários. Conforme é cediço, ainda hoje não é possível imaginar sistemas absolutamente inexpugnáveis, de forma que sempre existe a possibilidade de alteração ou adulteração de arquivos eletrônicos.

Cotidianamente são divulgadas notícias de invasões de sistemas e sites, além de fraudes cibernéticas, praticadas por hackers, que são pessoas que se dedicam a criar artifícios para fraudar os mecanismos de segurança das redes e sistemas de processamento e armazenamento de dados.

Por outro lado, também deve ser considerada a possibilidade de alteração ou destruição acidental de dados. Nesse sentido Demócrito Reinaldo Filho, adverte que *"Os sistemas computacionais, ao contrário, alteram e destroem parte da informação armazenada como consequência de suas operações de rotina, fazendo com que o risco de perda da informação eletrônica seja significantemente superior ao da informação inserida em suporte físico (papel)."*[34]

Em face dessas fragilidades, não é difícil o aparecimento de eiva dubitativa na prova eletrônica, que muitas vezes tem a sua força probatória diminuida ou anulada. Nesse sentido é a advertência Renato Opice Blum, *"questão de extrema relevância é a da validade do documento eletrônico. Basta afirmar que uma simples mensagem enviada por e-mail dificilmente tem plena validade*

---

[33] VASCONCELOS, Anamaria Campos Torres de. *Prova no processo penal. Justiça como fundamento axiológico.* Belo Horizonte: Del Rey, 1992, p. 70.
[34] REINALDO FILHO, Demócrito. A exibição da prova eletrônica em juízo. Revista Jus Navegandi. http://jus.com.br/revista/texto/9003/a-exibicao-da-prova-eletronica-em-juizo#ixzz2Tmohh7ts.Consulta em 19.05.2013.

jurídica, equiparando-se a prova oral. Isso porque, em tese, por meio de recursos técnicos, é possível alterar documentos digitais sem deixar vestígios"[35]

A credibilidade probatória dos arquivos eletrônicos, também dependerá do tipo de arquivo e, dos mecanismos de segurança que foram observados para a sua elaboração. Assim, por exemplo, uma simples mensagem eletrônica apócrifa armazenada em um determinado computador, terá um valor probatório inferior ao de um documento assinado digitalmente.

Relativamente às assinaturas digitais, elas podem ser instrumentalizadas de diferentes formas. Dinemar Zoccoli, sobre a variedade de tais assinaturas, enfatiza:

'Existem vários métodos de assinar documentos eletronicamente, desde métodos muito simples (como a inserção de uma imagem digitalizada de uma assinatura manuscrita num documento feito com tratamento de texto) até métodos muito avançados (como assinaturas digitais que utilizam criptografia de chaves públicas). As assinaturas permitem que o receptor de dados confirme que os dados estão completos e inalterados, estando assim salvaguardada a sua integridade (integridade de dados)"[36]

Nessa conformidade, é necessário reconhecer que os documentos assinados digitalmente, na forma de lacres eletrônicos (login/senha, certificação digital, etc.), que impedem a alteração do conteúdo são arquivos com força probante infinitamente superior aos demais.

Mesmo diante do reconhecimento das dificuldades da prova documental, não me parece desproposito considerar a possibilidade de inversão do ônus da prova contra o suposto autor do documento, sempre que o mesmo estiver assinado através de certificado digital emitido pela ICP-Brasil (Infraestrutura de Chaves Públicas Brasileiras) ou outro certificado idôneo.

Conforme ensina Patrícia Peck Pinheiro[37], a utilização da certificação digital se vale de técnicas da criptografia, que codifica os arquivos, através do formato assimétrico. O procedimento é operacionalizado com a utilização de duas chaves (códigos) de codificação para cada usuário. A gera-

---

[35] BLUM, Renato O. A Internet e os Tribunais. In: REINALDO FILHO, Demócrito (coord). Direito da Informática: Temas polêmicos. Bauru, SP: Edipro, 2002. p.146.

[36] ZOCCOLI, Dinemar. Autenticidade e integridade dos documentos eletrônicos: a firma eletrônica. In: ROVER, Aires José (org). Direito, Sociedade e Informática: limites e perspectivas da vida digital. Florianópolis: Fundação Boiteux, 2000. p. 180.

[37] PINHEIRO, Patrícia Peck. Direito Digital. 3. Ed. São Paulo: Saraiva, 2009, p. 161.

ção de referidas chaves é feita de forma simultânea e independente, sendo indedutíveis matematicamente uma da outra.

Em qualquer hipótese, também devem ser considerados os cuidados sempre necessários para a apreensão, preservação, manuseio e perícia nos arquivos eletrônicos. A desobediência das cautelas necessárias pode comprometer a credibilidade dos mesmos, impossibilitando sua utilização no processo penal. Segundo Patrícia P. Pinheiro, estamos diante de uma nova ciência, chamada de computação forense, que *"consiste no uso de métodos científicos na preservação, coleta, validação, identificação, análise, interpretação, documentação e apresentação de evidências digitais"*.[38]

Não obstante, sempre que for questionada a autenticidade do arquivo digital, ele não poderá ser considerado como prova no processo penal, senão quando confortado por outros elementos de convicção, ou ainda, quando submetido à perícia criminal.

Muitas vezes, é possível que o conteúdo de um arquivo digital seja totalmente descartado, sem nenhuma consideração como prova, simplesmente porque teve o seu conteúdo impugnado e não foi possível a comprovação de sua autenticidade.

Diante desse quadro, é forçoso concluir que inexiste qualquer impedimento legal para a admissão e valoração de arquivos como provas eletrônicas no processo penal (salvo as restrições já mencionadas), mesmo reconhecendo as naturais dificuldades que existem na discussão da autenticidade e capacidade de convencimento de cada uma delas.

10. Considerações Finais

Os arquivos eletrônicos se integraram de forma definitiva em nossos cotidianos. A utilização de sistemas e redes de dados vem provocando o aumento de demandas judiciais, inclusive no campo do processo penal.

Além das demandas, existe um complexo e rápido processo de implantação dos chamados processos digitais, que levarão à digitalização de todos os documentos, pronunciamentos das partes e decisões.

A inexistência de uma disciplina legal expressa a respeito da colheita, tratamento e interpretação da prova é motivo de grande preocupação,

---

[38] Op. cit. p. 171.

além de mostrar aparente violação do disposto no artigo 5º, inciso LIV, da Constituição da República (princípio do devido processo legal).

No âmbito restrito do processo penal, não é possível a equiparação dos arquivos eletrônicos à prova documental, em razão da ausência de previsão legal.

Não obstante a referida ausência de regulação legal da matéria inexiste qualquer tipo de impedimento para admissão da chamada prova eletrônica no processo penal, ressalvadas as ilícitas e nas hipóteses em que a lei exige prova específica.

Para a valoração da prova eletrônica, são necessárias redobradas cautelas, principalmente em razão da possibilidade de supressão e adulteração dos arquivos digitais.

Diante da possibilidade de fraudes, mesmo nas hipóteses de documentos autenticados digitalmente, não é possível conferir a tais arquivos o desejado grau de certeza.

Qualquer que seja a prova eletrônica ou digital, surgindo dúvidas a respeito de sua higidez, a mesma deverá ser cotejada com outros elementos de convicção e, sempre que possível submetida a exames periciais.

Referências Bibliográficas

ALVIRA, Antonio Rocha. *De la prueba en derecho*. 5ª ed. Bogotá: Ediciones Lerner, 1967.
BETTIOL, Giuseppe. *Instituciones de Derecho Penal y Procesal*. Trad. Faustino G.A. y Conradi. Barcelona: Bosch, 1977.
BLUM, Renato O. A Internet e os Tribunais. In: REINALDO FILHO, Demócrito (coord). Direito da Informática: Temas polêmicos. Bauru, SP: Edipro, 2002.
BRICHETTI, Giovanni. *La "evidencia" en el derecho procesal penal*. Trad. Santiago Sentis Melendo. Buenos Aires: EJEA, 1973.
CÂMARA LEAL, Antonio Luiz da. *Comentários ao Código de Processo Penal Brasileiro*. Vol. I. São Paulo: Freitas Bastos.
CAMBI, Eduardo. *Direito Constitucional à Prova no Processo Civil*. São Paulo: RT, 2001.
DESCARTES, René. *Discurso do Método*. Trad. Bento Prado Júnior. São Paulo: Victor Civitas, 1983.
DÖHRING, Erich. *La Prueba: Su práctica y apreciación*. Trad. Tomás A. Banzha. Buenos Aires: El Foro, 1.996,
ENCHANDÍA, Hernando Devis. *Teoría general de la prueba judicial*. 6ª ed. Buenos Aires: Zavalia, 1988.
EISNER, Isidoro. *La prueba en el proceso civil*. Buenos Aires: Abeledo-Perrot, 1992
ESTRAMPES, Manuel Miranda. *La mínima actividad probatoria en el proceso penal*. Barcelona: Bosch, 1997.
FARIA, Bento. *Código de Processo Penal*. vol. I. Rio de Janeiro: Livraria Jacintho, 1942.
GIULIANI, Alessandro. Prova. Enciclopedia del diritto. Milano: Giuffrè, 1988.
GORPHE, François. *Apreciación judicial de las pruebas*. Trad. Jorge Guerrero. Bogotá: Temis, 1.998.
HESSEN, Johannes. *Teoría del conocimiento*. Buenos Aires: Losada, 1977.
MATTE, Maurício de Souza. Internet: comércio eletrônico. São Paulo: LTr, 2001.
MELENDO, Santiago Sentis. *La Prueba*. Buenos Aires: EJEA, 1979.
MITTERMAIER, Karl Joseph Anton. *Tratado da prova em matéria criminal*. Trad. Herbert Wüntzel Heinrich. Campinas: Bookseller, 1996.
PINA, Rafael de. *Tratado de las pruebas civiles*. 3ª ed. México: Porúa, 1981.
PINHEIRO, Patrícia P. Direito Digital. 3. Ed. São Paulo: Saraiva, 2009. p. 171.
RANGEL, Rui Manuel de Freitas. *Registro da Prova: A motivação das sentença civis no âmbito da reforma do processo civil e as garantias fundamentais do cidadão*. Lisboa: Lex, 1996.
REINALDO FILHO, Demócrito. A exibição da prova eletrônica em juízo. Revista Jus Navegandi. http://jus.com.br/revista/texto/9003/a-exibicao-da-prova-eletronica-em-juizo#ixzz2Tmohh7ts.Consulta em 19.05.2013.
SANTOS, Moacyr Amaral. *Prova Judiciária no cível e comercial*. 4ª ed. São Paulo: Max Limonad, 1970.
TOURINHO FILHO, Fernando da Costa. *Manual de Processo Penal*. 8ª ed. São Paulo: Saraiva, 2006.
VARELA, Casimiro A. *Valoración de la prueba*. 2ª ed. Buenos Aires: Astrea, 1998.
VASCONCELOS, Anamaria Campos Torres de. *Prova no processo penal. Justiça como fundamento axiológico*. Belo Horizonte: Del Rey, 1992.

TACrimSP, Apelação nº 1.034.747/1, Rel. Juiz Corrêa de Moraes, 7ª Cam., Juiz Corrêa de Moraes, j. 21.11.96.

TAGLINO, Giannantonio, *Manuale di diritto dell'informatica*. Padova: Cedam, 1994.

ZOCCOLI, Dinemar. Autenticidade e integridade dos documentos eletrônicos: a firma eletrônica. In: ROVER, Aires José (org). Direito, Sociedade e Informática: limites e perspectivas da vida digital. Florianópolis: Fundação Boiteux, 2000.

SOBRE OS AUTORES

Alessandro Hirata
Prof. Dr. da Faculdade de Direito de Ribeirão Preto da Universidade de São Paulo

Alexandre Naoki Nishioka
Bacharel e Doutor em Direito Econômico e Financeiro pela Faculdade de Direito da Universidade de São Paulo (USP). Professor Doutor de Direito Tributário da Faculdade de Direito de Ribeirão Preto da Universidade de São Paulo (USP). Advogado, sócio de Saddi, Nishioka Advogados. Ex-Conselheiro do Conselho Administrativo de Recursos Fiscais do Ministério da Fazenda (2008-2015).

Benedito Cerezzo Pereira Filho
Doutor e Mestre em Direito pela Universidade Federal do Paraná – UFPR. Professor de Direito Processual Civil da Faculdade de Direito de Ribeirão Preto da Universidade de São Paulo – FDRP/USP. Advogado em Brasília, no Escritório MARCELO LEAL ADVOGADOS ASSOCIADOS. Foi Membro da Comissão de Juristas que instituiu e acompanhou a tramitação do Projeto do Novo Código de Processo Civil Brasileiro.

Carolina Costa de Aguiar
Bacharela em Direito pela Faculdade de Direito de Ribeirão Preto da Universidade de São Paulo. Pesquisadora nas áreas de Direito Agrário e Direito Ambiental. Atualmente participa de projeto de fomento internacional para análise de cadeias de valor alimentares.

Carolina Silva Campos
Mestranda em Direito na Faculdade de Direito de Ribeirão Preto da Universidade de São Paulo.

Cíntia Rosa Pereira de Lima
Advogada e Professora Livre-Docente da Faculdade de Direito de Ribeirão Preto/USP. Pós Doutora em Direito Civil na Università degli Studi di Camerino (Itália) com fomento CAPES (2014 - 2015). Doutora em Direito Civil pela Faculdade de Direito da USP (2004 - 2009) com estágio na Universidade de Ottawa (Canadá) com bolsa CAPES - PDEE - Doutorado Sanduíche. Graduada pela Faculdade de Direito pela Universidade Estadual Paulista Júlio de Mesquita Filho - UNESP (2002).
Cynthia Soares Carneiro
Professora de Direito Internacional no curso de Graduação e Mestrado da Faculdade de Direito de Ribeirão Preto - USP, onde também coordena pesquisas em Direito de Integração Regional, Migrações Internacionais e Direito dos imigrantes no Brasil.

Daniel Pacheco Pontes
Professor Doutor de Direito Penal da FDRP/USP.
Davi Quintanilha Failde de Azevedo
Defensor Público do Estado de São Paulo - Coordenador Auxiliar do Núcleo Especializado de Cidadania e Direitos Humanos da Defensoria Pública do Estado de São Paulo. Bacharel em Direito pela Faculdade de Direito de Ribeirão Preto da Universidade de São Paulo. Foi bolsista de iniciação científica da Pró-Reitoria de Cultura e Extensão da Universidade de São Paulo, do Serviço Alemão de Intercâmbio Acadêmico (DAAD) na Universidade de Duisburg-Essen e do Programa Santander - TOP UK na Universidade de Oxford.

Eduardo Saad-Diniz
Professor Doutor de Direito Penal da FDRP/USP.

Fernando da Fonseca Gajardoni
Professor Doutor de Direito Processual Civil da Faculdade de Direito da USP – Ribeirão Preto (FDRP-USP), e Doutor e Mestre em Direito Processual pela Faculdade de Direito da USP (FD-USP). Juiz de Direito no Estado de São Paulo.
Fernando Dias Andrade
Doutor e Pós-Doutor em Filosofia pela FFLCH-USP. Professor Associado de História da Filosofia na EFLCH-UNIFESP.

Flavia Trentini
Professora doutora da FDRP-USP e pesquisadora do Grupo de Estudos Agrários da Universidade de São Paulo. Pós-doutora em Administração/Economia das Organizações (FEA–USP) e doutora em Direito Civil (FD–USP). Foi pesquisadora visitante da Universidad de Castilla-La Mancha (Toledo-Espanha) e bolsista de pesquisa do Istituto di Diritto Agrario Internazionale e Comparato (Florença-Itália). Coordenadora de projetos na área de biocombustíveis e sustentabilidade.

Frederico Pupo Carrijo de Andrade
Bacharel em Direito pela primeira turma da Faculdade de Direito de Ribeirão Preto da Universidade de São Paulo e mestrando em Direito Comercial pela Faculdade de Direito da Universidade de São Paulo. Foi bolsista de iniciação científica do Conselho Nacional de Desenvolvimento Científico e Tecnológico (CNPq) e da Pró-Reitoria de Pesquisa da Universidade de São Paulo. Foi bolsista de intercâmbio acadêmico do Serviço Alemão de Intercâmbio Acadêmico (DAAD) em Freiburg/Alemanha. Advogado.

Giselda Maria Fernandes Novaes Hironaka
Professora Titular de Direito Civil da Faculdade de Direito da Universidade de São Paulo – FADUSP. Vice-Diretora da Faculdade de Direito de Ribeirão Preto – FDRP-USP.

Gustavo de Carvalho Marin
Mestre e Doutorando em Direito Penal pela Faculdade de Direito da Universidade de São Paulo. Graduado em Direito pela Faculdade de Direito de Ribeirão Preto da Universidade de São Paulo.

Gustavo Saad Diniz
Professor Doutor de Direito Comercial da USP-FDRP. Mestre em Direito pela Unesp/Franca. Doutor em Direito Comercial pela USP. Advogado.

Guilherme Adolfo Mendes
Doutor em Filosofia pela FFLCH/USP. Professor Associado de História da Filosofia na UNIFESP, filósofo espinosano do Direito e desenhista.

Juliana Oliveira Domingues
Professora Doutora de Direito Econômico do Departamento de Direito Público da FDRP/USP. Pesquisadora do Instituto Brasileiro de Concorrência e Inovação (IBCI). Coordenadora da Pós-graduação em Direito Econômico da FDRP/USP. Advogada. Autora de diversos livros no Brasil e no exterior.

Márcio Henrique Pereira Ponzilacqua
Professor de Sociologia do Direito da FDRP – USP, com Doutorado em Política Social, Livre-Docência em Sociologia do Direito, e Pós-Doutorado pela Universidade da Picardia, (Amiens – França) sobre a Sociologia do Campo Jurídico de Pierre Bourdieu. Suas pesquisas envolvem direitos fundamentais, emancipação política e direitos socioambientais. É autor, entre outros livros, de 'Sociologia Ambiental do Direito' e "Chamando o Direito às falas».

Fabiana Cristina Severi
Professora Dra. da Faculdade de Direito de Ribeirão Preto da Universidade de São Paulo.

Maria Hemília Fonseca
Professora e pesquisadora da Universidade de São Paulo - Faculdade de Direito de Ribeirão Preto, na área de Direito do Trabalho e Seguridade Social. Professora visitante da Universidad de Salamanca/ES. Departamento de Direito do Trabalho e Seguridade Social. Pesquisadora visitante (Visitor Researcher Program) na Columbia Law School/EUA. Doutorado Sanduíche na Universidad de Salamanca/ES. Doutora em Direito e Mestre em Direito das Relações Sociais, na subárea de Direito do Trabalho, pela Pontifícia Universidade Católica de São Paulo. Bacharel em Direito pela Universidade Federal de Uberlândia.

Nuno M. M. S. Coelho
Professor de Ética, Lógica e Filosofia do Direito na Faculdade de Direito de Ribeirão Preto, da USP. É Mestre, Doutor e Livre-Docente em Filosofia do Direito, com Pós-Doutorados na Universidade de Munique e na UFMG. É autor, entre outros, dos livros "Direito, Filosofia e a Humanidade como Tarefa" e "Sensatez: Modelo e Desafio do Pensamento Jurídico em Aristóteles".

Olívia de Quintana Figueiredo Pasqualeto
Advogada e Editora Jurídica. Pós-graduanda em Direito e Processo do trabalho pela Pontifícia Universidade Católica de São Paulo. Bacharel em Direito pela Faculdade de Direito de Ribeirão Preto da Universidade de São Paulo.

Rogério Alessandre de Oliveira Castro
Doutor pela USP e Professor de Direito Comercial da Faculdade de Direito de Ribeirão Preto da USP.

Rubens Beçak
Mestre e Doutor em Direito Constitucional e Livre-docente em Teoria Geral do Estado pela Universidade de São Paulo - USP. Professor Associado da Universidade de São Paulo - USP na Faculdade de Direito de Ribeirão Preto (Graduação e Pós-graduação) e na Faculdade de Direito (Pós-graduação). Especialista em Gestão Pública pela Universidade Federal de São Carlos – UFSCAR. Secretário Geral da Universidade de São Paulo (2010-2014). Professor visitante da Universidad d Salamanca no curso Master en Estudios Brasileños. Coordenador das atividades ligadas ao Convênio de Colaboração Acadêmica entre a Universidade de São Paulo (USP) e a Universidad de Salamanca (USAL). Presidente Regional da Associação Nacional de Direitos Humanos, Pesquisa e Pós-Graduação (ANDHEP). Líder e Pesquisador em diversos Grupos de Pesquisa registrados junto ao Diretório dos Grupos de Pesquisa no Brasil do CNPq. Editor da Revista de Estudios Brasileños - REB.

Sebastião Sérgio da Silveira
Mestre e Doutor pela PUC/SP; Pós-Doutor pela Faculdade de Direito da Universidade de Coimbra; Promotor de Justiça no Estado de São Paulo. Professor da Faculdade de Direito de Ribeirão Preto da Universidade de São Paulo – FDRP/USP e Professor da Faculdade de Direito da Universidade de Ribeirão Preto – UNAERP.

Sara Tironi
Mestra em Direito do Estado pela Faculdade de Direito da Universidade de São Paulo. Graduada em Direito pela Faculdade de Direito de Ribeirão Preto da Universidade de São Paulo.

Sérgio Nojiri
Professor Doutor do Departamento de Filosofia do Direito e Disciplinas Básicas da Faculdade de Direito de Ribeirão Preto da Universidade de São Paulo.

Thiago Marrara
Professor de direito administrativo da USP na Faculdade de Direito de Ribeirão Preto (FDRP). Livre-docente (USP). Doutor pela Universidade de Munique (LMU). Editor da Revista Digital de Direito Administrativo da USP (RDDA). Advogado consultor.

ÍNDICE

Nota dos Coordenadores..5

PARTE I
Filosofia, história, teoria do direito e ensino jurídico

1. *Alessandro Hirata:* O levirato nas Leis Médio-Assírias................................15

2. *Eduardo Saad-Diniz*: Fronteiras do Normativismo:
a Exemplo das Funções da Informação nos Programas de Criminal Compliance 27

3. *Giselda Maria Fernandes Novaes Hironaka*; Fernando Dias Andrade :
Ensino da Responsabilidade Civil na Graduação em Direito 57

4. *Maria Hemília Fonseca; Olívia de Quintana Figueiredo Pasqualeto*:
A Visão do Aluno sobre o Estágio: Emprego ou Qualificação Profissional?........99

5. *Nuno Manuel Morgadinho dos Santos Coelho*:
Ensaio sobre o Sentido Grego do Político – e o Nosso Tempo 127

6. *Rubens Beçak*: Soberania e Estado:
Alguns Aspectos, Dificuldades de Conceituação
e a Contribuição de Dalmo de Abreu Dallari 141

7. *Sergio Nojiri*: Metaética e Objetividade
na Teoria do Direito de Ronald Dworkin 151

PARTE II: Direito fundamentais e direitos da personalidade

8. *Cíntia Rosa Pereira de Lima*: Direito à Privacidade *versus* Direito à Informação em face ao Princípio da Publicidade Notarial 167

9. *Daniel Pacheco Pontes*: Considerações sobre os Cibercrimes e a "Lei Carolina Dickmann" 195

10. *Davi Quintanilha Failde de Azevedo*: Crimes Internacionais e Violações de Normas Peremptórias no Âmbito da Responsabilidade Internacional dos Estados 203

11. *Fabiana Cristina Severi; Marcio Henrique Pereira Ponzilacqua*: Reforma Agrária, Democracia e Cidadania: Uma Abordagem a Partir da Conflitualidade no Campo 225

12. *Gustavo de Carvalho Marin; Sara Tironi*: Entre a Doutrina da Proteção Integral e a "Hipocrisia Punitiva": Reflexões sobre o Direito Penal Juvenil 247

PARTE III: Direito e desenvolvimento

13. *Alexandre Naoki Nishioka:* O Imposto sobre a Propriedade Territorial Rural – ITR e as áreas de preservação permanente e de reserva legal no novo Código Florestal (Lei 12.651, de 25 de maio de 2012) 275

14. *Flavia Trentini; Carolina Costa Aguiar:* Externalidades Positivas e Custos dos Espaços Protegidos em Áreas de Produção Sucroenergética 295

15. *Frederico Pupo Carrijo de Andrade:* Da Teoria Geral do Contrato ao Contrato Empresarial 329

16. *Guilherme Adolfo Mendes:* Regime Constitucional da Extrafiscalidade 351

17. *Gustavo Saad Diniz:* A Emenda do Direito do Agronegócio no Projeto de Código Comercial 375

18. *Juliana Oliveira Domingues:* Concorrência e Comércio Internacional: Reflexões Sobre as Duas Faces da Mesma Moeda 393

19. *Rogério Alessandre de Oliveira Castro:* Factoring e Securitização de Recebíveis Mercantis 409

20. *Thiago Marrara; Carolina Silva Campos:* Licitações Internacionais: Regime Jurídico e Óbices à Abertura do Mercado Público Brasileiro a Empresas Estrangeiras 453

PARTE IV: Processos, tribunais e solução de conflitos

21. *Benedito Cerezzo Pereira Filho:* O Novo Código de Processo Civil Brasileiro e a Velha Opção Pelo Efeito "Suspensivo" no Recurso de Apelação 487

22. *Cynthia Soares Carneiro* A Cooperação Jurídica Vertical por Meio das Opiniões Consultivas no MERCOSUL e na CAN: Uma Crítica ao Instituto nos Tribunais Comunitários da América do Sul 507

23. *Fernando da Fonseca Gajardoni:* O Efeito Suspensivo Automático da Apelação no Novo CPC (art. 1.012): Elementos Empíricos para um Debate Adequado a Respeito da Necessidade de sua Extinção 537

24. *Sebastião Sergio da Silveira Prova Eletrônica:* Novos Desafios na Busca da Verdade Real do Processo Penal 545

Sobre os Autores 567